මහමෙව්නාවේ බෝධිඥාන ත්‍රිපිටක ග්‍රන්ථ මාලා 19

සූත්‍ර පිටකයට අයත්

ආශ්චර්යවත් ශ්‍රී සද්ධර්මය

ඛුද්දක නිකාය

(පළමු කොටස)

පරිවර්තනය

පූජ්‍ය කිරිබත්ගොඩ ඤාණානන්ද ස්වාමීන් වහන්සේ

ප්‍රකාශනය

මහාමේඝ ප්‍රකාශකයෝ

වඩුවාව, යටිගල්ඔළුව, පොල්ගහවෙල.

දුර : 037 2053300, 076 8255703

ඊ-මේල් : mahameghapublishers@gmail.com

ශ්‍රී. බු.ව. 2548 ව්‍යවහාර වර්ෂ : 2004

මහමෙව්නාවේ බෝධිඥාන ත්‍රිපිටක ග්‍රන්ථ මාලා 19

සූත්‍ර පිටකයට අයත් ආශ්චර්යවත් ශ්‍රී සද්ධර්මය

ඛුද්දක නිකාය - පළමු කොටස

පරිවර්තනය : පූජ්‍ය කිරිබත්ගොඩ ඥාණානන්ද ස්වාමීන් වහන්සේ

ISBN : 978 955 687 022 0

ප්‍රථම මුද්‍රණය : ශ්‍රී බුද්ධ වර්ෂ 2548/ ව්‍යවහාරික වර්ෂ 2004

- පරිගණක අකුරු සැකසුම සහ ප්‍රකාශනය -
මහාමේඝ ප්‍රකාශකයෝ
වඩුවාව, යටිගල්ඔළුව, පොල්ගහවෙල.
දුර : (+94) 37 20 53 300, (+94) 76 82 55 703
ඊ-මේල් : mahameghapublishers@gmail.com

Mahamevnawa Bodhiñāna Tripitaka Series, Volume 19

The Wonderful Dhamma in the Suttantapitaka

KHUDDAKA NIKĀYA

(THE SMALLER SECTIONS OF DISCOURES OF THE
TATHĀGATA SAMMĀSAMBUDDHA)

Part 01

Translated
By

VEN. KIRIBATHGODA ÑĀNĀNANDA BHIKKHU

PUBLISHED BY:

Mahamegha Publishers
Waduwawa, Yatigal-oluwa, Polgahawela, Sri Lanka.
Tel : (+94) 37 20 53 300, (+94) 76 82 55 703

e-mail : mahameghapublishers@gmail.com

B. E. 2548   C.E. 2004

"ධම්මෝ හි වාසෙට්ඨා, සෙට්ඨෝ ජනේතස්මිං
දිට්ඨේ චේව ධම්මේ, අභිසම්පරායේච."

වාසෙට්ඨයෙනි, මෙලොවෙහි ත්, පරලොවෙහි ත් ජනයා අතර
ධර්මය ම ශ්‍රේෂ්ඨ වෙයි !

- අපගේ ශාස්තෘන් වහන්සේ

පටුන

ඛුද්දක නිකාය - පළමු කොටස

ඛුද්දකපාඨ පාළි

ඛුද්දකපාඨ පාළි නිමා විය.

ධම්ම පදය

ධම්ම පදය නිමා විය.

උදාන පාළි

1. බෝධි වර්ගය

9

පළවෙනි බෝධි වර්ගය නිමා විය.

2. මුවලින්ද වර්ගය

දෙවෙනි මුවලින්ද වර්ගය නිමා විය.

3. නන්ද වර්ගය

තුන්වෙනි නන්ද වර්ගය නිමා විය.

4. මේසිය වර්ගය

හතරවෙනි මේඝිය වර්ගය නිමා විය.

5. සෝණ වර්ගය

පස්වෙනි සෝණ වර්ගය නිමා විය.

6. ජච්චන්ධ වර්ගය

හයවෙනි ජච්චන්ධ වර්ගය නිමා විය.

7. චූල්ල වර්ගය

හත්වෙනි චුල්ල වර්ගය නිමා විය.

8. පාටලීගාමිය වර්ගය

අටවෙනි පාටලීගාමිය වර්ගය නිමා විය.

උදාන පාළි නිමා විය.

ඉතිවුත්තක පාළි

ඒකක නිපාතය

පළවෙනි වර්ගය

පළවෙනි වර්ගය නිමා විය.

දෙවෙනි වර්ගය

දෙවෙනි වර්ගය නිමා විය.

තුන්වෙනි වර්ගය

තුන්වෙනි වර්ගය නිමා විය.

දුක නිපාතය

පළවෙනි වර්ගය

පළවෙනි වර්ගය නිමා විය.

දෙවෙනි වර්ගය

දෙවෙනි වර්ගය නිමා විය.

තික නිපාතය

පළවෙනි වර්ගය

පළවෙනි වර්ගය නිමා විය.

දෙවෙනි වර්ගය

දෙවෙනි වර්ගය නිමා විය.

තුන්වෙනි වර්ගය

තුන්වෙනි වර්ගය නිමා විය.

හතරවෙනි වර්ගය

හතරවෙනි වර්ගය නිමා විය.

පස්වෙනි වර්ගය

පස්වෙනි වර්ගය නිමා විය.

චතුක්ක නිපාතය

ඉතිවුත්තක පාළි නිමා විය.
බුද්දක නිකායේ පළමු කොටස නිමා විය.

දසබලසේලප්පභවා නිබ්බානමහාසමුද්දපරියන්තා
අට්ඨංග මග්ගසලිලා ජිනවචනනදී චිරං වහතූති

දසබලයන් වහන්සේ නමැති ශෛලමය පර්වතයෙන් පැන නැගී
අමා මහ නිවන නම් වූ මහා සාගරය අවසන් කොට ඇති
ආර්ය අෂ්ටාංගික මාර්ගය නම් වූ සිහිල් දිය දහරින් හෙබි
උතුම් ශ්‍රී මුඛ බුද්ධ වචන ගංගාව (ලෝ සතුන්ගේ සසර දුක් නිවාලමින්)
බොහෝ කල් ගලාබස්නා සේක්වා !

(සළායතන සංයුත්තය - උද්දාන ගාථා)

සූත්‍ර පිටකයට අයත්

ඛුද්දක නිකාය

පළමු කොටස

නමෝ තස්ස භගවතෝ අරහතෝ සම්මාසම්බුද්ධස්ස
ඒ භාග්‍යවත් අරහත් සම්මා සම්බුදුරජාණන් වහන්සේට නමස්කාර වේවා!

සූත්‍ර පිටකයට අයත්

ඛුද්දක නිකායේ

පළමු ග්‍රන්ථය

ඛුද්දකපාඨ පාළි

1. සරණගමනං

තිසරණ සරණ යෑම

(මම) බුදුරජාණන් වහන්සේව සරණ යමි.
(මම) ශ්‍රී සද්ධර්මය සරණ යමි.
(මම) මාර්ගඵල ලාභී ආර්ය වූ ශ්‍රාවක සංඝරත්නය සරණ යමි.

(මම) දෙවනුවත් බුදුරජාණන් වහන්සේව සරණ යමි.
(මම) දෙවනුවත් ශ්‍රී සද්ධර්මය සරණ යමි.
(මම) දෙවනුවත් මාර්ගඵල ලාභී ආර්ය වූ ශ්‍රාවක සංඝරත්නය සරණ යමි.

(මම) තෙවනුවත් බුදුරජාණන් වහන්සේව සරණ යමි.
(මම) තෙවනුවත් ශ්‍රී සද්ධර්මය සරණ යමි.
(මම) තෙවනුවත් මාර්ගඵල ලාභී ආර්ය වූ ශ්‍රාවක සංඝරත්නය සරණ යමි.

මේ වනාහී තිසරණ සරණ යෑමයි.

සාදු! සාදු!! සාදු!!!

2. දසසික්ඛාපදං

සිල්පද දහය

1. ප්‍රාණඝාතයෙන් වැළකීම නම් වූ ශික්ෂාපදය සමාදන් වෙමි.

2. සොරකමින් වැළකීම නම් වූ ශික්ෂාපදය සමාදන් වෙමි.

3. අබ්‍රහ්මචාරී හැසිරීමෙන් වැළකීම නම් වූ ශික්ෂාපදය සමාදන් වෙමි.

4. බොරු කීමෙන් වැළකීම නම් වූ ශික්ෂාපදය සමාදන් වෙමි.

5. මත්වීමටත්, ප්‍රමාදවීමටත් හේතුවන මත්පැන්, මත්ද්‍රව්‍ය පාවිච්චි කිරීමෙන් වැළකීම නම් වූ ශික්ෂාපදය සමාදන් වෙමි.

6. විකාල භෝජනයෙන් වැළකීම නම් වූ ශික්ෂාපදය සමාදන් වෙමි.

7. නැටුම්, ගැයුම්, වැයුම් හා විකාර දර්ශන නැරඹීමෙන් වැළකීම නම් වූ ශික්ෂාපදය සමාදන් වෙමි.

8. මල්, සුවඳ විලවුන් දැරීමෙන්, සැරසීමෙන්, අලංකාරවීමෙන් වැළකීම නම් වූ ශික්ෂාපදය සමාදන් වෙමි.

9. වටිනා සුඛෝපභෝගී ආසන පරිහරණයෙන් වැළකීම නම් වූ ශික්ෂාපදය සමාදන් වෙමි.

10. රන්, රිදී, කහවනු, මසුරන් ආදී මිල මුදල් පිළිගැනීමෙන් වැළකීම නම් වූ ශික්ෂාපදය සමාදන් වෙමි.

මේ වනාහී සිල්පද දහයයි.

සාදු! සාදු!! සාදු!!!

3. ද්වත්තිංසාකාරං

කුණප කොටස් තිස් දෙක

මේ කයේ කෙස් තියෙනවා, ලොම් තියෙනවා, නියපොතු තියෙනවා, දත් තියෙනවා, සම තියෙනවා, මස් තියෙනවා, නහර තියෙනවා, ඇට තියෙනවා,

ඇට මිදුළු තියෙනවා, වකුගඩු තියෙනවා, හදවත තියෙනවා, අක්මාව තියෙනවා, දලබුව තියෙනවා, බඩදිව තියෙනවා, පෙනහළු තියෙනවා, කුඩා බඩවැල තියෙනවා, මහා බඩවැල තියෙනවා, ආමාශය තියෙනවා, අසූචි තියෙනවා, පිත තියෙනවා, සෙම තියෙනවා, සැරව තියෙනවා, ලේ තියෙනවා, දහඩිය තියෙනවා, තෙල්මන්ද තියෙනවා, කඳුළු තියෙනවා, වුරුණු තෙල් තියෙනවා, කෙළ තියෙනවා, සොටු තියෙනවා, සඳමිදුළු තියෙනවා, මුත්‍රා තියෙනවා, හිස් මොළ තියෙනවා.

මේ වනාහී දෙතිස් කුණපයයි.

සාදු! සාදු!! සාදු!!!

4. කුමාරපඤ්හා

ළදරු සාමණේරයන් වහන්සේගෙන් අසා වදාළ ප්‍රශ්න

එක කියන්නේ මොකක්ද? එනම්, සියලු සත්වයන් පිහිටලා ඉන්නේ (කබලිංකාර ආහාර, ස්පර්ශ ආහාර, මනෝ සංචේතනා ආහාර, විඤ්ඤාණ ආහාර යන) ආහාර මතයි.

දෙක කියන්නේ මොකක්ද? (වේදනා, සඤ්ඤා, චේතනා, ඵස්ස, මනසිකාර යන) නාමයටත්, (මහා භූත සතරටත්, එයින් හටගත් දේ වන) රූපයටත්ය.

තුන කියන්නේ මොකක්ද? (සැප, දුක, උපේක්ෂා යන) වේදනා තුනයි.

හතර කියන්නේ මොකක්ද? (දුක, දුකේ හටගැනීම, දුක නැතිවීම, දුක නැතිවීමේ මාර්ගය යන) චතුරාර්ය සත්‍යයයි.

පහ කියන්නේ මොකක්ද? (රූප උපාදානස්කන්ධය, වේදනා උපාදානස්කන්ධය, සඤ්ඤා උපාදානස්කන්ධය, සංඛාර උපාදානස්කන්ධය, විඤ්ඤාණ උපාදානස්කන්ධය යන) පංච උපාදානස්කන්ධයයි.

හය කියන්නේ මොකක්ද? තමා තුළ ඇති (ඇස, කන, නාසය, දිව, කය, මනස යන) ආයතන හයයි.

හත කියන්නේ මොකක්ද? (සති, ධම්මවිචය, විරිය, පීති, පස්සද්ධි, සමාධි, උපේක්ඛා යන) බොජ්ඣංග ධර්ම හතයි.

අට කියන්නේ මොකක්ද? (සම්මා දිට්ඨි, සම්මා සංකප්ප, සම්මා වාචා,

සම්මා කම්මන්ත, සම්මා ආජීව, සම්මා වායාම, සම්මා සති, සම්මා සමාධි යන) ආර්ය අෂ්ටාංගික මාර්ගයයි.

නවය කියන්නේ මොකක්ද? (කයෙනුත් වෙනස් වූ අදහස්වලිනුත් වෙනස් වූ සත්ව ලෝක, කයින් වෙනස් වූ එකම අදහසින් යුක්ත වූ සත්ව ලෝක, කයින් එකම ස්වභාවයෙන් යුක්ත වූ අදහස්වලින් විවිධ වූ සත්ව ලෝක, කයිනුත් සමාන වූ අදහස්වලිනුත් සමාන වූ සත්ව ලෝක, අසඤ්ඤ සත්ව ලෝක, ආකාසානඤ්චායතන සත්ව ලෝක, විඤ්ඤාණඤ්චායතන සත්ව ලෝක, ආකිඤ්චඤ්ඤායතන සත්ව ලෝක, නේවසඤ්ඤානාසඤ්ඤායතන සත්ව ලෝක යන) සත්වයන් වාසය කරන ආකාර නවයයි.

දහය කියන්නේ මොකක්ද? (සම්පූර්ණත්වයට පත් වූ සම්මා දිට්ඨි, සම්මා සංකප්ප, සම්මා වාචා, සම්මා කම්මන්ත, සම්මා ආජීව, සම්මා වායාම, සම්මා සති, සම්මා සමාධි, සම්මා ඤාණ, සම්මා විමුක්ති යන) අංග දහයෙන් යුක්ත වූ කෙනාටයි රහතන් වහන්සේ කියල කියන්නෙ.

මේ වනාහී ළදරු සාමණේරයන් වහන්සේගෙන් අසා වදාළ ප්‍රශ්න දහයයි.

සාදු! සාදු!! සාදු!!!

5. මංගල සූත්‍රය

මංගල කරුණු ගැන වදාළ දෙසුම

මා හට අසන්නට ලැබුනේ මේ විදිහටයි.

ඒ දිනවල භාග්‍යවතුන් වහන්සේ වැඩසිටියේ සැවැත් නුවර ජේතවනය නම් වූ අනේපිඬු සිටුතුමාගේ ආරාමයේ. එදා එක්තරා දෙවියෙක් රැය පහන් වන වේලෙහි, සුන්දර ශරීර සෝභාවකින් යුක්තව, මුළු මහත් ජේතවනයම බබුලුවා ගෙන භාග්‍යවතුන් වහන්සේ ළඟට ආවා. ඇවිදින් භාග්‍යවතුන් වහන්සේට වන්දනා කරලා, පැත්තකින් හිටගත්තා. පැත්තකින් හිටගත් ඒ දෙවියා භාග්‍යවතුන් වහන්සේට ගාථාවක් පැවසුවා.

01. (භාග්‍යවතුන් වහන්ස,) යහපත සලසාගන්න කැමැති බොහෝ දෙවියොත්, මිනිස්සුත් මංගල සම්මත දේවල් ගැන හිතුවා. යහපත සළසන ඒ උතුම් මංගල කරුණු ගැන වදාරණ සේක්වා!

(භාග්‍යවතුන් වහන්සේ) :

02. අසත්පුරුෂ, අඥාන පුද්ගලයන් ඇසුරු නොකිරීමත්, නුවණැති සත්පුරුෂයින් ඇසුරු කිරීමත්, පූජනීය උතුමන් පිදීමත් යන මේවා උතුම් මංගල කාරණා ය.

03. ධර්මයේ හැසිරෙන්නට පුළුවන් යහපත් ප්‍රදේශයක වාසය කිරීමත්, කලින් පින් කරපු ජීවිතයක් තිබීමත්, ධර්මය තුළ සිත පිහිටුවා ගැනීමත් උතුම් මංගල කාරණා ය.

04. හොඳින් දන උගත්කම් ඇති කරගැනීමත්, ශිල්ප ශාස්ත්‍ර ගැන අවබෝධයත්, විනය ගරුකභාවය තුළ හොඳින් හික්මීමත්, දෙලොව වැඩ සලසන වචන කතා කිරීමත් යන මේවා උතුම් මංගල කාරණා ය.

05. මව්පියන්ට උපස්ථාන කිරීමත්, අඹුදරුවන්ට සැලකීමත්, ධාර්මික රැකි රක්ෂා කිරීමත් යන මේවා උතුම් මංගල කාරණා ය.

06. දන් දීමත්, ධර්මානුකූලව ජීවත් වීමත්, ඥාතීන්ට සැලකීමත්, නිවැරදි දේවල් කිරීමත් යන මේවා උතුම් මංගල කාරණා ය.

07. පාපී කටයුතුවලින් වැළකී සිටීමත්, මත්පැන් පානයෙන් වැළකී සිටීමත්, අප්‍රමාදීව ගුණධර්ම දියුණු කරගැනීමත් යන මේවා උතුම් මංගල කාරණා ය.

08. ගරු කළ යුත්තන්ට ගරු කිරීමත්, නිහතමානී වීමත්, ලද දෙයින් සතුටු වීමත්, අනුන් කළ උදව් උපකාර මතක තිබීමත්, ධර්මාවවාද අවශ්‍ය මොහොතේ ධර්ම ශ්‍රවණය කිරීමත් යන මේවා උතුම් මංගල කාරණා ය.

09. ඉවසීමත්, කීකරුකමත්, ගුණදහම් සුරකින ශ්‍රමණයන් වහන්සේලා දැකීමත්, ධර්මය පැහැදිලි කරගත යුතු මොහොතේ ධර්ම සාකච්ඡා කිරීමත් යන මේවා උතුම් මංගල කාරණා ය.

10. වීරියෙන් ඉන්ද්‍රියයන් දමනය කර ගැනීමටත්, බඹසර ජීවිතයක් ගත කිරීමත්, චතුරාර්ය සත්‍ය ධර්මය අවබෝධ කිරීමත්, ඒ අමා නිවන් සුව සාක්ෂාත් කර ගැනීමත් යන මේවා උතුම් මංගල කාරණා ය.

11. (ලාභ, අලාභ, යස, අයස, නින්දා, ප්‍රශංසා, සැප, දුක යන) අෂ්ට ලෝක ධර්මයෙන් පහර වදින විට යම් කෙනෙකුගේ සිත කම්පාවන්නේ නැත්නම්, ශෝකයක් නැති, ක්ලේශයක් නැති, බිය සැක රහිත නිදහස් සිත් ඇති බවද උතුම් මංගල කාරණා ය.

12. ඔය විදිහට මංගල කාරණා ඇති කරගෙන, සෑම තැනම අපරාජිතව සිටියොත් සෑම තැනකදීම යහපත කරා යනවා. ඒක තමයි ඔවුන්ට තිබෙන උතුම් මංගල කාරණා.

මේ අවසන් වූයේ මංගල සූත්‍රයයි.

සාදු! සාදු!! සාදු!!!

6. රතන සූත්‍රය

මැණික් ගැන වදාළ දෙසුම

01. මෙතන අහසේ හරි, පොළොවේ හරි, යම් භූත පිරිසක් රැස්වෙලා ඉන්නවා නම්, ඒ සියලු භූතයෝ සතුටු සිත් ඇත්තෝ වෙත්වා! ඒ වාගේම මං මේ කියන දෙය හොඳින් අසාගෙනද සිටිත්වා!

02. එම්බා භූතයිනි, දැන් හැම කෙනෙක්ම මේක හොඳට අහන්න. මනුෂ්‍ය ප්‍රජාවට මෛත්‍රී කරන්න. සමහර උදවිය දිවා රාත්‍රී දෙකේම ඔබට පින් පෙත් දෙනවා නෙව. එම නිසා ඒ මිනිසුන්ව අප්‍රමාදීව රැකගන්න.

03. මේ ලෝකයේ වේවා, වෙනත් ලෝකයක වේවා, යම්කිසි ධනයක් ඇත්නම්, ස්වර්ගවල වේවා යම්කිසි මහානීය මාණික්‍ය රත්නයක් ඇත්නම්, ඒ කිසි දෙයක් තථාගත වූ බුදු සමිඳුන්ට සමාන කරන්න බැහැ. බුදු සමිඳුන් තුළ ඇති මහානීය වූ මාණික්‍ය රත්නය යනු මෙයයි. මේ සත්‍ය වචනයෙන් සෙත් වේවා!

04. සමාහිත වූ සිත් ඇති ශාක්‍ය මුනීන්ද්‍රයන් වහන්සේ නිකෙලෙස් වූ, විරාගී වූ, ප්‍රණීත වූ, ඒ අමා නිවන් සුව සාක්ෂාත් කළා. ඒ ධර්මයට සමාන කරන්න පුළුවන් කිසිදෙයක් ලෝකයේ නෑ. ශ්‍රී සද්ධර්මයේ තියෙන මහානීය මාණික්‍ය රත්නය නම් මෙයයි. මේ සත්‍ය වචනයෙන් සෙත් වේවා!

05. බුද්ධ ශ්‍රේෂ්ඨයන් වහන්සේ පරම පාරිශුද්ධ වූ සමාධියක් වර්ණනා කොට වදාළා. ඒ අරහත් ඵල සමාධියට කියන්නේ ආනන්තරික සමාධිය කියලයි. ඒ අරහත් ඵල සමාධියට සමාන කරන්න පුළුවන් කිසිම සමාධියක් ලෝකයේ නැහැ. ශ්‍රී සද්ධර්මයේ තියෙන මහානීය මාණික්‍ය රත්නය නම් මෙයයි. මේ සත්‍ය වචනයෙන් සෙත් වේවා!

06. බුද්ධාදී සත්පුරුෂයන් වහන්සේලා ප්‍රශංසා කරන ආර්ය පුද්ගලයන් අට දෙනෙක් මේ ලෝකයේ ඉන්නවා. ඒ උතුමන් යුගල වශයෙන් ගත් විට යුගල හතරකි. සුගතයන් වහන්සේගේ ශ්‍රාවකයන් වන උන්වහන්සේලා දන් පැන් ලැබීමට සුදුසුයි. ඒ ශ්‍රාවක පිරිසට දෙන දානයෙන් මහත්ඵල ලැබෙනවා. ආර්ය මහා සඟරුවනේ තිබෙන මහානීය මාණික්‍ය රත්නය නම් මෙයයි. මේ සත්‍ය වචනයෙන් සෙත් වේවා!

07. ගෞතම බුදු සමිඳුන්ගේ සසුන තුළ දැඩි සිතින් යුක්තව ප්‍රතිපත්තියේ යෙදිලා කෙලෙසුන්ගෙන් නිදහස් වුන යම් ශ්‍රාවකයෙක් ඉන්නවා නම්, උන්වහන්සේලා තමයි ඒ අමා නිවනට බැසගත්තේ. උන්වහන්සේලාට තමන් ලැබූ ඒ අමා නිවන් සුවය හිතුමනාපයට විඳගන්න පුළුවනි. ආර්ය මහා සඟරුවනේ තිබෙන මහානීය මාණික්‍ය රත්නය නම් මෙයයි. මේ සත්‍ය වචනයෙන් සෙත් වේවා!

08. පොළොවේ ගැඹුරටම සාරා සිටවපු ඉන්ද්‍රඛීලයක් තියෙනවා. සිව් දිශාවෙන් කොතරම් සැඩ සුළං හැමුවත් ඒ ඉන්ද්‍රඛීලය සෙළවෙන්නේ නෑ. චතුරාර්ය සත්‍යාවබෝධයට පැමිණුන සත්පුරුෂයාත් එබඳු කෙනෙක් කියලයි මම කියන්නේ. ආර්ය මහා සඟරුවනේ තිබෙන මහානීය මාණික්‍ය රත්නය නම් මෙයයි. මේ සත්‍ය වචනයෙන් සෙත් වේවා!

09. ගාම්භීර ප්‍රඥාවෙන් යුක්ත වූ බුදු සමිඳුන් මැනැවින් දේශනා කොට වදාළ චතුරාර්ය සත්‍යය ධර්මයන් යම් ශ්‍රාවකයෙකුට අවබෝධ වුනොත් ඔහු කොතරම් ප්‍රමාද වුනත් අට වෙනි උපතක් කරා යන්නෙ නෑ. ආර්ය මහා සඟරුවනේ තිබෙන මහානීය මාණික්‍ය රත්නය නම් මෙයයි. මේ සත්‍ය වචනයෙන් සෙත් වේවා!

10. ඒ ශ්‍රාවකයා තුළ චතුරාර්ය සත්‍යය පිළිබඳව සත්‍ය ඤාණයට පැමිණීමත් සමඟම සක්කාය දිට්ඨි, විචිකිච්ඡා හා යම්කිසි මිත්‍යා සීල ව්‍රත කියන මේ සංයෝජන තුන දුරුවෙලා යනවා. ඔහු සතර අපායෙන් මැනැවින්ම නිදහස් වෙනවා. **(ආනන්තරීය පාප කර්ම පහත්, නියත මිත්‍යා දෘෂ්ටියත් යන)** මේ පව් හය ඔහුගේ අතින් කෙරෙන්නේ නෑ. ආර්ය මහා

සඟරුවනේ තිබෙන මහානීය මාණික්‍ය රත්නය නම් මෙයයි. මේ සත්‍ය වචනයෙන් සෙත් වේවා!

11. ඒ ආර්ය ශ්‍රාවකයා කයින් වේවා, වචනයෙන් වේවා, චේතනාවකින් වේවා යම්කිසි වරදක් කරනවා නම්, ඔහුට ඒ වැරැද්ද සඟවාගෙන ඉන්න පුළුවන්කමක් නෑ. වරද සඟවනවා කියන එක ධර්මය දැකපු කෙනෙකුට කරන්න බැරි දෙයක් බවයි මා විසින් පවසන්නේ. ආර්ය මහා සඟරුවනේ තිබෙන මහානීය මාණික්‍ය රත්නය නම් මෙයයි. මේ සත්‍ය වචනයෙන් සෙත් වේවා!

12. ග්‍රීස්ම ඍතුවේ මුල්ම ගිම්හානය වූ වසන්ත කාලයේ වනගොමුවල ලස්සනට මල් පිපෙනවා. ඒ විදිහටමයි ලෝක සත්වයාට පරම සෙත සලසන ඒ අමා නිවන කරා රැගෙන යන උතුම් ධර්මය වදාළේ. බුදු සමිඳුන් තුළ ඇති මහානීය මාණික්‍ය රත්නය නම් මෙයයි. මේ සත්‍ය වචනයෙන් සෙත් වේවා!

13. උතුම් නිවන අවබෝධ කළ, උතුම් නිවන දන් දෙන, උතුම් නිවන මතු කොට පෙන්වන, අනුත්තර වූ බුදු සමිඳාණන් උතුම් ධර්මයකුයි වදාළේ. බුදු සමිඳුන් තුළ ඇති මහානීය මාණික්‍ය රත්නය නම් මෙයයි. මේ සත්‍ය වචනයෙන් සෙත් වේවා!

14. යම් රහතන් වහන්සේ නමක් තුළ පැරණි කර්ම ප්‍රහාණය වුනා නම්, අලුතින් කර්ම රැස්වෙන්නෙ නැත්නම්, අනාගත භවයක හිත ඇලෙන්නේ නැත්නම්, උන්වහන්සේලා තුළ විඤ්ඤාණය නැමැති බීජය (කවදාවත් පැළවෙන්නෙ නැති විදිහට) නැතිවෙලයි තියෙන්නෙ. තෘෂ්ණාව වැඩෙන්නෙ නෑ. මෙන්න මේ පහන නිවිල යනවා වාගේ ඒ ප්‍රඥාවන්ත මුනිවරු නිවිලා යනවා. ආර්ය මහා සඟරුවනේ තිබෙන මහානීය මාණික්‍ය රත්නය නම් මෙයයි. මේ සත්‍ය වචනයෙන් සෙත් වේවා!

15. මෙතන අහසේ හරි, පොළොවේ හරි, යම් භූත පිරිසක් රැස්වෙලා ඉන්නවා නම්, අපි කවුරුත් දෙව් මිනිසුන් විසින් පුදන ලද තථාගත බුදු සමිඳාණන්ට නමස්කාර කරමු. හැම දෙනාටම සෙත් වේවා!

16. මෙතන අහසේ හරි, පොළොවේ හරි, යම් භූත පිරිසක් රැස්වෙලා ඉන්නවා නම්, අපි කවුරුත් දෙව් මිනිසුන් විසින් පුදන ලද තථාගතයන් වහන්සේ විසින් වදාළ ශ්‍රී සද්ධර්මයට නමස්කාර කරමු. හැම දෙනාටම සෙත් වේවා!

17. මෙතන අහසේ හරි, පොළොවේ හරි, යම් භූත පිරිසක් රැස්වෙලා ඉන්නවා නම්, අපි කවුරුත් දෙව් මිනිසුන් විසින් පුදන ලද තථාගතයන් වහන්සේගේ ආර්ය ශ්‍රාවක සඟරුවනට නමස්කාර කරමු. හැම දෙනාටම සෙත් වේවා!

මේ වනාහී රතන සූත්‍රයයි.

සාදු! සාදු!! සාදු!!!

7. තිරෝකුඩ්ඩ සූත්‍රය
බිත්තියෙන් එහා පැත්ත ගැන වදාළ දෙසුම

01. (මියගිය ඤාතීන් පෙරේත ලෝකයේ ඉපදුනාට පස්සේ) තමන් කලින් හිටපු ගෙවල්වලට ආයෙමත් එනවා. ඇවිදින් බිත්තියෙන් එහා පැත්තෙත්, දොර මුල්ලෙත්, බිත්තිය මුල්ලෙත්, හතර මං හන්දිවලත් ඉන්නවා.

02. ගෙවල්වල උදවිය හොඳට කෑම බීම හදාගෙන, කාල බීලා ඉන්නකොට අර මැරිච්ච උදවියගේ අකුසල කර්ම නිසා කාටවත් ඔවුන්ව මතක් වෙන්නෙ නෑ.

03. නමුත් ඔවුන් ගැන අනුකම්පා කරන ඤාතිවරු සුදුසු කාලෙට කැපසරුප් විදිහට පිරිසිදුව ප්‍රණීත විදිහට දානෙ හදලා ඒ ඤාතීන්ගේ නාමයෙන් (ගුණවතුන්ට) පූජා කරනවා.

04. 'අපගේ පරලොව ගිය ඤාතීන්ට මේ පින අයිති වෙත්වා! ඒ නෑදෑයෝ සුවපත් වෙත්වා!' කියලා පින් දෙන කොට එතැනට ඒ මිය පරලොව ගිය ඤාති ප්‍රේතයෝ රැස්වෙනවා.

05. හොඳට දන් පැන් පූජා කරලා, ඒ පින් අනුමෝදන් කරන කොට 'අනේ අපේ මේ නෑදෑයෝ බොහෝ කලක් ජීවත් වෙත්වා! ඔවුන් නිසා අපට මේ පුණ්‍ය සම්පත් ලැබුනා නෙව. අපටත් පූජාවන් ලැබුනා නෙව' කියල ඒ ඤාති ප්‍රේතයෝ සෙත් පතනවා. දන් දුන්න උදවියටත් නිෂ්ඵල වෙන්නෙ නෑ.

06. ඒ ප්‍රේත ලෝකයේ කුඹුරු වැඩ නෑ. ගව පාලනයක් නෑ. වෙළහෙළඳාමකුත් නෑ. රන් රිදී, මිළ මුදල් ගණුදෙනුවකුත් නෑ. කළුරිය කරලා ප්‍රේත ලෝකයේ උපන්නාට පස්සේ මේ මිනිස් ලෝකෙන් දෙන පිනකින් තමයි ඒ උදවිය ජීවත් වෙන්නෙ.

07. ඒක උස් බිමකට වැටුන ජලය පහත් බිමකට ගලාගෙන යනවා වගේ දෙයක්. ඒ විදිහටම තමයි මේ මිනිස් ලොව ඤාතීන් විසින් දෙන පින්වලින් ප්‍රේතයින්ට සැප ලැබෙන්නෙ.

08. ඒ වගේම මහා ගංගා, කුඩා ඇළ දොළවලින් රැස්වෙන දියෙන් මහ සයුර පිරෙනවා වගෙයි, මිනිස් ලොව ඤාතීන් විසින් දෙන පින්වලින් තමයි ප්‍රේතයින්ට සැප ලැබෙන්නෙ.

09. ඒ ඤාතීන් ජීවත් වෙලා ඉන්න කාලෙ 'මට මේ මේ දේවල් දීලා තියෙනවා. මට මේ මේ උපකාර කරලා තියෙනවා. මේ අය මගේ ඤාති මිත්‍රයො. මේ අය මගේ යාළුවෝ' කියලා ඔවුන්ට ඉස්සර කරපු කියපු උපකාර සිහි කර ගෙන පින් දෙන්න ඕන.

10. අඬලා වැඩක් නෑ. ශෝක වෙලා වැඩක් නෑ. වෙන වැළපීමක් කරලා වැඩක් නෑ. ප්‍රේත ලෝකයේ උපදින අයට ඒකෙන් කිසි ප්‍රයෝජනයක් නෑ. ඒ ඤාති ප්‍රේතයෝ ඒ විදිහටම එහෙ ඉන්නවා.

11. (බිම්බිසාර රජතුමනි, ඔබ අද තමන්ගේ මියගිය ඤාතීන් උදෙසා) මේ දානය පූජා කරගත්තා. ආර්ය සංඝයා කෙරෙහි පිදූ දානය යහපත් ලෙස පිනෙහි පිහිටියා. බොහෝ කලක් ඒ උදවියට මේ පින හිත සුව පිණිස හේතුවෙනවා. මේ මොහොතේම ඒ ඇත්තන්ට මේ පින් ලැබෙනවා.

12. මේක හොඳ ඤාති ධර්මයක්. හොඳ ආදර්ශයක්. මියගිය උදවියට උසස් පූජාවක් කළා වෙනවා. භික්ෂු සංඝයාට ශක්තියක් ලබාදුන්නා වෙනවා. (රජතුමනි,) ඔබ විසින් බොහෝ කලක් යහපත පිණිස හේතුවෙන මහත් පිනක් රැස්කර ගත්තා.

මේ වනාහී තිරෝකුඩ්ඩ සූත්‍රයයි.

සාදු! සාදු!! සාදු!!!

8. නිධිකණ්ඩ සූත්‍රය
පුණ්‍ය නිධානය ගැන වදාළ දෙසුම

01. 'මට අවශ්‍යතාවයක් ඇති වුනොත් මගේ ප්‍රයෝජනයට මේක හේතුවෙනවා' කියල හිතලා කෙනෙක් වතුර එනකල් ගැඹුරට හාරලා, නිධාන තැන්පත් කරනවා.

02. රජවරුන්ට යම් යම් වස්තුව ගෙවා රැකවරණය ලැබීමටත්, හොරුන්ගෙන් වන පීඩාවලදී ඔවුන්ට වස්තුව දීලා නිදහස් වීමටත්, ණයකාරයන්ගෙන් නිදහස් වීමටත්, දුර්භික්ෂ කාලයකදී ගැනීම පිණිසත්, මේ ලෝකයේ 'නිධාන' කියලා දෙයක් තැන්පත් කරනවා.

03. ඉතින් වතුරට යනකල් ගැඹුරට හාරලා වඩාත් සුරක්ෂිත විදිහට ඒ නිධාන තැන්පත් කළත් ඒ හැම නිධානයක්ම හැමදාම ඔහුට ප්‍රයෝජනයට ගන්නට ලැබෙන්නේ නෑ.

04. එක්කෝ ඒ නිධානය තිබුන තැනින් වෙනස් වෙනවා. එක්කෝ ඔහුට නිධන් කළ තැන අමතක වෙනවා. එක්කෝ නාගයෝ ඒ නිධානය තිබුණු තැනින් වෙනස් කරනවා. එක්කෝ යක්ෂයෝ ඒ නිධානය අරගෙන යනවා.

05. එක්කෝ ඔහුට නොපෙනෙන්නට ඔහු අකමැති උරුමක්කාරයෙක් නිධානය ගොඩ ගන්නවා. යම් දවසක පින ගෙවිලා ගියොත් එතකොට ඒ ඔක්කොම වැනසිලා යනවා.

06. යම්කිසි ස්ත්‍රියක් හෝ වේවා පුරුෂයෙක් හෝ වේවා දන් දෙනවා නම්, සිල් රකිනවා නම්, සිත දමනය කරගෙන භාවනාවේ යෙදෙනවා නම්, අන්න ඒක තමයි ඉතා හොඳින් තැන්පත් කරපු නිධානය වෙන්නෙ.

07. දාගැබ් වහන්සේලාටත්, ගුණවත් සංඝයාටත්, ආගන්තුකයින්ටත්, යම් පුද්ගලයෙකුටත්, මව් පියන්ටත්, වැඩිමහළු සහෝදර සහෝදරියන්ටත්,

08. දන් දීම්, ගෞරව දැක්වීම් ආදිය කරනවා නම්, මනා කොට තැන්පත් කරපු මෙම නිධානය කාටවත් සොරකම් කරන්න බෑ. පරලොව යද්දී තමාගේ පස්සෙන්ම එනවා. ඔක්කොම අත්හැරලා පරලොව යන්න සූදානම් වෙනකොට මේ පුණ්‍ය නිධානය තමයි අරගෙන යන්න තියෙන්නේ.

09. මේ පුණ්‍ය නිධානය හැමදෙනාටම බෙදා ගන්න බෑ. හොරුන්ට පැහැර ගන්නත් බෑ. තමා පස්සෙන් එන අන්න ඒ පුණ්‍ය නිධානයයි නුවණැත්තා පින් වශයෙන් කළ යුත්තේ.

10. දෙවි මිනිසුන්ට තමන් කැමැති හැම සැප සම්පතක්ම දෙන්නේ මේ පුණ්‍ය නිධානයෙන් තමයි. යමෙක් යම් දෙයක් ප්‍රාර්ථනා කරනවා නම් ඒ සියල්ලම මේ පුණ්‍ය නිධානයෙන් ලබාගන්න පුළුවනි.

11. ලස්සන රූපයක් ලැබෙන්නත්, මිහිරි ස්වරයක් ලැබෙන්නත්, මනා අඟ

පසඟෙන් යුතු සුන්දර සිරුරක් ලැබෙන්නත්, ඉහළ සමාජ තත්වයක් ඇතුව පිරිවර සම්පත් ලැබෙන්නත් මේ පුණ්‍ය නිධානය හේතුවෙනවා.

12. ප්‍රාදේශීය රජකම් ලැබෙන්නත්, අධිපති බව ලැබෙන්නත්, ප්‍රිය මනාප වූ සක්විති සැප ලැබෙන්නත්, දෙව්ලොව දිව්‍ය රාජ සම්පත් ලැබෙන්නත්, මේ හැමදේකටම මේ පුණ්‍ය නිධානය හේතුවෙනවා.

13. මිනිස් ලොව සැපත්, දිව්‍ය ලෝක සැපත්, තව සැප සම්පත් ඇත්නම් ඒවාත්, ඒ අමා නිවන් සුවයත් යන මේ හැමදෙයක්ම **(දාන, ශීල, භාවනා තුළින් ලබාගන්නා)** පුණ්‍ය නිධානයෙන් ලබාගන්න පුළුවනි.

14. කල්‍යාණමිත්‍ර සම්පත්තියට පැමිණ, යෝනිසෝ මනසිකාරයේ යෙදීම නිසා, විද්‍යා විමුක්ති වශයෙන් ලබන චිත්ත දියුණුව කරායන්නත්, ඒ ගුණධර්ම කෙරෙහි සිතේ වසඟය පවත්වන්නටත්, මේ හැමදේකටම පුණ්‍ය නිධානය හේතුවෙනවා.

15. අර්ථ, ධර්ම, නිරුක්ති, ප්‍රතිභාන යන පටිසම්භිදාවන්, අෂ්ට විමෝක්ෂයන්, ශ්‍රාවක බෝධියත්, පසේ බුදු බවත්, සම්මා සම්බුදු බවත් යන මේ හැම දේකටම පුණ්‍ය නිධානය හේතුවෙනවා.

16. ඔය විදිහට යම් මේ පුණ්‍ය සම්පත්තියක් ඇද්ද, එය විශාල යහපතක් සලසනවා. ඒ නිසයි ප්‍රඥාවන්ත සත්පුරුෂයන් කළ පින් ඇති බව ගැන ප්‍රශංසා කරන්නේ.

මේ වනාහී නිධිකණ්ඩ සූත්‍රයයි.

සාදු! සාදු!! සාදු!!!

9. මෙත්ත සූත්‍රය

මෙත් පැතිරවීම ගැන වදාළ දෙසුම

01. යම් ශාන්ත වූ ඒ අමා නිවන් සුවයක් වේද, එය ලබාගන්නට කැමැති දක්ෂ කෙනාට ඒ ගැන කුසලතා තියෙන්න ඕන. ඍජුකම තියෙන්න ඕන. වඩාත් ඍජු වෙන්න ඕන. ඒ වගේම ධාර්මික අවවාද අනුශාසනාවලට කීකරු වෙන්න ඕන. මෘදු මොළොක් වෙන්න ඕන. නිහතමානී වෙන්න ඕන.

02. ලද දෙයින් සතුටුවන කෙනෙක් වෙන්න ඕන. කාටවත් බරක් නැතුව පහසුවෙන් යැපෙන කෙනෙක් වෙන්න ඕන. වැඩකටයුතු අඩු කෙනෙක් වෙන්න ඕන. සැහැල්ලු පැවතුම් ඇති කෙනෙක් වෙන්න ඕන. ශාන්ත ඉන්ද්‍රියයන් ඇති කරගන්න ඕන. තැනට සුදුසු නුවණ තියෙන්න ඕන. හිතුවක්කාර විදිහට ගොරෝසු නොවෙන්න ඕන. දායක පවුල්වල නොඇලී සිටින්න ඕන. සිව්පසයට ගිජු නොවී ඉන්න ඕන.

03. ධර්මයේ හැසිරෙන බුද්ධිමත් කෙනෙකුගේ ගර්හාවට ලක්වෙන විදිහේ කුඩා වරදක්වත් නොකර ඉන්න ඕන. 'සියලු සත්වයෝ සුවපත් වෙත්වා! භය නැත්තෝ වෙත්වා! සුවපත් වූ සිත් ඇත්තෝ වෙත්වා!'

04. තැතිගන්නා සුළු යම්කිසි සත්වයෙක් ඉන්නවා නම්, තැති නොගන්නා රහතුන්ද සිටිනවා නම් ඒ හැමදෙනාත්, ඒ වගේම දිග සිරුරු ඇති සතුන් හෝ වේවා, මහා සිරුරු ඇති සතුන් හෝ වේවා, මධ්‍යම සිරුරු ඇති සතුන් හෝ වේවා, කුඩා සිරුරු ඇති සතුන් හෝ වේවා, ඉතා කුඩා සිරුරු ඇති සතුන් හෝ වේවා, තර වූ සිරුරු ඇති සතුන් හෝ වේවා,

05. දක්නට ලැබෙන සතුන් හෝ වේවා, දැක්ක නොහැකි සතුන් හෝ වේවා, දුර සිටින සතුන් හෝ වේවා, ළඟ සිටින සතුන් හෝ වේවා, ඉපදී සිටින සතුන් හෝ වේවා, උපතක් කරා යන සතුන් හෝ වේවා, ඒ සියලු සත්වයෝ සුවපත් වූ සිත් ඇත්තෝ වෙත්වා!

06. තවත් කෙනෙක් තව කෙනෙකුව රවටන්න එපා! තවත් කෙනෙකුට අවමන් කරන්න එපා! දොස් කියන්න එපා! තරහා ගන්නත් එපා! තව කෙනෙකුගේ දුකට කැමැති වෙන්න එපා!

07. අම්මා කෙනෙක් තමන්ගේ එකම දරුවාව දිවි හිමියෙන් ආදරයෙන් රැක බලාගන්නවා වගෙයි, ඒ විදිහටම හැම සත්වයෙක් ගැනම ප්‍රමාණ රහිත කොටම මෙත් සිත් පතුරුවන්න ඕන.

08. උඩට, යටට, හරස් අතට කිසි බාධාවක් නැතුව වෛර නැති, සතුරු නැති මෛත්‍රී සහගත සිත සියලු සත්වයන් කෙරෙහි ප්‍රමාණ රහිත කොටම පතුරුවන්න ඕන.

09. හිටගෙන ඉන්න කොටත්, ඇවිදින කොටත්, හිඳගෙන ඉන්න කොටත්, නිදන කොටත්, නොනිදා ඉන්න කොටත්, මේ මෛත්‍රී භාවනාව ගැන සිහිය පිහිටුවා ගෙනමයි ඉන්න ඕන. මේ මෛත්‍රී භාවනාවට බුදු සසුන තුළ කියන්නේ 'බ්‍රහ්ම විහරණය' කියලයි.

10. මිත්‍යා දෘෂ්ටියකට පැමිණෙන්නෙ නැති ඒ සිල්වත් කෙනා චතුරාර්ය සත්‍ය දර්ශනයෙන් යුක්ත වෙලා, පංච කාමය ගැන ඇති ආශාව දුරු කළොත් ආයෙත් නම් ගර්භාෂයක (උපතක් ලබාගෙන) නිදන්නට එන්නෙ නෑ.

මේ වනාහී මෙත්ත සූත්‍රයයි.

සාදු! සාදු!! සාදු!!!

ඛුද්දකපාඨ පාළි නිමා විය.

නමෝ තස්ස භගවතෝ අරහතෝ සම්මාසම්බුද්ධස්ස
ඒ භාග්‍යවත් අරහත් සම්මා සම්බුදුරජාණන් වහන්සේට නමස්කාර වේවා!

සූත්‍ර පිටකයට අයත්
ඛුද්දක නිකායේ
දෙවන ග්‍රන්ථය

ධම්ම පදය

1. යමක වර්ගය
ගාථා දෙක බැගින් වදාළ කොටස

1. මනෝපුබ්බංගමා ධම්මා - මනෝසෙට්ඨා මනෝමයා
මනසා චේ පදුට්ඨේන - භාසති වා කරෝති වා
තතෝ නං දුක්ඛමන්වේති - චක්කං'ව වහතෝ පදං

ජීවිතයේ හැම දේකටම සිතයි මුල්වෙන්නේ. සිතම තමයි ශ්‍රේෂ්ඨ වෙන්නේ. සිතින්මයි හටගන්නේ. යම් හෙයකින් සිත නරක් කරගෙන යමක් කිව්වොත් හරි, යමක් කෙරුවොත් හරි, ඒකෙන් ලැබෙන දුක් විපාක ඔහුගේ පස්සෙන් ලුහුබඳිනවා. කරත්තේ බැඳලා ඉන්න ගොනාගෙ පස්සෙන් එන

රෝදයක් වගෙයි.

(ජේතවනාරාමයේදී චක්ඛුපාල තෙරුන් අරභයා වදාළ ගාථාවකි.)

2. **මනෝපුබ්බංගමා ධම්මා - මනෝසෙට්ඨා මනෝමයා**
මනසා චේ පසන්නේන - භාසති වා කරෝති වා
තතෝ නං සුඛමන්වේති - ඡායා'ව අනපායිනී

ජීවිතයේ හැම දේකටම සිතයි මුල්වෙන්නේ. සිතම තමයි ශ්‍රේෂ්ඨ වෙන්නේ. සිතින්මයි හටගන්නේ. යම් හෙයකින් යහපත් සිතින් යමක් කිව්වොත් හරි, යමක් කෙරුවොත් හරි, ඒකෙන් ලැබෙන සැප විපාක ඔහුගේ පස්සෙන්ම එනවා. තමාව අත්නොහරින හෙවනැල්ලක් වගෙයි.

(ජේතවනාරාමයේදී මට්ටකුණ්ඩලී දිව්‍ය පුත්‍රයා අරභයා වදාළ ගාථාවකි.)

3. **අක්කොච්ඡි මං අවධි මං - අජිනි මං අහාසි මේ**
යේ තං උපනය්හන්ති - වේරං තේසං න සම්මති

"අසවල් කෙනා මට බැන්නා, මට පහර දුන්නා. මාව පරාජය කළා, මගේ දේ පැහැරගත්තා" කිය කියා හිතන්ට ගිහින්, යම් කෙනෙක් ක්‍රෝධයෙන් බැඳිල ගියොත්, ඒ උදවියගේ වෛරය නම් සංසිඳෙන්නේ නෑ.

4. **අක්කොච්ඡි මං අවධි මං - අජිනි මං අහාසි මේ**
යේ තං න උපනය්හන්ති - වේරං තේසූපසම්මති

"අසවල් කෙනා මට බැන්නා, මට පහර දුන්නා. මාව පරාජය කළා, මගේ දේ පැහැරගත්තා" කිය කියා නොසිතා, යම් කෙනෙක් ක්‍රෝධයක් ඇතිකරග න්නෙ නැත්නම්, ඒ උදවියගේ වෛරය සංසිඳිලා යනවා.

(ජේතවනාරාමයේදී ථුල්ලතිස්ස තෙරුන් අරභයා වදාළ ගාථාවන්ය.)

5. **න හි වේරේන වේරානි - සම්මන්තීධ කුදාචනං**
අවේරේන ච සම්මන්ති - ඒස ධම්මෝ සනන්තනෝ

මේ ලෝකයේ කවරදාවත් වෛර කිරීමෙන් නම් වෛරය සංසිඳෙන්නේ නෑ. වෛර නොකිරීමෙන් මයි වෛරය සංසිඳෙන්නේ. මේක මේ ලෝකයේ තිබෙන සනාතන ධර්මයක්.

(ජේතවනාරාමයේදී කාළි යක්ෂණිය අරභයා වදාළ ගාථාවකි.)

6. **පරේ ච න විජානන්ති - මයමෙත්ථ යමාමසේ**
යේ ච තත්ථ විජානන්ති - තතෝ සම්මන්ති මේධගා

"මේ විදිහට කෝලාහල කරගන්ට ගියොත්, අපිමයි විනාශ වෙන්නේ කියල" මේ කෝලාහල කරන උදවිය දන්නෙ නෑ. නමුත් මේ කෝලාහල වලින් වැනසෙන්නෙ අපිමයි කියල යම් කෙනෙක් දන්නවා නම්, ඒ තුළින්මයි කෝලාහල සංසිඳෙන්නේ.

(කොසඹෑ නුවර දී කළහකාරී භික්ෂූන් අරභයා වදාළ ගාථාවකි.)

7. **සුභානුපස්සිං විහරන්තං - ඉන්ද්‍රියේසු අසංවුතං**
භෝජනම්හි අමත්තඤ්ඤුං - කුසීතං හීනවීරියං
තං වේ පසහති මාරෝ - වාතෝ රුක්ඛං'ව දුබ්බලං

තමාව ඇවිස්සෙන විදිහට අරමුණු සුභ වශයෙන්ම බල බලා ඉන්ට ගියොත්, ඇස් කණ් ආදී ඉන්ද්‍රියන් අසංවර කරගත්තොත්, දන් වැළඳීමේ අර්ථය පවා දන්නෙ නැත්නම්, ඔහු කුසීත වූ, හීන වීරිය ඇති කෙනෙක්. ඔහු මාරයාට යටවෙන්නේ මහා සුළඟකින් කඩාගෙන වැටෙන දුර්වල ගහක් වගේ.

8. **අසුභානුපස්සිං විහරන්තං - ඉන්ද්‍රියේසු සුසංවුතං**
භෝජනම්හි ච මත්තඤ්ඤුං - සද්ධං ආරද්ධවීරියං
තං වේ නප්පසහති මාරෝ - වාතෝ සේලං'ව පබ්බතං

රාගය දුරුවෙලා යන විදිහට අසුභ දෙය අසුභ වශයෙන්ම දකිමින් ඉන්නවා නම්, ඇස් කන් ආදී ඉන්ද්‍රියන් සංවර කරගෙන නම්, දන් වැළඳීමේ අර්ථය දන්නවා නම්, ඔහු ශ්‍රද්ධාවන්ත කෙනෙක්. ආර්ය අෂ්ටාංගික මාර්ගයේ ගමන් කරන, පටන්ගත් වීරිය ඇති කෙනෙක්. මාරයාට ඔහුව සොළවන්ටවත් බැහැ. කොයි තරම් හුළං හැමුවත් සොළවන්නට බැරි ගල් පර්වතයක් වගෙයි.

(සේතව්‍ය නුවරදී චූලකාල, මහාකාල භික්ෂූන් අරභයා වදාළ ගාථාවන්ය.)

9. **අනික්කසාවෝ කාසාවං - යෝ වත්ථං පරිදහෙස්සති**
අපේතෝ දමසච්චේන - න සෝ කාසාවමරහති

කවුරු හරි කසාවත පොරවා ගෙන ඉන්නෙ කෙලෙස් කහටත් එක්ක නම්, ඉන්ද්‍රිය දමනයක් නැති, ඇත්ත කතා කිරීමක් නැති ඒ පුද්ගලයා (මේ අරහත් ධජය වූ) කසාවත පොරවන්ට කිසිසේත් සුදුසු නෑ.

10. **යෝ ච වන්තකසාවස්ස - සීලේසු සුසමාහිතෝ**
උපේතෝ දමසච්චේන - ස වේ කාසාවමරහති

කසාවත දරාගෙන ඉන්න කෙනා කෙලෙස් කහට වමනෙ දැම්මා නම්,

සිල්වත් නම්, සමාධියකින් යුක්ත නම්, ඉන්ද්‍රිය දමනයෙන් යුක්ත නම්, ඇත්ත කතා කරන කෙනෙක් නම්, ඇත්තෙන්ම ඔහු තමයි කසාවතට නියම සුදුස්සා.

(ජේතවනාරාමයේදී දේවදත්ත අරහයා වදාළ ගාථාවන්ය.)

11. **අසාරේ සාරමතිනෝ - සාරේ චාසාරදස්සිනෝ**
තේ සාරං නාධිගච්ඡන්ති - මිච්ඡාසංකප්ප ගෝචරා

මේ ලෝකයේ නිස්සාර දේවල් තියෙනවා. සමහරුන්ට ඒවා පේන්නෙ සාරවත් විදිහටමයි. සීල, සමාධි, ප්‍රඥා ආදී සාරවත් දේ, නිස්සාර දේවල් හැටියටයි ඔවුන්ට පේන්නෙ. මිථ්‍යා අදහස්වලටයි ඔවුන් ගොදුරු වෙලා ඉන්නෙ. ඔවුන්ට සාරවත් දෙයක් නම් ලැබෙන්නෙ නෑ.

12. **සාරඤ්ච සාරතෝ ඤත්වා - අසාරඤ්ච අසාරතෝ**
තේ සාරං අධිගච්ඡන්ති - සම්මා සංකප්පගෝචරා

සම්මා දිට්ඨිය නිසා, සම්මා සංකප්ප ඇති කරගත්ත උදවිය ඉන්නවා. ඔවුන් සීල, සමාධි, ප්‍රඥා ආදී සාරවත් දේ, සාරවත් දේ හැටියටම අවබෝධයෙන් දන්නවා. නිස්සාර දේ නිස්සාර දේ හැටියටත් දන්නවා. ඒ නිසා ඔවුන් සාරවත් වූ නිවන අවබෝධ කරගන්නවා.

(වේළුවනාරාමයේදී සංජය පිරිවැජියා අරහයා වදාළ ගාථාවන්ය.)

13. **යථාගාරං දුච්ඡන්නං - වුට්ඨී සමතිවිජ්ඣති**
ඒවං අභාවිතං චිත්තං - රාගෝ සමතිවිජ්ඣති

ගෙයක වහලය සෙවිලි කරලා තියෙන්නෙ වැරදි පිළිවෙළට නම්, වැස්ස වහිනකොට ඒ වහලය තුළින් ගෙට වතුර ගලනවා. සමථ විදර්ශනා භාවනාවෙන් දියුණු නොකළ සිතත් ඔය වගේම තමයි. ඒ සිත තුළට රාගය ඇතුල් වෙනවා.

14. **යථාගාරං සුච්ඡන්නං - වුට්ඨී න සමතිවිජ්ඣති**
ඒවං සුභාවිතං චිත්තං - රාගෝ න සමතිවිජ්ඣති

ගෙයක වහලය සෙවිලි කරලා තියෙන්නෙ නියම පිළිවෙළට නම්, වැස්ස වහිනකොට ඒ වහලය තුළින් ගෙට වතුර ගලන්නේ නෑ. සමථ විදර්ශනා භාවනාවෙන් දියුණු කරපු සිතත් ඔය වගේම තමයි. ඒ සිත තුළට රාගය ඇතුල්වෙන්නෙ නෑ.

(ජේතවනාරාමයේදී නන්ද තෙරුන් අරහයා වදාළ ගාථාවන්ය.)

15. ඉධ සෝචති පෙච්ච සෝචති - පාපකාරී උභයත්ථ සෝචති
සෝ සෝචති සෝ විහඤ්ඤති - දිස්වා කම්මකිලිට්ඨමත්තනෝ

පව් කරන පුද්ගලයා තමයි මෙලොවදී ශෝක වෙන්නේ. පරලොවදීත් ඔහුමයි ශෝක වෙන්නේ. දෙලොවදීම ඔහු ශෝක වෙනවා. තමන් විසින් සිදුකරගත්තු කිලිටි අකුසල කර්ම දැකලා, ඔහු ශෝක වෙනවා. පීඩාවට පත් වෙනවා.

(වේළුවනාරාමයේදී චුන්ද සූකරික නම් ඌරුවැද්දා අරභයා වදාළ ගාථාවකි.)

16. ඉධ මෝදති පෙච්ච මෝදති - කතපුඤ්ඤෝ උභයත්ථ මෝදති
සෝ මෝදති සෝ පමෝදති - දිස්වා කම්මවිසුද්ධිමත්තනෝ

මෙලොව සතුටු වෙන්නෙත් පින් කරගත් කෙනාමයි. පරලොව සතුටු වෙන්නෙත් පින් කර ගත් කෙනාමයි. දෙලොවදීම සතුටු වෙන්නෙත් ඔහු මයි. තමන් විසින් කරගත්තු පිරිසිදු කුසල කර්ම දැකලා, ඔහු සතුටු වෙනවා. සතුටින් පිනායනවා.

(ජේතවනාරාමයේදී ධම්මික උපාසකතුමා අරභයා වදාළ ගාථාවකි.)

17. ඉධ තප්පති පෙච්ච තප්පති - පාපකාරී උභයත්ථ තප්පති
පාපං මේ කතන්ති තප්පති - භියෝ තප්පති දුග්ගතිං ගතෝ

පව් කරන පුද්ගලයා තමයි මෙලොවදී පසුතැවෙන්නේ. පරලොවදී පසුතැවෙන්නෙත් ඔහු මයි. ඔහු දෙලොවදීම පසුතැවෙනවා. 'අයියෝ! මං පව් කරගත්තා' කියලා පසුතැවෙනවා. අපායේ ඉපදුණාට පස්සෙ ඔහු ගොඩක් පසුතැවෙනවා.

(ජේතවනාරාමයේදී දේවදත්ත අරභයා වදාළ ගාථාවකි.)

18. ඉධ නන්දති පෙච්ච නන්දති - කතපුඤ්ඤෝ උභයත්ථ නන්දති
පුඤ්ඤං මේ කතන්ති නන්දති - භීයෝ නන්දති සුග්ගතිං ගතෝ

හොඳට පින් දහම් කරගත්ත කෙනා තමයි මෙලොවදී සතුටු වෙන්නේ. පරලොවදී සතුටු වෙන්නෙත් ඔහුමයි. දෙලොවදීම ඔහු සතුටු වෙනවා. 'මං පිං කරගත්තා' කියලා සතුටු වෙනවා. සුගතියේ ඉපදුණාට පස්සෙ ගොඩක් සතුටු වෙනවා.

(ජේතවනාරාමයේදී සුමනා සිටුකුමරිය අරභයා වදාළ ගාථාවකි.)

19. **බහුම්පි චේ සහිතං භාසමානෝ - න තක්කරෝ හෝති නරෝ පමත්තෝ**
ගෝපෝ'ව ගාවෝ ගණයං පරේසං - න භාගවා සාමඤ්ඤස්ස හෝති

ප්‍රමාදී පුද්ගලයා අනික් උදවියට කොයිතරම් ධර්ම දේශනා කළත්, තමන් ඒ ධර්මය අනුගමනය කරන්නේ නෑ. ඔහු අනුන්ගේ ගව පට්ටියක් පෝෂණය කරන ගොපල්ලෙක් වගෙයි. තමන්ගේ ශ්‍රමණ ජීවිතයෙන් මාර්ග ඵල අවබෝධයකට හිමිකාරයෙක් වෙන්නෙ නෑ.

20. **අප්පම්පි චේ සහිතං භාසමානෝ - ධම්මස්ස හෝති අනුධම්මචාරී**
රාගඤ්ච දෝසඤ්ච පහාය මෝහං - සම්මප්පජානෝ සුවිමුත්තචිත්තෝ
අනුපාදියානෝ ඉධ වා හුරං වා - ස භාගවා සාමඤ්ඤස්ස හෝති

ධර්මයේ හැසිරෙන පුද්ගලයා ධර්ම දේශනා කරන්නේ ටිකක් වෙන්න පුළුවනි. නමුත් ඔහු ඒ ධර්මයේ පිහිටලා රාග, ද්වේෂ, මෝහ දුරුකරනවා. ධර්මාවබෝධය තුළින් දුකෙන් නිදහස් වෙච්ච සිතක් ඇති කර ගන්නවා. මෙලොව, පරලොව කිසි දේකට ඔහු බැඳෙන්නෙ නෑ. තමන්ගේ ශ්‍රමණ ජීවිතෙන් උතුම් මග ඵල ලබාගැනීමේ හිමිකාරයා වෙන්නෙ අන්න ඒ භික්ෂුව තමයි.

(ජේතවනාරාමයේදී යහළු තෙරුන් දෙනමක් අරභයා වදාළ ගාථාවන්ය.)

සාදු! සාදු!! සාදු!!!

ගාථා දෙක බැගින් වදාළ කොටස නිමා විය.
(යමක වග්ගය නිමා විය.)

2. අප්පමාද වර්ගය
අප්‍රමාදී වීම ගැන වදාළ කොටස

21.1. **අප්පමාදෝ අමතපදං - පමාදෝ මච්චුනෝ පදං**
අප්පමත්තා න මීයන්ති - යේ පමත්තා යථා මතා

අප්‍රමාදීව සීල, සමාධි, ප්‍රඥා වඩන තැනැත්තා ඒ අමා නිවන කරා යනවා. කාම සැපයට වසඟ වෙලා ප්‍රමාද වෙන තැනැත්තාට ලැබෙන්නෙ ආයෙ ආයෙමත් මරණය විතරයි. අප්‍රමාදීව ධර්මයේ හැසිරෙන උදවිය අමරණීය වෙනවා. ප්‍රමාද වෙච්ච උදවිය ජීවත් වුණත් මළ කඳන් වගේ තමයි.

22.2. ඒතං විසේසතෝ ඤත්වා - අප්පමාදම්හි පණ්ඩිතා
අප්පමාදේ පමෝදන්ති - අරියානං ගෝචරේ රතා

අප්‍රමාදීව ධර්මයේ හැසිරෙන බුද්ධිමත් උදවිය ඔය ප්‍රමාද අප්‍රමාද දෙකේ වෙනස හොඳට දන්නවා. ඒ නිසා ආර්යන් වහන්සේලාගේ නවාතැන වන සත්තිස් බෝධිපාක්ෂික ධර්මයේම ඇලෙනවා. අප්‍රමාදී ගුණය ගැනම සතුටු වෙනවා.

23.3. තේ ඣායිනෝ සාතතිකා - නිච්චං දළ්හපරක්කමා
ඵුසන්ති ධීරා නිබ්බානං - යෝගක්ඛේමං අනුත්තරං

ඒ ප්‍රඥාවන්ත ශ්‍රාවකයන් වහන්සේලා නිරන්තරයෙන්ම ධ්‍යාන වඩනවා. හැම තිස්සේම දැඩි වීරියෙන් යුතුව, ධර්මයේ හැසිරෙනවා. ඒ නිසා සියලු භව බන්ධන වලින් නිදහස් වෙලා, අනුත්තර වූ ඒ අමා මහ නිවන සාක්ෂාත් කරනවා.

(ඝෝෂිතාරාමයේදී සාමාවතී බිසව හා මාගන්දියා අරභයා වදාළ ගාථාවන්ය.)

24.4. උට්ඨානවතෝ සතිමතෝ - සුචිකම්මස්ස නිසම්මකාරිනෝ
සඤ්ඤතස්ස ච ධම්මජීවිනෝ - අප්පමත්තස්ස යසෝ'භිවඩ්ඪති

නැගී සිටින වීරියෙන් යුක්ත නම්, හොඳින් සිහිය පවත්වනවා නම්, පිරිසිදු ක්‍රියාවෙන් යුක්ත නම්, නුවණින් විමසා බලා කටයුතු කරනවා නම්, සංවර නම්, ධාර්මික ජීවිතයක් ගෙවනවා නම්, අන්න ඒ අප්‍රමාදී පුද්ගලයාගේ කීර්ති රාවය ඉහළින්ම පැතිරෙනවා.

(වේළුවනාරාමයේදී කුම්භඝෝෂක අරභයා වදාළ ගාථාවකි.)

25.5. උට්ඨානේනප්පමාදේන - සඤ්ඤමේන දමේන ච
දීපං කයිරාථ මේධාවී - යං ඕඝෝ නාභිකීරති

බුද්ධිමත් ශ්‍රාවකයා වීරියෙන් නැගී සිටිමින් අප්‍රමාදයෙන් යුක්ත වෙනවා. සංවර වෙනවා. දමනය වෙනවා. කෙලෙස් සැඩපහරට යටවෙන්නෙ නැති 'ඒ අමා නිවන' නැමැති දිවයින ඒ තුළින්මයි ඔහු හදා ගන්නේ.

(වේළුවනාරාමයේදී චූල්ලපන්ථක තෙරුන් අරභයා වදාළ ගාථාවකි.)

26.6. පමාදමනුයුඤ්ජන්ති - බාලා දුම්මේධිනෝ ජනා
අප්පමාදඤ්ච මේධාවී - ධනං සෙට්ඨං'ව රක්ඛති

මේ ප්‍රඥාවක් නැති අන්ධ බාල ජනතාව කාම සැපයට අහුවෙලා, ප්‍රමාදයේම ගැලී ඉන්නවා. නමුත් බුද්ධිමත් පුද්ගලයා මේ අප්‍රමාදී බව රැකගන්නෙ, තමන් සතු මහානීය ධනයක් රකිනවා වගේ.

26.7. මා පමාදමනුයුඤ්ජේථ - මා කාමරතිසන්ථවං
අප්පමත්තෝ හි ඣායන්තෝ - පප්පෝති විපුලං සුඛං

(නැකැත් පස්සෙ දුවන බාල ජනයා ප්‍රමාද වෙන විදිහට) ප්‍රමාදයේ ඇලී ගැලී වසන්ට එපා! ඔය කාම සැපයට ඇලෙන්න එපා! කාමයත් එක්ක එකතුවෙන්ටත් එපා! අප්‍රමාදීව ඣාන භාවනා කරගත්තොත් මහා සැපයකට පත්වෙන්ට පුළුවනි.

(ජේතවනාරාමයේදී නැකැත් ක්‍රීඩාවක් අරභයා වදාළ ගාථාවන්ය.)

28.8. පමාදං අප්පමාදේන - යදා නුදති පණ්ඩිතෝ
පඤ්ඤාපාසාදමාරුය්හ - අසෝකෝ සෝකිනිං පජං
පබ්බතට්ඨෝ'ව භූම්මට්ඨේ - ධීරෝ බාලේ අවෙක්ඛති

බුද්ධිමත් ශ්‍රාවකයා යම් දවසක ප්‍රමාදය දුරුකරන්නේ අප්‍රමාදය මුල්කරගෙ නමයි. එතකොට ඔහු ප්‍රඥාවෙන් නිර්මිත ප්‍රාසාදයට නගිනවා. එතන ඉඳලා ශෝක රහිතව, ශෝක වෙන ජනතාව දිහා බලනවා. කන්දක් මුදුනට නැගපු කෙනෙක් බිම සිටින අය දිහා බලනවා වගේ, ඒ ප්‍රඥාවන්තයා බාල ජනයා දිහා බලනවා.

(ජේතවනාරාමයේදී මහා කස්සප තෙරුන් අරභයා වදාළ ගාථාවකි.)

29.9. අප්පමත්තෝ පමත්තේසු - සුත්තේසු බහුජාගරෝ
අබලස්සං'ව සීඝස්සෝ - හිත්වා යාති සුමේධසෝ

සුන්දර නුවණින් යුතු මුනිවරයා ප්‍රමාදී වූ ජනතාව අතරේ අප්‍රමාදීව ඉන්නවා. නින්දේ ගැලුණු ජනතාව අතරේ නොනිදා භාවනා කරනවා. ඔහු ඒ අමා නිවන කරා යන්නේ දුර්වල අශ්වයෙක්ව පරදවා, වේගයෙන් දුවන ජවසම්පන්න අශ්වයෙකු පරිද්දෙනි.

(ජේතවනාරාමයේදී යහළු භික්ෂූන් දෙනමක් අරභයා වදාළ ගාථාවකි.)

30.10. අප්පමාදේන මඝවා - දේවානං සෙට්ඨතං ගතෝ
අප්පමාදං පසංසන්ති - පමාදෝ ගරහිතෝ සදා

ඔය ශක්‍ර දේවේන්ද්‍රයා මිනිස් ලොව මඝ මානවක කාලෙ අප්‍රමාදීව

පින් කරගත් නිසාමයි දෙවියන් අතර ශ්‍රේෂ්ඨත්වයට පත් වුණේ. බුදුවරයන් වහන්සේලා ප්‍රශංසා කරන්නේ අප්‍රමාදයමයි. ප්‍රමාදය කියන්නේ සදාකාලයටම ගැරහුම් ලබන දෙයක්.

(විසාලා මහනුවරදී සක්දෙව් රජ අරභයා වදාළ ගාථාවකි.)

31.11. අප්පමාදරතෝ භික්ඛු - පමාදේ භයදස්සි වා
සංයෝජනං අණුං ථූලං - ඩහං අග්ගීව ගච්ඡති

යම් භික්ෂුවක් අප්‍රමාදයේ ඇලී සිටිනවා නම්, ප්‍රමාදවීමේ ඇති භයානක අනතුර දකිනවා නම්, හැම දෙයක්ම දවාගෙන යන ගින්නක් වගේ, ලොකු කුඩා හැම බන්ධනයක්ම නසාගෙන ඒ අමා නිවන කරාම යනවා.

(ජේතවනාරාමයේදී එක්තරා භික්ෂුවක් අරභයා වදාළ ගාථාවකි.)

32.12. අප්පමාදරතෝ භික්ඛු - පමාදේ භයදස්සි වා
අභබ්බෝ පරිහාණාය - නිබ්බාණස්සේව සන්තිකේ

යම් භික්ෂුවක් අප්‍රමාදයේ ඇලී ඉන්නවා නම්, ප්‍රමාද වීමේ ඇති භයානක අනතුර දකිනවා නම්, ඔහු පිරිහෙන්ට සුදුසු කෙනෙක් නොවෙයි. ඔහු ඉන්නේ ඒ අමා නිවන ළඟමයි.

(ජේතවනාරාමයේදී නිගමතිස්ස තෙරුන් අරභයා වදාළ ගාථාවකි.)

සාදු! සාදු!! සාදු!!!

අප්‍රමාදී වීම ගැන වදාළ කොටස නිමා විය.
(අප්පමාද වග්ගය නිමා විය.)

3. චිත්ත වර්ගය
සිත ගැන වදාළ කොටස

33.1. එන්දනං චපලං චිත්තං - දුරක්ඛං දුන්නිවාරයං
උජුං කරෝති මේධාවී - උසුකාරෝ'ව තේජනං

හිත කියලා කියන්නේ අරමුණක් පාසා සැලෙන දෙයක්. චපල දෙයක්. රැකගන්නට අමාරු දෙයක්. වරදින් වළක්වන්ටත් අමාරු දෙයක්. නමුත් බුද්ධිමත් කෙනා (ධර්මයේ පිහිටලා) එබඳු සිත පවා ඍජු කරගන්නවා. ඇද කුද හැරලා

ඊ දණ්ඩක් ඍජු කරන හී වඩුවෙක් වගේ.

34.2. **වාරිජෝ'ව ථලේ ඛිත්තෝ - ඕකමෝකත උබ්භතෝ**
පරිඵන්දති'දං චිත්තං - මාරධෙය්‍යං පහාතවේ

වතුරෙන් ගොඩට ගත්තු මාළුවෙක් දඟලනවා වගේ මේ හිත අරමුණෙන් අරමුණට දඟල දඟල තියෙන්නේ. එබඳු සැලෙන සිතකින් යුක්ත නිසා, සකස් වෙලා තියෙන මේ උගුල දුරුකරන්ටමයි ඕනෙ.

(වාලිකා පර්වතයේදී මේඝීය තෙරුන් අරහයා වදාළ ගාථාවන්ය.)

35.3. **දුන්නිග්ගහස්ස ලහුනෝ - යත්ථකාමනිපාතිනෝ**
චිත්තස්ස දමථෝ සාධු - චිත්තං දන්තං සුඛාවහං

මේ 'සිත' කියන්නේ නිග්‍රහ කරලා දමනය කරන්නට අමාරු දෙයක්. එක මොහොතින් වෙනස් වෙනවා. ආස කරන දේටමයි ඇදිලා යන්නේ. එබඳු සිතක් දමනය කරගැනීම කොයිතරම් හොඳ දෙයක්ද. දමනය කළ සිතින් මහා සැපයක් ලබන්නට පුළුවනි.

(සැවැත් නුවරදී එක්තරා භික්ෂුවක් අරහයා වදාළ ගාථාවකි.)

36.4. **සුදුද්දසං සුනිපුනං - යත්ථකාමනිපාතිනං**
චිත්තං රක්ඛේථ මේධාවී - චිත්තං ගුත්තං සුඛාවහං

සිතේ ඇත්ත ස්වභාවය දකින එක හරිම අමාරුයි. ඒ වගේම සිත ගොඩක් සියුම්. හිතුමනාපෙ ආසකරන දේටම ඇදිලා යනවා. බුද්ධිමත් කෙනා තමයි එබඳු සිත නොමඟට වැටෙන්නට නොදී රැක ගන්නේ. හොඳින් රැකගත් සිතින් මහා සැපයක් ලබන්නට පුළුවනි.

(සැවැත් නුවරදී එක්තරා භික්ෂුවක් අරහයා වදාළ ගාථාවකි.)

37.5. **දූරංගමං ඒකචරං - අසරීරං ගුහාසයං**
යේ චිත්තං සඤ්ඤමෙස්සන්ති - මොක්ඛන්ති මාරබන්ධනා

මේ සිතට බොහෝම දුර ගමන් තියෙනවා. හැබැයි තනියම තමයි යන්නෙ. හිතට ඇඟක් නෑ. නමුත් මේ සිත වාසය කරන්නෙ ශරීරය නමැති ගුහාවෙ. යම් කෙනෙක් එබඳු සිත දමනය කරගත්තොත්, අන්න ඒ උදවියට මේ මාර බන්ධනයෙන් නිදහස් වෙන්ට පුළුවනි.

(සැවැත් නුවරදී භාගිනෙය්‍ය සංඝරක්ඛිත තෙරුන් අරහයා වදාළ ගාථාවකි.)

38.6. අනවට්ඨිතචිත්තස්ස - සද්ධම්මං අවිජානතෝ
පරිප්ලවපසාදස්ස - පඤ්ඤා න පරිපූරති

ධර්මයේ හැසිරෙන අදහස තුළ ස්ථිරව පිහිටන්ට බැරි සිතක් නම් තියෙන්නේ, සද්ධර්මය දන්නෙත් නැත්නම්, අවබෝධයක් නැතුව පහදින ඉල්පෙන ශ්‍රද්ධාවක් නම් තියෙන්නෙ, ඔහුගේ ප්‍රඥාව වැඩෙන්නෙ නෑ.

39.7. අනවස්සුතචිත්තස්ස - අනන්වාහතචේතසෝ
පුඤ්ඤපාපපහීනස්ස - නත්ථි ජාගරතෝ භයං

රාගයෙන් තෙත් නොවන සිතක් ඇති කෙනාට, ද්වේෂයෙන් ගුටි නොකන සිතක් ඇති කෙනාට, පින් පව් දෙකම නැතිකර දැමූ කෙනාට, නොනිදා භාවනා කරන කෙනාට කිසි භයක් නෑ.

(සැවැත් නුවරදී චිත්තහත්ථ තෙරුන් අරහයා වදාළ ගාථාවන්ය.)

40.8. කුම්භූපමං කායමිමං විදිත්වා - නගරූපමං චිත්තමිදං ඨපෙත්වා
යෝධේථ මාරං පඤ්ඤායුධේන - ජිතඤ්ච රක්ඛේ අනිවේසනෝ සියා

වහා බිඳී යන මැටි බඳුනක් වගේ කියලයි මේ කය ගැන දැනගන්නට ඕනෙ. හොඳට ආරක්ෂාව තියෙන නගරයක් විදිහටයි මේ හිත තබාගන්ට ඕනෙ. මාරයත් එක්ක යුද්ධ කරන්ට තියෙන්නෙ ප්‍රඥාව නැමැති ආයුධයෙන්. යුද්ධෙන් ජය අරගෙන ඒක රැක ගන්ට ඕනෙ. ආයෙමත් සංසාරෙට නවාතැන් නම් හදන්ට ඕනෙ නෑ.

(ජේතවනාරාමයේදී විදසුන් වැඩූ පන්සියයක් භික්ෂූන් අරහයා වදාළ ගාථාවකි.)

41.9. අචිරං වතයං කායෝ - පඨවිං අධිසෙස්සති
ඡුද්ධෝ අපේතවිඤ්ඤාණෝ - නිරත්ථංව කලිංගරං

ඇත්තෙන්ම මේ ශරීරය එච්චර කාලයක් තියෙන එකක් නොවෙයි. විඤ්ඤාණය පහ වුණාට පස්සෙ වැඩකට ගන්ට බැරි දරකඩක් වගේ, මහ පොළොවෙ වැතිරෙනවා.

(සැවැත් නුවරදී පූතිගත්තතිස්ස තෙරුන් අරහයා වදාළ ගාථාවකි.)

42.10. දිසෝ දිසං යන්තං කයිරා - වේරී වා පන වේරිනං
මිච්ඡාපණිහිතං චිත්තං - පාපියෝ නං තතෝ කරේ

හොරෙක් තවත් හොරෙකුට දරුණු විපතක් කරනවාටත් වඩා, වෛරක්කාරයෙක් තවත් වෛරක්කාරයෙකුට දරුණු විපතක් කරනවාටත් වඩා, මිථ්‍යා දෘෂ්ටියේ පිහිටවා ගත් සිත විසින්, තමාව ඊටත් වඩා පාපියෙකු කරනවා.

(කොසොල් ජනපදයේදී නන්ද ගොපල්ලා අරහයා වදාළ ගාථාවකි.)

43.11. න තං මාතා පිතා කයිරා - අඤ්ඤේ වා පි ච ඤාතකා
සම්මාපණිහිතං චිත්තං - සෙය්‍යසෝ නං තතෝ කරේ

මේ වැඩේ තමන්ගේ අම්මා විසින් කරලා දෙන්නෙත් නෑ. තාත්තා විසින් කරලා දෙන්නෙත් නෑ. වෙන ඤාතියෙක් කරලා දෙන්නෙත් නෑ. ඒ වැඩේ තමයි යහපත් කොට ධර්මය තුළ හිත පිහිටුවාගන්න එක. ඒ හේතුවෙන්මයි ඔහු උතුම් කෙනෙක් බවට පත්වෙන්නේ.

(ජේතවනාරාමයේදී සෝරෙය්‍ය සිටුතුමා අරහයා වදාළ ගාථාවකි.)

සාදු! සාදු!! සාදු!!!

සිත ගැන වදාළ කොටස නිමා විය.
(චිත්ත වග්ගය නිමා විය.)

4. පුප්ඵ වර්ගය
මල් උපමා කොට වදාළ කොටස

44.1. කෝ ඉමං පඨවිං විජෙස්සති - යමලෝකඤ්ච ඉමං සදේවකං
කෝ ධම්මපදං සුදේසිතං - කුසලෝ පුප්ඵමිව පචෙස්සති

මේ පෘථිවිය ජයගන්නෙ කවුද? අපාය ජයගන්නෙ කවුද? දෙවියන් සහිත වූ මේ ලෝකය ජයගන්නෙ කවුද? දක්ෂ මල්කාරයෙක් ලස්සන මල් තෝරාගෙ නම නෙලාගන්නවා වගේ මනාකොට දේශනා කරලා තියෙන මේ සදහම් පද අවබෝධ කරගන්නෙ කවුද?

45.2. සේඛෝ පඨවිං විජෙස්සති - යමලෝකඤ්ච ඉමං සදේවකං
සේඛෝ ධම්මපදං සුදේසිතං - කුසලෝ පුප්ඵමිව පචෙස්සති

ඒ අමා නිවන් මගේ ගමන් කරන කෙනා තමයි මේ පෘථිවිය දිනාග න්නෙ. අපාය දිනා ගන්නෙත් ඒ තැනැත්තාමයි. දෙවියන් සහිත මේ ලෝකයම

දිනාගන්නෙත් ඒ කෙනාම තමයි. දක්ෂ මල්කාරයෙක් ලස්සන මල් තෝරලා, නෙළාගන්නවා වගේ, මනාකොට දේශනා කරලා තියෙන මේ සදහම් පද අවබෝධ කරගන්නෙත් ඒ තැනැත්තාමයි.

(සැවැත් නුවරදී පෘථිවිය ගැන කථා කර කර සිටි පන්සියයක් භික්ෂූන් අරහයා වදාළ ගාථාවන්ය.)

46.3. ඵේණූපමං කායමිමං විදිත්වා - මරීචිධම්මං අභිසම්බුධානෝ
ඡෙත්වාන මාරස්ස පපුප්ඵකානි - අදස්සනං මච්චුරාජස්ස ගච්ඡේ

අසාර වූ පෙණ පිඬක් විලසටයි මේ කය ගැන දැනගන්නට ඕනෙ. ජීවිතේ තුළ තියෙන්නෙ මිරිඟුවක ස්වභාවයක් කියලයි අවබෝධ කරගන්ට ඕනෙ. මාරයා සතුව තියෙන කෙලෙස් බන්ධන කියන මල් මාලාවන් සිඳ බිඳ දමලා, මාරයාට කිසිසේත් දකින්ට බැරි නිවන කරාමයි යන්න ඕනෙ.

(සැවැත් නුවරදී මිරිඟුවක් මුල්කොට භාවනා කළ භික්ෂුවක් අරහයා වදාළ ගාථාවකි.)

47.4. පුප්ඵානි හේව පචිනන්තං - බ්‍යාසත්තමනසං නරං
සුත්තං ගාමං මහෝඝෝ'ව - මච්චු ආදාය ගච්ඡති

මල්කාරයෙක්, නෙලාගන්ට මල් සොය සොයා ගහක් ගානෙ යනවා වගේ, මේ කම් සැපයට ඇළුණු පුද්ගලයා කාමයම හොය හොය යනවා. අන්තිමේදී ගමක මිනිස්සු නිදාගෙන සිටිද්දීම මහ ගංවතුරක් ඇවිත් ඔවුන්ව මුහුදට ගහගෙන යනවා වගේ, මාරයා විසින් ඒ පුද්ගලයාවත් අපා දුකට අරගෙන යනවා.

(සැවැත් නුවරදී විඩූඩභ රජු අරහයා වදාළ ගාථාවකි.)

48.5. පුප්ඵානි හේව පචිනන්තං - බ්‍යාසත්තමනසං නරං
අතිත්තං යේව කාමේසු - අන්තකෝ කුරුතේ වසං

මල්කාරයෙක්, නෙලාගන්ට මල් සොය සොයා ගහක් ගානෙ යනවා වගේ, මේ කම් සැපයට ඇළුණු පුද්ගලයා කාමයම හොය හොය යනවා. අන්තිමේදී ඔහු මාරයාගේ ග්‍රහණයට හසුවෙන්නෙ, ඒ කාමයන් ගැන තෘප්තියකට පත් නොවී සිටිද්දීමයි.

(සැවැත් නුවරදී පතිපූජිකාව අරහයා වදාළ ගාථාවකි.)

49.6. යථාපි භමරෝ පුප්ඵං - වණ්ණගන්ධං අහේඨයං
පළේති රසමාදාය - ඒවං ගාමේ මුනී චරේ

බඹරා මල් පැණි අරගෙන පියඹා යන්නේ, ඒ මලේ සුන්දරත්වයත්, සුවඳත් වනසන්නෙ නැතිවයි. මුනිවරයාත් ගමේ පිඬුසිඟා වඩින්නෙ අන්න ඒ විදිහටයි.

(සැවැත් නුවරදී මච්ඡරිය කෝසිය සිටුතුමා අරභයා වදාළ ගාථාවකි.)

50.7. **න පරේසං විලෝමානි - න පරේසං කතාකතං**
අත්තනෝ'ව අවෙක්ඛෙය්‍ය - කතානි අකතානි ච

අනුන්ගේ වචනවල ඇදකුද හොයන්ට ඕනෙ නෑ. අනුන් කළ - නොකළ දේවල් ගැන සොයන්ට ඕනෙත් නෑ. තමන් ගැනම බලාගත්තහම ඇති. තමන් කළ නොකළ දේ ගැන බලාගත්තහම ඇති.

(සැවැත් නුවරදී පාඨික ආජීවකයා අරභයා වදාළ ගාථාවකි.)

51.8. **යථාපි රුචිරං පුප්ඵං - වණ්ණවන්තං අගන්ධකං**
ඒවං සුභාසිතා වාචා - අඵලා හෝති අකුබ්බතෝ

ලස්සන මලක් තියෙනවා. හරිම පැහැපත්. ඒ වුණාට කිසි සුවඳක් කෑ. අන්න ඒ වගේමයි, බුදු සමිඳුන් වදාළ ශ්‍රී සද්ධර්මය වුණත් අනුගමනය නොකරන කෙනෙකුට වැඩක් නෑ.

52.9. **යථාපි රුචිරං පුප්ඵං - වණ්ණවන්තං සගන්ධකං**
ඒවං සුභාසිතා වාචා - සඵලා හෝති පකුබ්බතෝ

ලස්සන මලක් තියෙනවා. හරිම පැහැපත්. ඒ වගේම හරිම සුවඳයි. අන්න ඒ වගේමයි. බුදු සමිඳුන් වදාළ ධර්මය අනුගමනය කළොත්, සාර්ථක ප්‍රතිඵල ලබන්න පුළුවන්.

(සැවැත් නුවරදී ඡත්තපාණී උපාසක අරභයා වදාළ ගාථාවන්ය.)

53.10. **යථාපි පුප්ඵරාසිම්හා - කයිරා මාලාගුණේ බහූ**
ඒවං ජාතේන මච්චේන - කත්තබ්බං කුසලං බහුං

දක්ෂ මල්කාරයෙක් ලස්සන මල් ගොඩක් එකතු කරලා මල් මාලා ගොඩක් ගොතනවා වගේ, මිනිස් ලෝකෙ ඉපදිච්ච කෙනා ඒ විදිහටම පුළුවන් තරම් කුසල්මයි කරගන්න ඕනෙ.

(සැවැත් නුවරදී විශාඛා උපාසිකාව අරභයා වදාළ ගාථාවකි.)

54.11. **න පුප්ඵගන්ධෝ පටිවාතමේති - න චන්දනං තගරමල්ලිකා වා**

සතඤ්ච ගන්ධෝ පටිවාතමේති - සබ්බා දිසා සප්පුරිසෝ පවාති

මල් සුවඳ උඩු සුළඟෙ හමා යන්නෙ නෑ. සඳුන්, තුවරලා, සීනිද්ද, බෝලිද්ද කොච්චර සුවඳ වුණත්, උඩු සුළඟෙ හමන්නෙ නෑ. නමුත්, සත්පුරුෂයින්ගේ ගුණ සුවඳ උඩු සුළඟෙ පවා හමනවා. සත්පුරුෂයා හැම දිසාවක්ම සුවඳවත් කරනවා.

55.12. **චන්දනං තගරං වාපි - උප්පලං අථ වස්සිකී**
ඒතේසං ගන්ධජාතානං - සීලගන්ධෝ අනුත්තරෝ

සඳුන්, තුවරලා, මානෙල්, සමන් පිච්ච කියන ඔය මල්වල සුවඳට වඩා, ගුණවතුන්ගේ සිල් සුවඳ කොයිතරම් උතුම්ද.

(සැවැත් නුවරදී ආනන්ද තෙරුන් අරහයා වදාළ ගාථාවන්ය.)

56.13. **අප්පමත්තෝ අයං ගන්ධෝ - යායං තගරචන්දනී**
යෝ ච සීලවතං ගන්ධෝ - වාති දේවේසු උත්තමෝ

සඳුන්, තුවරලා වගේ මල්වල තියෙන්නෙ සුවඳ ටිකයි. ඒ වුණාට, සිල්වතුන්ගේ ගුණ සුවඳ ඊට වඩා උතුම්. දෙව්ලොවටත් හමාගෙන යනවා.

(වේළුවනාරාමයේදී මහා කස්සප තෙරුන් අරහයා වදාළ ගාථාවකි.)

57.14. **තේසං සම්පන්නසීලානං - අප්පමාදවිහාරිනං**
සම්මදඤ්ඤා විමුත්තානං - මාරෝ මග්ගං න වින්දති

ඒ රහතන් වහන්සේලා සීලවන්තයි. අප්‍රමාදීව මයි ධර්මයේ හැසිරෙන්නේ. ආර්ය සත්‍ය අවබෝධය තුළින් දුකින් නිදහස් වෙලයි ඉන්නෙ. උන්වහන්සේලා වඩින මග මාරයාට නම් දැනගන්ට බෑ.

(වේළුවනයේදී ගෝධික තෙරුන්ගේ පිරිනිවන් පෑම අරහයා වදාළ ගාථාවකි.)

58.15. **යථා සංකාරධානස්මිං - උජ්ඣිතස්මිං මහාපථේ**
පදුමං තත්ථ ජායේථ - සුචිගන්ධං මනෝරමං

මහපාර අයිනෙ කුණු දාන ලොකු වතුර වළවල් තියෙනවා. ඔය මඩ වතුරෙ නෙළුමක් පිපෙනවා. ඒ නෙළුම් මල හරිම සුවඳයි. හරිම ලස්සනයි.

59.16. **ඒවං සංකාරභූතේසු - අන්ධභූතේ පුථුජ්ජනේ**
අතිරෝචති පඤ්ඤාය - සම්මාසම්බුද්ධසාවකෝ

මේ අන්ධබාල පෘථග්ජනයන්ගේ ලෝකෙත් ඔය විදිහමයි. කුණු දාන වතුර වළක් වගේ. නමුත් ඔය ලෝකෙමයි සම්මා සම්බුදුරජාණන් වහන්සේගේ ශ්‍රාවකයා බබලන්නේ. මඩේ පිපිච්ච සුවඳ නෙළුමක් වගේ.

(ජේතවනාරාමයේදී සිරිගුත්ත හා ගරහදින්න අරහයා වදාළ ගාථාවන්ය.)

සාදු! සාදු!! සාදු!!!

මල් උපමා කොට වදාළ කොටස නිමා විය.
(පුප්ඵ වග්ගය නිමා විය.)

5. බාල වර්ගය

අඥාන බාලයා ගැන වදාළ කොටස

60.1. **දීඝා ජාගරතෝ රත්ති - දීඝං සන්තස්ස යෝජනං**
දීඝෝ බාලානං සංසාරෝ - සද්ධම්මං අවිජානතං

නොනිදා ඇහැරගෙන ඉන්න කෙනාට, රාත්‍රිය ගොඩාක් දිගයි. වෙහෙසට පත්වෙච්ච කෙනාට යොදුන ගොඩක් දිගයි. අන්න ඒ විදිහමයි, සද්ධර්මය අවබෝධ නොකරගත්තු බාලයන්ගේ සංසාර ගමනත් බොහෝම දිගයි.

(ජේතවනාරාමයේදී කොසොල් රජු අරහයා වදාළ ගාථාවකි.)

61.2. **චරඤ්චේ නාධිගච්ඡෙය්‍ය - සෙය්‍යං සදිසමත්තනෝ**
ඒකචරියං දළ්හං කයිරා - නත්ථි බාලේ සහායතා

එක්කො තමන්ට වඩා උසස් කෙනෙක්වයි ආශ්‍රයට සොයාගන්නට ඕනෙ. එහෙමත් නැත්නම් තමන්ට සමාන ගුණධර්ම තියෙන කෙනෙක්වයි ආශ්‍රයට සොයාගන්නට ඕනෙ. එහෙම කෙනෙකුත් සොයාගන්ට නැත්නම්, දැඩි අධිෂ්ඨානයකින් හුදෙකලාවේ තනියම ජීවත්වෙන්ට ඕනෙ. අසත්පුරුෂයන් එක්ක යාළුකම් ඕනෙ නෑ.

(සැවැත් නුවරදී මහාකස්සප තෙරුන්ගේ ගෝලයෙක් අරහයා වදාළ ගාථාවකි.)

62.3. **පුත්තා මත්ථි ධනම්මත්ථි - ඉති බාලෝ විහඤ්ඤති**
අත්තා හි අත්තනෝ නත්ථි - කුතෝ පුත්තා කුතෝ ධනං

"අනේ මට දරුමල්ලො ඉන්නවා. මට සල්ලි බාගෙ තියෙනවා" කියල අඥාන පුද්ගලයා ඒ මත්තේම හැපෙනවා. නමුත්, තමන්ට තමන්වත් නෑ. එහෙම එකේ දරුමල්ලො කොහෙන්ද? සල්ලි බාගෙ කොහෙන්ද?

(සැවැත් නුවරදී ආනන්ද සිටුවරයා අරභයා වදාළ ගාථාවකි.)

63.4. යෝ බාලෝ මඤ්ඤති බාල්‍යං - පණ්ඩිතෝ වා'පි තේන සෝ
බාලෝ ච පණ්ඩිතමානී - ස වේ බාලෝ'ති වුච්චති

යම්කිසි අඥාන පුද්ගලයෙක් තමන්ගේ අඥානකම දන්නවා නම්, ඔහු නුවණැත්තෙක් වෙන්ට හේතු වෙන්නෙ ඒකමයි. අඥාන පුද්ගලයා තමන් ගැන හිතාගෙන ඉන්නෙ මහා නුවණැත්තෙක් කියලා නම්, ඔහු ඒකාන්තයෙන්ම අඥානයෙක් කියලයි කියන්ට තියෙන්නේ.

(ජේතවනාරාමයේදී ගැට කපන්නන් දෙදෙනෙක් අරභයා වදාළ ගාථාවකි.)

64.5. යාවජීවම්පි චේ බාලෝ - පණ්ඩිතං පයිරුපාසති
න සෝ ධම්මං විජානාති - දබ්බී සූපරසං යථා

අඥාන පුද්ගලයෙක් තමන්ගෙ මුළු ජීවිත කාලය පුරාවටම නුවණැති මුනිවරයෙක්ව ඇසුරු කළත්, ඔහු නම් ධර්මය අවබෝධ කරන්නේ නෑ. හොද්දක රසය නොතේරෙන හැන්දක් වගේ.

(ජේතවනාරාමයේදී උදායී තෙරුන් අරභයා වදාළ ගාථාවකි.)

65.6. මුහුත්තමපි චේ විඤ්ඤූ - පණ්ඩිතං පයිරුපාසති
ඛිප්පං ධම්මං විජානාති - ජිව්හා සූපරසං යථා

බුද්ධිමත් පුද්ගලයා සුළු මොහොතකට හරි, නුවණැති මුනිවරයෙක්ව ඇසුරු කළොත්, ඔහු ඉතා ඉක්මනින් ධර්මය අවබෝධ කරගන්නවා. හොද්දක රසය වහාම දැනගන්න දිවක් වගේ.

(ජේතවනාරාමයේදී පාවෙය්‍යක භික්ෂූන් අරභයා වදාළ ගාථාවකි.)

66.7. චරන්ති බාලා දුම්මේධා - අමිත්තේනේව අත්තනා
කරොන්තා පාපකං කම්මං - යං හෝති කටුකප්ඵලං

ප්‍රඥාවක් නැති අසත්පුරුෂයෝ ජීවත් වෙන්නේ තමන්ම තමන්ට හතුරුකම් කරමිනුයි. පුළුවන් තරම් පව් කර කර කල් ගෙවනවා. අන්තිමේදී කටුක විපාක විඳින්ට සිද්ධ වෙනවා.

(වේළුවනයේදී සුප්පබුද්ධ කුෂ්ඨ රෝගියා අරහයා වදාළ ගාථාවකි.)

67.8. න තං කම්මං කතං සාධු - යං කත්වා අනුතප්පති
යස්ස අස්සුමුඛෝ රෝදං - විපාකං පටිසේවති

යම් දෙයක් කළාට පස්සේ, ඒ ගැන පසුතැවෙන්ට සිදුවෙනවා නම්, කඳුළු හල හලා, හඬා ඒකේ විපාක විඳින්ට සිදුවෙනවා නම්, එබඳු පව් කරන්ට හොඳ නෑ.

(ජේතවනාරාමයේදී එක්තරා ගොවියෙකු අරහයා වදාළ ගාථාවකි.)

68.9. තඤ්ච කම්මං කතං සාධු - යං කත්වා නානුතප්පති
යස්ස පතීතෝ සුමනෝ - විපාකං පටිසේවති

යම් දෙයක් කළාට පස්සේ, ඒ ගැන පසුතැවිල්ලක් ඇතිවෙන්නෙ නැත්නම්, ඒ පුණ්‍ය විපාකය විඳින්ට තියෙන්නෙ ප්‍රීතියෙන් පිනාගිය සතුටු සිතකින් නම්, එවැනි පින් කරගන්න එක කොයි තරම් හොඳ දෙයක්ද.

(වේළුවනාරාමයේදී සුමන මල්කාරයා අරහයා වදාළ ගාථාවකි.)

69.10. මධුවා මඤ්ඤති බාලෝ - යාව පාපං න පච්චති
යදා ච පච්චති පාපං - අථ බාලෝ දුක්ඛං නිගච්ඡති

පව්කාරයාට තමන් කරපු පව් විපාක නොදෙනතාක්ම, ඒ පව් කිරීම මී පැණි වගේ කියලයි හිතෙන්නෙ. නමුත් යම් දවසක ඒ පව් පලදෙන්ට පටන් ගත්තහම තමයි ඒ අඥාන පුද්ගලයා දුකට වැටෙන්නේ.

(ජේතවනාරාමයේදී නන්ද මාණවකයා අරහයා වදාළ ගාථාවකි.)

70.11. මාසේ මාසේ කුසග්ගේන - බාලෝ භුඤ්ජේථ භෝජනං
න සෝ සංඛතධම්මානං - කලං අග්ඝති සෝළසිං

අඥාන පුද්ගලයා කෙලෙස් තවනවා කියලා හිතාගෙන, මාසයකට වතාවක්, තණ කොලයක අග තවරපු ආහාර ඩිංගක් අනුභව කළත්, ඒක ධර්මාවබෝධ කළ රහතන් වහන්සේලාගේ ජීවිතයෙන් දහසයෙන් කොටසක් දහසය වතාවකට බෙදලා ගන්න කොටසක් තරම් වත් වටින්නෙ නෑ.

(වේළුවනාරාමයේදී ජම්බුක ආජීවකයා අරහයා වදාළ ගාථාවකි.)

71.12. න හි පාපං කතං කම්මං - සජ්ජු ඛීරං' ව මුච්චති
ඩහන්තං බාලමන්වේති - භස්මච්ඡන්නෝ'ව පාවකෝ

කිරි නම් ඉක්මනට මිදෙනවා තමයි. නමුත් ඒ විදිහට කෙනෙක් කරපු පාප කර්මය ඉක්මනට විපාක දෙන්නෙ නෑ. අළු යට සැඟවෙලා තියෙන ගිනි පුපුරු වගේ තිබිල, නියම වෙලාවට ඒ පාපී පුද්ගලයාව පුච්චමින් පස්සෙන් ලුහුබඳිනවා.

(වේළුවනයේදී ප්‍රේතයෙක් අරභයා වදාළ ගාථාවකි.)

72.13. යාවදේව අනත්ථාය - ඤත්තං බාලස්ස ජායති
හන්ති බාලස්ස සුක්කංසං - මුද්ධමස්ස විපාතයං

අසත්පුරුෂයාගේ යම් කිසි දැනුමක් ඇත්නම්, ඔහුගේ විනාශය පිණිසමයි ඒක හේතු වෙන්නෙ. අන්තිමේදී ඒ අසත්පුරුෂයා තමන්ගේ හිස් මුදුන වන නුවණත් වනසාගන්නවා. යහපත් ගතිගුණ ටිකක් හරි ඇත්නම්, ඒකත් වනසාග න්නවා. විනාශය කරාම යනවා.

(වේළුවනයේදී ප්‍රේතයෙක් අරභයා වදාළ ගාථාවකි.)

73.14. අසතං භාවනමිච්ඡෙය්‍ය - පුරෙක්ඛාරඤ්ච භික්ඛුසු
ආවාසේසු ච ඉස්සරියං - පූජා පරකුලේසු ච

අඥාන භික්ෂුව ආස කරන්නෙ ගරු බුහුමන් ලබන්ටමයි. භික්ෂූන් අතරත් මුල් පුටුව ගන්ටමයි කැමති වෙන්නෙ. ස්ථානවල අධිපති වෙන්ටමයි කැමති වෙන්නෙ. දායක පවුල්වලින් පුද පූජා ලබන්ටමයි කැමති වෙන්නෙ.

74.15. මමේව කතං මඤ්ඤන්තු - ගිහී පබ්බජිතා උභෝ
මමේව අතිවසා අස්සු - කිච්චාකිච්චේසු කිස්මිචි
ඉති බාලස්ස සංකප්පෝ - ඉච්ඡා මානෝ ච වඩ්ඪති

"මේ ගිහි පැවිදි කවුරුත් හැම දෙයක් ගැනම මගෙන් විතරමයි අහන්ට ඕනෙ. ලොකු කුඩා හැම කටයුත්තකදීම මගෙන් විතරමයි උපදෙස් ගන්න ඕනෙ" කියල හිතන එක තමයි බාලයාගේ සිතුවිල්ල. ඒකෙන්මයි ඔහුගෙ පාපී ආසාවනුත්, මාන්නයත් වැඩෙන්නේ.

(ජේතවනාරාමයේදී සුධම්ම තෙරුන් අරභයා වදාළ ගාථාවන්ය.)

75.16. අඤ්ඤා හි ලාභූපනිසා - අඤ්ඤා නිබ්බානගාමිනී
ඒවමේතං අභිඤ්ඤාය - භික්ඛු බුද්ධස්ස සාවකෝ
සක්කාරං නාභිනන්දෙය්‍ය - විවේකමනුබ්‍රෑහයේ

ලාභ සත්කාර, කීර්ති ප්‍රශංසා උපදවාගන්න එක වෙනත් වැඩපිළිවෙලක්.

නිවන් අවබෝධ කරන එක වෙනම වැඩපිළිවෙලක්. බුදු සමිඳුන්ගේ ශ්‍රාවක භික්ෂුව ඔය වෙනස හොඳින් අවබෝධ කරගෙනයි ඉන්නේ. ඒ නිසා, ඔහු ලාභ සත්කාර, කීර්ති ප්‍රශංසා වලට කැමති වෙන්නෙ නෑ. බණ භාවනා කිරීමට වුවමනා විවේකයමයි ඇතිකරගන්නෙ.

(ජේතවනාරාමයේදී අරණ්‍යවාසී තිස්ස තෙරුන් අරභයා වදාළ ගාථාවකි.)

සාදු! සාදු!! සාදු!!!

අඥාන බාලයා ගැන වදාළ කොටස නිමා විය.
(බාල වග්ගය නිමා විය.)

6. පණ්ඩිත වර්ගය
නුවණැති සත්පුරුෂයා ගැන වදාළ කොටස

76.1. **නිධීනං'ව පවත්තාරං - යං පස්සේ වජ්ජදස්සිනං**
නිග්ගය්හවාදිං මේධාවිං - තාදිසං පණ්ඩිතං භජේ
තාදිසං භජමානස්ස - සෙය්‍යෝ හෝති න පාපියෝ

නිධානයක් තියෙන තැන පෙන්වා දෙන මිත්‍රයෙක් වගේ, නුවණැත්තා අඩුපාඩු දක්කම, කරුණාවෙන් අවවාද කරලා, වරදෙන් මිදෙන්ට උදව් කරනවා. එබඳු නුවණැති සත්පුරුෂයන්වයි ඇසුරු කළ යුත්තේ. එබඳු උතුමන් ඇසුරු කිරීමෙන් යහපතක් මයි සිදුවෙන්නෙ. අයහපතක් නම් නොවෙයි.

(ජේතවනාරාමයේදී රාධ තෙරුන් අරභයා වදාළ ගාථාවකි.)

77.2. **ඕවදෙය්‍යානුසාසෙය්‍ය - අසබ්භා ච නිවාරයේ**
සතං හි සෝ පියෝ හෝති - අසතං හෝති අප්පියෝ

කල්‍යාණ මිත්‍රයා වරදින් මිදෙන්ට අවවාද කරනවා. යහපතේ හැසිරෙන්ට අනුශාසනා කරනවා. පව් වලින් වළක්වාගන්නවා. එබඳු කල්‍යාණ මිත්‍රයන්ව නුවණැති සත්පුරුෂයන්ට හරි ප්‍රියයි. නමුත් අසත්පුරුෂයින්ට ඔවුන්ව අප්‍රියයි.

(ජේතවනාරාමයේදී අස්සජි පුනබ්බසුක දෙදෙනා අරභයා වදාළ ගාථාවකි.)

78.3. **න භජේ පාපකේ මිත්තේ - න භජේ පුරිසාධමේ**
භජේථ මිත්තේ කල්‍යාණේ - භජේථ පුරිසුත්තමේ

පාප මිත්‍රයන්ව ඇසුරු කරන්ට එපා! පහත් අදහස් ඇති පුද්ගලයන්වත් ඇසුරු කරන්ට එපා! කල්‍යාණ මිත්‍රයන්ව ඇසුරු කරන්න. සීල, සමාධි, ප්‍රඥා ආදී ගුණ දහම් පිරුණු උතුම් පුද්ගලයන්ව ඇසුරු කරන්න.

(ජේතවනාරාමයේදී ඡන්න තෙරුන් අරහයා වදාළ ගාථාවකි.)

79.4. ධම්මපීතී සුඛං සේති - විප්පසන්නේන චේතසා
අරියප්පවේදිතේ ධම්මේ - සදා රමති පණ්ඩිතෝ

ධර්මාවබෝධයෙන් සිත් සතන් පහන් කරගත් නුවණැති පින්වතුන්, ධර්ම ප්‍රීතියෙන් යුක්තව සැප සේ කල් ගෙවනවා. ඒ නුවණැති සත්පුරුෂයා, බුද්ධාදී ආර්යයන් වහන්සේලා වදාළ ශ්‍රී සද්ධර්මයට හැමදාම ඇළුම් කරනවා.

(ජේතවනාරාමයේදී මහාකප්පින තෙරුන් අරහයා වදාළ ගාථාවකි.)

80.5. උදකං හි නයන්ති නෙත්තිකා - උසුකාරා නමයන්ති තේජනං
දාරුං නමයන්ති තච්ඡකා - අත්තානං දමයන්ති පණ්ඩිතා

කුඹුරුවලට වතුර ගෙනියන අය තමන් කැමති විදිහට ඇල වේලි කපාගෙන වතුර ගෙනියනවා. හී වඩුවො හී දඬු නවලා, සකස් කරන්නෙ තමන්ට ඕන විදිහටයි. වඩු බාසුන්නැහේලා ලී දඬු නවලා, ලී බඩු හදන්නෙ තමන්ට ඕනෙ විදිහටයි. නුවණැති උදවිය අන්න ඒ විදිහටයි තමන්ව දමනය කරගන්නේ.

(ජේතවනාරාමයේදී පණ්ඩිත සාමණේරයන් අරහයා වදාළ ගාථාවකි.)

81.6. සේලෝ යථා ඒකඝනෝ - වාතේන න සමීරති
ඒවං නින්දාපසංසාසු - න සමිඤ්ජන්ති පණ්ඩිතා

තනි කළුගල් පර්වතයක්, කොයිතරම් තදින් හුළං හැමුවත් සෙලවෙන්නෙ නෑ. නුවණැති සත්පුරුෂයොත් අන්න ඒ වගේ තමයි. නින්දා ප්‍රශංසා වලට සෙලවෙන්නෙ නෑ.

(ජේතවනාරාමයේදී ලකුණ්ටක භද්දිය තෙරුන් අරහයා වදාළ ගාථාවකි.)

82.7. යථාපි රහදෝ ගම්භීරෝ - විප්පසන්නෝ අනාවිලෝ
ඒවං ධම්මානි සුත්වාන - විප්පසීදන්ති පණ්ඩිතා

මහා විලක් තියෙනවා. ඒක ගැඹුරුයි. වතුර පැදිලා තියෙන්නෙ. කැළඹිලා නෑ. අන්න ඒ විදිහමයි. ශ්‍රී සද්ධර්මයට සවන් දෙන නුවණැති සත්පුරුෂයෝ ඒ ගැන ගොඩක් පහදිනවා.

(ජේතවනාරාමයේදී කාණමාතාව අරහයා වදාළ ගාථාවකි.)

83.8. සබ්බත්ථ වේ සප්පුරිසා වජන්ති - න කාමකාමා ලපයන්ති සන්තෝ
සුඛේන ඵුට්ඨා අථ වා දුඛේන - නොච්චාවචං පණ්ඩිතා දස්සයන්ති

සත්පුරුෂ උතුමන් හැම දෙයක් ගැනම ඇති ආශාව දුරුකර ගන්නවා. තමන් කැමති දේවල් ලබාගන්න ආසාවෙන්, ඒ ශාන්ත මුනිවරු චාටු බස් දොඩන්නෙ නෑ. ඒ නිසා සැපක් ලැබුණත්, දුකක් ලැබුණත් නුවණැති උතුමන් ඒ සැප දුකට අනුව උස් පහත් වෙන්නෙ නෑ.

(ජේතවනාරාමයේදී පන්සියයක් භික්ෂූන් වහන්සේලා අරහයා වදාළ ගාථාවකි.)

84.9. න අත්තහේතු න පරස්ස හේතු - න පුත්තමිච්ඡේ න ධනං න රට්ඨං
න ඉච්ඡෙය්‍ය අධම්මේන සමිද්ධිමත්තනෝ
- ස සීලවා පඤ්ඤවා ධම්මිකෝ සියා

නුවණැත්තා තමන් සඳහාවත් පව් කරන්නෙ නෑ. අනුන් නිසාවත් පව් කරන්නෙ නෑ. ඔහුට අධාර්මිකව ලැබෙන දූ දරුවො ඕනෙත් නෑ. ධනයක් ඕනෙත් නෑ. කොටින්ම අධාර්මිකව ලැබෙන කිසි දියුණුවකට ඔහු කැමති නෑ. ඇත්තෙන්ම ඔහු සිල්වතෙක්. ප්‍රඥාවන්තයෙක් වගේම ධාර්මික කෙනෙක් වෙනවා.

(ජේතවනාරාමයේදී ධම්මික තෙරුන් අරහයා වදාළ ගාථාවකි.)

85.10. අප්පකා තේ මනුස්සේසු - යේ ජනා පාරගාමිනෝ
අථායං ඉතරා පජා - තීරමේවානුධාවති

මේ මනුෂ්‍යයින් අතර සංසාරෙන් එතෙර වෙලා නිවන කරා යන්නෙ ඉතාම ටික දෙනයි. අනික් පෘථග්ජන උදවිය ඔක්කොම ආයෙමත් මේ සංසාරෙට මයි. මෙතෙරටමයි දුවගෙන එන්නෙ.

86.11. යේ ච ඛෝ සම්මදක්ඛාතේ - ධම්මේ ධම්මානුවත්තිනෝ
තේ ජනා පාරමෙස්සන්ති - මච්චුධෙය්‍යං සුදුත්තරං

තථාගතයන් වහන්සේ නමක් විසින් ඉතා පිරිසිදුව පවසන ලද බුදු සසුන තුළ යම් කෙනෙක් ඒ ධර්මයට අනුකූල ජීවිතයක් ගෙවනවා නම්, අන්න ඒ උදවිය එතෙර වෙන්ට ඉතාමත් දුෂ්කර වූ මේ මාර උගුලෙන් ගැලවෙලා සංසාරෙන් එතෙර වීම වූ නිවන කරාම යනවා.

(ජේතවනාරාමයේදී බණ ඇසූ පිරිසක් අරහයා වදාළ ගාථාවන්ය.)

87.12. කණ්හං ධම්මං විප්පහාය - සුක්කං භාවේථ පණ්ඩිතෝ
ඕකා අනෝකං ආගම්ම - විවේකේ යත්ථ දූරමං

නුවණැති පුද්ගලයා අකුසල් දුරුකරනවා. ඒ වගේම ඔහු කුසලුත් වඩන්ට ඕනෙ. ඊට පස්සේ ගිහි ජීවිතේ අත්හැරලා අනගාරික සාසනයටත් ඇතුළු වෙනවා. සාමාන්‍ය ජනතාවට අමාරු හුදෙකලා විවේකය තියෙනවා.

88.13. තත්‍රාභිරතිමිච්ඡෙය්‍ය - හිත්වා කාමේ අකිඤ්චනෝ
පරියෝදපෙය්‍ය අත්තානං - චිත්තක්ලේසේහි පණ්ඩිතෝ

අන්න ඒ විවේකයට ඇලී සිටීමටයි ඔහු කැමති වෙන්නෙ. කාමයන් අත්හැරලා, නිකෙලෙස් ජීවිතයක් කරා යන ඒ නුවණැත්තා තමන්ගේ සිත කෙලෙස් වලින් ඉවත් කරගෙන පිරිසිදු කරගන්නවා.

89.14. යේසං සම්බෝධිඅංගේසු - සම්මා චිත්තං සුභාවිතං
ආදානපටිනිස්සග්ගේ - අනුපාදාය යේ රතා
ඛීණාසවා ජුතිමන්තෝ - තේ ලෝකේ පරිනිබ්බුතා.

යම් කෙනෙකුගේ සිත බොජ්ඣංග ධර්ම තුළ ඉතා හොඳින් දියුණු වෙලා තියෙනවා නම්, සියළු බැඳීම් දුරුකරලා, උපාදාන රහිත වූ අමා නිවනේම ඇලී තියෙනවා නම්, ආශ්‍රවයන් ක්ෂය කරපු ඒ රහතන් වහන්සේලා නුවණින් බබලනවා. උන්වහන්සේලා තමයි මේ ලෝකෙ පිරිනිවන් පාන්නේ.

(ජේතවනාරාමයේදී පන්සියයක් භික්ෂූන් අරභයා වදාළ ගාථාවන්ය.)

සාදු! සාදු!! සාදු!!!

නුවණැති සත්පුරුෂයා ගැන වදාළ කොටස නිමා විය.
(පණ්ඩිත වග්ගය නිමා විය.)

7. අරහන්ත වර්ගය
රහතන් වහන්සේ ගැන වදාළ කොටස

90.1. ගතද්ධිනෝ විසෝකස්ස - විප්පමුත්තස්ස සබ්බධි
සබ්බගන්ථප්පහීණස්ස - පරිළාහෝ න විජ්ජති

රහතන් වහන්සේ සසර ගමන අවසන් කරලයි ඉන්නෙ. ශෝක රහිතවයි

ඉන්නෙ. හැම දේකින්ම මුළුමනින්ම නිදහස් වෙලයි ඉන්නෙ. හැම කෙලෙස් ගැටයක්ම නැති කරලයි ඉන්නෙ. ඒ නිසා උන්වහන්සේ තුළ කිසි කෙලෙස් දාහයක් නෑ.

(ජීවක අම්බවනයේදී ජීවක අරහයා වදාළ ගාථාවකි.)

91.2. උයයුඤ්ජන්ති සතීමන්තෝ - න නිකේතේ රමන්ති තේ
හංසා'ව පල්ලලං හිත්වා - ඕකමෝකං ජහන්ති තේ

ඒ රහතන් වහන්සේලා සතර සතිපට්ඨානයේ සිහිය පිහිටුවාගෙනමයි ඉන්නෙ. සමථ - විදර්ශනාවේ මයි නැවත නැවත යෙදෙන්නෙ. සිව්පසයට හිත ඇලෙන්නෙ නෑ. ඒ නිසා උන්වහන්සේලා වැඩසිටින හැම තැනක්ම අත්හැරලා බැඳීම් රහිත සිතින් පිටත්වෙලා යන්නෙ විල අත්හැරලා පියඹා යන හංසයන් වගේ.

(වේළුවනයේදී මහා කස්සප තෙරුන් අරහයා වදාළ ගාථාවකි.)

92.3. යේසං සන්නිචයෝ නත්ථි - යේ පරිඤ්ඤාතභෝජනා
සුඤ්ඤතෝ අනිමිත්තෝ ච - විමොක්ඛෝ යස්ස ගෝචරෝ
ආකාසේ'ව සකුන්තානං - ගති තේසං දුරන්නයා

ඒ රහතන් වහන්සේලා තුළ සිව්පසය රැස් කිරීමක් නෑ. වළඳන දානයේ යථාර්ථය උන්වහන්සේලා දන්නවා. උන්වහන්සේලාට ශූන්‍යතා සමාපත්තියත්, අනිමිත්ත සමාපත්තියත් නිවනත් අරමුණු වෙලයි තියෙන්නෙ. අහසේ පියඹා ගිය කුරුල්ලන්ගේ ගමන් මග කාටවත් දකින්නට බෑ. ඒ වගේම ඒ රහතුන් වැඩිය මගත් කාටවත් දකින්නට බෑ.

(ජේතවනාරාමයේදී බේලට්ඨසීස තෙරුන් අරහයා වදාළ ගාථාවකි.)

93.4. යස්සාසවා පරික්ඛීණා - ආහාරේ ච අනිස්සිතෝ
සුඤ්ඤතෝ අනිමිත්තෝ ච - විමොක්ඛෝ යස්ස ගෝචරෝ
ආකාසේ'ව සකුන්තානං - පදං තස්ස දුරන්නයං

ඒ රහතන් වහන්සේලා සියලු කෙලෙස් නැතිකරලයි ඉන්නෙ. වළඳන දානෙ ගැන සිතේ ඇල්මක් නෑ. සුඤ්ඤත සමාපත්තියත්, අනිමිත්ත සමාපත්තියත්, නිවනත් අරමුණු වෙලයි ඉන්නෙ. අහසේ පියාඹා ගිය කුරුල්ලන්ගේ පා සටහන් කාටවත් දැකගන්නට බෑ. ඒ වගේම නිවනට වඩින රහතුන්ගේ පිය සටහන් කාටවත් දැකගන්ට බෑ.

(වේළුවනයේදී අනුරුද්ධ තෙරුන් අරහයා වදාළ ගාථාවකි.)

**94.5. යස්සින්ද්‍රියානි සමථං ගතානි - අස්සා යථා සාරථිනා සුදන්තා
පහීණමානස්ස අනාසවස්ස - දේවා'පි තස්ස පිහයන්ති තාදිනෝ**

දක්ෂ රියදුරෙක් විසින් ඉතා හොඳට හීලෑ කරපු අශ්වයන් වගේ, යම් කෙනෙක් තමන්ගේ ඉන්ද්‍රියයන් හොඳට හීලෑ කරගත්තා නම්, මාන්නය නැතිකරපු, කෙලෙස් නැතිකරපු, අකම්පිත සිත් ඇති ඒ රහතන් වහන්සේට දෙවියන් පවා කැමතියි.

(පූර්වාරාමයේදී මහා කච්චාන තෙරුන් අරභයා වදාළ ගාථාවකි.)

**95.6. පඨවිසමෝ නෝ විරුජ්ඣති - ඉන්දඛීලූපමෝ තාදි සුබ්බතෝ
රහදෝ'ව අපේතකද්දමෝ - සංසාරා න භවන්ති තාදිනෝ**

රහතන් වහන්සේ කා එක්කවත් විරුද්ධ වෙන්නෙ නෑ. මහ පොළොව වගෙයි. අටලෝ දහමින් කම්පා වෙන්නෙ නෑ. ඉන්ද්‍රඛීලයක් වගේ යහපත් සීලයකින් යුක්තයි. මඩ නැති විලක් වගේ. එබඳු රහතන් වහන්සේට සංසාර ගමනක් නෑ.

(ජේතවනාරාමයේදී සැරියුත් තෙරුන් අරභයා වදාළ ගාථාවකි.)

**96.7. සන්තං තස්ස මනං හෝති - සන්තා වාචා ච කම්ම ච
සම්මදඤ්ඤා විමුත්තස්ස - උපසන්තස්ස තාදිනෝ**

රහතන් වහන්සේට තියෙන්නෙ නිවී සැනසී ගිය හදවතක්. උන්වහන්සේගේ වචනත් නිවිලා තියෙන්නෙ. කයත් නිවිල තියෙන්නෙ. අවබෝධයෙන්ම දුකින් නිදහස් වුණ, උපශාන්ත සිත් ඇති රහතන් වහන්සේ එහෙම තමයි.

(ජේතවනාරාමයේදී තිස්ස තෙරුන්ගේ සාමණේර ශිෂ්‍යයා අරභයා වදාළ ගාථාවකි.)

**97.8. අස්සද්ධෝ අකතඤ්ඤූ ච - සන්ධිච්ඡේදෝ ච යෝ නරෝ
හතාවකාසෝ වන්තාසෝ - ස වේ උත්තමපෝරිසෝ**

යම් කෙනෙක් ඇදහීම ඉක්මවා ගිහින්, අකත නම් වූ නිවන පිළිබඳ ප්‍රත්‍යක්ෂ අවබෝධයට පැමිණුනා නම්, පටිච්ච සමුප්පාදයේ පුරුක් කඩලා දැම්මා නම්, උපදින්ට තියෙන හැම අවස්ථාවක්ම නැති කළා නම්, කෙලෙස් වමනෙ දැම්මා නම්, ඇත්ත වශයෙන්ම ඔහු උතුම් මනුෂ්‍යයෙක්.

(ජේතවනාරාමයේදී සැරියුත් තෙරුන් අරභයා වදාළ ගාථාවකි.)

**98.9. ගාමේ වා යදි වා රඤ්ඤේ - නින්නේ වා යදි වා ථලේ
යත්ථාරහන්තෝ විහරන්ති - තං භූමිං රාමණෙය්‍යකං**

ගමක වේවා, වනාන්තරයක වේවා, නිම්නයක වේවා, කඳු ගැටයක වේවා, රහතන් වහන්සේලා යම් තැනක වැඩඉන්නවා නම්, ඒ බිම ඇත්තෙන්ම සුන්දරයි.

(ජේතවනාරාමයේදී ඛදිරවනීය රේවත තෙරුන් අරභයා වදාළ ගාථාවකි.)

99.10. රමණීයානි අරඤ්ඤානි - යත්ථ න රමතී ජනෝ
වීතරාගා රමිස්සන්ති - න තේ කාමගවේසිනෝ

මහා වනාන්තර හරිම ලස්සනයි. ඒ වුණාට කම් සැප හොයන ජනයා ඒ වනයට ඇලෙන්නෙ නෑ. වීතරාගී වූ රහතන් වහන්සේලා නම් මහ වනයට හරි කැමතියි. උන්වහන්සේලා කම් සැප හොයන්නෙ නැති නිසයි එහෙම වුණේ.

(ජේතවනාරාමයේදී එක්තරා ස්ත්‍රියක් අරභයා වදාළ ගාථාවකි.)

සාදු! සාදු!! සාදු!!!

රහතන් වහන්සේ ගැන වදාළ කොටස නිමා විය.
(අරහන්ත වග්ගය නිමා විය.)

8. සහස්ස වර්ගය

දහස ගැන වදාළ කොටස

100.1. සහස්සමපි චේ වාචා - අනත්ථපදසංහිතා
ඒකං අත්ථපදං සෙය්‍යෝ - යං සුත්වා උපසම්මති

මෙලොවත් පරලොවත් අයහපතට හේතු වන වචන දාහක් දෙඩුවත් කිසිවැඩක් නෑ. ඒ වුණත් අර්ථවත් එකම එක වචනයක් අහලා ජීවිතය සංසිඳෙනවා නම් අන්න ඒ වචනය තමයි උතුම්.

(වේළුවනාරාමයේදී තම්බදාඨික අරභයා වදාළ ගාථාවකි.)

101.2. සහස්සමපි චේ ගාථා - අනත්ථපදසංහිතා
ඒකං ගාථාපදං සෙය්‍යෝ - යං සුත්වා උපසම්මති

මෙලොවත් පරලොවත් අයහපතට හේතු වන මිථ්‍යා දෘෂ්ටික ශ්ලෝක දාහක් දෙඩුවත් කිසිවැඩක් නෑ. ජීවිතාවබෝධය ඇතිවෙන එකම එක ගාථා

පදයක් අහලා ජීවිතය සංසිඳෙනවා නම් අන්න ඒ ගාථාපදය තමයි උතුම්.

(ජේතවනාරාමයේදී දාරුචීරිය තෙරුන් අරහයා වදාළ ගාථාවකි.)

102.3. යෝ චේ ගාථාසතං භාසේ - අනත්ථපදසංහිතා
ඒකං ධම්මපදං සෙය්‍යෝ - යං සුත්වා උපසම්මති

යම් කෙනෙක් මෙලොව, පරලොව අයහපත ඇතිකරන ශ්ලෝක සියයක් කිව්වත් වැඩක් නෑ. යම් ධම්මපදයක් අහලා ජීවිතය සංසිඳෙනවා නම්, අන්න ඒ එකම ධම්මපදය තමයි උතුම්.

103.4. යෝ සහස්සං සහස්සේන - සංගාමේ මානුසේ ජිනේ
ඒකඤ්ච ජෙය්‍ය අත්තානං - ස වේ සංගාමජුත්තමෝ

යම් කෙනෙක් යුද්ධ දාහක් කරලා, දහස් ගණන් මිනිසුන්ව පරදවා, ජයග්‍රහණය කළත්, ඒක නියම ජයග්‍රහණයක් නොවෙයි. නමුත් යම් කෙනෙක් මේ කෙලෙස් යුද්ධයෙන් තමන්ව දිනාගත්තොත්, ඒ තැනැත්තා ඒකාන්තයෙන්ම අර සියලු යුද්ධ දිනපු කෙනාට වඩා උත්තම කෙනෙක් වෙනවා.

(ජේතවනාරාමයේදී කුණ්ඩලකේසී තෙරණිය අරහයා වදාළ ගාථාවන්ය.)

104.5. අත්තා හවේ ජිතං සෙය්‍යෝ - යා චායං ඉතරා පජා
අත්තදන්තස්ස පෝසස්ස - නිච්චං සඤ්ඤතචාරිනෝ

ඇත්ත වශයෙන්ම තමන්ව ජයගැනීමමයි උතුම් වෙන්නේ. අනික් ජනයා මොන දේවල් වලින් ජය ගත්තත්, ඒකෙන් වැඩක් වෙන්නෙ නෑ. තමාව දමනය කරගෙන, නිතරම ඉන්ද්‍රිය සංවරයෙන් සිටින පුද්ගලයාටයි ජයග්‍රහණය ලැබෙන්නෙ.

105.6. නේව දේවෝ න ගන්ධබ්බෝ - න මාරෝ සහ බ්‍රහ්මුනා
ජිතං අපජිතං කයිරා - තථාරූපස්ස ජන්තුනෝ

දෙවියෙකුටවත්, එබඳු පුද්ගලයෙකුගේ ජයග්‍රහණය වළක්වන්ට බෑ. ගාන්ධර්වයෙකුටවත්, බ්‍රහ්මයෙකුටවත්, මාරයෙකුටවත් ඒ ජයග්‍රහණය වළක්වන්ට බෑ.

(ජේතවනාරාමයේදී එක්තරා බ්‍රාහ්මණයෙක් අරහයා වදාළ ගාථාවන්ය.)

106.7. මාසේ මාසේ සහස්සේන - යෝ යජේථ සතං සමං
ඒකඤ්ච භාවිතත්තානං - මුහුත්තමපි පූජයේ
සා යේව පූජනා සෙය්‍යෝ - යඤ්චේ වස්සසතං හුතං

දහස් ගණන් වියදම් කරගෙන, මාසයක් ගානෙ යාග කළත්, අවුරුදු සියයක් මුළුල්ලේ යාග කළත්, සිත දියුණු කරගත් රහතන් වහන්සේ නමකට එක් මොහොතක පුද පූජාවක් කළොත්, අර සියක් අවුරුදු මුළුල්ලේ කරපු යාගයට වඩා මොහොතකට කළ මේ පූජාවයි ශ්‍රේෂ්ඨ වෙන්නෙ.

(වේළුවනාරාමයේදී සැරියුත් තෙරුන්ගේ මාමා අරහයා වදාළ ගාථාවකි.)

107.8. යෝ ච වස්සසතං ජන්තු - අග්ගිං පරිචරේ වනේ
ඒකඤ්ච භාවිතත්තානං - මුහුත්තමපි පූජයේ
සා යේව පූජනා සෙය්‍යෝ - යඤ්චේ වස්සසතං හුතං

යම් පුද්ගලයෙක් මහ වනයක ඉඳගෙන සියක් අවුරුදු මුළුල්ලේ ගිනි පූජාවන් කර කර ඉන්නවාට වඩා සිත දියුණු කරගත් එක රහතන් වහන්සේ නමකට මොහොතක් පුද පූජාවන් කළොත්, අවුරුදු සියයක් මුළුල්ලේ කරන අර ගිනි පූජාවට වඩා මොහොතකට කළ මේ පූජාවයි ශ්‍රේෂ්ඨ වන්නේ.

(වේළුවනාරාමයේදී සැරියුත් තෙරුන්ගේ සොහොයුරෙකු අරහයා වදාළ ගාථාවකි.)

108.9. යං කිඤ්චි යිට්ඨං ච හුතං ච ලෝකේ - සංවච්ඡරං යජේථ පුඤ්ඤපෙක්ඛෝ
සබ්බම්පි තං න චතුභාගමේති - අභිවාදනා උජ්ජුගතේසු සෙය්‍යෝ

පින් කැමති කෙනෙක් මේ ලෝකයේ අවුරුද්දක් ගානෙ මහා යාග, පොඩි යාග ආදී මහ දන් දුන්නත්, ඍජු මග ගමන් කරපු රහතන් වහන්සේලාට කරන වන්දනාවකින් හතරෙන් පංගුවක් තරම්වත් ඒක වටින්නෙ නෑ. රහතන් වහන්සේලාට කරන වන්දනාවම තමයි ශ්‍රේෂ්ඨ වෙන්නෙ.

(වේළුවනාරාමයේදී සැරියුත් තෙරුන්ගේ යහළු බ්‍රාහ්මණයෙකු අරහයා වදාළ ගාථාවකි.)

109.10. අභිවාදනසීලිස්ස - නිච්චං වද්ධාපචායිනෝ
චත්තාරෝ ධම්මා වඩ්ඪන්ති - ආයු වණ්ණෝ සුඛං බලං

සිල්වත් උතුමන්ට වන්දනා කරනවා නම්, ගුණයෙන්, නුවණින් වැඩිහිටියන්ට නිතර සළකනවා නම්, ඔහු තුළ ආයුෂ, වර්ණය, සැපය, බලය යන මේ ගුණ හතරම වැඩෙනවා.

(දීඝලම්බක වනයේදී ආයුවඩ්ඪන කුමරු අරහයා වදාළ ගාථාවකි.)

110.11. යෝ චේ වස්සසතං ජීවේ - දුස්සීලෝ අසමාහිතෝ
ඒකාහං ජීවිතං සෙය්‍යෝ - සීලවන්තස්ස ඣායිනෝ

යම් කෙනෙක් දුස්සීලව, චිත්ත සමාධියක් නැතුව, සියයක් අවුරුදු ජීවත් වෙනවාට වඩා, සිල්වත් වෙලා, ධ්‍යාන වඩමින් එක දවසක් ජීවත්වෙන එක ශ්‍රේෂ්ඨයි.

(ජේතවනාරාමයේදී සංකිච්ච සාමණේරයන් අරහයා වදාළ ගාථාවකි.)

111.12. යෝ චේ වස්සසතං ජීවේ - දුප්පඤ්ඤො අසමාහිතෝ
ඒකාහං ජීවිතං සෙය්‍යෝ - පඤ්ඤවන්තස්ස ඣායිනෝ

යම් කෙනෙක් ප්‍රඥාවකුත් නැතුව, චිත්ත සමාධියකුත් නැතුව, සියයක් අවුරුදු ජීවත් වෙනවාට වඩා, ප්‍රඥාව ඇති කරගෙන සමථ විදර්ශනා වඩමින් එක දවසක් ජීවත්වෙන එක ශ්‍රේෂ්ඨයි.

(ජේතවනාරාමයේදී ඛාණුකොණ්ඩඤ්ඤ තෙරුන් අරහයා වදාළ ගාථාවකි.)

112.13. යෝ චේ වස්සසතං ජීවේ - කුසීතෝ හීනවීරියෝ
ඒකාහං ජීවිතං සෙය්‍යෝ - විරියමාරභතෝ දළ්හං

යම් කෙනෙක් නිවන් මගේ හැසිරෙන්ට උත්සාහයක් නැතුව, සමථ විදර්ශනා වඩන්නට වීරියක් නැතුව, අවුරුදු සියයක් ජීවත් වෙනවාට වඩා, දැඩි වීරියකින් යුක්තව, සමථ විදර්ශනා වඩමින් එක දවසක් ජීවත්වෙන එක ශ්‍රේෂ්ඨයි.

(ජේතවනාරාමයේදී සප්පදාස තෙරුන් අරහයා වදාළ ගාථාවකි.)

113.14. යෝ චේ වස්සසතං ජීවේ - අපස්සං උදයව්‍යයං
ඒකාහං ජීවිතං සෙය්‍යෝ - පස්සතෝ උදයව්‍යයං

යම් කෙනෙක් පංච උපාදානස්කන්ධයේ හටගැනීමත්, නැතිවීමත් විදර්ශනා ප්‍රඥාවෙන් නොදැක, අවුරුදු සියයක් ජීවත් වෙනවාට වඩා, පංච උපාදානස්කන්ධයේ අනිත්‍ය දකිමින් එක දවසක් ජීවත්වෙන එක ශ්‍රේෂ්ඨයි.

(ජේතවනාරාමයේදී පටාචාරා තෙරණිය අරහයා වදාළ ගාථාවකි.)

114.15. යෝ චේ වස්සසතං ජීවේ - අපස්සං අමතං පදං
ඒකාහං ජීවිතං සෙය්‍යෝ - පස්සතෝ අමතං පදං

යම් කෙනෙක් ඒ අමා නිවන අවබෝධ නොකොට, සියයක් අවුරුදු ජීවත් වෙනවාට වඩා ඒ අමා නිවන අවබෝධ කරගෙන එක දවසක් ජීවත්වීම ශ්‍රේෂ්ඨයි.

(ජේතවනාරාමයේදී කිසාගෝතමී තෙරණිය අරහයා වදාළ ගාථාවකි.)

115.16. යෝ චේ වස්සසතං ජීවේ - අපස්සං ධම්මමුත්තමං
ඒකාහං ජීවිතං සෙය්‍යෝ - පස්සතෝ ධම්මමුත්තමං

යම් කෙනෙක් මේ උතුම් ධර්මය අවබෝධ නොකොට අවුරුදු සියයක් ජීවත් වෙනවාට වඩා මේ උතුම් ධර්මය අවබෝධ කරගෙන එක දවසක් ජීවත්වෙන එක ශ්‍රේෂ්ඨයි.

(ජේතවනාරාමයේදී බහුපුත්තිකා තෙරණිය අරහයා වදාළ ගාථාවකි.)

සාදු! සාදු!! සාදු!!!

දහස ගැන වදාළ කොටස නිමා විය.
(සහස්ස වග්ගය නිමා විය.)

9. පාප වර්ගය
පව් කිරීම ගැන වදාළ කොටස

116.1. අභිත්ථරේථ කල්‍යාණේ - පාපා චිත්තං නිවාරයේ
දන්ධං හි කරෝතෝ පුඤ්ඤං - පාපස්මිං රමතී මනෝ

දාන, සීල, භාවනා ආදී යහපත් පින්කම් ඉක්මනට කරගන්නට ඕනෙ. ඒ වගේම පාපයෙන් හිත වළක්වගන්ටත් ඕන. ඕනකමක් නැතුව, පමා වෙවී පින් කරගන්ට ගියොත්, තමන්ටත් නොදැනීම පව් වලට හිත ඇලෙනවා.

(ජේතවනාරාමයේදී චූලේකසාටක බමුණා අරහයා වදාළ ගාථාවකි.)

117.2. පාපං චේ පුරිසෝ කයිරා - න තං කයිරා පුනප්පුනං
න තම්හි ඡන්දං කයිරාථ - දුක්ඛෝ පාපස්ස උච්චයෝ

යම්කිසි පුද්ගලයෙක් නොතේරුම් කමකින් සිත, කය, වචනය කියන තුන් දොරින් යම් පවක් කළොත්, ආයෙ ආයෙමත් නම් ඒ පාපය කරන්ට එපා! එබඳු පව් ගැන හිතේ කැමැත්තක්වත් ඇතිකරගන්ට එපා. 'දුක' කියල කියන්නෙ පවටමයි.

(ජේතවනාරාමයේදී සෙය්‍යසක තෙරුන් අරහයා වදාළ ගාථාවකි.)

118.3. පුඤ්ඤං චේ පුරිසෝ කයිරා - කයිරාථේතං පුනප්පුනං
තම්හි ඡන්දං කයිරාථ - සුඛෝ පුඤ්ඤස්ස උච්චයෝ

යම්කිසි පුද්ගලයෙක් ශ්‍රද්ධාවෙන් යුක්තව, සිත, කය, වචනය යන තුන් දොරින් පින් කළොත්, ආයෙ ආයෙමත් කරගන්න ඕන වෙන්නෙ ඒ පිනමයි. පින් කිරීම ගැනමයි හිතේ කැමැත්ත ඇතිකරගන්න ඕන. "සැප" කියල කියන්නෙ පිනටමයි.

(ජේතවනාරාමයේදී ලාජා දෙව්දුව අරහයා වදාළ ගාථාවකි.)

119.4. පාපෝ'පි පස්සති භද්‍රං - යාව පාපං න පච්චති
යදා ච පච්චති පාපං - අථ පාපෝ පාපානි පස්සති

කරගත්තු පව් විපාක නොදී තියෙන කල් විතරයි ඒ පුද්ගලයාට ඒ පව් ලස්සන දෙයක් වගේ පේන්නෙ. නමුත් විපාක දෙන්න පටන්ගත්තු දවසට තමයි ඒ පව්වල හැබෑ ස්වභාවය ඒ පාපී පුද්ගලයාට පේන්නේ.

120.5. භද්‍රෝ'පි පස්සති පාපං - යාව භද්‍රං න පච්චති
යදා ච පච්චති භද්‍රං - අථ භද්‍රෝ භද්‍රානි පස්සති

කරගත්තු පින් විපාක නොදී තියෙන කල් විතරයි ඒ පුද්ගලයාට පාඩුව පේන්නේ. නමුත් විපාක දෙන්න පටන්ගත්තු දවසට තමයි ඒ පිනේ හැබෑ ස්වභාවය අඳුනගන්නේ.

(ජේතවනාරාමයේදී අනේපිඬු සිටුතුමාගේ මාලිගයේ සිටි දෙව්දුව අරහයා වදාළ ගාථාවන්ය.)

121.6. මා'වමඤ්ඤේථ පාපස්ස - න මන්තං ආගමිස්සති
උදබින්දුනිපාතේන - උදකුම්භෝ'පි පූරති
පූරති බාලෝ පාපස්ස - ථෝකථෝකම්පි ආචිනං

"ඕක ඉතින් පොඩි පවක් නෙ" කියලා තමන්ට විපාක දෙන්ට තමා කරා එන්නෙ නෑ කියලා ගණන් නොගෙන ඉන්ට එපා! වතුර වුණත් බිංදුව බිංදුව වැටිලා තමයි කලයක් පිරෙන්නෙ. අඥාන පුද්ගලයාත් ටික ටික වුණත් පව් කරන කොට, ඒ පව් එකතුවෙලා අන්තිමේදී ජීවිතය පව් වලින්ම පිරිලා යනවා.

(ජේතවනාරාමයේදී සඟසතු දේ ගැන නොසැළකිලිමත් වූ භික්ෂුවක් අරහයා වදාළ ගාථාවකි.)

122.7. මා'වමඤ්ඤේථ පුඤ්ඤස්ස - න මං තං ආගමිස්සති
උදබින්දුනිපාතේන - උදකුම්භෝ'පි පූරති
පූරති ධීරෝ පුඤ්ඤස්ස - ථෝකථෝකම්පි ආචිනං

"ඕක ඉතින් පොඩි පිනක් නෙ" කියලා තමන්ට විපාක දෙන්ට තමා කරා එන්නෙ නෑ කියලා ගණන් නොගෙන ඉන්ට එපා. වතුර වුණත් බිංදුව බිංදුව වැටිලා තමයි කලයක් පිරෙන්නෙ. බුද්ධිමත් පුද්ගලයාත් ටික ටික වුණත් පින් කරන කොට, ඒ පින් එකතුවෙලා අන්තිමේදී ජීවිතය පිනෙන්ම පිරිලා යනවා.

(ජේතවනාරාමයේදී බිළාල පාදක සිටුතුමා අරභයා වදාළ ගාථාවකි.)

123.8. වාණිජෝ'ව භයං මග්ගං - අප්පසත්ථෝ මහද්ධනෝ
විසං ජීවිතුකාමෝ'ව - පාපානි පරිවජ්ජයේ

හොඳට මිළ මුදල් තියෙන වෙළෙන්දෙකුට සේවකයන් ටික දෙනයි නම් ඉන්නෙ, ඔහු භයානක ගමන් බිමන් අත්හරිනවා. ජීවත්වෙන්ට ආස කෙනා භයානක වස විස වර්ග ආහාරයට ගන්නෙ නෑ. ඒ විදිහට හැම පවක්ම දුරු කළ යුතුයි.

(ජේතවනාරාමයේදී මහාධන වෙළෙන්දා අරභයා වදාළ ගාථාවකි.)

124.9. පාණිම්හි චේ වණෝ නාස්ස - හරෙය්‍ය පාණිනා විසං
නාබ්බණං විසමන්වේති - නත්ථි පාපං අකුබ්බතෝ

අතේ තුවාලයක් නැත්නම්, ඒ අතින් ඕනෑම වසක් විසක් වුණත් අරගෙන යන්ට පුළුවනි. අතේ තුවාලයක් නැති නිසා ඒ විස ශරීරයට ඇතුළු වෙන්නෙ නෑ. අන්න ඒ වගේම පව් නොකරන කෙනෙකුට විපාක දෙන්ට පාපයක් නෑ.

(වේළුවනාරාමයේදී කුක්කුටමිත්ත වැද්දා අරභයා වදාළ ගාථාවකි.)

125.10.යෝ අප්පදුට්ඨස්ස නරස්ස දුස්සති - සුද්ධස්ස පෝසස්ස අනංගණස්ස
තමේව බාලං පච්චේති පාපං - සුඛුමෝ රජෝ පටිවාතං'ව ඛිත්තෝ

කාටවත් අපරාධයක් නොකරන, නිකෙලෙස්, පිරිසිදු කෙනෙකුට කවුරුහරි අපරාධයක් කළොත්, උඩු හුළඟට දාපු සියුම් දූවිල්ලක් ආපසු තමන් කරාම එනවා වගේ, ඒ අඥාන පුද්ගලයා කරාම නපුරු විපාක ගමන් කරනවා.

(ජේතවනාරාමයේදී කෝක වැද්දා අරභයා වදාළ ගාථාවකි.)

126.11. ගබ්භමේකේ උප්පජ්ජන්ති - නිරයං පාපකම්මිනෝ
සග්ගං සුගතිනෝ යන්ති - පරිනිබ්බන්ති අනාසවා

සමහර කෙනෙක් ආයෙමත් ගර්භාෂයක උපදිනවා. පව් කරගත්තු උදවිය නිරයේ උපදිනවා. පින් කරගත්තු උදවිය සුගතියෙ උපදිනවා. ආර්ය

අෂ්ටාංගික මාර්ගයේ ගමන් කරපු මුනිවරු ආශ්‍රව නැතිකරලා පිරිනිවන් පානවා.

(ජේතවනාරාමයේදී මණිකාර කුලුපගතිස්ස තෙරුන් අරභයා වදාළ ගාථාවකි.)

127.12. න අන්තලික්ඛෙ න සමුද්දමජ්ඣෙ - න පබ්බතානං විවරං පවිස්ස
න විජ්ජති සෝ ජගතිප්පදේසෝ - යත්ථට්ඨිතෝ මුච්චෙය්‍ය පාපකම්මා

යම් තැනක සැඟවිලා, පව්වල විපාකයෙන් ගැලවෙන්න පුළුවන් නම්, එබඳු තැනක් අහසෙත් නෑ. මුහුද මැදත් නෑ. කන්දක් අස්සෙ ගුහාවක හැංගුණත් නෑ. එබඳු තැනක් ලෝකයේ කොහේවත් නෑ.

(ජේතවනාරාමයේදී භික්ෂූන් තුන් පිරිසක් අරභයා වදාළ ගාථාවකි.)

128.13. න අන්තලික්ඛෙ න සමුද්දමජ්ඣෙ - න පබ්බතානං විවරං පවිස්ස
න විජ්ජති සෝ ජගතිප්පදේසෝ - යත්ථට්ඨිතං නප්පසහේථ මච්චු

යම් තැනක සැඟවිලා මරණයෙන් ගැලවෙන්ට පුළුවන් නම්, එබඳු තැනක් අහසෙත් නෑ. මුහුද මැදත් නෑ. කන්දක් අස්සෙ ගුහාවක හැංගුණත් නෑ. එබඳු තැනක් ලෝකයේ කොහේවත් නෑ.

(නිග්‍රෝධාරාමයේදී සුප්පබුද්ධ ශාක්‍ය රජු අරභයා වදාළ ගාථාවකි.)

සාදු! සාදු!! සාදු!!!

පව් කිරීම ගැන වදාළ කොටස නිමා විය.
(පාප වග්ගය නිමා විය.)

10. දණ්ඩ වර්ගය

දඬුවම් ගැන වදාළ කොටස

129.1. සබ්බෙ තසන්ති දණ්ඩස්ස - සබ්බෙ භායන්ති මච්චුනෝ
අත්තානං උපමං කත්වා - න හනෙය්‍ය න ඝාතයේ

දඬුවම් විඳින්ට හැම කෙනෙක්ම භයයි. මරණයටත් හැම කෙනෙක්ම භයයි. ඒ නිසා තමන්ව උපමාවට අරගෙන, කිසි සතෙක්ව මරන්ටත් එපා! මරවන්ටත් එපා!

130.2. සබ්බේ තසන්ති දණ්ඩස්ස - සබ්බේසං ජීවිතං පියං
අත්තානං උපමං කත්වා - න හනෙය්‍ය න ඝාතයේ

දඬුවම් විඳින්ට හැම කෙනෙක්ම භයයි. හැම කෙනෙකුටම තමන්ගෙ ජීවිතය ප්‍රියයි. ඒ නිසා තමන්ව උපමාවට අරගෙන කිසි සතෙක්ව මරන්ටත් එපා! මරවනන්ටත් එපා!

(ජේතවනාරාමයේදී ඡබ්බග්ගිය භික්ෂූන් අරභයා වදාළ ගාථාවන්ය.)

131.3. සුඛකාමානි භූතානි - යෝ දණ්ඩේන විහිංසති
අත්තනෝ සුඛමේසානෝ - පෙච්ච සෝ න ලභතේ සුඛං

හැම සත්වයෙක්ම සැප විඳින්ට කැමතියි. ඉතින් තමන්ගේ සැප හොයන්ට ගිහින් වෙන සතුන්ට දඬු මුගුරු වලින් හිංසා කළොත් ඔහුට පරලොවදී සැපක් නම් ලැබෙන්නෙ නෑ.

132.4. සුඛකාමානි භූතානි - යෝ දණ්ඩේන න හිංසති
අත්තනෝ සුඛමේසානෝ - පෙච්ච සෝ ලභතේ සුඛං

හැම සත්වයෙක්ම සැප විඳින්ට කැමතියි. ඒ බව දැනගෙන, තමන්ගෙ සැප උදෙසා, අනිත් සතුන්ට දඬු මුගුරු වලින් හිංසා නොකරයි නම්, පරලොවදී ඔහුට සැප ලැබෙනවා.

(ජේතවනාරාමයේදී කුඩා දරුවන් පිරිසක් අරභයා වදාළ ගාථාවන්ය.)

133.5. මා'වෝච ඵරුසං කඤ්චි -වුත්තා පටිවදෙය්‍යු තං
දුක්ඛා හි සාරම්භකථා - පටිදණ්ඩා ඵුසෙය්‍යු තං

කාටවත්ම නපුරු වචන කියන්ට එපා! නපුරු වචන කියන්ට ගියොත් අනිත් උදවිය ඔබට පෙරලා, නපුරු වචන කියාවි. රණ්ඩු ඇතිවෙන කතා බස් ඇති කරගැනීම දුකක්. එයින් ඔබටමයි පෙරළා කරදර වෙන්නෙ.

134.6. ස චේ නේරේසි අත්තානං -කංසෝ උපහතෝ යථා
ඒස පත්තෝ'සි නිබ්බාණං -සාරම්භෝ තේ න විජ්ජති

ශබ්දය හටගන්න ලෝහ බඳුනක් කඩලා දැම්මා වගේ වචනය සංවර කරගෙන, තමන්ගේ ජීවිතය නිශ්ශබ්ද කරගත්තොත්, තමන් තුළම නිවිලා යනවා. එතකොට ආරවුල් හටගන්නෙ නෑ.

(ජේතවනාරාමයේදී කුණ්ඩධාන තෙරුන් අරභයා වදාළ ගාථාවන්ය)

135.7. යථා දණ්ඩේන ගෝපාලෝ - ගාවෝ පාචේති ගෝචරං
ඒවං ජරා ච මච්චු ච - ආයුං පාචෙන්ති පාණිනං

ගොපල්ලෙක් කෙවිටෙන් පහර දිදී - හරකුන්ව ගොදුරු බිමට දක්කනවා වගේ, මේ ජරා - මරණ දෙකත් ඒ විදිහටම සත්වයන්ගේ ආයුෂ අවසන් කරලා දානවා.

(පූර්වාරාමයේදී පොහෝ දින සිල් ගැනීම අරභයා වදාළ ගාථාවකි.)

136.8. අථ පාපානි කම්මානි - කරං බාලෝ න බුජ්ඣති
සේහි කම්මේහි දුම්මේධෝ - අග්ගිදඩ්ඪෝ'ව තප්පති

අඥාන පුද්ගලයා කොච්චර පව් කෙරුවත්, ඒකෙ බරපතලකම තේරුම් ගන්නෙ නෑ. අන්තිමේදී ඒ ප්‍රඥා රහිත පුද්ගලයා තමන්ගේම කර්මයෙන් හටගත් විපාක වලින් දුක් විඳිනවා. ගින්නෙන් පිච්චෙන කෙනෙක් වගේ.

(වේළුවනාරාමයේදී අජසර ප්‍රේතයා අරභයා වදාළ ගාථාවකි.)

137.9. යෝ දණ්ඩේන අදණ්ඩේසු - අප්පදුට්ඨේසු දුස්සති
දසන්නමඤ්ඤතරං ඨානං - ඛිප්පමේව නිගච්ඡති

දඬු මුගුරු රහිත, හැම සතුන් කෙරෙහි මෙත් වඩන, රහතන් වහන්සේ කෙනෙකුට යමෙක් දුෂ්ට සිතින් පීඩා කළොත්, මේ දස වැදෑරුම් කරදර වලින් එකකට ඉක්මනටම මුහුණ දෙන්ට ඒ පුද්ගලයාට සිදුවෙනවා.

138.10. වේදනං ඵරුසං ජානිං - සරීරස්ස ච භේදනං
ගරුකං වාපි ආබාධං - චිත්තක්ඛේපං ච පාපුණේ

එක්කෝ දරුණු ශාරීරික වේදනාවලට භාජනය වෙන්ට වෙනවා. එහෙම නැත්නම්, අත පය හෝ කැඩෙනවා. එක්කෝ දරුණු රෝග වැළඳෙනවා. එක්කෝ සිහිය විකල් වෙනවා.

139.11. රාජතෝ වා උපස්සග්ගං - අබ්භක්ඛානං ච දාරුණං
පරික්ඛයං ච ඤාතීනං - භෝගානං ච පභංගුරං

එක්කෝ රජවරුන්ගේ උදහසට ලක්වෙනවා. එහෙමත් නැත්නම් අපරාධවලට දරුණු ලෙස චෝදනාවට ලක්වෙනවා. එක්කෝ නෑදෑයෝ පවා අහිමි වෙනවා. ධන සම්පත් හරි විනාශ වෙලා යනවා.

140.12. අථ වාස්ස අගාරානි - අග්ගි ඩහති පාවකෝ
කායස්ස භේදා දුප්පඤ්ඤෝ - නිරයං සෝ උපපජ්ජති

ඒ වගේම ගෙවල් දොරවල් ගින්නට අහුවෙනවා. ඒ මෝඩ තැනැත්තා මැරුණට පස්සේ නිරයේ ගිහින් උපදිනවා.

(වේළුවනාරාමයේදී මුගලන් තෙරුන්ට පහර දුන් සොරුන් අරභයා වදාළ ගාථාවන්ය.)

141.13. න නග්ගචරියා න ජටා න පංකා - නානාසකා ථණ්ඩිලසායිකා වා
රජෝ ච ජල්ලං උක්කුටිකප්පධානං - සෝධෙන්ති මච්චං අවිතිණ්ණකංඛං

අන්ධබාල පෘථග්ජන සත්වයා පිරිසිදු වෙන්ට හිතාගෙන නිර්වස්ත්‍රව තපස් රැක්කට, ඔළුවෙ ජටා බැඳගෙන හිටියට, දත් මැලියම් බැඳුණට, නොයෙක් ව්‍රත සමාදන් වුණාට, නොයෙක් ආසන ක්‍රමවලට වාඩිවුණාට, ඇඟ පුරා අළු දූවිලි තවරගත්තට, උක්කුටිකයෙන් වාඩිවෙලා හිටියට, ඔවුන් ඉන්නේ සැකයෙන් එතෙර නොවී නිසා, ඔවුන් පිරිසිදු වෙන්නෙ නෑ.

(ජේතවනාරාමයේදී එක්තරා බහුභාණ්ඩික භික්ෂුවක් අරභයා වදාළ ගාථාවකි.)

142.14. අලංකතෝ චේ'පි සමං චරෙය්‍ය - සන්තෝ දන්තෝ නියතෝ බ්‍රහ්මචාරී
සබ්බේසු භූතේසු නිධාය දණ්ඩං
- සෝ බ්‍රාහ්මණෝ සෝ සමණෝ ස භික්ඛු

ලස්සනට හැඳ - පැළඳගෙන හිටියත්, ඒ තැනැත්තා ධර්මයේ හැසිරුණොත්, ශාන්ත වුණොත්, ඉන්ද්‍රිය දමනයෙන් යුක්ත වුණොත්, නිවන් මගේ ස්ථිරව පිහිටියොත්, බ්‍රහ්මචාරී වුණොත්, සියළු සත්වයන් කෙරෙහි දඬු මුගුරු අත්හැරියොත්, ඔහු තමයි නියම බ්‍රාහ්මණයා. ඔහු තමයි නියම ශ්‍රමණයා. ඔහු තමයි නියම භික්ෂුව.

(ජේතවනාරාමයේදී සන්තති ඇමතියා අරභයා වදාළ ගාථාවකි.)

143.15. හිරීනිසේධෝ පුරිසෝ - කෝචි ලෝකස්මිං විජ්ජති
යෝ නින්දං අපබෝධති - අස්සෝ භද්‍රෝ කසාමිව

යම් පුරුෂයෙක් ලැජ්ජාව නිසා අකුසල් දුරුකරනවා නම්, ලෝකයේ එබඳු අය ඉන්නෙ ටික දෙනයි. ඉතා යහපත් අශ්වයෙක් කස පහර කන්ට අකමැත්තෙන් හික්මෙනවා වගේ ඔහුත් නින්දාවට අකමැත්තෙන් හික්මෙනවා.

144.16. අස්සෝ යථා භද්‍රෝ කසානිවිට්ඨෝ - ආතාපිනෝ සංවේගිනෝ භවාථ
සද්ධාය සීලේන ච වීරියේන ච - සමාධිනා ධම්මවිනිච්ඡයේන ච
සම්පන්නවිජ්ජාචරණා පතිස්සතා - පහස්සථ දුක්ඛමිදං අනප්පකං

තමන්ගේ ප්‍රමාදයෙන් කසපහර වැදුණට පස්සේ ආජානීය අශ්වයා තව තවත් වීරියවන්ත වෙනවා. අන්න ඒ වගේ ඔබත් මේ සංසාරය ගැන කළකිරිල, කෙලෙස් නැතිකරන්ටමයි වීරිය ගන්ට ඕනෙ. ශ්‍රද්ධාවන්තව, සිල්වත්ව, සමාධියෙන් යුක්තව විදර්ශනා ප්‍රඥාවෙන්මයි තීරණ ගන්ට ඕනෙ. අවබෝධයයි, හැසිරීමයි එකක් වෙන්ට ඕනෙ. හොඳට සිහි නුවණ පිහිටුවාගෙන, මේ මහා සසර දුක නැතිකරලා දාන්න.

(ජේතවනාරාමයේදී පිලෝතික තෙරුන් අරභයා වදාළ ගාථාවන්ය.)

145.17. උදකං හි නයන්ති නෙත්තිකා - උසුකාරා නමයන්ති තේජනං
දාරුං නමයන්ති තච්ඡකා - අත්තානං දමයන්ති සුබ්බතා

වතුර ගෙන යන උදවිය තමන් කැමති දිසාවට ඇල වේලි බැඳගෙන වතුර අරගෙන යනවා. හී වඩුවො තමන්ට ඕනෙ පිළිවෙලට ඊතල සකස් කරගන්නවා. ලී වඩුවෝ තමන්ට ඕනෙ පිළිවෙලට ලී බඩු හදාගන්නවා. ධර්මයට කීකරු අය තමන්ගේ සිත දමනය කරගන්නවා.

(ජේතවනාරාමයේදී සුඛ සාමණේරයන් අරභයා වදාළ ගාථාවකි.)

සාදු! සාදු!! සාදු!!!

දඬුවම් ගැන වදාළ කොටස නිමා විය.
(දණ්ඩ වග්ගය නිමා විය.)

11. ජරා වර්ගය

ජරාවට පත්වීම ගැන වදාළ කොටස

146.1. කෝ නු හාසෝ කිමානන්දෝ - නිච්චං පජ්ජලිතේ සති
අන්ධකාරේන ඕනද්ධා - පදීපං න ගවෙස්සථ

මේ ජීවිතය (ආශාවෙන්, තරහින්, මෝඩකමින් වයසට යෑමෙන්, රෝගවලින්, මරණයෙන්, ශෝකයෙන්, වැළපීමෙන්, කායික දුකින්, මානසික දුකින්, සුසුම් හෙළීමෙන්) හැම තිස්සෙම ගිනි ඇවිලෙද්දී මොන හිනාද? මොන සතුටක්ද? අනවබෝධය නැමැති ඝන අඳුරේ ගිලී සිටින ඔබ, පහනක් නොසොයන්නේ ඇයි?

(ජේතවනාරාමයේදී විශාඛාවගේ මිතුරියන් අරභයා වදාළ ගාථාවකි.)

147.2. පස්ස චිත්තකතං බිම්බං - අරුකායං සමුස්සිතං
ආතුරං බහුසංකප්පං - යස්ස නත්ථි ධුවං ඨිති

දූන්වත් හොඳින් බලාගන්න. ලස්සනට සරසාගෙන හිටියට මේකෙ තියෙන්නෙ මස් වැදිච්ච ඇටසැකිල්ලක්. ලෙඩ දුක් ගොඩක්. අඥාන ජනයා මේ ශරීරය ගැන බොහෝ මනහර සිතුවිලි සිතුවාට, මේකෙ නිත්‍ය දෙයක් නෑ. ස්ථිර දෙයක් නෑ. පවතින දෙයක් නෑ.

(වේළුවනාරාමයේදී සිරිමා ගණිකාව අරභයා වදාළ ගාථාවකි.)

148.3. පරිජිණ්ණමිදං රූපං - රෝගනිඩ්ඩං පභංගුරං
භිජ්ජති පූතිසන්දේහෝ - මරණන්තං හි ජීවිතං

සතර මහා ධාතුන්ගෙන් හටගත් මේ රූපය ජරා - ජීර්ණ වෙලා අවසන් වෙනවා. රෝගවලට කුඩුවක් වගේ. වහා බිඳී යනවා. දොරටු නවයකින් අසූචි වැගිරෙනවා. මේ ජීවිතය බිඳිලා මරණයෙන් අවසන් වෙනවා.

(ජේතවනාරාමයේදී උත්තරී තෙරණිය අරභයා වදාළ ගාථාවකි.)

149.4. යානිමානි අපත්ථානි - අලාපූනේව සාරදේ
කාපෝතකානි අට්ඨීනි - තානි දිස්වාන කා රති

පායන කාලෙ කඩලා දාලා, ඒ ඒ තැන විසිකරපු ලබුකබල් වගේ මේ හිස්කබල් තියෙන්නෙ. මේ මිනී ඇට අළු කොබෙයියන්ගේ පාටයි. මේවා දූක දූක මොන කාම රතියක්ද?

(ජේතවනාරාමයේදී අධිමානික භික්ෂූන් අරභයා වදාළ ගාථාවකි.)

150.5. අට්ඨීනං නගරං කතං - මංසලෝහිතලේපනං
යත්ථ ජරා ච මච්චු ච - මානෝ මක්ඛෝ ච ඕහිතෝ

මේ ශරීරය ඇට වලින් ගොඩනගලා, මස් ලේ වලින් ආලේප කරලා අටවලා තියෙන නගරයක් වගේ. ජරාවටත්, මරණයටත් පත්වෙන්නෙත් මේ ශරීරයමයි. අහංකාරකම ඇති වෙන්නෙත් මේ ශරීරයටමයි. ගුණමකුකම ඇති වෙන්නෙත් මේ ශරීරයටමයි.

(ජේතවනාරාමයේදී රූපනන්දා තෙරණිය අරභයා වදාළ ගාථාවකි.)

151.6. ජීරන්ති වේ රාජරථා සුචිත්තා - අථෝ සරීරම්පි ජරං උපේති
සතඤ්ච ධම්මෝ න ජරං උපේති - සන්තෝ හවේ සබ්භි පවේදයන්ති

විචිත්‍ර විදිහට සරසපු රාජකීය මංගල රථ පවා දිරලා යනවා. කොච්චර සැරසුවත් මේ ශරීරයත් ඒ විදිහටම දිරලා යනවා. නමුත්, සත්පුරුෂයින්ගේ ගුණ ධර්ම ජරාවට පත්වෙන්නෙ නෑ. ඇත්තෙන්ම ශාන්ත මුනිවරු සත්පුරුෂයන්ට මේ කාරණේ කියලා දෙනවා.

(ජේතවනාරාමයේදී මල්ලිකා දේවියගේ මරණය අරභයා වදාළ ගාථාවකි.)

152.7. අප්පස්සුතායං පුරිසෝ - බලිවද්දෝ'ව ජීරති
මංසානි තස්ස වඩ්ඪන්ති - පඤ්ඤා තස්ස න වඩ්ඪති

සද්ධර්මය නිසි ආකාරයට නොදනගත් පුද්ගලයා ගොනෙක් වගේ තරවෙනවා. ඔහුගේ මස් විතරයි වැඩෙන්නෙ. හැබැයි ඔහුට ප්‍රඥාව නම් වැඩෙන්නෙ නෑ.

(ජේතවනාරාමයේදී ලාලුදායී තෙරුන් අරභයා වදාළ ගාථාවකි.)

153.8. අනේකජාති සංසාරං - සන්ධාවිස්සං අනිබ්බිසං
ගහකාරකං ගවේසන්තෝ - දුක්ඛා ජාති පුනප්පුනං

මේ සංසාරේ නොයෙක් විදිහේ ඉපදීම්වලට ගොදුරු වෙවී, දුක් සහිත ගමනක මං ඇවිද ඇවිද ගියා. මේ සසර දුක හදන වඩුවා, කවුද කියලයි මං හොය හොයා හිටියේ. ආයෙ ආයෙ ඉපදීම නම් දුකක් මයි.

154.9. ගහකාරක දිට්ඨෝ'සි - පුන ගේහං න කාහසි
සබ්බා තේ ඵාසුකා භග්ගා - ගහකූටං විසංඛිතං
විසංඛාරගතං චිත්තං - තණ්හානං ඛයමජ්ඣගා

ඒයි වඩුවා! මං දැන් ඔබව හඳුනාගෙන ඉවරයි. ආයෙත් නම් ඔබට මං වෙනුවෙන් ගෙයක් හදන්ට බෑ. ඔබේ පරාල ඔක්කොම මං කෑලි කෑලිවලට කඩලා දැම්මා. වහලෙ මුදුන් කැණිමඬල මං සී සීකඩ වීසි කළා. මේ සිත සංස්කාර රහිත බවට පත්වුණා. තණ්හාව නැතිවුණා.

(මහා බෝධි මූලයේදී අපේ බුදු සමිඳුන් වදාළ උදාන ගාථාවන්ය.)

155.10. අචරිත්වා බ්‍රහ්මචරියං - අලද්ධා යොබ්බනේ ධනං
ජිණ්ණකොඤ්චා'ව ඣායන්ති - ඛීණමච්ඡේව පල්ලලේ

මොළේ නැති උදවිය තරුණ කාලෙදී බ්‍රහ්මචාරීව නිවන් මගේ හැසිරෙන්නෙත් නෑ. අඩු ගණනෙ මිළ මුදලක් වත් හම්බ කරගන්නෙ නෑ. අන්තිමේදී වයසට ගිහින්, බලාගත්තු අත බලාගෙන ඉන්නෙ, මාළු නැති මඩවලක් දිහා බලාගෙන ඉන්න නාකි වෙච්ච කොක්කු වගේ.

156.11. අචරිත්වා බ්‍රහ්මචරියං - අලද්ධා යොබ්බනේ ධනං
සෙන්ති චාපා'තිඛිත්තා'ව - පුරාණානි අනුත්ථුනං

මොළේ නැති උදවිය තරුණ කාලෙදි බ්‍රහ්මචාරීව නිවන් මගේ හැසිරෙන්නෙත් නෑ. අඩු ගණනේ මිළ මුදලක් වත් හම්බ කරගන්නෙ නෑ. අන්තිමේදී ඒ අනුවණ උදවිය කලින් විඳපු සැප ගැන හිත හිතා හූල්ල හූල්ල ඉන්නෙ, දුන්නෙන් නිකුත් වෙච්ච ඊතල වැටිච්ච තැනම දිරල යනවා වගේ.

(ඉසිපතනේදී මහාධන සිටු පුත්‍රයා අරභයා වදාළ ගාථාවන්ය.)

සාදු! සාදු!! සාදු!!!

ජරාවට පත්වීම ගැන වදාළ කොටස නිමා විය.
(ජරා වග්ගය නිමා විය.)

12. අත්ත වර්ගය
තමන් ගැන වදාළ කොටස

157.1. අත්තානං චේ පියං ජඤ්ඤා - රක්ඛෙය්‍ය නං සුරක්ඛිතං
තිණ්ණමඤ්ඤතරං යාමං - පටිජග්ගෙය්‍ය පණ්ඩිතෝ

තමන් තමන්ට ආදරේ නම්, තමන්ව පරෙස්සම් කරගත යුත්තේ තමා විසින්මයි. නුවණින් යුක්ත කෙනා අඩු ගණනේ බාල, තරුණ, මහළු කියන මේ තුන් කාලයෙන් එක්තරා කාලයකවත් අකුසල් වලින් දුරුවෙලා තමන්ව රැකගන්ට ඕනෙ.

(භේසකලා වනයේදී බෝධිරාජ කුමාරයා අරභයා වදාළ ගාථාවකි.)

158.2. අත්තානමේව පඨමං - පතිරූපේ නිවේසයේ
අථඤ්ඤමනුසාසෙය්‍ය - න කිලිස්සෙය්‍ය පණ්ඩිතෝ

හැම දේකටම කලින් ගුණධර්මවල පිහිටුවා ගන්ට ඕනෙ තමන්වමයි. ඊට පස්සේ තමයි අනුන්ට අනුශාසනා කළ යුත්තේ. ඒ විදිහට කටයුතු කළොත් නුවණැත්තෙක් කිලුටු වෙන්නෙ නෑ.

(ජේතවනාරාමයේදී උපනන්ද තෙරුන් අරභයා වදාළ ගාථාවකි.)

159.3. අත්තානං චේ තථා කයිරා - යථඤ්ඤමනුසාසති
සුදන්තෝ වත දම්මේථ - අත්තා හි කිර දුද්දමෝ

අනිත් උදවියට අනුශාසනා කරනවා වගේම තමාත් ඒ අනුශාසනාවට අනුකූලව ජීවිතය ගතකරන්ට ඕන. තමන් දමනය වෙලා තමයි අනුන්ව දමනය කරන්ට ඕනෙ. තමා දමනය කරගන්නවා කියන එක ලේසි වැඩක් නෙවෙයි.

(ජේතවනාරාමයේදී පධානිකතිස්ස තෙරුන් අරභයා වදාළ ගාථාවකි.)

160.4. අත්තා හි අත්තනෝ නාථෝ - කෝ හි නාථෝ පරෝ සියා
අත්තනා'ව සුදන්තේන - නාථං ලභති දුල්ලභං

තමන්ට පිහිට සළසගන්ට ඕනෙ තමාමයි. තමන් හැර බාහිර වෙන කවුරු නම් තමන්ට පිහිට වෙයිද? හොඳට දමනය වුණාම තමන්ටම ඒ දුර්ලභ වූ ධර්මාවබෝධය නැමැති පිළිසරණ ලබන්ට පුළුවනි.

(ජේතවනාරාමයේදී කුමාරකස්සප තෙරුන්ගේ මව් වූ භික්ෂුණිය අරභයා වදාළ ගාථාවකි.)

161.5. අත්තනා'ව කතං පාපං - අත්තජං අත්තසම්භවං
අභිමන්ථති දුම්මේධං - වජිරං'වස්මමයං මණිං

තමා තුළම හටගත්, තමා තුළින්ම පහළ වුණ, තමා විසින්ම කරපු පාප කර්ම වලින්මයි අනුවණයා දුක් විඳින්නේ. මැණික් ගලෙන් හැදෙන දියමන්තිය විසින් ඒ මැණික් ගල විනාශ කරනවා වගේ.

(ජේතවනාරාමයේදී මහාකාළ උපාසක අරභයා වදාළ ගාථාවකි.)

162.6. යස්ස අච්චන්ත දුස්සීලාං - මාලුවා සාලමිවෝතතං
කරෝති සෝ තථත්තානං - යථා නං ඉච්ඡතී දිසෝ

සල් ගහක් වටා එතෙන ලොකු කොළ තියෙන මාළුවා වැල නිසා අන්තිමේදී ඒ සල් ගහ කඩාගෙන වැටෙනවා. ඒ වගේම මුළුමනින්ම දුස්සීල ජීවිතයක් ගෙවන කෙනා, හතුරෙක් තවත් හතුරෙකුට අපරාධයක් කරන්ට කැමති වෙනවා වගේ, තමාගේ දුස්සීල භාවයෙන්ම හානි කරගන්නවා.

(වේළුවනාරාමයේදී දේවදත්ත අරභයා වදාළ ගාථාවකි.)

163.7. සුකරානි අසාධූනි - අත්තනෝ අහිතානි ච
යං වේ හිතඤ්ච සාධුං ච - තං වේ පරමදුක්කරං

තමන්ට අයහපත පිණිස පවතින පව් කරන එක හරි ලේසි වැඩක්.

නමුත් යම් දෙයක් තමන්ට හිතසුව පිණිස තියෙනවා නම්, තමන්ගේ යහපත පිණිස තියෙනවා නම්, එවැනි දේ කිරීම අතිශයින්ම දුෂ්කරයි.

(වේළුවනාරාමයේදී දෙව්දත්ගේ සංඝභේදය අරභයා වදාළ ගාථාවකි.)

164.8. යෝ සාසනං අරහතං - අරියානං ධම්මජීවිනං
පටික්කෝසති දුම්මේධෝ - දිට්ඨිං නිස්සාය පාපිකං
ඵලානි කට්ඨකස්සේව - අත්තඝඤ්ඤාය ඵල්ලති

යම් අඥානයෙක් තමන් මිථ්‍යා දෘෂ්ටියක් තුළ ඉඳගෙන ධාර්මිකව ජීවත් වෙන ඒ රහතන් වහන්සේලාගේ ධර්මය වැළැක්වුවොත්, ඒක තමන්ගෙ ජීවිතයම විනාශ වෙලා යන්ට හේතු වෙනවා. උණ ගසක් විනාශ වෙන්ට, ඒ උණ ගසෙන්ම ඵලයක් හටගන්නවා වගේ.

(ජේතවනාරාමයේදී කාළ තෙරුන් අරභයා වදාළ ගාථාවකි.)

165.9. අත්තනා'ව කතං පාපං - අත්තනා සංකිලිස්සති
අත්තනා අකතං පාපං - අත්තනා'ව විසුජ්ඣති
සුද්ධි අසුද්ධි පච්චත්තං - නාඤ්ඤමඤ්ඤෝ විසෝධයේ

තමා විසින් කරපු පාපයෙන්මයි තමා කිලුටු වෙන්නේ. තමා විසින් පව් නොකිරීමෙන්මයි තමා පිරිසිදු වෙන්නේ. පිරිසිදු වීමත්, කිලුටු වීමත් යන දෙක තමන්ම බලාගත යුතු දෙයක්. තවත් කෙනෙකුට තවත් කෙනෙක්ව පිරිසිදු කරන්ට බෑ.

(ජේතවනයේදී චූලකාළ උපාසක අරභයා වදාළ ගාථාවකි.)

166.10. අත්තදත්ථං පරත්ථේන - බහුනා'පි න හාපයේ
අත්තදත්ථමභිඤ්ඤාය - සදත්ථපසුතෝ සියා

අනුන්ගේ යහපත උදෙසා විතරක් බොහෝ වෙහෙස මහන්සි වෙන්ට ගිහින්, තමන්ගේ යහපත නැතිකරගන්ට හොඳ නෑ. තමන්ගේ යහපත මොකක්ද කියලා අවබෝධ කරගෙන, සැබෑම යහපත වන අරහත්වයට පත්වීමටමයි හිතට ගන්ට ඕනෙ.

(ජේතවනාරාමයේදී අත්තදත්ථ තෙරුන් අරභයා වදාළ ගාථාවකි.)

සාදු! සාදු!! සාදු!!!

තමන් ගැන වදාළ කොටස නිමා විය.
(අත්ත වග්ගය නිමා විය.)

13. ලෝක වර්ගය
ලෝකය ගැන වදාළ කොටස

167.1. හීනං ධම්මං න සේවෙය්‍ය - පමාදේන න සංවසේ
මිච්ඡාදිට්ඨිං න සේවෙය්‍ය - න සියා ලෝකවද්ධනෝ

ලාමක කාම සම්පත් හොය හොයා යන්ට ඕන නෑ. ප්‍රමාදයත් එක්ක එකතු වෙන්ට ඕනෙ නෑ. මිථ්‍යා දෘෂ්ටියක් ළං කරගන්ට ඕනෙ නෑ. සසර ගමන දික් කරගැනීම කිසිසේත්ම ඕනෙ නෑ.

(ජේතවනාරාමයේදී කුඩා සාමණේර නමක් අරහයා වදාළ ගාථාවකි.)

168.2. උත්තිට්ඨේ නප්පමජ්ජෙය්‍ය - ධම්මං සුචරිතං චරේ
ධම්මචාරී සුඛං සේති - අස්මිං ලෝකේ පරම්හි ච

අලසකමින් නැගී සිටින්ට ඕනෙ. අප්‍රමාදීව කටයුතු කරන්ට ඕනෙ. සුචරිත ධර්මයෙහි හැසිරෙන්ට ඕනෙ. ධර්මයේ හැසිරෙන කෙනා මෙලොව - පරලොව දෙකේම සුව සේ ඉන්නවා.

169.1. ධම්මං චරේ සුචරිතං - න නං දුච්චරිතං චරේ
ධම්මචාරී සුඛං සේති - අස්මිං ලෝකේ පරම්හි ච

සුචරිත ධර්මයේමයි හැසිරෙන්ට ඕනෙ. කිසිසේත්ම දුෂ්චරිතයේ හැසිරෙන්ට ඕනෙ නෑ. ධර්මයේ හැසිරෙන කෙනා, මෙලොව, පරලොව දෙකේම සුව සේ ඉන්නවා.

(නිග්‍රෝධාරාමයේදී සුද්ධෝදන මහ රජු අරහයා වදාළ ගාථාවන්ය.)

170.4. යථා බුබ්බුලකං පස්සේ - යථා පස්සේ මරීචිකං
ඒවං ලෝකං අවෙක්ඛන්තං - මච්චුරාජා න පස්සති

සිදී බිඳී යන දිය බුබුලක් දිහා බලනවා වගේ ලෝකය දිහා බලනකොට, සැණෙකින් මැකී යන මිරිඟුවක් දිහා බලනවා වගේ ලෝකය දිහා බලන කොට, ඔය විදිහට ලෝකය දිහා බලන කොට, ඒ කෙනාව මාරයාට පේන්නෙ නෑ.

(ජේතවනාරාමයේදී පන්සියයක් භික්ෂූන් අරහයා වදාළ ගාථාවකි.)

171.5. ඒථ පස්සථිමං ලෝකං - චිත්තං රාජරථූපමං
යත්ථ බාලා විසීදන්ති - නත්ථි සංගෝ විජානතං

එන්න! ඇවිත් බලන්න මේ ලෝකයේ ඇත්ත ස්වභාවය දිහා. විචිත්‍ර විදිහට සරසලා තියෙන රාජකීය අශ්ව රථයක් වගේ, අඥාන පිරිස මේ විලාසිතාවට සම්පූර්ණයෙන්ම අහුවෙනවා. නමුත්, මේකේ යථාර්ථය අවබෝධ කරපු උදවිය නම්, මේ ලෝකෙත් එක්ක කිසි ගණුදෙනුවක් කරන්නෙ නෑ.

(වේළුවනාරාමයේදී අභයරාජ කුමාරයා අරභයා වදාළ ගාථාවකි.)

172.6. යෝ ච පුබ්බේ පමජ්ජිත්වා - පච්ඡා සෝ නප්පමජ්ජති
සෝ ඉමං ලෝකං පභාසේති - අබ්භා මුත්තෝ'ව චන්දිමා

යම් කෙනෙක් බාහිර වැඩකටයුතු කරමින් ඉඳලා, බණ භාවනා කිරීම ප්‍රමාද කරමින් ඉඳලා, පස්සෙ කාලෙක ඒ බාහිර කටයුතු අඩු කරනවා. අප්‍රමාදී වෙනවා. ඒ තැනැත්තා තමයි වළාකුලින් තොර අහස්කුස පුරා බබලන පුන් සඳක් වගේ, මේ ලෝකෙ එළිය කරන්නෙ.

(ජේතවනාරාමයේදී සම්මුඤ්ජනී තෙරුන් අරභයා වදාළ ගාථාවකි.)

173.7. යස්ස පාපං කතං කම්මං - කුසලේන පිථීයති
සෝ ඉමං ලෝකං පභාසේති - අබ්භා මුත්තෝ'ව චන්දිමා

යම් කෙනෙක් තමන් කරපු පව්, ආර්ය මාර්ගයේ ගමන් කිරීම නිසා උපදවාගත්තු කුසල් බලයෙන් වහලා දානවා නම්, ඔහු මේ ලෝකය ආලෝකමත් කරනවා. වළාකුලින් මිදිලා අහස් කුස එළිය කරන පුන්සඳක් වගේ.

(ජේතවනාරාමයේදී අංගුලිමාල තෙරුන් අරභයා වදාළ ගාථාවකි.)

174.8. අන්ධභූතෝ අයං ලෝකෝ - තනුකෙත්ථ විපස්සති
සකුන්තෝ ජාලමුත්තෝ'ව - අප්පෝ සග්ගාය ගච්ඡති

මේ ලෝක සත්වයා මෝඩකම නැමැති අන්ධභාවයෙන් අඳුරු වෙලයි ඉන්නෙ. ඉතාම ටික දෙනෙක් තමයි යථාර්ථය දකින්නෙ. කුරුලු වැද්දාගේ දැලෙන් නිදහස් වෙන්නෙ කුරුල්ලො ටික දෙනයි. අන්න ඒ වගේ, සුගතියේ උපදින්නෙ ටික දෙනයි.

(අග්ගාලව ආරාමයේදී පේසකාර දුව අරභයා වදාළ ගාථාවකි.)

175.9. හංසාදිච්චපථේ යන්ති - ආකාසේ යන්ති ඉද්ධියා
නියyantි ධීරා ලෝකම්හා - ජෙත්වා මාරං සවාහිනිං

හංසයෝ අහසේ පියාඹා යනවා. ඉර්ධිමත් රහතන් වහන්සේලාත්

අහසින් වඩිනවා. ඒ නුවණැති මුනිවරු, සේනා සහිත මාරයාව පරදවලා, මේ ලෝකෙනුත් නිදහස් වෙලා, නිවනට වඩිනවා.

(ජේතවනාරාමයේදී භික්ෂූන් තිස් නමක් අරභයා වදාළ ගාථාවකි.)

176.10. ඒකං ධම්මං අතීතස්ස - මුසාවාදිස්ස ජන්තුනෝ
විතිණ්ණපරලෝකස්ස - නත්ථි පාපං අකාරියං

සත්‍යවාදී බව නම් වූ එකම එක ගුණ ධර්මය පවා ඉක්මවා ගිහින්, බොරු දොඩවන කෙනෙකුට පරලොව ගැන කිසිම හැඟීමක් නෑ. ඒ නිසා ඔහුට කරන්ට බැරි පාපයකුත් නෑ.

(ජේතවනාරාමයේදී චිංචමාණවිකාව අරභයා වදාළ ගාථාවකි.)

177.11. න වේ කදරියා දේවලෝකං වජන්ති - බාලා හවේ නප්පසංසන්ති දානං
ධීරෝ ච දානං අනුමෝදමානෝ - තේනේව සෝ හෝති සුඛී පරත්ථ

මසුරුකම් කරන අය කවදාවත් දෙව්ලොව යන්නෙ නෑ. අසත්පුරුෂයෝ කවදාවත් දන් දීම ප්‍රශංසා කරන්නෙ නෑ. දන් දීමක් අනුමෝදන් වීම වුණත් කරන්නෙ ප්‍රඥාවන්තයෙක් තමයි. පරලොවදී සැප ලබන්ට ඔහුට ඒකමයි හේතු වෙන්නේ.

(ජේතවනාරාමයේදී කොසොල් රජුගේ අසදෘස මහා දානය අරභයා වදාළ ගාථාවකි.)

178.12. පඨව්‍යා ඒකරජ්ජේන - සග්ගස්ස ගමනේන වා
සබ්බලෝකාධිපච්චේන - සෝතාපත්තිඵලං වරං

මුළු පෘථිවියම ජයගෙන, චක්‍රවර්තී රජකෙනෙක් වෙනවාටත් වඩා, දෙව්ලොව උපදිනවාටත් වඩා, සකළ ලෝකයටම අධිපති වෙනවාටත් වඩා, සෝවාන් ඵලයට පත්වීමම උතුම්.

(ජේතවනාරාමයේදී අනේපිඬු සිටුතුමාගේ කාළ නම් පුතා අරභයා වදාළ ගාථාවකි.)

සාදු! සාදු!! සාදු!!!

ලෝකය ගැන වදාළ කොටස නිමා විය.
(ලෝක වග්ගය නිමා විය.)

14. බුද්ධ වර්ගය

බුදුරජාණන් වහන්සේ ගැන වදාළ කොටස

179.1. යස්ස ජිතං නාවජීයති - ජිතමස්ස නෝ යාති කෝචි ලෝකේ
තම්බුද්ධමනන්තගෝචරං - අපදං කේන පදේන නෙස්සථ

මේ කෙලෙස් සටන ඔහු දිනාගෙන ඉවරයි. ඒක කවදාවත් පැරදුමක් වෙන්නෙ නෑ. ඒ ජයග්‍රහණය පරදවන්ට පුළුවන් දෙයක් ඔහුගෙ පස්සෙන් එන්නෙත් නෑ. සම්මා සම්බුදුරජාණන් වහන්සේගේ ඥාණ විෂය අනන්තයි. උන්වහන්සේගේ ගමන් මග කෙලෙස් රහිතයි. ඉතින් එබඳු කෙනෙක්ව කොයි විදිහටද රවට්ටන්න හදන්නෙ?

180.2. යස්ස ජාලිනී විසත්තිකා - තණ්හා නත්ථි කුහිඤ්චි නේතවේ
තම්බුද්ධමනන්තගෝචරං - අපදං කේන පදේන නෙස්සථ

තෘෂ්ණාව කියන්නෙ දැලක්. සත්වයාව භවයේ ඔතලා දාන නිසා ඒකට 'විසත්තිකාව' කියනවා. ඔහු තුළ තෘෂ්ණාව නැති නිසා, ඒ තැනැත්තාව කිසිම විදිහකින් භවයක් කරා ගෙනයන්ට බෑ. සම්මා සම්බුදු රජාණන් වහන්සේගේ ඥාණ විෂය අනන්තයි. උන්වහන්සේගේ ගමන් මග කෙලෙස් රහිතයි. ඉතින් එබඳු කෙනෙක්ව කොයි විදිහටද රවට්ටන්ට හදන්නේ?

(බෝධි මූලයේදී මාර දූවරුන්ට සහ කුරු රට මාගන්දියාගේ පියා අරහයා වදාළ ගාථාවන්ය.)

181.3. යේ ඣානපසුතා ධීරා - නෙක්ඛම්මූපසමේ රතා
දේවා'පි තේසං පිහයන්ති - සම්බුද්ධානං සතීමතං

උන්වහන්සේලා ප්‍රඥාවන්තයි. ධ්‍යානයටමයි ඇලී වසන්නේ. ලෝකයෙන් නික්මිලා, සිත සංසිඳවාගෙන, ඒ අමා නිවනටමයි ඇලී ඉන්නේ. ඉතා හොඳින් සිහි නුවණ පවත්වන සම්බුදුරජාණන් වහන්සේලාට දෙවියන් පවා කැමතියි.

(ගන්ඩබ්බ රුක්ඛ මූලයේදී යමා මහ පෙළහර අරහයා වදාළ ගාථාවකි.)

182.4. කිච්ඡෝ මනුස්සපටිලාභෝ - කිච්ඡං මච්චාන ජීවිතං
කිච්ඡං සද්ධම්මසවණං - කිච්ඡෝ බුද්ධානං උප්පාදෝ

මනුෂ්‍ය ජීවිතයක් ලබාගැනීම ඉතාම දුෂ්කරයි. ඒ මනුෂ්‍යයන්ට ජීවත්වීමේදී දුෂ්කරතා ඇතිවෙනවා. පිරිසිදු සද්ධර්මය අසන්ට ලැබීමත් ඉතා

දුර්ලභයි. බුදුරජාණන් වහන්සේලාගේ ඉපදීම ඒ හැමටම වඩා දුර්ලභයි.

(බරණැස් නුවරදී ඒරකපත්ත නා රජුන් අරභයා වදාළ ගාථාවකි.)

183.5. සබ්බපාපස්ස අකරණං - කුසලස්ස උපසම්පදා
සචිත්තපරියෝදපනං - ඒතං බුද්ධාන සාසනං

සිත, කය, වචනය යන තුන් දොරින් කිසිම අකුසලයක් නොකිරීමත්, සත්තිස් බෝධිපාක්ෂික ධර්ම නැමැති කුසල් රැස් කිරීමත්, සිත ආර්ය මාර්ගය තුළින් පිරිසිදු කරගැනීමත් යන මෙය, බුදුවරයන් වහන්සේලාගේ අනුශාසනයයි.

184.6. ඛන්තී පරමං තපෝ තිතික්ඛා - නිබ්බාණං පරමං වදන්ති බුද්ධා
න හි පබ්බජිතෝ පරූපඝාතී - සමණෝ හෝති පරං විහේඨයන්තෝ

ඉවසීම කියන ක්ෂාන්තියයි උතුම් තපස කියලා කියන්නෙ. බුදුවරයන් වහන්සේලා පවසන්නේ ඒ අමා නිවනම උතුම් කියලයි. අනුන් නසන කෙනෙක් පැවිද්දෙක් වෙන්නෙ නෑ. අනුන්ට හිංසා කරන කෙනා ශ්‍රමණයෙක් වෙන්නෙ නෑ.

185.7. අනූපවාදෝ අනූපඝාතෝ - පාතිමොක්ඛේ ච සංවරෝ
මත්තඤ්ඤුතා ච භත්තස්මිං - පන්තඤ්ච සයනාසනං
අධිචිත්තේ ච ආයෝගෝ - ඒතං බුද්ධාන සාසනං

කාටවත් නින්දා අපහාස කරන්ට හොඳ නෑ. කාගෙවත් ජීවිතයක් හානිකරන්ට හොඳ නෑ. ප්‍රාතිමෝක්ෂ සීලයෙන් සංවර වෙලා අවබෝධයෙන් යුක්තව දානෙ වළඳලා, දුර ඈත වන සෙනසුන්වල තමයි කල් ගෙවන්ට ඕනෙ. චිත්ත සමාධිය හොඳට පුරුදුවෙන්ට ඕනෙ. බුදුවරයන් වහන්සේලාගේ අනුශාසනාව මෙයයි.

(ජේතවනාරාමයේදී ආනන්ද තෙරුන් ඇසූ ප්‍රශ්නයකට පිළිතුරු වශයෙන් වදාළ ගාථාවන්ය)

186.8. න කහාපණවස්සේන - තිත්ති කාමේසු විජ්ජති
අප්පස්සාදා දුඛා කාමා - ඉති විඤ්ඤාය පණ්ඩිතෝ

රන් කහවනු වැස්සක් වැස්සත් තනි පුද්ගලයෙක් මේ පංචකාමයන් ගැන තෘප්තියකට නම් පත්වෙන්නෙ නෑ. මේ කාමයන්ගේ ආශ්වාදය හරිම චුට්ටයි. නමුත් දුක් නම් ගොඩක් තියෙනවා. බුද්ධිමත් කෙනා ඔය ඇත්ත තේරුම් ගන්නවා.

187.9. අපි දිබ්බේසු කාමේසු - රතිං සෝ නාධිගච්ඡති
තණ්හක්ඛයරතෝ හෝති - සම්මාසම්බුද්ධසාවකෝ

ඔහු දිව්‍ය කාම සම්පත්වලටවත් ඇලීමත් නම් ඇති කරගන්නෙ නෑ. සම්මා සම්බුදුරජුන්ගෙ ශ්‍රාවකයා තණ්හාව නැති කිරීමෙන් ලබන ඒ අමා නිවනටමයි ඇලෙන්නෙ.

(ජේතවනාරාමයේදී සාසනයෙහි උකටලී වූ භික්ෂුවක් අරභයා වදාළ ගාථාවන්ය.)

188.10. බහුං වේ සරණං යන්ති - පබ්බතානි වනානි ච
ආරාමරුක්ඛචේත්‍යානි - මනුස්සා භයතජ්ජිතා

භයේ ගැහි ගැහී ඉන්න බොහෝ මිනිස්සු පිහිටක් හොයා ගෙන පර්වත සරණ යනවා. වනාන්තර සරණ යනවා. දේවාල සරණ යනවා. ගස් කොළන් සරණ යනවා.

189.11. නේතං බෝ සරණං ඛේමං - නේතං සරණමුත්තමං
නේතං සරණමාගම්ම - සබ්බදුක්ඛා පමුච්චති

ඔය ගස් ගල් සරණ යන එකෙන් කිසිම ආරක්ෂාවක් නම් ඇතිවෙන්නෙ නෑ. අනික ඔය සරණ කිසිසේත් උතුම් නෑ. ඔය සරණට පැමිණිලා නම්, කවදාවත් සියළු දුකින් නිදහස් වෙන්ට පුළුවන් කමක් නෑ.

190.12. යෝ ච බුද්ධඤ්ච ධම්මඤ්ච - සංඝඤ්ච සරණං ගතෝ
චත්තාරි අරියසච්චානි - සම්මප්පඤ්ඤාය පස්සති

යම් කෙනෙක් අවබෝධයෙන් යුක්තව බුදු සමිඳුන් සරණ ගියා නම්, ශ්‍රී සද්ධර්මයත්, ආර්ය සංඝරත්නයත් සරණ ගියා නම්, ඔහු ප්‍රඥාව දියුණු කරගෙන, චතුරාර්ය සත්‍යය අවබෝධ කරනවා.

191.13. දුක්ඛං දුක්ඛසමුප්පාදං - දුක්ඛස්ස ච අතික්කමං
අරියඤ්චට්ඨංගිකං මග්ගං - දුක්ඛූපසමගාමිනං

දුක කියන්නෙ ආර්ය සත්‍යයක්. දුකේ හටගැනීමත් ආර්ය සත්‍යයක්. දුක ඉක්මවා ගිහින් නිවන අවබෝධවීමත් ආර්ය සත්‍යයක්. දුක් සංසිඳුවන ආර්ය අෂ්ටාංගික මාර්ගයත් ආර්ය සත්‍යයක්.

192.14. ඒතං බෝ සරණං ඛේමං - ඒතං සරණමුත්තමං
ඒතං සරණමාගම්ම - සබ්බදුක්ඛා පමුච්චති

ඔය තිසරණය තමයි එකම ආරක්ෂාව. ඔය තිසරණයම තමයි උතුම්ම සරණ. ඔය තිසරණයට පැමිණුනාමයි සියළු දුකෙන් නිදහස් වෙන්නේ.

(කොසොල් රජුගේ පුරෝහිත වූ අග්ගිදත්ත බ්‍රාහ්මණයා අරභයා වදාළ ගාථාවන්ය.)

193.15. දුල්ලභෝ පුරිසාජඤ්ඤෝ - න සෝ සබ්බත්ථ ජායති
යත්ථ සෝ ජායති ධීරෝ - තං කුලං සුඛමේධති

පරම ශ්‍රේෂ්ඨ වූ, පුරුෂෝත්තමයකුගේ පහළ වීම අතිශයින්ම දුර්ලභයි. යම් තැනක ඒ මහා ප්‍රාඥ වූ පුරුෂෝත්තමයා ඉපදුණොත්, ඒ පරම්පරාවම සුවපත් වෙනවා.

(ජේතවනාරාමයේදී ආනන්ද තෙරුන් අරභයා වදාළ ගාථාවකි.)

194.16. සුඛෝ බුද්ධානං උප්පාදෝ - සුඛා සද්ධම්මදේසනා
සුඛා සංඝස්ස සාමග්ගී - සමග්ගානං තපෝ සුඛෝ

බුදුරජාණන් වහන්සේලාගේ ඉපදීම ලොවට මහා සැපයකි. පිරිසිදු ශ්‍රී සද්ධර්මය දේශනා කිරීමත් සැපයක්. බුදුරජුන්ගේ ශ්‍රාවක සංඝයාගේ සමගියද සැපයක්. ඒ සමගි සම්පන්න වූ සංඝයාගේ බණ භාවනාවද සැපයක්.

(ජේතවනාරාමයේදී බොහෝ භික්ෂූන් අරභයා වදාළ ගාථාවකි.)

195.17. පූජාරහේ පූජයතෝ - බුද්ධේ යදි ව සාවකේ
පපඤ්චසමතික්කන්තේ - තිණ්ණසෝකපරිද්දවේ

කෙලෙස් පටලැවිලි ඉක්මවා ගිය, ශෝක වැළපීම් වලින් එතෙර වුණ බුදුරජාණන් වහන්සේට හෝ බුද්ධ ශ්‍රාවකයින්ට හෝ එබඳු පූජනීය උතුමන්ට යමෙක් දන් පැන් පුදනවා නම්,

196.18. තේ තාදිසේ පූජයතෝ - නිබ්බුතේ අකුතෝභයේ
න සක්කා පුඤ්ඤං සංඛාතුං - ඉමෙත්තමපි කේනචි

කිසි ලෙසකිනුත් බිය - තැතිගැනීම් නැති නිවුණු සිත් ඇති, එබඳු උතුමන්ට පූජා - සත්කාර කරන කෙනාගේ ඒ පින් මෙච්චරයි කියලා, මැනලා කියන්ට කාටවත් පුළුවන්කමක් නෑ.

(තෝදෙය්‍ය ගමේදී එක්තරා බමුණෙකු අරභයා වදාළ ගාථාවන්ය.)

සාදු! සාදු!! සාදු!!!

බුදුරජාණන් වහන්සේ ගැන වදාළ කොටස නිමා විය.
(බුද්ධ වග්ගය නිමා විය.)

15. සුඛ වර්ගය
සැපය ගැන වදාළ කොටස

197.1. **සුසුඛං වත ජීවාම - වේරිනේසු අවේරිනෝ**
වේරිනේසු මනුස්සේසු - විහරාම අවේරිනෝ

ඇත්තෙන්ම අපි නම් ජීවත් වෙන්නෙ හරිම සැපෙන්. එකිනෙකාට වෛර කරගන්න මේ ලෝකයේ අපි නම් කිසි වෛරයක් නැතුව ඉන්නවා. වෛර කරගන්න මිනිස්සු අතරේ, කිසිම වෛරයකින් තොරවයි අපි ජීවත් වෙන්නෙ.

198.2. **සුසුඛං වත ජීවාම - ආතුරේසු අනාතුරා**
ආතුරේසු මනුස්සේසු - විහරාම අනාතුරා

ඇත්තෙන්ම අපි නම් ජීවත්වෙන්නෙ හරිම සැපෙන්. කෙලෙස් නිසා රෝගාතුර වෙච්ච ලෝකයේ අපි කෙලෙස් රහිතව, ලෙඩ නොවී ඉන්නවා. කෙලෙස් වලින් ලෙඩවෙච්ච මිනිසුන් අතරේ කෙලෙස් රහිතව, ලෙඩ නොවී අපි තමයි ඉන්නෙ.

199.3. **සුසුඛං වත ජීවාම - උස්සුකේසු අනුස්සුකා**
උස්සුකේසු මනුස්සේසු - විහරාම අනුස්සුකා

ඇත්තෙන්ම අපි නම් ජීවත් වෙන්නෙ හරිම සැපෙන්. කම් සැප සොයමින් ඇවිස්සිලා ඉන්න ලෝකයේ, කම්සැප අත්හැරපු අපි කිසි ඇවිස්සීමක් නැතුව ඉන්නවා. කම් සැප හොයන්ට ඇවිස්සුන මිනිස්සු අතර, කම්සැප අත්හැරපු අපි කිසි ඇවිස්සීමක් නැතුවයි ජීවත් වෙන්නේ.

(ශාක්‍ය ජනපදයේදී ශාක්‍ය-කෝලිය රජවරුන් අරභයා වදාළ ගාථාවන්ය.)

200.4. **සුසුඛං වත ජීවාම - යේසං නෝ නත්ථි කිඤ්චනං**
පීතිභක්ඛා භවිස්සාම - දේවා ආභස්සරා යථා

ඇත්තෙන්ම අපි නම් ජීවත් වෙන්නෙ හරිම සැපෙන්. අපි තුළ දුක හැදෙන කෙලෙස් මොකවත් නෑ. ආභස්සර ලෝකයේ දෙවියන් වගේ, අපටත් ප්‍රීතියම වළඳලා ඉන්ට පුළුවනි.

(පංචසාලා බ්‍රාහ්මණ ගමේදී වසවර්ති මාරයා අරභයා වදාළ ගාථාවකි)

201.5. ජයං වේරං පසවති - දුක්ඛං සේති පරාජිතෝ
උපසන්තෝ සුඛං සේති - හිත්වා ජයපරාජයං

තරඟ කරන්ට ගිහින් ජයගත්තොත් වෛරය තමයි ඇතිවෙන්නෙ. පැරදිච්ච කෙනා දුකින් ඉන්නවා. නමුත් ඔය ජය පරාජ දෙකම අත්හැරපු මුනිවරයා තමයි සැප සේ ඉන්නෙ.

(සැවැත් නුවරදී කොසොල් රජුන් අරභයා වදාළ ගාථාවකි.)

202.6. නත්ථි රාගසමෝ අග්ගි - නත්ථි දෝසසමෝ කලි
නත්ථි ඛන්ධසමා දුක්ඛා - නත්ථි සන්තිපරං සුඛං

රාගයට සමාන කරන්ට පුළුවන් වෙන ගින්නක් නෑ. ද්වේෂයට සමාන කරන්ට වෙන අපරාධෙකුත් නෑ. පංචුපාදානස්කන්ධයට සමාන කරන්ට පුළුවන් වෙන දුකකුත් නෑ. ඒ අමා නිවනට වැඩියෙන් කියන්ට පුළුවන් වෙන සැපයකුත් නෑ.

(සැවැත් නුවරදී කම් සුවයෙහි ලොල් වූ එක්තරා තරුණයෙක් අරභයා වදාළ ගාථාවකි)

203.7. ජිඝච්ඡාපරමා රෝගා - සංඛාරාපරමා දුඛා
ඒතං ඤත්වා යථාභූතං - නිබ්බාණං පරමං සුඛං

මේ බඩගින්න තමයි ලොකුම රෝගය. මේ හේතු ප්‍රත්‍යයන්ගෙන් හටගත්තු දේ තමයි ලොකුම දුක. ඔය යථාර්ථය අවබෝධ කරගත්තොත් ඒ අමා නිවන තමයි උතුම්ම සැපය.

(අලව් නුවර එක්තරා උපාසකයෙක් අරභයා වදාළ ගාථාවකි)

204.8. ආරෝග්‍යපරමා ලාභා - සන්තුට්ඨීපරමං ධනං
විස්සාසපරමා ඤාතී - නිබ්බාණං පරමං සුඛං

නිරෝගීකම තමයි උතුම්ම ලාභය. ජීවිතාවබෝධය තුළින් ලබන සතුට තමයි උතුම්ම ධනය. විශ්වාසවන්තකම තමයි උතුම්ම ඤාතියා. උතුම්ම සැපය තමයි ඒ අමා නිවන.

(ජේතවනාරාමයේදී කොසොල් රජු අරභයා වදාළ ගාථාවකි)

205.9. පවිවේකරසං පීත්වා - රසං උපසමස්ස ච
නිද්දරෝ හෝති නිප්පාපෝ - ධම්මපීතිරසං පිබං

හුදෙකලා ජීවිතයේ ඇති රසයත්, කෙලෙස් සංසිඳීමෙන් ලැබෙන ඒ අමා නිවන් රසයත් පානය කළ භික්ෂුව පීඩා විඳින කෙනෙක් නෙවෙයි. පව් ඇති කෙනෙක්ද නොවෙයි.

(විසාලා මහනුවරදී තිස්ස තෙරුන් අරහයා වදාළ ගාථාවකි)

206.10.සාහු දස්සනමරියානං - සන්නිවාසෝ සදා සුඛෝ
අදස්සනේන බාලානං - නිච්චමේව සුඛී සියා

ආර්යයන් වහන්සේලාව දැකීම කොයිතරම් හොඳද. උන්වහන්සේලා සමග ජීවත්වෙන්ට ලැබුණොත් හැමදාම සැපයි. අසත්පුරුෂ බාල ජනයන්ව දකින්ට නොලැබීමෙන් පවා, සත්වයාට නිතරම සැප ලබා දෙනවා.

207.11. බාලසංගතචාරීහි - දීඝමද්ධාන සෝචති
දුක්ඛෝ බාලේහි සංවාසෝ - අමිත්තේනේව සබ්බදා
ධීරෝ ච සුඛසංවාසෝ - ඤාතීනං'ව සමාගමෝ

අසත්පුරුෂ බාල ජනයන් එක්ක එකට ජීවත්වෙන්ට ගියොත් බොහෝ කලක් ශෝක කරන්ට වෙනවා. ඔය අඥානයින් සමග වාසය කරන්ට ලැබීම නම් දුකක්ම තමයි. හැම තිස්සේම හතුරෝ එක්ක ඉන්නවා වගේ. නමුත් ප්‍රඥාවන්ත කෙනා සමඟ ඇසුරු කිරීම හරි සැපයි. නෑදෑයොත් එක්ක එකට ඉන්නවා වගේ.

208.11. තස්මාහි,ධීරඤ්ච, පඤ්ඤඤ්ච බහුස්සුතඤ්ච
ධෝරය්හසීලං වතවන්තමාරියං
තං තාදිසං සප්පුරිසං සුමේධං
භජේථ නක්ඛත්තපථං'ව චන්දිමා

අන්න ඒ නිසා ප්‍රඥාවන්ත, ජීවිත අවබෝධය ලබාගත්, සද්ධර්මය හොඳින් ප්‍රගුණ කරගත්, වීරියවන්ත, සිල්වත් වත්පිළිවෙත් දන්නා ආර්යන් වහන්සේලා ඉන්නවා. එවැනි සුන්දර ප්‍රඥා ඇති සත්පුරුෂයෙක්වයි ඇසුරු කරන්ට ඕනෙ. අහස ඇසුරු කරන පුන් සඳ වගේ.

(බේලුව ගමේදී සක් දෙවිඳු අරහයා වදාළ ගාථාවන්ය.)

සාදු! සාදු!! සාදු!!!

සැපය ගැන වදාළ කොටස නිමා විය.
(සුඛ වග්ගය නිමා විය.)

16. පිය වර්ගය

ප්‍රියවීම ගැන වදාළ කොටස

209.1. අයෝගේ යුඤ්ජමත්තානං - යෝගස්මිඤ්ච අයෝජයං
අත්ථං හිත්වා පියග්ගාහී - පිහේතත්තානුයෝගිනං

අනුගමනය නොකළ යුතු වැරදි දේ තමයි සමහරු අනුගමනය කරන්නේ. අනුගමනය කළ යුතු සතිපට්ඨානය පුරුදු කිරීම් ආදී දේ අනුගමනය කරන්නෙ නෑ. ආශා කරන දේ පස්සෙ දුව දුව යහපත අත්හරිනවා. නමුත් යහපත් දේ අනුගමනය කරලා සැප ලබාගත්තු අය දැක්කට පස්සේ, ඒ සැප ලබා ගන්ට ඔවුනුත් කැමති වෙනවා.

210.2. මා පියේහි සමාගඤ්ජි - අප්පියේහි කුදාචනං
පියානං අදස්සනං දුක්ඛං - අප්පියානඤ්ච දස්සනං

තමන් කැමති උදවිය සමග පමණ ඉක්මවා හිත මිත්‍රකම් ඇතිකරගන්ට එපා! අප්‍රිය පුද්ගලයන් හා හිතමිතුරුකම් කොහෙත්ම ඕනෙ නෑ. ප්‍රියයන්ට ඇළුණොත්, ඔවුන් දකින්ට නොලැබීමෙන් දුක් ඇතිවෙනවා. අප්‍රිය පුද්ගලයන් දකින්ට ලැබීමෙනුත් දුක් ඇතිවෙනවා.

211.3. තස්මා පියං න කයිරාථ - පියාපායෝ හි පාපකෝ
ගන්ථා තේසං න විජ්ජන්ති - යේසං නත්ථි පියාප්පියං

ඒ නිසා කිසිදෙයක් කෙරෙහි ඇල්මක් ඇතිකරගන්ට එපා! ඒක එහෙම තමයි. ප්‍රියයන්ගෙන් වෙන්වෙන්ට සිදුවුණොත් ඒක ඔහුට දුකක් වෙනවා. නමුත් යමෙකුට ඔය ප්‍රිය-අප්‍රිය දේවල් මොකවත් නැත්නම් ඔවුන් තුළ කෙලෙස් ගැට නෑ.

(ජේතවනාරාමයේදී එකම පවුලකින් පැවිදි වූ තිදෙනෙක් අරභයා වදාළ ගාථාවන්ය.)

212.4. පියතෝ ජායතී සෝකෝ - පියතෝ ජායතී භයං
පියතෝ විප්පමුත්තස්ස - නත්ථි සෝකෝ කුතෝ භයං

ප්‍රිය දේ තුළින් ශෝකය උපදිනවා. ප්‍රිය දේ තුළින්මයි බිය උපදින්නෙත්. ප්‍රිය දේවල්වලින් නිදහස් වුණ කෙනාට ශෝකයක් නෑ. භයක් කොයින්ද?

(ජේතවනාරාමයේදී එක්තරා පියෙක් අරභයා වදාළ ගාථාවකි.)

213.5. පේමතෝ ජායතී සෝකෝ - පේමතෝ ජායතී භයං
පේමතෝ විප්පමුත්තස්ස - නත්ථි සෝකෝ කුතෝ භයං

ආදරය කරන දෙයින්මයි ශෝකය උපදින්නෙ. ආදරය කරන දෙයින්මයි බිය උපදින්නෙත්. ආදරයෙන් නිදහස් වුණ කෙනාට ශෝකයක් නෑ. භයක් කොයින්ද?

(ජේතවනාරාමයේදී විශාඛා උපාසිකාව අරභයා වදාළ ගාථාවකි.)

214.6. රතියා ජායතී සෝකෝ - රතියා ජායතී භයං
රතියා විප්පමුත්තස්ස - නත්ථි සෝකෝ කුතෝ භයං

ඇල්ම නිසා ශෝකය උපදිනවා. ඇල්ම නිසා මයි භය උපදින්නෙත්. ඇල්මෙන් නිදහස් වුණ කෙනාට ශෝකයක් නෑ. භයක් කොයින්ද?

(විසාලා මහනුවර ලිච්ඡවි කුමාරවරුන් අරභයා වදාළ ගාථාවකි.)

215.7. කාමතෝ ජායතී සෝකෝ - කාමතෝ ජායතී භයං
කාමතෝ විප්පමුත්තස්ස - නත්ථි සෝකෝ කුතෝ භයං

කාමයෙන් ශෝකය ඇතිවෙනවා. කාමයෙන් මයි බිය ඇතිවෙන්නෙ. කාමයෙන් නිදහස් වුණ කෙනෙකුට ශෝකයක් නෑ. භයක් කොයින්ද?

(ජේතවනාරාමයේදී අනිත්ථිගන්ධ කුමරු අරභයා වදාළ ගාථාවකි.)

216.8. තණ්හාය ජායතී සෝකෝ - තණ්හාය ජායතී භයං
තණ්හාය විප්පමුත්තස්ස - නත්ථි සෝකෝ කුතෝ භයං

තණ්හාවෙන් තමයි ශෝකය හටගන්නෙ. භය හටගන්නෙත් තණ්හාවෙන් තමයි. තණ්හාවෙන් නිදහස් වුණ කෙනෙකුට ශෝකයක් නෑ. භයක් කොයින්ද?

(ජේතවනාරාමයේදී එක්තරා බ්‍රාහ්මණයෙක් අරභයා වදාළ ගාථාවකි.)

217.9. සීලදස්සනසම්පන්නං - ධම්මට්ඨං සච්චවේදිනං
අත්තනෝ කම්ම කුබ්බානං - තං ජනෝ කුරුතේ පියං

යමෙක් සිල්වත් නම්, සම්මා දිට්ඨියෙන් යුක්ත නම්, ධර්මය තුළ පිහිටලා ඉන්නවා නම්, චතුරාර්ය සත්‍යය පිළිබඳ දන්නවා නම්, ඒ යහපත් දිවි පැවැත්මෙන් යුක්ත කෙනාට සාමාන්‍ය ජනතාව හරි කැමතියි.

(රජගහ නුවරදී පන්සියයක් දරුවන් අරභයා වදාළ ගාථාවකි.)

218.10. ඡන්දජාතෝ අනක්ඛාතේ - මනසා ච ඵුටෝ සියා
කාමේසු ච අප්පටිබද්ධචිත්තෝ - උද්ධංසෝතෝ'ති වුච්චති

නිවන කෙරෙහි ආශාව ඇති කරගත් කෙනා, එය කාටවත් නොකිව්වත්, ඒ නිවන සිතින් ස්පර්ශ කරනවා නම්, ඔහුගේ සිත කාමයන්ට ඇලෙන්නෙ නෑ. අන්න ඒ තැනැත්තාටයි 'උඩුගං බලා යන කෙනා' කියන්නේ.

(ජේතවනාරාමයේදී අනාගාමී තෙර නමක් අරභයා වදාළ ගාථාවකි.)

219.11. චිරප්පවාසිං පුරිසං - දූරතෝ සොත්ථිමාගතං
ඤාතිමිත්තා සුහජ්ජා ච - අභිනන්දන්ති ආගතං

බොහෝ කලක් පිටරටක හිටපු කෙනෙක් දුරුකතර ගෙවාගෙන සුව සේ එනවිට, ඔහුගේ නෑදෑයන්, හිත මිතුරන් කවුරුත් ඔහුගේ පැමිණීම සාදරයෙන් පිළිගන්නවා.

220.12. තථේව කතපුඤ්ඤම්පි - අස්මා ලෝකා පරං ගතං
පුඤ්ඤානි පතිගණ්හන්ති - පියං ඤාතීව ආගතං

පින් කරගත්තහමත් එහෙම තමයි. මෙලොව අත්හැරලා පරලොව යනකොට, තමන් කරපු පින විසින් තමාව පිළිගන්නෙ දුරු රටක ඉඳන් එන ප්‍රියාදර කෙනෙක්ව ඤාතීන් විසින් පිළිගන්නවා වගේ.

(බරණැසදී නන්දිය උපාසකතුමා අරභයා වදාළ ගාථාවන්ය.)

සාදු! සාදු!! සාදු!!!

ප්‍රිය වීම ගැන වදාළ කොටස නිමා විය.
(පිය වග්ගය නිමා විය.)

17. කෝධ වර්ගය

කෝධය ගැන වදාළ කොටස

221.1. කෝධං ජහේ විප්පජහෙය්‍ය මානං - සඤ්ඤෝජනං සබ්බමතික්කමෙය්‍ය
තං නාමරූපස්මිං අසජ්ජමානං - අකිඤ්චනං නානුපතන්ති දුක්ඛා

මේ ක්‍රෝධය දුරුකරන්ට ඕනෙ. මේ මාන්නය විශේෂයෙන්ම දුරු කළ

යුතු දෙයක්. සංසාර බන්ධන ඔක්කොම ඉක්මවා යන්ට ඕනෙ. නාමරූප දෙකේ නොඇලෙන නිකෙලෙස් පුද්ගලයා පිටුපසින් දුක හඹාගෙන යන්නෙ නෑ.

(නිග්‍රෝධාරාමයේදී රෝහිණී කුමරිය අරභයා වදාළ ගාථාවකි.)

222.2. යෝ වේ උප්පතිතං කෝධං - රථං භන්තං'ව ධාරයේ
තමහං සාරථිං බ්‍රෑමි - රස්මිග්ගාහෝ ඉතරෝ ජනෝ

යමෙක් තමන් තුළ හටගත් ක්‍රෝධය නැති කරලා දැම්මොත්, ඔහු වේගයෙන් ගමන් කරන රථයක් පාලනය කරලා, නියම පාරට දාගත්තා වගේ. ඔහුට තමයි මං නියම රියදුරා කියන්නෙ. අනිත් උදවිය නිකං රැහන්පට අල්ලගෙන ඉන්නවා විතරයි.

(අග්ගාලව චේතියේදී එක්තරා භික්ෂුවක් අරභයා වදාළ ගාථාවකි.)

223.3. අක්කෝධේන ජිනේ කෝධං - අසාධුං සාධුනා ජිනේ
ජිනේ කදරියං දානේන - සච්චේන අලිකවාදිනං

ක්‍රෝධය ජයගන්ට තිබෙන්නේ ක්‍රෝධ නොකිරීමෙන්මයි. අයහපත ජයගන්ට තිබෙන්නේ යහපතින්මයි. ලෝභකම ජයගන්ට තිබෙන්නේ දන් දීමෙන්මයි. බොරු කියන පුද්ගලයා ජයගන්ට තිබෙන්නේ සත්‍ය වචනයෙන්මයි.

(වේළුවනයේදී උත්තරා කුමරිය අරභයා වදාළ ගාථාවකි.)

224.4. සච්චං භණේ න කුජ්ඣෙය්‍ය - දජ්ජාප්පස්මිම්පි යාචිතෝ
ඒතේහි තීහි ඨානේහි - ගච්ඡේ දේවාන සන්තිකේ

සත්‍යමයි කතාකරන්ට ඕනෙ. කේන්ති ගන්ට හොඳ නෑ. කවුරු හරි යමක් ඉල්ලුවොත්, තියෙන ටිකෙන් හරි ඔහුට දෙන්ට ඕනෙ. ඔය තුන පුරුදු කළොත් තමයි දෙවියන් අතරට යන්නේ.

(ජේතවනාරාමයේදී මුගලන් මහ තෙරුන් අරභයා වදාළ ගාථාවකි.)

225.5. අහිංසකා යේ මුනයෝ - නිච්චං කායේනසංවුතා
තේ යන්ති අච්චුතං ඨානං - යත්ථ ගන්ත්වා න සෝචරේ

ඒ මුනිවරු අහිංසකයි. හැම තිස්සේම කයින් සංවරව ඉන්නවා. යම් තැනකට ගිහින් ශෝක නොකරයි නම්, ඒ මරණ රහිත තැන වන අමා නිවන කරා තමයි ඔවුන් යන්නේ.

(සාකේත නුවර දී සාකේත බ්‍රාහ්මණයා අරභයා වදාළ ගාථාවකි.)

226.6. සදා ජාගරමානානං - අහෝරත්තානුසික්ඛිනං
නිබ්බාණං අධිමුත්තානං - අත්ථං ගච්ඡන්ති ආසවා

හැම තිස්සේම නින්ද පාලනය කරලා, දිවා රාත්‍රී දෙකේම ධර්මය තුළ හික්මෙන, නිවනෙහි ඇලුණ සිත් ඇති උතුමන්ගේ කෙලෙස් ඔක්කොම විනාශ වෙලා යනවා.

(රජගහ නුවරදී පුණ්ණා දාසිය අරහයා වදාළ ගාථාවකි.)

227.7. පෝරාණමේතං අතුල - නේතං අජ්ජතනාමිව
නින්දන්ති තුණ්හිමාසීනං - නින්දන්ති බහුභාණිනං
මිතභාණිම්පි නින්දන්ති - නත්ථි ලෝකේ අනින්දිතෝ

පින්වත් අතුල, මේක අද විතරක් නෙවෙයි. ඈත අතීතයේ ඉඳලා, ඔය විදිහමයි. නිශ්ශබ්දව ඉන්න කොටත් බනිනවා. වැඩිපුර කතා කළත් බනිනවා. ප්‍රමාණයකට කතා කළත් බනිනවා. මේ ලෝකයේ නින්දා නොලබපු කෙනෙක් නෑ.

228.8. න චාහු න ච භවිස්සති - න චේතරහි විජ්ජති
ඒකන්තං නින්දිතෝ පෝසෝ - ඒකන්තං වා පසංසිතෝ

තනිකරම නින්දා විතරක් ලැබූ කෙනෙක්වත්, ප්‍රශංසා විතරක් ලැබූ කෙනෙක් වත් අතීතයේ හිටියෙත් නෑ. අනාගතයේ ඇතිවෙන්නෙත් නෑ. දැන් වර්තමානයේ දැකගන්ටත් නෑ.

229.9. යඤ්චේ විඤ්ඤූ පසංසන්ති - අනුවිච්ච සුවේ සුවේ
අච්ඡිද්දවුත්තිං මේධාවිං - පඤ්ඤාසීලසමාහිතං

බුද්ධිමත් උදවිය යම් කෙනෙකුට ප්‍රශංසා කරනවා නම්, ඔහුගේ පිරිසිදු ජීවිත පැවැත්ම, බුද්ධිමත් බව, සිල්වත් බව, සමාධිමත් බව, ප්‍රඥාවන්ත බව ආදිය හොඳට විමසලා කරුණු දැනගෙනමයි කළ යුත්තේ.

230.10. නෙක්ඛං ජම්බෝනදස්සේව - කෝ තං නින්දිතුමරහති
දේවා'පි නං පසංසන්ති - බ්‍රහ්මුනා'පි පසංසිතෝ

එබඳු කෙනෙක් බබලන්නේ දඹරන් රුවක් වගේ. එහෙම කෙනෙකුට නින්දා කරන්ට කවුද සුදුසු? ඔහුට දෙවියොත් ප්‍රශංසා කරනවා. බ්‍රහ්මයා පවා ප්‍රශංසා කරනවා.

(ජේතවනාරාමයේදී අතුල උපාසක අරහයා වදාළ ගාථාවන්ය.)

231.11. කායප්පකෝපං රක්ඛෙය්‍ය - කායේන සංවුතෝ සියා
කායදුච්චරිතං හිත්වා - කායේන සුචරිතං චරේ

මේ කය ප්‍රකෝප කරගන්නෙ නැතුව රැක ගන්ට ඕනෙ. කයින් සංවර වෙන්නට ඕනෙ. කාය දුෂ්චරිතය අත්හැරලා, කාය සුචරිතයේ හැසිරෙන්ට ඕනෙ.

232.12. වචීපකෝපං රක්ඛෙය්‍ය - වාචාය සංවුතෝ සියා
වචීදුච්චරිතං හිත්වා - වාචාය සුචරිතං චරේ

වචනය ප්‍රකෝප කරගන්නෙ නැතුව රැක ගන්ට ඕනෙ. වචනයෙන් සංවර වෙන්ට ඕනෙ. වචී දුෂ්චරිතය අත්හැරලා, වචනයෙන් සුචරිතයේ හැසිරෙන්ට ඕනෙ.

233.13. මනෝපකෝපං රක්ඛෙය්‍ය - මනසා සංවුතෝ සියා
මනෝදුච්චරිතං හිත්වා - මනසා සුචරිතං චරේ

මනස ප්‍රකෝප කරගන්නෙ නැතුව රැකගන්ට ඕනෙ. මනසින් සංවර වෙන්ට ඕනෙ. මනෝ දුෂ්චරිතය අත්හැරලා, මනසින් සුචරිතයේ හැසිරෙන්ට ඕනෙ.

234.14. කායේන සංවුතා ධීරා - අථෝ වාචාය සංවුතා
මනසා සංවුතා ධීරා - තේ වේ සුපරිසංවුතා

ප්‍රඥාවන්ත කෙනා කයෙනුත් සංවරයි. ඒ වගේම වචනයෙනුත් සංවරයි. සිතිනුත් සංවරයි. අන්න ඒ ප්‍රඥාවන්ත උදවිය ඒකාන්තයෙන්ම ඉතා හොඳට සංවර වෙනවා.

(වේළුවනාරාමයේදී ඡබ්බග්ගිය භික්ෂූන් උදෙසා වදාළ ගාථාවන්ය.)

සාදු! සාදු!! සාදු!!!

ක්‍රෝධය ගැන වදාළ කොටස නිමා විය.
(කෝධ වග්ගය නිමා විය.)

18. මල වර්ගය
මලකඩ ගැන වදාළ කොටස

235.1. පණ්ඩුපලාසෝ'ව දානි'සි - යමපුරිසා'පි ච තං උපට්ඨිතා
උය්‍යෝගමුඛේ ච තිට්ඨසි - පාථෙය්‍යම්පි ච තේ න විජ්ජති

ඔබේ ජීවිතය දැන් ගිලිහී වැටෙන්නට සූදානම් වුණ, හොඳටම ඉදිච්ච කොළයක් වගේ නේද? දැන් ඔබ ළඟට යමපල්ලොත් ඇවිල්ලයි ඉන්නෙ. ඔබ පිරිහීමේ දොරකඩටම ඇවිල්ල නේද ඉන්නෙ? පරලොව ගමනෙදි මග වියදමට කිසි පිනක් කරගත්තු බවක් පේන්ටත් නෑ.

236.2. සෝ කරෝහි දීපමත්තනෝ - ඛිප්පං වායම පණ්ඩිතෝ භව
නිද්ධන්තමලෝ අනංගණෝ - දිබ්බං අරියභූමිමේහිසි

තමන්ට පිහිට පිණිස දිවයිනක් තනාගන්න. ඉක්මනට වීරිය කරන්න. ප්‍රඥාවන්තයෙක් වෙන්න. කෙලෙස් මල දුරුකරලා නිකෙලෙස් වෙන්න. දිව්‍ය වූ ආර්ය භූමියට පැමිණෙන්න.

237.3. උපනීතවයෝ ච දානි'සි - සම්පයාතෝ'සි යමස්ස සන්තිකේ
වාසෝ'පි ච තේ නත්ථි අන්තරා - පාථෙය්‍යම්පි ච තේ න විජ්ජති

දැන් ඔබ හොඳටම වයසට ගිහිල්ල නේද ඉන්නේ? මරු කටේ නේද ඉන්නෙ? යමයා ළඟටම ගිහින් නේද ඉන්නෙ? ඔබට ජීවිතයත් - මරණයත් අතර වැඩි කාලයක් නෑ. පරලොවදී වියදමට රැස් කරගත්තු කිසි පිනකුත් පේන්න නෑ.

238.4. සෝ කරෝහි දීපමත්තනෝ - ඛිප්පං වායාම පණ්ඩිතෝ භව
නිද්ධන්තමලෝ අනංගණෝ - න පුන ජාතිජරං උපේහිසි

තමන්ට පිහිට පිණිස දිවයිනක් තනාගන්න. ඉක්මනට වීරිය කරන්න. ප්‍රඥාවන්තයෙක් වෙන්න. කෙලෙස් මල දුරුකරලා නිකෙලෙස් වෙන්න. ආයෙත් නම් ඉපදෙන මැරෙන ලෝකයට එන්න එපා.

(ජේතවනාරාමයේදී මහළු උපාසකයෙකු අරභයා වදාළ ගාථාවන්ය.

239.5. අනුපුබ්බේන මේධාවී - ථෝකථෝකං ඛණේ ඛණේ
කම්මාරෝ රජතස්සේව - නිද්ධමේ මලමත්තනෝ

ප්‍රඥාවන්තයා ක්‍රම ක්‍රමයෙන්, ටිකෙන් ටික ලද අවසරයෙන් සිත

නිකෙලෙස් කරගන්ට ඕනෙ. රන්කරුවෙක් රත්තරන්වල තියෙන මලකඩ ටිකෙන් ටික අයින් කරලා පිරිසිදු කරනවා වගේ.

(ජේතවනාරාමයේදී එක්තරා බ්‍රාහ්මණයෙක් අරභයා වදාළ ගාථාවකි)

240.6. අයසා'ව මලං සමුට්ඨිතං - තදුට්ඨාය තමේව ඛාදති
ඒවං අතිධෝනචාරිනං - සකකම්මානි නයන්ති දුග්ගතිං

යකඩයේ හැදෙන මලකඩ විසින්ම ඒ යකඩය කාලා විනාශ කරලා දානවා. අන්න ඒ විදිහටම සතර සතිපට්ඨානයෙන් තොරව, සිව්පසය විතරක් වළඳන්ට ගියොත්, ඒ කර්මය විසින්ම තමයි තමාව දුගතියට අරගෙන යන්නේ.

(ජේතවනාරාමයේදී තිස්ස නම් භික්ෂුවක් අරභයා වදාළ ගාථාවකි.)

241.7. අසජ්ඣායමලා මන්තා - අනුට්ඨානමලා ඝරා
මලං වණ්ණස්ස කෝසජ්ජං - පමාදෝ රක්ඛතෝ මලං

නිතර නිතර සජ්ඣායනා නොකළොත්, කටපාඩම් කරපු දේට මල බැඳෙනවා. උත්සාහයෙන් වැඩ නොකළොත්, ගෙදර දොරේ වැඩවලටත් මල බැඳෙනවා. කම්මැලිකමෙන් ඉන්ට ගියොත් ශරීර සෝභාවයටත් මල බැඳෙනවා. කෙත් වතු ආදිය රකින කෙනා ප්‍රමාද වුණොත්, ඒවාටත් මල බැඳෙනවා.

(ජේතවනාරාමයේදී ලාලුදායී තෙරුන් අරභයා වදාළ ගාථාවකි.)

242.8. මලිත්ථියා දුච්චරිතං - මච්ඡේරං දදතෝ මලං
මලා වේ පාපකා ධම්මා - අස්මිං ලෝකේ පරම්හි ච

චරිතය නරක් කරගැනීම ස්ත්‍රියකට කිලුටක්. දන් දෙන කෙනෙකුට මසුරුකම තිබීම කිලුටක්. පාපී අකුසලයන්, මෙලොව පරලොව දෙකටම ඒකාන්තයෙන්ම කිලුටක්.

243.9. තතෝ මලා මලතරං - අවිජ්ජා පරමං මලං
ඒතං මලං පහත්වාන - නිම්මලා හෝථ භික්ඛවෝ

ඔය ඔක්කොම මලකඩවලට වඩා, අතිශයින්ම භයානක මලකඩක් තියෙනවා. ඒක තමයි අවිද්‍යාව. පින්වත් මහණෙනි, මේ අවිද්‍යාව නැමැති මලකඩ නැතිකරලා දාලා නිර්මල වෙන්න.

(ජේතවනාරාමයේදී එක්තරා කුලපුත්‍රයෙක් අරභයා වදාළ ගාථාවන්ය.)

244.10.සුජීවං අහිරිකේන - කාකසූරේන ධංසිනා
පක්ඛන්දිනා පගබ්භේන - සංකිලිට්ඨේන ජීවිතං

පවට ලැජ්ජාවක් නැති, කාක්කෙක් වගේ අනුන්ව සූරාගෙන කන, ගුණමකු, හිතුවක්කාර, කිලුටු ජීවිතයක් ගෙවන කෙනෙකුට ලාභ සත්කාර මැද්දේ පහසුවෙන් ජීවත්වෙන්ට පුළුවන්.

245.11. හිරිමතා ච දුජ්ජීවං - නිච්චං සුචිගවේසිනා
අලීනේනාපගබ්භේන - සුද්ධාජීවේන පස්සතා

නමුත් පවට ලැජ්ජාව තියෙනවා නම්, නිතරම පිරිසිදු ජීවිතයක් ගැන විමසමින් ඉන්නවා නම්, හිතුවක්කාර නැත්නම්, යහපත් ජීවිතයක් ගෙවන පිරිසිදු සිල්වත් ජීවිතයේ වටිනාකම දන්නවා නම්, අන්න ඒ භික්ෂුව අමාරුවෙන් තමයි ඒ විදිහට ජීවත් විය යුත්තේ.

(ජේතවනාරාමයේදී චුල්ලසාරික තෙරුන් අරභයා වදාළ ගාථාවන්ය.)

246.12. යෝ පාණමතිපාතේති - මුසාවාදං ච භාසති
ලෝකේ අදින්නං ආදියති - පරදාරං ච ගච්ඡති

යමෙක් ප්‍රාණඝාත කරනවා නම්, බොරු කියනවා නම් සොරකම් කරනවා නම්, පර ස්ත්‍රීන් සේවනය කරනවා නම්,

247.13. සුරාමේරයපානං ච - යෝ නරෝ අනුයුඤ්ජති
ඉධේව පෝසෝ ලෝකස්මිං - මූලං ඛණති අත්තනෝ

යමෙක් මත්පැන් පානය කරනවා නම්, ඔහු තමන්ගේ ජීවිතයේ තියෙන කුසල් මුල් මෙලොවදී ම විනාශ කරගන්නවා.

248.14. ඒවම්භෝ පුරිස ජානාහි - පාපධම්මා අසඤ්ඤතා
මා තං ලෝභෝ අධම්මෝ ච - චිරං දුක්ඛාය රන්ධයුං

පින්වත් පුරුෂය, පව් කියල කියන්නෙ සංවරකම නැති වී යන දෙයක් බව දැනගන්න. ඔය හිතේ ඇතිවෙන ලෝභ, ද්වේෂ ආදිය විසින් ඔබව බොහෝ කලක් දුක් විඳින අපායට ගෙනියන්ට එපා!

(ජේතවනාරාමයේදී උපාසකවරුන් පන්සීයක් අරභයා වදාළ ගාථාවන්ය.)

249.15. දදාති වේ යථා සද්ධං - යථා පසාදනං ජනෝ
තත්ථ වේ මංකු යෝ හෝති - පරේසං පානභෝජනේ
න සෝ දිවා වා රත්තිං වා - සමාධිං අධිගච්ඡති

කෙනෙක් තමන්ගේ ශ්‍රද්ධාවේ ප්‍රමාණයටයි ප්‍රසාදයේ ප්‍රමාණයටයි දන්

දෙන්නෙ. ඉතින් ඒ විදිහට අනුන් විසින් දන් දෙන කොට ඒ දානෙ ගැන හිත නරක් කරගන්නවා නම්, ඒ තැනැත්තාට දවාලටවත්, රාත්‍රියටවත්, සමාධියක් ඇතිකරගන්ට පුළුවන් වෙන්නෙ නෑ.

250.16.යස්ස චේතං සමුච්ඡින්නං - මූලඝච්චං සමූහතං
ස වේ දිවා වා රත්තිං වා - සමාධිං අධිගච්ඡති

යම් කෙනෙකුට මේ හිත නරක්වීම මුලින්ම උදුරලා දාලා නසාගන්ට පුළුවන් වුණොත්, ඇත්තෙන් ම දවල් වේවා, රාත්‍රී වේවා, ඕනෑම වෙලාවක සමාධිය ඇතිකරගන්ට පුළුවන්.

(ජේතවනාරාමයේදී තිස්ස නම් භික්ෂුවක් අරභයා වදාළ ගාථාවන්ය.)

251.17. නත්ථි රාගසමෝ අග්ගි - නත්ථි දෝසසමෝ ගහෝ
නත්ථි මෝහසමං ජාලං - නත්ථි තණ්හාසමා නදී.

රාගයට සමකරන්ට පුළුවන් වෙන ගින්නක් නෑ. ද්වේෂයට සමකරන්ට පුළුවන් ග්‍රහණය වීමකුත් නෑ. මෝහයට සමකරන්ට පුළුවන් දැලකුත් නෑ. තණ්හාවට සමකරන්ට පුළුවන් ගඟකුත් නෑ.

(ජේතවනාරාමයේදී උපාසකවරුන් පස් දෙනෙකු අරභයා වදාළ ගාථාවකි)

252.18.සුදස්සං වජ්ජමඤ්ඤේසං - අත්තනෝ පන දුද්දසං
පරේසං හි සෝ වජ්ජානි - ඕපුණාති යථා භුසං
අත්තනෝ පන ඡාදේති - කලිං'ව කිතවා සඨෝ

අනුන්ගේ වැරදි නම් බොහොම අගේට පේනවා. නමුත් තමන්ගේ ලොකු වැරැද්දක්වත් පේන්නෙ නෑ. ඒ තැනැත්තා උස්තැනක ඉඳලා රොඩු බොල් පොළනවා වගේ, අනුන්ගේ දොස්මයි හොයන්නෙ. ඒ වුණාට තමන්ගේ ලොකු වැරදි පවා හංගගෙන ඉන්නවා. කොළ-අතුවලින් ඇඟ වහගත්තු කපටි ලිහිණි වැද්දෙක් වගේ.

(භද්දියනුවරදී මෙණ්ඩක සිටුවරයා අරභයා වදාළ ගාථාවකි)

253.19.පරවජ්ජානුපස්සිස්ස - නිච්චං උජ්ඣානසඤ්ඤිනෝ
ආසවා තස්ස වඩ්ඪන්ති - ආරා සෝ ආසවක්ඛයා

අනුන්ගේ වැරදිම නම් හොය හොයා ඉන්නෙ, නිතරම අනුන්ටම නම් දොස් කිය කියා ඉන්නෙ, වැඩෙන්නෙ ආශ්‍රව විතරයි. ආශ්‍රව නැතිකිරීම නම්, ඔහුට ඉතාම දුර දෙයක්.

(ජේතවනාරාමයේදී උජ්ඣානසඤ්ඤී තෙරුන් අරභයා වදාළ ගාථාවකි)

254.20.ආකාසේ පදං නත්ථි - සමණෝ නත්ථි බාහිරේ
පපඤ්චාභිරතා පජා - නිප්පපඤ්චා තථාගතා

කුරුල්ලන්ගේ පියවර සටහනක් අහසේ දකින්ට නෑ. ඒ වගේම මාර්ග-ඵල ලාභී ශ්‍රමණයෙක් බුදු සසුනෙන් බැහැර, වෙන ආගමක නෑ. මේ සත්ව ප්‍රජාව අකුසල්ම කල්පනා කර කර ඒකට ඇලිලා ඉන්නේ. නමුත් තථාගතයන් වහන්සේලා අකුසල් කල්පනා වලින් තොරව ඉන්නේ.

255.21.ආකාසේ පදං නත්ථි - සමණෝ නත්ථි බාහිරේ
සංඛාරා සස්සතා නත්ථි - නත්ථි බුද්ධානං ඉඤ්ජිතං

කුරුල්ලන්ගේ පියවර සටහනක් ආකාසේ නෑ. ඒ වගේම මාර්ග-ඵල ලාභී ශ්‍රමණයෙක් බුදු සසුනෙන් බැහැර, වෙන ආගමක නෑ. හේතු-ඵල දහමෙන් සකස්වෙච්ච කිසි දෙයක් සදාකාලික නෑ. ඒ අස්ථිර දේවල් වෙනස් වෙලා යද්දි බුදුවරයන් වහන්සේලා තුළ ඒ ගැන කිසි කම්පනයක් නෑ.

(පිරිනිවන් මඤ්චකයේදී සුභද්‍ර පිරිවැජියා අරභයා වදාළ ගාථාවන්ය.)

සාදු! සාදු!! සාදු!!!

මලකඩ ගැන වදාළ කොටස නිමා විය.
(මල වග්ගය නිමා විය.)

19. ධම්මට්ඨ වර්ගය
ධර්මයේ පිහිටීම ගැන වදාළ කොටස

256.1. න තේන හෝති ධම්මට්ඨෝ - යේනත්ථං සහසා නයේ
යෝ ච අත්ථං අනත්ථඤ්ච - උභෝ නිච්ඡෙය්‍ය පණ්ඩිතෝ

යම් විනිශ්චයකරුවෙක් අසාධාරණ විදිහට නඩු තීන්දු දෙනවා නම්, ඔහුගේ විනිශ්චය තියෙන්නෙ ධර්මයේ පිහිටලා නෙවෙයි. නමුත් නුවණැති කෙනා සාධාරණ පැත්ත අසාධාරණ පැත්ත හොඳ හැටි හඳුනාගෙනයි විනිශ්චයක් දෙන්නෙ.

257.2. අසාහසේන ධම්මේන - සමේන නයතී පරේ
ධම්මස්ස ගුත්තෝ මේධාවී - ධම්මට්ඨෝ'ති පවුච්චති

සාධාරණ විදිහට ධර්මානුකූලව නඩු හබවලදී තීන්දු ගන්නවා නම්, ධර්මයෙන් සුරැකෙන ඒ ප්‍රඥාවන්ත කෙනා, විනිශ්චයේදී ද ධර්මයේ පිහිටන බවයි කියන්ට තියෙන්නෙ.

(ජේතවනාරාමයේදී විනිසුරුවෙකු අරභයා වදාළ ගාථාවන්ය.)

258.3. න තේන පණ්ඩිතෝ හෝති - යාවතා බහු භාසති
ඛේමී අවේරී අභයෝ - පණ්ඩිතෝ'ති පවුච්චති

පිරිස් මැද ව්‍යක්ත විදිහට මුබරිව කතා බස් කළ පමණින් ඔහු නුවණැත්තෙක් වෙන්නෙ නෑ. නමුත් යම් කෙනෙක් කාටවත් බිය ඇති නොකරයි නම්, වෛරය ඇතිවෙන පංච දුශ්චරිතයෙන් තොර නම්, අකුසලයෙන් දුරුවෙලා, නිර්භයව ඉන්නවා නම්, ඔහු තමයි සැබෑම නැණවතා.

(ජේතවනාරාමයේදී ඡබ්බග්ගිය භික්ෂූන් අරභයා වදාළ ගාථාවකි.)

259.4. න තාවතා ධම්මධරෝ - යාවතා බහු භාසති
යෝ ච අප්පම්පි සුත්වාන - ධම්මං කායේන පස්සති
ස වේ ධම්මධරෝ හෝති - යෝ ධම්මං නප්පමජ්ජති

යම් කෙනෙක් හැම තැනම බණ කියාගෙන ගියත්, එපමණකින් ධර්මධරයෙක් වෙන්නෙ නෑ. නමුත් ධර්මය ටිකක් හරි අහගෙන, ඒ ධර්මය තමා තුළින් දකිනවා නම්, ඒ ධර්මයේ හැසිරෙන්ට ප්‍රමාද නැත්නම් ඔහු ඒකාන්තයෙන්ම ධර්මධරයෙක්.

(ජේතවනාරාමයේදී ඒකෝදාන තෙරුන් අරභයා වදාළ ගාථාවකි.)

260.5. න තේන ථේරෝ හෝති - යේනස්ස පලිතං සිරෝ
පරිපක්කෝ වයෝ තස්ස - මෝඝජිණ්ණෝ'ති වුච්චති

යම්කිසි භික්ෂුවක් වයසට ගිහින් කෙස් ඉදුණු පමණින් ඒ හේතුව නිසා, ඔහුට ස්ථවිර කියන්ට බෑ. ඔහුගේ වයස මෝරලා ගියා විතරයි. දිරාගිය හිස් පුද්ගලයා කියලයි කිවයුතු වන්නේ.

261.6. යම්හි සච්චං ච ධම්මෝ ච - අහිංසා සංයමෝ දමෝ
ස වේ වන්තමලෝ ධීරෝ - ථේරෝ ඉති පවුච්චති

යමෙක් තුළ සත්‍යයත්, ධර්මයත් තියෙනවා නම්, අහිංසක බවත්, සංවරකමත්, ඉන්ද්‍රිය දමනයත් තියෙනවා නම් ඇත්තෙන්ම ඔහු රාගාදී අකුසල් වමාරලා දාපු ප්‍රඥාවන්ත කෙනෙක්. අන්න ඒ භික්ෂුවටයි 'ස්ථවිර' කියා කිව

යුත්තේ.

(ජේතවනාරාමයේදී ලකුණ්ඨක භද්දිය තෙරුන් අරභයා වදාළ ගාථාවන්ය.)

262.7. න වාක්කරණමත්තේන - වණ්ණපොක්ඛරතාය වා
සාධුරූපෝ නරෝ හෝති - ඉස්සුකී මච්ඡරී සඨෝ

කටහඬ මිහිරට තිබුණා කියලා, රූපය ලස්සනට තිබුණා කියලා, යහපත් වෙන්නෙ නෑ. ඔහු තුළ ඉරිසියාව, මසුරුකම, කපටිකම තියෙනවා නම්, ඔහු හොඳ කෙනෙක් වෙන්නෙ නෑ.

263.8. යස්ස චේ තං සමුච්ඡින්නං - මූලඝච්චං සමූහතං
ස වන්තදෝසෝ මේධාවී - සාධුරූපෝ'ති වුච්චති

යම් කෙනෙක් ඔය දුර්වලකම් මුලින්ම නැතිකරලා දාලා නම් තියෙන්නෙ, ඔහු ඒ දුර්වලකම් වමාරලා දාපු ප්‍රඥාවන්තයෙක්. 'යහපත් කෙනා' කියලා කිව යුත්තේ ඒ පුද්ගලයාටයි.

(ජේතවනාරාමයේදී බොහෝ භික්ෂූන් අරභයා වදාළ ගාථාවන්ය.)

264.9. න මුණ්ඩකේන සමණෝ - අබ්බතෝ අලිකං භණං
ඉච්ඡාලෝභසමාපන්නෝ - සමණෝ කිං භවිස්සති

හොඳට හිස රැවුල් බාලා හිටියා කියලා, ශ්‍රමණයෙක් වෙන්නෙ නෑ. ඔහු තුළ සීලයක් නැත්නම්, බොරුම නම් කියන්නෙ, පාපී ආශාවන් වලින් යුක්ත වෙලා, ලෝභකමින්ම නම් ඉන්නෙ, ඔහු ශ්‍රමණයෙක් වෙන්නෙ කොහොමද?

265.10. යෝ ච සමේති පාපානි - අණුංථූලානි සබ්බසෝ
සමිතත්තා හි පාපානං - සමණෝ'ති පවුච්චති

යම් කෙනෙක් පොඩි දෙයක් වේවා, ලොකු දෙයක් වේවා, හැම පාපී අකුසලයක්ම සංසිඳුවා දැම්මොත්, ඒ පාපී අකුසල් සංසිඳවා දැමීම නිසයි, ඔහුට 'ශ්‍රමණයා' කියල කියන්නෙ.

(ජේතවනාරාමයේදී හත්ථක තෙරුන් අරභයා වදාළ ගාථාවන්ය.)

266.11. න තේන භික්ඛු හෝති - යාවතා භික්ඛතේ පරේ
විස්සං ධම්මං සමාදාය - භික්ඛු හෝති න තාවතා

කොපමණ කළක් පිණ්ඩපාතෙ කරගෙන, අනුන්ගෙන් ලැබෙන දේ වැළඳුවත්, ඒ හේතුව නිසා ඔහු භික්ෂුවක් වෙන්නෙ නෑ. පාපී දේට පුරුදු වෙලා ඉන්න තාක්, කෙනෙක් භික්ෂුවක් වෙන්නෙ නෑ.

267.12.යෝ'ධ පුඤ්ඤඤ්ච පාපඤ්ච - බාහෙත්වා බ්‍රහ්මචරිය වා
සංඛාය ලෝකේ චරති - ස වේ භික්ඛූ'ති වුච්චති

යමෙක් මේ ශාසනය තුළ ගුණදම් දියුණු කරලා, අවබෝධයෙන්ම පින් පව් බැහැර කරලා, බඹසර හැසිරෙනවා නම්, නුවණින් යුක්තව ලෝකයේ හැසිරෙනවා නම්, අන්න ඔහුට තමයි භික්ෂුව කියන්නෙ.

(ජේතවනාරාමයේදී එක්තරා පිරිවැජි බ්‍රාහ්මණයෙක් අරභයා වදාළ ගාථාවන්ය.)

268.13. න මෝනේන මුනි හෝති - මූළ්හරූපෝ අවිද්දසු
යෝ ච තුලං'ව පග්ගය්හ - වරමාදාය පණ්ඩිතෝ

ප්‍රඥා රහිත කෙනා මෝඩ ස්වරූපයෙන් කතා බස් නොකොට හිටියා කියලා ඒ විදිහට මුනිවත රැක්කා කියලා, මුනිවරයෙක් වෙන්නෙ නෑ. නුවණැත්තා උතුම් දේ අරගන්නෙ, තරාදියකින් මැනලා ගන්නවා වගේ.

269.14.පාපානි පරිවජ්ජේති - ස මුනී තේන සෝ මුනී
යෝ මුනාති උභෝ ලෝකේ - මුනි තේන පවුච්චති

පාපී අකුසල් දුරු කරගත්තොත්, අන්න ඔහු තමයි මුනිවරයා. ඒ කරුණින්මයි ඔහු මුනිවරයෙක් වුණේ. ආධ්‍යාත්මික, බාහිර ලෝකය නුවණින් බෙදා විමසා අවබෝධ කරන නිසා, ඒ කරුණිනුත් ඔහුට මුනිවරයා කියනවා.

(ජේතවනාරාමයේදී අන්‍යාගමික තවුසන් අරභයා වදාළ ගාථාවන්ය.)

270.15.න තේන අරියෝ හෝති - යේන පාණානි හිංසති
අහිංසා සබ්බපාණානං - අරියෝ'ති පවුච්චති

යමෙක් ප්‍රාණීන්ට හිංසා කරනවා නම්, ඔහුට 'ආර්ය' කියල නම තිබූ පමණින් 'ආර්ය' වෙන්නෙ නෑ. සියලු ප්‍රාණීන් කෙරෙහි අහිංසාවෙන් යුතු කෙනාටයි 'ආර්ය' කියලා කියන්නෙ.

(ජේතවනාරාමයේදී ආර්ය නම් බිලී වැද්දෙක් අරභයා වදාළ ගාථාවකි.)

271.16. න සීලබ්බතමත්තේන - බාහුසච්චේන වා පුන
අථ වා සමාධිලාභේන - විවිච්ච සයනේන වා

වත් පිළිවෙත් කරලා, සිල් රැක්ක පමණින්, බණ දහම් ඉගෙන ගෙන බහුශ්‍රැත වෙච්ච පමණින්, සමාධියක් ඇතිකරගත්තු පමණින්, දුර ඈත වන සෙනසුන්වල සිටිය පමණින් ජීවිතය සම්පූර්ණයි කියලා හිතන්න එපා!

272.17. ඵුසාමි නෙක්ඛම්මසුඛං - අපුථුජ්ජනසේවිතං
භික්ඛු විස්සාසමාපාදි - අප්පත්තෝ ආසවක්ඛයං

පින්වත් භික්ෂුව, පෘථග්ජනයන්ට ලබාගන්ට බැරි, ආර්යයන් වහන්සේලා විතරක් ලබන නෙක්ඛම්ම සුවයක් තියෙනවා. 'මමත් ඒක ලබනවා' කියල හිතන්ට ඕනෙ. අරහත් ඵලයට පත්වන තෙක්ම මේ භවය ගැන විශ්වාස කරන්නට එපා!

(ජේතවනාරාමයේදී බොහෝ භික්ෂූන් අරභයා වදාළ ගාථාවන්ය.)

සාදු! සාදු!! සාදු!!!

ධර්මයේ පිහිටීම ගැන වදාළ කොටස නිමා විය.
(ධම්මට්ඨ වග්ගය නිමා විය.)

20. මග්ග වර්ගය

ඒ අමා නිවන් මග ගැන වදාල කොටස

273.1. මග්ගානට්ඨංගිකෝ සෙට්ඨෝ - සච්චානං චතුරෝ පදා
විරාගෝ සෙට්ඨෝ ධම්මානං - ද්විපදානං ච චක්ඛුමා

අනුගමනය කළ යුතු වැඩ පිළිවෙලවල් අතරේ පරම ශ්‍රේෂ්ඨ වන්නේ ආර්ය අෂ්ටාංගික මාර්ගයයි. සත්‍යයන් අතුරින් පරම ශ්‍රේෂ්ඨ වන්නේ චතුරාර්ය සත්‍යයයි. ධර්මයන් අතුරින් පරම ශ්‍රේෂ්ඨ වන්නේ විරාගී නිවනයි. දෙපා ඇති මිනිසුන් අතරින් පරම ශ්‍රේෂ්ඨ වන්නේ සදහම් ඇස් ඇති බුදු සමිඳුයි.

274.2. ඒසෝ'ව මග්ගෝ නත්ථඤ්ඤෝ - දස්සනස්ස විසුද්ධියා
ඒතං හි තුම්හේ පටිපජ්ජථ - මාරස්සේතං පමෝහනං

ආර්ය සත්‍යාවබෝධය තුළින් පිරිසිදු වෙන්ට නම්, මේ මාර්ගය විතරමයි තියෙන්නෙ. වෙන මාර්ගයක් නෑ. ඔබත් මේ මාර්ගයම පිළිපදින්න. මේ මාර්ගයෙන් තමයි මාරයාව රවට්ටන්න පුළුවන් වෙන්නෙ.

275.3. ඒතං හි තුම්හේ පටිපන්නා - දුක්ඛස්සන්තං කරිස්සථ
අක්ඛාතෝ වේ මයා මග්ගෝ - අඤ්ඤාය සල්ලසත්ථනං

ඔබ මේ ආර්ය අෂ්ටාංගික මාර්ගයම අනුගමනය කරලා, මේ සසර දුක

අවසන් කරල දාන්න. රාගාදී කෙලෙස් හුල් උදුරලා දාන මේ මාර්ගය මං ඔබට කියා දෙන්නෙ ප්‍රත්‍යක්ෂ අවබෝධයෙන්මයි.

276.4. තුම්හේහි කිච්චං ආතප්පං - අක්ඛාතාරෝ තථාගතා
පටිපන්නා පමොක්ඛන්ති - ඣායිනෝ මාරබන්ධනා

පින්වත් මහණෙනි, දුකෙන් නිදහස් වෙන්ට වීරිය අරගෙන, නිවන අවබෝධ කළ යුත්තේ ඔබ විසින්මයි. ඒ වෙනුවෙන් තථාගතයන් වහන්සේලා කරන්නෙ නිවන් මග කියාදෙන එක විතරයි. මේ නිවන් මග පිළිපැද්දොත්, ධ්‍යාන වැඩුවොත්, මේ මාර බන්ධනයෙන් ඔබ නිදහස් වෙලා යනවා.

(ජේතවනාරාමයේදී පන්සියයක් භික්ෂූන් අරහයා වදාළ ගාථාවන්ය.)

277.5. සබ්බේ සංඛාරා අනිච්චා'ති - යදා පඤ්ඤාය පස්සති
අථ නිබ්බින්දති දුක්ඛේ - ඒස මග්ගෝ විසුද්ධියා

හේතූන්ගෙන් සකස්වුන හැම දෙයක්ම අනිත්‍ය වෙලා යන බව යම් දවසක ප්‍රඥාවෙන් අවබෝධ කළොත්, අන්න එදාටයි මේ දුක ගැන කළකිරෙන්නෙ. නිවන් මග වෙන්නෙත් ඒකමයි.

(ජේතවනාරාමයේදී පන්සියයක් පමණ භික්ෂූන් අරහයා වදාළ ගාථාවකි.)

278.6. සබ්බේ සංඛාරා දුක්ඛා'ති - යදා පඤ්ඤාය පස්සති
අථ නිබ්බින්දති දුක්ඛේ - ඒස මග්ගෝ විසුද්ධියා

හේතූන්ගෙන් සකස්වුන හැම දෙයක්ම දුකක් බව යම් දවසක ප්‍රඥාවෙන් අවබෝධ කළොත්, අන්න එදාටයි මේ දුක ගැන කළකිරෙන්නෙ. නිවන් මග වෙන්නෙත් ඒකමයි.

(ජේතවනාරාමයේදී පන්සියයක් පමණ භික්ෂූන් අරහයා වදාළ ගාථාවකි.)

279.7. සබ්බේ ධම්මා අනත්තා'ති - යදා පඤ්ඤාය පස්සති
අථ නිබ්බින්දති දුක්ඛේ - ඒස මග්ගෝ විසුද්ධියා

හැම දෙයක්ම අනාත්ම බව යම් දවසක ප්‍රඥාවෙන් අවබෝධ කළොත්, අන්න එදාටයි මේ දුක ගැන කළකිරෙන්නෙ. නිවන් මග වෙන්නෙත් ඒකමයි.

(ජේතවනාරාමයේදී පන්සියයක් පමණ භික්ෂූන් අරහයා වදාළ ගාථාවකි.)

280.8. උට්ඨානකාලම්හි අනුට්ඨහානෝ - යුවා බලී ආලසියං උපේතෝ
සංසන්නසංකප්පමනෝ කුසීතෝ - පඤ්ඤාය මග්ගං අලසෝ න වින්දති

වීරිය කරන්ට ඕනෙ වෙලාවෙදි වීරිය කරන්නෙ නැත්නම්, ඇඟේ පතේ හයිය තියෙන වෙලාවෙ, කම්මැලිකමෙන් හිටියොත්, ලාමක දේවල් ගැන හිත හිත හිටියොත්, කුසීත වෙලා හිටියොත්, ඒ කම්මැලියාට ප්‍රඥාවෙන් දියුණු කරගත යුතු ආර්ය මාර්ගය නොලැබී යනවා.

(ජේතවනාරාමයේදී පධානකම්මිකතිස්ස තෙරුන් අරභයා වදාළ ගාථාවකි.)

281.9. වාචානුරක්ඛී මනසා සුසංවුතෝ - කායේන ච අකුසලං න කයිරා
ඒතේ තයෝ කම්මපථේ විසෝධයේ - ආරාධයේ මග්ගං ඉසිප්පවේදිතං

වචනය රැකගන්නවා නම්, සිත සංවර කරගන්නවා නම්, කයෙනුත් අකුසල් කරන්නෙ නැත්නම්, ඔය විදිහට කර්ම රැස්වෙන මාර්ග තුනම පිරිසිදු කරගන්නවා නම් අන්න ඒ තැනැත්තාට, අරහත් ඍෂිවරුන් අවබෝධයෙන්ම වදාළ ඒ නිවන් මග සම්පූර්ණ කරගන්ට පුළුවන්.

(වේළුවනාරාමයේදී සූකර ප්‍රේතයා අරභයා වදාළ ගාථාවකි.)

282.10.යෝගා වේ ජායති භූරි - අයෝගා භූරිසංඛයෝ
ඒතං ද්වේධා පථං ඤත්වා - භවාය විභවාය ච
තථත්තානං නිවේසෙය්‍ය - යථා භූරි පවඩ්ඪති

ඇත්තෙන්ම සමථ - විදර්ශනා භාවනාවෙන් මයි ප්‍රඥාව වැඩෙන්නෙ. භාවනා නොකළොත්, ප්‍රඥාව විනාශ වෙනවා. ඒ නිසා දියුණුව පිණිසත්, පිරිහීම පිණිසත් පවතින ඔය මාර්ග දෙක තේරුම් ගන්ට ඕනෙ. ප්‍රඥාව වැඩෙන්නේ යම් මගකින් නම්, අන්න ඒ මාර්ගයේ තමයි ජීවිතය යොදවන්ට තියෙන්නෙ.

(ජේතවනාරාමයේදී පෝඨිල තෙරුන් අරභයා වදාළ ගාථාවකි.)

283.11. වනං ඡින්දථ මා රුක්ඛං - වනතෝ ජායතී භයං
ඡෙත්වා වනඤ්ච වනථඤ්ච - නිබ්බනා හෝථ භික්ඛවෝ

පින්වත් මහණෙනි, ඔය කෙලෙස් වනය කපලා දාන්න. හැබැයි වනාන්තරයේ ගස් කපන්ට එපා! කෙලෙස් වනයෙන් තමයි බිය හටගන්නෙ. මහ කෙලෙස් වනයත්, පොඩි කෙලෙස් වනයත් දෙකම කපලා දාලා, කෙලෙස් වනයකින් තොර කෙනෙක් වෙන්න.

284.12.යාවං වනථෝ න ඡිජ්ජති - අනුමත්තෝ'පි නරස්ස නාරිසු
පටිබද්ධමනෝ'ව තාව සෝ - වච්ඡෝ ඛීරපකෝ'ව මාතරි

කාන්තාවක් පිළිබඳව පුරුෂයාගේ හිතේ, අල්පමාත්‍ර වූ තෘෂ්ණාවක් පවා

නොසිඳී තිබුණොත්, ඒකටම හිත දුවනවා. මව් වැස්සී පස්සේ දුවන කිරි බොන වහුපැටියා වගේ.

(ජේතවනාරාමයේදී මහළු භික්ෂූන් පිරිසක් අරභයා වදාළ ගාථාවන්ය.)

285.13. උච්ඡින්ද සිනේහමත්තනෝ - කුමුදං සාරදිකං'ව පාණිනා
සන්තිමග්ගමේව බ්‍රෑහය - නිබ්බාණං සුගතේන දේසිතං

සරත් කාලෙ කුමුදු මලක් අතින් කඩලා දානවා වගේ, තමන් තුළ තියෙන තෘෂ්ණාව ප්‍රඥාවෙන් කඩලා දාන්ට ඕනෙ. සුගතයන් වහන්සේ විසින් ඒ අමා නිවන ගැන කියා දීලයි තියෙන්නෙ. ඒ නිසා නිවනට පමුණුවන ආර්ය මාර්ග යේමයි ගමන් කරන්ට ඕනෙ.

(ජේතවනාරාමයේදී සැරියුත් තෙරුන්ගේ ශිෂ්‍ය භික්ෂුවක් අරභයා වදාළ ගාථාවකි.)

286.14. ඉධ වස්සං වසිස්සාමි - ඉධ හේමන්ත ගිම්හිසු
ඉති බාලෝ විචින්තේති - අන්තරායං න බුජ්ඣති

මං මේ පාර වස් කාලෙ මෙහෙ තමයි ඉන්නෙ. සීත කාලෙත් මෙහෙම ඉන්නවා. පායන කාලෙටත් මෙහෙ තමයි ඉන්ට වෙන්නෙ. ජීවිතය ගැන අවබෝධයක් නැති කෙනා ඔය විදිහට හිත හිතා ඉන්නවා. ඔය අතරෙ තමන්ට සිදුවෙන ජීවිත අනතුරු ගැන කිසිම අවබෝධයක් නෑ.

(ජේතවනාරාමයේදී වෙළඳ නායකයෙකු අරභයා වදාළ ගාථාවකි.)

287.15. තං පුත්තපසුසම්මත්තං - බ්‍යාසත්තමනසං නරං
සුත්තං ගාමං මහෝඝෝ'ව - මච්චු ආදාය ගච්ඡති

සමහර උදවිය තමන්ගේ දූ දරුවන් ගැන, සතා සිව්පාවා ගැන, හිතින් බැඳිලා, එයින් මත්වෙලා කල් ගෙවනවා. අන්තිමේදී මාරයා ඇවිදින් ඔවුන්ව මරණය කරා ගෙනියන්නෙ, සැඩ වතුර පහරක් විසින් නිදිගත් ගමක් මුහුදට ගසාගෙන යනවා වගේ.

(ජේතවනාරාමයේදී කිසාගෝතමිය අරභයා වදාළ ගාථාවකි.)

288.16. න සන්ති පුත්තා තාණාය - න පිතා නපි බන්ධවා
අන්තකේනාධිපන්නස්ස - නත්ථි ඤාතිසු තාණතා

මාරයා විසින් යටකරගත්තු සත්වයාට ආරක්ෂා ස්ථානයක් දූදරුවන්ගෙන්

ලැබෙන්නෙ නෑ. පියාගෙන් ලැබෙන්නෙත් නෑ. නෑදෑයන්ගෙන් ලැබෙන්නෙත් නෑ. ඒ ඤාතීන් තුළ ඔහුට සැබෑම රැකවරණයක් ලැබෙන්නෙ නෑ.

289.17. ඒතමත්ථවසං ඤත්වා - පණ්ඩිතෝ සීලසංවුතෝ
නිබ්බාණගමනං මග්ගං - ඛිප්පමේව විසෝධයේ

ඔය යථාර්ථය අවබෝධ කරගත් බුද්ධිමත් කෙනා සීලයෙන් සංවර වෙන්ට ඕනෙ. වහ වහාම නිවන් මග පිරිසිදු කරගන්ට ඕනෙ.

(ජේතවනාරාමයේදී පටාචාරාව අරභයා වදාළ ගාථාවන්ය..)

සාදු! සාදු!! සාදු!!!

ඒ අමා නිවන් මග ගැන වදාළ කොටස නිමා විය.
(මග්ග වග්ගය නිමා විය.)

21. පකිණ්ණක වර්ගය
ධර්ම කරුණු මිශ්‍රව ඇතුළත් කොටස

290.1. මත්තාසුඛපරිච්චාගා - පස්සේ චේ විපුලං සුඛං
චජේ මත්තාසුඛං ධීරෝ - සම්පස්සං විපුලං සුඛං

ඉතා විශාල සැපයක් බලාපොරොත්තු වෙන කෙනාට, ඒ වෙනුවෙන් සුළු සැපය අත්හරින්ට පුළුවන් වෙන්ට ඕනෙ. ප්‍රඥාවන්ත කෙනා ඉතා විශාල සැපයක් වන ඒ අමා නිවන් සැප කැමතිව, ඉතා සුළු වූ කම්සැපය අත්හරිනවා.

(වේළුවනයේදී බුදු සමිඳුන්ගේ අතීත ජීවිතය අරභයා වදාළ ගාථාවකි.)

291.2. පරදුක්ඛූපදානේන - අත්තනෝ සුඛමිච්ඡති
වේරසංසග්ගසංසට්ඨෝ - වේරා සෝ න පරිමුච්චති

අනුන්ට දුක් දීලා, තමන් විතරක් සැප විඳින්ට හිතුවොත් ඔහුට එකතු වෙන්ට වෙන්නෙ වෛරයක් සමඟයි. වෛරයෙන් නිදහස් වෙන්ට නම් ලැබෙන්නෙ නෑ.

(සැවැත් නුවරදී කිකිළි බිජු කෑ ස්ත්‍රියක අරභයා වදාළ ගාථාවකි.)

292.3. යං හි කිච්චං තදපවිද්ධං - අකිච්චං පන කයිරති
උන්නලානං පමත්තානං - තේසං වඩ්ඪන්ති ආසවා

යම් කෙනෙක් ධර්මයේ හැසිරීම ආදී කළ යුතු උතුම් දේ අත්හරිනවා නම්, නොකළ යුතු දේවල් කරනවා නම්, මාන්නයෙන් ඉදිමී, ප්‍රමාදයෙන් ඉන්නවා නම්, ඔහු තුළ වැඩෙන්නෙ කෙලෙස් විතරයි.

293.4. යේසඤ්ච සුසමාරද්ධා - නිච්චං කායගතා සති
අකිච්චං තේ න සේවන්ති - කිච්චේ සාතච්චකාරිනෝ
සතානං සම්පජානානං - අත්ථං ගච්ඡන්ති ආසවා

නමුත් යම් කෙනෙක් කායානුපස්සනාවේ නිතරම ඉතා හොඳින් සිහිය පිහිටුවාගෙන ඉන්නවා නම්, ඔවුන් නොකළ යුතු දේවල් කරන්ට යන්නෙ නෑ. කළ යුතු දේ තමයි හැම තිස්සෙම කරන්නෙ. ඉතා හොඳ සිහි නුවණින් යුක්තව කල් ගෙවන කොට, ඔවුන්ගෙ කෙලෙස් විනාශ වෙලා යනවා.

(භද්දිය නුවරදී භද්දිය තෙරුන් අරභයා වදාළ ගාථාවන්ය.)

294.5. මාතරං පිතරං හන්ත්වා - රාජානෝ ද්වේ ච ඛත්තියේ
රට්ඨං සානුචරං හන්ත්වා - අනීඝෝ යාති බ්‍රාහ්මණෝ

සසර දුක උපදවන මේ තෘෂ්ණාව නැමැති අම්මාත්, අහංකාරකම නැමැති පියාත් වනසන්ට ඕනෙ. ශාස්වත, උච්ඡේද දෘෂ්ටි නැමැති රජවරු දෙන්නාත්, වනසන්ට ඕනෙ. ආධ්‍යාත්මික බාහිර ආයතන නැමැති රටත්, එහි හැසිරෙන ප්‍රධානියා නැමැති නන්දිරාගයත් වනසන්ට ඕනෙ. අන්න ඒ සියල්ල ප්‍රඥාවෙන් වනසලා, දුකෙන් තොරව සිටින අරහත් බ්‍රාහ්මණයා නිවන කරා ම යනවා.

295.6. මාතරං පිතරං හන්ත්වා - රාජානෝ ද්වේ ච සොත්තියේ
වෙය්‍යග්ඝපඤ්චමං හන්ත්වා - අනීඝෝ යාති බ්‍රාහ්මණෝ

සසර දුක උපදවන මේ තෘෂ්ණාව නැමැති අම්මාත්, අස්මිමානය නැමැති පියාවත් නසන්ට ඕනෙ. ශාස්වත, උච්ඡේද දෘෂ්ටි නැමැති බ්‍රාහ්මණ රජවරු දෙන්නවත් නසන්ට ඕනෙ. විචිකිච්ඡාව පස්වෙනුවට තියෙන පංච නීවරණ නැමැති ව්‍යාඝ්‍රයන්ගේ මාර්ගයත් නසන්ට ඕනෙ. අන්න ඒ දේවල් නසා දමා දුක් නැතිකරගෙන අරහත් බ්‍රාහ්මණයා නිවන කරාම යනවා.

(ජේතවනාරාමයේදී ලකුණ්ටක භද්දිය තෙරුන් අරභයා වදාළ ගාථාවන්ය.)

296.7. සුප්පබුද්ධං පබුජ්ඣන්ති - සදා ගෝතමසාවකා
යේසං දිවා ච රත්තෝ ච - නිච්චං බුද්ධගතා සති

යමෙක් දවාලටත් රාත්‍රියටත් නිතරම බුද්ධානුස්සති භාවනාවේ යෙදෙනවා

නම්, ගෞතම බුදු සම්දුන්ගේ ඒ ශ්‍රාවකයෝ හැමදාම ඉතා ප්‍රබෝධමත්වයි පිබිදෙන්නෙ.

297.8. සුප්පබුද්ධං පබුජ්ඣන්ති - සදා ගෝතමසාවකා
යේසං දිවා ච රත්තෝ ච - නිච්චං ධම්මගතා සති

යමෙක් දවාලටත් රාත්‍රියටත් නිතරම ධම්මානුස්සති භාවනාවේ යෙදෙනවා නම්, ගෞතම බුදු සම්දුන්ගේ ඒ ශ්‍රාවකයෝ හැමදාම ඉතා ප්‍රබෝධමත්වයි පිබිදෙන්නෙ.

298.9. සුප්පබුද්ධං පබුජ්ඣන්ති - සදා ගෝතමසාවකා
යේසං දිවා ච රත්තෝ ච - නිච්චං සංඝගතා සති

යමෙක් දවාලටත් රාත්‍රියටත් නිතරම සංඝානුස්සති භාවනාවේ යෙදෙනවා නම්, ගෞතම බුදු සම්දුන්ගේ ඒ ශ්‍රාවකයෝ හැමදාම ඉතා ප්‍රබෝධමත්වයි පිබිදෙන්නෙ.

299.10. සුප්පබුද්ධං පබුජ්ඣන්ති - සදා ගෝතමසාවකා
යේසං දිවා ච රත්තෝ ච - නිච්චං කායගතා සති

යමෙක් දවාලටත් රාත්‍රියටත් නිතරම කායානුපස්සනා භාවනාවේ යෙදෙනවා නම්, ගෞතම බුදු සම්දුන්ගේ ඒ ශ්‍රාවකයෝ හැමදාම ඉතා ප්‍රබෝධමත්වයි පිබිදෙන්නෙ.

300.11. සුප්පබුද්ධං පබුජ්ඣන්ති - සදා ගෝතමසාවකා
යේසං දිවා ච රත්තෝ ච - අහිංසාය රතෝ මනෝ

යමෙක් දවාලටත් රාත්‍රියටත් නිතරම අහිංසාවේ ඇලුණු සිතින් ඉන්නවා නම්, ගෞතම බුදු සම්දුන්ගේ ඒ ශ්‍රාවකයෝ හැමදාම ඉතා ප්‍රබෝධමත්වයි පිබිදෙන්නෙ.

301.12. සුප්පබුද්ධං පබුජ්ඣන්ති - සදා ගෝතමසාවකා
යේසං දිවා ච රත්තෝ ච - භාවනාය රතෝ මනෝ

යමෙක් දවාලටත් රාත්‍රියටත් නිතරම සමථ විදර්ශනා භාවනාවේ ඇලී වාසය කරනවා නම්, ගෞතම බුදු සම්දුන්ගේ ඒ ශ්‍රාවකයෝ හැමදාම ඉතා ප්‍රබෝධමත්වයි පිබිදෙන්නෙ.

(වේළුවනාරාමයේදී දාරුසාකටික කුඩා දරුවා අරභයා වදාළ ගාථාවන්ය.)

302.13. දුප්පබ්බජ්ජං දුරභිරමං - දුරාවාසා ඝරා දුඛා
දුක්ඛෝ'සමානසංවාසෝ - දුක්ඛානුපතිතද්ධගූ
තස්මා න චද්ධගූ සියා - දුක්ඛානුපතිතෝ සියා

බුදු සසුනක උතුම් පැවිදි බව ලැබීම ඉතා දුෂ්කර දෙයක්. පැවිදි වුණ කෙනෙකුට ඒ පැවිද්දෙහි (සතර සතිපට්ඨානයේ) සිත් අලවා වාසය කිරීමත් දුෂ්කර දෙයක්. ගිහි ගෙවල්වල වාසය කිරීමත් මහා දුකක්. අසමාන අදහස් ඇති උදවියත් සමඟ එකට ඉන්ට ලැබීමත් දුකක්. සසර නැමැති දුරු කතරට ඇද වැටීමත් දුකක්. ඒ නිසා සසර නැමැති දුරු කතරට ඇද නොවැටෙන කෙනෙක් වෙන්ට ඕනෙ. සසර දුකට නොවැටෙන කෙනෙක් වෙන්ට ඕනෙ.

(විසාලා මහනුවරදී වජ්ජිපුත්තක තෙරුන් අරභයා වදාළ ගාථාවකි.)

303.14. සද්ධෝ සීලේන සම්පන්නෝ - යසෝභෝගසමප්පිතෝ
යං යං පදේසං භජති - තත්ථ තත්ථේව පූජිතෝ

තිසරණය කෙරෙහි ශ්‍රද්ධාව පිහිටුවාගත්, සීලවන්ත, ගිහි ශ්‍රාවකයා යසසිනුත්, භෝග සම්පත් වලිනුත් යුක්ත නම්, ඔහු කොයි පළාතකට ගියත්, ගිය ගිය තැන පුද සත්කාර ලබනවා.

(ජේතවනාරාමයේදී චිත්ත ගෘහපතියා අරභයා වදාළ ගාථාවකි.)

304.15. දූරේ සන්තෝ පකාසන්ති - හිමවන්තෝ'ව පබ්බතෝ
අසන්තෙත්ථ න දිස්සන්ති - රත්තිං ඛිත්තා යථා සරා

ශාන්ත පුද්ගලයන් කොයිතරම් දුරක සිටියත්, සම්බුදු නුවණට ඔවුන්ව පෙනෙන්නෙ ඈතට පෙනෙන හිමාල පර්වතය වගේ. නමුත් අඥාන පුද්ගලයෙක්ව ඒ විදිහට පේන්නේ නෑ. රාත්‍රී කාලෙ විදපු ඊතලයක් වගේ.

(ජේතවනාරාමයේදී චූළ සුභද්‍රා කුමරිය අරභයා වදාළ ගාථාවකි.)

305.16. ඒකාසනං ඒකසෙය්‍යං - ඒකෝ චරමතන්දිතෝ
ඒකෝ දමයමත්තානං - වනන්තේ රමිතෝ සියා

හුදෙකලාවේමයි ඉන්ට ඕනෙ. හුදෙකලාවේ මයි නිදන්ටත් ඕනෙ. කිසි කම්මැලිකමක් නැතුව, හුදෙකලාවේම තමන්ව දමනය කරගෙන, වනාන්තරයක වාසය කරමින් එහිමයි ඇලී ඉන්ට ඕනෙ.

(ජේතවනාරාමයේදී ඒකවිහාරීය තෙරුන් අරභයා වදාළ ගාථාවකි.)

සාදු! සාදු!! සාදු!!!

ධර්ම කරුණු මිශ්‍රව ඇතුළත් කොටස නිමා විය.
(පකිණ්ණක වග්ගය නිමා විය.)

22. නිරය වර්ගය
නිරය ගැන වදාළ කොටස

306.1. **අභූතවාදී නිරයං උපේති - යෝ චාපි කත්වා න කරෝමීති චාහ**
උභෝ'පි තේ පෙච්ච සමා භවන්ති - නිහීනකම්මා මනුජා පරත්ථ

අනුන්ට අභූත චෝදනා කරන කෙනාට නිරයේ තමයි උපදින්ට වෙන්නෙ. තමන් යම් පවක් කරලා, ඒක කළේ නැතෙයි කියන කෙනාත්, නිරයේම තමයි උපදින්නෙ. පහත් ක්‍රියා වලින් යුතු ඒ මිනිස්සු දෙන්නම මැරිලා ගිය දවසක නිරයේ ඉපදීමෙන් සමාන වෙනවා.

(ජේතවනාරාමයේදී සුන්දරී පරිබ්‍රාජිකාව අරභයා වදාළ ගාථාවකි.)

307.2. **කාසාවකණ්ඨා බහවෝ - පාපධම්මා අසඤ්ඤතා**
පාපා පාපේහි කම්මේහි - නිරයං තේ උපපජ්ජරේ

කිසි සංවරකමක් නැති, පාපී අකුසල් ඇති බොහෝ දෙනෙක් සිවුර විතරක් බෙල්ලෙ ඔතාගෙන ඉන්නවා. ඒ පව්ටු පුද්ගලයන් තමන්ම කරගෙන යන පව් නිසා, ගිහින් උපදින්නේ නිරයේ.

(වේළුවනයේදී ප්‍රේතව දුක් විඳින පිරිසක් අරභයා වදාළ ගාථාවකි.)

308.3. **සෙය්‍යෝ අයෝගුළෝ භුත්තෝ - තත්තෝ අග්ගිසිඛූපමෝ**
යඤ්චේ භුඤ්ජෙය්‍ය දුස්සීලෝ - රට්ඨපිණ්ඩමසඤ්ඤතෝ

දුස්සීලව ඉඳගෙන, අසංවරව ජීවත් වෙමින්, සැදැහැවතුන් පූජා කරන දන් පැන් වළඳනවා නම්, ඔයිට වඩා හොඳයි, ගිනිදැල් විහිදෙන රත්වුණු යකඩගුලි ගිලින එක.

(විශාලා මහනුවරදී වග්ගුමුදා ගංතෙර තෙරවරුන් පිරිසක් අරභයා වදාළ ගාථාවකි.)

309.4. **චත්තාරි ඨානානි නරෝ පමත්තෝ - ආපජ්ජති පරදාරූපසේවී**
අපුඤ්ඤලාභං න නිකාමසෙය්‍යං - නින්දං තතියං නිරයං චතුත්ථං

පර ස්ත්‍රීන් සේවනය කරන ප්‍රමාදී පුද්ගලයා කරදර හතරකට ගොදුරු වෙනවා. පළවෙනි එක පව් රැස්වීම, හිතේ චකිතය නිසා සතුටක් විඳින්ට නැතිකම දෙවැන්නයි. තුන්වෙනි එක නින්දාවයි. සතරවැන්න නිරයේ ඉපදීමයි.

310.5. අපුඤ්ඤලාභෝ ච ගතී ච පාපිකා - භීතස්ස භීතාය රතී ච ථෝකිකා
රාජා ච දණ්ඩං ගරුකං පණේති - තස්මා නරෝ පරදාරං න සේවේ

පව් රැස්කරගත්තු කෙනෙකුගේ උපතත් පාපීමයි. බියේ ගැහි ගැහී, තවත් භයවෙච්ච කාන්තාවක් එක්ක ඇතිකරගත්ත ඔය කාම සේවනයෙන් ඇතිවන ආශ්වාදය හරිම චුට්ටයි. ආණ්ඩුවට අහුවුණොත් බරපතල දඬුවම් විඳින්ට සිද්ධ වෙනවා. ඒ නිසා බුද්ධිමත් මනුෂ්‍යයා පරස්ත්‍රීන් සේවනය නොකළ යුතුයි.

(සැවැත් නුවරදී බේම සිටුවරයා අරභයා වදාළ ගාථාවන්ය.)

311.6. කුසෝ යථා දුග්ගහිතෝ - හත්ථමේවානුකන්තති
සාමඤ්ඤං දුප්පරාමට්ඨං - නිරයායුපකඩ්ඪති

වැරදි විදිහට කුසතණ ගහ ඇල්ලුවොත්, ඒක අල්ලපු අතමයි කැපිල යන්නෙ. වැරදි විදිහට පුරුදු කරපු මහණකමෙන් නිරයටමයි ඇදගෙන යන්නෙ.

312.7. යං කිඤ්චි සිථිලං කම්මං -සංකිලිට්ඨං ච යං වතං
සංකස්සරං බ්‍රහ්මචරියං - න තං හෝති මහප්ඵලං

ස්ථිර අදහසකින් තොරව, බුරුලට ගත් යම් සීලාදියක් තියෙනවා නම්, කිලුටු සහිත යම් ව්‍රතයක් තියෙනවා නම්, සැක කටයුතු මහණකමක් තියෙනවා නම්, ඒ කිසි දේකින් සාර්ථක ප්‍රතිඵල ලබන්නට බෑ.

313.8. කයිරා චේ කයිරාථේනං - දළ්හමේනං පරක්කමේ
සිථිලෝ හි පරිබ්බාජෝ - භියෝ ආකිරතේ රජං

ඉදින් සීලාදී ගුණ ධර්ම දියුණු කරනවා නම්, දැඩි වීරියකින්, පරාක්‍රමයකින්මයි කරන්ට ඕනෙ. පැවිද්ද ලිහිල්ව ගත්තොත්, බොහෝ විට සිදුවෙන්නෙ කෙලෙස් වැගිරෙන එක.

(ජේතවනාරාමයේදී එක්තරා අලජ්ජී භික්ෂුවක් අරභයා වදාළ ගාථාවන්ය.)

314.9. අකතං දුක්කතං සෙය්‍යෝ - පච්ඡා තපති දුක්කතං
කතං ච සුකතං සෙය්‍යෝ - යං කත්වා නානුතප්පති

පාපී අකුසල් නොකරන එකමයි හොඳ. නැත්නම්, පස්සේ දුක් විඳින්ට

සිදුවෙනවා. යමක් කළාට පස්සේ පසුතැවිල්ලක් නැත්නම්, අන්න එබඳු කුසල් දහම් කිරීම තමයි හොඳ.

(ජේතවනාරාමයේදී ඉරිසියාකාර ස්ත්‍රියක් අරභයා වදාළ ගාථාවකි.)

315.10. නගරං යථා පච්චන්තං - ගුත්තං සන්තරබාහිරං
ඒවං ගෝපේථ අත්තානං - ඛණෝ වෝ මා උපච්චගා
ඛණාතීතා හි සෝචන්ති - නිරයම්හි සමප්පිතා

ඇතුළතත්, පිටතත් හොඳින් ආරක්ෂා සංවිධානය කරපු, දුර පළාතක තියෙන නගරයක් වගේ තමන්ගේ ජීවිතයද වරදට වැටෙන්ට නොදී රැකගන්ට ඕනෙ. මේ උතුම් අවස්ථාව ඔබට නම් මගහැරෙන්ට එපා! මේ උතුම් අවස්ථාව ඉක්ම ගියොත්, නිරයේ වැටිලා ශෝක කරන්නට වෙනවා.

(ජේතවනාරාමයේදී බොහෝ ආගන්තුක භික්ෂු පිරිසක් අරභයා වදාළ ගාථාවකි.)

316.11. අලජ්ජිතායේ ලජ්ජන්ති - ලජ්ජිතායේ න ලජ්ජරේ
මිච්ඡාදිට්ඨිසමාදානා - සත්තා ගච්ඡන්ති දුග්ගතිං

විලි වසාගෙන සිටීම ගැන ලැජ්ජා විය යුතු නෑ. (මේ නිගණ්ඨයින් ඒකටත් ලැජ්ජයි.) නමුත් ලැජ්ජා විය යුත්තේ නිර්වස්ත්‍රව සිටීමටයි. (මේ නිගණ්ඨයින් ඒකට ලැජ්ජා නෑ.) මිථ්‍යා දෘෂ්ටිය පුරුදු කරන සත්වයන් අපායට ගිහිල්ලයි නවතින්නෙ.

317.12. අභයේ භයදස්සිනෝ - භයේ චාභයදස්සිනෝ
මිච්ඡාදිට්ඨිසමාදානා - සත්තා ගච්ඡන්ති දුග්ගතිං

බිය රහිත වූ නිවන් මග ගැන (මේ නිගණ්ඨයින්) භයවෙලා ඉන්නෙ, බිය විය යුතු දේවල් පුරුදු කිරීම ගැන (මේ නිගණ්ඨයින්ට) කිසි භයක් නෑ. මිථ්‍යා දෘෂ්ටි පුරුදු කරන සත්වයා අපායේ තමයි උපදින්නේ.

(ජේතවනාරාමයේදී නිගණ්ඨයින් අරභයා වදාළ ගාථාවන්ය.)

318.13. අවජ්ජේ වජ්ජමතිනෝ - වජ්ජේ චාවජ්ජදස්සිනෝ
මිච්ඡාදිට්ඨිසමාදානා - සත්තා ගච්ඡන්ති දුග්ගතිං

නිවැරදි වූ ආර්ය ධර්මය ගැන (මිථ්‍යා දෘෂ්ටික උදවිය) හිතාගෙන ඉන්නෙ වැරදි විදිහටයි. නමුත් වැරදි අධර්මය ඔවුන්ට පේන්නේ ඉතා නිවැරදි දෙයක් හැටියටයි. මිථ්‍යා දෘෂ්ටිය පුරුදු කරන සත්වයන් අපායේ තමයි උපදින්නේ.

319.14. වජ්ජං ච වජ්ජතෝ ඤත්වා - අවජ්ජං ච අවජ්ජතෝ
සම්මාදිට්ඨිසමාදානා - සත්තා ගච්ඡන්ති සුග්ගතිං

වැරදි දේ වැරදි දේ විදිහට දැනගෙන, නිවැරදි වූ ධර්මය නිවැරදි දේ හැටියට දැනගෙන, සම්මා දිට්ඨිය පුරුදු කරන සත්වයන් සුගතියේ තමයි උපදින්නේ.

(ජේතවනාරාමයේදී අන්‍යාගමිකයන් පිරිසක් අරභයා වදාළ ගාථාවන්ය.)

සාදු! සාදු!! සාදු!!!

නිරය ගැන වදාළ කොටස නිමා විය.
(නිරය වග්ගය නිමා විය.)

23. නාග වර්ගය

හස්තිරාජයා ගැන වදාළ කොටස

320.1. අහං නාගෝ'ව සංගාමේ - චාපාතෝ පතිතං සරං
අතිවාක්‍යං තිතික්ඛිස්සං - දුස්සීලෝ හි බහුජ්ජනෝ

යුද බිමට බැසගත්ත හස්ති රාජයෙකුට, තමන්ට වදින ඊතල පහරවල් හොඳට ඉවසගෙන ඉන්ට පුළුවනි. මමත් අන්න ඒ වගේ කෙනෙක්. අනුන්ගෙන් ලැබෙන කර්කශ වචන මං ඉවසනවා. මේ ලෝකයේ බොහෝ දෙනෙක් දුස්සීලයි.

321.2. දන්තං නයන්ති සමිතිං - දන්තං රාජා'භිරූහති
දන්තෝ සෙට්ඨෝ මනුස්සේසු - යෝ'තිවාක්‍යං තිතික්ඛති

බොහෝ දෙනෙක් රැස්වෙන තැනට, හොඳට දමනය වුණ සතෙකුව ගෙනියන්ට පුළුවනි. රජ්ජුරුවො නගින්නෙත් දමනය වුණ සතෙකුගේ පිටේමයි. යමෙක් අනුන්ගේ කර්කශ වචන ඉවසයි නම්, ඔහු මිනිසුන් අතර දමනයට පත් වූ ශ්‍රේෂ්ඨ කෙනෙක්.

322.3. වරමස්සතරා දන්තා - ආජානීයා ච සින්ධවා
කුඤ්ජරා ච මහානාගා - අත්තදන්තෝ තතෝ වරං

අශ්වතරයොත්, සෛන්ධව අශ්වයොත්, ඇත්තු, මහා හස්තිරාජයො,

දමනය වුණාම තමයි ශ්‍රේෂ්ඨ වෙන්නෙ. නමුත් තමන්ව දමනය කරගැනීම ඒ හැමදේකටම වඩා ශ්‍රේෂ්ඨයි.

(කොසඹෑ නුවරදී මාගන්දියාගේ නින්දා අපහාස අරභයා වදාළ ගාථාවන්ය)

323.4. න හි ඒතේහි යානේහි - ගච්ඡෙය්‍ය අගතං දිසං
යථාත්තනා සුදන්තේන - දන්තෝ දන්තේන ගච්ඡති

තමන් නොගිය දිශාව වූ ඒ අමා නිවන වෙත ඔය වාහන වලින් යන්ට බෑ. තමාව මනාකොට දමනය කරගෙන දමනය වූ සිතින්ම තමයි යන්ට තියෙන්නෙ.

(සැවැත් නුවරදී හස්ති ශිල්ප දත් තෙරනමක් අරභයා වදාළ ගාථාවකි)

324.5. ධනපාලකෝ නාම කුඤ්ජරෝ - කටුකප්පභේදනෝ දුන්නිවාරයෝ
බද්ධෝ කබලං න භුඤ්ජති - සුමරති නාගවනස්ස කුඤ්ජරෝ

ධනපාල කියල ඇතෙක් හිටියා. මේ මද වැගිරෙන හස්තිරාජයාව කිසිම දේකින් පාලනය කරගන්ට බෑ. තමන්ගේ මව් ඇතින්න සිටින වනාන්තරයමයි සිහි කර කර ඉන්නෙ. රාජ භෝජන කිසිවක් අනුභව කරන්නෙ නෑ. මව් ගුණම සිහිකරමින් මවට උපස්ථාන කිරීමට කල්පනා කර කර හිටියා.

(සැවැත් නුවරදී එක්තරා මහළු බමුණෙකුගේ දරුවන් අරභයා වදාළ ගාථාවකි)

325.6. මිද්ධී යදා හෝති මහග්ඝසෝ ච - නිද්දායිතා සම්පරිවත්තසායී
මහාවරාහෝ'ව නිවාපපුට්ඨෝ - පුනප්පුනං ගබ්භමුපේති මන්දෝ

යම් කෙනෙක් හොඳට කාලා බීලා, නින්දටම ඇලී ඉන්නවා නම්, ඒ මේ අත පෙරලි පෙරලී නිදනවා නම්, ඔහු ඌරුබත් කාලා තරවෙච්ච මහ ඌරෙක් වගේ. ඒ අඥාන තැනැත්තා ආයෙ ආයෙමත් ගර්භාෂයකට එනවා.

(ජේතවනාරාමයේදී කොසොල් රජු අරභයා වදාළ ගාථාවකි)

326.7. ඉදං පුරේ චිත්තමචාරි චාරිකං - යේනිච්ඡකං යත්ථකාමං යථාසුඛං
තදජ්ජහං නිග්ගහෙස්සාමි යෝනිසෝ
- හත්ථිප්පභින්නං විය අංකුසග්ගහෝ

ඉස්සර මේ හිත හිතු මනාපයට අරමුණුවලට කැරකි කැරකි ගියා. කැමති පරිද්දෙන් සැප සේ ඇවිද ඇවිද ගියා. නමුත් අද මං යෝනිසෝ මනසිකාරය

නැමැති හෙණ්ඩුව අතට අරගෙන, මද කිපුණු හස්තිරාජයෙක්ව දමනය කරනව වගේ, මේ සිත පවින් වළක්වනවා.

(ජේතවනාරාමයේදී සානු සාමණේරයන් අරහයා වදාළ ගාථාවකි)

327.8. අප්පමාදරතා හෝථ - සචිත්තමනුරක්ඛථ
දුග්ගා උද්ධරථත්තානං - පංකේ සන්නෝ'ව කුඤ්ජරෝ

අප්‍රමාදයටමයි ඇලෙන්ට ඕනෙ. තමන්ගේ හිතමයි හොඳට රැකගන්ට ඕනෙ. මඩ ගොඩේ එරුණු ඇතෙක් මහත් වීරියකින්, මහත් උත්සාහයකින් ගොඩ එනවා වගේ මේ කෙලෙස් මඩ ගොහොරුවෙන් ගොඩට එන්ට ඕන.

(සැවැත් නුවරදී බද්ධේරක හස්තිරාජයා අරහයා වදාළ ගාථාවකි)

328.9. සචේ ලභේථ නිපකං සහායං - සද්ධිං චරං සාධු විහාරි ධීරං
අභිභුය්‍ය සබ්බානි පරිස්සයානි - චරෙය්‍ය තේනත්තමනෝ සතීමා

ඉදින් තැනට සුදුසු නුවණ ඇති ප්‍රඥාවන්ත, යහපත් හැසිරීම් ඇති මිත්‍රයෙකුව ඇසුරට ලැබෙනවා නම්, හැම කරදරයක්ම මැඩගෙන, සිහි නුවණින් යුක්තව ඔහු සමඟ සතුටින් කල් ගෙවන්ට ඕනෙ.

329.10. නෝ චේ ලභේථ නිපකං සහායං - සද්ධිං චරං සාධුවිහාරි ධීරං
රාජා'ව රට්ඨං විජිතං පහාය - ඒකෝ චරේ මාතංගරඤ්ඤේ'ව නාගෝ

යම් හෙයකින් තැනට සුදුසු ප්‍රඥා ඇති, යහපත් හැසිරීම් ඇති තමා සමඟ වාසය කරන්ට සුදුසු බුද්ධිමත් මිත්‍රයෙක්ව මුණගැහෙන්නෙ නැත්නම්, ජයගත්තු රට අත්හැරලා යන රජෙක් වගේ, රැලෙන් වෙන් වෙලා, වනයේ තනියම ජීවත්වෙන මාතංග හස්තිරාජයා වගේ තනියමයි ඉන්ට ඕනෙ.

330.11. ඒකස්ස චරිතං සෙය්‍යෝ - නත්ථි බාලේ සහායතා
ඒකෝ චරේ න ච පාපානි කයිරා
- අප්පොස්සුක්කෝ මාතංගරඤ්ඤේ'ව නාගෝ

තනියම ඉන්න එකමයි ශ්‍රේෂ්ඨ. පින් පව් විශ්වාසයක් නැති අඥානයින් සමඟ ආශ්‍රයක් ඕනෙ නෑ. තනියම ඉන්න කොට පව් කෙරෙන්නෙ නෑ. රැලෙන් වෙන්වෙච්ච මාතංග හස්තියා රැලත් සමඟ ඉන්ට උත්සාහයක් නැතුව, වනාන්තරේ තනියම ඉන්නවා වගේ තනියමයි ඉන්ට ඕනෙ.

(කොසඹෑ නුවර දී පන්සියයක් තෙරවරුන් අරහයා වදාළ ගාථාවන්ය)

331.11. **අත්ථම්හි ජාතම්හි සුඛා සහායා - තුට්ඨී සුඛා යා ඉතරීතරේන**
පුඤ්ඤං සුඛං ජීවිතසංඛයම්හි - සබ්බස්ස දුක්ඛස්ස සුඛං පහාණං

උපකාරයක් ඕන වෙලාවට ඉදිරිපත් වන යාළුවො තමයි සැපය. ලද දෙයින් සතුටුවීමත් සැපයක්. ජීවිතය අවසන් වන විට පින තමයි සැපයට තියෙන්නෙ. සියළු සංසාර දුක් නැතිකර දැමීමත් සැපයකි.

332.13. **සුඛා මත්තෙය්‍යතා ලෝකේ - අථෝ පෙත්තෙය්‍යතා සුඛා**
සුඛා සාමඤ්ඤතා ලෝකේ - අථෝ බ්‍රහ්මඤ්ඤතා සුඛා

මේ ලෝකයේ මවට සැලකීම සැපයකි. පියාට සැලකීම සැපයකි. ශ්‍රමණයන්ට සැලකීමත් සැපයකි. රහතුන්ට සැලකීමත් සැපයකි.

333.14. **සුඛං යාව ජරා සීලං - සුඛා සද්ධා පතිට්ඨිතා**
සුඛෝ පඤ්ඤාය පටිලාභෝ - පාපානං අකරණං සුඛං

වයසට යනකල්ම සිල් රැකීම තමයි සැපය. තිසරණය තුළ ස්ථිරව පිහිටීම තමයි සැපය. ආර්ය සත්‍ය අවබෝධය ඇතිවීමමයි සැපය. පව් නොකිරීමමයි සැපය.

(හිමාල වනයේදී වසවත් මරුන් අරභයා වදාළ ගාථාවන්ය.)

සාදු! සාදු!! සාදු!!!

හස්තිරාජයා ගැන වදාළ කොටස නිමා විය.
(නාග වග්ගය නිමා විය.)

24. තණ්හා වර්ගය

තණ්හාව ගැන වදාළ කොටස

334.1. **මනුජස්ස පමත්තචාරිනෝ - තණ්හා වඩ්ඪති මාලුවා විය**
සෝ ප්ලවති හුරාහුරං - ඵලමිච්ඡං'ව වනස්මිං වානරෝ

ප්‍රමාදයෙන් කල් ගෙවන පුද්ගලයාගේ තෘෂ්ණාව වැඩෙන්නේ ගහ වටකරගෙන එතෙන මාළුවා වැලක් වගේ. වනයේ ගස්වල ගෙඩි කන්ට කැමැති වඳුරෙක්, ගහෙන් ගහට පැන පැන යනවා වගේ, ඒ තැනැත්තා භවයෙන් භවයට මාරුවෙනවා.

335.2. යං ඒසා සහතී ජම්මී - තණ්හා ලෝකේ විසත්තිකා
සෝකා තස්ස පවඩ්ඪන්ති - අභිවට්ඨං'ව බීරණං

ලෝකයේ අරමුණුවලට ඇලී යන ස්වභාවය නිසා, විසත්තිකා යැයි කියන ලද ලාමක තෘෂ්ණාව විසින්, කාව හරි යටකරලා දැම්මොත්, ඒ පුද්ගලයා තුළ ශෝකය වැඩෙන්නෙ මහ වැස්සට තෙමිල, පඳුරු දාන සැවැන්දරා වගේ.

336.3. යෝ චේ තං සහතී ජම්මිං - තණ්හං ලෝකේ දුරච්චයං
සෝකා තම්හා පපතන්ති - උදබින්දූ'ව පොක්ඛරා

මේ ලෝකයෙහි ඉක්මවා යන්ට දුෂ්කර වූ මේ ලාමක තෘෂ්ණාව යම් කෙනෙක් විසින් මර්දනය කළොත්, නෙළුම් කොළයකින් වතුර බිංදු ගිලිහී යනවා වගේ, ඔහු තුළින් ශෝකය පහවෙලා යනවා.

337.4. තං වෝ වදාමි භද්දං වෝ - යාවන්තෙත්ථ සමාගතා
තණ්හාය මූලං ඛණථ - උසීරත්ථෝ'ව බීරණං
මා වෝ නලං'ව සෝතෝ'ව - මාරෝ භඤ්ජි පුනප්පුනං

දැන් මෙතනට රුස්වෙලා ඉන්න හැමදෙනාටම යහපතක් වේවා! මං ඔබට අවවාදයක් දෙන්නම්. සැවැන්දරා මුල් වලින් ප්‍රයෝජන ඇති උදවිය, සැවැන්දරා පඳුරු මුලින් උදුරලා දානවා වගේ, මේ තෘෂ්ණාවත් මුලින්ම උදුරලා දාන්න. ගං ඉවුරේ හැදිච්ච උණ පඳුරක් සැඩ වතුර පහරකින් ගැලවිලා ගහගෙන යනවා වගේ, මාරයා විසින් ඔබව ආයෙ ආයෙමත් විනාශ කරන්ට එපා!

(ජේතවනාරාමයේදී කපිල මත්ස්‍යයා අරභයා වදාළ ගාථාවන්ය)

338.5. යථාපි මූලේ අනුපද්දවේ දළ්හේ - ඡින්නෝ'පි රුක්ඛෝ පුනරේව රූහති
ඒවම්පි තණ්හානුසයේ අනූහතේ - නිබ්බත්තති දුක්ඛමිදං පුනප්පුනං

මුල හයියට තියෙන, හොඳට වැඩුණු ගහක්, කොච්චර වතාවක් කැපුවත්, ආයෙ ආයෙමත් දළු දාල වැඩෙනවා. ඒ වගේ මේ සිත ඇතුලේ තියෙන තණ්හාව උදුරා නොදමනතාක් කල්, මේ සසර දුක ආය ආයෙමත් හටගන්නවා.

339.6. යස්ස ඡත්තිංසති සෝතා - මනාපස්සවනා භුසා
වාහා වහන්ති දුද්දිට්ඨිං - සංකප්පා රාගනිස්සිතා

ප්‍රිය මනාප වූ අරමුණු ඔස්සේ මේ ආයතනයන් ගෙන්, තිස් හය ආකාරයකින් තණ්හා ගඟ ගලනවා. ඒ තණ්හාවට අහුවෙලා, සරාගී කල්පනාවටම බැඳිලා ඉන්න අඥාන පුද්ගලයා අපායට ගිහිල්ලයි නවතින්නේ.

340.7. සවන්ති සබ්බධි සෝතා - ලතා උබ්භිජ්ජ තිට්ඨති
තඤ්ච දිස්වා ලතං ජාතං - මූලං පඤ්ඤාය ඡින්දථ

මේ ඇස්, කන්, නාසා දී හැම තැනකින්ම තණ්හා ගඟ ගලා බසිනවා. ඊට පස්සේ මේ තණ්හාව ජීවිතය පුරා එතිලා තියෙන්නෙ වැලක් වගේ. තමන් තුළ හටගත්තු මේ තණ්හා වැල හඳුනාගෙන, ප්‍රඥාව නැමැති ආයුධයෙන්, මුලින්ම සිඳින්ට ඕනෙ.

341.8. සරිතානි සිනේහිතානි ච - සෝමනස්සානි භවන්ති ජන්තුනෝ
තේ සාතසිතා සුඛේසිනෝ - තේ වේ ජාතිජරූපගා නරා

මේ සත්වයාට තෘෂ්ණාව නිසා තමන් ගන්නා අරමුණු ඔස්සේ යම්කිසි සතුටක් ඇතිවෙනවා තමයි. ඔවුන් ඒ මිහිරට බැඳෙනවා. ඒ සැපයම හොයන්ට පටන් ගන්නවා. එබඳු සත්වයන් ඒකාන්තයෙන්ම ඉපදෙන දිරන සංසාරය කරාම යනවා.

342.9. තසිණාය පුරක්ඛතා පජා - පරිසප්පන්ති සසෝ'ව බාධිතෝ
සංයෝජනසංගසත්තා - දුක්ඛමුපෙන්ති පුනප්පුනං චිරාය

මේ සත්ව ප්‍රජාව තණ්හාව මුල්කරගෙන යන ගමනේදී භයේ ගැහි ගැහී ඉන්නෙ. තොණ්ඩුවකට අහුවෙච්ච හාවෙක් වගේ. කෙලෙස් බන්ධනයෙන් බැඳුණු සත්වයන්, අනන්ත කාලයක් තිස්සෙ ජරා මරණ දුකටමයි ආයෙ ආයෙමත් වැටෙන්නෙ.

343.10. තසිණාය පුරක්ඛතා පජා - පරිසප්පන්ති සසෝ'ව බාධිතෝ
තස්මා තසිණං විනෝදයේ - භික්ඛු ආකංඛී විරාගමත්තනෝ

මේ සත්ව ප්‍රජාව තණ්හාව මුල්කරගෙන යන ගමනේදී භයේ ගැහි ගැහී ඉන්නෙ, තොණ්ඩුවකට අහුවෙච්ච හාවෙක් වගේ. ඒ නිසා තෘෂ්ණා රහිත වූ නිවන කැමති භික්ෂුව ඒ තණ්හාවමයි දුරුකරන්ට ඕනෙ.

(රජගහ නුවරදී ඊරිපැටියෙක් අරහයා වදාළ ගාථාවන්ය.)

344.11. යෝ නිබ්බනථෝ වනාධිමුත්තෝ - වනමුත්තෝ වනමේව ධාවති
තං පුග්ගලමේථ පස්සථ - මුත්තෝ බන්ධනමේව ධාවති

යමෙක් ගිහි ජීවිතය නැමැති කෙලෙස් වනයෙන් නිදහස් වෙලා, අරණ්‍ය වාසයට ඇලෙනවා. ගිහි බන්ධනයෙන් නිදහස් වෙලා ඉන්න ඔහු, ආයෙමත් කෙලෙස් වනයක් වූ ගිහිගෙදරටම දුවනවා. බන්ධනයෙන් මිදිලා, ආයෙමත්

බන්ධන වෙතම දුවන මේ පුද්ගලයා දිහා බලන්න.

(වේළුවනයේදී සිවුරු හැරි භික්ෂුවක් අරහයා වදාළ ගාථාවකි.)

345.12. න තං දළ්හං බන්ධනමාහු ධීරා - යදායසං දාරුජං බබ්බජඤ්ච
සාරත්තරත්තා මණිකුණ්ඩලේසු - පුත්තේසු දාරේසු ච යා අපේඛා

යම් කෙනෙක්ව යකඩ දම්වැල් වලින් බැඳලා තිබ්බත්, දඬු කඳේ ගහලා තිබ්බත්, බබුස් තණ වලින් කරපු ලණු වලින් බැඳලා තිබ්බත්, ප්‍රඥාවන්තයෝ බලවත් බන්ධනය කියලා කියන්නෙ ඒකට නොවෙයි. කනකර ආභරණවලට, අඹු දරුවන්ට බැඳී ගිය සිතින් යුක්තව, ඔවුන් ගැන යම් අපේක්ෂාවක් ඇද්ද,

346.13. ඒතං දළ්හං බන්ධනමාහු ධීරා - ඕහාරිනං සිථිලං දුප්පමුඤ්චං
ඒතම්පි ඡෙත්වාන පරිබ්බජන්ති - අනපෙක්ඛිනෝ කාමසුඛං පහාය

ප්‍රඥාවන්තයෝ අන්න ඒකට තමයි බලවත් බන්ධනය කියලා කියන්නෙ. ඒක හරි ලිහිල්ව පෙනුනට අපායට ඇදගෙන යන්න පුළුවන් වූත් මිදෙන්ට දුෂ්කර වූත් බන්ධනය ඒකමයි. කාම සැපය සිතින් අත්හැරලා, ඒ කෙරෙහි අපේක්ෂා රහිත වන නුවණැති උදවිය නිවන අපේක්ෂාවෙන් පැවිදි වෙනවා.

(සැවැත් නුවරදී සිරකරුවන් පිරිසක් අරහයා වදාළ ගාථාවන්ය.)

347.14. යේ රාගරත්තානුපතන්ති සෝතං - සයං කතං මක්කටකෝ'ව ජාලං
ඒතම්පි ඡෙත්වාන වජන්ති ධීරා - අනපෙක්ඛිනෝ සබ්බදුක්ඛං පහාය

මේ රාගයට ඇලිලා, තෘෂ්ණා සැඩපහරට වැටිලා ඉන්නෙ තමා විසින්ම දැල වියාගෙන, ඒක මැද්දටම වෙලා ඉන්න මකුළුවෙක් වගේ. නමුත්, නුවණැති උදවිය, සියළු දුක් නැතිකර දැමීමට කාමයන් කෙරෙහි අපේක්ෂා රහිත වෙලා, කෙලෙස් බන්ධන සිඳගෙන නිවන කරාම යනවා.

(වේළුවනයේ දී ඛේමා බිසව අරහයා වදාළ ගාථාවකි.)

348.15. මුඤ්ච පුරේ මුඤ්ච පච්ඡතෝ - මජ්ඣේ මුඤ්ච භවස්ස පාරගූ
සබ්බත්ථ විමුත්තමානසෝ - න පුන ජාතිජරං උපේහිසි

අතීතය ගැන පසුතැවෙන එක අත්හරින්න. අනාගතය මවන එකත් අත්හරින්න. වර්තමානයට බැඳෙන එක අත්හරින්න. මේ භවයෙන් එතෙර වෙන්න. හැම දේකින්ම මිදුණු සිතක් ඇති කෙනෙක් වෙන්න. ආයෙ ආයෙමත් මේ ඉපදෙන දිරන ලෝකයට නොඑන කෙනෙක් වෙන්න.

(රජගහ නුවරදී උග්ගසේන සිටුපුත්‍රයා අරහයා වදාළ ගාථාවකි.)

349.16. විතක්කපමථිතස්ස ජන්තුනෝ - තිබ්බරාගස්ස සුභානුපස්සිනෝ
භියෝ තණ්හා පවඩ්ඪති - ඒස බෝ දළ්හං කරෝති බන්ධනං

සමහර උදවිය ඉන්නවා, කාම විතර්කමයි හිත හිත ඉන්නේ. තියුණු රාග සිතකින් යුක්තව සුභ විදිහටමයි බල බලා ඉන්නෙ. එතකොට ඔහු තුළ තණ්හාවමයි වැඩෙන්නෙ. අන්තිමේදී ඒ තණ්හා බන්ධනය හොඳටම දැඩි වෙලා යනවා.

350.17. විතක්කූපසමේ ච යෝ රතෝ - අසුභං භාවයති සදා සතෝ
ඒස බෝ ව්‍යන්තිකාහිති - ඒස ඡෙච්ඡති මාරබන්ධනං

රාග සිතුවිලි සංසිඳවාගෙන, අසුභ භාවනාවේ සිත අලවාගෙන හැමවිටම සිහි ඇතිව අසුභ භාවනාව වඩනවා නම්, අන්න ඒ නැතැත්තා මේ තණ්හාව ප්‍රහාණය කරනවා. මාර බන්ධනය සිඳලා දානවා.

(ජේතවනාරාමයේදී තරුණ භික්ෂුවක් අරභයා වදාළ ගාථාවන්ය.)

351.18. නිට්ඨං ගතෝ අසන්තාසී - වීතතණ්හෝ අනංගණෝ
අච්ඡින්දි භවසල්ලානි - අන්තිමෝ'යං සමුස්සයෝ

යම් භික්ෂුවක් නිවන් මගේ කෙළවරට ගියා නම්, කිසි තැතිගැනීමක් නැත්නම්, තණ්හාව දුරු කළා නම්, නිකෙලෙස් නම්, භවය නැමැති උල් උදුරලා දැම්මා නම්, ඔහුට තිබෙන්නෙ මේ අන්තිම ශරීරය විතරයි.

352.19. වීතතණ්හෝ අනාදානෝ - නිරුත්තිපදකෝවිදෝ
අක්ඛරානං සන්නිපාතං - ජඤ්ඤා පුබ්බපරානි ච
ස වේ අන්තිමසාරීරෝ - මහාපඤ්ඤෝ මහාපුරිසෝ'ති වුච්චති

යම් භික්ෂුවක් තෘෂ්ණාව දුරුකරලා නම්, උපාදාන රහිත නම්, නිවන් මග පවසන්ට දක්ෂ නම්, පෙර පසු පද ගලපාගෙන, අකුරුත් ගලපාගෙන, මනාකොට ධර්මයත් පවසයි නම්, ඇත්තෙන්ම ඔහුට තියෙන්නේ අන්තිම ශරීරයක්. මහා ප්‍රඥාවන්තයා, මහා පුරුෂයා කියලා ඔහුටයි කිවයුත්තේ.

(ජේතවනාරාමයේදී වසවත් මරු අරභයා වදාළ ගාථාවන්ය.)

353.20. සබ්බාභිභූ සබ්බවිදූ'හමස්මි - සබ්බේසු ධම්මේසු අනූපලිත්තෝ
සබ්බඤ්ජහෝ තණ්හක්ඛයේ විමුත්තෝ - සයං අභිඤ්ඤාය කමුද්දිසෙය්‍යං

මං හැම අකුසලයක්ම මර්ධනය කළා. හැම දෙයක්ම අවබෝධ කළා. මං කිසි දේකට ඇලෙන්නෙ නෑ. හැමදේම අතහැරියා. තෘෂ්ණාව ක්ෂය වුණා.

සසර දුකින් නිදහස් වුණා. ස්වයංභූ ඥානයෙන් යථාර්ථය අවබෝධ කළ මං කාව නම් ගුරුකොට ගන්ටද?

(ගයාවත් බරණැසත් අතර උපක ආජීවකයා අරහයා වදාළ ගාථාවකි.)

354.21.සබ්බදානං ධම්මදානං ජිනාති - සබ්බං රසං ධම්මරසෝ ජිනාති
සබ්බං රතිං ධම්මරතී ජිනාති - තණ්හක්ඛයෝ සබ්බදුක්ඛං ජිනාති

හැම දන් පරදවා ධර්ම දානයයි ජයගන්නෙ. හැම රස පරදවා ජය ගන්නේ දහම් රසයයි. හැම ඇල්ම පරදවා දහමට ඇළුම් කිරීමමයි ජයගන්නෙ. සියළු දුක් පරදවා තණ්හාව නැති කිරීමමයි ජයගන්නේ.

(ජේතවනාරාමයේදී සක්දෙවිඳු අරහයා වදාළ ගාථාවකි.)

355.22.හනන්ති භෝගා දුම්මේධං - නෝ වේ පාරගවේසිනෝ
භෝගතණ්හාය දුම්මේධෝ - හන්ති අඤ්ඤේ'ව අත්තනා

සැප සම්පත් විසින් අඥාන පුද්ගලයාව විනාශ කරල දානවා. නමුත් සසරින් එතෙර වීමට නිවන සොයාගෙන යන කෙනා ව ඒ විදිහට වනසන්ට බෑ. අඥාන පුද්ගලයා සැප සම්පත්වලට තියෙන ආශාව නිසා වැනසෙන්නෙ අනුන් ලවා තමන්වම වනසා ගන්නවා වගේ.

(ජේතවනාරාමයේදී අපුත්තක සිටාණන් අරහයා වදාළ ගාථාවකි.)

356.23.තිණදෝසානි ඛෙත්තානි - රාගදෝසා අයං පජා
තස්මා හි වීතරාගේසු - දින්නං හෝති මහප්ඵලං

කුඹුරේ ගොයමට රෝග හටගන්නවා වගේ, මේ සත්ව ප්‍රජාවද රාගය නැමැති රෝගයෙන් යුක්තයි. ඒ නිසා වීතරාගී උතුමන්ට දෙන දානයෙන් තමයි මහත් ඵල ලැබෙන්නේ.

357.24. තිණදෝසානි ඛෙත්තානි - දෝසදෝසා අයං පජා
තස්මා හි වීතදෝසේසු - දින්නං හෝති මහප්ඵලං

කුඹුරේ ගොයමට රෝග හටගන්නවා වගේ, මේ සත්ව ප්‍රජාවද ද්වේෂය නැමැති රෝගයෙන් යුක්තයි. ඒ නිසා ද්වේෂ රහිත උතුමන්ට දෙන දානයෙන් තමයි මහත් ඵල ලැබෙන්නේ.

358.25. තිණදෝසානි ඛෙත්තානි - මෝහදෝසා අයං පජා
තස්මා හි වීතමෝහේසු - දින්නං හෝති මහප්ඵලං

කුඹුරේ ගොයමට රෝග හටගන්නවා වගේ, මේ සත්ව ප්‍රජාවද මෝහය නැමැති රෝගයෙන් යුක්තයි. ඒ නිසා මෝහ රහිත උතුමන්ට දෙන දානයෙන් තමයි මහත් ඵල ලැබෙන්නෙ.

359.26.තිණදෝසානි ඛෙත්තානි - ඉච්ඡාදෝසා අයං පජා
තස්මා හි විගතිච්ඡේසු - දින්නං හෝති මහප්ඵලං

කුඹුරේ ගොයමට රෝග හටගන්නවා වගේ, මේ සත්ව ප්‍රජාවද ලාමක ආශාවන් නැමැති රෝගයෙන් යුක්තයි. ඒ නිසා ලාමක ආශා රහිත උතුමන්ට දෙන දානයෙන් තමයි මහත් ඵල ලැබෙන්නේ.

(තව්තිසා දෙව්ලොවදී අංකුර දිව්‍ය පුත්‍රයා අරභයා වදාළ ගාථාවන්ය.)

සාදු! සාදු!! සාදු!!!

තණ්හාව ගැන වදාළ කොටස නිමා විය.
(තණ්හා වග්ගය නිමා විය.)

25. භික්ඛු වර්ගය
භික්ෂුව ගැන වදාළ කොටස

360.1. චක්ඛුනා සංවරෝ සාධු - සාධු සෝතේන සංවරෝ
ඝාණේන සංවරෝ සාධු - සාධු ජිව්හාය සංවරෝ

ඇස සංවර කරගැනීම කොයිතරම් යහපත්ද. කන සංවර කරගැනීම කොයිතරම් යහපත්ද. නාසය සංවර කරගැනීම කොයිතරම් යහපත්ද. දිව සංවර කරගැනීම කොයිතරම් යහපත්ද.

361.2. කායේන සංවරෝ සාධු - සාධු වාචාය සංවරෝ
මනසා සංවරෝ සාධු - සාධු සබ්බත්ථ සංවරෝ
සබ්බත්ථ සංවුතෝ භික්ඛු - සබ්බදුක්ඛා පමුච්චති

කය සංවර කරගැනීම කොයිතරම් යහපත්ද. වචනය සංවර කරගැනීම කොයිතරම් යහපත්ද. සිත සංවර කරගැනීම කොයිතරම් යහපත්ද. ඔය හැමදේම සංවර කරගැනීම කොයිතරම් යහපත්ද. හැම දෙයින්ම සංවර වූ භික්ෂුව, හැම දුකින්ම නිදහස් වෙනවා.

(ජේතවනාරාමයේදී භික්ෂූන් පස් නමක් අරභයා වදාළ ගාථාවන්ය.)

362.3. හත්ථසඤ්ඤතෝ පාදසඤ්ඤතෝ - වාචාය සඤ්ඤතෝ සඤ්ඤතුත්තමෝ
අජ්ඣත්තරතෝ සමාහිතෝ - ඒකෝ සන්තුසිතෝ තමාහු භික්ඛුං

දෑතත් සංවර නම්, දෙපයත් සංවර නම්, වචනයත් සංවර නම්, උතුම් සංවරකමින් යුක්ත නම්, තම චිත්ත සමාධිය තුළ ඇලී සිටිනවා නම්, හුදෙකලාවේම සතුටින් ඉන්නවා නම්, ඔහුට තමයි 'භික්ෂුව' කියන්නෙ.

(ජේතවනාරාමයේදී එක්තරා භික්ෂුවක් අරභයා වදාළ ගාථාවකි.)

363.4. යෝ මුඛසඤ්ඤතෝ භික්ඛු - මන්තභාණී අනුද්ධතෝ
අත්ථං ධම්මං ච දීපේති - මධුරං තස්ස භාසිතං

යම් භික්ෂුවක් කට සංවර කරගෙන, අවබෝධය ඇතිවෙන දේ කතා කරනවා නම්, නිහතමානී නම්, ඔහුට ධර්ම අර්ථ බබුළුවන්නට පුළුවන්. ඔහුගේ කතාව මිහිරි එකක්.

(ජේතවනාරාමයේදී කෝකාලික අරභයා වදාළ ගාථාවකි.)

364.5. ධම්මාරාමෝ ධම්මරතෝ - ධම්මං අනුවිචින්තයං
ධම්මං අනුස්සරං භික්ඛු - සද්ධම්මා න පරිහායති

ධර්මය තුළ ජීවත්වන, ධර්මයටම ඇළුණු, ධර්මයම හිත හිතා ඉන්න, ධර්මය සිහිකරන භික්ෂුව කවදාවත් සද්ධර්මයෙන් පිරිහෙන්නෙ නෑ.

(සැවැත් නුවරදී ධම්මාරාම භික්ෂුව අරභයා වදාළ ගාථාවකි.)

365.6. සලාභං නාතිමඤ්ඤෙය්‍ය - නාඤ්ඤෙසං පිහයං චරේ
අඤ්ඤෙසං පිහයං භික්ඛු - සමාධිං නාධිගච්ඡති

තමන්ට ලැබිච්ච දේ ගැන පහත් කරලා හිතන්ට හොඳ නෑ. අනුන්ට ලැබෙන දේ ගැන ආසාවෙන් හැසිරෙන්ට හොඳ නෑ. අනුන්ට ලැබෙන දේ ගැන ආසා කරන භික්ෂුවට, සමාධිය ඇතිකර ගන්ට බැරුව යනවා.

366.7. අප්පලාභෝ'පි චේ භික්ඛු - සලාභං නාතිමඤ්ඤති
තං වේ දේවා පසංසන්ති - සුද්ධාජීවිං අතන්දිතං

ඉදින් භික්ෂුවට ලැබෙන්නේ ස්වල්ප දෙයක් වෙන්ට පුළුවනි. නමුත් තමන්ගේ ලැබීම ගැන හෙළා නොදකිය යුතුයි. පිරිසිදු ජීවිකා තියෙන, කම්මැලි නැති ඒ භික්ෂුවට ඒකාන්තයෙන්ම දෙවියොත් ප්‍රශංසා කරනවා.

(වේළුවනයේදී එක්තරා භික්ෂුවක් අරභයා වදාළ ගාථාවන්ය.)

367.8. සබ්බසෝ නාමරූපස්මිං - යස්ස නත්ථි මමායිතං
අසතා ච න සෝචති - ස වේ භික්ඛූ'ති වුච්චති

මේ නාමරූපය ගැන මුළුමනින්ම මමත්වයක් කෙනෙකුට නැත්නම්, ඒවා නැතිවුණා කියලා, ඔහු ශෝක වෙන්නෙ නෑ. ඔහුට තමයි භික්ෂුව කියන්නේ.

(සැවැත් නුවරදී පංචග්ගදායක බ්‍රාහ්මණයා අරභයා වදාළ ගාථාවකි.)

368.9. මෙත්තාවිහාරී යෝ භික්ඛු - පසන්නෝ බුද්ධසාසනේ
අධිගච්ඡේ පදං සන්තං - සංඛාරූපසමං සුඛං

යම් භික්ෂුවක් මෛත්‍රී භාවනාවෙන් යුක්තව වාසය කරනවා නම්, බුද්ධ ශාසනය පිළිබඳ අචල ප්‍රසාදයකින් යුක්ත නම්, සියළු සංස්කාරයන්ගේ සංසිඳීමේ සැපය වන, ශාන්ත වූ ඒ අමා නිවන ලබන්නට ඒ භික්ෂුවට පුළුවන්.

369.10. සිඤ්ච භික්ඛු ඉමං නාවං - සිත්තා තේ ලහුමෙස්සති
ඡෙත්වා රාගං ච දෝසං ච - තතෝ නිබ්බාණමේහිසි

පින්වත් භික්ෂුව, මේ ජීවිතය නැමැති නැවේ පිරිලා තියෙන ලාමක විතර්ක නැමැති වතුර ඉහලා දාන්න. වතුර හිස්කරපු නැව හරි සැහැල්ලුයි. රාග, ද්වේෂ නැතිකරගෙන ඔබට ඉක්මනට නිවන කරා යන්ට පුළුවනි.

370.11. පඤ්ච ඡින්දේ පඤ්ච ජහේ - පඤ්ච චුත්තරි භාවයේ
පඤ්චසංගාතිගෝ භික්ඛු - ඕඝතිණ්ණෝ'ති වුච්චති

ඕරම්භාගිය සංයෝජන පහ සිඳින්ට ඕන. උද්ධම්භාගිය සංයෝජන පහත් දුරුකරන්ට ඕන. ශ්‍රද්ධාදී ඉන්ද්‍රිය ධර්ම පහත් දියුණු කරන්ට ඕන. රාග, ද්වේෂ, මෝහ, මාන, දිට්ඨි යන සංග පහත් ඉක්මවන්ට ඕනෙ. අන්න ඒ භික්ෂුවටයි කියන්නෙ මේ සැඩපහරින් එතෙර වුණ කෙනා කියලා.

371.12. ඣාය භික්ඛු මා ච පමාදෝ - මා තේ කාමගුණේ භමස්සු චිත්තං
මා ලෝහගුළං ගිලී පමත්තෝ - මා කන්දි දුක්ඛමිදන්ති ඩය්හමානෝ

පින්වත් භික්ෂුව, භාවනා කරන්න. ප්‍රමාද වෙන්ට එපා! ඔබේ ඔය හිතට පංචකාම ගුණ ඔස්සේ කැරකෙන්ට දෙන්න එපා! අන්තිමේදී ප්‍රමාද වෙලා නිරයේ ඉපදිලා යකඩ ගුලි ගිලින කෙනෙක් වෙන්ට එපා! එතකොට ඒ ගින්නට දැවි දැවී "අයියෝ! මේක දුකයි" කිය කියා හඬන කෙනෙක් වෙන්ට එපා!

372.13. නත්ථි ඣානං අපඤ්ඤස්ස - පඤ්ඤා නත්ථි අඣායතෝ
යම්හි ඣානං ච පඤ්ඤා ච - ස වේ නිබ්බාණසන්තිකේ

ප්‍රඥාව නැති කෙනෙකුට ධ්‍යානයකුත් නෑ. ධ්‍යාන නොවඩන කෙනෙකුට ප්‍රඥාවකුත් නෑ. යමෙක් තුළ ධ්‍යානයත් ප්‍රඥාවත් තියෙනවා නම්, ඇත්ත වශයෙන්ම ඔහු ඉන්නෙ ඒ අමා නිවන ළඟයි.

373.14. සුඤ්ඤාගාරං පවිට්ඨස්ස - සන්තචිත්තස්ස භික්ඛුනෝ
අමානුසී රතී හෝති - සම්මා ධම්මං විපස්සතෝ

පාළු කුටියකට ගිය ශාන්ත සිත් ඇති භික්ෂුව, මේ පංච උපාදානස්කන්ධයන් මනාකොට විදර්ශනා වඩද්දී, ඒ ධර්මය කෙරෙහි ඒ භික්ෂුව තුළ ඇති වෙන ඇල්ම මිනිස් හැඟීම් ඉක්මවා යනවා.

374.15. යතෝ යතෝ සම්මසති - ඛන්ධානං උදයබ්බයං
ලභතී පීතිපාමොජ්ජං - අමතං තං විජානතං

මේ පංච උපාදනස්කන්ධයේ ඇතිවීමත් නැතිවීමත් විදර්ශනා වශයෙන් වඩන්නේ යම් යම් ආකාරයකින්ද, ඒ හැමවිටම මහත් ප්‍රීතියක් ප්‍රමුදිත බවක් ඇතිවෙනවා. යථාර්ථය අවබෝධ කළ කෙනෙකුට ඒක අමෘතයක්.

375.16. තත්‍රායමාදි භවති - ඉධ පඤ්ඤස්ස භික්ඛුනෝ
ඉන්ද්‍රියගුත්ති සන්තුට්ඨී - පාතිමොක්ඛේ ච සංවරෝ

මේ ශාසනයේ ප්‍රඥාවන්ත භික්ෂුවට පංච උපාදානස්කන්ධයන් අනිත්‍ය වශයෙන් බැලීමේදී මේ කරුණු තුන මුල් වෙනවා. ඉන්ද්‍රිය සංවරයත්, ප්‍රාතිමෝක්ෂ සංවර සීලයත් ලද දෙයින් සතුටුවීමත්, යන මේ තුනයි.

376.17. මිත්තේ භජස්සු කල්‍යාණේ - සුද්ධාජීවේ අතන්දිතේ
පටිසන්ථාරවුත්ත්‍යස්ස - ආචාරකුසලෝ සියා
තතෝ පාමොජ්ජබහුලෝ - දුක්ඛස්සන්තං කරිස්සසි

සදහම් පිළිසඳරෙහි යුක්ත වෙන්න. ඇවතුම් පැවැතුම්වල දක්ෂ කෙනෙක් වෙන්න. ඒ තුළින් ප්‍රමුදිත භාවය හොඳින් ඇතිකරගෙන මේ දුක අවසන් කරන කෙනෙක් වෙන්න. ඒ වගේම පිරිසිදු ජීවිකාව ඇති, කම්මැලි නැති කල්‍යාණ මිත්‍රයන්වත් ඇසුරු කරන්ට ඕනෙ.

(ජේතවනාරාමයේදී නවසියයක් භික්ෂූන් අරහයා වදාළ ගාථාවන්ය.)

377.18. වස්සිකා විය පුප්ඵානි - මද්දවානි පමුඤ්චති
ඒවං රාගං ච දෝසං ච - විප්පමුඤ්චේථ භික්ඛවෝ

මැලවුණු සමන් මල් නටුවෙන් ගිලිහී වැටෙනවා වගේ, පින්වත්

මහණෙනි, ඒ විදිහටම මේ රාගයත් ද්වේෂයත් ඔය සිතින් මුදාහරින්න.

(ජේතවනාරාමයේදී පන්සියයක් තෙරවරුන් අරහයා වදාළ ගාථාවකි.)

378.19. සන්තකායෝ සන්තවාචෝ - සන්තවා සුසමාහිතෝ
වන්තලෝකාමිසෝ භික්ඛු - උපසන්තෝ'ති වුච්චති

කයත් ශාන්ත නම්, වචනයත් ශාන්ත නම්, සිතත් සමාහිත නම්, පංචකාම ආශාව දුරුවෙලා නම්, ඒ භික්ෂුවටයි කියන්නෙ උපශාන්ත කෙනා කියල.

(ජේතවනාරාමයේදී සන්තකාය තෙරුන් අරහයා වදාළ ගාථාවකි.)

379.20. අත්තනා චෝදයත්තානං - පටිමාසේ'ත්තමත්තනා
සෝ අත්තගුත්තෝ සතිමා - සුඛං භික්ඛු විහාහිසි

පින්වත් භික්ෂුව, තමාමයි තමන්ට චෝදනා කළ යුත්තෙ. තමාමයි තමන් ගැන විමසා බැලිය යුත්තෙ. තමා විසින් තමාව රැකගෙන හොඳින් සිහිය පිහිටුවාගෙන සැප සේ ඉන්න.

380.21. අත්තා හි අත්තනෝ නාථෝ - අත්තා හි අත්තනෝ ගති
තස්මා සඤ්ඤමයත්තානං - අස්සං භද්‍රං'ව වාණිජෝ

තමාමයි තමාට පිහිට වෙන්නෙ. තමාමයි තමන්ගේ ගමනට මුල් වෙන්නෙ. මේ නිසා, දක්ෂ වෙළෙන්දා සුන්දර අශ්වයාව රැකගන්නවා වගේ තමන්ව රැකගන්ට ඕනෙ.

(ජේතවනාරාමයේදී නංගලකුල තෙරුන් අරහයා වදාළ ගාථාවන්ය.)

381.22. පාමොජ්ජබහුලෝ භික්ඛු - පසන්නෝ බුද්ධසාසනේ
අධිගච්ඡේ පදං සන්තං - සංඛාරූපසමං සුඛං

ධර්මයේ හැසිරීම නිසා, මහත් සතුටින් කල් ගෙවලා, සම්බුදු සසුන ගැන අචල ප්‍රසාදයකින් ඉන්න භික්ෂුව, ඒ නිසාම සංස්කාරයන් සංසිඳීමේ සැපය වූ ශාන්ත නිවනට පත්වෙනවා.

(රජගහ නුවරදී වක්කලී තෙරුන් අරහයා වදාළ ගාථාවකි.)

382.23. යෝ හවේ දහරෝ භික්ඛු - යුඤ්ජති බුද්ධසාසනේ
සෝ ඉමං ලෝකං පභාසේති - අබ්භා මුත්තෝ'ව චන්දිමා

ඒ භික්ෂුව ළදරු කෙනෙක් වෙන්ට පුළුවනි. නමුත් බුද්ධ ශාසනයේ

යෙදෙනවා නම්, වළාකුළු වලින් මිදුන පුන් සඳක් වගේ, ඒ භික්ෂුව තමයි මේ ලෝකය එළිය කරන්නේ.

(පූර්වාරාමයේදී සුමන සාමණේරයන් අරභයා වදාළ ගාථාවකි.)

සාදු! සාදු!! සාදු!!!

භික්ෂුව ගැන වදාළ කොටස නිමා විය.
(භික්ඛු වග්ගය නිමා විය.)

26. බ්‍රාහ්මණ වර්ගය

බ්‍රාහ්මණයා ගැන වදාළ කොටස

383.1. **ඡින්ද සෝතං පරක්කම්ම - කාමේ පනුද බ්‍රාහ්මණ**
සංඛාරානං ඛයං ඤත්වා - අකතඤ්ඤූ'සි බ්‍රාහ්මණ

පින්වත් බ්‍රාහ්මණය, හිතට වීරිය අරගෙන මේ තණ්හා ගඟ වියළවා දමන්න. මේ කාමාශාව දුරු කරන්න. පින්වත් බ්‍රාහ්මණය, මේ සංස්කාරයන්ගේ ක්ෂයවීම නුවණින් අවබෝධ කරගෙන, අකත නම් වූ නිර්වාණය අවබෝධ කළ තැනැත්තෙක් වෙන්න.

(ජේතවනාරාමයේදී ශ්‍රද්ධා බහුල බ්‍රාහ්මණයෙක් අරභයා වදාළ ගාථාවකි.)

384.2. **යදා ද්වයේසු ධම්මේසු - පාරගූ හෝති බ්‍රාහ්මණෝ**
අථස්ස සබ්බේ සංයෝගා - අත්ථං ගච්ඡන්ති ජානතෝ

නිවන් මග වඩන බ්‍රාහ්මණයා සමථ විදර්ශනා දෙකේ කෙළවරටම ගිය දවසට මේ හැම බන්ධනයක්ම නැතිවෙලා යනවා. යථාර්ථය අවබෝධ වීම නිසා අරහත්වයට පත්වෙනවා.

(ජේතවනාරාමයේදී භික්ෂූන් තිස් නමක් අරභයා වදාළ ගාථාවකි.)

385.3. **යස්ස පාරං අපාරං වා - පාරාපාරං න විජ්ජති**
වීතද්දරං විසංයුත්තං - තමහං බ්‍රෑමි බ්‍රාහ්මණං

යම් භික්ෂුවකට මෙතෙර නම් වූ ආධ්‍යාත්මික ආයතනත්, එතෙර නම් වූ බාහිර ආයතනත් යන මේ එතෙර මෙතෙර දෙකටම බැඳී ගිය කිසිවක්

නැත්නම්, ඔහු කෙලෙස් පීඩා දුරු කළ කෙනෙක්. කෙලෙසුන්ගෙන් වෙන්වෙච්ච කෙනෙක්. ඔහුටයි මම කියන්නෙ සැබෑම බ්‍රාහ්මණයා කියලා.

(ජේතවනාරාමයේදී වසවත් මරු අරභයා වදාළ ගාථාවකි.)

386.4. ඣායිං විරජමාසීනං - කතකිච්චං අනාසවං
උත්තමත්ථං අනුප්පත්තං - තමහං බ්‍රෑමි බ්‍රාහ්මණං

ඔහු ධ්‍යාන වඩනවා නම්, කෙලෙස් දූවිලි වලින් තොර නම්, වැඩිය යුතු නිවන් මග සම්පූර්ණ කරලා නම්, ආශ්‍රව රහිත නම්, උත්තම අර්ථය වූ ඒ අමා නිවනට පත්වෙලා නම්, ඔහුටයි මම කියන්නෙ සැබෑම බ්‍රාහ්මණයා කියලා.

(ජේතවනාරාමයේදී එක්තරා බ්‍රාහ්මණයෙකු අරභයා වදාළ ගාථාවකි.)

387.5. දිවා තපති ආදිච්චෝ - රත්තිං ආභාති චන්දිමා
සන්නද්ධෝ ඛත්තියෝ තපති - ඣායී තපති බ්‍රාහ්මණෝ
අථ සබ්බමහෝරත්තිං - බුද්ධෝ තපති තේජසා

දවාලටයි හිරු බබලන්නේ. රාත්‍රියටයි සඳු බබලන්නේ. සේනාවෙන් සන්නද්ධ වෙලා, ආභරණ වලින් සැරසුණාමයි රජු බබලන්නේ. ධ්‍යාන වඩනකොටයි සැබෑම බ්‍රාහ්මණයා බබලන්නේ. නමුත් දිවා රාත්‍රී හැමතිස්සෙම බුදු සම්දුන් තමයි තේජසින් බබලන්නේ.

(ජේතවනාරාමයේදී ආනන්ද තෙරුන් අරභයා වදාළ ගාථාවකි.)

388.6. බාහිතපාපෝ'ති බ්‍රාහ්මණෝ - සමචරියා සමණෝ'ති වුච්චති
පබ්බාජයත්තනෝ මලං - තස්මා පබ්බජිතෝ'ති වුච්චති

තම සිතින් පව් බැහැර කරපු නිසයි බ්‍රාහ්මණයා කියන්නේ. ධර්මයේ හැසිරිලා, යහපතේ යෙදෙන නිසයි, ශ්‍රමණයා කියන්නෙ. තමන් තුළ තිබුන කෙලෙස් දුරුකරන නිසයි පැවිද්දා කියන්නෙ.

(ජේතවනාරාමයේදී එක්තරා පැවිද්දෙකු අරභයා වදාළ ගාථාවකි.)

389.7. න බ්‍රාහ්මණස්ස පහරෙය්‍ය - නාස්ස මුඤ්චේථ බ්‍රාහ්මණෝ
ධී බ්‍රාහ්මණස්ස හන්තාරං - තතෝ ධී යස්ස මුඤ්චති

අරහත් මුනිවරයා නම් වූ සැබෑම බ්‍රාහ්මණයාට පහර දෙන්ට හොඳ නෑ. අරහත් බ්‍රාහ්මණයා කෝපය පිටකරන ස්වභාවයෙන් තොර කෙනෙක්. අරහත් බ්‍රාහ්මණයාට පහර දෙන කෙනාට නින්දා වේවා! අරහත් බ්‍රාහ්මණයා ගැන කෝපය මතුකරන කෙනාටත් නින්දා වේවා!

**390.8. න බ්‍රාහ්මණස්සේතදකිඤ්චි සෙය්‍යෝ - යදා නිසේධෝ මනසෝ පියේහි
යතෝ යතෝ හිංසමනෝ නිවත්තති
- තතෝ තතෝ සම්මති මේව දුක්ඛං**

අරහත් බ්‍රාහ්මණයා තුළ ඇති ඉවසීමේ ගුණය පොඩි දෙයක් නොවෙයි. කෝප වන පුද්ගලයා කෝප සිත් ඇතිකර ගැනීමෙනුයි ප්‍රීති වෙන්නෙ. අරහත් භික්ෂුව ඔහුගේ ඒ හිංසාකාරී සිත වළක්වනවා. යම් යම් කරුණකින් ඒ ක්‍රෝධ සිත් ඇති පුද්ගලයාගේ, ඒ ක්‍රෝධ සිත වළක්වනවා නම්, ඒ කාරණයෙන් ඔහුට ලැබෙන්න තියෙන දුකත් වැළකෙනවා.

(ජේතවනාරාමයේදී සැරියුත් මහ තෙරණුවන් අරභයා වදාළ ගාථාවන්ය.)

**391.9. යස්ස කායේන වාචාය - මනසා නත්ථි දුක්කතං
සංවුතං තීහි ඨානේහි - තමහං බ්‍රෑමි බ්‍රාහ්මණං**

යම් කෙනෙකුට කය, වචනය, මනස යන තිදොරින් අකුසල් කිරීමක් නැත්නම්, ඔය තැන් තුනෙන්ම සංවර වෙලා නම් ඉන්නෙ, ඔහුට තමයි මම කියන්නේ සැබෑම බ්‍රාහ්මණයා කියලා.

(ජේතවනාරාමයේදී මහා ප්‍රජාපතී ගෞතමී භික්ෂුණිය අරභයා වදාළ ගාථාවකි.)

**392.10. යම්හා ධම්මං විජානෙය්‍ය - සම්මාසම්බුද්ධදේසිතං
සක්කච්චං තං නමස්සෙය්‍ය - අග්ගිහුත්තං'ව බ්‍රාහ්මණෝ**

සම්මා සම්බුදු රජුන් විසින් මනාකොට වදාළ ධර්මය තමන් ඉගෙන ගත්තෙ යම් කෙනෙකුගෙන් නම්, තමන්ට ධර්මය ඉගන්වූ ඒ ගුරුවරයාට ඔහු ඉතා හොඳින් වඳිනවා. බ්‍රාහ්මණයෙක් ගින්නට වඳිනවා වගේ.

(ජේතවනාරාමයේදී සැරියුත් තෙරුන් අරභයා වදාළ ගාථාවකි.)

**393.11. න ජටාහි න ගොත්තේන - න ජච්චා හෝති බ්‍රාහ්මණෝ
යම්හි සච්චඤ්ච ධම්මෝ ච - සෝ සුචී සෝ'ව බ්‍රාහ්මණෝ**

ජටා බැන්දා කියලවත්, ගෝත්‍රය නිසාවත්, ඉපදුණ ජාතිය නිසාවත්, බ්‍රාහ්මණයෙක් වෙන්නෙ නෑ. යමෙක් තුළ ආර්ය සත්‍යයත්, ධර්මයත්, පිරිසිදු ජීවිතයක් තියෙනවා නම්, ඔහු තමයි සැබෑම බ්‍රාහ්මණයා.

(ජේතවනාරාමයේදී ජටිල බ්‍රාහ්මණයෙක් අරභයා වදාළ ගාථාවකි.)

394.12. කිං තේ ජටාහි දුම්මේධ - කිං තේ අජිනසාටියා
අබ්භන්තරං තේ ගහණං - බාහිරං පරිමජ්ජසි

අඥාන තැනැත්ත, ඔය ජටා බැඳගෙන ඇති පලේ මොකක්ද? ඔය අඳුන් දිවි සමෙන් ඇති පලේ කුමක්ද? තමන්ගේ ජීවිතේ ඇතුළේ කෙලෙස් පිරිලා තියෙද්දී බාහිර දේමයි ඔපදමන්නෙ.

(විසාලා මහනුවරදී කුහක බ්‍රාහ්මණයෙකු අරභයා වදාළ ගාථාවකි.)

395.13. පංසුකුලධරං ජන්තුං - කිසං ධමනිසන්ථතං
ඒකං වනස්මිං ඣායන්තං - තමහං බ්‍රෑමි බ්‍රාහ්මණං

සොහොනින් ගත්තු රෙදි වලින් මහපු සිවුරු තමයි පොරවාගෙන ඉන්නෙ. ශරීරයත් හරිම කෙට්ටුයි. නහර වැල් ඉලිප්පිලා තියෙනවා. හුදෙකලාවම වනයේ ඇතුළට ගිහින් භාවනා කරනවා. මං බ්‍රාහ්මණයා කියල කියන්නෙ අන්න ඒ පුද්ගලයාටයි.

(ගිජුකුළු පව්වේදී කිසාගෝතමී භික්ෂුණිය අරභයා වදාළ ගාථාවකි.)

396.14. න චාහං බ්‍රාහ්මණං බ්‍රෑමි - යෝනිජං මත්තිසම්භවං
භෝවාදී නාම සෝ හෝති - සචේ හෝති සකිඤ්චනෝ
අකිඤ්චනං අනාදානං - තමහං බ්‍රෑමි බ්‍රාහ්මණං

බැමිණියකගේ කුසේ වැඩිලා, ඒ මව් කුසින් බිහි වූ පමණින් ඔහුට මම බ්‍රාහ්මණයා කියන්නේ නෑ. 'භවත' 'භවත' කිය කියා ගියාට ඔහු කෙලෙස් සහිත කෙනෙක්. 'භවත' කියන්නේ නමට විතරයි. යමෙක් තුළ කෙලෙස් නැත්නම්, උපාදාන නැත්නම්, බ්‍රාහ්මණයා කිවයුත්තේ ඔහුටයි.

(සැවැත් නුවරදී එක්තරා බ්‍රාහ්මණයෙකු අරභයා වදාළ ගාථාවකි.)

397.15. සබ්බසංයෝජනං ඡෙත්වා - යෝ වේ න පරිතස්සති
සංගාතිගං විසඤ්ඤුත්තං - තමහං බ්‍රෑමි බ්‍රාහ්මණං

යම් කෙනෙක් සියලු බන්ධන සිඳලා, තැති ගැනීමක් නැතුව ඉන්නවා නම්, කෙලෙස් ඉක්මවා ගිය, කෙලෙස් සමඟ එක් නොවුණ ඒ නිකෙලෙස් තැනැත්තාටයි මං බ්‍රාහ්මණයා කියන්නේ.

(වේළුවනයේදී උග්ගසේන සිටුවරයා අරභයා වදාළ ගාථාවකි.)

398.16. ඡෙත්වා නද්ධිං වරත්තඤ්ච - සන්දාමං සහනුක්කමං
උක්ඛිත්තපලිඝං බුද්ධං - තමහං බ්‍රෑමි බ්‍රාහ්මණං

ක්‍රෝධය නම් වූ ලණුව කපලා දාලා තෘෂ්ණාව නම් වූ දැඩි රැහැණත් කපලා දාලා, මිථ්‍යා දෘෂ්ටි නම් වූ මහා දම්වැලත් සිඳලා දාලා, අවිද්‍යාව නම් වූ දොර අගුළුත් කඩලා දාලා ආර්ය සත්‍ය අවබෝධ කළ මුනිවරයාටයි මං බ්‍රාහ්මණයා කියන්නේ.

(ජේතවනාරාමයේදී බමුණන් දෙදෙනෙකු අරහයා වදාළ ගාථාවකි.)

399.17. අක්කෝසං වධබන්ධං ච - අදුට්ඨෝ යෝ තිතික්ඛති
ඛන්තිබලං බලානීකං - තමහං බ්‍රෑමි බ්‍රාහ්මණං

බාහිර උදවිය ආක්‍රෝෂ කරද්දීත්, කායික වධබන්ධන කරද්දීත් ඒ කිසි දේකට කිපෙන්නෙ නැතුව ඉවසනවා නම්, ඉවසීමම බලය කරගෙන ඉන්න අරහත් මුනිවරයාටයි මම බ්‍රාහ්මණයා කියන්නේ.

(වේළුවනයේදී අක්කෝසක භාරද්වාජ බ්‍රාහ්මණයා අරහයා වදාළ ගාථාවකි.)

400.18. අක්කෝධනං වතවන්තං - සීලවන්තං අනුස්සුතං
දන්තං අන්තිමසාරීරං - තමහං බ්‍රෑමි බ්‍රාහ්මණං

ඔහුට කේන්ති යන්නෙ නෑ. වත පිළිවෙතිනුත් යුක්තයි. සීල සම්පන්නයි. තණ්හාවෙනුත් තොරයි. ඉන්ද්‍රිය දමනයෙන් යුක්තයි. අන්තිම සිරුර තමයි දරාගෙන ඉන්නේ. අන්න ඒ රහත් මුනිවරයාටයි මං බ්‍රාහ්මණයා කියන්නේ.

(වේළුවනයේදී සැරියුත් තෙරුන් අරහයා වදාළ ගාථාවකි.)

401.19. වාරි පොක්ඛරපත්තේ'ව - ආරග්ගේරිව සාසපෝ
යෝ න ලිප්පති කාමේසු - තමහං බ්‍රෑමි බ්‍රාහ්මණං

නෙළුම් කොළයක නොරැඳෙන වතුර බිංදුවක් වගේ, ඉඳිකටු තුඩේ කෙළවර නොපිහිටන අබ ඇටයක් වගේ, යම් කෙනෙක් කාමයන් තුළ පිහිටන්නෙ නැත්නම්, ඒ තැනැත්තාටයි මම සැබෑම බ්‍රාහ්මණයා කියන්නෙ.

(ජේතවනාරාමයේදී උප්පලවණ්ණා භික්ෂුණිය අරහයා වදාළ ගාථාවකි.)

402.20. යෝ දුක්ඛස්ස පජානාති - ඉධේව ඛයමත්තනෝ
පන්නභාරං විසංයුත්තං - තමහං බ්‍රෑමි බ්‍රාහ්මණං

යම් කෙනෙක් තමන්ගේ මේ සසර දුක, මේ ජීවිතය තුළදීම අවසන් වන බව දන්නවා නම්, කෙලෙස් බර වීසි කරපු, කෙලෙසුන් හා එක් නොවුණ අන්න ඒ අරහත් භික්ෂුවටයි මම බ්‍රාහ්මණයා කියන්නෙ.

(සැවැත් නුවරදී එක්තරා බ්‍රාහ්මණයෙක් අරහයා වදාළ ගාථාවකි.)

403.21.ගම්භීරපඤ්ඤං මේධාවිං - මග්ගාමග්ගස්ස කෝවිදං
උත්තමත්ථං අනුප්පත්තං - තමහං බෲමි බ්‍රාහ්මණං

ඒ කෙනාට ගැඹුරු ප්‍රඥාවක් තියෙනවා. හරිම බුද්ධිමත්. මග නොමග තෝරාගන්ටත් හරිම දක්ෂයි. ජීවිතයක ලැබිය යුතු උතුම්ම අර්ථය වන අරහත්වයටත් පත්වෙලයි ඉන්නෙ. අන්න ඒ පුද්ගලයාටයි මම බ්‍රාහ්මණයා කියන්නේ.

(ගිජුකුලු පව්වේදී ඛේමා භික්ෂුණිය අරහයා වදාළ ගාථාවකි.)

404.22.අසංසට්ඨං ගහට්ඨේහි - අනාගාරේහි චූභයං
අනෝකසාරිං අප්පිච්ඡං - තමහං බෲමි බ්‍රාහ්මණං

ගිහි පැවිදි කා සමඟවත් ඔහු තුළ කිසි බැඳීමක් නෑ. ඔහු තෘෂ්ණා රහිතවයි ඉන්නෙ. අල්පේච්ඡයි. අන්න ඒ පුද්ගලයාටයි මම බ්‍රාහ්මණයා කියන්නේ.

(ජේතවනාරාමයේදී පබ්භාරතිස්ස තෙරුන් අරහයා වදාළ ගාථාවකි.)

405.23.නිධාය දණ්ඩං භූතේසු - තසේසු ථාවරේසු ච
යෝ න හන්ති න ඝාතේති - තමහං බෲමි බ්‍රාහ්මණං

තැති ගන්න, තැති නොගන්න, සියලු සත්වයන් කෙරෙහි කරුණාවෙන් දඬු මුගුරු අත්හැරපු, තමනුත් සතුන් නොමරණ, අනුන් ලවාත් නොමරවන, ඒ තැනැත්තාටයි මම බ්‍රාහ්මණයා කියන්නේ.

(සැවැත් නුවරදී එක්තරා භික්ෂුවක් අරහයා වදාළ ගාථාවකි.)

406.24.අවිරුද්ධං විරුද්ධේසු - අත්තදණ්ඩේසු නිබ්බුතං
සාදානේසු අනාදානං - තමහං බෲමි බ්‍රාහ්මණං

විරුද්ධ වෙන ස්වභාවයෙන් යුතු මහජනයා අතර කා සමඟවත් විරුද්ධ නොවී, දඬු මුගුරු ගත් මහජනයා අතර, නිවී ගිය සිත් ඇති, බැඳුණු සිත් ඇති මහජනයා අතර නොබැඳුණු සිතින් යුතු ඒ රහත් භික්ෂුවටයි මම බ්‍රාහ්මණයා කියන්නේ.

(ජේතවනාරාමයේදී සාමණේර හතර නමක් අරහයා වදාළ ගාථාවකි.)

407.25.යස්ස රාගෝ ච දෝසෝ ච - මානෝ මක්ඛෝ ච පාතිතෝ
සාසපෝරිව ආරග්ගා - තමහං බෲමි බ්‍රාහ්මණං

රාගයත්, ද්වේෂයත්, මානයත්, ගුණමකුකමත්, හිඳිකටු තුඩ අග නොරැඳී

වැටෙන අබ ඇටයක් වගේ, යම් කෙනෙකුගේ සිතින් බැහැර වුණා නම්, ඒ රහත් මුනිවරයාටයි මම බ්‍රාහ්මණයා කියන්නේ.

(වේළුවනයේදී මහාපන්ථක තෙරුන් අරභයා වදාළ ගාථාවකි.)

408.26.අකක්කසං විඤ්ඤාපනිං - ගිරං සච්චං උදීරයේ
යාය නාභිසජේ කඤ්චි - තමහං බ්‍රෑමි බ්‍රාහ්මණං

කර්කශ වචන කියන්නෙ නැත්නම්, දෙලොව දියුණුව සළසන, මිහිරි වූ යහපත් වූ සත්‍ය වචන කියනවා නම්, කිසි කෙනෙකුව කෝප ගන්වන්නෙ නැත්නම්, අන්න ඒ රහත් භික්ෂුවටයි මම බ්‍රාහ්මණයා කියන්නෙ.

(ජේතවනාරාමයේදී පිළින්දිවච්ඡ තෙරුන් අරභයා වදාළ ගාථාවකි.)

409.27.යෝ'ධ දීඝං ච රස්සං වා - අණුං ථූලං සුභාසුභං
ලෝකේ අදින්නං නාදියති - තමහං බ්‍රෑමි බ්‍රාහ්මණං

යම් කෙනෙක් ලොකයේ ඇති දිග හෝ කෙටි හෝ කුඩා හෝ ලොකු හෝ ලස්සන හෝ කැත හෝ නුදුන් දෙයක් නොගනී නම්, අන්න ඒ රහත් මුනිවරයාටයි මං බ්‍රාහ්මණයා කියන්නෙ.

(ජේතවනාරාමයේදී එක්තරා භික්ෂුවක් අරභයා වදාළ ගාථාවකි.)

410.28.ආසා යස්ස න විජ්ජන්ති - අස්මිං ලෝකේ පරම්හි ච
නිරාසයං විසංයුත්තං - තමහං බ්‍රෑමි බ්‍රාහ්මණං

යමෙක් තුළ මෙලොව ගැනවත්, පරලොව ගැනවත් ආසාවක් නැත්නම්, ආශා රහිත නම්, කෙලෙසුන්ගෙන් තොර නම්, ඒ රහත් භික්ෂුවටයි මම බ්‍රාහ්මණයා කියන්නේ.

(ජේතවනාරාමයේදී සැරියුත් තෙරුන් අරභයා වදාළ ගාථාවකි.)

411.29.යස්සාලයා න විජ්ජන්ති - අඤ්ඤාය අකථංකථී
අමතෝගධං අනුප්පත්තං - තමහං බ්‍රෑමි බ්‍රාහ්මණං

යමෙක් තුළ තෘෂ්ණාව නැත්නම්, සැකයෙන් තොර නම්, ඒ අමා නිවනටත් පත්වෙලා නම් ඉන්නෙ, අන්න ඒ රහත් භික්ෂුවටයි මම බ්‍රාහ්මණයා කියන්නේ.

(ජේතවනාරාමයේදී මුගලන් තෙරුන් අරභයා වදාළ ගාථාවකි.)

412.30.යෝ'ධ පුඤ්ඤං ච පාපං ච - උභෝ සංගං උපච්චගා
අසෝකං විරජං සුද්ධං - තමහං බ්‍රෑමි බ්‍රාහ්මණං

යමෙක් මේ ජීවිතය තුළදීම පිනත් පවත් කියන දෙකම ප්‍රහාණය කළා නම්, ඔහු ශෝක රහිත කෙනෙක්. නිකෙලෙස් කෙනෙක්. පිරිසිදු කෙනෙක්. ඒ රහත් මුනිවරයාටයි මම බ්‍රාහ්මණයා කියන්නේ.

(ජේතවනාරාමයේදී රේවත තෙරුන් අරහයා වදාළ ගාථාවකි.)

413.31. චන්දං'ව විමලං සුද්ධං - විප්පසන්නමනාවිලං
නන්දීභවපරික්ඛීණං - තමහං බ්‍රෑමි බ්‍රාහ්මණං

ඔහු පුන්සඳක් වගේ නිර්මලයි. පිරිසිදුයි. අතිශයින්ම ප්‍රසන්නයි. කැළඹිලි නෑ. භව තෘෂ්ණාව නැතිකරලයි ඉන්නෙ. අන්න ඒ රහත් භික්ෂුවටයි මම බ්‍රාහ්මණයා කියන්නේ.

(ජේතවනාරාමයේදී චන්දාභ තෙරුන් අරහයා වදාළ ගාථාවකි.)

414.32.යෝ ඉමං පළිපථං දුග්ගං - සංසාරං මෝහමච්චගා
තිණ්ණෝ පාරගතෝ ඣායී - අනේජෝ අකථංකථී
අනුපාදාය නිබ්බුතෝ - තමහං බ්‍රෑමි බ්‍රාහ්මණං

යමෙක් මේ කෙලෙස් මඩවගුරෙන් යුක්ත දුෂ්කර ගමනින් එතෙර වුණා නම්, මායා - මෝහ ඇති සංසාරය ඉක්මවා ගියා නම්, ඔහු එතෙර වුණ කෙනෙක්. පරතෙරට ගිය කෙනෙක්. ධ්‍යාන වඩන කෙනෙක්. නිකෙලෙස් කෙනෙක්. සැක රහිත කෙනෙක්. කිසිවකට නොබැඳී නිවී ගිය කෙනෙක්. අන්න ඒ රහත් මුනිවරයාටයි මම බ්‍රාහ්මණයා කියන්නේ.

(කුණ්ඩධාන වනයේදී සීවලී තෙරුන් අරහයා වදාළ ගාථාවකි.)

415.33.යෝ'ධ කාමේ පහත්වාන - අනගාරෝ පරිබ්බජේ
කාමභවපරික්ඛීණං - තමහං බ්‍රෑමි බ්‍රාහ්මණං

යම් කෙනෙක් කාමයන් අත්හැරලා, අනගාරික ශාසනේ පැවිදි වෙලා, කාම තණ්හා, භව තණ්හා ආදිය නැති කළා නම්, අන්න ඒ රහත් මුනිවරයාටයි මම බ්‍රාහ්මණයා කියන්නේ.

(ජේතවනාරාමයේදී සුන්දර සමුද්ද තෙරුන් අරහයා වදාළ ගාථාවකි.)

416.34.යෝ'ධ තණ්හං පහත්වාන - අනගාරෝ පරිබ්බජේ
තණ්හාභවපරික්ඛීණං - තමහං බ්‍රෑමි බ්‍රාහ්මණං

යම් කෙනෙක් කාමයන් කෙරෙහි ඇති තණ්හාව අත්හැරලා දාලා, අනගාරික ශාසනේ පැවිදි වෙලා, භව තෘෂ්ණාව ප්‍රහාණය කළා නම්, ඒ රහත් මුනිවරයාටයි මම බ්‍රාහ්මණයා කියන්නේ.

(වේළුවනයේදී ජෝතිය තෙරුන් හා ජටිල තෙරුන් අරභයා වදාළ ගාථාවකි.)

417.35.හිත්වා මානුසකං යෝගං - දිබ්බං යෝගං උපච්චගා
සබ්බයෝගවිසංයුත්තං - තමහං බ්‍රෑමි බ්‍රාහ්මණං

යමෙක් මිනිස් ලොව බැඳීම අත්හැරලා, දෙව්ලොවට ඇති බැඳීමත් ඉක්මවා ගියා නම්, හැම කෙලෙස් බැඳීමෙන්ම වෙන් වුණා නම්, අන්න ඒ රහත් මුනිවරයාටයි මම බ්‍රාහ්මණයා කියන්නේ.

(වේළුවනයේදී එක්තරා භික්ෂුවක් අරභයා වදාළ ගාථාවකි.)

418.36.හිත්වා රතිං ච අරතිං ච - සීතිභූතං නිරූපධිං
සබ්බලෝකාභිභුං වීරං - තමහං බ්‍රෑමි බ්‍රාහ්මණං

කාමයට ඇති ඇල්මත් අත්හැරලා, භාවනාවේ නොඇලෙන ගතියත් අත්හැරලා, සිසිල් වෙලා, නිකෙලෙස් වුණා නම්, හැම ලෝකයක්ම මර්ධනය කරපු ඒ වීරියවන්ත රහත් මුනිවරයාටයි මම බ්‍රාහ්මණයා කියන්නේ.

(වේළුවනයේදී එක්තරා භික්ෂුවක් අරභයා වදාළ ගාථාවකි.)

419.37.චුතිං යෝ'වේදි සත්තානං - උපපත්තිං ච සබ්බසෝ
අසත්තං සුගතං බුද්ධං - තමහං බ්‍රෑමි බ්‍රාහ්මණං

යම් කෙනෙක් සත්වයන්ගේ චුතියත්, උපතත්, සියලු ආකාරයෙන්ම අවබෝධ කලා නම්, කිසි භවයක සිත ඇලෙන්නෙ නැත්නම්, සුන්දර නිවන් මග ගමන් කළා නම්, ආර්ය සත්‍ය අවබෝධ කළා නම්, අන්න ඒ රහත් මුනිවරයාටයි මම බ්‍රාහ්මණයා කියන්නේ.

420.38.යස්ස ගතිං න ජානන්ති - දේවා ගන්ධබ්බමානුසා
ඛීණාසවං අරහන්තං - තමහං බ්‍රෑමි බ්‍රාහ්මණං

යම් කෙනෙක් ගිය මග දෙවියන්ටවත්, මිනිසුන්ටවත්, ගාන්ධර්වයන්ටවත්, දැනගන්නට බැරි නම්, ආශ්‍රව රහිත වූ ඒ රහතන් වහන්සේටයි මම බ්‍රාහ්මණයා කියන්නේ.

(ජේතවනාරාමයේදී වංගීස තෙරුන් අරභයා වදාළ ගාථාවන්ය.)

421.39.යස්ස පුරේ ච පච්ඡා ච - මජ්ඣේ ච නත්ථි කිඤ්චනං
අකිඤ්චනං අනාදානං - තමහං බ්‍රෑමි බ්‍රාහ්මණං

යමෙකුට අතීතය ගැන හෝ, අනාගතය ගැන හෝ වර්තමානය ගැන හෝ කිසි ක්ලේශයක් නැත්නම්, ඒ තැනැත්තා නිකෙලෙස් කෙනෙක්. උපාදාන රහිත කෙනෙක්. මම ඒ රහතන් වහන්සේටයි බ්‍රාහ්මණයා කියන්නේ.

(වේළුවනයේ දී ධම්මදින්නා භික්ෂුණිය අරභයා වදාළ ගාථාවකි.)

422.40.උසභං පවරං වීරං - මහේසිං විජිතාවිනං
අනේජං නහාතකං බුද්ධං - තමහං බ්‍රෑමි බ්‍රාහ්මණං

ඔහු ආජානීය වෘෂභයෙක් වගේ උතුම් කෙනෙක්. වීරියවන්ත කෙනෙක්. මහා ඉසිවරයෙක්. මර සෙනඟ පරදවා ජයගත් කෙනෙක්. නිකෙලෙස් කෙනෙක්. කෙලෙස් සෝදාහළ කෙනෙක්. ආර්ය සත්‍ය අවබෝධ කළ කෙනෙක්. අන්න ඒ රහත් මුනිඳුටයි මම බ්‍රාහ්මණයා කියන්නේ.

(ජේතවනාරාමයේදී අංගුලිමාල තෙරුන් අරභයා වදාළ ගාථාවකි.)

423.41.පුබ්බේනිවාසං යෝ'වේදී - සග්ගාපායං ච පස්සති
අථෝ ජාතික්ඛයං පත්තෝ - අභිඤ්ඤාවෝසිතෝ මුනි
සබ්බවෝසිතවෝසානං - තමහං බ්‍රෑමි බ්‍රාහ්මණං

යම් කෙනෙක් තමන් ගත කළ පෙර ජීවිත ගැන අවබෝධ කළා නම්, ස්වර්ගයත්, අපායත් දිවැසින් දකිනවා නම්, ඒ වගේම ඉපදීම නැති කරලා අරහත්වයටත් පත්වුණා නම්, ඒ සුවිශේෂ ඤාණ ලබාගත්තු ඔහු මුනිවරයෙක්. සියලු කෙලෙස් නසා, නිවන් මග සම්පූර්ණ කරගත්තු කෙනෙක්. අන්න ඒ රහත් මුනිවරයාටයි මම බ්‍රාහ්මණයා කියන්නේ.

(සැවැත් නුවරදී දේවංගික බ්‍රාහ්මණයා අරභයා වදාළ ගාථාවකි.)

සාදු! සාදු!! සාදු!!!

බ්‍රාහ්මණයා ගැන වදාළ කොටස නිමා විය.
(බ්‍රාහ්මණ වග්ගය නිමා විය.)

ධම්ම පදය නිමා විය.

නමෝ තස්ස භගවතෝ අරහතෝ සම්මාසම්බුද්ධස්ස
ඒ භාග්‍යවත් අරහත් සම්මා සම්බුදුරජාණන් වහන්සේට නමස්කාර වේවා!

සූත්‍ර පිටකයට අයත්

ඛුද්දක නිකායේ

උදාන පාළි

1. බෝධි වර්ගය

1.1.
පඨම බෝධි සූත්‍රය
සම්බුද්ධත්වය ගැන වදාළ පළමුවන උදානය

මා හට අසන්නට ලැබුනේ මේ විදිහටයි. ඒ දිනවල භාග්‍යවතුන් වහන්සේ උතුම් වූ සම්බුද්ධත්වයට පත්වෙලා, මුලින්ම වැඩසිටියේ උරුවෙල් ජනපදයේ නේරංජරා ගංතෙර ශ්‍රී මහා බෝධි සෙවනේ. ඒ කාලයේදී භාග්‍යවතුන් වහන්සේ එක දිගට සත් දිනක්ම එක පළඟින්ම විමුක්ති සැපය විඳිමින් වැඩසිටියා.

එදා භාග්‍යවතුන් වහන්සේ ඒ හත් දවස ගෙවුනට පස්සේ ඒ සමාධියෙන් නැගිට වදාළා. එදා රාත්‍රී පළමු යාමයේ භාග්‍යවතුන් වහන්සේ පටිච්චසමුප්පාද ධර්මය අනුලෝම වශයෙන් ඉතා හොඳින් මෙනෙහි කොට වදාළා.

'මේ අයුරින් මේ හේතුව තියෙන කොටයි, මේ ඵලය ඇතිවෙන්නේ. මේ හේතුව උපදින කොටයි මේ ඵලය උපන්නේ' කියලා.

ඒ කියන්නෙ, 'අවිද්‍යාව හේතු කොට ගෙන, සංස්කාර ඇතිවෙනවා. සංස්කාර හේතු කොට ගෙන, විඤ්ඤාණය ඇතිවෙනවා. විඤ්ඤාණය හේතු කොට ගෙන, නාමරූප ඇතිවෙනවා. නාමරූප හේතු කොට ගෙන, ආයතන හය ඇතිවෙනවා. ආයතන හය හේතු කොට ගෙන, ස්පර්ශය ඇතිවෙනවා. ස්පර්ශය හේතු කොට ගෙන, විඳීම ඇතිවෙනවා. විඳීම හේතු කොට ගෙන, තණ්හාව ඇතිවෙනවා. තණ්හාව හේතු කොට ගෙන, බැඳීම ඇතිවෙනවා. බැඳීම හේතු කොට ගෙන, විපාක පිණිස කර්ම සකස් වීම නම් වූ භවය ඇතිවෙනවා. විපාක පිණිස කර්ම සකස් වීම හේතු කොට ගෙන, ඉපදීම ඇතිවෙනවා. ඉපදීම හේතු කොට ගෙන, ජරාවට පත් වීම, මරණයට පත් වීම, ශෝක කිරීම, වැළපීම, කායික දුක්, මානසික දුක්, සුසුම් හෙළීම හටගන්නවා. ඔන්න ඔය ආකාරයටයි මේ මුළු මහත් දුක් රැසම හටගන්නේ' කියලා.

එතකොට භාග්‍යවතුන් වහන්සේට මේ යථාර්ථය නුවණින් ප්‍රත්‍යක්ෂ කර ගෙන, ඒ වෙලාවේ සතුටින් මේ උදාන ගාථාව වදාළා.

"ඔහුට සියලු කෙලෙස් තවන වීරිය තියෙනවා. ඔහු ධ්‍යාන වඩනවා. ඉතින් ඒ අරහත් බ්‍රාහ්මණයාට යම් වෙලාවක බෝධි පාක්ෂික ධර්ම තමන් තුළ ඇතිවෙනවා නම්, ඒ මොහොතේ ඔහු තුළ තිබුණු හැම සැකයක්ම දුරුවෙලා යනවා. ඒ තුළින්මයි මේ හේතුඵල ධර්මයේ යථාර්ථය අවබෝධ කරගන්නේ."

සාදු! සාදු!! සාදු!!!

1.2.
දුතිය බෝධි සූත්‍රය
සම්බුද්ධත්වය ගැන වදාළ දෙවන උදානය

මා හට අසන්නට ලැබුනේ මේ විදිහටයි. ඒ දිනවල භාග්‍යවතුන් වහන්සේ උතුම් වූ සම්බුද්ධත්වයට පත්වෙලා, මුලින්ම වැඩසිටියේ උරුවෙල් ජනපදයේ නේරංජරා ගංතෙර ශ්‍රී මහා බෝධි සෙවනේ. ඒ කාලයේදී භාග්‍යවතුන් වහන්සේ එක දිගට සත් දිනක්ම එක පළඟින්ම විමුක්ති සැපය විඳිමින් වැඩසිටියා.

එදා භාග්‍යවතුන් වහන්සේ ඒ හත් දවස ගෙවුනට පස්සේ ඒ සමාධියෙන් නැගිට වදාළා. එදා රාත්‍රී මධ්‍යම යාමයේ භාග්‍යවතුන් වහන්සේ පටිච්චසමුප්පාද ධර්මය ප්‍රතිලෝම වශයෙන් ඉතා හොඳින් මෙනෙහි කොට වදාළා.

'මේ අයුරින් මේ හේතුව නැතිවෙන කොටම, මේ ඵලය නැතිවෙනවා. මේ හේතුව නිරුද්ධ වෙන කොට මේ ඵලය නිරුද්ධ වෙනවා' කියලා.

ඒ කියන්නෙ, 'අවිද්‍යාව නිරුද්ධ වීමෙන්, සංස්කාර නිරුද්ධ වෙනවා. සංස්කාර නිරුද්ධ වීමෙන්, විඤ්ඤාණය නිරුද්ධ වෙනවා. විඤ්ඤාණය නිරුද්ධ වීමෙන්, නාමරූප නිරුද්ධ වෙනවා. නාමරූප නිරුද්ධ වීමෙන්, ආයතන හය නිරුද්ධ වෙනවා. ආයතන හය නිරුද්ධ වීමෙන්, ස්පර්ශය නිරුද්ධ වෙනවා. ස්පර්ශය නිරුද්ධ වීමෙන්, විඳීම නිරුද්ධ වෙනවා. විඳීම නිරුද්ධ වීමෙන්, තණ්හාව නිරුද්ධ වෙනවා. තණ්හාව නිරුද්ධ වීමෙන්, බැඳීම නිරුද්ධ වෙනවා. බැඳීම නිරුද්ධ වීමෙන්, විපාක පිණිස කර්ම සකස් වීම නම් වූ භවය නිරුද්ධ වෙනවා. විපාක පිණිස කර්ම සකස් වීම නිරුද්ධ වීමෙන්, ඉපදීම නිරුද්ධ වෙනවා. ඉපදීම නිරුද්ධ වීමෙන්, ජරාවට පත්වීම, මරණයට පත්වීම, ශෝක කිරීම, වැළපීම, කායික දුක්, මානසික දුක්, සුසුම් හෙළීම නිරුද්ධ වෙනවා. ඔන්න ඔය ආකාරයටයි මේ මුළු මහත් දුක් රැසම නිරුද්ධ වෙන්නේ' කියලා.

එතකොට භාග්‍යවතුන් වහන්සේට මේ යථාර්ථය නුවණින් ප්‍රත්‍යක්ෂ කර ගෙන, ඒ වෙලාවේ සතුටින් මේ උදාන ගාථාව වදාළා.

"ඔහුට සියලු කෙලෙස් තවන වීරිය තියෙනවා. ඔහු ධ්‍යාන වඩනවා. ඉතින් ඒ අරහත් බ්‍රාහ්මණයාට යම් වෙලාවක බෝධි පාක්ෂික ධර්ම තමන් තුළ ඇතිවෙනවා නම්, ඒ මොහොතේ ඔහු තුළ තිබුණු හැම සැකයක්ම දුරුවෙලා යනවා. ඒ තුළින්මයි මේ හේතුඵල ධර්මයේ ක්ෂය වීම අවබෝධ කරගන්නේ."

සාදු! සාදු!! සාදු!!!

1.3.
තතිය බෝධි සූත්‍රය
සම්බුද්ධත්වය ගැන වදාළ තෙවන උදානය

මා හට අසන්නට ලැබුනේ මේ විදිහටයි. ඒ දිනවල භාග්‍යවතුන් වහන්සේ උතුම් වූ සම්බුද්ධත්වයට පත්වෙලා, මුලින්ම වැඩසිටියේ උරුවෙල්

ජනපදයේ නේරංජරා ගංතෙර ශ්‍රී මහා බෝධි සෙවනේ. ඒ කාලයේදී භාග්‍යවතුන් වහන්සේ එක දිගට සත් දිනක්ම එක පළඟින්ම විමුක්ති සැපය විඳිමින් වැඩසිටියා.

එදා භාග්‍යවතුන් වහන්සේ ඒ හත් දවස ගෙවුනට පස්සේ ඒ සමාධියෙන් නැගිට වදාළා. එදා රාත්‍රී පශ්චිම යාමයේ භාග්‍යවතුන් වහන්සේ පටිච්චසමුප්පාද ධර්මය අනුලෝම ප්‍රතිලෝම වශයෙන් ඉතා හොඳින් මෙනෙහි කොට වදාළා.

'මේ අයුරින් මේ හේතුව ඇතිවෙන කොට, මේ ඵලය ඇතිවෙනවා. මේ හේතුව උපදින කොට මේ ඵලය උපදිනවා. මේ හේතුව නැතිවෙන කොට, මේ ඵලය නැතිවෙනවා. මේ හේතුව නිරුද්ධ වෙන කොට මේ ඵලය නිරුද්ධ වෙනවා' කියලා.

ඒ කියන්නෙ, 'අවිද්‍යාව හේතු කොට ගෙන, සංස්කාර ඇතිවෙනවා. සංස්කාර හේතු කොට ගෙන, විඤ්ඤාණය ඇතිවෙනවා. විඤ්ඤාණය හේතු කොට ගෙන, නාමරූප ඇතිවෙනවා. නාමරූප හේතු කොට ගෙන, ආයතන හය ඇතිවෙනවා. ආයතන හය හේතු කොට ගෙන, ස්පර්ශය ඇතිවෙනවා. ස්පර්ශය හේතු කොට ගෙන, විඳීම ඇතිවෙනවා. විඳීම හේතු කොට ගෙන, තණ්හාව ඇතිවෙනවා. තණ්හාව හේතු කොට ගෙන, බැඳීම ඇතිවෙනවා. බැඳීම හේතු කොට ගෙන, විපාක පිණිස කර්ම සකස් වීම නම් වූ භවය ඇතිවෙනවා. විපාක පිණිස කර්ම සකස් වීම හේතු කොට ගෙන, ඉපදීම ඇතිවෙනවා. ඉපදීම හේතු කොට ගෙන, ජරාවට පත්වීම, මරණයට පත්වීම, ශෝක කිරීම, වැළපීම, කායික දුක්, මානසික දුක්, සුසුම් හෙළීම හටගන්නවා. ඔන්න ඔය ආකාරයටයි මේ මුළු මහත් දුක් රැසම හටගන්නෙ.

ඒ අවිද්‍යාවම ඉතුරු නැතුව නොඇල්මෙන් නිරුද්ධ වීමෙන්, සංස්කාර නිරුද්ධ වෙනවා. සංස්කාර නිරුද්ධ වීමෙන්, විඤ්ඤාණය නිරුද්ධ වෙනවා. විඤ්ඤාණය නිරුද්ධ වීමෙන්, නාමරූප නිරුද්ධ වෙනවා. නාමරූප නිරුද්ධ වීමෙන්, ආයතන හය නිරුද්ධ වෙනවා. ආයතන හය නිරුද්ධ වීමෙන්, ස්පර්ශය නිරුද්ධ වෙනවා. ස්පර්ශය නිරුද්ධ වීමෙන්, විඳීම නිරුද්ධ වෙනවා. විඳීම නිරුද්ධ වීමෙන්, තණ්හාව නිරුද්ධ වෙනවා. තණ්හාව නිරුද්ධ වීමෙන්, බැඳීම නිරුද්ධ වෙනවා. බැඳීම නිරුද්ධ වීමෙන්, විපාක පිණිස කර්ම සකස් වීම නම් වූ භවය නිරුද්ධ වෙනවා. විපාක පිණිස කර්ම සකස් වීම නිරුද්ධ වීමෙන්, ඉපදීම නිරුද්ධ වෙනවා. ඉපදීම නිරුද්ධ වීමෙන්, ජරාවට පත්වීම, මරණයට පත්වීම, ශෝක කිරීම, වැළපීම, කායික දුක්, මානසික දුක්, සුසුම් හෙළීම නිරුද්ධ වෙනවා. ඔන්න ඔය ආකාරයටයි මේ මුළු මහත් දුක් රැසම නිරුද්ධ වෙන්නේ' කියලා.

එතකොට භාග්‍යවතුන් වහන්සේට මේ යථාර්ථය නුවණින් ප්‍රත්‍යක්ෂ කර ගෙන, ඒ වෙලාවේ ශාන්ත සතුටින් යුක්තව මේ උදාන ගාථාව වදාළා.

"ඔහුට සියලු කෙලෙස් තවන වීරිය තියෙනවා. ඔහු ධ්‍යාන වඩනවා. ඉතින් ඒ අරහත් බ්‍රාහ්මණයාට යම් වෙලාවක බෝධි පාක්ෂික ධර්ම තමන් තුළ ඇතිවෙනවා නම්, ඒ මොහොතේ අහස් කුස බබලන හිරු මඬලක් වගේ මාර සේනාව කම්පා කරලා වැඩඉන්නවා."

සාදු! සාදු!! සාදු!!!

1.4.
නිග්‍රෝධ සූත්‍රය
නුග රුක් සෙවණේදී වදාළ උදානය

මා හට අසන්නට ලැබුනේ මේ විදිහටයි. ඒ දිනවල භාග්‍යවතුන් වහන්සේ උතුම් වූ සම්බුද්ධත්වයට පත්වෙලා, ඒ මුල් දිනවල වැඩසිටියේ උරුවෙල් ජනපදයේ නේරංජරා ගංතෙර අජපාල නුග රුක් සෙවනේ. එහිදීත් භාග්‍යවතුන් වහන්සේ එක දිගට සත් දිනක්ම එක පළඟින්ම විමුක්ති සැපය විඳිමින් වැඩසිටියා.

එදා භාග්‍යවතුන් වහන්සේ ඒ හත් දවස ගෙවුනට පස්සේ ඒ සමාධියෙන් නැගිට වදාළා. එදා එක්තරා හුහුංක ජාතික බ්‍රාහ්මණයෙක් භාග්‍යවතුන් වහන්සේ ළඟට ආවා. ඇවිදින් භාග්‍යවතුන් වහන්සේ සමඟ සතුටු වුනා. පිළිසඳර කතා බහේ යෙදුනා. පැත්තකින් හිටගත්තා. පැත්තකින් හිට ගත් ඒ බ්‍රාහ්මණයා භාග්‍යවතුන් වහන්සේගෙන් මෙහෙම ඇහුවා.

"භවත් ගෞතමයන් වහන්ස, බ්‍රාහ්මණයෙක් වෙන්නේ මොන වගේ කරුණු වලින් යුතු කෙනෙක්ද? බ්‍රාහ්මණයෙක් බවට පත් කරවන ගුණධර්ම මොනවාද?"

එතකොට භාග්‍යවතුන් වහන්සේ මේ කරුණ නුවණින් ප්‍රත්‍යක්ෂ කර ගෙන, ඒ වෙලාවේ ශාන්ත සතුටින් යුක්තව මේ උදාන ගාථාව වදාළා.

"යම් අරහත් බ්‍රාහ්මණයෙක් හැම පවක්ම බැහැර කළා නම්, හුහුංකාර මාන්නය නැත්නම්, කෙලෙස් කහට නැත්නම්, සංවර කරගත් සිතක් තියෙනවා නම්, අවබෝධයේ කෙළවරටම පැමිණියා නම්, නිවන් මග සම්පූර්ණ කර

ගත්තා නම්, එබඳු වූ කෙනෙක් ලෝකයේ කිසි අරමුණක් ගැන ඇවිස්සෙන බවක් නැත්නම්, අන්න එයාටයි ධර්මානුකූල ලෙස 'බ්‍රාහ්මණයා' කිව යුත්තේ."

සාදු! සාදු!! සාදු!!!

1.5.
ථේර සූත්‍රය
අරහත් තෙරවරුන් ගැන වදාළ උදානය

මා හට අසන්නට ලැබුනේ මේ විදිහටයි. ඒ දිනවල භාග්‍යවතුන් වහන්සේ වැඩසිටියේ සැවැත් නුවර ජේතවනය නම් වූ අනේපිඬු සිටුතුමාගේ ආරාමයේ. එදා ආයුෂ්මත් සැරියුත් තෙරුන්ද, ආයුෂ්මත් මහාමොග්ගල්ලාන තෙරුන්ද, ආයුෂ්මත් මහාකස්සප තෙරුන්ද, ආයුෂ්මත් මහාකච්චාන තෙරුන්ද, ආයුෂ්මත් මහාකොට්ඨිත තෙරුන්ද, ආයුෂ්මත් මහාකප්පින තෙරුන්ද, ආයුෂ්මත් මහා චුන්ද තෙරුන්ද, ආයුෂ්මත් අනුරුද්ධ තෙරුන්ද, ආයුෂ්මත් රේවත තෙරුන්ද, ආයුෂ්මත් ආනන්ද තෙරුන්ද භාග්‍යවතුන් වහන්සේ ළඟට වඩිමින් සිටියා. ඒ ආයුෂ්මත් තෙරුන් වහන්සේලා දුරින්ම වඩින අයුරු භාග්‍යවතුන් වහන්සේ දැක වදාළා. දැකලා භික්ෂූන් වහන්සේලා අමතා වදාළා.

"පින්වත් මහණෙනි, අන්න බ්‍රාහ්මණවරු පැමිණෙනවා. පින්වත් මහණෙනි, අන්න බ්‍රාහ්මණවරු පැමිණෙනවා."

එතකොට එක්තරා බ්‍රාහ්මණ වංශික භික්ෂුවක් භාග්‍යවතුන් වහන්සේගෙන් මෙහෙම ඇහුවා. "ස්වාමීනී, බ්‍රාහ්මණයෙක් වෙන්නේ මොන වගේ කරුණු වලින් යුතු කෙනෙක්ද? බ්‍රාහ්මණයෙක් බවට පත් කරවන ගුණධර්ම මොනවාද?"

එතකොට භාග්‍යවතුන් වහන්සේ මේ කරුණ නුවණින් ප්‍රත්‍යක්ෂ කර ගෙන, ඒ වෙලාවේ ශාන්ත සතුටින් යුක්තව මේ උදාන ගාථාව වදාළා.

"යම් කෙනෙක් පාපී අකුසල් බැහැර කරලා හැම තිස්සෙම සිහි නුවණින් යුක්තව හැසිරෙනවා නම්, සංසාර බන්ධන නැතිකළා නම්, චතුරාර්ය සත්‍ය ධර්මය අවබෝධ කළා නම්, ඒකාන්තයෙන් ලෝකයේ බ්‍රාහ්මණවරු වන්නේ අන්න ඒ උදවියයි."

සාදු! සාදු!! සාදු!!!

1.6.
කස්සප සූත්‍රය
මහාකස්සප තෙරුන් අරහයා වදාළ උදානය

මා හට අසන්නට ලැබුනේ මේ විදිහටයි. ඒ දිනවල භාග්‍යවතුන් වහන්සේ වැඩසිටියේ රජගහ නුවර ලේනුන්ගේ අභය භූමිය වූ වේළුවනාරාමයේ. ඒ දවස්වල ආයුෂ්මත් මහාකස්සප තෙරුන් වහන්සේ පිප්ඵලී ගුහාවේ වැඩසිටියේ. උන්වහන්සේ ගිලන් වෙලා කායික දුකට පත්වෙලා, ගොඩක් අසනීපයෙනුයි වැඩසිටියේ. ටික දවසකට පස්සේ ආයුෂ්මත් මහාකස්සප තෙරුන් වහන්සේගේ ඒ අසනීපය සුව වුනා. අසනීපය සුවපත් වුන ආයුෂ්මත් මහාකස්සප තෙරුන් වහන්සේට මේ විදිහට හිතුනා. 'මං දැන් රජගහ නුවරට පිණ්ඩපාතෙ වඩිනවා නම් හොඳයි' කියලා.

ඒ මොහොතේදී දෙවිවරු පන්සියයක් විතර ආයුෂ්මත් මහාකස්සප තෙරුන් වහන්සේට පිණ්ඩපාත දානය පිළිගන්වන්නට ලහි ලහියේ සූදානම් වුනා.

එතකොට ආයුෂ්මත් මහාකස්සප තෙරුන් වහන්සේ පන්සියයක් පමණ වූ ඒ දෙවිවරුන් ප්‍රතික්ෂේප කරලා, එදා උදේ වරුවේ සිවුරු පොරවගෙන, පාත්‍ර සිවුරු අරගෙන රජගහ නුවර ඉතාම දිළිඳු දුගී දුප්පත් මිනිසුන් සිටින රෙදි වියන්නන්ගේ වීදියට පිණ්ඩපාතේ වැඩියා.

එවේලෙහි භාග්‍යවතුන් වහන්සේට රජගහ නුවර ඉතාම දිළිඳු දුගී දුප්පත් මිනිසුන් සිටින රෙදි වියන්නන්ගේ වීදියේ පිණ්ඩපාතේ වඩින ආයුෂ්මත් මහා කසස්පයන් වහන්සේව (දිවැසින්) දැකගන්නට ලැබුනා. එකරුණ දැනගත් භාග්‍යවතුන් වහන්සේ ඒ වෙලාවේ මේ උදානය වදාළා.

"ඒ ක්ෂීණාශ්‍රවයන් වහන්සේ බාහිර කෙනෙක්ව පෝෂණය කරන්නේ නෑ. උන්වහන්සේගේ ගුණ කවුරුත් දන්නවා. ඉන්ද්‍රිය දමනයෙන් යුක්තයි. ඒ අමා නිවන නම් වූ හරවත් බව තුළ පිහිටලයි ඉන්නේ. ආශ්‍රව නැති කරලයි ඉන්නේ. සියලු කෙලෙස් දොස් දුරුකරලයි ඉන්නේ. අන්න ඒ අරහත් භික්ෂුවටයි මම බ්‍රාහ්මණයා කියන්නේ."

සාදු! සාදු!! සාදු!!!

1.7.
පාවා සූත්‍රය
පාවා නුවර දී වදාළ උදානය

මා හට අසන්නට ලැබුනේ මේ විදිහටයි. ඒ දිනවල භාග්‍යවතුන් වහන්සේ වැඩසිටියේ අජකලාපක කියන සිද්ධස්ථානය අසල, අජකලාපක නම් යක්ෂයාගේ භවනේ. ඒ වෙලාවේ භාග්‍යවතුන් වහන්සේ රෑ ඝන අඳුරේ, එළිමහනේ වැඩසිටියා. වැහි බිඳුත් එක දෙක වැටෙමින් තිබුනා.

එතකොට අජකලාපක යක්ෂයා භාග්‍යවතුන් වහන්සේව භය කරන්න හිතාගෙන, තැතිගන්වන්න හිතාගෙන, ලොමු දහ ගන්වන්න හිතාගෙන භාග්‍යවතුන් වහන්සේ ළඟට ආවා. ඇවිදින් භාග්‍යවතුන් වහන්සේට නුදුරින් 'අක්කුල පක්කුල' යන හඬ එන පරිදි තුන්වරක් ශබ්ද කළා. "ඒයි ශ්‍රමණය, මෙන්න ඔබ ළඟට පිශාචයෙක් ඇවිල්ලා ඉන්නවා."

එතකොට භාග්‍යවතුන් වහන්සේ මෙකරුණ දැනගෙන ඒ වෙලාවේ මේ උදානය වදාළා.

"යම් දවසක අරහත් බ්‍රාහ්මණයා තමන් තුළ වැඩුණු ගුණධර්ම තුළින් සංසාරෙන් එතෙර වුනා නම්, ඊට පස්සේ ඔය පිශාචයාවත් පක්කුල ශබ්දයත් ඉක්මවා ගිහිල්ලයි ඉන්නෙ."

සාදු! සාදු!! සාදු!!!

1.8.
සංගාමජී සූත්‍රය
සංගාමජී තෙරුන් මුල්කොට වදාළ උදානය

මා හට අසන්නට ලැබුනේ මේ විදිහටයි. ඒ දිනවල භාග්‍යවතුන් වහන්සේ වැඩසිටියේ සැවැත් නුවර ජේතවනය නම් අනේපිඬු සිටුතුමාගේ ආරාමයේ. එදා ආයුෂ්මත් සංගාමජී තෙරුන්ගේ ගිහි කල පැරණි බිරිඳට 'සංග ාමජී ආර්යයන් වහන්සේ අන්න සැවැත් නුවරට වැඩලා ඉන්නවා' කියලා දැනගන්නට ලැබුනා. ඉතින් ඇය දරුවත් වඩාගෙන ජේතවනාරාමයට ගියා.

ඒ මොහොතේ ආයුෂ්මත් සංගාමජී තෙරුන් එක් රුක් සෙවනක දවල් කාලෙ, විවේකයෙන් වැඩසිටියා. එතකොට ආයුෂ්මත් සංගාමජී තෙරුන්ගේ ගිහි කල පැරණි බිරිඳ ආයුෂ්මත් සංගාමජී තෙරුන් ළඟට ආවා. ඇවිදින් ආයුෂ්මත් සංගාමජී තෙරුන්ට මෙහෙම කිව්වා. 'පින්වත් ශ්‍රමණය, මට දූන් පොඩි දරුවෙක් ඉන්නවා. මාව නඩත්තු කරන්න' කියලා. එහෙම කිව්වට පස්සේ ආයුෂ්මත් සංගාමජී තෙරුන් නිශ්ශබ්දව වැඩසිටියා.

දෙවෙනි වතාවටත්, ආයුෂ්මත් සංගාමජී තෙරුන්ගේ ගිහි කල පැරණි බිරිඳ ආයුෂ්මත් සංගාමජී තෙරුන්ට මෙහෙම කිව්වා. 'පින්වත් ශ්‍රමණය, මට දූන් පොඩි දරුවෙක් ඉන්නවා. මාව නඩත්තු කරන්න' කියලා. දෙවෙනි වතාවටත් ආයුෂ්මත් සංගාමජී තෙරුන් නිශ්ශබ්දව වැඩසිටියා.

තුන්වෙනි වතාවටත්, ආයුෂ්මත් සංගාමජී තෙරුන්ගේ ගිහි කල පැරණි බිරිඳ ආයුෂ්මත් සංගාමජී තෙරුන්ට මෙහෙම කිව්වා. 'පින්වත් ශ්‍රමණය, මට දූන් පොඩි දරුවෙක් ඉන්නවා. මාව නඩත්තු කරන්න' කියලා. තුන්වෙනි වතාවටත් ආයුෂ්මත් සංගාමජී තෙරුන් නිශ්ශබ්දව වැඩසිටියා.

එතකොට ආයුෂ්මත් සංගාමජී තෙරුන් ගේ පැරණි බිරිඳ ඒ දරුවා සංගාමජී තෙරුන් ඉදිරියේ අත්හැරියා. 'ඒයි ශ්‍රමණය, මේ පුතා ඔබේ. දූන් මෙයාව නඩත්තු කරන්න' කියලා යන්න ගියා.

ඊට පස්සේ ආයුෂ්මත් සංගාමජී තෙරුන් ඒ දරුවා දිහා බැලුවෙවත් නෑ. ඒ දරුවා එක්ක කතා කළෙත් නෑ. ඉතින් ආයුෂ්මත් සංගාමජී තෙරුන්ගේ පැරණි බිරිඳ ටිකක් ඈතට ගිහින් ආපහු හැරිලා බලාගෙන හිටියා. දරුවා දිහා බලන්නෙවත් නැති, කතා කරන්නෙවත් නැති ආයුෂ්මත් සංගාමජී තෙරුන්ව දූක්කා. දූකලා ඇයට මෙහෙම හිතුනා. 'මේ ශ්‍රමණයාට කිසි දරු කැක්කුමක් නෑ' කියලා ඇය ආපසු හැරිලා දරුවත් වඩාගෙන යන්න ගියා.

එතකොට භාග්‍යවතුන් වහන්සේ මෙකරුණ දූනගෙන ඒ වෙලාවේ මේ උදානය වදාළා.

"ඇය ළඟට එනකොට සතුටක් ඇති වුනෙත් නෑ. ඇය ආපහු යන කොට ශෝකයක් ඇති වුනෙත් නෑ. රාග, ද්වේෂ, මෝහ, මාන, දිට්ඨි යන මේ සංගවලින් සංගාමජී භික්ෂුව නිදහස් වුනා. අන්න ඒ භික්ෂුවටයි මම බ්‍රාහ්මණයා කියන්නේ."

සාදු! සාදු!! සාදු!!!

1.9.
ජටිල සූත්‍රය
ජටිලයන් අරහයා වදාළ උදානය

මා හට අසන්නට ලැබුනේ මේ විදිහටයි. ඒ දිනවල භාග්‍යවතුන් වහන්සේ වැඩසිටියේ ගයා ප්‍රදේශයේ ගයා ශීර්ෂයෙහිය. එකල බොහෝ තවුසෝ හිම වැටෙන ශීත ඍතුවෙහි, අධිකව හිම වැටෙන අට දවසක කාලය තුළ රාත්‍රියේ ගයා තීර්ථයේ දියේ ගිලෙනවා. ආයෙමත් උඩට එනවා. ආයෙමත් දියේ ගිලෙනවා. ආයෙමත් උඩට එනවා. තමන්ගේ ඇඟට වතුර ඉසගන්නවා. ගිනි පූජාත් කරනවා. 'මේවායින් ජීවිතය පිරිසිදු වෙනවා' කියලා හිතාගෙනයි කරන්නේ.

ජීවිතය පිරිසිදු වෙනවා කියලා හිතාගෙන ඒ ශීත ඍතුවේ රාත්‍රී කාලයේ අධිකව හිම වැටෙන අට දවසක කාලය තුළ රාත්‍රියේ ගයා තීර්ථයේ දියේ ගිලෙන, ආයෙමත් මතුවෙන, ආයෙමත් දියේ ගිලෙන, ආයෙමත් උඩට මතුවෙන, ඇඟට වතුර ඉස ඉස ඉන්න, ගිනි පූජා කරමින් ඉන්න ජටාධර තවුසන් භාග්‍යවතුන් වහන්සේට දැකගන්න ලැබුනා.

ඉතින් මෙකරුණ දැන භාග්‍යවතුන් වහන්සේ ඒ වෙලාවේ මේ උදානය වදාළා.

"මේ ගයා තොටුපලේ බොහෝ දෙනෙක් නානවා. නමුත් වතුරෙන් නම් ජීවිතය පිරිසිදු වෙන්නෙ නෑ. යමෙක් තුළ ආර්ය සත්‍යයත්, අමා නිවන් දහමත් තියෙනවා නම්, ඇත්තෙන්ම ඔහු පිරිසිදුයි. ඔහුමයි බ්‍රාහ්මණයෙක් වෙන්නේ."

සාදු! සාදු!! සාදු!!!

1.10.
බාහිය සූත්‍රය
බාහිය දාරුචීරිය අරහයා වදාළ උදානය

මා හට අසන්නට ලැබුනේ මේ විදිහටයි. ඒ දිනවල භාග්‍යවතුන් වහන්සේ වැඩසිටියේ සැවැත් නුවර ජේතවනය නම් වූ අනේපිඬු සිටුතුමාගේ ආරාමයේ.

ඒ දිනවල දරපතුරුවලින් කළ වැරහැල්ලක් ඇඳගෙන සිටි නිසා දාරුචීරිය යැයි කියන බාහිය වාසය කළේ සුප්පාරක පටුනේ මුහුදු තීරේ. මිනිස්සු ඔහුට ගොඩාක් සැළකුවා. ගරු කළා. බුහුමන් කළා. පූජා කළා. යටහත් පැවැතුම් දක්වූවා. ඒ වගේම ඔහුට චීවර, පිණ්ඩපාත, සේනාසන, ගිලන්පස, බෙහෙත්, පිරිකරත් හොඳට ලැබුනා. ඉතින් දවසක් හුදෙකලාවේ භාවනාවෙන් සිටිය බාහිය දාරුචීරියට මේ අදහස ඇති වුනා. 'මේ ලෝකෙ රහතන් වහන්සේලා ඉන්නවා නම්, මමත් ඒ අය අතර කෙනෙක් තමයි' කියලා.

එතකොට බාහිය දාරුචීරියගේ පුරාණ ලේ නෑයෙකු වන දෙවියෙක් ඔහුට අනුකම්පා කරලා, සෙත සළසන්න හිතලා, බාහිය දාරුචීරියගේ අර සිතුවිල්ල තම සිතින් දැනගෙන, බාහිය දාරුචීරිය ළඟට ආවා. ඇවිදින් බාහිය දාරුචීරියට මෙහෙම කිව්වා.

"ඒයි බාහිය, ඔබ රහතන් වහන්සේ නමක් නොවෙයි. රහත් වීමේ ප්‍රතිපදාවට බැසගත් කෙනෙකුවත් නොවෙයි. යම් ප්‍රතිපදාවකින් ඔබ අරහත්වයට පත් වෙනවා නම්, අරහත් වෙන මඟට පත්වෙනවා නම්, ඒ ප්‍රතිපදාවවත් ඔබට නෑ."

"**(එහෙම නම් පින්වත් දෙවිඳ,)** මේ දෙවියන් සහිත ලෝකයේ ඉන්න රහතන් වහන්සේ කවුද? රහත් මඟට බැසගත් කෙනා කවුද?"

"පින්වත් බාහිය, උතුරු ජනපදයේ '**සැවැත්**' කියලා නගරයක් තියෙනවා. මේ දිනවල ඒ අරහත් වූ සම්මා සම්බුදු වූ භාග්‍යවතුන් වහන්සේ එහි වැඩඉන්නවා. පින්වත් බාහිය, අන්න ඒ භාග්‍යවතුන් වහන්සේ නම්, රහතන් වහන්සේ නමක්. ඒ වගේම රහත් වීම පිණිස ශ්‍රී සද්ධර්මයත් දේශනා කරනවා."

එතකොට ඒ දෙවියා විසින් සංවේග කරවපු බාහිය දාරුචීරිය ඒ මොහොතේම සුප්පාරක පටුනෙන් පිටත් වුනා. හැම තැනකදීම එකම රෑ යක් විතරයි ගත කළේ. සැවැත් නුවර ජේතවන නම් වූ අනේපිඬු සිටුතුමාගේ ආරාමයට **(කෙළින්ම)** ආවා. ඒ වෙලාවේදී බොහෝ භික්ෂූන් වහන්සේලා එළිමහනේ සක්මන් කර කරයි හිටියේ. ඉතින් බාහිය දාරුචීරිය ඒ භික්ෂූන් ළඟට ගියා. ගිහින් ඒ භික්ෂූන්ගෙන් මෙහෙම ඇහුවා.

"ස්වාමීනී, ඒ අරහත් වූ සම්මා සම්බුදු වූ භාග්‍යවතුන් වහන්සේ මේ වෙලාවේ වැඩඉන්නෙ කොහේද? මං ඒ භාග්‍යවත් අරහත් සම්මා සම්බුදු සමිඳුන්ව බැහැදකින්නට කැමතියි."

"පින්වත් බාහිය, භාග්‍යවතුන් වහන්සේ පිණ්ඩපාතෙට ඇතුළු ගමට වැඩම කළා."

එතකොට බාහිය දාරුචීරිය කළබල වුනා. ජේතවනයෙන් නික්මුනා. සැවැත් නුවරට පිවිසුනා. එතකොට ඔහුට සැවැත් නුවර පිණ්ඩපාතෙ වඩින, දුටු පමණින්ම හිත පැහැදෙන, ප්‍රසාදයම ඇති කරවන, ශාන්ත ඉඳුරන් ඇති, ශාන්ත සිතක් ඇති, ඉතා උතුම් ලෙස දමනය වෙලා සංසිඳී ගිය, සැබැවින්ම දමනය වුන, ඉඳුරන් රැකගත්, මහා හස්තිරාජයෙක් වගේ ශ්‍රේෂ්ඨ වූ භාග්‍යවතුන් වහන්සේව දකගන්නට ලැබුනා. ඉතින් **(භාග්‍යවතුන් වහන්සේව)** දැකලා, භාග්‍යවතුන් වහන්සේ ළඟට ගියා. ගිහින් භාග්‍යවතුන් වහන්සේගේ සිරිපතුල් අභියස හිසින් වැඳ වැටුනා. භාග්‍යවතුන් වහන්සේගෙන් මෙහෙම ඉල්ලා සිටියා.

"ස්වාමීනී, භාග්‍යවතුන් වහන්ස, මට දහම් දෙසන සේක්වා! සුගතයන් වහන්ස, දහම් දෙසන සේක්වා! ඒක මට බොහෝ කලක් හිත සුව පිණිස පවතීවි."

එතකොට භාග්‍යවතුන් වහන්සේ බාහිය දාරුචීරියට මෙහෙම වදාළා.

"පින්වත් බාහිය, තවම **(දහම් දෙසීමට)** කාලය නොවෙයි. මම පිණ්ඩපාතෙට ඇතුලු ගමට පිවිසිලයි ඉන්නෙ."

දෙවන වතාවටත් බාහිය දාරුචීරිය භාග්‍යවතුන් වහන්සේට මෙහෙම කියා සිටියා.

"අනේ ස්වාමීනී, භාග්‍යවතුන් වහන්සේගේ ජීවිතයට අනතුරක් වේවිද? මගේ ජීවිතයට අනතුරක් වේවිද? කියලා දනගන්නට විදිහක් නෑ. **(ඉතින් ඊට කලින්)** ස්වාමීනී, භාග්‍යවතුන් වහන්ස, මට දහම් දෙසන සේක්වා! සුගතයන් වහන්ස, දහම් දෙසන සේක්වා! ඒක මට බොහෝ කලක් හිත සුව පිණිස පවතීවි."

දෙවන වතාවටත් භාග්‍යවතුන් වහන්සේ බාහිය දාරුචීරියට මෙහෙම වදාළා.

"පින්වත් බාහිය, තවම **(දහම් දෙසීමට)** කාලය නොවෙයි. මම පිණ්ඩපාතෙට ඇතුලු ගමට පිවිසිලයි ඉන්නෙ."

තුන්වන වතාවටත් බාහිය දාරුචීරිය භාග්‍යවතුන් වහන්සේට මෙහෙම කියා සිටියා.

"අනේ ස්වාමීනී, භාග්‍යවතුන් වහන්සේගේ ජීවිතයට අනතුරක් වේවිද? මගේ ජීවිතයට අනතුරක් වේවිද? කියලා දනගන්නට විදිහක් නෑ. **(ඉතින් ඊට කලින්)** ස්වාමීනී, භාග්‍යවතුන් වහන්ස, මට දහම් දෙසන සේක්වා! සුගතයන්

වහන්ස, දහම් දෙසන සේක්වා! ඒක මට බොහෝ කලක් හිත සුව පිණිස පවතීවි."

"පින්වත් බාහිය, එහෙම නම් ඔබ මෙන්න මේ විදිහට හික්මෙන්න ඕන. **(යමක්)** දකින කොට, ඒ දකින දේ ගැන කෙලෙස් ඇති නොවීමක්මයි වෙන්නෙ. **(දැකීම් මාත්‍රයක් පමණයි)** අසන කොට, ඒ අසන දේ ගැන කෙලෙස් ඇති නොවීමක්මයි වෙන්නෙ. **(ඇසීම් මාත්‍රයක් පමණයි)** ආඝ්‍රාණය කරන කොට, ඒ ආඝ්‍රාණය කරන දේ ගැන කෙලෙස් ඇති නොවීමක්මයි වෙන්නෙ. **(ගඳ සුවඳ දැනීම් මාත්‍රයක් පමණයි)** රස විඳින කොට, රස විඳින දේ ගැන කෙලෙස් ඇති නොවීමක්මයි වෙන්නෙ. **(රසය විඳීම් මාත්‍රයක් පමණයි)** පහස විඳින කොට, පහස විඳින දේ ගැන කෙලෙස් ඇති නොවීමක්මයි වෙන්නෙ. **(පහස විඳීම් මාත්‍රයක් පමණයි)** සිතින් දැනගන්න කොට, සිතින් දැනගන්න දේ ගැන කෙලෙස් ඇති නොවීමක්මයි වෙන්නෙ. **(දැනගැනීම් මාත්‍රයක් පමණයි)** පින්වත් බාහිය, ඔන්න ඔය විදිහටයි ඔබ හික්මෙන්නට ඕන.

පින්වත් බාහිය, යම් වෙලාවක ඔබට **(යමක්)** දකින කොට, ඒ දකින දේ ගැන කෙලෙස් ඇති නොවීමක් නම් වෙන්නෙ; අසන කොට, ඒ අසන දේ ගැන කෙලෙස් ඇති නොවීමක් නම් වෙන්නෙ; ආඝ්‍රාණය කරන කොට, ඒ ආඝ්‍රාණය කරන දේ ගැන කෙලෙස් ඇති නොවීමක් නම් වෙන්නෙ; රස විඳින කොට, රස විඳින දේ ගැන කෙලෙස් ඇති නොවීමක් නම් වෙන්නෙ; පහස ලබන කොට, පහස ලබන දේ ගැන කෙලෙස් ඇති නොවීමක් නම් වෙන්නෙ; සිතින් දැනගන්න කොට, ඒ දැනගන්න දේ ගැන කෙලෙස් ඇති නොවීමක් නම් වෙන්නෙ. එතකොට පින්වත් බාහිය, ඔබ ඒ හේතුවෙන් ඒකට බැඳෙන්නෙ නෑ. පින්වත් බාහිය, යම් වෙලාවක ඔබ ඒ නිසා කිසිවකට බැඳෙන්නෙ නැත්නම්, එතකොට පින්වත් බාහිය, ඔබ එතැන නෑ. යම් වෙලාවක පින්වත් බාහිය, ඔබ එතැන නැත්නම්, එතකොට පින්වත් බාහිය, ඔබ මෙලොවත් නෑ. පරලොවත් නෑ. ඒ දෙක අතරත් නෑ. දුක නිමාවට පත්වීම කියන්නේ ඕකටයි."

එතකොට භාග්‍යවතුන් වහන්සේ ගේ සංක්ෂිප්ත ධර්ම දේශනාවෙන් බාහිය දාරුචීරියගේ සිත ඒ මොහොතේම සියලු ආශ්‍රවයන්ගෙන් නිදහස් වුනා.

ඉතින් භාග්‍යවතුන් වහන්සේ බාහිය දාරුචීරියට මේ කෙටි අවවාදයෙන් අවවාද කරලා, **(පිණ්ඩපාතේ වඩින්න)** පිටත් වී වදාළා.

එතකොට භාග්‍යවතුන් වහන්සේ වැඩිය සුළු වෙලාවකින් වසු පැටවෙක් ඉන්න ගවදෙනක් දාරුචීරියට ඇනලා, ජීවිතය නැති කළා.

භාග්‍යවතුන් වහන්සේ සැවැත් නුවර පිණ්ඩපාතේ වැඩම කරලා, පිණ්ඩපාතෙන් පසු සවස් කාලෙ බොහෝ භික්ෂූන් සමඟ නගරයෙන් නික්මිලා වඩිද්දී කළුරිය කළ බාහිය දාරුචීරියව දැක වදාළා. දැකලා, භික්ෂූන් අමතා වදාළා.

"පින්වත් මහණෙනි, ඔය බාහිය දාරුචීරියගේ ශරීරය ගන්න. ඇඳක තියාගෙන බැහැරට ගෙනිහින් ආදාහනය කරන්න. මොහු නමින් ස්ථූපයක් හදන්න. පින්වත් මහණෙනි, ඔය කළුරිය කළේ ඔබේ සබ්‍රහ්මචාරීන් වහන්සේ නමක්."

"එසේය, ස්වාමීනී" කියලා ඒ භික්ෂූන් වහන්සේලාද භාග්‍යවතුන් වහන්සේට පිළිතුරු දුන්නා. බාහිය දාරුචීරියගේ ශරීරය ඇඳක තබා බැහැරට ගෙන ගියා. ආදාහනය කළා. ඔහු නමින් ස්ථූපයක් කරලා භාග්‍යවතුන් වහන්සේ ළඟට ගියා. ගිහින් භාග්‍යවතුන් වහන්සේට වන්දනා කළා. පැත්තකින් වාඩිවුනා. පැත්තකින් වාඩිවුන ඒ භික්ෂූන් වහන්සේලා භාග්‍යවතුන් වහන්සේට මෙහෙම කිව්වා.

"ස්වාමීනී, බාහිය දාරුචීරියගේ සිරුර ආදාහනය කළා. ඔහු නමින් ස්ථූපයක් කළා. (ස්වාමීනී,) ඔහුගේ ඉපදීම මොන වගේ එකක්ද? ඔහුගේ පරලොව මොන වගේ එකක්ද?"

"පින්වත් මහණෙනි, ඔය බාහිය දාරුචීරිය හරිම බුද්ධිමත්. ධර්මයට අනුකූල බවටම පත්වුනා. ධර්මයෙන් ගැටලු හදාගෙන මාව වෙහෙසට පත් කළේ නෑ. පින්වත් මහණෙනි, බාහිය දාරුචීරිය පිරිනිවන් පෑවා."

ඉතින් භාග්‍යවතුන් වහන්සේ මෙකරුණ දැනගෙන ඒ වෙලාවේ මේ උදානය වදාළා.

"යම් අනුපාදිශේෂ පරිනිර්වාණ ධාතුවක ආපෝ ධාතුවත්, පඨවි ධාතුවත්, තේජෝ ධාතුවත්, වායෝ ධාතුවත් නොපිහිටයිද, එතැන තරු දිලෙන්නේ නෑ. හිරු බබලන්නෙත් නෑ. සඳ බබලන්නෙත් නෑ. එතැන කළුවරකුත් නෑ.

යම් දවසක මුනිදහම තුළින් ඒ මුනිවරයා නම් වූ බ්‍රාහ්මණයා, තමා තුළින්ම ඒ අමා නිවන අවබෝධ කළොත්, එතකොට රූප අරූප ලෝකයෙනුත්, සැප දුක ඇති කාම ලෝකයෙනුත් නිදහස් වෙනවා."

මේ උදානයත් භාග්‍යවතුන් වහන්සේ විසිනුයි වදාළේ කියලයි මං ඇහුවේ.

සාදු! සාදු!! සාදු!!!

පළමු වෙනි බෝධි වර්ගයයි.

2. මුචලින්ද වර්ගය

2.1.
මුචලින්ද සූත්‍රය
මුචලින්ද නා රජු අරභයා වදාළ උදානය

මා හට අසන්නට ලැබුනේ මේ විදිහටයි. ඒ දිනවල භාග්‍යවතුන් වහන්සේ සම්බුද්ධත්වයට පත් වී වදාළ අලුත, උරුවෙල් ජනපදයේ නේරංජරා ගං තෙර මුචලින්ද (මිදෙල්ල) රුක් සෙවනේ වැඩසිටියේ. ඉතින් ඒ දිනවල භාග්‍යවතුන් වහන්සේ ඒ අමා නිවන් සුව විඳිමින් සතියක්ම එකම පළඟින් වැඩසිටියා.

ඒ දවස්වල හත් දවසක් එක දිගට වහින, සීතල සුළං හමන, නා කපන මහා අකල් වැස්සක් වැස්සා. එතකොට මුචලින්ද නාග රාජයා තමන්ගේ භවනෙන් නික්මිලා ආවා. භාග්‍යවතුන් වහන්සේගේ ශ්‍රී ශරීරය දරණවලින් හත් වටක් වෙළා ගත්තා. භාග්‍යවතුන් වහන්සේගේ උතුම් සිරස් තලයට ඉහළින් මහත් වූ පෙණය විහිදාගෙන සිටියේ 'භාග්‍යවතුන් වහන්සේට සීතලක් ඇතිවෙන්න එපා! භාග්‍යවතුන් වහන්සේට උණුසුමක් ඇතිවෙන්න එපා! භාග්‍යවතුන් වහන්සේට ලේ බොන මැසි, මදුරු ආදීන්ගෙන්, අව් සුළං, සර්ප ආදීන්ගෙන් නපුරු පහසක් නම් වෙන්න එපා!' කියලයි.

ඉතින් භාග්‍යවතුන් වහන්සේ ඒ හත් දවස ගෙවුනට පස්සේ ඒ සමාධියෙන් නැගිට වදාළා. එතකොට මුචලින්ද නාග රාජයා, වැහි වළාකුළු පහවෙලා ගිය පිරිසිදු අහස ඇති බව දැනගත්තා. භාග්‍යවතුන් වහන්සේගේ ශ්‍රී ශරීරය වෙළා ගෙන සිටි දරණ වැල ඉවත් කරගත්තා. තමන්ගේ නාග වේශය වෙනස් කරලා තරුණයෙකුගේ වේශයක් මවාගත්තා. භාග්‍යවතුන් වහන්සේගේ ඉදිරියේ භාග්‍යවතුන් වහන්සේට වැඳගෙන හිටගත්තා.

ඉතින් භාග්‍යවතුන් වහන්සේ මේ කරුණ දැනගෙන, ඒ වෙලාවේ මේ උදානය වදාළා.

"සද්ධර්මය අවබෝධ වීම නිසා ඒ අමා නිවන දකින සතුටු සිත් ඇති රහතන් වහන්සේට ඒ චිත්ත විවේකය හරි සැපයි. කෝප රහිත බව හරි සැපයි. ලෝකයේ සතුන් ගැන අහිංසාව ඇතිවීමත් සැපයි.

මේ ලෝකයේ කාමයන් ඉක්මවා ගිය, විරාගී ධර්මය හරි සැපයි. 'මම වෙමි' යන මානයේ යම් දුරුවීමක් වේ නම්, ඒ අරහත්වය තමයි උතුම්ම සැපය."

සාදු! සාදු!! සාදු!!!

2.2.
රාජ සූත්‍රය
රජුන් පිළිබඳ කථා අරභයා වදාළ උදානය

මා හට අසන්නට ලැබුනේ මේ විදිහටයි. ඒ දිනවල භාග්‍යවතුන් වහන්සේ වැඩසිටියේ සැවැත් නුවර ජේතවනය නම් වූ අනේපිඬු සිටුතුමාගේ ආරාමයේ. ඒ දිනවල බොහෝ භික්ෂූන් වහන්සේලා පිණ්ඩපාතයෙන් පස්සේ සවස් කාලයේ උපස්ථාන ශාලාවේ රැස්වෙලා, මේ විදිහේ කතාවක් කර කර හිටියා.

"ප්‍රිය ආයුෂ්මත්වරුනි, මේ රජවරු දෙදෙනාගෙන් ගොඩාක් සල්ලි තියෙන්නෙ කාටද? ගොඩාක් දේපළ තියෙන්නෙ කාටද? ලොකුම භාණ්ඩාග ාරය තියෙන්නෙ කාටද? ලොකුම විජිතය තියෙන්නෙ කාටද? ගොඩාක් වාහන තියෙන්නෙ කාටද? ගොඩාක් සේනාව ඉන්නෙ කාටද? ගොඩාක් සමෘද්ධිමත් කවුද? ගොඩාක් ආනුභාව සම්පන්න කවුද? මගධ රජු වන සේනිය බිම්බිසාරද? පසේනදී කෝසල රජුද?" ඒ භික්ෂූන්ගේ ඔය කතා බහ තමයි ඒ වෙලාවේ අඩාල වුනේ.

ඒ මොහොතේ භාග්‍යවතුන් වහන්සේ භාවනාවෙන් නැගිටලා, උපස්ථාන ශාලාවට වැඩම කළා. වැඩම කරලා, පණවන ලද ආසනයේ වැඩසිටියා. වැඩ ඉඳලා භාග්‍යවතුන් වහන්සේ භික්ෂූන් අමතා වදාළා.

"පින්වත් මහණෙනි, දැන් ඔබ රැස්වෙලා මෙතැන කතා කර කර හිටියේ මොකක් ගැනද? දැන් අඩාල වුනේ මොන කථාවද?"

"ස්වාමීනී, අපි පිණ්ඩපාතයෙන් පස්සේ හවස් වරුවේ උපස්ථාන ශාලාවට රැස්වෙලා මේ කථාවයි කර කර හිටියේ. 'ප්‍රිය ආයුෂ්මත්වරුනි, මේ රජවරු

දෙදෙනාගෙන් ගොඩාක් සල්ලි තියෙන්නෙ කාටද? ගොඩාක් දේපළ තියෙන්නෙ කාටද? ලොකුම භාණ්ඩාගාරය තියෙන්නෙ කාටද? ලොකුම විජිතය තියෙන්නෙ කාටද? ගොඩාක් වාහන තියෙන්නෙ කාටද? ගොඩාක් සේනාව ඉන්නෙ කාටද? ගොඩාක් සමෘද්ධිමත් කවුද? ගොඩාක් ආනුභාව සම්පන්න කවුද? මගධ රජු වන සේනිය බිම්බිසාරද? පසේනදී කෝසල රජුද?' කියලා. ස්වාමීනී, ඔන්න ඔය කථාවයි අඩාල වුනේ. එතකොටමයි භාග්‍යවතුන් වහන්සේ වැඩම කළේ."

"පින්වත් මහණෙනි, ඔබට ඕක සුදුසු නෑ. ගිහි ජීවිතය අත්හැරලා අනගාරික බුද්ධ ශාසනයේ ශ්‍රද්ධාවෙන් පැවිදිවෙච්ච ඔබට ඕක සුදුසු නෑ. පින්වත් මහණෙනි, ඔබ රැස්වුනාම කරන්න තියෙන්නේ කරුණු දෙකයි. එක්කො සද්ධර්මය කතා කරන්න ඕන. එක්කො ආර්ය වූ නිශ්ශබ්දතාවය වන භාවනාවක යෙදී සිටින්න ඕන."

ඉතින් භාග්‍යවතුන් වහන්සේ මේ කරුණු දැනගෙන ඒ වෙලාවේ මේ උදානය වදාළා.

"මේ ලෝකයේ යම් කාම සැපයක් ඇද්ද, දිව්‍ය වූ යම් මේ සැපයක් ඇද්ද, ඒ සැපය තණ්හාව ක්ෂය කිරීමෙන් ලබන නිවන් සැපයෙන් සොළොස් කලාවෙන් කොටසක් තරම්වත් වටින්නේ නෑ."

සාදු! සාදු!! සාදු!!!

2.3.
දණ්ඩ සූත්‍රය
දඬුගත් දරුවන් අරභයා වදාළ උදානය

මා හට අසන්නට ලැබුනේ මේ විදිහටයි. ඒ දිනවල භාග්‍යවතුන් වහන්සේ වැඩසිටියේ සැවැත් නුවර ජේතවනය නම් වූ අනේපිඬු සිටුතුමාගේ ආරාමයේ.

එදා කුඩා දරුවන් පිරිසක් සැවැත් නුවරටත්, ජේතවනාරාමයටත් අතර මාවතේදී දණ්ඩකින් සර්පයෙකුට පීඩා කරමින් සිටියා. ඒ මොහොතේ භාග්‍යවතුන් වහන්සේ උදේ වරුවේ සිවුරු පොරවාගෙන, පාත්‍රා සිවුරු අරගෙන සැවැත් නුවර පිණ්ඩපාතේ වැඩම කළා. ඉතින් භාග්‍යවතුන් වහන්සේට සැවැත් නුවරත්, ජේතවනාරාමයත් අතර මාවතේදී සර්පයෙකුට දණ්ඩෙන් පෙළන ඒ දරු පිරිස දැකගන්නට ලැබුනා.

ඉතින් භාග්‍යවතුන් වහන්සේ ඒ කරුණ දැනගෙන, ඒ වෙලාවේ මේ උදානය වදාළා.

"තමන්ගේ සැප සොයන යම් කෙනෙක්, ඒ වගේම සැප කැමැති සතුන්ව දඬු මුගුරුවලින් පෙළනවා නම්, ඒ තැනැත්තා පරලොවදී සැපයක් ලබන්නේ නෑ.

තමන්ගේ සැප සොයන යම් කෙනෙක්, ඒ වගේම සැප කැමැති සතුන්ව දඬු මුගුරුවලින් පෙළන්නේ නැත්නම්, ඒ කෙනාට පරලොවදී සැප ලැබෙනවා."

සාදු! සාදු!! සාදු!!!

2.4.
සක්කාර සූත්‍රය
ලාභ සත්කාර අරභයා වදාළ උදානය

මා හට අසන්නට ලැබුනේ මේ විදිහටයි. ඒ දිනවල භාග්‍යවතුන් වහන්සේ වැඩසිටියේ සැවැත් නුවර ජේතවනය නම් වූ අනේපිඬු සිටුතුමාගේ ආරාමයේ.

ඒ දිනවල භාග්‍යවතුන් වහන්සේට ගෞරව සත්කාර ලැබුනා. බුහුමන් ලැබුනා. පුද පූජා ලැබුනා. යටහත් පැවතුම් ඇතිවුනා. සිවුරු, පිණ්ඩපාත, සේනාසන, ගිලන්පස, බෙහෙත් පිරිකර ලැබුනා. භික්ෂු සංඝයාටත් ගෞරව සත්කාර ලැබුනා. බුහුමන් ලැබුනා. පුද පූජා ලැබුනා. යටහත් පැවතුම් ඇති වුනා. සිවුරු, පිණ්ඩපාත, සේනාසන, ගිලන්පස, බෙහෙත් පිරිකර ලැබුනා.

ඒ කාලෙ අන්‍යාගම්කාර පූජක පැලැන්තියට ගෞරව සත්කාර ලැබුනේ නෑ. බුහුමන් ලැබුනේ නෑ. පුද පූජා ලැබුනේ නෑ. යටහත් පැවතුම් ඇතිවුනේ නෑ. සිවුරු, පිණ්ඩපාත, සේනාසන, ගිලන්පස, බෙහෙත් පිරිකර ලැබුනේ නෑ. එතකොට ඒ අන්‍යාගම්කාර පූජකවරුන්ට භාග්‍යවතුන් වහන්සේටත්, භික්ෂුසංඝයාටත් ලැබෙන සත්කාර සම්මාන ඉවසන්නට බැරිවුනා. ගමේදී වුණත්, අරණ්‍යයකදී වුනත් භික්ෂූන්ව දැකගන්නට ලැබුනොත් අසභ්‍ය වූ පරුෂ වචනවලින් ආක්‍රෝශ කරන්නට පටන් ගත්තා. පරිභව කරන්නට පටන් ගත්තා. දොස් කියන්නට පටන් ගත්තා. පීඩා කරන්නට පටන් ගත්තා.

ඉතින් බොහෝ භික්ෂූන් වහන්සේලා භාග්‍යවතුන් වහන්සේ ළඟට ගියා.

ගිහින් භාග්‍යවතුන් වහන්සේට වන්දනා කරලා, එකත්පස්ව වාඩිවුනා. එකත්පස්ව ඉඳගත් ඒ භික්ෂූන් වහන්සේලා භාග්‍යවතුන් වහන්සේට මෙහෙම කිව්වා.

"ස්වාමීනී, භාග්‍යවතුන් වහන්සේට ගෞරව සත්කාර ලැබෙනවා. බුහුමන් ලැබෙනවා. පුද පූජා ලැබෙනවා. යටහත් පැවතුම් ලැබෙනවා. සිවුරු, පිණ්ඩපාත, සේනාසන, ගිලන්පස, බෙහෙත් පිරිකර ලැබෙනවා. භික්ෂු සංඝයාටත් ගෞරව සත්කාර ලැබෙනවා. බුහුමන් ලැබෙනවා. පුද පූජා ලැබෙනවා. යටහත් පැවතුම් ලැබෙනවා. සිවුරු, පිණ්ඩපාත, සේනාසන, ගිලන්පස, බෙහෙත් පිරිකර ලැබෙනවා.

නමුත් ස්වාමීනී, අන්‍යාගම්කාර පූජක පැලැන්තියට ගෞරව සත්කාර ලැබෙන්නෙ නෑ. බුහුමන් ලැබෙන්නෙ නෑ. පුද පූජා ලැබෙන්නෙ නෑ. යටහත් පැවතුම් ලැබෙන්නෙ නෑ. සිවුරු, පිණ්ඩපාත, සේනාසන, ගිලන්පස, බෙහෙත් පිරිකර ලැබෙන්නෙ නෑ.

ඉතින් ස්වාමීනී, භාග්‍යවතුන් වහන්සේටත්, භික්ෂු සංඝයාටත් සත්කාර ලැබීම ගැන ඒ අන්‍යාගම්කාර පූජකවරුන්ට ඉවසන්න බෑ. ගමේදී හරි, අරණ්‍යයකදී හරි, භික්ෂුවක් දකින්න ලැබුනොත් අසභ්‍ය වූ පරුෂ වචනවලින් ආක්‍රෝශ කරනවා. පරිභව කරනවා. දොස් කියනවා. පීඩා කරනවා."

ඉතින් භාග්‍යවතුන් වහන්සේ මේ කරුණ දැනගෙන, ඒ වෙලාවේ මේ උදානය වදාළා.

"ගමේදී වුනත්, අරණ්‍යයේදී වුනත් සැප දුක් විඳින්න ලැබෙන කොට, ඒවා තමන්ගේ වශයෙන්වත්, අනුන්ගේ වශයෙන්වත් ගණන් ගත යුතු නෑ. කෙලෙස් නිසයි ඔය සැප දුක් පහසවල් ස්පර්ශ වෙන්නේ. ඉතින් නිකෙලෙස් කෙනෙකුට ඔය සැප දුක් පහසවල් කුමකින් ස්පර්ශ වෙන්නද?"

සාදු! සාදු!! සාදු!!!

2.5.
උපාසක සූත්‍රය
උපාසකයෙකු අරභයා වදාළ උදානය

මා හට අසන්නට ලැබුනේ මේ විදිහටයි. ඒ දිනවල භාග්‍යවතුන් වහන්සේ වැඩසිටියේ සැවැත් නුවර ජේතවනය නම් වූ අනේපිඬු සිටුතුමාගේ ආරාමයේ.

එදා ඉච්ඡානංගල කියන ගමේ එක්තරා උපාසකයෙක් යම් කිසි කටයුත්තකට සැවැත් නුවරට ආවා. ඉතින් ඒ උපාසක තැන සැවැත් නුවරදී ඒ වැඩකටයුතු අවසන් කරලා භාග්‍යවතුන් වහන්සේ ළඟට පැමිණුනා. පැමිණිලා භාග්‍යවතුන් වහන්සේට ආදරයෙන් වන්දනා කළා. පැත්තකින් වාඩිවුනා. පැත්තකින් වාඩිවුන උපාසකතුමාට භාග්‍යවතුන් වහන්සේ මෙහෙම වදාළා.

"පින්වත් උපාසක, ඔබ කාලෙකට පස්සෙයි මේ පැත්තෙ ආවේ?"

"අනේ ස්වාමීනී, මම දැන් සෑහෙන කාලෙක ඉඳන් භාග්‍යවතුන් වහන්සේව බැහැදකින්න මෙහෙ එන්න කැමැත්තෙන්මයි හිටියේ. ඒ වුනත් මං එක එක වැඩකටයුතුවලට පැටලිලා ගියා. ඒ නිසයි භාග්‍යවතුන් වහන්සේව බැහැදකින්නට මට එන්න බැරිවුනේ."

ඉතින් භාග්‍යවතුන් වහන්සේ මේ කරුණ දැනගෙන, ඒ වෙලාවේ මේ උදානය වදාළා.

"සද්ධර්මය තුළ බහුශ්‍රැත වූ රහතන් වහන්සේට ඔය කිසි කරදරයක් නෑ. ඇත්තෙන්ම ඔහු තුළ තියෙන්නෙ සැපක්. නමුත් කෙලෙස් සහිත කෙනා ඒ කෙලෙස් නිසාම පීඩා විඳින හැටි බලන්න. මේ ජනයා, ජනයා තුළටම බැඳී යන ස්වභාවයෙන්මයි යුක්ත වන්නේ."

සාදු! සාදු!! සාදු!!!

2.6.
ගබ්භිනී සූත්‍රය
ගැබිණි මාතාව අරභයා වදාළ උදානය

මා හට අසන්නට ලැබුනේ මේ විදිහටයි. ඒ දිනවල භාග්‍යවතුන් වහන්සේ වැඩසිටියේ සැවැත් නුවර ජේතවනය නම් වූ අනේපිඬු සිටුතුමාගේ ආරාමයේ.

ඒ දිනවල එක්තරා පරිබ්‍රාජකයෙකුගේ ළඳරු යොවුන් බිරිඳක් හිටියා. ඇයට වැදීමට ළං වූ දරු ගැබකුත් තිබුනා. ඉතින් ඒ පරිබ්‍රාජිකාව අර පරිබ්‍රාජකයාට මෙහෙම කිව්වා.

"බ්‍රාහ්මණය, ඔබ යන්න. දරුවා වදන මා හට ප්‍රයෝජන වන යම් තෙලක් වෙයි නම්, එය අරගෙන එන්න."

එතකොට ඒ පරිබ්‍රාජකයා අර පරිබ්‍රාජිකාවගෙන් මෙහෙම ඇහුවා. " පින්වතිය, මං කොහෙන්ද තෙල් අරගෙන එන්නේ?"

දෙවන වතාවටත් ඒ පරිබ්‍රාජිකාව අර පරිබ්‍රාජකයාට මෙහෙම කිව්වා.

"බ්‍රාහ්මණය, ඔබ යන්න. දරුවා වදන මා හට ප්‍රයෝජන වන යම් තෙලක් වෙයි නම්, එය අරගෙන එන්න."

දෙවන වතාවටත් ඒ පරිබ්‍රාජකයා අර පරිබ්‍රාජිකාවගෙන් මෙහෙම ඇහුවා. "පින්වතිය, මං කොහෙන්ද තෙල් අරගෙන එන්නේ?"

තුන්වන වතාවටත් ඒ පරිබ්‍රාජිකාව අර පරිබ්‍රාජකයාට මෙහෙම කිව්වා.

"බ්‍රාහ්මණය, ඔබ යන්න. දරුවා වදන මා හට ප්‍රයෝජන වන යම් තෙලක් වෙයි නම්, එය අරගෙන එන්න."

ඒ දිනවල පසේනදී කොසොල් රජතුමාගේ ගබඩාවේ ශ්‍රමණයෙකුට වේවා, බ්‍රාහ්මණයෙකුට වේවා, ගිතෙල් හරි, තල තෙල් හරි ඇතිතාක් බොන්න දෙනවා. නමුත් පිටතට ගෙනියන්න දෙන්නේ නෑ.

ඉතින් අර පරිබ්‍රාජකයාට මෙහෙම හිතුනා. "පසේනදී කොසොල් රජතුමාගේ ගබඩාවේ ශ්‍රමණයෙකුට වේවා, බ්‍රාහ්මණයෙකුට වේවා, ගිතෙල් හරි, තල තෙල් හරි ඇතිතාක් බෙන්න දෙනවා. නමුත් පිටතට ගෙනියන්න දෙන්නේ නෑ. එහෙම නම් මම කොසොල් රජ්ජුරුවන්ගේ ගබඩාවට යනවා. ගබඩාවට ගිහින් මැයට දරුවා වැදූවාම උපකාර වන යම් තෙලක් වෙයි නම් ඒ තෙල හැකිතාක් බීලා ගෙදරට ඇවිත් වමනේ දාලා දෙනවා" කියලා.

ඉතින් ඒ පරිබ්‍රාජකයා පසේනදී කොසොල් රජුගේ ගබඩාවට ගියා. ඇතිතාක් තෙල් බිව්වා. ගෙදරට ආවා. වමනේ දාන්න හදනවා, හදනවා, වමනේ යන්නෙත් නෑ. විරේක වෙන්නෙත් නෑ. ඔහු දුක් වූ, තියුණු වූ, කර්කශ වූ, කටුක වූ වේදනාවකින් පෙළි පෙළී ඒ පැත්තට පෙරලෙනවා, මේ පැත්තට පෙරලෙනවා.

එදා භාග්‍යවතුන් වහන්සේ උදේ වරුවේ සිවුරු පොරොවාගෙන, පාත්‍රයත් සිවුරත් අරගෙන පිණ්ඩපාතෙ වැඩියා. එතකොට භාග්‍යවතුන් වහන්සේට ඉතා දුක් සහිත වූ, තියුණු වූ, කර්කශ වූ, කටුක වූ වේදනාවකින් පෙළි පෙළී ඒ පැත්තට පෙරලෙන, මේ පැත්තට පෙරලෙන අර පරිබ්‍රාජකයාව දකගන්නට ලැබුනා.

ඉතින් භාග්‍යවතුන් වහන්සේ ඒ වෙලාවේ මේ කාරණය දැනගෙන, මේ උදානය වදාළා.

"යම් කෙනෙක් කෙලෙස් රහිත නම්, ඇත්තෙන්ම ඒ අය සුවපත් වෙලයි ඉන්නෙ. දහම තුළ පරතෙරට ගිය රහතන් වහන්සේලා කෙලෙස් රහිතවයි ඉන්නේ. කෙලෙස් සහිත උදවිය පීඩා විඳින හැටි බලනු මැනැව. මේ ජනයා, ජනතාව තුළටම වැදී ගිය ස්වභාවයෙන් යුක්තයි."

සාදු! සාදු!! සාදු!!!

2.7.
ඒකපුත්ත සූත්‍රය
එකම පුතු අරහයා වදාළ උදානය

මා හට අසන්නට ලැබුනේ මේ විදිහටයි. ඒ දිනවල භාග්‍යවතුන් වහන්සේ වැඩසිටියේ සැවැත් නුවර ජේතවනය නම් වූ අනේපිඬු සිටුතුමාගේ ආරාමයේ.

ඒ දිනවල එක්තරා උපාසකයෙකුගේ ප්‍රියාදර වූ එකම පුතා මරණයට පත්වුනා. එදා බොහෝ උපාසකවරු ඇඳුම් තෙමාගෙන, කොණ්ඩෙත් තෙමාගෙන, මධ්‍යහ්න වෙලාවේ භාග්‍යවතුන් වහන්සේ වෙත ආවා. ඇවිදින් භාග්‍යවතුන් වහන්සේට ආදරයෙන් වන්දනා කරලා, පැත්තකින් වාඩිවුනා. පැත්තකින් වාඩිවුන ඒ උපාසකවරුන්ගෙන් භාග්‍යවතුන් වහන්සේ මෙහෙම ඇහුවා.

"පින්වත් උපාසකවරුනි, මොකද මේ ගිනි මද්දහනෙ ඇඳුම් තෙමාගෙන, කොණ්ඩෙත් තෙමාගෙන මේ පැත්තෙ ආවෙ?"

මෙහෙම වදාළ විට ඒ උපාසකතුමා භාග්‍යවතුන් වහන්සේට මෙහෙම කිව්වා.

"මගේ එකම ප්‍රියාදර පුත්‍රයා මරණයට පත්වුනා. ඒ නිසයි අපි ඇඳුම් තෙමාගෙන, කොණ්ඩෙත් තෙමාගෙන මධ්‍යහ්න වෙලාවෙ මෙහෙ ආවෙ."

ඉතින් භාග්‍යවතුන් වහන්සේ මේ කරුණ දැනගෙන, ඒ වෙලාවේ මේ උදානය වදාළා.

"බොහෝ දෙවියොත්, බොහෝ මිනිස්සුත් ප්‍රිය ස්වරූප ඇති ආශ්වාදයටම ගිජු වෙලයි ඉන්නෙ. අන්තිමේදී දුකට පත්වෙනවා. පිරිහිලා යනවා. මාරයාගේ වසඟයට යනවා.

යම් කෙනෙක් දිව රෑ වෙහෙස නොබලා, අප්‍රමාදීව, ප්‍රිය ස්වරූප වූ පංච කාමයන් දුරුකළොත්, ඇත්තෙන්ම ඔවුන් විතරක් ඉක්මවා යන්නට ඉතා අපහසු වූ මාරයාගේ විෂයට අයිති වූ මේ දුකේ මූලික හේතුව වන තෘෂ්ණාව මුලින්ම උදුරලා දානවා."

සාදු! සාදු!! සාදු!!!

2.8.
සුප්පාවාසා සූත්‍රය
සුප්පාවාසා අරහයා වදාළ උදානය

මා හට අසන්නට ලැබුනේ මේ විදිහටයි. ඒ දිනවල භාග්‍යවතුන් වහන්සේ වැඩසිටියේ කුණ්ඩියා නගරය අසල කුණ්ඩධාන වනයේ.

ඒ දිනවල සුප්පාවාස නම් වූ කෝලිය වංශික දියණිය අවුරුදු හතක් පුරා දරු ගැබක් දරාගෙන සිටියා. දවස් හතක් මුළුල්ලේ දරු ගැබ බිහි නොවී සිර වී තිබුනා. ඇය ඉතා දුක් වූ, තියුණු වූ, කර්කශ වූ, කටුක වූ වේදනා විඳිද්දීත් තුන් ආකාර කල්පනාවක් මුල් කරගෙන ඒ දුක් වේදනා ඉවසාගෙන සිටියා. " **ඒ භාග්‍යවතුන් වහන්සේ ඒකාන්තයෙන්ම සම්මා සම්බුද්ධමයි. ඒ බුදුරජාණන් වහන්සේ දහම් දෙසා වදාළේ මෙබඳු වූ දුක් දුරුකිරීම පිණිසමයි. ඒ භාග්‍යවතුන් වහන්සේගේ ශ්‍රාවක සඟරුවන ඒකාන්තයෙන්ම සුපටිපන්නයි. මෙබඳු වූ දුක් දුරු කරගැනීමට නේද උන්වහන්සේලා පිළිවෙත් පුරන්නේ. මෙබඳු වූ දුකක් යම් තැනක නැත්නම්, ඒ අමා නිවන ඒකාන්තයෙන්ම උතුම්ම සැපයයි**" යන තුන් කල්පනාවයි.

ඉතින් සුප්පාවාසා නම් කෝලිය වංශික දියණිය තම ස්වාමියා ඇමතුවා.

"ආර්ය පුත්‍රය, ඔබ එන්න. භාග්‍යවතුන් වහන්සේ ළඟට යන්න. ගිහින් මගේ වචනයෙන් භාග්‍යවතුන් වහන්සේගේ සිරි පා යුග හිසින් වඳින්න. උන්වහන්සේගේ නිදුක් බවත්, නීරෝග බවත්, සැහැල්ලු පැවැත්මත්, කාය බලයත්, පහසුවෙන් විසීමත් ගැන (මේ විදිහට) අහන්න. 'ස්වාමීනී, සුප්පාවාසා

නම් කෝලිය වංශික දියණිය භාග්‍යවතුන් වහන්සේ සිරි පා යුග හිසින් වඳිනවා. ඇය භාග්‍යවතුන් වහන්සේගේ නිදුක් බව, නීරෝග බව, සැහැල්ලු පැවැත්ම, කාය බලය, පහසු විහරණය ගැන විමසනවා' මේ විදිහටත් කියන්න. 'ස්වාමීනී, සුප්පාවාසා නම් වූ කෝලිය වංශික දියණිය අවුරුදු හතක් මුළුල්ලේ දරු ගැබක් උසුලාගෙන ඉන්නවා. දරු ප්‍රසූතිය සිරවෙලා දැන් දවස් හතක් වෙනවා. ඇය ඉතා දුක් වූ, තියුණු වූ, කර්කශ වූ, කටුක වූ වේදනා විඳ විඳ කරුණු තුනක් ගැන හිත හිතා ඒ දුක ඉවසාගෙන ඉන්නවා. **'ඒ භාග්‍යවතුන් වහන්සේ ඒකාන්තයෙන්ම සම්මා සම්බුද්ධමයි. ඒ බුදුරජාණන් වහන්සේ දහම් දෙසා වදාළේ මෙබඳු වූ දුක් දුරුකිරීම පිණිසමයි. ඒ භාග්‍යවතුන් වහන්සේගේ ශ්‍රාවක සඟරුවන ඒකාන්තයෙන්ම සුපටිපන්නයි. මෙබඳු වූ දුක් දුරු කරගැනීමට නේද උන්වහන්සේලා පිළිවෙත් පුරන්නේ. මෙබඳු වූ දුකක් යම් තැනක නැත්නම්, ඒ අමා නිවන ඒකාන්තයෙන්ම උතුම්ම සැපයයි'** කියලා."

ඉතින් ඒ කෝලිය පුත්‍රයා "හොඳයි" කියලා සුප්පාවාසා කෝලිය දියණියට පිළිතුරු දීලා භාග්‍යවතුන් වහන්සේ ළඟට ගියා. ගිහින් භාග්‍යවතුන් වහන්සේට වන්දනා කළා. පැත්තකින් වාඩිවුනා. පැත්තකින් වාඩිවුන ඒ කෝලිය පුත්‍රයා භාග්‍යවතුන් වහන්සේට මෙහෙම කිව්වා.

"ස්වාමීනී, සුප්පාවාසා නම් කෝලිය වංශික දියණිය භාග්‍යවතුන් වහන්සේ සිරි පා යුග හිසින් වඳිනවා. ඇය භාග්‍යවතුන් වහන්සේගේ නිදුක් බව, නීරෝග බව, සැහැල්ලු පැවැත්ම, කාය බලය, පහසු විහරණය ගැන විමසනවා. ඇය මේ විදිහටත් කියනවා. 'ස්වාමීනී, සුප්පාවාසා නම් වූ කෝලිය වංශික දියණිය අවුරුදු හතක් මුළුල්ලේ දරු ගැබක් උසුලාගෙන ඉන්නවා. දරු ප්‍රසූතිය සිරවෙලා දැන් දවස් හතක් වෙනවා. ඇය ඉතා දුක් වූ, තියුණු වූ, කර්කශ වූ, කටුක වූ වේදනා විඳ විඳ කරුණු තුනක් ගැන හිත හිතා ඒ දුක ඉවසාගෙන ඉන්නවා. **'ඒ භාග්‍යවතුන් වහන්සේ ඒකාන්තයෙන්ම සම්මා සම්බුද්ධමයි. ඒ බුදුරජාණන් වහන්සේ දහම් දෙසා වදාළේ මෙබඳු වූ දුක් දුරුකිරීම පිණිසමයි. ඒ භාග්‍යවතුන් වහන්සේගේ ශ්‍රාවක සඟරුවන ඒකාන්තයෙන්ම සුපටිපන්නයි. මෙබඳු වූ දුක් දුරු කරගැනීමට නේද උන්වහන්සේලා පිළිවෙත් පුරන්නේ. මෙබඳු වූ දුකක් යම් තැනක නැත්නම්, ඒ අමා නිවන ඒකාන්තයෙන්ම උතුම්ම සැපයයි'** කියලා."

(එවිට භාග්‍යවතුන් වහන්සේ මෙසේ ආශිර්වාද කොට වදාළා) "සුප්පාවාසා කෝලිය වංශික දියණිය සුවපත් වේවා! නීරෝග වේවා! නීරෝග පුතෙකු වදාවා!"

භාග්‍යවතුන් වහන්සේගේ ඒ වචනයත් සමඟම, සුප්පාවාසා කෝලිය වංශික දියණිය සුවපත් වුනා. නීරෝග වුනා. නීරෝග පුතෙකු වැදුවා.

"එහෙමයි, ස්වාමීනී" කියලා කෝලිය පුත්‍රයා භාග්‍යවතුන් වහන්සේ වදාළ කරුණ සතුටින් පිළිඅරගෙන භාග්‍යවතුන් වහන්සේට වන්දනා කළා. ප්‍රදක්ෂිණා කළා. තමන්ගේ නිවස කරා පිටත් වුනා.

කෝලිය පුත්‍රයා **(තම නිවස කරා එද්දී)** නීරෝග පුතෙකු බිහිකළ, සුවපත් වූ, නීරෝග වූ සුප්පාවාසා දියණියව දකගන්න ලැබුනා. දකලා ඔහුට මෙහෙම හිතුනා. 'පින්වන්තිය, ඒකාන්තයෙන්ම ආශ්චර්යයි! පින්වන්තිය, ඒකාන්තයෙන්ම අද්භූතයි! තථාගතයන් වහන්සේ මහා ඉර්ධිමත් වන සේක! මහානුභාව සම්පන්න වන සේක! භාග්‍යවතුන් වහන්සේගේ වචනයත් සමඟම මේ සුප්පාවාසා කෝලිය වංශික දියණිය සුවපත් වුනා නෙව. නීරෝග පුතෙකු බිහිකළා නෙව' කියලා ගොඩාක් සතුටු වුනා. ප්‍රමුදිත වුනා. ප්‍රීති සොම්නස් ඇතිවුනා.

ඉතින් සුප්පාවාසා කොලිය වංශික දියණිය තම ස්වාමියාව ඇමතුවා.

"ඔබ මෙහි එන්න ආර්ය පුත්‍රය, භාග්‍යවතුන් වහන්සේ ළඟට යන්න. ගිහින් මගේ වචනයෙන් භාග්‍යවතුන් වහන්සේගේ සිරි පා යුග හිසින් වඳින්න. 'ස්වාමීනී, සුප්පාවාසා නම් කෝලිය වංශික දියණිය භාග්‍යවතුන් වහන්සේ සිරි පා යුග හිසින් වඳිනවා.' මේ විදිහටත් කියන්න. 'ස්වාමීනී, සුප්පාවාසා කෝලිය වංශික දියණිය අවුරුදු හතක් මුළුල්ලේ දරු ගැබක් දරාගෙන හිටියා. දරු ප්‍රසූතිය සිරවෙලා දවස් හතක් සිටියා. අද ඈ සුවපත් වුනා. නීරෝග වුනා. නීරෝග පුතෙකු වැදුවා. ඈ බුදුරජාණන් වහන්සේ ප්‍රමුඛ භික්ෂුසංඝයාට දවස් හතක් මුළුල්ලේ දන් පිදීමට ආරාධනා කරනවා. ස්වාමීනී, භාග්‍යවතුන් වහන්ස, සුප්පාවාසා කෝලිය වංශික දියණියගේ සත් දින දානය භික්ෂුසංඝයා සමඟ ඉවසා වදාරණ සේක්වා!"

ඉතින් ඒ කෝලිය පුත්‍රයා "හොඳයි" කියලා සුප්පාවාසා කෝලිය දියණියට පිළිතුරු දීලා භාග්‍යවතුන් වහන්සේ ළඟට ගියා. ගිහින් භාග්‍යවතුන් වහන්සේට වන්දනා කළා. පැත්තකින් වාඩිවුනා. පැත්තකින් වාඩිවුන ඒ කෝලිය පුත්‍රයා භාග්‍යවතුන් වහන්සේට මෙහෙම කිව්වා.

"ස්වාමීනී, සුප්පාවාසා නම් කෝලිය වංශික දියණිය භාග්‍යවතුන් වහන්සේ සිරි පා යුග හිසින් වඳිනවා. මේ විදිහටත් කියනවා. 'ස්වාමීනී, සුප්පාවාසා කෝලිය වංශික දියණිය අවුරුදු හතක් මුළුල්ලේ දරු ගැබක් දරාගෙන හිටියා. දරු ප්‍රසූතිය සිරවෙලා දවස් හතක් සිටියා. අද ඈ සුවපත්

වුනා. නීරෝග වුනා. නීරෝග පුතෙකු වැදුවා. ඈ බුදුරජාණන් වහන්සේ ප්‍රමුඛ භික්ෂුසංඝයාට දවස් හතක් මුළුල්ලේ දන් පිදීමට ආරාධනා කරනවා. ස්වාමීනී, භාග්‍යවතුන් වහන්ස, සුප්පාවාසා කෝලිය වංශික දියණිය ගේ සත් දින දානය භික්ෂුසංඝයා සමඟ ඉවසා වදාරණ සේක්වා!' කියලා."

ඒ දිනවල එක්තරා උපාසක කෙනෙක් බුදුරජාණන් වහන්සේ ප්‍රමුඛ භික්ෂුසංඝයාට හෙට දවසේ දානය පිණිස ආරාධනා කරලයි තිබුනේ. ඒ උපාසකතුමා ආයුෂ්මත් මොග්ගල්ලානයන් වහන්සේගේ උපස්ථායකයෙක්. ඉතින් භාග්‍යවතුන් වහන්සේ ආයුෂ්මත් මොග්ගල්ලානයන් වහන්සේව ඇමතුවා.

"පින්වත් මොග්ගල්ලාන, ඔබ මෙහි එන්න. ඒ උපාසකතුමා ළඟට යන්න. ගිහින් ඒ උපාසකතුමාට මෙහෙම කියන්න. 'ප්‍රිය ආයුෂ්මත, සුප්පාවාසා කෝලිය වංශික දියණිය හත් අවුරුද්දක් මුළුල්ලේ දරු ගැබක් දරාගෙන සිටියා. දරු ප්‍රසූතිය සිරවෙලා දවස් හතක් හිටියා. අද ඈ සුවපත් වුනා. නීරෝග වුනා. නීරෝග පුතෙකු වැදුවා. ඈ බුදුරජාණන් වහන්සේ ප්‍රමුඛ භික්ෂුසංඝයාට දවස් හතක් මුළුල්ලේ දන් පිදීමට ආරාධනා කරනවා. සුප්පාවාසා කෝලිය වංශික දියණියට ඒ දින හතක් මුළුල්ලේ දෙනු ලබන දානය දෙන්නට ලැබේවා!' ඔහුගේ දානය පසුව දෙන්නට පුළුවන් බව කියන්න. අනික ඔහු ඔබගේ උපස්ථායකයෙක් නෙව."

"එසේය, ස්වාමීනී" කියලා ආයුෂ්මත් මොග්ගල්ලානයන් වහන්සේ භාග්‍යවතුන් වහන්සේට පිළිතුරු දුන්නා. ඒ උපාසකතුමා ළඟට වැඩියා. වැඩලා ඒ උපාසකතුමාට මෙහෙම කිව්වා.

"ප්‍රිය ආයුෂ්මත, සුප්පාවාසා කෝලිය වංශික දියණිය හත් අවුරුද්දක් මුළුල්ලේ දරු ගැබක් දරාගෙන සිටියා. දරු ප්‍රසූතිය සිරවෙලා දවස් හතක් හිටියා. අද ඈ සුවපත් වුනා. නීරෝග වුනා. නීරෝග පුතෙකු වැදුවා. ඈ බුදුරජාණන් වහන්සේ ප්‍රමුඛ භික්ෂුසංඝයාට දවස් හතක් මුළුල්ලේ දන් පිදීමට ආරාධනා කරනවා. සුප්පාවාසා කෝලිය වංශික දියණියට ඒ දින හතක් මුළුල්ලේ දෙනු ලබන දානය දෙන්න ලැබේවා! ඔබේ දානය පසුව දෙන්න පුළුවන්නෙ."

"එහෙම නම් ස්වාමීනී, ආර්ය වූ මොග්ගල්ලානයන් වහන්සේ මාගේ දානය පිණිස වූ වස්තුවත්, ජීවිතයත්, ශ්‍රද්ධාවත් කියන කරුණු තුන රැක දෙන්නට ඇප වෙනවා නම්, සුප්පාවාසා කෝලිය වංශික දියණිය සත් දිනක් පුරා දානය පූජා කරාවා! මම පස්සේ දානය පූජා කරන්නම්."

"ප්‍රිය ආයුෂ්මත, මම ඔබේ දානය පිණිස වූ වස්තුවත්, ජීවිතයත් කියන

දෙක ගැන විතරක් ඇපවෙන්නම්. හැබැයි ශ්‍රද්ධාව ගැන නම් ඔබමයි ඔබට ඇප විය යුත්තේ."

"එහෙම නම් ස්වාමීනී, ආර්ය වූ මොග්ගල්ලානයන් වහන්සේ මාගේ දානය පිණිස වූ වස්තුවත්, ජීවිතයත් රැක දෙන්නට ඇප වෙන නිසා සුප්පාවාසා කෝලිය වංශික දියණිය සත් දිනක් පුරා දානය පූජා කරාවා! මම පස්සේ දානය පූජා කරන්නම්."

ඉතින් ආයුෂ්මත් මොග්ගල්ලානයන් වහන්සේ ඒ උපාසකතුමාව දැනුවත් කරලා භාග්‍යවතුන් වහන්සේ ළඟට පැමිණියා. පැමිණිලා භාග්‍යවතුන් වහන්සේට මෙහෙම පැවසුවා.

"ස්වාමීනී, මං ඒ උපාසකතුමාව දැනුවත් කළා. සුප්පාවාසා කෝලිය දියණිය සත් දිනක් පුරා දානය පූජා කරවා! ඔහුගේ දානය පස්සේ පූජා කරාවි."

ඉතින් සුප්පාවාසා කෝලිය වංශික දියණිය සත් දිනක් පුරා බුදුරජාණන් වහන්සේ ප්‍රමුඛ භික්ෂුසංඝයාට ප්‍රණීත වූ දානමානවලින් සිය අතින්ම පූජා කර ගත්තා. මැනැවින් පූජා කරගත්තා. ඒ දරුවා ලවා භාග්‍යවතුන් වහන්සේටත් සියලු භික්ෂුසංඝයාටත් වන්දනා කෙරෙව්වා.

එදා ආයුෂ්මත් සාරිපුත්තයන් වහන්සේ ඒ දරුවාගෙන් මෙහෙම ඇහැව්වා.

"පින්වත් පුතේ, ඔයාගේ සැප දුක් කොහොමද? ඉවසන්න පුළුවන්ද? දුන් ඔයාට කිසි දුකක් නැද්ද?"

"ස්වාමීනී, සාරිපුත්තයන් වහන්ස, අනේ මට සැපක් කොයින්ද? ඉවසීමක් කොයින්ද? මං සත් අවුරුද්දක් සිටියේ ලේ කලයක් ඇතුළේ නෙව."

එතකොට සුප්පාවාසා කෝලිය වංශික දියණිය 'මගේ පුතා ධර්ම සේනාධිපතීන් වහන්සේ සමඟ කතාබස් කරනවා නෙව' කියලා ගොඩාක් සතුටු වුනා. ප්‍රමුදිත වුනා. හටගත් ප්‍රීති සොම්නසින් යුතු වුනා. ඒ මොහොතේ භාග්‍යවතුන් වහන්සේ සතුටු සිතින්, ප්‍රමුදිතව, හටගත් ප්‍රීති සොම්නසින් ඉන්න සුප්පාවාසා කෝලිය දියණිය දැකලා මෙහෙම අසා වදාළා.

"පින්වත් සුප්පාවාසා, මේ වගේ තවත් දරුවෙක් ලැබෙනවාට කැමැතිද?"

"භාග්‍යවතුන් වහන්ස, මේ වගේ තවත් දරුවන් හතක් වුනත් ලැබෙනවාට මං කැමැතියි."

ඉතින් භාග්‍යවතුන් වහන්සේ මේ කරුණ දැනගෙන, ඒ වෙලාවේ මේ උදානය වදාළා.

"අමිහිරි දේවල් මිහිරි ස්වරූපයෙන්, අප්‍රිය දේවල් ප්‍රිය ස්වරූපයෙන්, දුක් දේවල් සැප ස්වරූපයෙන් ප්‍රමාදී පුද්ගලයාව යට කරගෙන යනවා."

සාදු! සාදු!! සාදු!!!

2.9.
විශාඛා සූත්‍රය
විශාඛාව අරහයා වදාළ උදානය

මා හට අසන්නට ලැබුනේ මේ විදිහටයි. ඒ දිනවල භාග්‍යවතුන් වහන්සේ වැඩසිටියේ සැවැත් නුවර මිගාරමාතු ප්‍රාසාදය නම් වූ පූර්වාරාමයේ.

ඒ දිනවල මිගාර මාතාව නම් වූ විශාඛාවට පසේනදී කොසොල් රජු ලවා කරවා ගත යුතු කිසියම් වැඩ කටයුත්තක් තිබුනා. නමුත් පසේනදී කොසොල් රජතුමා ඇයගේ අදහසට අනුකූල පරිදි එය කරන්නෙ නෑ.

විශාඛා මිගාර මාතාව දවල් මධ්‍යාහ්නයේ භාග්‍යවතුන් වහන්සේ ළඟට ආවා. ඇවිදින් භාග්‍යවතුන් වහන්සේට ආදරයෙන් වන්දනා කළා. පැත්තකින් වාඩිවුනා. පැත්තකින් වාඩිවුන විශාඛා මිගාර මාතාවගෙන් භාග්‍යවතුන් වහන්සේ මෙය අසා වදාළා.

"පින්වත් විශාඛා, මේ මහ ගිනි මද්දහනේ කොහේ ඉඳන් එන ගමන්ද?"

"ස්වාමීනී, මට පසේනදී කොසොල් රජ්ජුරුවන් ලවා කර ගත යුතු කිසියම් වැඩකටයුත්තක් තියෙනවා. නමුත් පසේනදී කොසොල් රජ්ජුරුවෝ අපේ අදහසට අනුකූල පරිදි එය කරදෙන්නෙ නැහැනේ."

ඉතින් භාග්‍යවතුන් වහන්සේ මේ කරුණ දැනගෙන, ඒ වෙලාවේ මේ උදානය වදාළා.

"අනුන්ගේ යටතේ තියෙන හැමදෙයක්ම දුකක්. සියලු ලොව්තුරු ඉසුරුමත් බව සැපයි. සාධාරණය ඉටු කරගන්න යන හැම දෙනෙක්ම පීඩා විඳිනවා. මේ කෙලෙස් බන්ධනවලින් නිදහස් වෙන එක නම් ලේසි දෙයක් නොවෙයි."

සාදු! සාදු!! සාදු!!!

2.10.
භද්දිය සූත්‍රය
භද්දිය තෙරුන් අරහයා වදාළ උදානය

මා හට අසන්නට ලැබුනේ මේ විදිහටයි. ඒ දිනවල භාග්‍යවතුන් වහන්සේ වැඩසිටියේ අනුපිය නුවර අඹ වනයකයි.

ඒ දිනවලම කාලිගෝධාවගේ පුතණුවන් වූ ආයුෂ්මත් භද්දිය තෙරුන් අරණ්‍යයකට ගියත්, රුක් සෙවනකට ගියත්, හිස් කුටියකට ගියත් හැම තිස්සේම "අහා! සැපයි. අහා! සැපයි" කියනවා. කාලිගෝධාවගේ පුත් ආයුෂ්මත් භද්දිය තෙරුන් හැම තිස්සේම කරන මේ උදානය ගැන බොහෝ භික්ෂූන්ට අහන්න ලැබුනා. අහලා, ඒ භික්ෂූන්ට මෙහෙම හිතුනා. "ප්‍රිය ආයුෂ්මතුනි, එකත් එකටම කාලිගෝධාවගේ පුත් ආයුෂ්මත් භද්දිය තෙරුන් මේ බඹසර හැසිරෙන්නෙ කැමැත්තෙන් නම් නෙවෙයි. අරණ්‍යයකට ගියත්, රුක් සෙවනකට ගියත්, හිස් කුටියකට ගියත් හැම තිස්සේම 'අහා! සැපයි. අහා! සැපයි' කිය කියා උදාන පහළ කරන්නේ කලින් ගිහි ගෙදර සිටිද්දී විඳපු යම් රජ සැපයක් තිබුනා නම්, ඒවා ගැන තමයි මේ සිහි කර කර ඉන්නෙ" කියලා.

ඉතින් බොහෝ භික්ෂූන් වහන්සේලා භාග්‍යවතුන් වහන්සේ ළඟට පැමිණුනා. පැමිණිලා, භාග්‍යවතුන් වහන්සේට වන්දනා කරලා පැත්තකින් වාඩිවුනා. පැත්තකින් වාඩිවුන ඒ භික්ෂූන් වහන්සේලා භාග්‍යවතුන් වහන්සේට මෙහෙම කිව්වා.

"ස්වාමීනී, කාලිගෝධාවගේ පුත් ආයුෂ්මත් භද්දිය තෙරුන් අරණ්‍යයකට ගියත්, රුක් සෙවනකට ගියත්, හිස් කුටියකට ගියත් හැම තිස්සේම 'අහා! සැපයි. අහා! සැපයි' කිය කියා ප්‍රීති බස් කියනවා. ස්වාමීනී, එකත් එකටම කාලිගෝධාවගේ පුත් ආයුෂ්මත් භද්දිය තෙරුන් මේ බඹසර හැසිරෙන්නෙ අකැමැත්තෙන් වෙන්න ඕන. අරණ්‍යයකට ගියත්, රුක් සෙවනකට ගියත්, හිස් කුටියකට ගියත් හැම තිස්සේම 'අහා! සැපයි. අහා! සැපයි' කිය කියා උදාන පහළ කරන්නේ කලින් ගිහි ගෙදර සිටිද්දී විඳපු යම් රජ සැපයක් තිබුනා නම්, ඒවා ගැන හිත හිතා වෙන්න ඕන."

ඉතින් ඒ වෙලාවේ භාග්‍යවතුන් වහන්සේ එක්තරා භික්ෂුවක් අමතා වදාළා.

"පින්වත් භික්ෂුව, ඔබ මෙහි එන්න. මගේ වචනයෙන් භද්දිය භික්ෂුව අමතන්න. 'ප්‍රිය ආයුෂ්මත් භද්දිය, අන්න ඔබට ශාස්තෘන් වහන්සේ කතා කරනවා' කියලා."

"එසේය, ස්වාමීනී" කියලා ඒ භික්ෂුව භාග්‍යවතුන් වහන්සේට පිළිතුරු දීලා කාලිගෝධාවගේ පුත් වූ ආයුෂ්මත් භද්දිය තෙරුන් ළඟට ගියා. ගිහින් කාලිගෝධාවගේ පුත් ආයුෂ්මත් භද්දිය තෙරුන්ට මෙහෙම කිව්වා.

"ප්‍රිය ආයුෂ්මත් භද්දිය, අන්න ඔබට ශාස්තෘන් වහන්සේ කතා කරනවා"

"එසේය, ප්‍රිය ආයුෂ්මතුනි" කියලා කාලිගෝධාවගේ පුත් ආයුෂ්මත් භද්දිය තෙරුන් ඒ භික්ෂුවට පිළිතුරු දීලා භාග්‍යවතුන් වහන්සේ වෙත පැමිණුනා. පැමිණිලා භාග්‍යවතුන් වහන්සේට ආදරයෙන් වන්දනා කරලා පැත්තකින් වාඩි වුනා. පැත්තකින් වාඩිවුන කාලිගෝධාවගේ පුත් ආයුෂ්මත් භද්දියගෙන් භාග්‍යවතුන් වහන්සේ මෙහෙම ඇහුවා.

"පින්වත් භද්දිය, ඔබ අරණ්‍යයකට ගියත්, රුක් සෙවනකට ගියත්, හිස් කුටියකට ගියත් හැම තිස්සේම 'අහා! සැපයි. අහා! සැපයි' කිය කියා ප්‍රීති බස් කියන බව ඇත්තක්ද?"

"එසේය, ස්වාමීනී"

"පින්වත් භද්දිය, ඔබ අරණ්‍යයකට ගියත්, රුක් සෙවනකට ගියත්, හිස් කුටියකට ගියත් හැම තිස්සේම 'අහා! සැපයි. අහා! සැපයි' කිය කියා ප්‍රීති බස් කියන්නෙ මොන වගේ යහපතක් දකිමින්ද?"

"ස්වාමීනී, මම ඉස්සර ගිහි ගෙදර ඉන්න කාලේ ආණ්ඩු කරද්දී අන්තඃපුරයේ ඇතුළතත් ඉතා හොඳට ආරක්ෂාව යොදවලයි තිබුනේ. අන්තඃපුරයෙන් පිටතත් ඉතා හොඳට ආරක්ෂාව යොදවලයි තිබුනේ. ඒ වගේම ඇතුළු නුවරත් ඉතා හොඳට ආරක්ෂාව යොදවලා තිබුනේ. පිට නුවරත් ඉතා හොඳට ආරක්ෂාව යොදවලා තිබුනේ. ජනපද ඇතුළෙත් ඉතා හොඳට ආරක්ෂාව සපයලයි තිබුනේ. ජනපදයෙන් පිටතත් හොඳින් ආරක්ෂාව සපයලයි තිබුනේ. ඉතින් ස්වාමීනී, ඔය විදිහට ආරක්ෂා වෙලා, රැකිලා සිටිද්දීත්, මං භයෙන් හිටියේ. හිත ගැස්සි, ගැස්සී හිටියේ. සැකෙන් හිටියේ. තැති ගැනීමෙන් හිටියේ.

නමුත් ස්වාමීනී, දැන් මම අරණ්‍යයකට ගියත්, රුක් සෙවනකට ගියත්, හිස් කුටියකට ගියත් තනියමයි ඉන්නෙ. කිසි භයක් නෑ. හිතේ ගැස්සීමක් නෑ. සැකයක් නෑ. තැති ගැනීමක් නෑ. ජීවත් වෙන්න කියලා අමුතු උත්සාහයක්

නෑ. මානය නැමැති ලොම් හලලයි ඉන්නෙ. සැහැල්ලුවෙන් ඉන්නෙ. නිදහසේ ඉන්නෙ. මුවෙක් වගේ අහිංසක සිතකිනුයි ඉන්නෙ. ස්වාමීනී, මං අරණ්‍යයකට ගියත්, රුක් සෙවනකට ගියත්, හිස් කුටියකට ගියත් හැම තිස්සේම 'අහා! සැපයි. අහා! සැපයි' කිය කියා ප්‍රීති බස් කියන්නෙ මගේ ජීවිතයට සිදුවෙච්ච ඔය යහපත මටම පෙනෙන නිසා."

ඉතින් භාග්‍යවතුන් වහන්සේ මේ කරුණ දැනගෙන, ඒ වෙලාවේ මේ උදානය වදාළා.

"යම් කෙනෙකුගේ සිත ඇතුළේ කිසි කෝපයක් නැත්නම්, ලාභ අලාභ ආදී දේවල් ගැන සිත පැටලෙන ස්වභාවය ඉක්මවා ගියා නම්, ඔහු භය දුරු කරපු කෙනෙක්. සුවපත් කෙනෙක්. ශෝක රහිත කෙනෙක්. ඒ රහතුන්ගේ ජීවිතය තේරුම් ගන්න දෙවියන්ටවත් බෑ."

සාදු! සාදු!! සාදු!!!

දෙවෙනි මුචලින්ද වර්ගයයි.

3. නන්ද වර්ගය

3.1.
කම්ම සූත්‍රය
කර්මය අරභයා වදාළ උදානය

මා හට අසන්නට ලැබුනේ මේ විදිහටයි. ඒ දිනවල භාග්‍යවතුන් වහන්සේ වැඩසිටියේ සැවැත් නුවර ජේතවනය නම් වූ අනේපිඬු සිටුතුමාගේ ආරාමයේ.

එදා එක්තරා භික්ෂුවක් භාග්‍යවතුන් වහන්සේට නුදුරින්, පළඟක් බැඳගෙන කය සෘජු කරගෙන වාඩිවෙලා සිටියා. ඒ භික්ෂුව ඉතා සිහියෙන් යුක්තව නුවණින් යුක්තව පීඩා විඳින්නෙ නැතුව, පැරණි කර්ම විපාකයකින් හටගත් දුක් වූ, තියුණු වූ, කර්කශ වූ, කටුක වූ වේදනා ඉවසමින් සිටියා. භාග්‍යවතුන් වහන්සේට නුදුරින් පළඟක් බැඳගෙන කය සෘජු කරගෙන හොඳ සිහියෙන් යුතුව නුවණින් යුතුව පීඩා විඳින්නෙ නැතුව පැරණි කර්ම විපාකයකින් හට ගත් දුක් වූ, තියුණු වූ, කර්කශ වූ, කටුක වූ වේදනා ඉවසමින් ඉන්න ඒ භික්ෂුව ගැන භාග්‍යවතුන් වහන්සේට දකගන්නට ලැබුනා.

ඉතින් භාග්‍යවතුන් වහන්සේ මේ කරුණ දැනගෙන, ඒ වෙලාවේ මේ උදානය වදාළා.

"හැම කර්මයක්ම අත්හැරපු භික්ෂුවට, කලින් ජීවිතවල කරපු කෙලෙස් කම්පා කරපු භික්ෂුවට, මමත්වය නැති භික්ෂුවට, තමන්ට වෙච්ච දේ ගැන ජනතාවට අඬගසා කියා වැළපෙන්න කිසිම කරුණක් නෑ."

සාදු! සාදු!! සාදු!!!

3.2.
නන්ද සූත්‍රය
නන්ද තෙරුන් අරහයා වදාළ උදානය

මා හට අසන්නට ලැබුනේ මේ විදිහටයි. ඒ දිනවල භාග්‍යවතුන් වහන්සේ වැඩසිටියේ සැවැත් නුවර ජේතවනය නම් වූ අනේපිඬු සිටුතුමාගේ ආරාමයේ.

ඒ දිනවලම භාග්‍යවතුන් වහන්සේගේ සහෝදර වූ, සුළු මෑණියන්ගේ පුතණුවන් වූ ආයුෂ්මත් නන්දයන් බොහෝ භික්ෂූන්ට මේ විදිහේ කරුණක් දැනුම් දෙනවා.

"අනේ ප්‍රිය ආයුෂ්මතුනි, මම නම් මේ බඹසර හැසිරෙන්නේ කැමැත්තකින් නොවෙයි. මට මේ බඹසර ජීවිතය උසුලාගෙන ඉන්න පුළුවන්කමක් නෑ. මේ ශික්ෂාව බැහැර කරලා ගිහි බවට පත්වෙන්නයි හිතාගෙන ඉන්නේ."

එතකොට එක්තරා භික්ෂුවක් භාග්‍යවතුන් වහන්සේ ළඟට ගියා. ගිහින් ආදරයෙන් වන්දනා කළා. පැත්තකින් වාඩිවුනා. පැත්තකින් වාඩිවුන ඒ භික්ෂුව භාග්‍යවතුන් වහන්සේට මෙහෙම කිව්වා.

"ස්වාමීනී, භාග්‍යවතුන් වහන්සේගේ සහෝදර වූ, සුළු මෑණියන්ගේ පුතණුවන් වූ ආයුෂ්මත් නන්දයන් බොහෝ භික්ෂූන්ට මේ විදිහේ කරුණක් දැනුම් දෙනවා. 'අනේ ප්‍රිය ආයුෂ්මතුනි, මම නම් මේ බඹසර හැසිරෙන්නේ කැමැත්තකින් නොවෙයි. මට මේ බඹසර ජීවිතය උසුලාගෙන ඉන්න පුළුවන්කමක් නෑ. මේ ශික්ෂාව බැහැර කරලා ගිහි බවට පත්වෙන්නයි හිතාගෙන ඉන්නේ' කියලා."

එතකොට භාග්‍යවතුන් වහන්සේ එක්තරා භික්ෂුවක් අමතා වදාළා.

"පින්වත් භික්ෂුව, මෙහි එන්න. මගේ වචනයෙන් නන්ද භික්ෂුව අමතන්න. 'ප්‍රිය ආයුෂ්මත් නන්දයෙනි, අන්න ශාස්තෘන් වහන්සේ ඔබව අමතනවා' කියලා."

"එසේය, ස්වාමීනී" කියලා ඒ භික්ෂුව භාග්‍යවතුන් වහන්සේට පිළිතුරු දීලා ආයුෂ්මත් නන්දයන් ළඟට ගියා. ගිහින් ආයුෂ්මත් නන්දයන්ට මෙහෙම කිව්වා.

"ප්‍රිය ආයුෂ්මත් නන්දයෙනි, අන්න ශාස්තෲන් වහන්සේ ඔබට කතා කරනවා."

"එසේය, ප්‍රිය ආයුෂ්මත" කියලා ආයුෂ්මත් නන්දයන් ඒ භික්ෂුවට පිළිතුරු දීලා, භාග්‍යවතුන් වහන්සේ ළඟට පැමිණුනා. පැමිණිලා භාග්‍යවතුන් වහන්සේට ආදරයෙන් වන්දනා කරලා, පැත්තකින් වාඩිවුනා. පැත්තකින් වාඩිවුන ආයුෂ්මත් නන්දයන්ගෙන් භාග්‍යවතුන් වහන්සේ මෙහෙම අසා වදාළා.

"පින්වත් නන්ද, ඔබ බොහෝ භික්ෂූන්ට මේ විදිහට දැනුම් දෙනවා කියන්නෙ ඇත්තක්ද? 'අනේ ප්‍රිය ආයුෂ්මතුනි, මම නම් මේ බඹසර හැසිරෙන්නේ කැමැත්තකින් නොවෙයි. මට මේ බඹසර ජීවිතය උසුලාගෙන ඉන්න පුළුවන්කමක් නෑ. මේ ශික්ෂාව බැහැර කරලා ගිහි බවට පත්වෙන්නයි හිතාගෙන ඉන්නේ' කියලා."

"එසේය, ස්වාමීනී"

"පින්වත් නන්ද, ඔබ අකමැත්තෙන් බඹසර හැසිරෙන්නෙ ඇයි? බඹසර ජීවිතය උහුලගෙන ඉන්න බැරි ඇයි? ශික්ෂාව බැහැර කරලා, ගිහි වෙන්න හිතන්නේ ඇයි?"

"ස්වාමීනී, මං ගෙදරින් එනකොට ජනපද කල්‍යාණී ශාක්‍ය දියණිය ලස්සනට කොණ්ඩේ හදලා, ඔලුවේ පනාව ගහලා මං දිහා බලාගෙන මෙහෙම කිව්වා. 'ප්‍රිය ආර්ය පුත්‍රය, ඔය ඉක්මනට ආපහු එන්න ඕන' කියලා. ඉතින් ස්වාමීනී, මට ඕක මතක් වෙනවා. ඒ නිසා මං බඹසර හැසිරෙන්නෙ කැමැත්තෙන් නෙවෙයි. බඹසර ජීවිතය උසුලාගෙන ඉන්න පුළුවන්කමක් නෑ. මේ ශික්ෂාව බැහැර කරලා ගිහි වෙන්නයි හිතාගෙන ඉන්නේ."

එතකොට භාග්‍යවතුන් වහන්සේ ආයුෂ්මත් නන්දයන්ගේ අතින් අල්ලගත්තා. බලවත් පුරුෂයෙක් හැකිලූ අතක් දිග හරින වේගයෙන්, දික් කළ අතක් හකුලන වේගයෙන් ජේතවනාරාමයෙන් නොපෙනී ගිහින්, තව්තිසා දෙව්ලොව පහළ වුනා. ඒ වෙලාවේ ශක්‍ර දෙවියන්ට උපස්ථාන කරන්නට පන්සීයයක් පමණ දිව්‍ය අප්සරාවන් ඇවිත් සිටියා. ඒ අප්සරාවන්ගේ පා යුග පරෙවියන්ගේ පා බඳු රෝස පැහැයෙන් යුක්තයි. එතකොට භාග්‍යවතුන් වහන්සේ ආයුෂ්මත් නන්දයන් අමතා වදාළා.

"පින්වත් නන්ද, ඔබ මේ ගැන මොකක්ද හිතන්නේ? ගොඩක් ලස්සන, ගොඩක් දර්ශනීය, ගොඩක් පැහැපත් කවුද? ශාක්‍ය දියණිය වන ජනපද කල්‍යාණියද? පරෙවියන්ගේ පා බඳු රෝස පැහැයෙන් යුතු පා ඇති මේ දිව්‍ය අප්සරාවන්ද?"

"ස්වාමීනී, කන් නාසා නැති පුළුටු වෙච්ච වැඳිරියක් ඉන්නවා කියලා හිතමු. ස්වාමීනී, ශාක්‍ය දියණිය වූ ජනපද කල්‍යාණිය අන්න ඒ වගේ තමයි. මේ පන්සියයක් අප්සරාවන්ගේ රූප ස්වභාවය සළකලා බලන කොට, ඇය ගණන් ගන්නම බැහැනේ. සොළොස්වන කලාවටවත් ගණන් ගන්න බෑ. කිසිසේත්ම ඇයව මේ අප්සරාවන් හා සමාන කරන්න බෑ. මේ අප්සරාවන් පන්සියයම ගොඩක් ලස්සනයි. ගොඩක් දර්ශනීයයි. ගොඩක් ප්‍රසාදජනකයි."

"පින්වත් නන්ද, මේ බඹසර ජීවිතයට ඇළුම් කරන්න. පරෙවියන්ගේ පා බඳු රෝස පැහැයෙන් යුතු පා ඇති පන්සියයක් අප්සරාවන් අරන් දෙන්න මම ඔබට ඇපවෙනවා."

"ස්වාමීනී, එහෙම නම් පරෙවියන්ගේ පා බඳු රෝස පැහැයෙන් යුතු පා ඇති පන්සියයක් අප්සරාවන් අරන් දෙන්න භාග්‍යවතුන් වහන්සේ ඇප වෙන සේක් නම්, ස්වාමීනී, මම භාග්‍යවතුන් වහන්සේගේ ශාසනයේ බඹසර ජීවිතයට ඇලී සිටින්නම්."

එතකොට භාග්‍යවතුන් වහන්සේ ආයුෂ්මත් නන්දයන්ගේ අතින් අල්ලගත්තා. බලවත් පුරුෂයෙක් හැකිලූ අතක් දිග හරින වේගයෙන්, දික් කළ අතක් හකුළන වේගයෙන් තව්තිසා දෙව්ලොවෙන් නොපෙනී ගියා. ජේතවනාරාමයේ පහළ වුනා.

භික්ෂූන් වහන්සේලාට මේ කථාව අහන්න ලැබුනා. "හා! භාග්‍යවතුන් වහන්සේගේ සහෝදර වූ, සුළු මෑණියන්ගේ පුතණුවන් වූ ආයුෂ්මත් නන්දයන් බඹසර හැසිරෙන්නේ අප්සරාවන් නිසාලු! පරෙවි පා බඳු රෝස පැහැයෙන් යුතු පා යුග ඇති පන්සියයක් අප්සරාවන් ලබාදෙන්න භාග්‍යවතුන් වහන්සේ ඇප වූ සේක්ලු!"

ඉතින් ආයුෂ්මත් නන්දයන්ගේ යහළු භික්ෂූන් වහන්සේලා ආයුෂ්මත් නන්දයන්ට දාසයෙකුගේ ආකල්පයෙන්, වෙළෙන්දෙකුගේ ආකල්පයෙන් විසුළු බස් කියන්න පටන් ගත්තා.

"අනේ ආයුෂ්මත් නන්දයන් දාසයෙක් වගෙයි නේ. වෙළෙන්දෙක් වගෙයි නේ. බඹසර හැසිරෙන්නේ අප්සරාවන් නිසා නේ. පරෙවි පා බඳු පැහැයෙන් යුතු පා ඇති දෙවඟනන් පන්සියයක් ලබාගන්න භාග්‍යවතුන් වහන්සේ ඇප වී වදාළා නේ."

එතකොට ආයුෂ්මත් නන්දයන් යහළු භික්ෂූන්ගේ 'දාසයෙක්, වෙළෙන්දෙක්' යනාදී වචනයෙන් විහිළුවට ලක්වෙන කොට, ලැජ්ජාවට

පත්වුනා. පීඩාවට පත් වුනා. අප්සරාවන්ව පිළිකුල් වෙලා ගියා. තනි වුනා. හුදෙකලා වාසය තෝරාගත්තා. අප්‍රමාදී වුනා. කෙලෙස් තවන වීරිය ඇති කරගත්තා. දිවි දෙවෙනි කොට ධර්මයේ හැසිරුනා. මනාකොට ගිහි ගෙය අත්හැරලා උතුම් බුදු සසුනේ පැවිදිවෙන පින්වත් පුතුන්ගේ යම් අපේක්ෂාවක් ඇද්ද, බඹසර ජීවිතයේ නිමාව වූ ඒ අනුත්තර අරහත්වයට සුළු කලකින්ම පත්වුනා. ඉපදීම නැති වුනා. බඹසර වාසය සම්පූර්ණ කළා. කළ යුතු සියල්ල කොට අවසාන කළා. යළිත් සසර දුකක් නැතැ'යි අවබෝධ වුනා. ආයුෂ්මත් නන්දයන්ද රහතන් වහන්සේලා අතර කෙනෙක් බවට පත් වුනා.

එතකොට එක්තරා දෙවියෙක් රැය පහන් වෙන වේලෙහි, මුළු ජේතවනයම බබුළුවාගෙන, බබළන සිරුරින් යුතුව භාග්‍යවතුන් වහන්සේ ළඟට ආවා. ඇවිදින් භාග්‍යවතුන් වහන්සේට වන්දනා කළා. පැත්තකින් හිටගත්තා. පැත්තකින් හිට ගත් ඒ දෙවියා භාග්‍යවතුන් වහන්සේට මෙහෙම කිව්වා.

"ස්වාමීනී, භාග්‍යවතුන් වහන්සේගේ සහෝදර වූ, සුළු මෑණියන්ගේ පුතණුවන් වූ ආයුෂ්මත් නන්දයන් ආශ්‍රවයන් ක්ෂය කරලා, ආශ්‍රව රහිත වූ, චිත්ත විමුක්තියත්, ප්‍රඥා විමුක්තියත් මේ ජීවිතය තුළම තමන්ගේම නුවණින් සාක්ෂාත් කොට පැමිණ වාසය කරනවා."

භාග්‍යවතුන් වහන්සේටත් ඒ ගැන ඤාණය පහළ වුනා. 'පින්වත් නන්දයන් ආශ්‍රවයන් ක්ෂය කරලා, ආශ්‍රව රහිත වූ, චිත්ත විමුක්තියත්, ප්‍රඥා විමුක්තියත් මේ ජීවිතය තුළම තමන්ගේම නුවණින් සාක්ෂාත් කොට පැමිණ වාසය කරනවා' කියලා.

ඉතින් ආයුෂ්මත් නන්දයන් වහන්සේ ඒ රාත්‍රිය ඇවෑමෙන් භාග්‍යවතුන් වහන්සේ ළඟට පැමිණුනා. පැමිණිලා භාග්‍යවතුන් වහන්සේට වන්දනා කළා. පැත්තකින් වාඩිවුනා. පැත්තකින් වාඩිවුන ආයුෂ්මත් නන්දයන් වහන්සේ භාග්‍යවතුන් වහන්සේට මෙහෙම කිව්වා.

"ස්වාමීනී, පරෙවි පා බඳු රෝප පැහැගත් පා යුග ඇති, පන්සියයක් දිව්‍ය අප්සරාවන් ලබාදෙන බවට ඇපයක් වුන සේක්ද, ස්වාමීනී, මම භාග්‍යවතුන් වහන්සේව ඒ ඇපයෙන් නිදහස් කරනවා."

"පින්වත් නන්ද, මම ඔබේ සිත, මගේ සිතින් පිරිසිඳ දැක්කා. 'පින්වත් නන්දයන් ආශ්‍රවයන් ක්ෂය කරලා, ආශ්‍රව රහිත වූ, චිත්ත විමුක්තියත්, ප්‍රඥා විමුක්තියත් මේ ජීවිතය තුළම තමන්ගේම නුවණින් සාක්ෂාත් කොට පැමිණිලයි වාසය කරන්නේ' කියලා. දෙවියන් පවා මට මේ කාරණය සැළ කළා. 'ස්වාමීනී,

භාග්‍යවතුන් වහන්සේගේ සහෝදර වූ, සුළු මෑණියන්ගේ පුතණුවන් වූ ආයුෂ්මත් නන්දයන් ආශ්‍රවයන් ක්ෂය කරලා, ආශ්‍රව රහිත වූ, චිත්ත විමුක්තියත්, ප්‍රඥා විමුක්තියත් මේ ජීවිතය තුළම තමන්ගේම නුවණින් සාක්ෂාත් කොට පැමිණ වාසය කරනවා' කියලා. පින්වත් නන්ද, ඔබ යම් මොහොතක උපාදාන රහිත වෙලා, ආශ්‍රවයන්ගෙන් නිදහස් වුනාද, එතකොටම මමත් ඔය ඇපයෙන් නිදහස් වුනා."

ඉතින් භාග්‍යවතුන් වහන්සේ මේ කරුණ දැනගෙන, ඒ වෙලාවේ මේ උදානය වදාළා.

"යම් කෙනෙක් කාම මඩ වගුරෙන් එතෙර වුනා නම්, කාම කටුව තලලා දැම්මා නම්, මෝහය ක්ෂය වෙලා, නිවනට පත් වුනා නම්, සැප දුක් දෙකෙහි කම්පා නොවෙයි නම් ඔහුට තමයි 'භික්ෂුව' කියන්නේ."

සාදු! සාදු!! සාදු!!!

3.3.
යසෝජ සූත්‍රය
යසෝජ තෙරුන් අරහයා වදාළ උදානය

මා හට අසන්නට ලැබුනේ මේ විදිහටයි. ඒ දිනවල භාග්‍යවතුන් වහන්සේ වැඩසිටියේ සැවැත් නුවර ජේතවනය නම් වූ අනේපිඬු සිටුතුමාගේ ආරාමයේ.

ඒ දවස්වල යසෝජ තෙරුන් ප්‍රමුඛ පන්සියයක් පමණ භික්ෂූන් වහන්සේලා භාග්‍යවතුන් වහන්සේව බැහැදකින්න සැවැත් නුවරට පැමිණිලා හිටියා. ඉතින් ඒ ආගන්තුක භික්ෂූන් වහන්සේලා, නේවාසික භික්ෂූන් වහන්සේලා සමඟ පිළිසඳරින් සතුටු වෙද්දී, ආසන පහසුකම් සළසද්දී, පාත්‍ර සිවුරු තැන්පත් කරද්දී ගොඩාක් ශබ්ද ඇති වුනා. මහා ශබ්ද ඇති වුනා.

එතකොට භාග්‍යවතුන් වහන්සේ ආයුෂ්මත් ආනන්ද තෙරුන් වහන්සේ ඇමතුවා.

"පින්වත් ආනන්ද, ඔය උස් හඬින්, මහා හඬින් ශබ්ද කරන්නේ කවුද? මාළු අල්ලන තැනක කෑකෝ ගසමින් මාළු අල්ලන මිනිසුන් වගේ."

"ස්වාමීනී, මේ යසෝජ තෙරුන් ප්‍රමුඛ පන්සියයක් භික්ෂූන් වහන්සේලා භාග්‍යවතුන් වහන්සේව බැහැදකීමට ඇවිල්ලයි ඉන්නෙ. ඉතින් ඒ භික්ෂූන් නේවාසික භික්ෂූන් සමඟ පිළිසඳර කතා බහේ යෙදෙනවා. ඔය උස් හඬ, මහා හඬ ඇහෙන්නේ ඒ නිසයි."

"එහෙම නම් පින්වත් ආනන්ද, මගේ වචනයෙන් ඒ භික්ෂූන්ව අමතන්න. 'ඔය ආයුෂ්මතුන් වහන්සේලාට අන්න ශාස්තෘන් වහන්සේ අමතනවා' කියලා."

"එසේය, ස්වාමීනී" කියලා ආයුෂ්මත් ආනන්දයන් පිළිතුරු දීලා ඒ භික්ෂූන් ළඟට ගිහින් ඒ භික්ෂූන්ට මෙහෙම කිව්වා.

"ප්‍රිය ආයුෂ්මතුනි, අන්න ශාස්තෘන් වහන්සේ ඔබ කැඳවනවා."

"එසේය, ප්‍රිය ආයුෂ්මතුනි" කියලා ඒ භික්ෂූන් වහන්සේලා ආයුෂ්මත් ආනන්දයන්ට පිළිතුරු දීලා, භාග්‍යවතුන් වහන්සේ ළඟට පැමිණියා. පැමිණිලා භාග්‍යවතුන් වහන්සේට ආදරයෙන් වන්දනා කරලා, පැත්තකින් වාඩිවුනා. පැත්තකින් වාඩිවුන ඒ භික්ෂූන්ගෙන් භාග්‍යවතුන් වහන්සේ මෙය අසා වදාළා.

"පින්වත් මහණෙනි, උස් හඬින්, මහ හඬින් ශබ්ද කළේ ඇයි? මාලු මරණ තැන්වල කෑකෝ ගහන මිනිසුන් වගේ."

මෙසේ වදාළ විට ආයුෂ්මත් යසෝජ තෙරුන් භාග්‍යවතුන් වහන්සේට මෙසේ කිව්වා.

"ස්වාමීනී, භාග්‍යවතුන් වහන්සේව බැහැදකින්නමයි මේ පන්සියයක් පමණ භික්ෂූන් මේ සැවැත් නුවරට පැමිණුනේ. ඒ ආගන්තුක භික්ෂූන් නේවාසික භික්ෂූන් සමඟ පිළිසඳර කතා කරද්දී, ආසන පහසුකම් සලසද්දී, පාත්‍ර සිවුරු තැන්පත් කරද්දී තමයි ඔය උස් හඬ, මහ හඬ ඇති වුනේ."

"යන්න පින්වත් මහණෙනි, මං ඔබ බැහැර කරනවා. මා සමීපයේ ඔබ වාසය කරන්න ඕන නෑ."

"එසේය, ස්වාමීනී" කියලා ඒ භික්ෂූන් භාග්‍යවතුන් වහන්සේට පිළිතුරු දීලා, ආසනෙන් නැගිටලා ආදරයෙන් වන්දනා කළා. ප්‍රදක්ෂිණා කළා. සකස් කරගත්තු ආසන ආයෙමත් තැන්පත් කළා. පාත්‍ර සිවුරු අරගත්තා. වජ්ජි දේශය බලා පිටත් වුනා. වජ්ජි ජනපදයේ පිළිවෙලින් චාරිකාවේ සැරිසරා යද්දී වග්ගුමුදා නදිය වෙත පැමිණුනා. පැමිණිලා, වග්ගුමුදා නදී තීරයේ කොළ අතු සෙවිලි කළ කුටි හදාගෙන, වස් සමාදන් වුනා.

ඉතින් ආයුෂ්මත් යසෝජ තෙරුන් වස් සමාදන් වූ භික්ෂූන් ඇමතුවා.

"ප්‍රිය ආයුෂ්මතුනි, භාග්‍යවතුන් වහන්සේ විසින් අපව බැහැර කොට වදාළේ අපේම යහපත කැමැති නිසාමයි. හිතවත්කමටයි. අනුකම්පාවෙන්මයි. අනුකම්පාව උපදවා ගෙනමයි. ඉතින් ප්‍රිය ආයුෂ්මතුනි, ඒ නිසා අපත් භාග්‍යවතුන් වහන්සේ සතුටු වන්නේ යම් විදිහකින් ඉන්න කොටද, ඉතින් අපිත් ඒ විදිහට මේ වස් කාලය ගත කරමු."

"එසේය, ආයුෂ්මතුනි" කියලා ඒ භික්ෂූන් වහන්සේලා ආයුෂ්මත් යසෝජ තෙරුන්ට පිළිතුරු දුන්නා.

ඉතින් ඒ භික්ෂූන් හුදෙකලා වුනා. අප්‍රමාදී වුනා. කෙලෙස් තවන වීරිය ඇති කරගත්තා. දිවි දෙවෙනි කොට ධර්මයේ හැසිරුනා. ඒ වස් කාලෙ ඇතුළත ඒ සියලුම භික්ෂූන් ත්‍රිවිද්‍යාව සාක්ෂාත් කළා.

එතකොට භාග්‍යවතුන් වහන්සේ සැවැත් නුවර කැමැති තාක් කල් වැඩවාසය කරලා, විශාලා මහනුවර බලා චාරිකාවේ වැඩම කළා. එහිදී භාග්‍යවතුන් වහන්සේ වැඩසිටියේ විශාලා මහනුවර මහා වනයේ කූටාගාර ශාලාවේ. එදා භාග්‍යවතුන් වහන්සේ වග්ගුමුදා ගං තෙර සිටි භික්ෂූන්ගේ සිත් ගැන තම සිතින් විමසා බලා ආයුෂ්මත් ආනන්දයන් අමතා වදාළා.

"පින්වත් ආනන්ද, යම් දිශාවක වග්ගුමුදා ගං තෙර භික්ෂූන් සිටිත් නම්, ඒ දිශාව මට එළියක් පහළ වුනා වගේ. පින්වත් ආනන්ද, මට ඒ දිශාව ආලෝකයක් පහළ වුනා වගේ. එහි වඩින්න වුනත්, සිහි කරන්න වුනත්, කිසිම අප්‍රසන්න කමක් නෑ. පින්වත් ආනන්ද, ඔබ වග්ගුමුදා නදී තීරයේ සිටින භික්ෂූන් සමීපයට දූතයෙක් යවන්න ඕන. ඔය ආයුෂ්මතුන් වහන්සේලාව ශාස්තෘන් වහන්සේ කැඳවනවා. ඔය ආයුෂ්මතුන් වහන්සේලාගේ දැකීමට ශාස්තෘන් වහන්සේ කැමතියි කියලා."

"එසේය, ස්වාමීනී" කියලා ආයුෂ්මත් ආනන්දයන් වහන්සේ භාග්‍යවතුන් වහන්සේට පිළිතුරු දීලා එක්තරා භික්ෂුවක් ළඟට ගියා. ගිහින් ඒ භික්ෂුවට මෙහෙම කිව්වා.

"ප්‍රිය ආයුෂ්මත, මෙහි එන්න. වග්ගුමුදා ගං තෙර වසන භික්ෂූන්ට මෙහෙම කියන්න. 'ප්‍රිය ආයුෂ්මතුනි, අන්න ශාස්තෘන් වහන්සේ ඔබ අමතනවා. ශාස්තෘන් වහන්සේ ආයුෂ්මතුන් වහන්සේලා දකින්නට කැමැතියි' කියලා."

"එසේය, ආයුෂ්මත" කියලා ඒ භික්ෂුව ආයුෂ්මත් ආනන්දයන්ට පිළිතුරු

දීලා, බලවත් පුරුෂයෙක් හැකිලූ අතක් දිග හරින වේගයෙන්, දික් කළ අතක් හකුළන වේගයෙන් මහා වනයේ කූටාගාර ශාලාවෙන් නොපෙනී ගියා. වග්ගුමුදා ගං තෙර වසන ඒ භික්ෂූන් ඉදිරියේ පහළ වුනා. ඉතින් ඒ භික්ෂුව වග්ගුමුදා ගං තෙර වසන ඒ භික්ෂූන්ට මෙහෙම කිව්වා.

"ප්‍රිය ආයුෂ්මතුනි, අන්න ශාස්තෘන් වහන්සේ ඔබ අමතනවා. ශාස්තෘන් වහන්සේ ආයුෂ්මතුන් වහන්සේලා දකින්න කැමැතියි"

"එසේය, ආයුෂ්මත" කියලා ඒ භික්ෂූන් අර භික්ෂුවට පිළිතුරු දුන්නා. වැඩසිටිය ආසන ආදිය පිළිවෙලකට තැන්පත් කළා. පාත්‍ර සිවුරු අරගත්තා. බලවත් පුරුෂයෙක් හැකිලූ අතක් දිග හරින වේගයෙන්, දික් කළ අතක් හකුළන වේගයෙන් වග්ගුමුදා ගං තෙරින් නොපෙනී ගියා. මහා වනයේ කූටාගාර ශාලාවේ භාග්‍යවතුන් වහන්සේ ඉදිරියේ පහළ වුනා.

ඒ මොහොතේ භාග්‍යවතුන් වහන්සේ ආනෙඤ්ජ සමාධියෙන් **(ධ්‍යාන බලයෙන් යුතු අරහත් ඵල සමාධියක්)** වැඩසිටියේ. එතකොට අර භික්ෂූන්ට මෙහෙම හිතුනා. 'දැන් භාග්‍යවතුන් වහන්සේ වැඩසිටින්නේ කුමන විහරණයකින්ද?' කියලා. ඉතින් ඒ භික්ෂූන්ට මේ අදහස ඇතිවුනා. 'ආනෙඤ්ජ සමාධියෙන් දැන් භාග්‍යවතුන් වහන්සේ වැඩඉන්නේ' කියලා. ඒ සියලු දෙනාම ආනෙඤ්ජ සමාධියට සමවැදුනා.

ඉතින් ආයුෂ්මත් ආනන්දයන් වහන්සේ රැය ගෙවෙන වේලෙහි පළමු යාමය ගෙවුන කල්හි ආසනයෙන් නැගිට්ටා. සිවුර ඒකාංශ කොට පොරවා ගත්තා. භාග්‍යවතුන් වහන්සේ වෙත වන්දනා කරගත්තා. භාග්‍යවතුන් වහන්සේට මෙහෙම කිව්වා.

"ස්වාමීනී, රාත්‍රී බොහෝ වේලා ඉක්ම ගියා. පළමු යාමය ගෙවුනා. ආගන්තුක භික්ෂූන් වාඩිවෙලා බොහෝ වේලාවක් වෙනවා. ආගන්තුක භික්ෂූන් සමඟ පිළිසඳර කතාබහේ යෙදෙන සේක්වා!"

එහෙම කිව්වාම භාග්‍යවතුන් වහන්සේ නිශ්ශබ්ද වුනා. දෙවෙනි වතාවටත් ආයුෂ්මත් ආනන්දයන් වහන්සේ රැය ගෙවෙන වේලෙහි මධ්‍යම යාමය ගෙවුන කල්හි ආසනයෙන් නැගිට්ටා. සිවුර ඒකාංශ කොට පොරවා ගත්තා. භාග්‍යවතුන් වහන්සේ වෙත වන්දනා කරගත්තා. භාග්‍යවතුන් වහන්සේට මෙහෙම කිව්වා.

"ස්වාමීනී, රාත්‍රී බොහෝ වේලා ඉක්ම ගියා. මධ්‍යම යාමයත් ගෙවුනා. ආගන්තුක භික්ෂූන් වාඩිවෙලා බොහෝ වේලාවක් වෙනවා. ආගන්තුක භික්ෂූන් සමඟ පිළිසඳර කතාබහේ යෙදෙන සේක්වා!"

දෙවෙනි වතාවටත් භාග්‍යවතුන් වහන්සේ නිශ්ශබ්ද වුනා. තුන්වෙනි වතාවටත් ආයුෂ්මත් ආනන්දයන් වහන්සේ රැය ගෙවෙන වේලෙහි පශ්චිම යාමය ගෙවුන කල්හි, අරුණ උදාවෙද්දී, රැය පහන් වෙද්දී, ආසනයෙන් නැගිට්ටා. සිවුර ඒකාංශ කොට පොරවා ගත්තා. භාග්‍යවතුන් වහන්සේ වෙත වන්දනා කරගත්තා. භාග්‍යවතුන් වහන්සේට මෙහෙම කිව්වා.

"ස්වාමීනී, රාත්‍රිය ඉක්ම ගියා. පශ්චිම යාමයත් ගෙවුනා. අරුණත් උදාවුනා. රැය පහන් වුනා. ආගන්තුක භික්ෂූන් වාඩිවෙලා බොහෝ වේලාවක් වෙනවා. ආගන්තුක භික්ෂූන් සමඟ පිළිසඳර කතාබහේ යෙදෙන සේක්වා!"

එතකොට භාග්‍යවතුන් වහන්සේ සමාධියෙන් නැගිට වදාළා. ආයුෂ්මත් ආනන්දයන් වහන්සේ හට මෙය පවසා වදාළා.

"පින්වත් ආනන්ද, ඉතින් ඔබ මේ ගැන දන්නවා නම්, ඔහොම හිතන්නේ නෑ. පින්වත් ආනන්ද, මමත් මේ භික්ෂූන් පන්සියයත් යන අය ඔක්කොම ආනෙඤ්ජ සමාධියෙනුයි වාඩිවෙලා හිටියේ."

ඉතින් භාග්‍යවතුන් වහන්සේ මේ කරුණ දැනගෙන, ඒ වෙලාවේ මේ උදානය වදාළා.

"යම් කෙනෙක් කාම කටුව ජයගත්තා නම්, ආක්‍රෝශ කිරීම්, වධ බන්ධනත් ජයගත්තා නම්, ඔහු නොසැලී පිහිටලා ඉන්නෙ පර්වතයක් වගෙයි. සැප දුක් දෙකේම සැළෙන්නෙ නෑ. අන්න ඔහු තමයි භික්ෂුව."

සාදු! සාදු!! සාදු!!!

3.4.
සාරිපුත්ත සූත්‍රය
සැරියුත් තෙරුන් අරභයා වදාළ උදානය

මා හට අසන්නට ලැබුනේ මේ විදිහටයි. ඒ දිනවල භාග්‍යවතුන් වහන්සේ වැඩසිටියේ සැවැත් නුවර ජේතවනය නම් වූ අනේපිඬු සිටුතුමාගේ ආරාමයේ.

එදා ආයුෂ්මත් සැරියුත් තෙරුන් භාග්‍යවතුන් වහන්සේට නුදුරින් පළඟක් බැඳ ගෙන, කය ඍජු කරගෙන, භාවනා අරමුණේ සිහිය පිහිටුවා ගෙන වාඩි

වෙලා සිටියා. පළඟක් බැඳගෙන, කය ඍජු කරගෙන, භාවනා අරමුණේ සිහිය පිහිටුවා ගෙන වාඩිවෙලා ඉන්න ආයුෂ්මත් සැරියුත් තෙරුන්ව භාග්‍යවතුන් වහන්සේට දැකගන්න ලැබුනා.

ඉතින් භාග්‍යවතුන් වහන්සේ මේ කරුණ දැනගෙන, ඒ වෙලාවේ මේ උදානය වදාළා.

"හරියටම ගල් පර්වතයක් වගෙයි. සෙලවීමක් නෑ. මනාව පිහිටලයි ඉන්නේ. මෝහය ගෙවලා දාපු භික්ෂුවත් ඒ වගේම තමයි. ගල් පර්වතයක් වගෙයි. සෙලවෙන්නෙ නෑ."

සාදු! සාදු!! සාදු!!!

3.5.
කෝලිත සූත්‍රය
මුගලන් තෙරුන් අරහයා වදාළ උදානය

මා හට අසන්නට ලැබුනේ මේ විදිහටයි. ඒ දිනවල භාග්‍යවතුන් වහන්සේ වැඩසිටියේ සැවැත් නුවර ජේතවනය නම් වූ අනේපිඬු සිටුතුමාගේ ආරාමයේ.

එදා ආයුෂ්මත් මොග්ගල්ලාන තෙරුන් භාග්‍යවතුන් වහන්සේට නුදුරින් පළඟක් බැඳ ගෙන, කය ඍජු කරගෙන, තමා තුළ කායානුපස්සනා භාවනාවේ සිහිය මනා කොට පිහිටුවා ගෙන වාඩිවෙලා සිටියා. පළඟක් බැඳගෙන, කය ඍජු කරගෙන, තමා තුළ කායානුපස්සනා භාවනාවේ සිහිය මනා කොට පිහිටුවා ගෙන වාඩිවෙලා ඉන්න ආයුෂ්මත් මොග්ගල්ලානයන්ව භාග්‍යවතුන් වහන්සේට දැකගන්න ලැබුනා.

ඉතින් භාග්‍යවතුන් වහන්සේ මේ කරුණ දැනගෙන, ඒ වෙලාවේ මේ උදානය වදාළා.

"කායානුපස්සනාවේ සිහිය පිහිටුවා ගෙන ඉන්නෙ. ස්පර්ශ ආයතන හයම සංවර වෙලයි තියෙන්නෙ. භික්ෂුව නිතරම සමාහිත සිතිනුයි ඉන්නෙ. අන්න ඒ භික්ෂුව තමන් සාක්ෂාත් කරපු අමා නිවන ගැන දන්නවා."

සාදු! සාදු!! සාදු!!!

3.6.
පිළින්දිවච්ඡ සූත්‍රය
පිළින්දිවච්ඡ තෙරුන් අරහයා වදාළ උදානය

මා හට අසන්නට ලැබුනේ මේ විදිහටයි. ඒ දිනවල භාග්‍යවතුන් වහන්සේ වැඩසිටියේ රජගහ නුවර ලේනුන්ගේ අභය භූමිය වූ කලන්දක නිවාපයේ.

ඒ දිනවල ආයුෂ්මත් පිළින්දිවච්ඡ තෙරුන් (ඒයි වසලය, මෙහි එව ආදී වශයෙන්) භික්ෂූන්ට 'වසල' වචනයෙන් කතා කරනවා. එතකොට බොහෝ භික්ෂූන් වහන්සේලා භාග්‍යවතුන් වහන්සේ ළඟට ගියා. ගිහින් භාග්‍යවතුන් වහන්සේට ආදරයෙන් වන්දනා කළා. පැත්තකින් වාඩිවුනා. පැත්තකින් වාඩි වුන ඒ භික්ෂූන් භාග්‍යවතුන් වහන්සේට මෙහෙම කිව්වා.

"ස්වාමීනී, ආයුෂ්මත් පිළින්දිවච්ඡයන් භික්ෂූන්ට 'වසල' වාදයෙන් කතා කරනවා."

එතකොට භාග්‍යවතුන් වහන්සේ එක්තරා භික්ෂුවක් ඇමතුවා.

"පින්වත් භික්ෂුව, මෙහි එන්න. මගේ වචනයෙන් පිළින්දිවච්ඡ භික්ෂුව අමතන්න. 'ප්‍රිය ආයුෂ්මත, ශාස්තෲන් වහන්සේ ඔබව අමතනවා' කියලා."

"එසේය, ස්වාමීනී" කියලා ඒ භික්ෂුව භාග්‍යවතුන් වහන්සේට පිළිතුරු දීලා, ආයුෂ්මත් පිළින්දිවච්ඡයන් ළඟට ගියා. ගිහින් ආයුෂ්මත් පිළින්දිවච්ඡයන් හට මෙහෙම කිව්වා.

"ප්‍රිය ආයුෂ්මත, අන්න ශාස්තෲන් වහන්සේ ඔබව කැඳවනවා."

"එසේය, ආයුෂ්මත" කියලා ආයුෂ්මත් පිළින්දිවච්ඡයන් ඒ භික්ෂුවට පිළිතුරු දීලා භාග්‍යවතුන් වහන්සේ ළඟට ගියා. ගිහින් භාග්‍යවතුන් වහන්සේට වන්දනා කරලා පැත්තකින් වාඩිවුනා. පැත්තකින් වාඩිවුන ආයුෂ්මත් පිළින්දිවච්ඡයන්ගෙන් භාග්‍යවතුන් වහන්සේ මෙය අසා වදාළා.

"පින්වත් වච්ඡයෙනි, ඔබ 'වසල' වාදයෙන් භික්ෂූන්ට කතා කරන බව ඇත්තක්ද?"

"එසේය, ස්වාමීනී"

එතකොට භාග්‍යවතුන් වහන්සේ ආයුෂ්මත් පිළින්දිවච්ඡ තෙරුන්ගේ පෙර ගත කළ ජීවිත පිළිවෙල ගැන (පුබ්බේනිවාස) නුවණින් විමසා වදාළා. භික්ෂූන් අමතා වදාළා.

"පින්වත් මහණෙනි, ඔය වච්ඡ භික්ෂුවට මොකවත් කියන්න එපා! පින්වත් මහණෙනි, වච්ඡ භික්ෂුව 'වසල' වාදයෙන් කතා කරන්නෙ ද්වේෂ සහගත සිතින් නොවෙයි. පින්වත් මහණෙනි, ඔය වච්ඡ භික්ෂුව ආත්ම භාව පන්සියයක්ම එක දිගට බ්‍රාහ්මණ කුලයේ ඉපදිලා තියෙන්නේ. ඔය වසලවාදය ඔහු බොහෝ කලක් තිස්සේ පුරුදු කරගෙන ආපු එකක්. ඒ නිසයි ඔය වච්ඡ භික්ෂූන්ට වසලවාදයෙන් කතා කරන්නේ."

ඉතින් භාග්‍යවතුන් වහන්සේ මේ කරුණ දැනගෙන, ඒ වෙලාවේ මේ උදානය වදාළා.

"යම් කෙනෙක් තුළ මායා නැත්නම්, මාන්නයක් නැත්නම්, ඔහු ලෝභයෙන් තොර කෙනෙක්මයි. මමත්වයෙන් තොර කෙනෙක්මයි. ආශා රහිත කෙනෙක්මයි. ක්‍රෝධය බැහැර කළා නම්, පිරිනිවී ගිය සිතක් ඇත්නම්, ඔහු තමයි බ්‍රාහ්මණයා. ඔහු තමයි ශ්‍රමණයා. ඔහු තමයි භික්ෂුව."

සාදු! සාදු!! සාදු!!!

3.7.
කස්සප සූත්‍රය
මහා කස්සප තෙරුන් අරහයා වදාළ උදානය

මා හට අසන්නට ලැබුනේ මේ විදිහටයි. ඒ දිනවල භාග්‍යවතුන් වහන්සේ වැඩසිටියේ රජගහ නුවර ලේනුන්ගේ අභය භූමිය වූ කලන්දක නිවාපයේ.

ඒ දිනවල ආයුෂ්මත් මහා කස්සපයන් වහන්සේ පිප්ඵලී ගුහාවේ වැඩසිටියා. ඒ මහා කස්සපයන් වහන්සේ එක්තරා සමාධියකට සමවැදිලා, එක පළඟින්ම දවස් හතක් වැඩසිටියා.

ඉතින් ආයුෂ්මත් මහා කස්සපයන් වහන්සේ ඒ දවස් හත ඇවෑමෙන් ඒ සමාධියෙන් නැගිට්ටා. ඒ සමාධියෙන් නැගිට්ට ආයුෂ්මත් මහා කස්සපයන් වහන්සේට එතකොට මෙහෙම හිතුනා. 'මං රජගහ නුවරට පිණ්ඩපාතෙ

වඩිනවා නම් හොඳයි' කියලා. ඒ මොහොතේ දෙවිවරු පන්සියයක් පමණ ආයුෂ්මත් මහා කස්සප තෙරුන්ට පිණ්ඩපාතේ පිළිගන්වන්න මහන්සි ගත්තා. එතකොට ආයුෂ්මත් මහා කස්සපයන් වහන්සේ පන්සියයක් පමණ දෙවිවරුන්ව වැළැක්වූවා. උදේ වරුවේ සිවුරු පොරොවාගෙන, පාත්‍ර සිවුරු අරගෙන පිණ්ඩපාතේ වැඩියා.

එතකොට ශක්‍ර දේවේන්ද්‍රයාටත් ආයුෂ්මත් මහා කස්සපයන් වහන්සේට පිණ්ඩපාතය පූජා කිරීමට ඕන වෙලා තිබුනා. ඉතින් ඔහු රෙදි වියන්නෙකුගේ වෙස් අරගෙන නූල් කටිමින් සිටියා. සුජා නම් වූ අසුර කන්‍යාවත් ලී දණ්ඩෙහි නූල් ඔතමින් සිටියා.

එතකොට ආයුෂ්මත් මහා කස්සපයන් වහන්සේ රජගහ නුවර ගෙපිළිවෙලින් පිණ්ඩපාතේ වඩිද්දී වෙස් වලා ගෙන සිටි ශක්‍ර දේවේන්ද්‍රයාගේ පැල්පතටත් වැඩියා. ශක්‍ර දේවේන්ද්‍රයා දුරින්ම වඩිනා මහා කස්සප තෙරුන්ව දැක්කා. දැකලා පැල්පතෙන් එළියට ඇවිත් පෙර ගමන් ගියා. පාත්‍රය අතින් ඉල්ලා ගෙන පැලට අරගෙන ගියා. හැලියෙන් බත් ගෙන පාත්‍රය පිරෙව්වා. ආයුෂ්මත් මහා කස්සපයන් වහන්සේට පිළිගැන්වූවා. ඒ පිණ්ඩපාත භෝජනය නොයෙක් සූප ව්‍යංජන ඇතිව, නොයෙක් සූප ව්‍යංජන රසයෙන් රසවත් වෙලා තිබුනා.

එතකොට ආයුෂ්මත් මහා කස්සපයන් වහන්සේ හිතන්න පටන් ගත්තා. 'කවුද මේ තැනැත්තා? මේ විදිහේ ඉර්ධිබල ආනුභාවයක් තියෙන කෙනා කවුද?'

එතකොට ආයුෂ්මත් මහා කස්සපයන් වහන්සේට මෙහෙම හිතුනා. 'මේ ශක්‍ර දේවේන්ද්‍රයා නෙව.' එහෙම දැනගෙන ශක්‍ර දේවේන්ද්‍රයාට මෙහෙම කිව්වා.

"පින්වත් කෝසිය, ඔබ තමයි මේ වැඩේ කළේ. ආයෙ නම් ඔය විදිහේ දේවල් කරන්න එපා!"

"ස්වාමීනී, කස්සපයන් වහන්ස, අපටත් පින්වලින් යහපතක් වෙනවා නෙව. අපටත් පින්වලින් කළ යුතු දේ තියෙනවා නෙව" කියලා ශක්‍ර දේවේන්ද්‍රයා ආයුෂ්මත් මහා කස්සපයන්ට වන්දනා කරලා, ප්‍රදක්ෂිණා කරලා අහසට පැන නැංගා. අහස් තලයේ සිටිමින් තුන් වරක් සතුට ප්‍රකාශ කළා.

"ආශ්චර්යයි! කස්සප තෙරුන්ට පූජා කරගත්තු දානය තමයි උතුම්ම දානය. ආශ්චර්යයි! කස්සප තෙරුන්ට පූජා කරගත්තු දානය තමයි උතුම්ම දානය."

එතකොට භාග්‍යවතුන් වහන්සේ මිනිස් ශ්‍රවණය ඉක්මවා ගිය පිරිසිදු දිව්‍ය ශ්‍රවණයෙන් අහසට පැන නැගී, අහස් තලයේදී තුන් වරක් උදම් අනන ශක්‍ර දේවේන්ද්‍රයාගේ මේ බස ශ්‍රවණය කොට වදාළා.

"ආශ්චර්යයි! කස්සප තෙරුන්ට පූජා කරගත්තු දානය තමයි උතුම්ම දානය. ආශ්චර්යයි! කස්සප තෙරුන්ට පූජා කරගත්තු දානය තමයි උතුම්ම දානය."

ඉතින් භාග්‍යවතුන් වහන්සේ මේ කරුණ දැනගෙන, ඒ වෙලාවේ මේ උදානය වදාළා.

"පිණ්ඩපාතෙ කරගන්න භික්ෂුව, යන්තමින් තමන්ට යැපීමට විතරයි මොකවත් හොයාගන්නෙ. අනුන්ව පෝෂණය කරන්නෙ නෑ. අට ලෝ දහමෙන් නොසැලෙන, උපශාන්ත වූ, හැම තිස්සේම සිහියෙන් වාසය කරන භික්ෂුවට දෙවියෝ පවා සෙනෙහෙවන්තයි."

සාදු! සාදු!! සාදු!!!

3.8.
පිණ්ඩපාතික සූත්‍රය
පිණ්ඩපාතික භික්ෂූන් අරභයා වදාළ උදානය

මා හට අසන්නට ලැබුනේ මේ විදිහටයි. ඒ දිනවල භාග්‍යවතුන් වහන්සේ වැඩසිටියේ සැවැත් නුවර ජේතවනය නම් වූ අනේපිඬු සිටුතුමාගේ ආරාමයේ.

ඒ දිනවල බොහෝ භික්ෂූන් පිණ්ඩපාතෙන් පස්සේ හවස් වරුවේ කරේරි මණ්ඩල මාලකයට රැස්වෙලා මේ විදිහේ කතාවක් කරමින් හිටියා.

"ප්‍රිය ආයුෂ්මතුනි, පිණ්ඩපාතෙන් යැපෙන භික්ෂුවට පිඬු සිඟා වඩිද්දී කලින් කලට ඉතා ප්‍රිය මනාප රූප ඇසින් දකින්න ලැබෙනවා. කලින් කලට ඉතා ප්‍රිය මනාප ශබ්ද කනෙන් අසන්න ලැබෙනවා. කලින් කලට ඉතා ප්‍රිය මනාප සුවඳ නාසයෙන් ආඝ්‍රාණය කරන්න ලැබෙනවා. කලින් කලට ඉතා ප්‍රිය මනාප රස දිවෙන් රස විඳින්න ලැබෙනවා. කලින් කලට ඉතා ප්‍රිය මනාප පහස කයෙන් විඳින්න ලැබෙනවා. ප්‍රිය ආයුෂ්මතුනි, ඒ වගේම පිණ්ඩපාතෙන් ජීවත් වෙන භික්ෂුව පිණ්ඩපාතේ හැසිරීම නිසා සත්කාර ලබනවා. ගෞරව ලබනවා.

බුහුමන් ලබනවා. පිදුම් ලබනවා. යටහත් පැවතුම් ලබනවා. ප්‍රිය ආයුෂ්මතුනි, ඒ නිසා අපිත් පිණ්ඩපාතෙන් විතරක් ජීවත් වෙමු. එතකොට අපටත් කලින් කලට ඉතා ප්‍රිය මනාප රූප ඇසින් දකින්න පුළුවනි. අපටත් කලින් කලට ඉතා ප්‍රිය මනාප ශබ්ද කනෙන් අසන්න පුළුවනි. අපටත් කලින් කලට ඉතා ප්‍රිය මනාප සුවඳ නාසයෙන් ආඝ්‍රාණය කරන්න පුළුවනි. අපටත් කලින් කලට ඉතා ප්‍රිය මනාප රස දිවෙන් රස විඳින්න පුළුවනි. අපටත් කලින් කලට ඉතා ප්‍රිය මනාප පහස කයෙන් විඳින්න පුළුවනි. අපිත් සත්කාර ලබාගෙන, ගෞරව ලබාගෙන, බුහුමන් ලබාගෙන, පිදුම් ලබාගෙන, යටහත් පැවැතුම් ලබාගෙන පිණ්ඩපාතේ හැසිරෙමු."

භික්ෂූන් අතර වූ මේ කතා බහ මෙහිදී අඩාල වුනා. ඒ වෙලාවේ භාග්‍යවතුන් වහන්සේ හවස් වරුවේ භාවනාවෙන් නැගිටලා කරේරිමණ්ඩල මාලකයට වැඩම කළා. එහි පණවන ලද අසුනෙහි වැඩසිටියා. වැඩහුන් භාග්‍යවතුන් වහන්සේ භික්ෂූන් අමතා වදාළා.

"පින්වත් මහණෙනි, දැන් ඔබ කතා බස් කර කර හිටියේ මොකක් ගැනද? අඩාල වෙලා ගිය කථාව කුමක්ද?"

"ස්වාමීනී, අපි පිණ්ඩපාතෙන් පස්සේ හවස් වරුවේ කරේරිමණ්ඩල මාලකයට රැස් වෙලා ඉන්න කොට, මේ විදිහේ කතා බහකයි යෙදිලා හිටියේ. 'ප්‍රිය ආයුෂ්මතුනි, පිණ්ඩපාතෙන් යැපෙන භික්ෂුවට පිඬු සිඟා වඩිද්දී කලින් කලට ඉතා ප්‍රිය මනාප රූප ඇසින් දකින්න ලැබෙනවා. කලින් කලට ඉතා ප්‍රිය මනාප ශබ්ද කනෙන් අසන්න ලැබෙනවා. කලින් කලට ඉතා ප්‍රිය මනාප සුවඳ නාසයෙන් ආඝ්‍රාණය කරන්න ලැබෙනවා. කලින් කලට ඉතා ප්‍රිය මනාප රස දිවෙන් රස විඳින්න ලැබෙනවා. කලින් කලට ඉතා ප්‍රිය මනාප පහස කයෙන් විඳින්න ලැබෙනවා. ප්‍රිය ආයුෂ්මතුනි, ඒ වගේම පිණ්ඩපාතෙන් ජීවත් වෙන භික්ෂුව පිණ්ඩපාතේ හැසිරීම නිසා සත්කාර ලබනවා. ගෞරව ලබනවා. බුහුමන් ලබනවා. පිදුම් ලබනවා. යටහත් පැවතුම් ලබනවා. ප්‍රිය ආයුෂ්මතුනි, ඒ නිසා අපිත් පිණ්ඩපාතෙන් විතරක් ජීවත් වෙමු. එතකොට අපටත් කලින් කලට ඉතා ප්‍රිය මනාප රූප ඇසින් දකින්න පුළුවනි. ....(පෙ).... අපටත් කලින් කලට ඉතා ප්‍රිය මනාප පහස කයෙන් විඳින්න පුළුවනි. අපිත් සත්කාර ලබාගෙන, ගෞරව ලබාගෙන, බුහුමන් ලබාගෙන, පිදුම් ලබාගෙන, යටහත් පැවැතුම් ලබාගෙන පිණ්ඩපාතේ හැසිරෙමු' කියලා. ස්වාමීනී, ඔය කථාව තමයි අතරමග නතර වුනේ. එතකොට තමයි භාග්‍යවතුන් වහන්සේ වැඩමවා වදාළේ."

"නෑ, පින්වත් මහණෙනි, ගිහි ගේ අත්හැරලා මේ අනගාරික ශාසනයේ

ශ්‍රද්ධාවෙන් පැවිදි වෙච්ච පින්වත් කුලපුත්‍රයන් වන ඔබට ඔය විදිහේ කථාවක් කර කර ඉන්න එක සුදුසු නෑ. 'පින්වත් මහණෙනි, එකට එකතුවෙච්ච වෙලාවට කරුණු දෙකක් කරන්න ඕන. එක්කො ධර්ම කථාවක යෙදෙන්න ඕන. එහෙම නැත්නම් ආර්ය වූ නිශ්ශබ්දතාවය වන භාවනාවක යෙදෙන්න ඕන.'"

ඉතින් භාග්‍යවතුන් වහන්සේ මේ කරුණ දැනගෙන, ඒ වෙලාවේ මේ උදානය වදාළා.

"පිඬු සිඟා වඩින භික්ෂුව යන්තමින් තමන්ට යැපෙන්න විතරක් මොකවත් හොයාගත්තහම ඇති. අනික ඒ භික්ෂුව අනුන්ව පෝෂණය කරන්නෙ නෑ නෙව. අට ලෝ දහමට කම්පා නොවෙන තමා ගැන පැතිරෙන කීර්ති රාවය සමඟ එකතු නොවන භික්ෂුවට දෙවියොත් සෙනෙහෙවන්තයි."

සාදු! සාදු!! සාදු!!!

3.9.
සිප්ප සූත්‍රය
ශිල්පයන් අරහයා වදාළ උදානය

මා හට අසන්නට ලැබුනේ මේ විදිහටයි. ඒ දිනවල භාග්‍යවතුන් වහන්සේ වැඩසිටියේ සැවැත් නුවර ජේතවනය නම් වූ අනේපිඬු සිටුතුමාගේ ආරාමයේ.

ඒ දිනවල බොහෝ භික්ෂූන් පිණ්ඩපාතෙන් පස්සේ හවස් වරුවේ මණ්ඩල මාලකයට රැස්වෙලා මේ විදිහේ කතාවක් කරමින් හිටියා.

"ප්‍රිය ආයුෂ්මතුනි, මෙතැන කවුද ශිල්ප දන්නෙ? මොන විදිහේ ශිල්පද ඉගෙන ගෙන තියෙන්නෙ? ශිල්ප අතරින් කොයි ශිල්පයද අග්‍ර?"

එතකොට එතැන හිටපු ඇතැම් කෙනෙක් මෙහෙම කිව්වා. "ශිල්ප අතරින් අග්‍ර හස්ති ශිල්පය තමයි." තව කෙනෙක් මෙහෙම කිව්වා. "ශිල්ප අතරින් අග්‍ර අශ්ව ශිල්පය තමයි." තව කෙනෙක් මෙහෙම කිව්වා. "ශිල්ප අතරින් අග්‍ර රථ ශිල්පය තමයි." තව කෙනෙක් මෙහෙම කිව්වා. "ශිල්ප අතරින් අග්‍ර දුනු ශිල්පය තමයි." තව කෙනෙක් මෙහෙම කිව්වා. "ශිල්ප අතරින් අග්‍ර ආයුධ ශිල්පය තමයි." තව කෙනෙක් මෙහෙම කිව්වා. "ශිල්ප අතරින් අග්‍ර මුද්‍රා ශිල්පය තමයි." තව කෙනෙක් මෙහෙම කිව්වා. "ශිල්ප අතරින් අග්‍ර ගණිත ශිල්පය තමයි."

තව කෙනෙක් මෙහෙම කිව්වා. "ශිල්ප අතරින් අග්‍ර සංඛ්‍යාන ශිල්පය තමයි." තව කෙනෙක් මෙහෙම කිව්වා. "ශිල්ප අතරින් අග්‍ර ලේඛන ශිල්පය තමයි." තව කෙනෙක් මෙහෙම කිව්වා. "ශිල්ප අතරින් අග්‍ර කාව්‍ය ශිල්පය තමයි." තව කෙනෙක් මෙහෙම කිව්වා. "ශිල්ප අතරින් අග්‍ර ලෝක නීති ශිල්පය තමයි."

භික්ෂූන් අතර වූ මේ කතා බහ මෙහිදී අඩාල වුනා. ඒ වෙලාවේ භාග්‍යවතුන් වහන්සේ හවස් වරුවේ භාවනාවෙන් නැගිටලා මණ්ඩල මාලකයට වැඩම කළා. එහි පණවන ලද අසුනෙහි වැඩසිටියා. වැඩහුන් භාග්‍යවතුන් වහන්සේ භික්ෂූන් අමතා වදාළා.

"පින්වත් මහණෙනි, දැන් ඔබ කතා බස් කර කර හිටියේ මොකක් ගැනද? අඩාල වෙලා ගිය කතාව කුමක්ද?"

"ස්වාමීනී, අපි පිණ්ඩපාතෙන් පස්සේ හවස් වරුවේ මණ්ඩල මාලකයට රැස් වෙලා ඉන්න කොට, මේ විදිහේ කතා බහකයි යෙදිලා හිටියේ. 'ප්‍රිය ආයුෂ්මතුනි, මෙතැන කවුද ශිල්ප දන්නෙ? මොන විදිහේ ශිල්පද ඉගෙන ගෙන තියෙන්නෙ? ශිල්ප අතරින් කොයි ශිල්පයද අග්‍ර?' කියලා. එතකොට එතැන හිටපු ඇතැම් කෙනෙක් මෙහෙම කිව්වා. 'ශිල්ප අතරින් අග්‍ර හස්ති ශිල්පය තමයි.' තව කෙනෙක් මෙහෙම කිව්වා. 'ශිල්ප අතරින් අග්‍ර අශ්ව ශිල්පය තමයි.' තව කෙනෙක් මෙහෙම කිව්වා. 'ශිල්ප අතරින් අග්‍ර රථ ශිල්පය තමයි.' තව කෙනෙක් මෙහෙම කිව්වා. 'ශිල්ප අතරින් අග්‍ර දුනු ශිල්පය තමයි.' තව කෙනෙක් මෙහෙම කිව්වා. 'ශිල්ප අතරින් අග්‍ර ආයුධ ශිල්පය තමයි.' තව කෙනෙක් මෙහෙම කිව්වා. 'ශිල්ප අතරින් අග්‍ර මුද්‍රා ශිල්පය තමයි.' තව කෙනෙක් මෙහෙම කිව්වා. 'ශිල්ප අතරින් අග්‍ර ගණිත ශිල්පය තමයි.' තව කෙනෙක් මෙහෙම කිව්වා. 'ශිල්ප අතරින් අග්‍ර සංඛ්‍යාන ශිල්පය තමයි.' තව කෙනෙක් මෙහෙම කිව්වා. 'ශිල්ප අතරින් අග්‍ර ලේඛන ශිල්පය තමයි.' තව කෙනෙක් මෙහෙම කිව්වා. 'ශිල්ප අතරින් අග්‍ර කාව්‍ය ශිල්පය තමයි.' තව කෙනෙක් මෙහෙම කිව්වා. 'ශිල්ප අතරින් අග්‍ර ලෝක නීති ශිල්පය තමයි' කියලා. ස්වාමීනී, ඔය කථාව තමයි අතරමග නතර වුනේ. එතකොට තමයි භාග්‍යවතුන් වහන්සේ වැඩමවා වදාළේ."

"නෑ, පින්වත් මහණෙනි, ගිහි ගේ අත්හැරලා මේ අනගාරික ශාසනයේ ශ්‍රද්ධාවෙන් පැවිදි වෙච්ච පින්වත් කුලපුත්‍රයන් වන ඔබට ඔය විදිහේ කථාවක් කර කර ඉන්න එක සුදුසු නෑ. 'පින්වත් මහණෙනි, එකට එකතුවෙච්ච වෙලාවට කරුණු දෙකක් කරන්න ඕන. එක්කො ධර්ම කථාවක යෙදෙන්න ඕන. එහෙම නැත්නම් ආර්ය වූ නිශ්ශබ්දතාවය වන භාවනාවක යෙදෙන්න ඕන.'"

ඉතින් භාග්‍යවතුන් වහන්සේ මේ කරුණ දැනගෙන, ඒ වෙලාවේ මේ උදානය වදාළා.

"ඔහු ශිල්පයකින් ජීවත් වෙන්නෙ නෑ. සැහැල්ලුයි. හැමදෙනාගේම යහපත කැමතියි. ඉඳුරන් දමනය කරගෙනයි ඉන්නෙ. හැමදේකින්ම මනා කොට නිදහස් වෙලයි ඉන්නෙ. තණ්හාවෙන් බැසගන්නෙ නෑ. මමත්වයෙන් තොරයි. ආශාවෙන් තොරයි. මානය අත්හැරලා හුදෙකලාවෙනුයි ඉන්නෙ. එයාට තමයි භික්ෂුව කියන්නෙ."

සාදු! සාදු!! සාදු!!!

3.10.
ලෝකාවලෝකන සූත්‍රය
බුදු ඇසින් ලෝකය දෙස බැලීම ගැන වදාළ උදානය

මා හට අසන්නට ලැබුනේ මේ විදිහටයි. ඒ දිනවල භාග්‍යවතුන් වහන්සේ සම්බුද්ධත්වයට පත් වුන මුල් කාලයේ වැඩසිටියේ උරුවෙල් දනව්වේ නේරංජරා ගං තෙර බෝ රුක් සෙවනේ. ඒ කාලෙ භාග්‍යවතුන් වහන්සේ ඒ අමා නිවන් සුව විඳිමින් හත් දවසක් එකම පළඟකින් වැඩසිටියා.

එදා භාග්‍යවතුන් වහන්සේ ඒ හත් දවස ඇවෑමෙන්, ඒ සමාධියෙන් නැගිටලා, සම්බුදු ඇසින් ලෝක සත්වයා දෙස බලා වදාළා. ඉතින් භාග්‍යවතුන් වහන්සේ සම්බුදු ඇසින් ලෝක සත්වයා දෙස බලද්දී, රාගය නිසා හටගත්, ද්වේෂය නිසා හටගත්, මෝහය නිසා හටගත් නොයෙක් තැවිලිවලින් තැවි තැවී ඉන්න නොයෙක් දැවිලිවලින් දැවි දැවී ඉන්න සත්වයන් දැක වදාළා.

ඉතින් භාග්‍යවතුන් වහන්සේ මේ කරුණ දැනගෙන, ඒ වෙලාවේ මේ උදානය වදාළා.

"මේ ලෝක සත්වයා තුළ හට ගෙන තියෙන්නෙ සන්තාපයමයි. ස්පර්ශයෙන් පීඩිත වෙලයි ඉන්නෙ. එයින් උපදනා රෝගී බව, තමන්ගේ කියලා කියනවා. හිතාගෙන ඉන්නෙ යම් විදිහකින් නමුත් සිද්ධ වෙන්නෙ ඊට හාත්පසින්ම වෙනස් දෙයක්.

භයට ඇලුන සත්වයාට සිද්ධ වෙන්නෙ නොසිතන දෙයක්මයි. ලෝක සත්වයා භවයෙන් පීඩා විඳිනවා. නමුත්, සතුටින් පිළිගන්නෙ භවයමයි. ඔහු

සතුටින් පිළිගන්න දේමයි ඔහුට භය ඇති කරන්නෙ. යමකින් භය වෙනවා නම්, ඒකමයි දුක. භවය දුරු කිරීම පිණිසමයි මේ නිවන් මග අනුගමනය කළ යුත්තේ.

සමහර ශ්‍රමණ බ්‍රාහ්මණවරු ඉන්නවා, ඔවුන් භවයක් කරා යන දේකින්මයි භවයකින් නිදහස් වීම ගැන කියන්නෙ. ඒ හැම කෙනෙක්ම භවයෙන් නම් නිදහස් වෙන්නෙ නෑ කියලයි කියන්න තියෙන්නේ.

තවත් සමහර ශ්‍රමණ බ්‍රාහ්මණවරු ඉන්නවා, ඔවුන් (අරූප ලොව උපත ආදී) විභවයෙනුයි භවයෙන් නිදහස් වීම ගැන කියන්නේ. නමුත් ඒ හැම දෙනෙක්ම භවයෙන් නම් නිදහස් වෙන්නෙ නෑ.

කෙලෙස් සහිත කර්මයෙන්මයි මේ දුක හටගන්නේ. හැම උපාදානයක්ම ක්ෂය වුනොත් දුකේ හටගැනීමක් නෑ. මේ මුළු මහත් සත්ව ලෝකය දෙස බලන්න. අවිද්‍යාවෙන් තැලී පොඩි වී සිටිමින් ඉපදිලා ඉඳගෙන, ඒ ඉපදිච්ච සත්වයාමයි ඇලෙන්නෙ. (ඔවුන්) භවයෙන් නම් නිදහස් වෙන්නෙ නෑ.

යම්කිසි භවයක් තියෙනවා නම්, හැම තැනම, හැම අයුරකින්ම, ඒ හැම භවයක්ම අනිත්‍යයයි. දුකයි. වෙනස් වී යන ස්වභාවයට අයිතියි.

ඔය ආකාරයට ඒ ඇත්ත ස්වභාවයටම දියුණු කරපු ප්‍රඥාවෙන් දැකගත්තොත්, භව තණ්හාව ප්‍රහාණය වෙලා යනවා. විභව තණ්හාව පිළිග න්නෙ නෑ. ඒ තණ්හාවට නොඇලී, ඉතිරි නැතුව නිරුද්ධවීමමයි ඒ අමා නිවන කියන්නේ.

නිවනට පත් වුන ඒ භික්ෂුවට උපාදාන නැති නිසා පුනර්භවයක් නෑ. ඔහු මාරයාව පැරැද්දුවා. යුද්ධයෙන් ජය ගත්තා. හැම භවයක්ම ඉක්මවා ගියා. අට ලෝ දහමෙන් කම්පා නොවෙන සිත් ඇති භික්ෂුවට තමයි 'රහතන් වහන්සේ' කියන්නේ."

සාදු! සාදු!! සාදු!!!

තුන්වෙනි නන්ද වර්ගයයි.

4. මේඝිය වර්ගය

4.1.
මේඝිය සූත්‍රය
මේඝිය තෙරුන් අරභයා වදාළ උදානය

මා හට අසන්නට ලැබුනේ මේ විදිහටයි. ඒ දිනවල භාග්‍යවතුන් වහන්සේ වැඩසිටියේ චාලිකා නුවර අසල චාලිකා පර්වතයේ. ඒ කාලේ ආයුෂ්මත් මේඝිය තෙරුන් තමයි භාග්‍යවතුන් වහන්සේට උපස්ථාන කළේ.

එදා ආයුෂ්මත් මේඝිය තෙරුන් භාග්‍යවතුන් වහන්සේ ළඟට පැමිණියා. පැමිණිලා භාග්‍යවතුන් වහන්සේට ආදරයෙන් වන්දනා කළා. පැත්තකින් වාඩි වුනා. පැත්තකින් වාඩි වුන ආයුෂ්මත් මේඝිය තෙරුන් භාග්‍යවතුන් වහන්සේට මෙහෙම කිව්වා.

"ස්වාමීනී, මං ජන්තු ගමට පිණ්ඩපාතෙ වඩින්නට කැමතියි."

"පින්වත් මේඝිය, යම් ගමනකට කාලය යැයි ඔබ සිතුවා නම් එය දැන් කරන්න."

ඊට පස්සේ ආයුෂ්මත් මේඝිය තෙරුන් උදේ වරුවේ සිවුරු පොරවා ගත්තා. පාත්‍ර සිවුරු අරගෙන පිණ්ඩපාතය පිණිස ජන්තු ගමට වැඩියා. ජන්තු ගමෙහි පිණ්ඩපාතෙ කරගත්තා. පිණ්ඩපාතෙන් පස්සේ හවස් කාලෙ කිමිකාලා කියන ගං තෙරට වැඩියා. වැඩලා කිමිකාලා ගං ඉවුරේ ඔබ මොබ සක්මන් කරමින් ඉන්න වෙලාවේ ඉතා ප්‍රසාදජනක වූ, රමණීය වූ අඹ වනයක් දැක්කා. දැකලා මෙහෙම හිතුනා. 'ඇත්තෙන්ම මේ අඹ වනය නම් ඉතාම ප්‍රසාදජනකයි. ගොඩාක් රමණීයයි. මේ වගේ තැනක් නම් වීරියෙන් භාවනා වඩන්න කැමැති කෙනෙකුට, ඒ පධන් වීරිය වඩන්න නම් කදිමයි. ඉතින් භාග්‍යවතුන් වහන්සේ මට අවසර දෙනවා නම්, මම පධන් වීරිය වඩන්නට මේ අඹ වනයට එනවා' කියල.

ඉන්පසුව ආයුෂ්මත් මේඝිය තෙරුන් භාග්‍යවතුන් වහන්සේ ළඟට ගියා. ගිහිල්ලා භාග්‍යවතුන් වහන්සේට ආදරයෙන් වන්දනා කළා. පැත්තකින් වාඩි වුනා. පැත්තකින් වාඩි වුන මේඝිය තෙරුන් භාග්‍යවතුන් වහන්සේට මෙහෙම කිව්වා.

"ස්වාමීනී, මං අද උදේ වරුවේ සිවුරු පොරවා ගෙන, පාත්‍ර සිවුරු අරගෙන ජන්තු කියන ගමට පිණ්ඩපාතෙ වැඩියා. ජන්තු ගමෙහි පිණ්ඩපාතෙන් පස්සේ හවස් වරුවේ කිමිකාලා ගං තෙරට ගියා. ගිහිල්ලා ඒ කිමිකාලා ගං තෙර ඔබ මොබ සක්මන් කරමින් ඉන්න වෙලාවෙ ගොඩාක් ප්‍රසාදජනක වූ, රමණීය වූ අඹ වනයක් දැක්කා. දැකලා, මට මෙහෙම හිතුනා. 'ඇත්තෙන්ම මේ අඹ වනය නම් ඉතාම ප්‍රසාදජනකයි. ගොඩාක් රමණීයයි. මේ වගේ තැනක් නම් වීරියෙන් භාවනා වඩන්න කැමැති කෙනෙකුට, ඒ පධන් වීරිය වඩන්න නම් කදිමයි. ඉතින් භාග්‍යවතුන් වහන්සේ මට අවසර දෙනවා නම්, මම පධන් වීරිය වඩන්නට මේ අඹ වනයට එන්න ඕන' කියලා. ඉතින් ස්වාමීනී, භාග්‍යවතුන් වහන්සේ අනුදැන වදාරණ සේක් නම් මම පධන් වීරිය වඩන්නට ඒ අඹ වනයට යන්නම්."

මෙහෙම කිව්වට පස්සේ භාග්‍යවතුන් වහන්සේ ආයුෂ්මත් මේඝිය තෙරුන්ට මෙහෙම වදාළා.

"පින්වත් මේඝිය, මමත් තනියම නිසා තව කවුරු හරි භික්ෂුවක් එනකල් පොඩ්ඩක් ඉවසන්න."

දෙවන වතාවටත් ආයුෂ්මත් මේඝිය තෙරුන් භාග්‍යවතුන් වහන්සේට මේ විදිහට කිව්වා.

"ස්වාමීනී, භාග්‍යවතුන් වහන්සේට නම් නිවන් පිණිස තවදුරටත් කළ යුතු දෙයක් නෑ. කරගත්තු දේ තුළ අලුතෙන් රැස් කර ගත යුතු දේකුත් නෑ. ඒත් ස්වාමීනී, මට නම් තව කොච්චර දේවල් රැස් කරගන්න තියෙනවාද? කර ගත්තු දේවල් තුළ අලුතෙන් රැස් කර ගත යුතු දේවලුත් තියෙනවා නෙව. ඉතින් ස්වාමීනී, භාග්‍යවතුන් වහන්සේ අවසර දෙන සේක් නම්, මං වීරිය වඩන්න ඒ අඹ වනයට යන්නම්."

දෙවෙනි වතාවටත් භාග්‍යවතුන් වහන්සේ ආයුෂ්මත් මේඝිය තෙරුන්ට මෙහෙම වදාළා.

"පින්වත් මේඝිය, මමත් තනියම නිසා තව කවුරු හරි භික්ෂුවක් එනකල් පොඩ්ඩක් ඉවසන්න."

තුන්වන වතාවටත් ආයුෂ්මත් මේඝිය තෙරුන් භාග්‍යවතුන් වහන්සේට මේ විදිහට කිව්වා.

"ස්වාමීනී, භාග්‍යවතුන් වහන්සේට නම් නිවන් පිණිස තවදුරටත් කළ යුතු දෙයක් නෑ. කරගත්තු දේ තුළ අලුතෙන් රැස් කර ගත යුතු දේකුත් නෑ. ඒත් ස්වාමීනී, මට නම් තව කොච්චර දේවල් රැස් කර ගන්න තියෙනවාද? කරගත්තු දේවල් තුළ අලුතෙන් රැස් කර ගත යුතු දේවලුත් තියෙනවා නෙව. ඉතින් ස්වාමීනී, භාග්‍යවතුන් වහන්සේ අවසර දෙන සේක් නම්, මං වීරිය වඩන්න ඒ අඹ වනයට යන්නම්."

"පින්වත් මේඝිය, වීරිය කරන්න ඕනම කියලා කියනවා නම්, මං ඒකට මොකක් කියන්නද? පින්වත් මේඝිය, ඔබ යම් දෙයකට කාලය යැයි සිතුවා නම්, දැන් ඒ දේ කරන්න."

එතකොට ආයුෂ්මත් මේඝිය තෙරුන් අසුනෙන් නැගිටලා, භාග්‍යවතුන් වහන්සේට වන්දනා කළා. ප්‍රදක්ෂිණා කළා. ඒ අඹ වනය බලා පිටත් වුනා. ගිහින් අඹ වනයේ ඇතුළටම ගියා. දවල් කාලෙ ගත කරන්න හිතලා එක්තරා රුක් සෙවනක වාඩි වුනා. ඉතින්, ඒ අඹ වනයේ ඉන්න මේඝිය තෙරුන්ට පුදුමාකාර විදිහට කාම විතර්ක, ව්‍යාපාද විතර්ක, විහිංසා විතර්ක යන මේ තුන් ආකාර වූ පාපී අකුසල් සිතුවිලි ඇතිවෙන්න පටන් ගත්තා. එතකොට ආයුෂ්මත් මේඝිය තෙරුන්ට මෙහෙම හිතුනා. 'පින්වත්නි, මේක මහා ආශ්චර්යවත් දෙයක් නෙව. පින්වත්නි, මේක මහා අද්භූත දෙයක් නෙව. මං ගිහි ජීවිතය අත්හැරලා උතුම් පැවිද්දට පත් වුනේ කොයිතරම් ශ්‍රද්ධාවකින්ද. නමුත් දැන් මේ කාම විතර්ක, ව්‍යාපාද විතර්ක, විහිංසා විතර්ක කියන පාපී අකුසල විතර්කයන්ගෙන් සිත කැළඹිලා නෙව' කියලා.

ඉතින් ආයුෂ්මත් මේඝිය තෙරුන් හවස් වරුවේ භාවනාවෙන් නැගිටලා භාග්‍යවතුන් වහන්සේ ළඟට ගියා. ගිහින් භාග්‍යවතුන් වහන්සේට ආදරයෙන් වන්දනා කළා. පැත්තකින් වාඩි වුනා. පැත්තකින් වාඩි වුන ආයුෂ්මත් මේඝිය තෙරුන් භාග්‍යවතුන් වහන්සේට මෙහෙම කිව්වා.

"ස්වාමීනී, මං ඒ අඹ වනයට ගිහින් භාවනා කරන කොට මේ කාම විතර්ක, ව්‍යාපාද විතර්ක, විහිංසා විතර්ක කියන පාපී අකුසල් විතර්කයන් පුදුමාකාර විදිහට ඇතිවෙන්න පටන්ගත්තා නෙ. එතකොට ස්වාමීනී, මට මෙහෙම හිතුනා. 'පින්වත්නි, මේක මහා ආශ්චර්යවත් දෙයක් නෙව. පින්වත්නි, මේක මහා අද්භූත දෙයක් නෙව. මං ගිහි ජීවිතය අත්හැරලා උතුම් පැවිද්දට පත් වුනේ කොයිතරම් ශ්‍රද්ධාවකින්ද. නමුත් දැන් මේ කාම විතර්ක, ව්‍යාපාද

විතර්ක, විහිංසා විතර්ක කියන පාපී අකුසල විතර්කයන්ගෙන් සිත කැළඹිලා නෙව' කියලා."

"පින්වත් මේඝිය, නොමේරූ චිත්ත විමුක්තිය මේරීම පිණිස, කරුණු පහක් උපකාර වෙනවා. මොනවාද ඒ පහ?

(01) පින්වත් මේඝිය, මෙහි කල්‍යාණ මිත්‍රයන් ඇති භික්ෂුවක් ඉන්නවා. ඔහුට කල්‍යාණ යහළුවන් ඉන්නවා. කල්‍යාණ මිත්‍රයන් ඇසුරට වැටිලා ඉන්නවා. පින්වත් මේඝිය, නොමේරූ චිත්ත විමුක්තිය මේරීම පිණිස, මෙන්න මේ පළවෙනි කරුණ උපකාර වෙනවා.

(02) පින්වත් මේඝිය, තව කරුණක් තියෙනවා. භික්ෂුව සිල්වත් වෙනවා. ප්‍රාතිමෝක්ෂ සංවර සීලයෙන් සංවර වෙනවා. ඉතා යහපත් ඇවැතුම් පැවතුම්වලින් යුක්ත වෙනවා. ඉතා ස්වල්ප වරදෙහි පවා බිය දකිනවා. ශික්ෂාපදයන් සමාදන් වෙලා හික්මෙනවා. පින්වත් මේඝිය, නොමේරූ චිත්ත විමුක්තිය මේරීම පිණිස, මෙන්න මේ දෙවෙනි කරුණ උපකාර වෙනවා.

(03) පින්වත් මේඝිය, තව කරුණක් තියෙනවා. මෙන්න මේ විදිහේ කථාවක් තියෙනවා. ඒ කථාවලින් කෙලෙස් තුනී කරනවා. සමථ විදර්ශනාවලට උපකාර වෙනවා. අවබෝධයෙන් යුතුව කළකිරීම පිණිස උපකාර වෙනවා. විරාගය ඇති වෙනවා. ඇල්ම නිරුද්ධ වෙනවා. සංසිඳීම ඇති වෙනවා. ආර්ය සත්‍යය අවබෝධය ඇති වෙනවා.

මෙන්න මේවා තමයි ඒ කථා. අල්පේච්ඡ ජීවිතය ගැන කථාව, ලද දෙයින් සතුටු වීම ගැන කථාව, හුදෙකලා විවේකය ගැන කථාව, පිරිස හා එක් නොවී සිටීම ගැන කථාව, පටන් ගත් වීරිය ගැන කථාව, සීලය ගැන කථාව, සමාධිය ගැන කථාව, ප්‍රඥාව ගැන කථාව, විමුක්තිය ගැන කථාව, විමුක්ති ඤාණ දර්ශනය ගැන කථාව. මෙවැනි උතුම් කථාවන් තමන්ට කැමති පරිද්දෙන් අහන්න ලැබෙනවා. පහසුවෙන් අහන්න ලැබෙනවා. නිතර නිතර අහන්න ලැබෙනවා. පින්වත් මේඝිය, නොමේරූ චිත්ත විමුක්තිය මේරීම පිණිස, මෙන්න මේ තුන්වෙනි කරුණ උපකාර වෙනවා.

(04) පින්වත් මේඝිය, තව කරුණක් තියෙනවා. භික්ෂුව පටන් ගත් වීරියෙන්මයි ඉන්නේ. ලාමක අකුසල් ප්‍රහාණය කිරීම පිණිස, උතුම් කුසල ධර්ම තමා තුළ දියුණු කරගැනීම පිණිස, දැඩි වීරියෙන් යුක්ත වෙනවා. දැඩි

පරාක්‍රමයෙන් යුක්ත වෙනවා. කුසල ධර්ම ගැන තියෙන උත්සාහය අත්නොහැර ඉන්නවා. පින්වත් මේඝිය, නොමේරූ චිත්ත විමුක්තිය මේරීම පිණිස, මෙන්න මේ හතරවෙනි කරුණ උපකාර වෙනවා.

(05) පින්වත් මේඝිය, තව කරුණක් තියෙනවා. භික්ෂුව ප්‍රඥාවෙන් යුක්තයි. ආර්ය වූ අවබෝධයෙන් කළකිරෙන, මනාකොට දුක් ක්ෂය වෙලා යන ආකාරයට පංච උපාදානස්කන්ධයේ අනිත්‍ය දැකීමේ ප්‍රඥාවෙන් යුක්ත වෙනවා. පින්වත් මේඝිය, නොමේරූ චිත්ත විමුක්තිය මේරීම පිණිස, මෙන්න මේ පස්වෙනි කරුණත් උපකාර වෙනවා.

පින්වත් මේඝිය, නොමේරූ චිත්ත විමුක්තිය මේරීම පිණිස, ඔන්න ඔය කරුණු පහ උපකාර වෙනවා.

පින්වත් මේඝිය, කල්‍යාණ මිත්‍රයන් ඇති, කල්‍යාණ යහළුවන් ඇති, කල්‍යාණ යහළුවන්ගේ ඇසුර ඇති භික්ෂුව සිල්වත් වෙනවා යන කරුණ කැමති වන්නට ඕන. ප්‍රාතිමෝක්ෂ සංවර සීලයෙන් සංවර වීමත්, ඉතා යහපත් ඇවතුම් පැවතුම්වලින් යුක්ත වීමත්, ඉතා ස්වල්ප වරදේ පවා බිය දැකීමත්, සමාදන් වූ ශික්ෂාපද තුළ හික්මීමත් කැමති විය යුතුයි.

පින්වත් මේඝිය, කල්‍යාණ මිත්‍රයන් ඇති, කල්‍යාණ යහළුවන් ඇති, කල්‍යාණ යහළුවන්ගේ ඇසුර ඇති භික්ෂුවට කෙලෙස් තුනී කරන, සමථ විදර්ශනාව උපකාර වෙන, අවබෝධයෙන් යුතු කළකිරීම පිණිස උපකාරී වන, විරාගය ඇතිකරවන, ඇල්ම නිරුද්ධ වෙන, සංසිඳීම ඇති කරවන, ආර්ය සත්‍යාවබෝධය ඇතිකරවන, නිවන පිණිස පවතින මේ උතුම් කථාවන් කැමති පරිදි අසන්න ලැබීම, පහසුවෙන් අසන්න ලැබීම, නිතර නිතර අසන්න ලැබීම කැමති විය යුතුයි. එනම්, අල්පේච්ඡ ජීවිතය ගැන කථාව, ලද දෙයින් සතුටු වීම ගැන කථාව, හුදෙකලා විවේකය ගැන කථාව, පිරිස හා එක් නොවී සිටීම ගැන කථාව, පටන් ගත් වීරිය ගැන කථාව, සීලය ගැන කථාව, සමාධිය ගැන කථාව, ප්‍රඥාව ගැන කථාව, විමුක්තිය ගැන කථාව, විමුක්ති ඥාණ දර්ශනය ගැන කථාව යන මෙයයි.

පින්වත් මේඝිය, කල්‍යාණ මිත්‍රයන් ඇති, කල්‍යාණ යහළුවන් ඇති, කල්‍යාණ මිතුරන්ගේ අසුරට නැඹුරු වූ භික්ෂුව, පටන් ගත් වීරියෙන් යුක්ත වන්නේය යන කරුණත් කැමති විය යුතුය. පාපී අකුසල් දුරු කිරීම පිණිසත්, කුසල් දහම් රැස් කිරීම පිණිසත්, දැඩි වීර්යයෙන් යුතු බව, දැඩි පරාක්‍රමයෙන් යුතු බව, කුසල් දහම් ගැන අත්නොහළ වීරියෙන් යුතුවීමත් කැමැති විය යුතුයි.

පින්වත් මේඝිය, කල්‍යාණ මිත්‍රයන් ඇති, කල්‍යාණ යහළුවන් ඇති, කල්‍යාණ මිතුරන්ගේ අසුරට නැඹුරු වූ භික්ෂුව, ප්‍රඥාවන්තයෙක් වෙනවා යන කරුණ කැමතිවන්නට ඕන. ආර්ය වූ, අවබෝධයෙන් කළකිරීම ඇතිවන, මනාකොට දුක් ක්ෂය වෙලා යන පංච උපාදානස්කන්ධයේ අනිත්‍ය දකින ප්‍රඥාවෙන් යුක්ත වීම ගැන කැමති වෙන්නට ඕන.

පින්වත් මේඝිය, ඔන්න ඔය කරුණු පහ තුළ පිහිටපු භික්ෂුව විසින් තවදුරටත් කරුණු හතරක් ප්‍රගුණ කරන්න ඕන. රාගය ප්‍රහාණය වීමට අසුභ භාවනාව වඩන්න ඕන. තරහ නැති වීමට මෛත්‍රිය වඩන්න ඕන. විතර්ක නැතිකර දැමීමට ආනාපානසතිය වඩන්න ඕන. 'මම වෙමි' යන මානය මුලින්ම නැසීමට අනිත්‍ය සඤ්ඤාව වඩන්න ඕන. පින්වත් මේඝිය, අනිත්‍ය සඤ්ඤාව තියෙන කෙනාටයි අනාත්ම සඤ්ඤාව පිහිටන්නෙ. අනාත්ම සඤ්ඤාව තිබෙන කෙනාටයි 'මම වෙමි' යන මානය මුලින්ම නැතිවෙලා, මේ ජීවිතයේදීම අමා නිවනට පත්වෙන්නේ.

ඉතින් භාග්‍යවතුන් වහන්සේ මේ කරුණ දැනගෙන, ඒ වෙලාවේ මේ උදානය වදාළා.

"ඔය පොඩි පොඩි කල්පනාවල් වුනත්, සියුම් කල්පනාවල් වුනත් සිතට අනුව හැදිලා හිතේ මතු වෙවී තියෙනවා. අවිද්‍යා සහගත කෙනා, හිතේ ඇතිවෙන මේ මනෝ විතර්කයන් තුළින් බ්‍රාන්ත සිත් ඇති කරගන්නවා. අන්තිමේදී මෙලොවින් පරලොවට දුව දුව ඇවිදිනවා.

නමුත්, විද්‍යාව පහළ කරගත් කෙනා, මේ මනෝ විතර්කයන් ගැන කෙලෙස් තවන වීරියෙන් යුතුව දකිනවා. සිහියෙන් යුක්තව සංවර කරගන්නවා. ආර්ය සත්‍ය අවබෝධ කළ කෙනා හිතේ හටගත්තු හිතේ ඉල්පෙන හැම දෙයක්ම ඉතිරි නැතුව නැති කරලා දානවා."

සාදු! සාදු!! සාදු!!!

4.2.
උද්ධත සූත්‍රය
නොසන්සුන් සිත් ඇති භික්ෂූන් අරභයා වදාළ උදානය

මා හට අසන්නට ලැබුනේ මේ විදිහටයි. ඒ දිනවල භාග්‍යවතුන්

වහන්සේ වැඩසිටියේ කුසිනාරා නුවර උපවර්තන නම් වූ මල්ල රජදරුවන්ගේ සල් වනයේ.

ඒ කාලෙ භාග්‍යවතුන් වහන්සේට නුදුරින්, බොහෝ භික්ෂූන් වහන්සේලා වනගත කුටිවල වාසය කළා. ඒ භික්ෂූන් වහන්සේලා තුළ සංසුන්කමක් නෑ. මාන්නෙන් උඩගු වෙලා ඉන්නෙ. ඒ වගේම චපලයි. මුඛරියි. කට වාචාලයි. සිහි මුළා වෙලා. නුවණත් නෑ. අසමාහිතව බිරාන්ත කර ගෙන, අසංවර ඉඳුරන් ඇතිවයි ඉන්නේ.

භාග්‍යවතුන් වහන්සේ තමන් වහන්සේට නුදුරින් වනගත කුටිවල නොසංසිඳුනු සිතින්, ඔසවාගත් මානයෙන්, චපලකමින්, මුඛරිකමින්, කට වාචාලකමින්, සිහි මුළාවෙන්, අඥානකමින්, අසමාහිතකමින්, බිරාන්ත සිතින්, අසංවර ඉඳුරන් ඇතිව ඉන්න භික්ෂූන් දැකගන්නට ලැබුනා.

ඉතින් භාග්‍යවතුන් වහන්සේ මේ කරුණ දැනගෙන, ඒ වෙලාවේ මේ උදානය වදාළා.

"මිත්‍යා දෘෂ්ටියක් තුළ ඉඳගෙන, නොරැකගත් ඉඳුරන් ඇති කයක් තියාගෙන, නිදිමතටයි, අලසකමටයි යට වෙලා ඉන්න කෙනා, මාරයාගේ වසඟයට යනවා.

එම නිසා, සිත රැකගන්න ඕන. සම්මා සංකල්පයටම යොමු වෙලා ඉන්න ඕන. නිදිමත, අලස බව මැඬලන්නට ඕන. අන්න ඒ භික්ෂුව හැම දුගතියක්ම දුරු කරලා දානවා."

සාදු! සාදු!! සාදු!!!

4.3.
ගෝපාල සූත්‍රය
ගොපලු මිනිසෙක් අරහයා වදාළ උදානය

මා හට අසන්නට ලැබුනේ මේ විදිහටයි. ඒ දිනවල භාග්‍යවතුන් වහන්සේ බොහෝ භික්ෂූන් වහන්සේලා පිරිවරාගෙන, කොසොල් ජනපදයේ චාරිකාවේ වැඩියා. එදා භාග්‍යවතුන් වහන්සේ වඩින මාර්ගයෙන් ඉවත් වෙලා එක්තරා රුක් සෙවනකට වැඩියා. වැඩම කරලා පණවන ලද ආසනයේ වැඩසිටියා. එතකොට එක්තරා ගොපලු මිනිසෙක් භාග්‍යවතුන් වහන්සේ ළඟට

ආවා. ඇවිදින් වන්දනා කරලා, පැත්තකින් වාඩි වුනා. පැත්තකින් වාඩිවුන ඒ ගොපලු මිනිසාට භාග්‍යවතුන් වහන්සේ සදහම් කථාවක් වදාළා. සමාදන් කොට වදාළා. ධර්මයෙහි උනන්දු කොට වදාළා. ධර්මයෙහි සතුටු කොට වදාළා.

ඉතින් භාග්‍යවතුන් වහන්සේ විසින් දහම් කථාව කියා දීපු, සමාදන් කරවපු, උනන්දු කරවපු, සතුටු කරවපු, ඒ ගොපලු මිනිසා භාග්‍යවතුන් වහන්සේට මෙහෙම කිව්වා.

"ස්වාමීනී, භික්ෂුසංඝයා සමඟ හෙට දවසට මගේ දානය පිළිගන්නා සේක්වා!"

භාග්‍යවතුන් වහන්සේ නිශ්ශබ්දතාවයෙන් යුතුව ඒ ඇරයුම පිළිගෙන වදාළා. ඉතින් ඒ ගොපලු මිනිසා භාග්‍යවතුන් වහන්සේ තම ඇරයුම පිළිගෙන වදාළ බව දැන, භාග්‍යවතුන් වහන්සේට ආදරයෙන් වන්දනා කරලා, ප්‍රදක්ෂිණා කරලා පිටත් වුනා. ඉතින් ඒ ගොපලු මිනිසා ඒ රාත්‍රිය ඇවෑමෙන් තමන්ගේ නිවසේ දිය නුමුසු බොහෝ කිරි බතුත් අලුත්ම ගිතෙලුත් පිළියෙල කළා. භාග්‍යවතුන් වහන්සේට කල් දැනුම් දුන්නා.

"ස්වාමීනී, දානෙ පිළියෙල කළා. වඩින්න කාලයයි" කියලා.

ඉතින් භාග්‍යවතුන් වහන්සේ උදේ වරුවේ සිවුරු පොරොවාගෙන, පාත්‍ර සිවුරු අරගෙන, භික්ෂු සංඝයා සමඟ ඒ ගොපලු මිනිසා ගේ නිවසට වැඩම කළා. වැඩම කරලා පණවන ලද ආසනයේ වැඩසිටියා. එදා ඒ ගොපලු මිනිසා බුදුරජාණන් වහන්සේ ප්‍රමුඛ භික්ෂු සංඝයාට දිය නුමුසු කිරිබතින්ද, අලුත්ම ගිතෙලින්ද සැකසූ දානය තමන්ගේ අතින්ම පිළිගැන්වූවා. ඉතා හොඳින් පිළිගැන්වූවා. ඊට පස්සේ දන් වළඳා පාත්‍රයෙන් ඉවතට ගත් අතින් යුතු භාග්‍යවතුන් වහන්සේට එකත්පසින්, ඒ ගොපලු මිනිසා ඉතා කුඩා අසුනක වාඩි වුනා. එකත්පස්ව හුන් ඒ ගොපලු මිනිසාට භාග්‍යවතුන් වහන්සේ ධර්ම කථා වදාළා. සමාදන් කොට, උනන්දු කොට, සතුටු කොට වදාළා. ඊට පස්සේ හුනස්නෙන් නැගිට පිටත් වී වදාළා. ඉතින් භාග්‍යවතුන් වහන්සේ වැඩම කරලා ටික වෙලාවකින් ගම් මායිම් අතරකදී එක්තරා මිනිසෙක් අර ගොපලු මිනිසාව ඝාතනය කළා.

එතකොට බොහෝ භික්ෂූන් භාග්‍යවතුන් වහන්සේ ළඟට පැමිණුනා. පැමිණිලා, භාග්‍යවතුන් වහන්සේට ආදරයෙන් වන්දනා කරලා පැත්තකින් වාඩි වුනා. පැත්තකින් වාඩි වුන ඒ භික්ෂූන් වහන්සේලා භාග්‍යවතුන් වහන්සේට මෙහෙම පැවසුවා.

"ස්වාමීනී, අද බුදු සමිඳුන් ප්‍රමුඛ භික්ෂු සංඝයාට දිය නුමුසු කිරි බතිනුත්, අලුත්ම ගිතෙලිනුත් දාන හදලා, තමන්ගේ අතින්ම පූජා කරගත්තු, ඉතා හොඳින් පූජා කරගත්තු අර ගොපලු මිනිසෙක් හිටියා නේ. ඉතින් ස්වාමීනී, එක්තරා පුරුෂයෙක් විසින් ගම් මායිමකදී ඒ ගොපලු මිනිසාව ඝාතනය කරලා දාලා."

ඉතින් භාග්‍යවතුන් වහන්සේ මේ කරුණ දැනගෙන, ඒ වෙලාවේ මේ උදානය වදාළා.

"සතුරෙක් තවත් සතුරෙකුට හානියක් කරනවාට වඩා, වෛරක්කාරයෙක් තවත් වෛරක්කාරයෙකුට හානියක් කරනවාට වඩා, වරදකට යොමු කරගත්තු සිත තමන්ව ඊටත් වඩා පව්කාරයෙක් බවට පත්කරනවා."

සාදු! සාදු!! සාදු!!!

4.4.
ජුණ්හ සූත්‍රය
හඳ වැඩෙන කාලයේ රැයක් අරහයා වදාළ උදානය

මා හට අසන්නට ලැබුනේ මේ විදිහටයි. ඒ දිනවල භාග්‍යවතුන් වහන්සේ වැඩසිටියේ රජගහ නුවර ලෙහෙනුන්ගේ අභයභූමිය වූ වේළුවනාරාමයේ.

ඒ දිනවල ආයුෂ්මත් සාරිපුත්තයන් වහන්සේත්, ආයුෂ්මත් මොග්ගල්ලානයන් වහන්සේත් කපෝතකන්දරයේ වාසය කළේ. එදා සඳ වැඩීගෙන එන කාලෙ රාත්‍රී දවසක්. ආයුෂ්මත් සැරියුත් තෙරුන් කෙස් රැවුල් බාලා, එළිමහනේ වැඩසිටියා. ඒ මොහොතේ එක්තරා සමාධියකට සමවැදිලා භාවනාවෙනුයි සිටියේ.

ඒ වෙලාවේ යහළු යක්කු දෙන්නෙක් යම්කිසි කටයුත්තකට උතුරු දිශාවේ ඉඳන් දකුණු දිශාවට යනවා. ඉතින් ඒ දෙන්නට සඳ වැඩීගෙන එන රාත්‍රියේ හොඳට කෙස් රැවුල් බාලා, එළිමහනේ වාඩිවෙලා (සමාධියෙන්) ඉන්න ආයුෂ්මත් සාරිපුත්තයන් වහන්සේව දැකගන්න ලැබුනා. දැකලා එක යකෙක් දෙවෙනි යකාට මෙහෙම කිව්වා.

"යාළුවේ, මේ ශ්‍රමණයාගේ හිසට පහරක් දෙන්නමයි හිතෙන්නෙ."

එහෙම කිව්වාම අනිත් යකා ඒ යකාට මෙහෙම කිව්වා.

"වැඩක් නෑ යාළුවා. ඔය ශ්‍රමණයාට පහර දෙන්න එපා. ඔය ශ්‍රමණයා මහා ඉර්ධිමත්. මහානුභාව සම්පන්නයි. උදාර කෙනෙක්."

දෙවෙනි වතාවෙත් අර යකා අනිත් යකාට මෙහෙම කිව්වා.

"යාළුවේ, මේ ශ්‍රමණයාගේ හිසට පහරක් දෙන්නමයි හිතෙන්නෙ."

දෙවෙනි වතාවෙත් අනිත් යකා ඒ යකාට මෙහෙම කිව්වා.

"වැඩක් නෑ යාළුවා. ඔය ශ්‍රමණයාට පහර දෙන්න එපා. ඔය ශ්‍රමණයා මහා ඉර්ධිමත්. මහානුභාව සම්පන්නයි. උදාර කෙනෙක්."

තුන්වෙනි වතාවෙත් අර යකා අනිත් යකාට මෙහෙම කිව්වා.

"යාළුවේ, මේ ශ්‍රමණයාගේ හිසට පහරක් දෙන්නමයි හිතෙන්නෙ."

තුන්වෙනි වතාවෙත් අනිත් යකා ඒ යකාට මෙහෙම කිව්වා.

"වැඩක් නෑ යාළුවා. ඔය ශ්‍රමණයාට පහර දෙන්න එපා. ඔය ශ්‍රමණයා මහා ඉර්ධිමත්. මහානුභාව සම්පන්නයි. උදාර කෙනෙක්."

නමුත් ඒ යකා අනිත් යකාගේ වචනෙ ඇහුවෙ නෑ. ආයුෂ්මත් සාරිපුත්තයන් වහන්සේගේ හිසට පහරක් දුන්නා. ඒක මහා බලවත් පහරක්. එවැනි පහරකින් රියන් හතේ හරි, රියන් හත හමාරේ හරි ඇතෙක්ව බිම දමන්න වුනත් පුළුවනි. මහත් වූ පර්වතයක් පලා දමන්න වුනත් පුළුවනි. එතකොටම ඒ යකා "අයියෝ! පිච්චෙනවෝ, පිච්චෙනවෝ" කියමින් එතැනම චුත වෙලා මහා නිරයට ඇද වැටුනා. **(මහා නිරයේ ඉපදුනා)**

ඒ යකා ආයුෂ්මත් සාරිපුත්තයන් වහන්සේගේ හිසට පහර දෙන කොට, ආයුෂ්මත් මොග්ගල්ලානයන් වහන්සේ මිනිස් ඇස ඉක්මවා ගිය දිවැසින් මේ සිදුවීම දැක්කා. දැකලා ආයුෂ්මත් සාරිපුත්තයන් වහන්සේ ළඟට ආවා. ඇවිදින් ආයුෂ්මත් සාරිපුත්තයන් වහන්සේගෙන් මෙහෙම ඇහුවා.

"ප්‍රිය ආයුෂ්මතුනි, මොකද වුනේ? ඉවසන්න පුළුවන් ද? මොකද, දරන්න පුළුවන්ද? මොකද, කිසි දුකක් නැද්ද?"

"ප්‍රිය ආයුෂ්මත් මොග්ගල්ලාන, මට ඉවසන්න පුළුවනි. ප්‍රිය ආයුෂ්මත් මොග්ගල්ලාන, මට දරාගන්න පුළුවනි. නමුත් හිසේ යාන්තමට කැක්කුමක් තියෙනවා."

"ප්‍රිය ආයුෂ්මත් සාරිපුත්තයන් කොයිතරම් මහා සෘද්ධිමත්ද, ප්‍රිය

ආයුෂ්මත් සාරිපුත්තයන් කොයිතරම් මහානුභාව සම්පන්නද යන මෙය ආශ්චර්යයයි! අද්භූතයි! ප්‍රිය ආයුෂ්මත් සාරිපුත්ත, මෙතැන දැන් එක්තරා යකෙක් ඔබවහන්සේගේ හිසට පහරක් දුන්නා. ඒක මහා බලවත් පහරක්. එවැනි පහරකින් රියන් හතේ හරි, රියන් හත හමාරේ හරි ඇතෙක්ව බිම දමන්නට වුනත් පුළුවනි. මහා පර්වතයක් ඒ පහරින් පලා දමන්න වුනත් පුළුවනි. නමුත් ආයුෂ්මත් සාරිපුත්තයන් වහන්සේ මෙහෙමයි කියන්නෙ. 'ප්‍රිය ආයුෂ්මත් මොග්ගල්ලාන, මට ඉවසන්න පුළුවනි. ප්‍රිය ආයුෂ්මත් මොග්ගල්ලාන, මට දරාගන්න පුළුවනි. නමුත් හිසේ යාන්තමට කැක්කුමක් තියෙනවා' කියලා."

"ප්‍රිය ආයුෂ්මත් මොග්ගල්ලානයන් කොයිතරම් මහා ඍද්ධිමත්ද, ප්‍රිය ආයුෂ්මත් මොග්ගල්ලානයන් කොයිතරම් මහානුභාව සම්පන්නද යන මෙය ආශ්චර්යයයි! අද්භූතයි! මෙතැන හිටපු යකෙක්වත් දැක්කා. නමුත් අපි නම් දැන් මෙතැන පාංශු පිශාචයෙක්වත් දැක්කෙ නෑ."

ඒ මොහොතේ භාග්‍යවතුන් වහන්සේ ඒ අග්‍රශ්‍රාවක වූ මහරහතුන් දෙනමගේ මෙබඳු කතා බහ, මිනිස් ශ්‍රවණය ඉක්මවා ගිය දිව්‍ය ශ්‍රවණයෙන් අසා වදාළා.

ඉතින් භාග්‍යවතුන් වහන්සේ මේ කරුණ දැනගෙන, ඒ වෙලාවේ මේ උදානය වදාළා.

"යමෙකුගේ සිත ගල් පර්වතයක් වගේ නිවනේ පිහිටලා නම් තියෙන්නෙ, අට ලෝ දහමෙන් කම්පා වෙන්නෙ නෑ. රාගය හටගන්න කිසි අරමුණක ඇලෙන්නෙත් නෑ. ඉතින්, යමෙකුගේ සිත ඔය විදිහට දියුණු කරලා නම් තියෙන්නෙ, දුකක් කොහොම එන්නද?"

සාදු! සාදු!! සාදු!!!

4.5.
නාග සූත්‍රය
හස්තිරාජයා අරහයා වදාළ උදානය

මා හට අසන්නට ලැබුනේ මේ විදිහටයි. ඒ දිනවල භාග්‍යවතුන් වහන්සේ වැඩසිටියේ කොසඹෑ නුවර ඝෝෂිතාරාමයේ.

ඒ කාලෙ භික්ෂු, භික්ෂුණී, උපාසක, උපාසිකාවන්ගෙනුත්, රාජ රාජ

මහා ඇමතිවරුන්ගෙනුත්, අන්‍යාගමික ශ්‍රාවකයන්ගෙනුත් පිරී ගිය සංකීර්ණ පරිසරයකයි භාග්‍යවතුන් වහන්සේ වැඩසිටියේ. ඒ සංකීර්ණ බව උන්වහන්සේට කරදරයක් වුනා. පහසුවක් වුනේ නෑ.

එතකොට භාග්‍යවතුන් වහන්සේට මෙහෙම හිතුනා. 'භික්ෂු, භික්ෂුණී, උපාසක, උපාසිකාවන්ගෙනුත්, රාජ රාජ මහා ඇමතිවරුන්ගෙනුත්, අන්‍යාගමික ශ්‍රාවකයන්ගෙනුත් පිරී ගිය සංකීර්ණ පරිසරයකයි මං දැන් ඉන්නෙ. පිරිස් පිරී ගිය තැන විසීම කරදරයක්. පහසුවක් නෑ. මට තනියම පිරිසෙන් වෙන්වෙලා හුදෙකලාවේ ගතකරන්න තියෙනවා නම් හොඳයි' කියලා.

එදා භාග්‍යවතුන් වහන්සේ උදේ වරුවේ සිවුරු පොරොවාගෙන, පාත්‍ර සිවුරු අරගෙන කොසඹෑ නුවරට පිඬුසිඟා වැඩියා. කොසඹෑ නුවර පිණ්ඩපාතෙ වැඩම කරලා හවස් වරුවේ ආපසු වැඩියා. තමන් වහන්සේ විසින්ම කුටියේ ආසන තැන්පත් කළා. පාත්‍ර සිවුරු අරගත්තා. උපස්ථායක භික්ෂූන් ඇමතුවේ නෑ. භික්ෂුසංඝයාට දන්වා වදාළේ නෑ. දෙවැන්නෙක් නැතිව, හුදෙකලාවේම පාරිලෙය්‍යක ගම බලා චාරිකාවේ වැඩියා. අනුපිළිවෙළින් චාරිකාවේ වඩිමින් පාරිලෙය්‍යක ගමට පැමිණ වදාළා. භාග්‍යවතුන් වහන්සේ ඒ පාරිලෙය්‍යක ගම අසල 'රක්ඛිත' නම් වන ගොමුවේ, සුවිශාල වූ සල් රුක් සෙවනක වැඩසිටියා.

එක්තරා ඇත් රජෙක්, ඇතුන්, ඇතින්නියන්, ඇත් නාම්බන්, ඇත් පැටවුන්ගෙන් පිරී ගිය ඇත් රැළක හිටියා. ඒ ඇත් රජුට කන්න ලැබුනේ දළු නැති තණ කොළයි. ඒ ඇත් රජු විසින්ම බිඳ බිඳ හෙළන කොළ අතු තමයි අනිත් ඇත්තු කන්නෙ. ඇත් රජුට බොන්නට ලැබෙන්නෙ කැළඹුණු වතුරමයි. වතුරෙන් ගොඩට එන ඇතින්නියොත් ඇත් රජාගේ ඇගේ හැප්පිලා තමයි යන්නෙ. මෙහෙම පිරිස මැද්දෙ සිටීම කරදරයක් වුනා. පහසුවක් වුනේ නෑ.

එතකොට ඒ ඇත් රජාට මෙහෙම හිතුනා. 'මට දැන් ඉන්න වෙලා තියෙන්නෙ. ඇත්තු, ඇතින්නියන්, ඇත් නාම්බන්, ඇත් පැටවුන් ගැවසී ගිය තැනකයි. දළු නැති තණ කොළ තමයි කන්න වෙලත් තියෙන්නෙ. මං කඩන කොළ අතුත් මේ අනිත් ඇයෝ කනවා. බොර වෙච්ච වතුර තමයි බොන්න වෙලා තියෙන්නෙ. වතුරෙන් ගොඩට එන ඇතින්නියොත් යන්නෙ මගේ ඇඟේ හැප්පීගෙනයි. පිරිස ගැවසුන තැනක ඉන්න එක මහා කරදරයක්. පහසුවක් නෑ. මමත් තනියම, පිරිසෙන් වෙන් වෙලා, හුදෙකලාවෙම ඉන්න එක තමයි හොඳ' කියලා.

ඉතින් ඒ ඇත් රජා ඇත් රැලෙන් වෙන් වෙලා, පාරිලෙය්‍යක ගමට ආවා. රක්ඛිත වනගොමුවේ සුවිශාල සල්රුක් සෙවනකටත් ආවා. භාග්‍යවතුන්

වහන්සේ ළඟටත් ගියා. ඊට පස්සේ ඒ ඇත් රජා, භාග්‍යවතුන් වහන්සේ යම් තැනක වැඩසිටිනවා නම්, එතැන හොඳට තණකොළ ඉවත් කරලා පිරිසිදු කරනවා. භාග්‍යවතුන් වහන්සේට වළඳන පැනුත්, පාවිච්චියට ගන්න පැනුත් (පාත්‍රයෙන්) හොඬවැලෙන් අරගෙන එනවා.

එතකොට භාග්‍යවතුන් වහන්සේට හුදෙකලා විවේකයෙන් සිටිද්දී මෙවැනි කල්පනාවක් ඇතිවුනා. 'මං ඉස්සර පිරිස් ගැවසී, පිරුණු තැනකයි හිටියේ. භික්ෂු, භික්ෂුණී, උපාසක, උපාසිකාවන්ගෙනුත්, රාජ රාජ මහා ඇමැතිවරුන්ගෙනුත්, අන්‍යාගමික ශ්‍රාවකයන්ගෙනුත් ගැවසිලා, පිරිලා තිබුනා. පිරිස් ගැවසුන තැනක සිටීම හරිම කරදරයි. පහසුවක් නෑ. නමුත් මම දැන් පිරිස් රහිතවයි ඉන්නෙ. භික්ෂු, භික්ෂුණී, උපාසක, උපාසිකා, රාජ රාජ මහා ඇමැතිවරු, අන්‍යාගමික ශ්‍රාවකයන්ගෙන් පිරුණු තැනක් නොවෙයි. පිරිස් රහිතව සිටීම හරිම පහසුයි' කියලා.

අර හස්ති රාජයාටත් ඒ විදිහේ කල්පනාවක් ඇතිවුනා. 'මං ඉස්සර ඇතුන්, ඇතින්නියන්, ඇත් නාම්බන්, ඇත් පැටවුන්ට මැදි වෙලා සංකීර්ණව හිටියේ. දළු නැති තණ කොළයි කෑවෙ. මං කඩන කඩන කොළ අතු එයාලා කෑවා. මඩ වතුරයි බිව්වෙ. වතුරෙන් ගොඩට ආපු ඇතින්නියොත් මගේ ඇඟේ හැප්පීගෙන ගියා. පිරිස්වලට මැදි වෙලා ඉන්න එක කරදරයි. පහසුවක් නෑ' කියලා.

එතකොට භාග්‍යවතුන් වහන්සේ තමන් වහන්සේගේ විවේකයත් දැනගෙන, ඒ ඇත් රජුගේ කල්පනාවත් තම සිතින් දැන ගෙන, ඒ වෙලාවේ මේ උදානය වදාළා.

"සුවිශාල දළ යුගලක් ඇති හස්ති රාජයාගේ අදහස හුදෙකලාවෙ වන වාසයෙන් සතුටු වන තථාගතයන් වහන්සේ නම් වූ හස්ති රාජයාගේ අදහසට සිතින් සිත සමාන වුනා."

සාදු! සාදු!! සාදු!!!

4.6.
පිණ්ඩෝල සූත්‍රය
පිණ්ඩෝල භාරද්වාජ තෙරුන් අරහයා වදාළ උදානය

මා හට අසන්නට ලැබුනේ මේ විදිහටයි. ඒ දිනවල භාග්‍යවතුන් වහන්සේ වැඩසිටියේ සැවැත් නුවර ජේතවනය නම් වූ අනේපිඬු සිටුතුමාගේ ආරාමයේ.

ඒ වෙලාවෙ ආයුෂ්මත් පිණ්ඩෝල භාරද්වාජ තෙරුන් පළඟක් බැඳගෙන, කය ඍජු කරගෙන, භාග්‍යවතුන් වහන්සේට නුදුරින් වැඩසිටියා. **(ඒ ආයුෂ්මත් පිණ්ඩෝල භාරද්වාජ තෙරුන්)** වාසය කරන්නේ වනාන්තරයේ. ජීවත් වුනේ පිණ්ඩපාතෙන්, පෙරෙව්වේ පාංශුකූල වස්ත්‍ර. තුන් සිවුරෙන් තමයි යැපුනෙ. අල්පේච්ඡයි. ලද දෙයින් සතුටු වෙනවා. හුදෙකලාවේ ඇලී වාසය කරන්නෙ. පිරිසෙහි නොඇලී තමයි වාසය කළේ. පටන් ගත් දැඩි වීර්යයෙන් යුතුවයි වාසය කළේ. ධුතාංගයන්ගේ ගුණ වර්ණනා කරනවා. අරහත් ඵල සමවතින් යුතුවයි වැඩසිටියේ.

භාග්‍යවතුන් වහන්සේ වනාන්තරයේ වාසය කරන, පිණ්ඩපාතයෙන් යැපෙන, පාංශුකූල වස්ත්‍ර දරන, තුන් සිවුරෙන් පමණක් යැපෙන, අල්පේච්ඡ වූ ලද දෙයින් සතුටු වන, පිරිසෙහි නොඇලී වාසය කරන, පටන් ගත් දැඩි වීර්යයෙන් යුතු, ධුතාංගයන්ගේ ගුණ වර්ණනා කරන, අරහත් ඵල සමවතින් යුතුව පළඟක් බැඳගෙන, කය ඍජු කරගෙන, තමන් වහන්සේට නුදුරින් වැඩ සිටින ආයුෂ්මත් පිණ්ඩෝල භාරද්වාජ තෙරුන්ව දැක වදාළා.

ඉතින් භාග්‍යවතුන් වහන්සේ මේ කරුණ දැනගෙන, ඒ වෙලාවේ මේ උදානය වදාළා.

"කාටවත් උපවාද නොකර සිටීමත්, කාටවත් හිංසා පීඩා නොකර සිටීමත්, උතුම් වූ ප්‍රාතිමෝක්ෂ සංවර සීලයේ සංවර වෙලා සිටීමත්, වළඳන දානයේ අර්ථය දැනගෙන සිටීමත්, ජනයාගෙන් ඈත දුර තිබෙන සේනාසනවල වාසය කිරීමත් කරන්න ඕන. නිවනෙහිම යෙදී වාසය කරන්න ඕන. මේක තමයි බුද්ධවරුන්ගේ අනුශාසනාව."

සාදු! සාදු!! සාදු!!!

4.7.
සාරිපුත්ත සූත්‍රය
සැරියුත් තෙරුන් අරහයා වදාළ උදානය

මා හට අසන්නට ලැබුනේ මේ විදිහටයි. ඒ දිනවල භාග්‍යවතුන් වහන්සේ වැඩසිටියේ සැවැත් නුවර ජේතවනය නම් වූ අනේපිඬු සිටුතුමාගේ ආරාමයේ.

ඒ වෙලාවෙ ආයුෂ්මත් සැරියුත් තෙරුන් භාග්‍යවතුන් වහන්සේට නුදුරින් පළඟක් බැඳ ගෙන, කය ඍජු කරගෙන වැඩසිටියා. (ඒ ආයුෂ්මත් සැරියුත් තෙරුන්) අල්පේච්ඡයි. ලද දෙයින් සතුටු වෙනවා. හුදෙකලාවේ ඇලී වාසය කරන්නෙ. පිරිසෙහි නොඇලී තමයි වාසය කළේ. පටන් ගත් දැඩි වීර්යයෙන් යුතුවයි වාසය කළේ. අරහත් ඵල සමාපත්තියෙනුත් යුතුවයි වැඩවාසය කරන්නේ.

ඉතින් භාග්‍යවතුන් වහන්සේ ඒ අල්පේච්ඡ වූ, ලද දෙයින් සතුටු වන, පිරිසෙහි නොඇලී වාසය කරන, පටන් ගත් දැඩි වීරියෙන් යුතු, අරහත් ඵල සමාපත්තියට සමවැදී, තමන් වහන්සේට නුදුරින් පළඟක් බැඳගෙන, කය ඍජු කරගෙන වැඩසිටින ආයුෂ්මත් සාරිපුත්ත තෙරුන්ව දැක වදාළා.

ඉතින් භාග්‍යවතුන් වහන්සේ මේ කරුණ දැනගෙන, ඒ වෙලාවේ මේ උදානය වදාළා.

"අරහත් ඵල සිතින් යුතුව වෙසෙන, අප්‍රමාදීව වෙසෙන, මුනි දහමේ හික්මෙන, ඒ මුනිවරයාට ශෝක ඇතිවෙන්නෙ නෑ. අට ලෝ දහමින් කම්පා නොවෙන ගුණ ඇති, උපශාන්ත සිත් ඇති, හැම විටම සිහි නුවණින් සිටින ඒ මුනිවරයාට ශෝක ඇතිවෙන්නෙ නෑ."

සාදු! සාදු!! සාදු!!!

4.8.
සුන්දරී සූත්‍රය
සුන්දරී පරිබ්‍රාජිකාව අරභයා වදාළ උදානය

මා හට අසන්නට ලැබුනේ මේ විදිහටයි. ඒ දිනවල භාග්‍යවතුන් වහන්සේ වැඩසිටියේ කොසඹෑ නුවර ඝෝෂිතාරාමයේ.

ඒ කාලෙ භාග්‍යවතුන් වහන්සේට ගොඩාක් ගෞරව සත්කාර ලැබුනා. බුහුමන් ලැබුණා. පිදුම් ලැබුනා. යටහත් පැවතුම් ලැබුනා. චීවර, පිණ්ඩපාත, සේනාසන, ගිලන්පස, බෙහෙත්, පිරිකර ලැබුනා. භික්ෂුසංඝයාටත් බොහෝ ගෞරව සත්කාර ලැබුනා. බුහුමන් ලැබුනා. පිදුම් ලැබුනා. යටහත් පැවතුම් ලැබුනා. චීවර, පිණ්ඩපාත, සේනාසන, ගිලන්පස, බෙහෙත්, පිරිකර ලැබුනා. නමුත් අන්‍යාගමික පූජකවරුන් ගෞරව සත්කාර ලැබුනෙ නෑ. බුහුමන් ලැබුනෙ නෑ. පිදුම් ලැබුනෙ නෑ. යටහත් පැවතුම් ලැබුනෙ නෑ. චීවර, පිණ්ඩපාත, සේනාසන, ගිලන්පස, බෙහෙත්, පිරිකර ලැබුනෙ නෑ.

ඉතින් ඒ අන්‍යාගමික පරිබ්‍රාජකවරු භාග්‍යවතුන් වහන්සේටත්, භික්ෂු සංඝයාටත් ලැබෙන පුද සත්කාර ඉවසගන්න බැරිව, සුන්දරී පරිබ්‍රාජිකාව හොයාගෙන ගියා. ගිහින් සුන්දරී පරිබ්‍රාජිකාවට මෙහෙම කිව්වා.

"ඒයි, සොහොයුරිය, ඥාතීන්ට උදව් කරන්න පුළුවන් නේද?"

"ආර්යවරුනි, මගෙන් මොකක්ද කෙරෙන්න ඕන? මට මොකක්ද කරන්න බැරි? නෑදෑයින්ගේ යහපතට මගේ ජීවිතෙත් මං පූජා කරලා නෙව ඉන්නෙ."

"එහෙනම්, සොහොයුරිය, හැම තිස්සේම ජේතවනාරාමයට යන්න ඕන."

"එසේය, ආර්යවරුනි" කියලා සුන්දරී පරිබ්‍රාජිකාව ඒ අන්‍යාගම්කාර පිරිවැජියන්ට පිළිතුරු දීලා, හැම තිස්සේම ජේතවනාරාමයට ගියා. එතකොට ඒ අන්‍යාගම්කාර තීර්ථක පිරිවැජියෝ, සුන්දරී පරිබ්‍රාජිකාව නිතර නිතර ජේතවනාරාමයට යන බව දැන් බොහෝ දෙනෙකුට දකින්න ලැබෙන බව දැනගත්තා. දැනගෙන ඇයව ඝාතනය කළා. ඒ ජේතවනයේම දිය අගලේ වැළලුවා.

ඊට පස්සේ, පසේනදී කොසොල් රජ්ජුරුවො ළඟට ගියා. ගිහින් කොසොල් රජ්ජුරුවන්ට මෙහෙම සැළ කළා.

"මහරජ, සුන්දරී කියලා පරිබ්‍රාජිකාවක් හිටියා. ඈ දැන් පෙනෙන්න නෑ."

"ඉතින් ඔබට මේ ගැන සැක කොහේද?"

"මහරජ, ජේතවනය ගැනයි."

"එහෙනම් නම් ජේතවනය පරීක්ෂා කරනු."

එතකොට ඒ අන්‍යාගමික පිරිවැජියෝ ජේතවනය පුරා සොය සොයා ඇවිද ගිහින් තමන් වැළලූ තැන වූ දිය අගලේ වලෙන් මිනිය ගොඩ අරගෙන, ඇඳක තබාගෙන සැවැත් නුවරට ඇතුළු වුනා. වීදියක් වීදියක් ගානේ, හතරමං හන්දියක් හතරමං හන්දියක් ගානේ ගිහින් මිනිස්සුන්ට හඬ නගා කිව්වා,

"ඒයි ආර්යවරුනි, මෙන්න බලාපල්ලා. ශාක්‍යපුත්‍ර වූ ශ්‍රමණයන්ගේ වැඩ. මේ ශාක්‍යපුත්‍ර වූ ශ්‍රමණයන්ට ලැජ්ජාවක් නෑ. දුස්සීලයි. පව්ටුයි. බොරු දොඩෝනවා. බඹසරක් නෑ. මේ උදවියද ධර්මයේ හැසිරෙනවා කියලා, සම සිතින් හැසිරෙනවා කියලා, බ්‍රහ්මචාරී කියලා, සත්‍යවාදී කියලා, සිල්වත් කියලා, කළණ දහම් තියෙනවා කියලා ප්‍රතිඥා දෙන්නේ. මොවුන්ට මහණකමක් නෑ. මොවුන්ට බඹසරක් නෑ. මොවුන්ගේ මහණකම ඉවරයි. මොවුන්ගේ බඹසර ඉවරයි. මොවුන්ට කොහෙන්ද මහණකමක්? මොවුන්ට කොහෙන්ද අකුසල් දුරු වීමක්. මොවුන් මහණකමෙන් පහවෙලා ගියා. මොවුන් බඹසරින් පහවෙලා ගියා. පිරිමියෙක් ස්ත්‍රියක දූෂණය කරලා මේ විදිහට කොහොම නම් ඝාතනය කරන්නද?"

එතකොට සැවැත් නුවර ඉන්න **(අවබෝධයෙන් තෙරුවන් සරණ නොගිය)** මිනිස්සු භික්ෂූන් දැකලා අසභ්‍ය වූ, පරුෂ වචනවලින් ආක්‍රෝශ කළා. පරිභව කළා. දොස් කිව්වා. පීඩා කළා.

"මේ ශාක්‍යපුත්‍ර වූ ශ්‍රමණයන්ට ලැජ්ජාවක් නෑ. දුස්සීලයි. පව්ටුයි. බොරු දොඩෝනවා. බඹසරක් නෑ. නමුත් මොවුන් කියන්නේ අපි ධම්මචාරීලු. සම සිතින් හැසිරෙනවාලු, බ්‍රහ්මචාරීලු, සත්‍යවාදීලු, සීලවන්තයිලු, කළණ දහම් තියෙනවාලු. මොවුන්ට මහණකමක් නෑ. මොවුන්ට බ්‍රාහ්මණකමක් නෑ. මොවුන්ගේ මහණකම කම්මුතුයි. මොවුන් ගේ බ්‍රාහ්මණකම කම්මුතුයි. මොවුන්ට කොහෙන්ද මහණකමක්? මොවුන්ට කොහෙන්ද බ්‍රාහ්මණකමක්? මොවුන් මහණකමෙන් තොරයි. මොවුන් බ්‍රාහ්මණකමෙන් තොරයි. පිරිමියෙක් ස්ත්‍රියක දූෂණය කරලා මේ විදිහට කොහොම නම් ඝාතනය කරන්නද?" කියලා.

එතකොට බොහෝ භික්ෂූන් වහන්සේලා උදේ වරුවේ සිවුරු

පොරවගෙන පාත්‍ර සිවුරු අරගෙන සැවැත් නුවර පිඬු සිඟා වැඩියා. සැවැත් නුවර පිඬු සිඟා වැඩලා හවස් වරුවේ භාග්‍යවතුන් වහන්සේව බැහැදකින්න ගියා. ගිහින් භාග්‍යවතුන් වහන්සේට ආදරයෙන් වන්දනා කරලා පැත්තකින් වාඩි වුනා. පැත්තකින් වාඩි වුන ඒ භික්ෂූන් වහන්සේලා, භාග්‍යවතුන් වහන්සේට මෙහෙම කිව්වා.

"ස්වාමීනී, දැන් මේ සැවැත් නුවර මිනිස්සු භික්ෂූන් දැක්කම අසභ්‍ය වූ පරුෂ වචනවලින් ආක්‍රෝශ කරනවා. පරිභව කරනවා. දොස් කියනවා. පීඩා කරනවා. 'මේ ශාක්‍යපුත්‍ර වූ ශ්‍රමණයන්ට ලැජ්ජාවක් නෑ. දුස්සීලයි. පවිටුයි. බොරු දොඩවනවා. බඹසරක් නෑ. නමුත් මොවුන් කියන්නේ අපි ධම්මචාරීලු. සම සිතින් හැසිරෙනවාලු, බ්‍රහ්මචාරීලු, සත්‍යවාදීලු, සීලවන්තයිලු, කළණ දහම් තියෙනවාලු. මොවුන්ට මහණකමක් නෑ. මොවුන්ට බ්‍රාහ්මණකමක් නෑ. මොවුන්ගේ මහණකම කම්මුතුයි. මොවුන්ගේ බ්‍රාහ්මණකම කම්මුතුයි. මොවුන්ට කොහෙන්ද මහණකමක්? මොවුන්ට කොහෙන්ද බ්‍රාහ්මණකමක්? මොවුන් මහණකමෙන් තොරයි. මොවුන් බ්‍රාහ්මණකමෙන් තොරයි. පිරිමියෙක් ස්ත්‍රියක දූෂණය කරලා මේ විදිහට කොහොම නම් ඝාතනය කරන්නද?' කියලා."

"පින්වත් මහණෙනි, ඔය සද්දෙ වැඩිකල් තියෙන්නෙ නෑ. සතියක් විතරමයි ඕක පවතින්නෙ. සතිය ඉවර වෙන කොට ඕක අතුරුදහන් වෙලා යනවා. පින්වත් මහණෙනි, එහෙම නම් මිනිස්සු භික්ෂූන්ව දැකලා, අසභ්‍ය වූ පරුෂ වචනවලින් ආක්‍රෝශ කළොත්, පරිභව කළොත්, බැන්නොත්, පීඩා කළොත් ඔබ ඔවුන්ට මෙන්න මේ ගාථාවෙන් මේ ප්‍රතිචෝදනාව කරන්න ඕන.

'අභූත චෝදනා කරන අය නිරයට තමයි යන්නෙ. යම් කෙනෙක් තමන් කරලා හිට, කළේ නැතෙයි කියනවා නම්, ඒ අයත් නිරයට තමයි යන්නෙ. තමන්ගේ පහත් වැඩ නිසා, ඔය මිනිස්සු මළාට පස්සේ පරලොවදී ඔය දෙගොල්ලොම දුක් විපාකවලින් සමාන වෙනවා' කියලා."

ඊට පස්සේ ඒ භික්ෂූහු භාග්‍යවතුන් වහන්සේ සමීපයේදී ඔය ගාථාව ඉගෙන ගත්තා. කවුරු හරි කෙනෙක් භික්ෂූන්ව දැකලා, අසභ්‍ය වූ පරුෂ වචනවලින් ආක්‍රෝශ කළොත් හරි, පරිභව කළොත් හරි, බැන්නොත් හරි, පීඩා කළොත් හරි, ඒ මිනිස්සුන්ට මේ ගාථාවෙන් ප්‍රතිචෝදනා කරනවා.

'අභූත චෝදනා කරන අය නිරයට තමයි යන්නෙ. යම් කෙනෙක් තමන් කරලා හිට, කළේ නැතෙයි කියනවා නම්, ඒ අයත් නිරයට තමයි යන්නෙ. තමන්ගේ පහත් වැඩ නිසා, ඔය මිනිස්සු මළාට පස්සේ පරලොවදී ඔය දෙගොල්ලොම දුක් විපාකවලින් සමාන වෙනවා' කියලා.

එතකොට මිනිස්සුන්ට මෙහෙම හිතුනා. 'මේ පින්වත් ශාක්‍යපුත්‍ර වූ ශ්‍රමණයෝ නම් මේ පාපය කරලා නෑ. මේ වැඩේ මේ අය කරපු දෙයක් නොවෙයි. ඒ නිසා මේ ශ්‍රමණ ශාක්‍යපුත්‍රයෝ අපට ශාප කරනවා නෙවෙද?' කියලා. ඉතින් ඒ හඬ බොහෝ කල් පැවතුනේ නෑ. දින හතක්ම පමණයි තිබුනේ. දින හත ඉක්මිලා ගියාට පස්සේ අතුරුදහන් වුනා.

ඊට පස්සේ බොහෝ භික්ෂූන් වහන්සේලා භාග්‍යවතුන් වහන්සේව බැහැදකින්න ගියා. ගිහින් භාග්‍යවතුන් වහන්සේට ආදරයෙන් වන්දනා කරලා පැත්තකින් වාඩි වුනා. පැත්තකින් වාඩිවුන ඒ භික්ෂූන් වහන්සේලා භාග්‍යවතුන් වහන්සේට මෙහෙම කිව්වා.

"ස්වාමීනී, හරිම ආශ්චර්යයි! හරිම අද්භූතයි! භාග්‍යවතුන් වහන්සේ වදාළ කාරණය මොන තරම් ඇත්තක්ද? ඒ කිව්වෙ 'පින්වත් මහණෙනි, ඔය සද්දෙ වැඩිකල් තියෙන්නෙ නෑ. සතියක් විතරමයි ඕක පවතින්නෙ. සතිය ඉවර වෙන කොට ඕක අතුරුදහන් වෙලා යනවා' කියලා. ස්වාමීනී, ඒ ශබ්දය අතුරුදහන් වෙලා ගියා."

ඉතින් භාග්‍යවතුන් වහන්සේ මේ කරුණ දැනගෙන, ඒ වෙලාවේ මේ උදානය වදාළා.

"සංවරකමක් නැති අඥාන මිනිසුන් වචනවලින් විදිනවා. යුද්දෙට ගිය ඇත් රජෙකුට හතුරෝ එකතු වෙලා ඊතලවලින් විදිනවා වගෙයි. නමුත් තරහ සිත් නැති භික්ෂුව අනුන් කියන ඒ දරුණු කථා අහගෙන ඉවසාගෙන ඉන්නවා."

සාදු! සාදු!! සාදු!!!

4.9.
උපසේන සූත්‍රය
උපසේන තෙරුන් අරහයා වදාළ උදානය

මා හට අසන්නට ලැබුනේ මේ විදිහටයි. ඒ දිනවල භාග්‍යවතුන් වහන්සේ වැඩසිටියේ රජගහ නුවර ලෙහෙනුන්ගේ අභය භූමිය වූ වේළුවනාරාමයේ.

එදා හුදෙකලාවේ භාවනාවෙන් වැඩසිටි ආයුෂ්මත් වංගන්ත පුත්‍ර උපසේන තෙරුන්ට මෙවැනි චිත්ත සංකල්පනාවක් ඇතිවුනා.

"අනේ මට කොයි තරම් ලාභයක්ද! අනේ මට කොයි තරම් හොඳ ලාභයක්ද! මාගේ ශාස්තෘ වූ භාග්‍යවතුන් වහන්සේ අරහත් සම්මා සම්බුද්ධ වන සේක. මුල මැද අග පිරිසිදු ලෙස, මනා කොට දේශනා කරන ලද ධර්ම විනය ඇති මේ අනගාරික බුදු සසුනේ මටත් මහණ වෙන්න ලැබුනා නේ. මගේ (කළණ මිතුරන් වූ) සබ්‍රහ්මචාරීන් වහන්සේලාත් සිල්වත් වූ, යහපත් ගුණධර්ම ඇති උතුමන් නෙ. මටත් සිල්ගුණ සම්පූර්ණ කරන කෙනෙක් බවට පත්වෙන්න පුළුවන් වුනා නෙ. මගේ හිතත් සමාධිමත්. මම කෙලෙස් රහිත රහත් භික්ෂුවක්. මම මහා ඉර්ධිමත්, මහානුභාව ඇති කෙනෙක්. මගේ මුළු ජීවිතයම සුන්දරයි! මගේ මරණයත් (පිරිනිවන් පෑමත්) සුන්දරයි!"

ඉතින් භාග්‍යවතුන් වහන්සේ මේ කරුණ දැනගෙන, ඒ වෙලාවේ මේ උදානය වදාළා.

"ජීවිතය විසින් කෙනෙක් පෙළන්නේ නැත්නම්, මරණයෙන් කෙළවර වෙද්දී ශෝක වෙන්නෙ නැත්නම්, ඔහු අමා නිවන දුටු කෙනෙක්. ප්‍රඥාවන්තයෙක්. දුක් ශෝක පිරි ලොව තුළ ශෝක නොවන කෙනෙක්.

භව තණ්හාව මුලින්ම නැසූ කෙනෙක්. ශාන්ත සිත් ඇති ඒ භික්ෂුවගේ ඉපදෙන මැරෙන සසර නැත්තටම නැති වෙලා තියෙන්නේ. ඔහුට නම් අයෙ පුනර්භවයක් නෑ."

සාදු! සාදු!! සාදු!!!

4.10.
සාරිපුත්ත සූත්‍රය
සැරියුත් තෙරුන් අරහයා වදාළ උදානය

මා හට අසන්නට ලැබුනේ මේ විදිහටයි. ඒ දිනවල භාග්‍යවතුන් වහන්සේ වැඩසිටියේ සැවැත් නුවර ජේතවනය නම් වූ අනේපිඬු සිටුතුමාගේ ආරාමයේ.

එදා ආයුෂ්මත් සැරියුත් තෙරුන් භාග්‍යවතුන් වහන්සේට නුදුරින් පළඟක් බැඳ ගෙන, කය ඍජු කරගෙන තමන්ගේ කෙලෙස් සංසිඳීම ගැන නුවණින් විමසමින් වැඩසිටියා.

පළඟක් බැඳගෙන, කය ඍජු කරගෙන, තමන්ගේ කෙලෙස් සංසිඳීම

ගැන නුවණින් සළකා බලමින් වැඩසිටින ආයුෂ්මත් සාරිපුත්ත තෙරුන්ව භාග්‍යවතුන් වහන්සේ දැක වදාළා.

ඉතින් භාග්‍යවතුන් වහන්සේ මේ කරුණ දැනගෙන, ඒ වෙලාවේ මේ උදානය වදාළා.

"උපශාන්ත වූ, සංසිඳුනු සිත් ඇති, භව රැහැන් සිඳ දැමූ, ඒ භික්ෂුවගේ ඉපදෙන මැරෙන සංසාරය ගෙවිලා ඉවරයි. ඒ භික්ෂුව මාර බන්ධනයෙන් නිදහස් වෙලයි ඉන්නේ."

සාදු! සාදු!! සාදු!!!

හතරවෙනි මේඝිය වර්ගයයි.

5. සෝණ වර්ගය

5.1.
රාජ සූත්‍රය
කොසොල් රජු අරහයා වදාළ උදානය

මා හට අසන්නට ලැබුනේ මේ විදිහටයි. ඒ දිනවල භාග්‍යවතුන් වහන්සේ වැඩසිටියේ සැවැත් නුවර ජේතවනය නම් වූ අනේපිඬු සිටුතුමාගේ ආරාමයේ.

එදා පසේනදී කොසොල් රජතුමා මල්ලිකා දේවියත් සමඟ මාළිගාවේ උඩු මහලේ සිටියේ. ඒ වෙලාවේ පසේනදී කොසොල් රජු මල්ලිකා දේවියගෙන් මෙහෙම ඇහුවා.

"ප්‍රිය මල්ලිකා, තමන්ටත් වඩා ප්‍රිය වූ තව කවුරු හරි ඉන්නවාද?"

"පින්වත් මහාරාජ, මට නම් තමන්ට වඩා ප්‍රිය කවුරුවත් නෑ. පින්වත් මහාරාජ, තමන්ට වඩා ප්‍රිය මනාප වූ වෙන කවුරුවත් ඔබවහන්සේට ඉන්නවාද?"

"ප්‍රිය මල්ලිකා, තමන්ට වඩා ප්‍රිය මනාප වූ කවුරුවත් මටත් නෑ."

එතකොට පසේනදී කොසොල් රජතුමා මාළිගාවෙන් බැස්සා. භාග්‍යවතුන් වහන්සේ ළඟට ගියා. ගිහින් භාග්‍යවතුන් වහන්සේට ආදරයෙන් වන්දනා කළා. පැත්තකින් වාඩි වුනා. පැත්තකින් වාඩි වුන පසේනදී කෙසොල් රජතුමා භාග්‍යවතුන් වහන්සේට මෙහෙම කිව්වා.

"ස්වාමීනී, මේ මං මල්ලිකා දේවියත් සමඟ මාළිගාවේ උඩු මහලේ සිටියේ. ඉතින් මං මල්ලිකා දේවියගෙන් මෙහෙම ඇහුවා. 'ප්‍රිය මල්ලිකා, තමන්ටත් වඩා ප්‍රිය වූ තව කවුරු හරි ඉන්නවාද?' කියලා. එතකොට ස්වාමීනී, මල්ලිකා දේවිය මට මෙහෙම කිව්වා. 'පින්වත් මහාරාජ, මට නම් තමන්ට වඩා ප්‍රිය කවුරුවත් නෑ. පින්වත් මහාරාජ, තමන්ට වඩා ප්‍රිය මනාප වූ වෙන

කවුරුවත් ඔබවහන්සේට ඉන්නවාද?' කියලා. ස්වාමීනී, එහෙම කිව්වාම මල්ලිකා දේවියට මං මෙහෙම කිව්වා. 'ප්‍රිය මල්ලිකා, තමන්ට වඩා ප්‍රිය මනාප වූ කවුරුවත් මටත් නෑ' කියලා."

ඉතින් භාග්‍යවතුන් වහන්සේ මේ කරුණ දැනගෙන, ඒ වෙලාවේ මේ උදානය වදාළා.

"හැම දිශාවෙම සිතින් විමස විමසා බැලුවත්, තමන්ට වඩා ප්‍රිය මනාප කෙනෙක් හම්බවෙන්නේ නෑ. අනිත් උදවිය ගැනත් වෙන වෙනම බැලුවොත් තමාමයි ප්‍රිය. ඒ නිසා තමාගේ සැප කැමති කෙනා අනුන්ට හිංසා නොකර ඉන්න ඕන."

සාදු! සාදු!! සාදු!!!

5.2.
අප්පායුක සූත්‍රය
අල්ප ආයුෂ ගැන වදාළ උදානය

මා හට අසන්නට ලැබුනේ මේ විදිහටයි. ඒ දිනවල භාග්‍යවතුන් වහන්සේ වැඩසිටියේ සැවැත් නුවර ජේතවනය නම් වූ අනේපිඬු සිටුතුමාගේ ආරාමයේ.

එදා ආයුෂ්මත් ආනන්දයන් වහන්සේ හවස් වරුවේ භාවනාවෙන් නැගිටලා භාග්‍යවතුන් වහන්සේ ළඟට ගියා. ගිහින් භාග්‍යවතුන් වහන්සේට ආදරයෙන් වන්දනා කළා. පැත්තකින් වාඩි වුනා. පැත්තකින් වාඩි වුන ආයුෂ්මත් ආනන්දයන් වහන්සේ භාග්‍යවතුන් වහන්සේගෙන් මෙහෙම ඇහුවා.

"ස්වාමීනී, ආශ්චර්යයි! ස්වාමීනී, අද්භූතයි! භාග්‍යවතුන් වහන්සේගේ මෑණියන් වහන්සේට ආයුෂ තිබුනේ කොයිතරම් ස්වල්පයයිද? භාග්‍යවතුන් වහන්සේ ඉපදිලා සත් දවසකින් භාග්‍යවතුන් වහන්සේගේ මෑණියන් කළුරිය කළානෙ. තුසිත දෙව්ලොව ඉපදුනානෙ."

"පින්වත් ආනන්ද, ඒක එහෙමම තමයි. පින්වත් ආනන්ද, ඒක එහෙමම තමයි. බෝසත් මව්වරුන් තියෙන්නේ ආයුෂ ස්වල්පයයි. බෝසතාණන් වහන්සේලා ඉපදිලා දින හත ගෙවෙන කොට, බෝසත් මව්වරු කළුරිය කරනවා. තුසිත දෙව්ලොව උපදිනවා."

ඉතින් භාග්‍යවතුන් වහන්සේ මේ කරුණ දැනගෙන, ඒ වෙලාවේ මේ උදානය වදාළා.

"මේ ලෝකෙ යම් කෙනෙක් ඉපදිලා හිටියද, අනාගතයේ උපදිනවාද, ඒ හැම කෙනෙක්ම මේ කය අත්හැරලා යනවා. නුවණ තියෙන කෙනා හැම උපතකම ඇති ඔය ස්වභාවය දැනගෙන, කෙලෙස් තවන වීරියෙන් යුතුව ආර්ය අෂ්ටාංගික මාර්ගයේමයි හැසිරෙන්න ඕන."

සාදු! සාදු!! සාදු!!!

5.3.
සුප්පබුද්ධකුට්ඨි සූත්‍රය
සුප්‍රබුද්ධ කුෂ්ඨ රෝගියා අරහයා වදාළ උදානය

මා හට අසන්නට ලැබුනේ මේ විදිහටයි. ඒ දිනවල භාග්‍යවතුන් වහන්සේ වැඩසිටියේ රජගහ නුවර ලෙහෙනුන්ගේ අභය භූමිය වූ වේළුවනාරාමයේ.

ඒ දිනවල රජගහ නුවර සුප්‍රබුද්ධ කියලා කුෂ්ඨ රෝගියෙක් හිටියා. ඔහු මිනිසුන් අතර ගොඩාක් දුප්පත්. මිනිසුන් අතර ගොඩාක් අවාසනාවන්තයි. මිනිසුන් අතර දීන කෙනෙක්.

එදා භාග්‍යවතුන් වහන්සේ තමන් වහන්සේව පිරිවරා ගත් විශාල පිරිසකට දහම් දෙසමින් වැඩසිටියේ. සුප්‍රබුද්ධ කුෂ්ඨ රෝගියාත් සෙනඟ රැස් වෙලා ඉන්න හැටි දුරදීම දැක්කා. දැකලා ඔහුට මෙහෙම හිතුනා.

"නොවැරදීම මෙතැන නම් මොනවා හරි කන බොන දෙයක් බෙදන තැනක් වගෙයි. මමත් ටිකක් ඒ පිරිස ළඟට කිට්ටු කරන්න ඕන. එතකොට ඔය කන බොන දේවල් මොනවා හරි මටත් ලැබෙන්නෙ නැතැයි" කියලා.

ඉතින් සුප්‍රබුද්ධ කුෂ්ඨ රෝගියා ඒ රැස්වුන සෙනඟ ළඟට කිට්ටු වුනා. එතකොට එහි සුප්‍රබුද්ධ කුෂ්ඨ රෝගියාට දකින්න ලැබුනේ භාග්‍යවතුන් වහන්සේ තමන් වහන්සේව පිරිවරා ගත් විශාල පිරිසකට දහම් දෙසමින් වැඩඉන්න ආකාරයයි. දැකලා ඔහුට මෙහෙම හිතුනා. 'ආ! මෙතැන කන බොන දේවල් බෙදන තැනක් නොවෙයි. මේ ශ්‍රමණ ගෞතමයන් වහන්සේ පිරිසකට දහම් දෙසනවා නෙ. මමත් එහෙනම්, බණ ටිකක් අහන්න ඕන.' ඔහුත් පැත්තකින් වාඩි වුනේ 'මමත් බණ අහනවා, මමත් ධර්මයට සවන් දෙනවා' කියලයි.

එතකොට භාග්‍යවතුන් වහන්සේ එතැන උන් පිරිසේ සෑම දෙනාගෙ [P]ම සිත් තම සිතින් විමසා බලා වදාළා. 'මෙතැන ධර්මය අවබෝධ කරන්නේ කවුද?' කියලා. ඒ පිරිස අතර වාඩි වෙලා සිටිය සුප්‍රබුද්ධ කුෂ්ඨ රෝගියාව භාග්‍යවතුන් වහන්සේ දැක වදාළා. දැකලා මෙහෙම සිතුවා. 'මෙතැන ධර්මය අවබෝධ කරන්න සුදුසු කෙනා මෙයා තමයි' කියලා.

ඉතින් කුෂ්ඨ රෝගී සුප්‍රබුද්ධ අරභයා අනුපිළිවෙලින් කථාව වදාළා. ඒ කියන්නේ දන් දීමේ අනුසස් ගැන කථාව, සිල් රැකීමේ අනුසස් ගැන කථාව, සුගතියේ ඉපදීම ගැන කථාව, කාමයන් නිසා විඳින දුක් ගැන කථාව, කෙලෙස් නිසා සිත පිරිහීම ගැන කථාව, කෙලෙසුන්ගෙන් නිදහස් වීමේ අනුසස් වදාළා. එතකොට සුප්‍රබුද්ධ කුෂ්ඨ රෝගියාගේ සිත හොඳට සකස් වෙලා, මෘදු වෙලා, නීවරණ පහ වෙලා, ඔද වැඩී ගිය ප්‍රසන්න සිතකින් යුක්ත වෙලා සිටින මොහොත භාග්‍යවතුන් වහන්සේ දැක වදාළා. එතකොට බුදුවරයන් වහන්සේලාගේ සාමුක්කංසික ධර්ම දේශනාව වන 'දුක්ඛ, සමුදය, නිරෝධ, මාර්ග' යන චතුරාර්ය සත්‍යය වදාළා. කළු පැල්ලම් නැති පිරිසිදු වස්ත්‍රයකට සායම් පොවන කොට, ඉතා හොඳින් ඒ සායම් උරාගන්නවා වගේ, සුප්‍රබුද්ධ කුෂ්ඨ රෝගියාටත් තමන් සිටි තැනදීම 'හේතූන්ගෙන් සකස් වූ යම් දෙයක් ඇත්නම්, ඒ හැම දෙයක්ම නැතිවීමෙන් නැතිවෙලා යන ස්වභාවයෙන් යුක්තයි' කියන කෙලෙස් රහිත, අවිද්‍යා මලකඩ රහිත දහම් ඇස පහළ වුනා.

ඉතින් ධර්මය දැකපු, ධර්මයට පැමිණුන, ධර්මය දැනගත්, ධර්මයේ බැසගත්, සැකයෙන් එතෙර වුන, අවිශ්වාසයෙන් බැහැර වුන, ධර්මය තුළ විශාරද බවට පැමිණුන, ශාස්තෲ ශාසනය තුළ ස්වාධීනත්වයට පත් වුන, ඒ සුප්‍රබුද්ධ කුෂ්ඨ රෝගියා භාග්‍යවතුන් වහන්සේ ළඟට ඇවිදින් ආදරයෙන් වන්දනා කළා. පැත්තකින් වාඩි වුන සුප්‍රබුද්ධ කුෂ්ඨ රෝගියා භාග්‍යවතුන් වහන්සේට මෙහෙම කිව්වා.

"ස්වාමීනී, ඉතාම සුන්දරයි! ස්වාමීනී, ඉතාම සුන්දරයි! යටිකුරු වෙච්ච දෙයක් උඩුකුරු කළා වගෙයි. වහලා තිබුණු දෙයක් ඇරලා පෙන්නුවා වගෙයි. මං මුළා වූ කෙනෙකුට නොවරදින මඟ කිව්වා වගෙයි. ඇස් ඇති උදවියට රූප දකින්න අඳුරේ තෙල් පහන් දැරුවා වගෙයි. ඒ විදිහට භාග්‍යවතුන් වහන්සේ නොයෙක් අයුරින් ශ්‍රී සද්ධර්මය වදාළා. ස්වාමීනී, ඒ මම භාග්‍යවතුන් වහන්සේව සරණ යනවා. ශ්‍රී සද්ධර්මයත් සරණ යනවා. භික්ෂු සංඝයාත් සරණ යනවා. භාග්‍යවතුන් වහන්සේ අද පටන් මාව දිවි ඇති තුරාවට තෙරුවන් සරණ ගිය උපාසකයෙක් හැටියට පිළිගන්නා සේක්වා!"

එතකොට භාග්‍යවතුන් වහන්සේ දහම් කථාවෙන් සුප්‍රබුද්ධ කුෂ්ඨ රෝගියාට කරුණු දැක්වූවා. සමාදන් කෙරෙව්වා. උත්සාහවත් කෙරෙව්වා. සතුටු කෙරෙව්වා. ඔහු භාග්‍යවතුන් වහන්සේ වදාළ දෙය සතුටින් පිළි අරගෙන අනුමෝදන් වුනා. සිටි තැනින් නැගිට්ටා. භාග්‍යවතුන් වහන්සේට ආදරයෙන් වන්දනා කළා. ප්‍රදක්ෂිණා කළා. ඉතින් සුප්‍රබුද්ධ කුෂ්ඨ රෝගියාට වැඩි දුරක් යන්න ලැබුනේ නෑ. අලුත වැදූ වහුපැටියෙක් ඇති ගව දෙනක් අඟින් ඇනලා ඔහුව මරලා දැම්මා.

ඉතින් බොහෝ භික්ෂූන් වහන්සේලා භාග්‍යවතුන් වහන්සේ ළඟට ගියා. ගිහින් ආදරයෙන් වන්දනා කරලා, පැත්තකින් වාඩි වුනා. පැත්තකින් වාඩි වුන ඒ භික්ෂූන් වහන්සේලා භාග්‍යවතුන් වහන්සේගෙන් මෙහෙම ඇහුවා.

"ස්වාමීනී, භාග්‍යවතුන් වහන්සේ විසින් දහම් කරුණු කියා දීපු, සමාදන් කරවපු, උනන්දු කරවපු, සතුටු කරවපු අර සුප්‍රබුද්ධ කියන කුෂ්ඨ රෝගියා මරණයට පත් වුනා. එයා ඉපදුනේ කොහේද? එයාගේ පරලොව මොකක්ද?"

"පින්වත් මහණෙනි, ඔය සුප්‍රබුද්ධ කුෂ්ඨ රෝගියා හරිම බුද්ධිමත්. ධර්මානුධර්ම ප්‍රතිපදාවට බැසගත්තා. ධර්ම කරුණු මුල් කර ගෙන මාව මහන්සි කළේ නෑ. පින්වත් මහණෙනි, සුප්‍රබුද්ධ කුෂ්ඨ රෝගියා සංයෝජන තුනක් ප්‍රහාණය කරලා සෝතාපන්න වුනා. කවදාවත් ආයෙ අපායේ වැටෙන්නේ නෑ. නියත වශයෙන්ම නිවන අවබෝධ කරගන්නවා."

මෙහෙම වදාළ විට, එක්තරා භික්ෂුවක් භාග්‍යවතුන් වහන්සේ ගෙන් මෙහෙම ඇහුවා.

"ස්වාමීනී, ඔය සුප්‍රබුද්ධ කුෂ්ඨ රෝගියා අන්ත දිළිඳු මනුස්සයෙක්. අන්ත අසරණ මනුස්සයෙක්. අන්ත දීන මනුස්සයෙක්. ඒකට හේතුව මොකක්ද? කාරණය මොකක්ද?"

"පින්වත් මහණෙනි, ඕක ගොඩාක් ඉස්සර සිදු වෙච්ච දෙයක්. ඒ කාලෙ ඔය සුප්‍රබුද්ධ කුෂ්ඨ රෝගියා මේ රජගහ නුවර සිටු පුත්‍රයෙක්. දවසක් එයා උයන් බිමට යද්දී, නගරයට පිඬුසිඟා වැඩලා හිටිය 'තගරසිඛී' කියන පසේබුදු රජාණන් වහන්සේව දැක්කා. දැකලා මෙහෙම හිතුවා. 'ම්...! සිවුරකින් ඇඟ වහගෙන ඉන්න මේ කුෂ්ඨයා කවුද?' මෙහෙම හිතලා නින්දා අපහාස කරලා එතැනින් ගියා. ඒ කර්ම විපාකය නිසා බොහෝ වර්ෂ ගණනක්, බොහෝ වර්ෂ සිය ගණනක්, බොහෝ වර්ෂ දහස් ගණනක්, බොහෝ අවුරුදු ලක්ෂ ගණනක් ඔහු නිරයේ පැහුනා. ඒ කර්මයේ ඉතිරි විපාකයෙන් තමයි මේ රජගහ නුවරම

එයා අන්ත දිළිඳු වෙලා, අන්ත අසරණ වෙලා, අන්ත දීන වෙලා ඉපදුනේ. දැන් ඔහු තථාගතයන් වහන්සේ වදාළ ධර්ම විනයට පැමිණිලා, ශ්‍රද්ධාව ඇති කරගත්තා. සිල්වත් වුනා. ධර්ම ඥානය ඇති කරගත්තා. ත්‍යාග ගුණය ඇති කරගත්තා. ප්‍රඥාවන්ත වුනා. ඔහු තථාගතයන් වහන්සේ වදාළ ධර්ම විනයට පැමිණිලා, ශ්‍රද්ධාව ඇති කරගෙන, සීලය ඇති කරගෙන, ශ්‍රැතවත් බව ඇති කරගෙන, ත්‍යාග ගුණය ඇති කරගෙන, ප්‍රඥාව ඇති කරගෙන, කය බිඳිලා මැරුණට පස්සේ සුගතිය නම් දෙව්ලොව උපන්නා. තව්තිසා දෙවියන් අතර උපන්නා. ඔහු ඒ දෙව්ලොවදී අනිත් සියලු දෙවියන් අභිබවා, රූපයෙනුත්, කීර්තියෙනුත් බබලනවා."

ඉතින් භාග්‍යවතුන් වහන්සේ මේ කරුණ දැනගෙන, ඒ වෙලාවේ මේ උදානය වදාළා.

"ඇස් පෙනෙන කෙනා අනතුර හඳුනාගෙන විසම මාර්ගය බැහැර කරලා දානවා වගෙයි, බුද්ධිමත් කෙනා ඇගේ පතේ වීරිය තියෙන කාලෙ, මේ ලෝකෙ තියෙන පව් බැහැර කරන්න ඕන."

සාදු! සාදු!! සාදු!!!

5.4.
කුමාරක සූත්‍රය
පොඩි දරුවන් අරභයා වදාළ උදානය

මා හට අසන්නට ලැබුනේ මේ විදිහටයි. ඒ දිනවල භාග්‍යවතුන් වහන්සේ වැඩසිටියේ සැවැත් නුවර ජේතවනය නම් වූ අනේපිඬු සිටුතුමාගේ ආරාමයේ.

එදා පොඩි දරුවන් පිරිසක් සැවැත් නුවරටත්, ජේතවනයටත් අතර මාළු අල්ල අල්ල හිටියා. ඒ වෙලාවේ භාග්‍යවතුන් වහන්සේ උදේ වරුවේ, සිවුරු පොරොවාගෙන, පාත්‍ර සිවුරු අරගෙන, සැවැත් නුවරට පිණ්ඩපාතෙ වැඩියා. සැවැත් නුවරත්, ජේතවනයත් අතර මාළු අල්ලමින් සිටි ඒ පොඩි දරුවන්ව භාග්‍යවතුන් වහන්සේට දැකගන්න ලැබුනා. දැකලා ඒ පොඩි දරුවන් ළඟට වැඩියා. වැඩම කරලා ඒ දරුවන්ගෙන් මෙහෙම ඇහුවා.

"පින්වත් දරුවනි, ඔයාලා දුකට භයයි නේද? දුකට කැමැති නෑ නේද?"

"එසේ ය, ස්වාමීනී, අපි දුකට භයයි. දුකට කැමැති නෑ."

ඉතින් භාග්‍යවතුන් වහන්සේ මේ කරුණ දැනගෙන, ඒ වෙලාවේ මේ උදානය වදාළා.

"ඉදින් ඔබ දුකට භය නම්, දුකට කැමැති නැත්නම්, එළිපිටවත්, රහසින්වත් පාපී දෙයක් කරන්න එපා! ඉතින් පව් කළොත්, අනාගතයේ හෝ පව් කළොත්, ඒකෙන් මිදෙන්න කොච්චර පැනලා යන්න හැදුවත් ඔබට දුකින් මිදෙන්න ලැබෙන්නේ නෑ."

සාදු! සාදු!! සාදු!!!

5.5.
උපෝසථ සූත්‍රය
පොහොය කිරීම අරභයා වදාළ උදානය

මා හට අසන්නට ලැබුනේ මේ විදිහටයි. ඒ දිනවල භාග්‍යවතුන් වහන්සේ වැඩසිටියේ සැවැත් නුවර මිගාරමාතාවගේ ප්‍රාසාදය නම් වූ පූර්වාරාමයේ.

එදා උපෝසථ දිනයේ භාග්‍යවතුන් වහන්සේ භික්ෂු සංඝයා පිරිවරා ගෙන සිටියා. එතකොට ආයුෂ්මත් ආනන්ද තෙරුන් රෑ ගෙවී ගෙන යද්දී, පළමු යාමය ඉක්ම යද්දී, සිටි අසුනින් නැගිට්ටා. සිවුර ඒකාංශ කරගත්තා. භාග්‍යවතුන් වහන්සේට වන්දනා කරගත්තා. භාග්‍යවතුන් වහන්සේට මෙහෙම කිව්වා.

"ස්වාමීනී, රාත්‍රිය ගෙවිලා යනවා. පළමු යාමය ගෙවිලා ගියා. බොහෝ වේලාවක් තිස්සේ භික්ෂු සංඝයා වාඩි වෙලා ඉන්නවා. ස්වාමීනී, භාග්‍යවතුන් වහන්ස, භික්ෂූන්ට ප්‍රතිමෝක්ෂය වදාරණ සේක්වා!"

එහෙම කිව්වාම භාග්‍යවතුන් වහන්සේ නිශ්ශබ්ද වුනා.

දෙවෙනි වතාවටත් ආයුෂ්මත් ආනන්ද තෙරුන් රෑ ගෙවී ගෙන යද්දී, මධ්‍යම යාමය ඉක්ම යද්දී, සිටි අසුනින් නැගිට්ටා. සිවුර ඒකාංශ කරගත්තා. භාග්‍යවතුන් වහන්සේට වන්දනා කරගත්තා. භාග්‍යවතුන් වහන්සේට මෙහෙම කිව්වා.

"ස්වාමීනී, දැන් ගොඩාක් රෑ වුනා. මධ්‍යම යාමයත් ගෙවිලා ගියා. බොහෝ

වේලාවක් තිස්සේ භික්ෂු සංඝයා වාඩි වෙලා ඉන්නවා. ස්වාමීනී, භාග්‍යවතුන් වහන්ස, භික්ෂූන්ට ප්‍රතිමෝක්ෂය වදාරණ සේක්වා!"

එහෙම කිව්වාම භාග්‍යවතුන් වහන්සේ නිශ්ශබ්ද වුනා.

තුන්වෙනි වතාවටත් ආයුෂ්මත් ආනන්ද තෙරුන් රෑ ගෙවී ගෙන යද්දී, පශ්චිම යාමයත් ගෙවී යද්දී, අරුණ උදාවෙද්දී, රැය පහන් වෙද්දී සිටි අසුනින් නැගිට්ටා. සිවුර ඒකාංශ කරගත්තා. භාග්‍යවතුන් වහන්සේට වන්දනා කරගත්තා. භාග්‍යවතුන් වහන්සේට මෙහෙම කිව්වා.

"ස්වාමීනී, රෑ ඉක්ම ගියා. පශ්චිම යාමයත් ගෙවිලා ගියා. අරුණත් උදාවුනා. රැය පහන් වුනා. බොහෝ වේලාවක් තිස්සේ භික්ෂු සංඝයා වාඩි වෙලා ඉන්නවා. ස්වාමීනී, භාග්‍යවතුන් වහන්ස, භික්ෂූන්ට ප්‍රතිමෝක්ෂය වදාරණ සේක්වා!"

"පින්වත් ආනන්ද, පිරිස අපිරිසිදුයි."

එතකොට ආයුෂ්මත් මහා මොග්ගල්ලානයන් වහන්සේට මෙහෙම හිතුනා. "පින්වත් ආනන්ද, පිරිස අපිරිසිදුයි" කියලා භාග්‍යවතුන් වහන්සේ වදාළේ කවර පුද්ගලයෙක් උදෙසාද? ඉතින් ආයුෂ්මත් මහා මොග්ගල්ලානයන් වහන්සේ සියලු භික්ෂූන් වහන්සේලාගේ සිත් ගැන තම සිතින් විමසා බැලුවා. ආයුෂ්මත් මහා මොග්ගල්ලානයන් වහන්සේ ඒ පුද්ගලයාව දැක්කා. ඔහු දුස්සීල කෙනෙක්. පවිටු කෙනෙක්. සැක සහිත, අපිරිසිදු කටයුතු ඇති කෙනෙක්. රහස් වැඩ ඇති කෙනෙක්. අශ්‍රමණයෙක්. ශ්‍රමණයෙක් වගේ පෙනී ඉන්න කෙනෙක්. අබ්‍රහ්මචාරී කෙනෙක්. බ්‍රහ්මචාරී වගේ පෙනී ඉන්න කෙනෙක්. ඇතුළත කුණු වෙච්ච කෙනෙක්. කෙලෙස්වලින් තෙත් වෙච්ච කෙනෙක්. කෙලෙස් කසල ඇති කෙනෙක්. ඔහු භික්ෂු සංඝයා මැද්දේ වාඩි වෙලා හිටියා. මොහු දැකගත් මොග්ගල්ලානයන් වහන්සේ සිටි ආසනයෙන් නැගිට්ටා. ඒ පුද්ගලයා ළඟට ගියා. ගිහින් මෙහෙම කිව්වා.

"ආයුෂ්මත, නැගිටින්න. භාග්‍යවතුන් වහන්සේ ඔබව දැක වදාළා. ඔබට භික්ෂු සංඝයා සමඟ කිසි පැහීමක් නෑ."

එතකොට ඒ පුද්ගලයා නිශ්ශබ්දව සිටියා.

දෙවන වතාවටත් ආයුෂ්මත් මහා මොග්ගල්ලානයන් වහන්සේ ඒ පුද්ගලයාට මෙහෙම කිව්වා.

"ආයුෂ්මත, නැගිටින්න. භාග්‍යවතුන් වහන්සේ ඔබව දැක වදාළා. ඔබට භික්ෂු සංඝයා සමඟ කිසි පැහීමක් නෑ."

දෙවෙනි වතාවෙත් ඒ පුද්ගලයා නිශ්ශබ්දව සිටියා.

තුන්වෙනි වතාවටත් ආයුෂ්මත් මහා මොග්ගල්ලානයන් වහන්සේ ඒ පුද්ගලයාට මෙහෙම කිව්වා.

"ආයුෂ්මත, නැගිටින්න. භාග්‍යවතුන් වහන්සේ ඔබව දැක වදාළා. ඔබට භික්ෂු සංඝයා සමඟ කිසි පෑහීමක් නෑ."

තුන්වෙනි වතාවෙත් ඒ පුද්ගලයා නිශ්ශබ්දව සිටියා.

එතකොට ආයුෂ්මත් මහා මොග්ගල්ලානයන් වහන්සේ ඒ පුද්ගලයාව අතින් අල්ලාගෙන ගිහින් දොරටුවෙන් එළියට බැහැර කරවලා, දොර අගුළු දැම්මා. භාග්‍යවතුන් වහන්සේ ළඟට පැමිණුනා. පැමිණිලා භාග්‍යවතුන් වහන්සේට මෙහෙම පවසා සිටියා.

"භාග්‍යවතුන් වහන්ස, භික්ෂූන්ට ප්‍රතිමෝක්ෂය වදාරණ සේක්වා!"

"පින්වත් මොග්ගල්ලාන, ආශ්චර්යයයි! පින්වත් මොග්ගල්ලාන, අද්භූතයි! ඒ හිස් පුද්ගලයාව අතින් අල්ලාගන්න කල්ම එතැනම හිටියා නෙ."

ඒ වෙලාවේ භාග්‍යවතුන් වහන්සේ භික්ෂූන් අමතා වදාළා.

පින්වත් මහණෙනි, මීට පස්සේ මං පොහොය කරන්නෙ නෑ. ප්‍රාතිමෝක්ෂය පවසන්නෙ නෑ. දැන් පින්වත් මහණෙනි, මීට පස්සෙ ඔබමයි පොහොය කළ යුත්තේ. ඔබමයි ප්‍රාතිමෝක්ෂය උදෙසිය යුත්තේ. පින්වත් මහණෙනි, තථාගතයන් වහන්සේ නමක් අපිරිසිදු පිරිසක් මැද උපෝසථ කිරීම, ප්‍රාතිමෝක්ෂය උදෙසීම යන මෙය නොවන දෙයක්. අවකාශ රහිත දෙයක්.

පින්වත් මහණෙනි, මහා සමුද්‍රයේ ආශ්චර්යය, අද්භූත කරුණු අටක් තියෙනවා. ඒ කරුණු දැක දැක තමයි අසුරයෝ මහා සමුද්‍රයට මෙච්චර ආසා කරන්නේ. මොනවාද ඒ අසිරිමත් කරුණු අට?

(01) පින්වත් මහණෙනි, මහා සමුද්‍රය පිළිවෙලින් පහළට යනවා. පිළිවෙලින් ඇතුළට යනවා. පිළිවෙලින් ගැඹුරට බර වෙනවා. එක පාරටම ප්‍රපාතයක් නෑ. පින්වත් මහණෙනි, මහා සමුද්‍රය පිළිවෙලින් පහළට යනවාද, පිළිවෙලින් ඇතුළට යනවාද, පිළිවෙලින් ගැඹුරට බර වෙනවාද, එක පාරටම ප්‍රපාතයක් නැද්ද, පින්වත් මහණෙනි, මහා සමුද්‍රයේ ඇති ආශ්චර්යය අද්භූත වූ පළවෙනි කරුණ මෙයයි. එය දැක දැක තමයි අසුරයන් මහා සමුද්‍රයට ඔච්චර ආසා කරන්නේ.

(02) පින්වත් මහණෙනි, තව දෙයක් තියෙනවා. මහා සමුද්‍රය පිහිටි ජල කඳින් යුක්තයි. වෙරළ ඉක්මවා යන්නෙ නෑ. පින්වත් මහණෙනි, මහා සමුද්‍රය පිහිටි ජල කඳින් යුක්තව වෙරළ ඉක්මවා නොයන ස්වභාවයක් ඇද්ද, මේක තමයි පින්වත් මහණෙනි, මහා සමුද්‍රයේ ඇති දෙවන ආශ්චර්යය අද්භූත කාරණය. එය දැක දැක තමයි අසුරයන් මහා සමුද්‍රයට ඔච්චර ආසා කරන්නේ.

(03) පින්වත් මහණෙනි, තවත් කාරණයක් තියෙනවා. මහා සමුද්‍රයේ මළකුණු එකතු වෙන්නෙ නෑ. මහා සමුද්‍රයේ යම් මළකුණක් තිබ්බොත් ඒක වහාම මුහුදු වෙරළට ගහගෙන එනවා. ගොඩබිමට ගහගෙන එනවා. පින්වත් මහණෙනි, මහා සමුද්‍රයේ මළකුණු එකතු නොවීමත්, මහා සමුද්‍රයේ යම් මළකුණක් තිබ්බොත් ඒක වහාම මුහුදු වෙළරට ගැසීමත්, ගොඩබිමට ගැසීමත් යන කරුණක් ඇද්ද, පින්වත් මහණෙනි, මහා සමුද්‍රයේ ඇති ආශ්චර්යය අද්භූත වූ තුන්වෙනි කරුණ මෙයයි. එය දැක දැක තමයි අසුරයන් මහා සමුද්‍රයට ඔච්චර ආසා කරන්නේ.

(04) පින්වත් මහණෙනි, තවත් කාරණයක් තියෙනවා. ගංගා, යමුනා, අචිරවතී, සරභූ, මහී ආදී මහා ගංගාවල් තියෙනවා. ඒවා ඔක්කොම මහා මුහුදටයි එන්නේ. ඊට පස්සේ ඒ ගංගාවල කලින් නම් අත්හැරලා, 'මහා සමුද්‍රය' කියන ව්‍යවහාරයට පත් වෙනවා. පින්වත් මහණෙනි, ගංගා, යමුනා, අචිරවතී, සරභූ, මහී ආදී මහා ගංගාවල් මහා සමුද්‍රයට වැටුනට පස්සේ කලින් නම් ගොත් අත්හැරලා, 'මහා සමුද්‍රය' ම කියලා භාවිතා වීමක් ඇද්ද, පින්වත් මහණෙනි, මහා සමුද්‍රයේ ඇති ආශ්චර්යය අද්භූත වූ හතරවෙනි කරුණ මෙයයි. එය දැක දැක තමයි අසුරයන් මහා සමුද්‍රයට ඔච්චර ආසා කරන්නේ.

(05) පින්වත් මහණෙනි, තවත් කාරණයක් තියෙනවා. ලෝකයේ තියෙන ඇළ, දොළ, ගංගා ආදියෙන් මහ මුහුදට වතුර ගලනවා. අහසිනුත් මහ මුහුදට වතුර වැටෙනවා. නමුත් ඒ හේතුවෙන් මහා සමුද්‍රයේ අඩු බවක්වත්, පිරී ගිය බවක්වත් පෙන්නෙ නෑ. පින්වත් මහණෙනි, මේ ලෝකයේ තියෙන ඇළ, දොළ, ගංගා ආදියෙන් මහ මුහුදට වතුර ගැලුවත්, අහසිනුත් මහ මුහුදට වතුර වැටුනත්, ඒ හේතුවෙන් මහා සමුද්‍රයේ අඩු බවක්වත්, පිරී ගිය බවක්වත් පෙනෙන්නට නැති බවක් ඇද්ද, පින්වත් මහණෙනි, මහා සමුද්‍රයේ ඇති ආශ්චර්යය අද්භූත වූ පස්වෙනි කරුණ මෙයයි. එය දැක දැක තමයි අසුරයන් මහා සමුද්‍රයට ඔච්චර ආසා කරන්නේ.

(06) පින්වත් මහණෙනි, තවත් කාරණයක් තියෙනවා. මහා සමුද්‍රය එකම රසයකින් යුක්තයි. ලුණු රසයෙන් යුක්තයි. මහා සමුද්‍රය එකම රසයකින්, ලුණු රසයෙන් යුක්තයි යන යම් කරුණක් ඇද්ද, පින්වත් මහණෙනි, මහා සමුද්‍රයේ ඇති ආශ්චර්යය අද්භූත වූ හයවෙනි කරුණ මෙයයි. එය දැක දැක තමයි අසුරයන් මහා සමුද්‍රයට ඔච්චර ආසා කරන්නේ.

(07) පින්වත් මහණෙනි, තවත් කාරණයක් තියෙනවා. මහා සමුද්‍රයේ ගොඩාක් මැණික් තියෙනවා. නොයෙක් මැණික් තියෙනවා. ඒ කියන්නේ මුතු, මැණික්, වෛරෝඩි, හක්ගෙඩි, ගල්වර්ග, පබළු, රිදී, රත්තරන්, රතු මැණික්, මැසිරි ගල් ආදියයි. මහා සමුද්‍රයේ මුතු, මැණික්, වෛරෝඩි, හක්ගෙඩි, ගල්වර්ග, පබළු, රිදී, රත්තරන්, රතු මැණික්, මැසිරි ගල් ආදී ගොඩාක් මැණික් වර්ග ඇද්ද, නොයෙක් මැණික් වර්ග ඇද්ද, පින්වත් මහණෙනි, මහා සමුද්‍රයේ ඇති ආශ්චර්යය අද්භූත වූ හත්වෙනි කරුණ මෙයයි. එය දැක දැක තමයි අසුරයන් මහා සමුද්‍රයට ඔච්චර ආසා කරන්නේ.

(08) පින්වත් මහණෙනි, තවත් කාරණයක් තියෙනවා. මේ මහා සමුද්‍රය මහත් සත්වයන්ට වාසස්ථානයයි. මෙවැනි සත්වයන් ඉන්නවා. තිමි, තිමිංගල, තිමිරපිංගල, අසුරයන්, නාගයන්, ගාන්ධර්වයන් ඉන්නවා. ඒ වගේම මහා සමුද්‍රයේ යොදුන් සියයේ ශරීර ඇති සතුන් ඉන්නවා. යොදුන් දෙසියයේ ශරීර ඇති සතුන් ඉන්නවා. යොදුන් තුන් සියයේ ශරීර ඇති සතුන් ඉන්නවා. යොදුන් හාරසියයේ ශරීර ඇති සතුන් ඉන්නවා. පින්වත් මහණෙනි, මේ මහා සමුද්‍රය මහත් සත්වයන්ට වාසස්ථාන වන බවක් ඇද්ද, මෙවැනි සත්වයන්ට ඒ කියන්නේ, තිමි, තිමිංගල, තිමිරපිංගල, අසුරයන්, නාගයන්, ගාන්ධර්වයන් ආදී සතුන්ට, ඒ වගේම මහා සමුද්‍රයේ යොදුන් සියයේ ආත්මභාව ඇති සතුන්, යොදුන් දෙසියයේ ආත්මභාව ඇති සතුන්, යොදුන් තුන් සියයේ ආත්මභාව ඇති සතුන්, යොදුන් හාරසියයේ ආත්මභාව ඇති සතුන් සිටින ස්වභාවයක් ඇද්ද, පින්වත් මහණෙනි, මහා සමුද්‍රයේ ඇති ආශ්චර්යය අද්භූත වූ අට වෙනි කරුණ මෙයයි. එය දැක දැක තමයි අසුරයන් මහා සමුද්‍රයට ඔච්චර ආසා කරන්නේ.

පින්වත් මහණෙනි, මහා සමුද්‍රයේ ඔය ආශ්චර්යය, අද්භූත කරුණු අට තියෙනවා. ඒ කරුණු දැක දැක තමයි අසුරයෝ මහා සමුද්‍රයට ඔච්චර ආසා කරන්නේ.

පින්වත් මහණෙනි, අන්න ඒ විදිහටම මේ බුද්ධ ශාසනයේ ආශ්චර්යවත් අද්භූත කාරණා අටක් තියෙනවා. ඒවා දැක දැක තමයි භික්ෂූන් මේ බුද්ධ ශාසනයට ඔච්චර ආශා කරන්නේ. මොනවාද ඒ ආශ්චර්යවත් වූ කරුණු අට?

(01) පින්වත් මහණෙනි, මහා සමුද්‍රය පිළිවෙලින් පහළට යනවා. පිළිවෙලින් ඇතුළට යනවා. පිළිවෙලින් ගැඹුරට බර වෙනවා. එක පාරටම ප්‍රපාතයක් නෑ. පින්වත් මහණෙනි, අන්න ඒ විදිහමයි මේ බුද්ධ ශාසනයෙත් පිළිවෙලින් හික්මීමක් තියෙනවා. පිළිවෙලින් වැඩපිළිවෙලක් තියෙනවා. පිළිවෙලින් ප්‍රතිපදාවක් තියෙනවා. එකපාරටම අරහත් වෙන්නෙ නෑ. පින්වත් මහණෙනි, මේ ශාසනයේ පිළිවෙලින් හික්මීමක්, පිළිවෙලන් කටයුතු කිරීමක්, පිළිවෙලින් ප්‍රතිපදාවක්, එකපාරටම අරහත්ව අවබෝධයක් නැද්ද, පින්වත් මහණෙනි, මේ බුද්ධ ශාසනයේ ඇති ආශ්චර්යය අද්භූත වූ පළවෙනි කරුණ මෙයයි. එය දැක දැක තමයි භික්ෂූන් මේ බුද්ධ ශාසනයට ඔච්චර ආසා කරන්නේ.

(02) පින්වත් මහණෙනි, මහා සමුද්‍රය පිහිටි ජල කඳින් යුක්තයි. වෙරළ ඉක්මවා යන්නෙ නෑ. අන්න ඒ වගේමයි පින්වත් මහණෙනි, මා විසින් ශ්‍රාවකයන් හට යම් ශික්ෂාපදයක් පණවලා තියෙනවාද, මාගේ ශ්‍රාවකයෝ ජීවිතය නිසාවත් ඒ ශික්ෂාපද ඉක්මවා යන්නෙ නෑ. පින්වත් මහණෙනි, මා විසින් ශ්‍රාවකයන් හට යම් ශික්ෂාපදයක් පණවලා තියෙනවාද, මාගේ ශ්‍රාවකයෝත් ජීවිතය නිසාවත් ඒ ශික්ෂාපද ඉක්මවා යන්නේ නැද්ද, මේක තමයි පින්වත් මහණෙනි, මේ බුද්ධ ශාසනයේ ඇති දෙවන ආශ්චර්යය අද්භූත කාරණය. එය දැක දැක තමයි භික්ෂූන් මේ බුද්ධ ශාසනයට ඔච්චර ආසා කරන්නේ.

(03) පින්වත් මහණෙනි, මහා සමුද්‍රයේ මළකුණු එකතු වෙන්නෙ නෑ. මහා සමුද්‍රයේ යම් මළකුණක් තිබ්බොත් ඒක වහාම මුහුදු වෙරළට ගහගෙන එනවා. ගොඩබිමට ගහගෙන එනවා. පින්වත් මහණෙනි, අන්න ඒ විදිහමයි යම්කිසි පුද්ගලයෙක් දුස්සීල නම්, පාපී ස්වභාවයෙන් යුතු නම්, පිළිකුල් සහගත සැක කටයුතු පැවැත්මෙන් යුතු නම්, රහස් වැඩ තියෙනවා නම්, අශ්‍රමණයෙක් නම්, ශ්‍රමණයෙක් වගේ ඉන්නවා නම්, බ්‍රහ්මචාරී වගේ ඉන්න අබ්‍රහ්මචාරී කෙනෙක් නම්, ඇතුළ කුණුවෙලා නම්, කෙලෙස් වැගිරෙනවා නම්, කසළවලින් යුක්ත නම්, ඔහු සංඝයා සමඟ පෑහෙන්නේ නෑ. භික්ෂු සංඝයා රැස් වෙලා, වහාම ඔහුව බැහැර කරනවා. ඔහු භික්ෂු සංඝයා සමැද වාඩි වෙලා හිටියත්, ඔහු ඉන්නෙ සංඝයාගෙන් දුරස් වෙලාමයි. සංඝයා ඉන්නෙ ඔහුගෙන් දුරස් වෙලාමයි.

පින්වත් මහණෙනි, ඒ දුස්සීල වූ, පාපී වූ, පිළිකුල් සහගත, සැක කටයුතු ක්‍රියා ඇති, රහස් වැඩ ඇති, ශ්‍රමණ වෙස් ගත් අශ්‍රමණයෙක් වූ, බ්‍රහ්මචාරී වෙස් ගත් අබ්‍රහ්මචාරී වූ, ඇතුළත කුණු වූ, කෙලෙස් වැගිරෙන, කසළවලින්

හටගත් ඒ පුද්ගලයා සංඝයා සමඟ නොපැහෙන බව. භික්ෂු සංඝයා රැස් වෙලා, ඒ පුද්ගලයාව බැහැර කරන බව, යම් හෙයකින් ඔහු පිරිසිඳු සංඝයා මැද හිටියත් සංඝයාට අයිති නැති බව, සංඝයාද ඔහුගෙන් බැහැර බව යන මේ දේවල් ඇද්ද, පින්වත් මහණෙනි, මේ බුද්ධ ශාසනයේ ඇති තුන්වන ආශ්චර්යය අද්භූත කාරණය. එය දැක දැක තමයි භික්ෂූන් මේ බුද්ධ ශාසනයට ඔච්චර ආසා කරන්නේ.

(04) පින්වත් මහණෙනි, ගංගා, යමුනා, අචිරවතී, සරභූ, මහී ආදී මහා ගංගාවල් තියෙනවා. ඒවා ඔක්කොම මහා මුහුදටයි එන්නේ. ඊට පස්සේ ඒ ගංගාවල කලින් නම් අත්හැරලා, 'මහා සමුද්‍රය' කියන ව්‍යවහාරයට පත් වෙනවා. පින්වත් මහණෙනි, අන්න ඒ වගේමයි රජ කුලය, බ්‍රාහ්මණ කුලය, වෙළඳ කුලය, කම්කරු කුලය කියන මේ කුල හතරක් තියෙනව නෙ. ඔවුන් කවුරුත් ගිහි ගේ අත්හැරලා, තථාගතයන් වහන්සේ වදාළ අනගාරික ශාසනයේ පැවිදි වුනාට පස්සේ, කලින් තිබිච්ච නම් ගොත් අත්හරිනවා. 'ශාක්‍යපුත්‍ර ශ්‍රමණ' නම ගන්නවා. පින්වත් මහණෙනි, මේ 'ක්ෂත්‍රිය, බ්‍රාහ්මණ, වෛශ්‍ය, ශුද්‍ර' යන මේ කුල හතරට අයිති කවුරුත් ගිහි ජීවිතය අත්හැරලා තථාගතයන් වහන්සේ වදාළ අනගාරික ශාසනයේ පැවිදි වුණාට පස්සේ, කළින් තිබිච්ච නම් ගොත් අත්හැරලා 'ශාක්‍යපුත්‍ර ශ්‍රමණ' යන නම ගන්නවාය කියන යම් කරුණක් ඇද්ද, පින්වත් මහණෙනි, මේ බුද්ධ ශාසනයේ ඇති හතරවන ආශ්චර්යය අද්භූත කාරණය. එය දැක දැක තමයි භික්ෂූන් මේ බුද්ධ ශාසනයට ඔච්චර ආසා කරන්නේ.

(05) පින්වත් මහණෙනි, ලෝකයේ තියෙන ඇළ, දොළ, ගංගා ආදියෙන් මහ මුහුදට වතුර ගලනවා. අහසිනුත් මහ මුහුදට වතුර වැටෙනවා. නමුත් ඒ හේතුවෙන් මහා සමුද්‍රයේ අඩු බවක්වත්, පිරී ගිය බවක්වත් පෙන්නෙ නෑ. පින්වත් මහණෙනි, ඔන්න ඔය වගේමයි කොයි තරම් විශාල භික්ෂු පිරිසක් වුණත් අනුපාදිශේෂ පරිනිර්වාණ ධාතුවෙන් පිරිනිවන් පෑවත් ඒ අමා මහ නිවනෙ අඩුවක්වත්, පිරුණු බවක්වත් ඒ හේතුව නිසා ඇතිවෙන්නේ නෑ. පින්වත් මහණෙනි, කොයි තරම් භික්ෂු පිරිසක් අනුපාදිශේෂ පරිනිර්වාණ ධාතුවෙන් පිරිනිවන් පෑවත්, ඒ අමා මහ නිවනේ අඩුවක්වත්, පිරුණු බවක්වත් නොපෙනෙන බවක් ඇද්ද, පින්වත් මහණෙනි, මේ බුද්ධ ශාසනයේ ඇති පස් වන ආශ්චර්යය අද්භූත කාරණය. එය දැක දැක තමයි භික්ෂූන් මේ බුද්ධ ශාසනයට ඔච්චර ආසා කරන්නේ.

(06) පින්වත් මහණෙනි, මහා සමුද්‍රය එකම රසයකින් යුක්තයි. ලුණු රසයෙන් යුක්තයි. අන්න ඒ වගේමයි මේ බුදු සසුනත් එකම රසය වන විමුක්ති

රසයෙන් යුක්තයි. පින්වත් මහණෙනි, මේ බුදු සසුනත් එකම රසය වන විමුක්ති රසයෙන් යුක්තයි යන යමක් ඇද්ද, පින්වත් මහණෙනි, මේ බුද්ධ ශාසනයේ ඇති හයවන ආශ්චර්යය අද්භූත කාරණය. එය දැක දැක තමයි භික්ෂූන් මේ බුද්ධ ශාසනයට ඔච්චර ආසා කරන්නේ.

(07) පින්වත් මහණෙනි, තවත් කාරණයක් තියෙනවා. මහා සමුද්‍රයේ ගොඩාක් මැණික් තියෙනවා. නොයෙක් මැණික් තියෙනවා. ඒ කියන්නේ මුතු, මැණික්, වෛරෝඩි, හක්ගෙඩි, ගල්වර්ග, පබළු, රිදී, රත්තරන්, රතු මැණික්, මැසිරි ගල් ආදියයි. පින්වත් මහණෙනි, ඔන්න ඔය විදිහමයි මේ බුදු සසුනේත් ගොඩාක් මැණික් තියෙනවා. නොයෙක් මැණික් තියෙනවා. මේවා තමයි තියෙන මැණික්. ඒ කියන්නේ සතර සතිපට්ඨානය, සතර සම්‍යක් පධාන වීර්යය, සතර ඉර්ධිපාද, පංච ඉන්ද්‍රිය, පංච බල, සප්ත බොජ්ඣංග, ආර්ය අෂ්ටාංගික මාර්ගයයි. පින්වත් මහණෙනි, මේ බුදු සසුනේ ගොඩාක් මැණික් ඇති බව, නොයෙක් මැණික් ඇති බව, මේ ආකාරයේ මැණික් ඇති බව, ඒ කියෙන්නේ සතර සතිපට්ඨානය, සතර සම්‍යක් පධාන වීර්යය, සතර ඉර්ධිපාද, පංච ඉන්ද්‍රිය, පංච බල, සප්ත බොජ්ඣංග, ආර්ය අෂ්ටාංගික මාර්ගය යන යමක් ඇද්ද, පින්වත් මහණෙනි, මේ බුද්ධ ශාසනයේ ඇති හත් වන ආශ්චර්යය අද්භූත කාරණය. එය දැක දැක තමයි භික්ෂූන් මේ බුද්ධ ශාසනයට ඔච්චර ආසා කරන්නේ.

(08) පින්වත් මහණෙනි, මේ මහා සමුද්‍රය මහත් සත්වයන්ට වාසස්ථානයයි. මෙවැනි සත්වයන් ඉන්නවා. තිමි, තිමිංගල, තිමිරපිංගල, අසුරයන්, නාගයන්, ගාන්ධර්වයන් ඉන්නවා. ඒ වගේම මහා සමුද්‍රයේ යොදුන් සියයේ ශරීර ඇති සතුන් ඉන්නවා. යොදුන් දෙසියයේ ශරීර ඇති සතුන් ඉන්නවා. යොදුන් තුන් සියයේ ශරීර ඇති සතුන් ඉන්නවා. යොදුන් හාරසියයේ ශරීර ඇති සතුන් ඉන්නවා. පින්වත් මහණෙනි, ඔන්න ඔය වගේමයි මේ බුදු සසුනත් මහත් සත්වයන්ට වාසස්ථානයක්. එහි මෙවැනි සත්වයන් ඉන්නවා. සෝවාන් කෙනා, සෝවාන් ඵලය සාක්ෂාත් කරන්නට පිළිපන් කෙනා, සකදාගාමී කෙනා, සකදාගාමී ඵලය සාක්ෂාත් කරන්නට පිළිපන් කෙනා, අනාගාමී කෙනා, අනාගාමී ඵලය සාක්ෂාත් කරන්නට පිළිපන් කෙනා, රහතන් වහන්සේ, අරහත් ඵලය සාක්ෂාත් කරන්නට පිළිපන් කෙනා. පින්වත් මහණෙනි, මේ බුද්ධ ශාසනයේ ඇති අට වන ආශ්චර්යය අද්භූත කාරණය. එය දැක දැක තමයි භික්ෂූන් මේ බුද්ධ ශාසනයට ඔච්චර ආසා කරන්නේ.

පින්වත් මහණෙනි, මේවා තමයි මේ බුද්ධ ශාසනයේ ආශ්චර්යවත්

අද්භූත කරුණු අට. මේවා දැක දැක තමයි භික්ෂූන් මේ බුද්ධ ශාසනයට ඔච්චර ආශා කරන්නේ.

ඉතින් භාග්‍යවතුන් වහන්සේ මේ කරුණ දැනගෙන, ඒ වෙලාවේ මේ උදානය වදාළා.

"වරද වැහැව්වොත් (කෙලෙස්) වැස්ස වහිනවා. විවෘත වුනොත් කෙලෙස් වැස්ස වහින්නේ නෑ. ඒ නිසා වැසුණු වරද හෙළිදරව් කරන්න. එතකොට (කෙලෙස්) වැස්ස වහින්නේ නෑ."

සාදු! සාදු!! සාදු!!!

5.6.
සෝණ සූත්‍රය
සෝණ තෙරුන් අරහයා වදාළ උදානය

මා හට අසන්නට ලැබුනේ මේ විදිහටයි. ඒ දිනවල භාග්‍යවතුන් වහන්සේ වැඩසිටියේ සැවැත් නුවර ජේතවනය නම් වූ අනේපිඬු සිටුතුමාගේ ආරාමයේ.

ඒ කාලෙ ආයුෂ්මත් මහා කච්චාන තෙරුන් වැඩසිටියේ අවන්ති රටේ කුරරඝර නගරය අසල, පවත්ත කියන පර්වතයේ. ඒ දිනවල ආයුෂ්මත් මහා කච්චාන තෙරුන්ට උපස්ථාන කළේ සෝණ කුටිකණ්ණ උපාසකතුමායි. සෝණ කුටිකණ්ණ උපාසකතුමා හුදෙකලාවේ භාවනාවෙන් ඉන්න කොට මෙවැනි කල්පනාවක් ඇති වුනා. 'ආර්ය වූ මහා කච්චාන තෙරුන් ඒ ඒ ආකාරයෙන් ධර්මය කියා දෙනවා. ඒ ඒ ආකාරයෙන් මමත් නුවණින් සිහි කරන කොට මෙහෙම ගිහි ගෙදර ඉඳලා නම් මේ තරම් පිරිපුන්, මේ තරම් පිරිසිදු සුදෝ සුදු බඹසර හැසිරෙන එක ලේසි දෙයක් නොවෙයි. මමත් ගිහි ගේ අත්හැරලා, කෙස් රැවුල් බාලා, කසාවත් පොරොවාගෙන බුද්ධ ශාසනයේ මහණ වෙනවා නම් කොයිතරම් දෙයක්ද' කියලා.

ඉතින් සෝණ කුටිකණ්ණ උපාසකතුමා ආයුෂ්මත් මහා කච්චාන තෙරුන් ළඟට ගියා. ගිහින් ආයුෂ්මත් මහා කච්චාන තෙරුන්ට ආදරයෙන් වන්දනා කරලා පැත්තකින් වාඩි වුනා. පැත්තකින් වාඩි වුන සෝණ කුටිකණ්ණ උපාසකතුමා ආයුෂ්මත් මහා කච්චාන තෙරුන්ට මෙහෙම කිව්වා.

"ස්වාමීනී, මං මෙහෙම හුදෙකලාවේ භාවනාවෙන් ඉන්න කොට මේ වගේ කල්පනාවක් ඇතිවුනා. 'ආර්ය වූ මහා කච්චාන තෙරුන් ඒ ඒ ආකාරයෙන් ධර්මය කියා දෙනවා. ඒ ඒ ආකාරයෙන් මමත් නුවණින් සිහි කරන කොට මෙහෙම ගිහි ගෙදර ඉඳලා නම් මේ තරම් පිරිපුන්, මේ තරම් පිරිසිදු සූදෝ සුදු බඹසර හැසිරෙන එක ලේසි දෙයක් නොවෙයි. මමත් ගිහි ගේ අත්හැරලා, කෙස් රැවුල් බාලා, කසාවත් පොරොවාගෙන බුද්ධ ශාසනයේ මහණ වෙනවා නම් කොයිතරම් දෙයක්ද' කියලා. ස්වාමීනී, ආර්ය වූ මහා කච්චානයන් වහන්සේ මාව පැවිදි කරන සේක්වා!"

මෙහෙම කිව්වට පස්සේ ආයුෂ්මත් මහා කච්චාන තෙරුන් වහන්සේ සෝණ කුටිකණ්ණ උපාසකතුමාට මෙහෙම කිව්වා.

"පින්වත් සෝණ, ජීවිතාන්තය දක්වාම එක වේලෙන් ජීවත් වෙන එක ගොඩාක් දුෂ්කරයි. තනියම හුදෙකලාවෙ ඉන්න එකත් ගොඩාක් දුෂ්කරයි. බඹසර වාසයත් දුෂ්කරයි. ඒ නිසා පින්වත් සෝණ, ඔබ මෙහෙම කරන්න. ගිහි ගෙයි වසමින් බුදු සසුනේ යෙදෙන්න. සුදුසු කාලයට **(උපෝසථ දවසට)** එක වේලෙනුත් ජීවත් වෙන්න. තනියම හුදෙකලාවේ බඹසර ජීවිතෙත් ගත කරන්න" කියලා. ඊට පස්සේ සෝණ කුටිකණ්ණ උපාසකතුමාට පැවිදි වෙන්න තිබුණු ඒ වුවමනාව සංසිඳිලා ගියා.

දෙවෙනි වතාවටත් සෝණ කුටිකණ්ණ උපාසකතුමා හුදෙකලාවෙ භාවනාවෙන් ඉන්න කොට මෙවැනි කල්පනාවක් ඇති වුනා. 'ආර්ය වූ මහා කච්චාන තෙරුන් ඒ ඒ ආකාරයෙන් ධර්මය කියා දෙනවා. ඒ ඒ ආකාරයෙන් මමත් නුවණින් සිහි කරන කොට මෙහෙම ගිහි ගෙදර ඉඳලා නම් මේ තරම් පිරිපුන්, මේ තරම් පිරිසිදු සූදෝ සුදු බඹසර හැසිරෙන එක ලේසි දෙයක් නොවෙයි. මමත් ගිහි ගේ අත්හැරලා, කෙස් රැවුල් බාලා, කසාවත් පොරොවාගෙන බුද්ධ ශාසනයේ මහණ වෙනවා නම් කොයිතරම් දෙයක්ද' කියලා.

දෙවෙනි වතාවටත් සෝණ කුටිකණ්ණ උපාසකතුමා ආයුෂ්මත් මහා කච්චාන තෙරුන් ළඟට ගියා. ගිහින් ආයුෂ්මත් මහා කච්චාන තෙරුන්ට ආදරයෙන් වන්දනා කරලා පැත්තකින් වාඩි වුනා. පැත්තකින් වාඩි වුන සෝණ කුටිකණ්ණ උපාසකතුමා ආයුෂ්මත් මහා කච්චාන තෙරුන්ට මෙහෙම කිව්වා.

"ස්වාමීනී, මං මෙහෙම හුදෙකලාවේ භාවනාවෙන් ඉන්න කොට මේ වගේ කල්පනාවක් ඇතිවුනා. 'ආර්ය වූ මහා කච්චාන තෙරුන් ඒ ඒ ආකාරයෙන් ධර්මය කියා දෙනවා. ඒ ඒ ආකාරයෙන් මමත් නුවණින් සිහි කරන කොට

මෙහෙම ගිහි ගෙදර ඉඳලා නම් මේ තරම් පිරිපුන්, මේ තරම් පිරිසිදු සුදෝ සුදු බඹසර හැසිරෙන එක ලේසි දෙයක් නොවෙයි. මමත් ගිහි ගේ අත්හැරලා, කෙස් රැවුල් බාලා, කසාවත් පොරොවාගෙන බුද්ධ ශාසනයේ මහණ වෙනවා නම් කොයිතරම් දෙයක්ද' කියලා. ස්වාමීනී, ආර්ය වූ මහා කච්චානයන් වහන්සේ මාව පැවිදි කරන සේක්වා!"

දෙවෙනි වතාවටත් ආයුෂ්මත් මහා කච්චාන තෙරුන් වහන්සේ සෝණ කුටිකණ්ණ උපාසකතුමාට මෙහෙම කිව්වා.

"පින්වත් සෝණ, ජීවිතාන්තය දක්වාම එක වේලෙන් ජීවත් වෙන එක ගොඩාක් දුෂ්කරයි. තනියම හුදෙකලාවෙ ඉන්න එකත් ගොඩාක් දුෂ්කරයි. බඹසර වාසයත් දුෂ්කරයි. ඒ නිසා පින්වත් සෝණ, ඔබ මෙහෙම කරන්න. ගිහි ගෙයි වසමින් බුදු සසුනේ යෙදෙන්න. සුදුසු කාලයට (උපෝසථ දවසට) එක වේලෙනුත් ජීවත් වෙන්න. තනියම හුදෙකලාවේ බඹසර ජීවිතෙත් ගත කරන්න" කියලා. ඊට පස්සේ සෝණ කුටිකණ්ණ උපාසකතුමාට පැවිදි වෙන්න තිබුණු ඒ වුවමනාව සංසිඳිලා ගියා.

තුන්වෙනි වතාවටත් සෝණ කුටිකණ්ණ උපාසකතුමා හුදෙකලාවෙ භාවනාවෙන් ඉන්න කොට මෙවැනි කල්පනාවක් ඇති වුනා. 'ආර්ය වූ මහා කච්චාන තෙරුන් ඒ ඒ ආකාරයෙන් ධර්මය කියා දෙනවා. ඒ ඒ ආකාරයෙන් මමත් නුවණින් සිහි කරන කොට මෙහෙම ගිහි ගෙදර ඉඳලා නම් මේ තරම් පිරිපුන්, මේ තරම් පිරිසිදු සුදෝ සුදු බඹසර හැසිරෙන එක ලේසි දෙයක් නොවෙයි. මමත් ගිහි ගේ අත්හැරලා, කෙස් රැවුල් බාලා, කසාවත් පොරොවාගෙන බුද්ධ ශාසනයේ මහණ වෙනවා නම් කොයිතරම් දෙයක්ද' කියලා.

තුන්වෙනි වතාවටත් සෝණ කුටිකණ්ණ උපාසකතුමා ආයුෂ්මත් මහා කච්චාන තෙරුන් ළඟට ගියා. ගිහින් ආයුෂ්මත් මහා කච්චාන තෙරුන්ට ආදරයෙන් වන්දනා කරලා පැත්තකින් වාඩි වුනා. පැත්තකින් වාඩි වුන සෝණ කුටිකණ්ණ උපාසකතුමා ආයුෂ්මත් මහා කච්චාන තෙරුන්ට මෙහෙම කිව්වා.

"ස්වාමීනී, මං මෙහෙම හුදෙකලාවේ භාවනාවෙන් ඉන්න කොට මේ වගේ කල්පනාවක් ඇතිවුනා. 'ආර්ය වූ මහා කච්චාන තෙරුන් ඒ ඒ ආකාරයෙන් ධර්මය කියා දෙනවා. ඒ ඒ ආකාරයෙන් මමත් නුවණින් සිහි කරන කොට මෙහෙම ගිහි ගෙදර ඉඳලා නම් මේ තරම් පිරිපුන්, මේ තරම් පිරිසිදු සුදෝ සුදු බඹසර හැසිරෙන එක ලේසි දෙයක් නොවෙයි. මමත් ගිහි ගේ අත්හැරලා, කෙස් රැවුල් බාලා, කසාවත් පොරොවාගෙන බුද්ධ ශාසනයේ මහණ වෙනවා නම්

කොයිතරම් දෙයක්ද' කියලා. ස්වාමීනී, ආර්ය වූ මහා කච්චානයන් වහන්සේ මාව පැවිදි කරන සේක්වා!"

ඊට පස්සේ ආයුෂ්මත් මහා කච්චානයන් වහන්සේ සෝණ කුටිකණ්ණ උපාසකතුමා පැවිදි කළා. ඒ කාලෙ **(සැවැත් නුවරට දකුණු දෙසින් ඇති)** අවන්ති ජනපදයේ වැඩසිටියේ භික්ෂූන් වහන්සේලා ටික නමයි. ඊට පස්සේ ආයුෂ්මත් මහා කච්චානයන් වහන්සේ, අවුරුදු තුනක් විතර ගෙවිලා ගියාට පස්සේ, ගොඩක් දුක සේ, ගොඩාක් අමාරුවෙන් ඒ ඒ තැන්වලින් භික්ෂූන් වහන්සේලා දස නමක් පමණ රැස් කරගත්තා. ආයුෂ්මත් සෝණයන්ව උපසම්පදා කළා.

ඉන්පසු වස් කාලය ගත කොට නිම වූ ආයුෂ්මත් සෝණයන් විවේකයෙන් හුදෙකලාවේ භාවනාවෙන් වැඩසිටින විට මේ වගේ කල්පනාවක් ඇතිවුනා. 'ඇත්තෙන්ම මම තවම ඒ භාග්‍යවතුන් වහන්සේව මගේ දෑසින් දැක ගත්තෙ නෑ නෙව. ඒ භාග්‍යවතුන් වහන්සේ මෙසේ වන සේක. මේ විදිහට වන සේකැයි කියලා විතරයි මම අහලා තියෙන්නේ. ඉදින්, මගේ උපාධ්‍යායයන් වහන්සේ අනුදැන වදාරනවා නම්, මමත් ඒ භාග්‍යවත් අරහත් සම්මා සම්බුදුරජාණන් වහන්සේව දැකබලා ගන්න යනවා' කියලා.

ඊට පසු ඒ ආයුෂ්මත් සෝණයන් වහන්සේ සවස් කාලෙ භාවනාවෙන් නැගී සිටියා. ආයුෂ්මත් මහා කච්චාන තෙරුන් වැඩසිටි තැනට ගියා. ගිහින් ආයුෂ්මත් මහා කච්චාන තෙරුන්ට ආදරයෙන් වන්දනා කළා. පැත්තකින් වාඩි වුණා. පැත්තකින් වාඩි වුන ආයුෂ්මත් සෝණයන් ආයුෂ්මත් මහා කච්චානයන් වහන්සේට මෙහෙම කිව්වා.

"ස්වාමීනී, මෙහි මම විවේකයෙන් හුදකලාවේ ඉන්න කොට මෙන්න මේ වගේ අදහසක් ඇති වුනා. 'ඇත්තෙන්ම මම තවම ඒ භාග්‍යවතුන් වහන්සේව මගේ දෑසින් දැක ගත්තෙ නෑ නෙව. ඒ භාග්‍යවතුන් වහන්සේ මෙසේ වන සේක. මේ විදිහට වන සේකැයි කියලා විතරයි මම අහලා තියෙන්නේ. ඉදින්, මගේ උපාධ්‍යායයන් වහන්සේ අනුදැන වදාරනවා නම්, මමත් ඒ භාග්‍යවත් අරහත් සම්මා සම්බුදුරජාණන් වහන්සේව දැකබලා ගන්න යනවා' කියලා."

"සාදු! සාදු! පින්වත් සෝණ, පින්වත් සෝණ ඔබ යන්න. ගිහිල්ලා භාග්‍යවත් අරහත් සම්මා සම්බුදුරජාණන් වහන්සේව දැක බලාගන්න. පින්වත් සෝණ, දුටු පමණින්ම නෙත් සිත් පහන් කරවන්නා වූ, ප්‍රාසාදනීය වූ, ශාන්ත ඉන්ද්‍රියන් ඇති, ශාන්ත වූ සිත් ඇති, උතුම් වූ සංසිඳීමටත්, දමනයටත් පැමිණි. දාන්ත වූ, මනා කොට හික්මුණු, ඒ යතීන්ද්‍ර වූ නාගයන් වහන්සේව බැහැදකින්න. බැහැදැකලා මගේ වචනයෙන් භාග්‍යවතුන් වහන්සේගේ සිරි පා කමල් මත හිස

තබා වන්දනා කරන්න. ආබධ රහිත බවත්, රෝග රහිත බවත්, සැහැල්ලු බවත්, කාය බලයත්, පහසු විහරණයත් අසා දැනගන්න. මෙහෙමත් කියන්න. 'ස්වාමීනී, මගේ උපාධ්‍යාය වූ මහා කච්චානයන් වහන්සේ භාග්‍යවතුන් වහන්සේගේ සිරි පා කමල් මත හිස තබා වඳිනවා. ආබාධ රහිත බවත්, රෝග රහිත බවත්, සැහැල්ලු බවත්, කාය බලයත්, පහසු විහරණයත් විමසනවා' කියලා."

"එසේය, ස්වාමීනී" කියලා ආයුෂ්මත් සෝණයන් වහන්සේ ආයුෂ්මත් මහා කච්චානයන් වහන්සේගේ වචන සතුටින් පිළිගත්තා. අනුමෝදන් වුනා. ආසනයෙන් නැගිටලා ආයුෂ්මත් මහා කච්චානයන් වහන්සේට ආදරයෙන් වන්දනා කළා. ප්‍රදක්ෂිණා කළා. සෙනසුන පිළිවෙලකට තැබුවා. පාත්‍ර සිවුරු අරගෙන සැවැත් නුවර බලා චාරිකාවේ පිටත් වුනා. අනුපිළිවෙලින් චාරිකාවේ වඩිමින්, ඒ භාග්‍යවතුන් වහන්සේ වැඩසිටින සැවැත් නුවර ජේතවනය නම් වූ අනේපිඬු සිටුතුමාගේ ආරාමයට පැමිණුනා. පැමිණිලා භාග්‍යවතුන් වහන්සේට ආදරයෙන් වන්දනා කළා. පැත්තකින් වාඩි වුනා. පැත්තකින් වාඩිවුන ආයුෂ්මත් සෝණයන් භාග්‍යවතුන් වහන්සේට මෙහෙම කිව්වා.

"ස්වාමීනී, මගේ උපාධ්‍යාය වූ මහා කච්චානයන් වහන්සේ භාග්‍යවතුන් වහන්සේගේ සිරි පා කමල් මත හිස තබා වඳිනවා. ආබාධ රහිත බවත්, රෝග රහිත බවත්, සැහැල්ලු බවත්, කාය බලයත්, පහසු විහරණයත් විමසනවා."

"පින්වත් භික්ෂුව, ඉවසන්නට පුළුවන් වුනාද? (මඟ තොට පීඩා නැතුව) පහසුවෙන් යැපුනාද? කොහොමද ඔබ මේ දුර මාර්ගය අපහසුවක් නැතුව ආවාද? පිණ්ඩපාතයෙන් අපහසුවක් වුනේ නැද්ද?"

"භාග්‍යවතුන් වහන්ස, ඇත්තෙන්ම ඉවසන්න පුළුවන් වුනා. මම පහසුවෙන් යැපුනා. ස්වාමීනී, මේ දුර මාර්ගය වැඩි මහන්සියක් නැතුවම මම ආවා. පිණ්ඩපාතයෙනුත් අපහසුවක් වුනේ නෑ"

ඉන්පසුව භාග්‍යවතුන් වහන්සේ ආයුෂ්මත් ආනන්ද තෙරුන් අමතා වදාළා.

"පින්වත් ආනන්ද, මේ ආගන්තුක භික්ෂුවට සේනාසනයක් පිළියෙල කරන්න."

ඊට පස්සේ ආයුෂ්මත් ආනන්ද තෙරුන්ට මෙහෙම හිතුනා. 'යම්කිසි භික්ෂුවක් වෙනුවෙන් භාග්‍යවතුන් වහන්සේ මට වදාළ සේක් නම් 'පින්වත් ආනන්ද, මේ ආගන්තුක භික්ෂුවට සේනාසනයක් පිළියෙල කරන්න' කියලා (ඒ කියන්නේ) භාග්‍යවතුන් වහන්සේ ඒ භික්ෂුව සමඟ එකම විහාරයක වැඩ

සිටින්නට කැමැති බවයි. භාග්‍යවතුන් වහන්සේ ආයුෂ්මත් සෝණයන් සමඟ එකම විහාරයක වැඩසිටින්නට කැමැතියි.' ඉතින් භාග්‍යවතුන් වහන්සේ වැඩඉන්න විහාරයේම ආයුෂ්මත් සෝණයන්ටත් සේනාසනයක් පැණෙව්වා.

ඊට පස්සේ භාග්‍යවතුන් වහන්සේ රාත්‍රී බොහෝ වේලාවක් එළිමහනේ වැඩසිටිමින් කල්යවා, සිරි පා යුග දොවා විහාරයට වැඩම කළා. ආයුෂ්මත් සෝණයන්ද රාත්‍රී එළිමහනේ සිට කල්යවා, පා සෝදා ගෙන විහාරයට පිවිසියා. ඉන්පසු භාග්‍යවතුන් වහන්සේ රෑ පාන්දර වේලේ අවදි වෙලා ආයුෂ්මත් සෝණයන් වහන්සේව ඇමතුවා.

"පින්වත් භික්ෂුව, ඔබ ඉගෙන ගත් ධර්මය ප්‍රකාශ කරන්න" කියලා.

"එසේය, ස්වාමීනී" කියලා ආයුෂ්මත් සෝණයන් පිළිතුරු දුන්නා. **(සුත්ත නිපාතයේ)** අට්ඨක වර්ගයට අයත් දහසයක් වූ සියලුම සූත්‍ර දේශනාවන් ඉතාම මිහිරට හඬ නගා පැවසූ ඒ දහම් ඉතා සතුටින් අනුමෝදන් වී වදාළා.

"සාදු! සාදු! පින්වත් භික්ෂුව, අට්ඨක වර්ගයට අයත් සූත්‍ර ඔබ ඉතා හොඳින් ඉගෙන ගෙන තියෙනවා. ඉතා හොඳින් නුවණින් විමසලා තියෙනවා. අර්ථයත් ඉතා හොඳින් සිතේ ධාරණය කරගෙන තියෙනවා. ඉතාම යහපත් වචනවලින් යුක්තයි. අර්ථ විසිරිලා නෑ. පැටලෙන වචන නෑ. අර්ථය මැනැවින්ම මතුවෙනවා. පින්වත් භික්ෂුව, ඔබ උපසම්පදා වෙලා අවුරුදු කීයක් වෙනවාද?"

"භාග්‍යවතුන් වහන්ස, මම තවම උපසම්පදාවෙන් එක් අවුරුද්දයි."

"පින්වත් භික්ෂුව, ඔබ ඇයි මෙච්චර කාලයක් ගත්තේ?"

"ස්වාමීනී, මා විසින් බොහෝ කලකට පෙර තමයි මේ කාමයන්ගේ ආදීනව දැක්කේ. නමුත් ස්වාමීනී, මේ ගිහි ජීවිතේදී ගොඩාක් බාධක තියෙනවා. ගොඩාක් කටයුතුත් තියෙනවා. කරන්නට ඕන දේවලුත් බොහෝම තියෙනවා. **(ඒ නිසයි ප්‍රමාද වුනේ.)**"

ඉතින් භාග්‍යවතුන් වහන්සේ මේ කරුණ දැනගෙන, ඒ වෙලාවේ මේ උදානය වදාළා.

"ජීවිතය නැමැති ලෝකයේ ආදීනව දැක්කට පස්සේ ඒ අමා නිවන එකම සැනසීම හැටියට දැනගත්තට පස්සේ, ආර්ය පුද්ගලයා පව්වල ඇලෙන්නේ නෑ. පාපී දේවල් කවදාවත් පිරිසිදු කෙනාගේ ඇලෙන්නේ නෑ."

සාදු! සාදු!! සාදු!!!

5.7.
රේවත සූත්‍රය
රේවත තෙරුන් අරහයා වදාළ උදානය

මා හට අසන්නට ලැබුනේ මේ විදිහටයි. ඒ දිනවල භාග්‍යවතුන් වහන්සේ වැඩසිටියේ සැවැත් නුවර ජේතවනය නම් වූ අනේපිඬු සිටුතුමාගේ ආරාමයේ.

ඒ වෙලාවේ ආයුෂ්මත් කංඛාරේවත තෙරුන් භාග්‍යවතුන් වහන්සේට නුදුරින් පළඟක් බැඳගෙන, කය ඍජු කරගෙන, තමන්ගේ සිත සියලු සැකවලින් නිදහස් වීමෙන් ලද පිරිසිදු බව නුවණින් දකිමින් වැඩසිටියා. ඒ වෙලාවේ භාග්‍යවතුන් වහන්සේ ආයුෂ්මත් කංඛාරේවත තෙරුන් තමන් වහන්සේට නුදුරින් පළඟක් බැඳගෙන, කය ඍජු කරගෙන, තමන්ගේ සිත සියලු සැකවලින් නිදහස් වීමෙන් ලද පිරිසිදු බව නුවණින් දකිමින් ඉන්න හැටි දැක වදාළා.

ඊට පස්සේ භාග්‍යවතුන් වහන්සේ මේ කරුණ දැනගෙන, ඒ වෙලාවේ මේ උදානය වදාළා.

"මෙලොව ගැන හරි පරලොව ගැන හරි තියෙන යම්කිසි සැකයක් වෙයි නම්, තමන්ගේ දේ මුල් කරගෙන හරි, අනුන්ගේ දේ මුල් කරගෙන තියෙන යම් සැකයක් වෙයි නම්, කෙලෙස් නසා දැමීමෙහි යෙදුනු, අප්‍රමාදීව සසුන බඹසරෙහි යෙදෙන, ධ්‍යානයෙහි දක්ෂ වූ මුනිවරයා ඒ සියලු සැක අත්හැර දානවා."

සාදු! සාදු!! සාදු!!!

5.8.
ආනන්ද සූත්‍රය
දේවදත්ත අරහයා ආනන්ද තෙරුන්ට වදාළ උදානය

මා හට අසන්නට ලැබුනේ මේ විදිහටයි. ඒ දිනවල භාග්‍යවතුන් වහන්සේ වැඩසිටියේ රජගහ නුවර ලෙහෙනුන්ගේ අභයභූමිය වූ වේළුවනයේ. එදා උපෝසථ දිනයක්. ආයුෂ්මත් ආනන්ද තෙරුන් එදා උදේ වරුවේ සිවුරු

පොරවලා, පාත්‍ර සිවුරු අරගෙන රජගහ නුවර පිණ්ඩපාතේ වැඩියා. (ඒ වෙලාවේ) දේවදත්ත, ආයුෂ්මත් ආනන්ද තෙරුන් රජගහ නුවර පිණ්ඩපාතේ වඩිනවා දැක්කා. දැකලා, ආනන්ද තෙරුන් ළඟට ගියා. ගිහිල්ලා ආනන්ද තෙරුන්ට මෙහෙම කිව්වා.

"ආයුෂ්මත් ආනන්ද, අද ඉඳන් මම භාග්‍යවතුන් වහන්සේගෙන් වෙන් වෙලා, භික්ෂු සංඝයාගෙනුත් වෙන් වෙලා උපෝසථය කරනවා. වෙන්වම සංඝයා පිළිබඳ කටයුතුත් කරනවා" කියලා.

ඊට පස්සේ ආයුෂ්මත් ආනන්ද තෙරුන් රජගහ නුවර පිණ්ඩපාතේ වැඩියා. පිණ්ඩපාතෙන් පස්සේ භාග්‍යවතුන් වහන්සේ ළඟට ගියා. ගිහින් වන්දනා කළා. පැත්තකින් වාඩිවුනා. පැත්තකින් වාඩිවුන ආයුෂ්මත් ආනන්ද තෙරුන් භාග්‍යවතුන් වහන්සේට මෙහෙම කිව්වා.

"ස්වාමීනී, භාග්‍යවතුන් වහන්ස, අද මම උදේ වරුවේ සිවුරු පොරවලා, පාත්‍ර සිවුරු අරගෙන රජගහ නුවර පිණ්ඩපාතේ වැඩියා. ඒ වෙලාවේ දේවදත්ත මං රජගහ නුවර පිණ්ඩපාතේ වඩිනවා දැක්කා. දැකලා මං ළඟට ආවා. ඇවිල්ලා මට මෙහෙම කිව්වා. 'ආයුෂ්මත් ආනන්ද, අද ඉඳන් මම භාග්‍යවතුන් වහන්සේගෙන් වෙන් වෙලා, භික්ෂු සංඝයාගෙනුත් වෙන් වෙලා උපෝසථය කරනවා. වෙන්වම සංඝයා පිළිබඳ කටයුතුත් කරනවා' කියලා. ස්වාමීනී, අද ඔය දේවදත්ත සංඝ භේදය කරනවා. වෙනම වෙන්වෙලා උපෝසථය කරනවා. වෙන්වම සංඝයා පිළිබඳ කටයුතුත් කරනවා" කියලා.

ඊට පස්සේ භාග්‍යවතුන් වහන්සේ මේ කරුණ දැනගෙන, ඒ වෙලාවේ මේ උදානය වදාළා.

"යහපත් කෙනෙකු විසින් යහපත් දෙයක්ම කරනවා කියන එක ගොඩාක් පහසුයි. එහෙත් පව්කාරයාට නම් යහපත් දෙයක් කරනවා කියන එක දුෂ්කරයි. පව්කාරයාට ලෙහෙසියෙන්ම පව් නම් කරන්න පුළුවන්. නමුත් උත්තරීතර සිත් ඇති ආර්යයන් වහන්සේලාට නම් කවදාකවත් පව් කරන්න බෑ."

සාදු! සාදු!! සාදු!!!

5.9.
සද්ධායමාන සූත්‍රය
අනුන් තළා පෙළා කතා කළ තරුණයින් පිරිසක් අරභයා වදාළ උදානය

මා හට අසන්නට ලැබුනේ මේ විදිහටයි. ඒ දිනවල භාග්‍යවතුන් වහන්සේ මහත් භික්ෂු පිරිවරක් සමඟ කොසොල් ජනපදයේ චාරිකාවේ වඩිමින් සිටියා. ඒ වෙලාවේ බොහෝ තරුණයන් පිරිසක්, අනුන්ව තළා පෙළා කතාකරමින් භාග්‍යවතුන් වහන්සේ අසලින් යනවා. භාග්‍යවතුන් වහන්සේ බොහෝ තරුණයින් පිරිසක් අනුන්ව තළා පෙළා කතා කරමින් ඒ අසලින් යන හැටි දැක වදාළා.

ඊට පස්සේ භාග්‍යවතුන් වහන්සේ මේ කරුණ දැනගෙන, ඒ වෙලාවේ මේ උදානය වදාළා.

"මුළා වෙච්ච සිහියෙන් යුතුව වැදගත්ය කියලා හිතාගෙන කටට එන එන දේවල්ම කියනවා. කට අරින්න පුළුවන් පුළුවන් තරමට කියවනවා. තමන් කියන්නේ මොනවද කියලා තමන්වත් දන්නෙ නෑ."

සාදු! සාදු!! සාදු!!!

5.10.
පන්ථක සූත්‍රය
චුල්ලපන්ථක තෙරුන් අරභයා වදාළ උදානය

මා හට අසන්නට ලැබුනේ මේ විදිහටයි. ඒ දිනවල භාග්‍යවතුන් වහන්සේ වැඩසිටියේ සැවැත් නුවර ජේතවනය නම් වූ අනේපිඬු සිටුතුමාගේ ආරාමයේ.

ඒ වෙලාවේ ආයුෂ්මත් චුල්ලපන්ථක තෙරුන් පළඟක් බැඳගෙන, කය ඍජු කරගෙන, භාවනා අරමුණේ ඉතා හොඳින් සිහිය පිහිටුවාගෙන භාග්‍යවතුන් වහන්සේට නුදුරින් වැඩසිටියා. භාග්‍යවතුන් වහන්සේ පළඟක් බැඳගෙන, කය

ඍජු කරගෙන, භාවනා අරමුණේ ඉතා හොඳින් සිහිය පිහිටුවාගෙන තමන් වහන්සේට නුදුරින් සිටින ආයුෂ්මත් චුල්ලපන්ථක තෙරුන්ව දැක වදාළා.

ඊට පස්සේ භාග්‍යවතුන් වහන්සේ මේ කරුණ දැනගෙන, ඒ වෙලාවේ මේ උදානය වදාළා.

"හිටගෙන ඉන්න කොටත්, වාඩි වී ඉන්න කොටත්, එහෙම නැත්නම් සැතැපී ඉන්න කොටත්, ඒ භික්ෂුව ඉන්නේ සතිපට්ඨානයේ පිහිටි කයින් නම්, සතිපට්ඨානයේ පිහිටි සිතින් නම්, අන්න ඒ විදිහටයි මනා අධිෂ්ඨානයකින් යුතුව ධර්මයේ හැසිරෙන්නේ. ඔහුට කලින් හරි, පස්සෙ හරි විශේෂ අවබෝධය ලබන්න පුළුවනි. කලින් හරි පස්සෙ හරි (අරහත්වය නම් වූ) විශේෂ අවබෝධය ලැබුවට පස්සේ අන්න ඒ භික්ෂුව මාරයාට නොපෙනෙන දිශාවට යනවා."

සාදු! සාදු!! සාදු!!!

පස්වෙනි සෝණ වර්ගය නිමා විය.

6. ජච්චන්ධ වර්ගය

6.1.
ආයුසංඛාරවොස්සජ්ජන සූත්‍රය
ආයු සංස්කාරය අත්හැරීම ගැන වදාළ උදානය

මා හට අසන්නට ලැබුනේ මේ විදිහටයි. ඒ දිනවල භාග්‍යවතුන් වහන්සේ වැඩසිටියේ විශාලා මහනුවර මහා වනයේ කූටාගාර ශාලාවේ. එදා භාග්‍යවතුන් වහන්සේ පෙරවරුවේ සිවුරු පොරවාගෙන, පාත්‍ර සිවුරු අරගෙන විශාලා මහනුවරට පිණ්ඩපාතේ වැඩියා. විශාලා මහනුවර පිණ්ඩපාතේ වැඩම කරලා, ආයුෂ්මත් ආනන්ද තෙරුන් ඇමතුවා.

"පින්වත් ආනන්ද, නිසීදනය (බිම වාඩි වීමට ඇතිරීමට ගන්නා) ගන්න. දහවල් කාලෙ වැඩසිටීමට චාපාල චෛත්‍ය අසලට යමු." "එසේය, ස්වාමීනී" කියලා ආයුෂ්මත් ආනන්ද තෙරුන් භාග්‍යවතුන් වහන්සේට පිළිතුරු දුන්නා. නිසීදනයත් අරගෙන භාග්‍යවතුන් වහන්සේගේ පිටුපසින් ගමන් කළා. ඊට පස්සේ භාග්‍යවතුන් වහන්සේ චාපාල චෛත්‍ය අසලට වැඩම කළා. වැඩම කරලා, සකස් කර දෙන ලද ආසනයේ වැඩ සිටියා. එසේ වැඩ සිටි භාග්‍යවතුන් වහන්සේ ආයුෂ්මත් ආනන්ද තෙරුන්ව ඇමතුවා.

පින්වත් ආනන්ද, මේ විශාලා මහනුවර රමණීයයි. උදේන චෛත්‍ය රමණීයයි. මේ ගෝතමක චෛත්‍යයත් රමණීයයි. මේ සත්තම්බක චෛත්‍යයත් රමණීයයි. බහුපුත්ත චෛත්‍යයත් රමණීයයි. මේ සාරන්ද චෛත්‍යයත් රමණීයයි. මේ චාපාල චෛත්‍යයත් රමණීයයි. පින්වත් ආනන්ද, යම්කිසි කෙනෙක් විසින් මේ සතර ඉර්ධිපාද වඩලා තියෙනවා නම්, නැවත නැවතත් බහුල වශයෙන් වඩලා තියෙනවා නම්, යානාවක් මෙන් ප්‍රගුණ කරලා තියෙනවා නම්, පිහිටා සිටිය හැකි තැනක් සේ පුරුදු කරලා තියෙනවා නම්, මනාකොට පිහිටුවා ගෙන තියෙනවා නම්, මනාකොටම පුරුදු කරලා තියෙනවා නම්, මැනැවින් තමා තුළටම අරගෙන තියෙනවා නම්, ඉතින් ඔහු කැමැති නම්, කල්පයක් හරි

කල්පයකට වැඩියෙන් හරි සිටින්න පුළුවනි. පින්වත් ආනන්ද, තථාගතයන් වහන්සේත් මේ ඉර්ධිපාද සතර හොඳින් වඩලයි තියෙන්නේ. නැවත නැවතත් බහුල වශයෙනුත් පුරුදු කරලයි තියෙන්නේ. යානාවක් මෙන් ප්‍රගුණ කරලයි තියෙන්නේ. පිහිටා සිටින තැනක් වගේ පුරුදු කරලයි තියෙන්නේ. ඉතා හොඳින් පිහිටුවාගෙනයි තියෙන්නේ. මනා කොට පුරුදු කරලයි තියෙන්නේ. ඉතා මැනැවින් තමා තුළටම අරගෙනයි තියෙන්නේ. පින්වත් ආනන්ද, (ඒ නිසා) තථාගතයන් වහන්සේත් කැමැති නම් කල්පයක් හරි, කල්පයකට වැඩි කාලයක් හරි සිටින්න පුළුවනි."

භාග්‍යවතුන් වහන්සේ විසින් මේ විදිහට ප්‍රකටව අදහස් පහළ කරද්දීත්, ප්‍රකටව ඉඩකඩ හදද්දීත්, ආයුෂ්මත් ආනන්ද තෙරුන්ට **(භාග්‍යවතුන් වහන්සේ අදහස් කරන)** කාරණය තේරුම් ගන්න බැරුව ගියා. "ස්වාමීනී, භාග්‍යවතුන් වහන්සේ කල්පයක් වැඩසිටින සේක්වා! සුගතයන් වහන්සේ බොහෝ ජනයාට හිත සුව පිණිස, බොහෝ ජනයාගේ සුවය පිණිස, ලොවට අනුකම්පා පිණිස, දෙව් මිනිසුන්ගේ යහපත පිණිස, හිත සුව පිණිස කල්පයක් වැඩසිටින සේක්වා!" කියලා භාග්‍යවතුන් වහන්සේගෙන් ඉල්ලා සිටින්න බැරි වුනා. මාරයා විසින් ආනන්ද තෙරුන්ගේ හිත මැඩගෙන සිටි නිසයි එහෙම වුනේ.

දෙවෙනි වතාවෙත් භාග්‍යවතුන් වහන්සේ ආයුෂ්මත් ආනන්ද තෙරුන් ඇමතුවා. "පින්වත් ආනන්ද, මේ විශාලා මහනුවර රමණීයයි. ....(පෙ).... තථාගතයන් වහන්සේට කල්පයක් හරි කල්පයකට වැඩියෙන් හරි වැඩ සිටින්න පුළුවනි. මේ විදිහට ප්‍රකට කරද්දීත් ....(පෙ).... මාරයා විසින් හිත මැඩගෙන සිටි නිසයි එහෙම වුනේ.

තුන්වෙනි වතාවෙත් භාග්‍යවතුන් වහන්සේ ආයුෂ්මත් ආනන්ද තෙරුන් ඇමතුවා. "පින්වත් ආනන්ද, මේ විශාලා මහනුවර රමණීයයි. ....(පෙ).... තථාගතයන් වහන්සේට කල්පයක් හරි කල්පයකට වැඩියෙන් හරි වැඩ සිටින්න පුළුවනි. මේ විදිහට ප්‍රකට කරද්දීත් ....(පෙ).... මාරයා විසින් හිත මැඩගෙන සිටි නිසයි එහෙම වුනේ.

ඊට පස්සේ භාග්‍යවතුන් වහන්සේ ආයුෂ්මත් ආනන්ද තෙරුන් ඇමතුවා. "පින්වත් ආනන්ද, යම් දෙයකට දැන් සුදුසු කාලයයි කියලා හිතෙනවා නම්, දැන් ඔබ ඒ සඳහා යන්න." ආයුෂ්මත් ආනන්ද තෙරුන් "එසේය, ස්වාමීනී" කියලා භාග්‍යවතුන් වහන්සේට පිළිතුරු දුන්නා. ආසනයෙන් නැගිට්ටා. භාග්‍යවතුන් වහන්සේට වන්දනා කළා. ප්‍රදක්ෂිණා කරලා ගිහින් අසල තිබුණු එක්තරා ගසක් මුල ඉඳගත්තා.

ආයුෂ්මත් ආනන්ද තෙරුන් පිටත් වෙලා ගිහිල්ලා ටික වෙලාවකට පස්සේ පාපී වූ මාරයා භාග්‍යවතුන් වහන්සේ අසලට ආවා. ඇවිල්ලා පැත්තකින් හිට ගත්තා. පැත්තකින් හිට ගත් පවිටු මාරයා භාග්‍යවතුන් වහන්සේට මෙහෙම කිව්වා. "ස්වාමීනී, භාග්‍යවතුන් වහන්සේ පිරිනිවන් පා වදාරණ සේක්වා! සුගතයන් වහන්සේ පිරිනිවන් පා වදාරණ සේක්වා! දැන් භාග්‍යවතුන් වහන්සේගේ පිරිනිවන් පා වදාරණ කාලයයි. **(මට මතකයි)** භාග්‍යවතුන් වහන්සේ මේ විදිහේ දෙයක් වදාළා. 'පවිට, මගේ මේ ශ්‍රාවක වූ පින්වත් භික්ෂූන් ඉන්නවා. ඒ භික්ෂූන් ව්‍යක්ත වන තුරු, විනීත වන තුරු, විශාරද වෙන තුරු, නිවන අවබෝධ කරන තුරු, බහුශ්‍රැත වන තුරු, ධර්මධර වන තුරු, ධර්මානුකූල ප්‍රතිපත්තියට බැසගන්නා තුරු, දහම් මග විමසන තුරු, ධර්මානුකූලව සිටිමින් තමන්ගේ ශාසනික ධර්මය ඉගෙන ගන්නා තුරු, මනාකොට පවසන තුරු, දේශනා කරන තුරු, පණවන තුරු, පිහිටුවන තුරු, හෙළිකරන තුරු, බෙදා දක්වන තුරු, මතුකොට පෙන්වන තුරු, හටගන්නා වූ බාහිර මතවාද කරුණු සහිතව නිශ්ප්‍රභා කරන තුරු, අනුශාසනා ප්‍රතිපත්තියෙන් දහම් දෙසන තුරු මා පිරිනිවන් පාන්නේ නෑ' කියලා.

ස්වාමීනී, දැන් ඉතින් භාග්‍යවතුන් වහන්සේගේ ශ්‍රාවක වූ භික්ෂූන් ව්‍යක්තයි. විනීතයි. විශාරදයි. නිවනත් අවබෝධ කරලයි ඉන්නේ. බහුශ්‍රැතයි. ධර්මධරයි. ධර්මයට අනුකූල වූ ප්‍රතිපත්තියෙනුත් යුක්තයි. දහම් මග පවසනවා. ධර්මානුකූලව සිටිමින් තමන්ගේ ශාසනික දහම ඉගෙන ගෙන ප්‍රකාශ කරනවා. දේශනා කරනවා. පණවනවා. පිහිටුවනවා. මැනැවින් ප්‍රකට කරලා පෙන්වා දෙනවා. බෙදා විස්තර කොට කියා දෙන්නත් පුළුවනි. මතුකොට පෙන්වා දෙන්නත් පුළුවනි. හටගත්තා වූ බාහිර මතවාද කරුණු සහිතව නිශ්ප්‍රභා කරලා, අනුශසනා ප්‍රාතිහාර්යයෙන් දහම් දෙසන්නත් පුළුවනි.

භාග්‍යවතුන් වහන්සේ මේ විදිහේ දෙයක් වදාළා **(මට මතකයි)**. 'පවිට, මගේ මේ ශ්‍රාවක වූ පින්වත් භික්ෂුණීන් ඉන්නවා. ඒ භික්ෂුණීන් ව්‍යක්ත නොවෙත්ද, ...(පෙ).... ධර්මයට අනුකූල ප්‍රතිපත්තියෙන් යුක්ත නොවෙත්ද, ...(පෙ).... අනුශාසනා ප්‍රාතිහාර්යයෙන් දහම් නොදෙසත්ද, ඒ තාක් මා පිරිනිවන් පාන්නේ නෑ' කියලා. ස්වාමීනී, දැන් වනාහී භාග්‍යවතුන් වහන්සේගේ ඒ ශ්‍රාවිකා වූ භික්ෂුණීන් ගොඩාක් ව්‍යක්තයි. ....(පෙ).... අනුශසනා ප්‍රාතිහාර්යයෙන් දහම් දෙසන්නත් පුළුවනි. භාග්‍යවතුන් වහන්සේ පිරිනිවන් පා වදාරණ සේක්වා!

භාග්‍යවතුන් වහන්සේ මේ විදිහේ දෙයක් වදාළා. 'පවිට, මගේ මේ ශ්‍රාවක වූ පින්වත් උපාසක පිරිස ඉන්නවා. යම්තාක් මාගේ ඒ ශ්‍රාවක වූ උපාසක පිරිස ව්‍යක්ත නොවෙත්ද, ...(පෙ).... අනුශාසනා ප්‍රාතිහාර්යයෙන් ධර්මය කියා දීමට

සමත් නොවෙද්ද, ඒ තාක් මා පිරිනිවන් පාන්නේ නෑ' කියලා. ඒත් ස්වාමීනී, දැන් භාග්‍යවතුන් වහන්සේගේ ඒ උපාසක පිරිස ගොඩාක් ව්‍යක්තයි. ....(පෙ).... අනුශාසනා ප්‍රාතිහාර්යයෙන් දහම් දෙසන්නත් සමර්ථයි. භාග්‍යවතුන් වහන්සේ පිරිනිවන් පා වදාරණ සේක්වා!

භාග්‍යවතුන් වහන්සේ මේ විදිහේ දෙයක් වදාළා. 'පවිට, මගේ මේ ශ්‍රාවිකා වූ පින්වත් උපාසිකා පිරිස ඉන්නවා. යම්තාක් මාගේ ඒ ශ්‍රාවිකා වූ උපාසිකා පිරිස ව්‍යක්ත නොවෙත්ද, ...(පෙ).... අනුශාසනා ප්‍රාතිහාර්යයෙන් ධර්මය කියා දීමට සමත් නොවෙද්ද, ඒ තාක් මා පිරිනිවන් පාන්නේ නෑ' කියලා. ඒත් ස්වාමීනී, දැන් භාග්‍යවතුන් වහන්සේගේ ඒ උපාසිකා පිරිස ගොඩාක් ව්‍යක්තයි. ....(පෙ).... අනුශාසනා ප්‍රාතිහාර්යයෙන් දහම් දෙසන්නත් සමර්ථයි. භාග්‍යවතුන් වහන්සේ පිරිනිවන් පා වදාරණ සේක්වා!

භාග්‍යවතුන් වහන්සේ විසින් මෙන්න මේ වගේ වචනයක් ප්‍රකාශ කළා. 'පවිටු මාරය, මගේ මේ බුද්ධ ශාසනය හැම තැනම පැතිරී සමෘද්ධිමත් වෙන තාක් කල්, බොහෝ දෙනා අතර ප්‍රකට වෙන තාක් කල්, ඉතා පුළුල්ව පැතිරී යන තාක් කල්, දෙව් මිනිසුන් අතර ඉතා හොඳින් ප්‍රකාශ වෙන තාක් කල්, මම පිරිනිවන් පාන්නේ නෑ' කියලා. ඉතින් ස්වාමීනී, දැන් භාග්‍යවතුන් වහන්සේගේ ශාසනය සමෘද්ධිමත් වෙලයි තියෙන්නේ. බොහෝ දෙනා අතර ප්‍රකට වෙලයි තියෙන්නේ. ඉතා පුළුල්ව පැතිරිලයි තියෙන්නේ. දෙව් මිනිසුන් අතර ඉතා හොඳින් ප්‍රකාශ වෙලයි තියෙන්නේ. ඒ නිසා ස්වාමීනී, භාග්‍යවතුන් වහන්ස, දැන් පිරිනිවන් පානා සේක්වා! සුගතයන් වහන්ස, පිරිනිවන් පානා සේක්වා! දැන් භාග්‍යවතුන් වහන්සේට පිරිනිවන් පාන්නට කාලයයි."

එහෙම කිව්වට පස්සේ, භාග්‍යවතුන් වහන්සේ පවිටු මාරයාට මෙහෙම වදාළා. "පවිට, ඔබ වෙහෙසෙන්න ඕන නෑ. තව නොබෝ කාලයකින් තථාගතයන් වහන්සේගේ පිරිනිවන් පෑම සිද්ධ වෙනවා. මෙයින් තුන් මාසයකට පස්සේ තථාගතයන් වහන්සේ පිරිනිවන් පා වදාරනවා" කියලා. ඊට පස්සේ භාග්‍යවතුන් වහන්සේ මනා වූ සිහි නුවණින් යුතුව චාපාල චෛත්‍යය අසලදී ආයු සංස්කාරය අත්හළ සේක.

භාග්‍යවතුන් වහන්සේ විසින් මේ විදිහට ආයු සංස්කාරය අත්හැරීමත් සමඟම ඉතා බලවත්ව මහපොළොව කම්පා වුනා. ඒක ලොමුදහගන්වන, බියජනක එකක්. ක්ෂණික වැහි පොදකුත් ඇතිවුනා.

ඉතින් භාග්‍යවතුන් වහන්සේ මේ කරුණ දැනගෙන, ඒ වෙලාවේ මේ උදානය වදාළා.

"මුනිරජාණන් වහන්සේ හේතුන්ගෙන් හටගත් කුඩා මහත් හැම භව සංස්කාරයක්ම (බෝධි මූලයේදී) අත්හැර දැමූ සේක. තමා තුළ ගොඩ නැගුණු අවබෝධයෙහි ඇලුණු සමාහිත සිත් ඇති මුනිඳාණෝ (මේ මොහොතේ) ආයු සංස්කාරය අත්හැර වදාළේ තමා තුළ හටගෙන තිබුන අයෝමය සන්නාහකයක් ගලවා විසිකර දමන පරිද්දෙනි."

සාදු! සාදු!! සාදු!!!

6.2.
ජටිල සූත්‍රය
තාපස වෙස් ගත් කොසොල් රජුගේ චරපුරුෂයින් අරහයා වදාළ උදානය

මා හට අසන්නට ලැබුනේ මේ විදිහටයි. ඒ දිනවල භාග්‍යවතුන් වහන්සේ වැඩසිටියේ සැවැත් නුවර පූර්වාරාමය නම් වූ මිගාරමාතාවගේ ප්‍රාසාදයේ. එදා භාග්‍යවතුන් වහන්සේ සවස් කාලයේ භාවනා සමාපත්තියෙන් නැගී වදාරා අනතුරුව ප්‍රාසාදයේ ඉස්තෝප්පුවේ වැඩසිටියා.

එදා පසේනදී කොසොල් රජතුමා භාග්‍යවතුන් වහන්සේව බැහැදැකීමට ආවා. ඇවිල්ලා, භාග්‍යවතුන් වහන්සේට වන්දනා කළා. පැත්තකින් වාඩිවුනා. ඒ වෙලාවේ ජටා බැඳපු තවුසන් හත් දෙනෙකුත්, නිගණ්ඨයන් හත් දෙනෙකුත්, තව නිරුවත් තවුසන් හත් දෙනෙකුත්, එක සළුවක් විතරක් පොරවාගත් තවුසන් හත් දෙනෙකුත්, පරිබ්‍රාජකයන් හත් දෙනෙකුත් භාග්‍යවතුන් වහන්සේට නුදුරින් ගමන් කළා. ඔවුන්ගේ කිහිලිවල මවිල් වැවිලා තිබුනා. නියපොතුත් වැවිලා තිබුනා. නොයෙක් තවුස් පිරිකරත් ඔවුන් අතේ තිබුනා.

පසේනදී කොසොල් රජතුමා කෙස් ලොම් වවාගෙන, නියපොතු වවාගෙන, නොයෙක් තවුස් පිරිකර අරගෙන යන ඒ ජටාධර තවුසන් හත් දෙනාත්, නිගණ්ඨයන් හත් දෙනාත්, අචේලකයන් හත් දෙනාත්, ඒක සාටක තවුසන් හත් දෙනාත්, පරිබ්‍රාජකයන් හත් දෙනාත් භාග්‍යවතුන් වහන්සේට නුදුරින් ගමන් කරමින් ඉන්නවා දැක්කා. දැකලා ආසනයෙන් නැගිට්ටා. උතුරු සළුව එක පැත්තකට පොරවා ගත්තා. දකුණු දණමඬල පොළොවට තියා ගත්තා. ඒ ජටාධර තවුසන් හත් දෙනාත්, නිගණ්ඨයන් හත් දෙනාත්, අචේලකයන් හත් දෙනාත්, ඒක සාටක තවුසන් හත් දෙනාත්, පරිබ්‍රාජකයන් හත් දෙනාත්

යන දිශාවට ඇඳිලි බැඳගෙන මේ විදිහට තුන් වරක් හඬ නගා ප්‍රකාශ කළා. "ස්වාමීනී, මම තමයි පසේනදී කොසොල් රජතුමා" කියලා.

ඒ ජටාධර තවුසන් හත් දෙනා, නිගණ්ඨයන් හත් දෙනා, අචේලකයන් හත් දෙනා, තනි සළු හැඳගත් තවුසන් හත් දෙනා, පරිබ්‍රාජකයන් හත් දෙනා එතැන පසු කොට ගියාට පස්සේ පසේනදී කොසොල් රජතුමා භාග්‍යවතුන් වහන්සේ ළඟට ගියා. ගිහිල්ලා භාග්‍යවතුන් වහන්සේට වන්දනා කළා. පැත්තකින් වාඩිවුනා. පැත්තකින් වාඩිවුන පසේනදී කොසොල් රජතුමා භාග්‍යවතුන් වහන්සේට මෙහෙම කිව්වා. "ස්වාමීනී, මේ ලෝකයේ යම් කෙනෙක් අරහත්වයට පත්වෙලා ඉන්නවා නම්, අරහත් වන මාර්ගයට හරි ඇවිල්ලා ඉන්නවා නම්, දැන් මෙතනින් ගිය උදවියත් ඒ පිරිසට තමයි අයිති" කියලා.

"පින්වත් මහාරාජ, ගිහි ගෙයි ජීවත් වෙන කම් සැප විඳින, දූදරුවන්ගේ වැඩ කටයුතු අතරෙ හිරවෙලා ඉන්න, සිනිඳු සළු පොරවන, මල් සුවඳ විලවුන් පාවිච්චි කරන, රන් රිදී පාවිච්චි කරන ඔබ, ඒ උදවිය රහත්ය කියලා හරි, රහත් මඟට පැමිණියා කියලා හරි කොහොම නම් දැනගන්නද? ඒක එහෙම ලේසියෙන් දැනගන්න බෑ.

පින්වත් මහාරාජ, එකට ජීවත් වෙලයි සීලය ගැන දැනගන්න තියෙන්නේ. ඒකත ටික දවසකින් නම් නොවෙයි. සෑහෙන කාලයක් හිටියට පස්සෙයි. ඒකත් ඒ ගැන කල්පනාවෙන් ඉන්න කෙනාටයි. කල්පනාවෙන් නොඉන්න කෙනාට නොවෙයි. ප්‍රඥාවන්තයෙකුට විතරයි ඒකත් තේරුම් ගන්න පුළුවන් වෙන්නේ. ප්‍රඥාව නැති කෙනෙකුට බෑ.

පින්වත් මහාරාජ, කතා බස් කිරීමෙන් තමයි කෙනෙකුගේ පිරිසිදු බව දැනගන්න තියෙන්නේ. ඒකත් සුළු කලෙකින් නොවෙයි. සෑහෙන කාලයකින්. ඒකත් හොඳ කල්පනාවෙන් ඉඳලාමයි දැනගන්න තියෙන්නේ. ....(පෙ).... ප්‍රඥාව නැති කෙනෙකුට බෑ.

පින්වත් මහාරාජ, යමෙකුගේ වීරිය දැනගන්න තියෙන්නේ එයා කරදරයක වැටිච්ච වෙලාවටයි. ඒකත් සුළු කලෙකින් නොවෙයි. ....(පෙ).... ප්‍රඥාව නැති කෙනෙකුට බෑ.

පින්වත් මහාරාජ, කෙනෙකුගේ ප්‍රඥාව සොයාගන්න තියෙන්නේ සාකච්ඡා කිරීමෙන්මයි. ඒකත් සුළු කලෙකින් නොවෙයි. ....(පෙ).... ප්‍රඥාව නැති කෙනෙකුට බෑ."

"ස්වාමීනී, ආශ්චර්යයි! ස්වාමීනී, අද්භූතයි! භාග්‍යවතුන් වහන්සේ විසින් මොන තරම් ඇත්තක්ද වදාළේ. **(ඒ කිව්වේ)** 'පින්වත් මහාරාජ, ඒක දැනගන්න ලේසි නෑ. ....(පෙ).... අරහත් මාර්ගයට පැමිණි බව. එකට වාසය කිරීමෙන් ....(පෙ).... ප්‍රඥාව නැති කෙනෙකුට බෑ' කියලා. ස්වාමීනී, ඒ උදවිය මගේ චරපුරුෂයෝ. දැන් ඒ උදවිය ඔය ජනපදවල ඇවිදලා, තොරතුරු අරගෙන එන ගමන්. ඒ උදවිය ඉස්සර වෙලා යම් පළාතකට ඇවිදගෙන ගියා නම් ඊට පස්සේ තමයි මං යන්නේ. ස්වාමීනී, දැන් ඉතින් ඔය උදවිය ඔය දූලි කුණු හෝදලා දාලා, හොඳට නාලා, සුවඳ විලවුන් ගාලා, හැඩට කොණ්ඩෙ පීරලා, සළු පිළි ඇඳගෙන, පස්කම් සැපතින් පිනා ගිහිල්ලා ඉඳුරන් පිනව පිනවා ඉන්නවා."

එතකොට භාග්‍යවතුන් වහන්සේ ඒ වෙලාවේ මේ කාරණය දැනගෙන, මේ උදානය වදාළා.

"හැබෑම භික්ෂුව ලාමක කිසි කටයුත්තක යෙදෙන්නේ නෑ. ඔහු වෙන කෙනෙකුගේ සේවකයෙකුත් නොවෙයි. ඔහු (දේශපාලකයන්, ව්‍යාපාරිකයන් ආදී) වෙන පුද්ගලයන් ඇසුරු කරගෙන ජීවත්වෙන කෙනෙකුත් නෙවෙයි. ඔහු ධර්මය තුළින් වෙළඳාම් කරන්නේ නෑ."

සාදු! සාදු!! සාදු!!!

6.3.
පච්චවෙක්ඛන සූත්‍රය
නුවණින් සළකා බැලීම අරභයා වදාළ උදානය

මා හට අසන්නට ලැබුනේ මේ විදිහටයි. ඒ දිනවල භාග්‍යවතුන් වහන්සේ වැඩසිටියේ සැවැත් නුවර ජේතවනය නම් වූ අනේපිඬු සිටුතුමාගේ ආරාමයේ.

එදා භාග්‍යවතුන් වහන්සේ තමන් වහන්සේ තුළින් ප්‍රහාණය වෙලා ගිය නොයෙක් පාපී අකුසලයන් ගැන නුවණින් විමසා බලමින් වැඩසිටියා. ඒ වගේම භාවනාව තුළින් සම්පූර්ණ කරගත්තු නොයෙක් කුසල් දහම් ගැනත් නුවණින් බලමින් වැඩසිටියේ.

ඉතින් භාග්‍යවතුන් වහන්සේ මේ කරුණ මුල්කොට ගෙන, ඒ වෙලාවේ මේ උදානය වදාළා.

"ඉස්සර මට තිබුනේ රාගාදී කෙලෙස් විතරයි. ඒ කාලෙ ආර්ය සත්‍යය අවබෝධය තිබුනේ නෑ. ඉස්සර ආර්ය සත්‍යය අවබෝධය මට තිබුනේ නෑ. ඒ කාලෙ මට තිබුනෙ කෙලෙස් විතරයි. සම්බුද්ධත්වය අවබෝධ වුනාට පස්සේ මට කෙලෙස් නැතුව ගියා. අනාගතයේ හටගන්නෙත් නෑ. දැන් දකින්නත් නෑ."

සාදු! සාදු!! සාදු!!!

6.4.
පඨම නානාතිත්ථිය සූත්‍රය
අන්‍ය ආගමිකයින් අරභයා වදාළ පළවෙනි උදානය

මා හට අසන්නට ලැබුනේ මේ විදිහටයි. ඒ දිනවල භාග්‍යවතුන් වහන්සේ වැඩසිටියේ සැවැත් නුවර ජේතවනය නම් වූ අනේපිඬු සිටුතුමාගේ ආරාමයේ.

ඒ කාලෙ නොයෙක් ආගමික මතවලට අයිති බොහෝ ශ්‍රමණවරු, බ්‍රාහ්මණ පූජකවරු, පරිබ්‍රාජකවරු සැවැත් නුවර හිටියා. ඔවුන් තුළ නොයෙක් දෘෂ්ටි තියෙනවා. නොයෙක් මත දරනවා. නොයෙක් මතවලට කැමැතියි. නොයෙක් දෘෂ්ටිවලට ඇලී ගැලී සිටියා.

සමහර ශ්‍රමණ බ්‍රාහ්මණවරු මේ වගේ දෙයක්, මේ වගේ දෘෂ්ටියක් කියමින් හිටියේ. 'ලෝකය කියන්නේ සදාකාලික දෙයක්. මේක විතරයි ඇත්ත. අනිත් ඔක්කොම බොරු.'

සමහර ශ්‍රමණ බ්‍රාහ්මණවරු මේ විදිහේ දෙයක්, මේ විදිහේ දෘෂ්ටියක් කියමින් හිටියේ. 'ලෝකය කියන්නේ අශාස්වත **(හේතු රහිතවම නැසී යන)** දෙයක්. මේක විතරයි ඇත්ත. අනිත් ඔක්කොම බොරු.'

ඇතැම් ශ්‍රමණ බ්‍රාහ්මණවරු මේ වගේ දෙයක්, මේ වගේ දෘෂ්ටියක් කියමින් හිටියේ. 'ලෝකයේ කෙළවරක් තියෙනවා. මේක විතරයි ඇත්ත. අනිත් ඔක්කොම බොරු.'

සමහර ශ්‍රමණ බ්‍රාහ්මණවරු මේ වගේ දෙයක්, මේ වගේ දෘෂ්ටියක් කියමින් හිටියේ. 'ලෝකය අනන්තයි. සදාකාලික දෙයක්. මේක විතරයි ඇත්ත. අනිත් ඔක්කොම බොරු.'

සමහර ශ්‍රමණ බ්‍රාහ්මණවරු මේ වගේ දෙයක්, මේ වගේ දෘෂ්ටියක් කියමින් හිටියේ. 'ඒකමයි ආත්මය. ඒකමයි ශරීරයත්. මේක විතරයි ඇත්ත. අනිත් ඔක්කොම බොරු.'

සමහර ශ්‍රමණ බ්‍රාහ්මණවරු මේ වගේ දෙයක්, මේ වගේ දෘෂ්ටියක් කියමින් හිටියේ. 'ආත්මය වෙන එකක්. ශරීරය වෙන එකක්. මේක විතරයි ඇත්ත. අනිත් ඔක්කොම බොරු.'

සමහර ශ්‍රමණ බ්‍රාහ්මණවරු මේ වගේ දෙයක්, මේ වගේ දෘෂ්ටියක් කියමින් හිටියේ. 'තථාගතයන් වහන්සේ **(රහත් පුද්ගලයා)** මරණින් මත්තේ ඉන්නවා. මේක විතරයි ඇත්ත. අනිත් ඔක්කොම බොරු.'

සමහර ශ්‍රමණ බ්‍රාහ්මණවරු මේ වගේ දෙයක්, මේ වගේ දෘෂ්ටියක් කියමින් හිටියේ. 'තථාගතයන් වහන්සේ **(රහත් පුද්ගලයා)** මරණින් මත්තේ නැතිවෙලා යනවා. මේක විතරයි ඇත්ත. අනිත් ඔක්කොම බොරු.'

සමහර ශ්‍රමණ බ්‍රාහ්මණවරු මේ වගේ දෙයක්, මේ වගේ දෘෂ්ටියක් කියමින් හිටියේ. 'තථාගතයන් වහන්සේ **(රහත් පුද්ගලයා)** මරණින් මත්තේ ඉන්නත් පුළුවනි. නොඉන්නත් පුළුවනි. මේක විතරයි ඇත්ත. අනිත් ඔක්කොම බොරු.'

සමහර ශ්‍රමණ බ්‍රාහ්මණවරු මේ වගේ දෙයක්, මේ වගේ දෘෂ්ටියක් කියමින් හිටියේ. 'තථාගතයන් වහන්සේ **(රහත් පුද්ගලයා)** මරණින් මත්තේ නොසිටින්නත් පුළුවනි. නොසිටීම නොවෙන්නත් පුළුවනි. මේක විතරයි ඇත්ත. අනිත් ඔක්කොම බොරු.'

ඉතින් ඔවුන් ඒ ගැන රණ්ඩු හදාගත්තා. කොලාහල කරගත්තා. වාද විවාද ඇති කරගත්තා. එකිනෙකාට වචන නැමැති ආයුධවලින් විදගත්තා. 'ධර්මය මේ වගේ එකක්. ඔය වගේ එකක් නොවෙයි. ධර්මය ඔය වගේ එකක් නොවෙයි. ධර්මය මේ වගේ එකක්' කියලා.

එදා බොහෝ භික්ෂූන් වහන්සේලා උදේ වරුවේ සිවුරු පොරවාගෙන, පාත්‍ර සිවුරු අරගෙන සැවැත් නුවරට පිණ්ඩපාතේ වැඩියා. සැවැත් නුවර පිණ්ඩපාතේ කරගෙන, වළඳලා ඉවර වෙලා, හවස් වරුවේ භාග්‍යවතුන් වහන්සේ ළඟට පැමිණියා. පැමිණිලා භාග්‍යවතුන් වහන්සේට වන්දනා කළා. වන්දනා කරලා පැත්තකින් වාඩි වුනා. පැත්තකින් වාඩි වුන ඒ භික්ෂූන් භාග්‍යවතුන් වහන්සේට මෙහෙම කිව්වා. "ස්වාමීනී, මේ සැවැත් නුවර අන්‍යාග මික ශ්‍රමණ බ්‍රාහ්මණවරු, පරිබ්‍රාජකයෝ හරියට ඉන්නවා. ඒ උදවිය නොයෙක්

දෘෂ්ටිවලයි ඉන්නේ. නොයෙක් දෘෂ්ටි දරාගෙනයි ඉන්නේ. නොයෙක් දෘෂ්ටිවලට කැමතියි. නොයෙක් දෘෂ්ටි ඇසුරු කරගෙනයි ඉන්නේ. සමහර කෙනෙක් ....(පෙ).... ධර්මය ඔය වගේ එකක් නොවෙයි. මේ වගේ එකක්' කියලා රණ්ඩු කරගන්නවා."

"පින්වත් මහණෙනි, ඔය අන්‍යාගම්කාර පරිබ්‍රාජකයෝ අන්ධයි. ඇස් නෑ. අර්ථය දන්නෙත් නෑ. අනර්ථය දන්නෙත් නෑ. ධර්මය දන්නෙත් නෑ. අධර්මය දන්නෙත් නෑ. ඉතින් ඒ උදවිය අර්ථය නොදන්න නිසා, අනර්ථය නොදන්න නිසා, ධර්මය නොදන්න නිසා, අධර්මය නොදන්න නිසා, රණ්ඩු කරගන්නවා. කොලාහල කරගන්නවා. වාද විවාද කරගන්නවා. එකිනෙකාට වචන නැමැති ආයුධ වලින් විදගන්නවා.

පින්වත් මහණෙනි, මේක බොහෝම ඉස්සර සිදුවෙච්ච දෙයක්. මේ සැවැත් නුවර එක්තරා රජ කෙනෙක් හිටියා. ඉතින් පින්වත් මහණෙනි, දවසක් ඔය රජ්ජුරුවෝ එක්තරා පුරුෂයෙකුට අඬගැහුවා. 'එම්බා පුරුෂය, මෙහෙ එනවා. සැවැත් නුවර ඉන්න උපතින්ම අන්ධ වෙච්ච අය යම්තාක් ඉන්නවාද, ඒ ඔක්කොම එකට එක් රැස් කරනවා' කියලා.

ඉතින් පින්වත් මහණෙනි, ඒ පුරුෂයා 'එසේය, දේවයන් වහන්ස' කියලා රජ්ජුරුවන්ට උත්තර දීලා සැවැත් නුවර යම්තාක් උපතින් අන්ධ පිරිස් ඇත්නම්, ඒ සියලු දෙනාවම අරගෙන රජ්ජුරුවෝ ළඟට ගියා. ගිහින් ඒ රජ්ජුරුවන්ට මෙහෙම කිව්වා. 'දේවයන් වහන්ස, ඔන්න සැවැත් නුවර හිටපු උපතින්ම අන්ධ හැමකෙනෙක්ම රැස්කළා.'

'එහෙමනම් යාළුවා, දැන් මේ උපතින් අන්ධ උදවියට ඇතෙක්ව පෙන්නන ඕන.' ඉතින් පින්වත් මහණෙනි, ඒ පුරුෂයා 'එසේය, දේවයන් වහන්ස' කියලා රජ්ජුරුවන්ට උත්තර දීලා, 'උපතින්ම අන්ධ මිනිසුනි, මෙන්න ඉන්නවා ඇතා' කියලා ඒ ජාත්‍යන්ධයන්ට ඇතාව පෙන්නුවා.

ඇතැම් ජාත්‍යයන්ධයින්ට 'ඒයි, උපතින් අන්ධ මිනිසුනි, මේ විදිහට ඇතාව දැනගනින්' කියලා, ඇතාගේ ඔළුව දැක්වූවා. ඇතැම් ජාත්‍යයන්ධයින්ට 'ඒයි, උපතින් අන්ධ මිනිසුනි, මේ විදිහට ඇතාව දැනගනින්' කියලා, ඇතාගේ කන දැක්වූවා. ඇතැම් ජාත්‍යයන්ධයින්ට 'ඒයි, උපතින් අන්ධ මිනිසුනි, මේ විදිහට ඇතාව දැනගනින්' කියලා, ඇතාගේ දළ දැක්වූවා. ඇතැම් ජාත්‍යයන්ධයින්ට 'ඒයි, උපතින් අන්ධ මිනිසුනි, මේ විදිහට ඇතාව දැනගනින්' කියලා, ඇතාගේ හොඬවැල දැක්වූවා. ඇතැම් ජාත්‍යයන්ධයින්ට 'ඒයි, උපතින් අන්ධ මිනිසුනි, මේ විදිහට ඇතාව දැනගනින්' කියලා, ඇතාගේ කඳ දැක්වූවා. ඇතැම්

ජාත්‍යයන්ධයින්ට 'ඒයි, උපතින් අන්ධ මිනිසුනි, මේ විදිහට ඇතාව දැනගනින්' කියලා, ඇතාගේ කකුලක් දැක්වූවා. ඇතැම් ජාත්‍යයන්ධයින්ට 'ඒයි, උපතින් අන්ධ මිනිසුනි, මේ විදිහට ඇතාව දැනගනින්' කියලා, ඇතාගේ කලවය දැක්වූවා. ඇතැම් ජාත්‍යයන්ධයින්ට 'ඒයි, උපතින් අන්ධ මිනිසුනි, මේ විදිහට ඇතාව දැනගනින්' කියලා, ඇතාගේ නගුට දැක්වූවා. ඇතැම් ජාත්‍යයන්ධයින්ට 'ඒයි, උපතින් අන්ධ මිනිසුනි, මේ විදිහට ඇතාව දැනගනින්' කියලා, ඇතාගේ වලිග හිස දැක්වූවා.

ඉතින් පින්වත් මහණෙනි, ඒ පුරුෂයා ජාත්‍යන්ධයන්ට ඇතාව හඳුන්වලා දුන්නා. ඊට පස්සේ රජ්ජුරුවෝ ළඟට ගියා. ගිහිල්ලා රජ්ජුරුවන්ට මෙහෙම කිව්වා. 'දේවයන් වහන්ස, ඒ ජාත්‍යන්ධයන් ඇතාව දැකගත්තා. දේවයන් වහන්ස, දැන් ඔබවහන්සේට කැමති දෙයක් කරන්න කාලයයි' කියලා.

ඉතින් පින්වත් මහණෙනි, ඒ රජ්ජුරුවෝ ජාත්‍යන්ධයන් ළඟට ගියා. ගිහින් ජාත්‍යන්ධයන්ට කතා කළා. 'ඒයි උපතින් අන්ධ මිනිසුනි, ඔබ ඇතාව දැක්කද?'

'එසේය, දේවයන් වහන්ස, අපි ඇතාව දැක්කා.' 'එහෙනම් උපතින් අන්ධ මිනිසුනි, ඇතාව දැක්කේ කොයි විදිහටද කියලා කියන්න.'

ඉතින් පින්වත් මහණෙනි, ඇතාගේ ඔළුව අතගාලා දැනගත්තු ජාත්‍යන්ධයන් මෙහෙම කිව්වා. 'දේවයන් වහන්ස, ඇතා හරියට කළගෙඩියක් වගෙයි.'

ඉතින් පින්වත් මහණෙනි, ඇතැම් ජාත්‍යන්ධයන් ඇතාව දැනගත්තේ කන අතගාලා. ඒ උදවිය මෙහෙම කිව්වා. 'දේවයන් වහන්ස, ඇතා හරියට කුල්ලක් වගෙයි.'

ඉතින් පින්වත් මහණෙනි, ඇතාගේ දළ අතගාපු ජාත්‍යන්ධයන් මෙහෙම කිව්වා. 'දේවයන් වහන්ස, ඇතා හරියට හී වැලක් වගෙයි.'

ඉතින් පින්වත් මහණෙනි, ඇතාගේ හොඬ අතගාලා දැනගත්තු ජාත්‍යන්ධයන් මෙහෙම කිව්වා. 'දේවයන් වහන්ස, ඇතා හරියට නඟුලිස වගෙයි.'

ඉතින් පින්වත් මහණෙනි, ඇතාගේ කඳ අතගාලා දැනගත්තු ජාත්‍යන්ධයන් මෙහෙම කිව්වා. 'දේවයන් වහන්ස, ඇතා හරියට අටුවක් වගෙයි.'

ඉතින් පින්වත් මහණෙනි, ඇතාගේ කකුල අතගාපු ජාත්‍යන්ධයන්

මෙහෙම කිව්වා. 'දේවයන් වහන්ස, ඇතා හරියට හී කණුවක් වගෙයි.'

ඉතින් පින්වත් මහණෙනි, ඇතාගේ කලවා අතගාපු ජාත්‍යන්ධයන් මෙහෙම කිව්වා. 'දේවයන් වහන්ස, ඇතා හරියට හී වංගෙඩියක් වගෙයි.'

ඉතින් පින්වත් මහණෙනි, ඇතාගේ නගුට අතගාපු ජාත්‍යන්ධයන් මෙහෙම කිව්වා. 'දේවයන් වහන්ස, ඇතා හරියට මෝල් ගහක් වගෙයි.'

ඉතින් පින්වත් මහණෙනි, ඇතාගේ වලිග හිස අතගාපු ජාත්‍යන්ධයන් මෙහෙම කිව්වා. 'දේවයන් වහන්ස, ඇතා හරියට මුස්නයක් වගෙයි.'

එතකොට ඒ ජාත්‍යන්ධයන් 'නෑ. ඇතා ඔය වගේ නොවෙයි. ඇතා මේ වගෙයි. නෑ. ඇතා මේ වගේ නොවෙයි. ඇතා ඔය වගෙයි' කිය කියා අත්මිට් මොළවාගෙන. එකිනෙකා ගහ ගත්තා. පින්වත් මහණෙනි, ඒක දැකපු රජ්ජුරුවෝ සතුටු වෙන්න පටන් ගත්තා.

පින්වත් මහණෙනි, ඔය අන්‍යාගම්කාර පරිබ්‍රාජක කවුරුත් අන්ධයි. ඇස් නෑ. ....(පෙ).... ඔය වගේ නෙවෙයි ධර්මය. මේ වගෙයි ධර්මය' කිය කියා වචන නැමැති ආයුධවලින් විදගන්නෙ ඒ නිසයි.

ඉතින් භාග්‍යවතුන් වහන්සේ මේ කරුණ දැනගෙන, ඒ වෙලාවේ මේ උදානය වදාළා.

"සමහර අන්‍යාගමික ශ්‍රමණ බ්‍රාහ්මණවරු මිත්‍යා දෘෂ්ටිවලමයි ඇලෙන්නේ. එක පැත්තක් විතරයි දකින්නේ. ඒ උදවිය ඊට පස්සේ එකිනෙකාට විරුද්ධව වාද කරගන්නවා විතරයි."

සාදු! සාදු!! සාදු!!!

6.5.
දුතිය නානාතිත්ථිය සූත්‍රය
අන්‍ය ආගමිකයින් අරභයා වදාළ දෙවෙනි උදානය

මා හට අසන්නට ලැබුනේ මේ විදිහටයි. ඒ දිනවල භාග්‍යවතුන් වහන්සේ වැඩසිටියේ සැවැත් නුවර ජේතවනය නම් වූ අනේපිඬු සිටුතුමාගේ ආරාමයේ.

ඒ කාලෙ නොයෙක් ආගමික මතවලට අයිති බොහෝ ශ්‍රමණවරු, බ්‍රාහ්මණ පූජකවරු, පරිබ්‍රාජකවරු සැවැත් නුවර හිටියා. ඔවුන් තුළ නොයෙක් දෘෂ්ටි තියෙනවා. නොයෙක් මත දරනවා. නොයෙක් මතවලට කැමැතියි. නොයෙක් දෘෂ්ටිවලට ඇලී ගැලී සිටියා.

(1)

(ඔවුන් අතර) සමහර ශ්‍රමණ බ්‍රාහ්මණයින් ඉන්නවා. ඔවුන් කියන්නේ මෙන්න මේ වගේ දෙයක්. ඔවුන්ට තියෙන්නේ මේ වගේ දෘෂ්ටියක්. 'ආත්මයත්, ලෝකයත් ශාස්වතයි. **(නොවෙනස්ව සදාකාලිකව පවතිනවා)** මේ මතයම තමයි ඇත්ත. අනිත් සේරම බොරු' කියලා.

(2)

සමහර ශ්‍රමණ බ්‍රාහ්මණයින් ඉන්නවා. ඔවුන් කියන්නේ මෙන්න මේ වගේ දෙයක්. ඔවුන්ට තියෙන්නේ මේ වගේ දෘෂ්ටියක්. 'ආත්මයත්, ලෝකයත් අශාස්වතයි. **(හේතු රහිතව නැසී යන දෙයක්)** මේක තමයි ඇත්ත. අනිත් සේරම බොරු' කියලා.

(3)

සමහර ශ්‍රමණ බ්‍රාහ්මණයින් ඉන්නවා. ඔවුන් කියන්නේ මෙන්න මේ වගේ දෙයක්. ඔවුන්ට තියෙන්නේ මේ වගේ දෘෂ්ටියක්. 'ආත්මයත්, ලෝකයත් ශාස්වතත් වෙනවා. අශාස්වතත් වෙනවා. මේක තමයි ඇත්ත. අනිත් සේරම බොරු' කියලා.

(4)

සමහර ශ්‍රමණ බ්‍රාහ්මණයින් ඉන්නවා. ඔවුන් කියන්නේ මෙන්න මේ වගේ දෙයක්. ඔවුන්ට තියෙන්නේ මේ වගේ දෘෂ්ටියක්. 'ආත්මයත්, ලෝකයත් ශාස්වතත් නෑ. අශාස්වතත් නෑ. මේක තමයි ඇත්ත. අනිත් සේරම බොරු' කියලා.

(5)

සමහර ශ්‍රමණ බ්‍රාහ්මණයින් ඉන්නවා. ඔවුන් කියන්නේ මෙන්න මේ වගේ දෙයක්. ඔවුන්ට තියෙන්නේ මේ වගේ දෘෂ්ටියක්. 'ආත්මයත්, ලෝකයත් තමන් විසින් හදපු දෙයක්. මේක තමයි ඇත්ත. අනිත් සේරම බොරු' කියලා.

(6)

සමහර ශ්‍රමණ බ්‍රාහ්මණයින් ඉන්නවා. ඔවුන් කියන්නේ මෙන්න මේ වගේ දෙයක්. ඔවුන්ට තියෙන්නේ මේ වගේ දෘෂ්ටියක්. 'ආත්මයත්, ලෝකයත් අනුන් **(දෙවියන් වහන්සේ කියල කෙනෙක්)** විසින් හදපු දෙයක්. මේක තමයි ඇත්ත. අනිත් සේරම බොරු' කියලා.

(7)

සමහර ශ්‍රමණ බ්‍රාහ්මණයින් ඉන්නවා. ඔවුන් කියන්නේ මෙන්න මේ වගේ දෙයක්. ඔවුන්ට තියෙන්නේ මේ වගේ දෘෂ්ටියක්. 'ආත්මයත්, ලෝකයත් තමන් විසින් හදපු දෙයක් වගේම අනුන් විසිනුත් හදපු දෙයක්. මේක තමයි ඇත්ත. අනිත් සේරම බොරු' කියලා.

(8)

සමහර ශ්‍රමණ බ්‍රාහ්මණයින් ඉන්නවා. ඔවුන් කියන්නේ මෙන්න මේ වගේ දෙයක්. ඔවුන්ට තියෙන්නේ මේ වගේ දෘෂ්ටියක්. 'ආත්මයත්, ලෝකයත් තමන් විසින් හදපු දෙයක් නොවෙයි. අනුන් විසිනුත් හදපු දෙයක් නොවෙයි. **(හේතු ප්‍රත්‍ය රහිතව)** මේක තමයි ඇත්ත. අනිත් සේරම බොරු' කියලා.

(9)

සමහර ශ්‍රමණ බ්‍රාහ්මණයින් ඉන්නවා. ඔවුන් කියන්නේ මෙන්න මේ වගේ දෙයක්. ඔවුන්ට තියෙන්නේ මේ වගේ දෘෂ්ටියක්. 'සැප දුකත්, ආත්මයත්, ලෝකයත් ශාස්වතයි. මේක තමයි ඇත්ත. අනිත් සේරම බොරු' කියලා.

(10)

සමහර ශ්‍රමණ බ්‍රාහ්මණයින් ඉන්නවා. ඔවුන් කියන්නේ මෙන්න මේ වගේ දෙයක්. ඔවුන්ට තියෙන්නේ මේ වගේ දෘෂ්ටියක්. 'සැප දුකත්, ආත්මයත්, ලෝකයත් අශාස්වතයි. මේක තමයි ඇත්ත. අනිත් සේරම බොරු' කියලා.

(11)

සමහර ශ්‍රමණ බ්‍රාහ්මණයින් ඉන්නවා. ඔවුන් කියන්නේ මෙන්න මේ වගේ දෙයක්. ඔවුන්ට තියෙන්නේ මේ වගේ දෘෂ්ටියක්. 'සැප දුකත්, ආත්මයත්, ලෝකයත් ශාස්වතත් වෙනවා. අශාස්වතත් වෙනවා. මේක තමයි ඇත්ත. අනිත් සේරම බොරු' කියලා.

(12)

සමහර ශ්‍රමණ බ්‍රාහ්මණයින් ඉන්නවා. ඔවුන් කියන්නේ මෙන්න මේ

වගේ දෙයක්. ඔවුන්ට තියෙන්නේ මේ වගේ දෘෂ්ටියක්. 'සැප දුකත්, ආත්මයත්, ලෝකයත් ශාස්වතත් නෑ. අශාස්වතත් නෑ. මේක තමයි ඇත්ත. අනිත් සේරම බොරු' කියලා.

(13)

සමහර ශ්‍රමණ බ්‍රාහ්මණයින් ඉන්නවා. ඔවුන් කියන්නේ මෙන්න මේ වගේ දෙයක්. ඔවුන්ට තියෙන්නේ මේ වගේ දෘෂ්ටියක්. 'සැප දුකත්, ආත්මයත්, ලෝකයත් තමා විසින් කරපු දෙයක්. මේක තමයි ඇත්ත. අනිත් සේරම බොරු' කියලා.

(14)

සමහර ශ්‍රමණ බ්‍රාහ්මණයින් ඉන්නවා. ඔවුන් කියන්නේ මෙන්න මේ වගේ දෙයක්. ඔවුන්ට තියෙන්නේ මේ වගේ දෘෂ්ටියක්. 'සැප දුකත්, ආත්මයත්, ලෝකයත් අනුන් විසින් කරපු දෙයක්. මේක තමයි ඇත්ත. අනිත් සේරම බොරු' කියලා.

(15)

සමහර ශ්‍රමණ බ්‍රාහ්මණයින් ඉන්නවා. ඔවුන් කියන්නේ මෙන්න මේ වගේ දෙයක්. ඔවුන්ට තියෙන්නේ මේ වගේ දෘෂ්ටියක්. 'සැප දුකත්, ආත්මයත්, ලෝකයත් තමා විසිනුත්, අනුන් විසිනුත් කරපු දෙයක්. මේක තමයි ඇත්ත. අනිත් සේරම බොරු' කියලා.

(16)

සමහර ශ්‍රමණ බ්‍රාහ්මණයින් ඉන්නවා. ඔවුන් කියන්නේ මෙන්න මේ වගේ දෙයක්. ඔවුන්ට තියෙන්නේ මේ වගේ දෘෂ්ටියක්. 'සැප දුකත්, ආත්මයත්, ලෝකයත් තමන් විසින් කරපු දෙයකුත් නෙවෙයි. අනුන් විසින් හදපු දෙයකුත් නෙවෙයි. මේක තමයි ඇත්ත. අනිත් සේරම බොරු' කියලා.

ඉතින් ඔවුන් 'ධර්මය මේ වගේ එකක්. ඔය වගේ එකක් නොවෙයි. **(ධර්මය)** ඔය වගේ එකක් නොවෙයි. මේ වගේ එකක්' කිය කියා ඒ ගැන රණ්ඩු වෙනවා. කෝලාහල කරගන්නවා. වාද විවාද කර ගන්නවා. එකිනෙකාට වචන නැමැති ආයුධවලින් විදගනිමින් වාසය කරනවා.

එදා බොහෝ භික්ෂූන් වහන්සේලා උදේ වරුවේ සිවුරු පොරවාගෙන, පාත්‍ර සිවුරු අරගෙන සැවැත් නුවරට පිණ්ඩපාතේ වැඩියා. සැවැත් නුවර

පිණ්ඩපාතේ කරගෙන, වළඳලා ඉවර වෙලා, හවස් වරුවේ භාග්‍යවතුන් වහන්සේ ළඟට පැමිණියා. පැමිණිලා භාග්‍යවතුන් වහන්සේට වන්දනා කළා. වන්දනා කරලා පැත්තකින් වාඩි වුනා. පැත්තකින් වාඩි වුන ඒ භික්ෂූන් භාග්‍යවතුන් වහන්සේට මෙහෙම කිව්වා.

"ස්වාමීනී, මේ සැවැත් නුවර අන්‍යාගමික ශ්‍රමණ බ්‍රාහ්මණවරු, පරිබ්‍රාජකයෝ හරියට ඉන්නවා. ඒ උදවිය නොයෙක් දෘෂ්ටිවලයි ඉන්නේ. නොයෙක් දෘෂ්ටි දරාගෙනයි ඉන්නේ. නොයෙක් දෘෂ්ටිවලට කැමතියි. නොයෙක් දෘෂ්ටි ඇසුරු කරගෙනයි ඉන්නේ.

(ඒ අය අතරේ) සමහර ශ්‍රමණ බ්‍රාහ්මණයින් ඉන්නවා. මෙන්න මේ වගේ දෙයක් තමයි කියන්නේ. මේ වගේ දෘෂ්ටියක් තමයි තියෙන්නේ. 'ආත්මයත්, ලෝකයත් කියන්නේ ශාස්වතයි. මේකම තමයි ඇත්ත. අනික් ඔක්කොම බොරු. ....(පෙ).... ධර්මය මේ වගෙයි. මේ වගේ නොවෙයි. ධර්මය මේ වගේ නොවෙයි. මෙන්න මේ වගෙයි' කියලා."

"පින්වත් මහණෙනි, ඔය අන්‍යාගම්කාර පරිබ්‍රාජකයෝ අන්ධයි. ඇස් නෑ. අර්ථය දන්නෙත් නෑ. අනර්ථය දන්නෙත් නෑ. ධර්මය දන්නෙත් නෑ. අධර්මය දන්නෙත් නෑ. ඉතින් ඒ උදවිය අර්ථය නොදන්න නිසා, අනර්ථය නොදන්න නිසා, ධර්මය නොදන්න නිසා, අධර්මය නොදන්න නිසා, රණ්ඩු කරගන්නවා. කොලාහල කරගන්නවා. වාද විවාද කරගන්නවා. එකිනෙකාට වචන නැමැති ආයුධ වලින් විදගන්නවා. 'ධර්මය මේ වගේ මිසක් ධර්මය ඒ වගේ නොවෙයි. ධර්මය ඒ වගේ නොවෙයි. ධර්මය මේ වගේ' කිය කියා වාසය කරන්නේ."

ඉතින් භාග්‍යවතුන් වහන්සේ මේ කරුණ දැනගෙන, ඒ වෙලාවේ මේ උදානය වදාළා.

"ඇතැම් අන්‍යාගමික ශ්‍රමණ බ්‍රාහ්මණවරු ඔය දෘෂ්ටිවලටමයි ඇලෙන්නේ. ඔවුන් සත්‍යයට නොපැමිණීම අතරමගදී අන්ධකාරයේ ගිලෙනවා."

සාදු! සාදු!! සාදු!!!

6.6.
තතිය නානාතිත්ථිය සූත්‍රය
අන්‍ය ආගමිකයින් අරභයා වදාළ තුන්වෙනි උදානය

මා හට අසන්නට ලැබුනේ මේ විදිහටයි. ඒ දිනවල භාග්‍යවතුන් වහන්සේ වැඩසිටියේ සැවැත් නුවර ජේතවනය නම් වූ අනේපිඬු සිටුතුමාගේ ආරාමයේ.

ඒ කාලෙ නොයෙක් ආගමික මතවලට අයිති බොහෝ ශ්‍රමණවරු, බ්‍රාහ්මණ පූජකවරු, පරිබ්‍රාජකවරු සැවැත් නුවර හිටියා. ඔවුන් තුළ නොයෙක් දෘෂ්ටි තියෙනවා. නොයෙක් මත දරනවා. නොයෙක් මතවලට කැමැතියි. නොයෙක් දෘෂ්ටිවලට ඇලී ගැලී සිටියා.

(1)

(ඔවුන් අතර) සමහර ශ්‍රමණ බ්‍රාහ්මණයින් ඉන්නවා. ඔවුන් කියන්නේ මෙන්න මේ වගේ දෙයක්. ඔවුන්ට තියෙන්නේ මේ වගේ දෘෂ්ටියක්. 'ආත්මයත්, ලෝකයත් ශාස්වතයි. **(නොවෙනස්ව සදාකාලිකව පවතිනවා)** මේ මතයම තමයි ඇත්ත. අනිත් සේරම බොරු' කියලා.

(2)

සමහර ශ්‍රමණ බ්‍රාහ්මණයින් ඉන්නවා. ඔවුන් කියන්නේ මෙන්න මේ වගේ දෙයක්. ඔවුන්ට තියෙන්නේ මේ වගේ දෘෂ්ටියක්. 'ආත්මයත්, ලෝකයත් අශාස්වතයි. **(හේතු රහිතව නැසී යන දෙයක්)** මේක තමයි ඇත්ත. අනිත් සේරම බොරු' කියලා.

(3)

සමහර ශ්‍රමණ බ්‍රාහ්මණයින් ඉන්නවා. ඔවුන් කියන්නේ මෙන්න මේ වගේ දෙයක්. ඔවුන්ට තියෙන්නේ මේ වගේ දෘෂ්ටියක්. 'ආත්මයත්, ලෝකයත් ශාස්වතත් වෙනවා. අශාස්වතත් වෙනවා. මේක තමයි ඇත්ත. අනිත් සේරම බොරු' කියලා.

(4)

සමහර ශ්‍රමණ බ්‍රාහ්මණයින් ඉන්නවා. ඔවුන් කියන්නේ මෙන්න මේ

වගේ දෙයක්. ඔවුන්ට තියෙන්නේ මේ වගේ දෘෂ්ටියක්. 'ආත්මයත්, ලෝකයත් ශාස්වතත් නෑ. අශාස්වතත් නෑ. මේක තමයි ඇත්ත. අනිත් සේරම බොරු' කියලා.

(5)

සමහර ශ්‍රමණ බ්‍රාහ්මණයින් ඉන්නවා. ඔවුන් කියන්නේ මෙන්න මේ වගේ දෙයක්. ඔවුන්ට තියෙන්නේ මේ වගේ දෘෂ්ටියක්. 'ආත්මයත්, ලෝකයත් තමන් විසින් හදපු දෙයක්. මේක තමයි ඇත්ත. අනිත් සේරම බොරු' කියලා.

(6)

සමහර ශ්‍රමණ බ්‍රාහ්මණයින් ඉන්නවා. ඔවුන් කියන්නේ මෙන්න මේ වගේ දෙයක්. ඔවුන්ට තියෙන්නේ මේ වගේ දෘෂ්ටියක්. 'ආත්මයත්, ලෝකයත් අනුන් **(දෙවියන් වහන්සේ කියල කෙනෙක්)** විසින් හදපු දෙයක්. මේක තමයි ඇත්ත. අනිත් සේරම බොරු' කියලා.

(7)

සමහර ශ්‍රමණ බ්‍රාහ්මණයින් ඉන්නවා. ඔවුන් කියන්නේ මෙන්න මේ වගේ දෙයක්. ඔවුන්ට තියෙන්නේ මේ වගේ දෘෂ්ටියක්. 'ආත්මයත්, ලෝකයත් තමන් විසින් හදපු දෙයක් වගේම අනුන් විසිනුත් හදපු දෙයක්. මේක තමයි ඇත්ත. අනිත් සේරම බොරු' කියලා.

(8)

සමහර ශ්‍රමණ බ්‍රාහ්මණයින් ඉන්නවා. ඔවුන් කියන්නේ මෙන්න මේ වගේ දෙයක්. ඔවුන්ට තියෙන්නේ මේ වගේ දෘෂ්ටියක්. 'ආත්මයත්, ලෝකයත් තමන් විසින් හදපු දෙයක් නොවෙයි. අනුන් විසිනුත් හදපු දෙයක් නොවෙයි. **(හේතු ප්‍රත්‍ය රහිතව)** මේක තමයි ඇත්ත. අනිත් සේරම බොරු' කියලා.

(9)

සමහර ශ්‍රමණ බ්‍රාහ්මණයින් ඉන්නවා. ඔවුන් කියන්නේ මෙන්න මේ වගේ දෙයක්. ඔවුන්ට තියෙන්නේ මේ වගේ දෘෂ්ටියක්. 'සැප දුකත්, ආත්මයත්, ලෝකයත් ශාස්වතයි. මේක තමයි ඇත්ත. අනිත් සේරම බොරු' කියලා.

(10)

සමහර ශ්‍රමණ බ්‍රාහ්මණයින් ඉන්නවා. ඔවුන් කියන්නේ මෙන්න මේ වගේ දෙයක්. ඔවුන්ට තියෙන්නේ මේ වගේ දෘෂ්ටියක්. 'සැප දුකත්, ආත්මයත්,

ලෝකයත් අශාස්වතයි. මේක තමයි ඇත්ත. අනිත් සේරම බොරු' කියලා.

(11)

සමහර ශ්‍රමණ බ්‍රාහ්මණයින් ඉන්නවා. ඔවුන් කියන්නේ මෙන්න මේ වගේ දෙයක්. ඔවුන්ට තියෙන්නේ මේ වගේ දෘෂ්ටියක්. 'සැප දුකත්, ආත්මයත්, ලෝකයත් ශාස්වතත් වෙනවා. අශාස්වතත් වෙනවා. මේක තමයි ඇත්ත. අනිත් සේරම බොරු' කියලා.

(12)

සමහර ශ්‍රමණ බ්‍රාහ්මණයින් ඉන්නවා. ඔවුන් කියන්නේ මෙන්න මේ වගේ දෙයක්. ඔවුන්ට තියෙන්නේ මේ වගේ දෘෂ්ටියක්. 'සැප දුකත්, ආත්මයත්, ලෝකයත් ශාස්වතත් නෑ. අශාස්වතත් නෑ. මේක තමයි ඇත්ත. අනිත් සේරම බොරු' කියලා.

(13)

සමහර ශ්‍රමණ බ්‍රාහ්මණයින් ඉන්නවා. ඔවුන් කියන්නේ මෙන්න මේ වගේ දෙයක්. ඔවුන්ට තියෙන්නේ මේ වගේ දෘෂ්ටියක්. 'සැප දුකත්, ආත්මයත්, ලෝකයත් තමා විසින් කරපු දෙයක්. මේක තමයි ඇත්ත. අනිත් සේරම බොරු' කියලා.

(14)

සමහර ශ්‍රමණ බ්‍රාහ්මණයින් ඉන්නවා. ඔවුන් කියන්නේ මෙන්න මේ වගේ දෙයක්. ඔවුන්ට තියෙන්නේ මේ වගේ දෘෂ්ටියක්. 'සැප දුකත්, ආත්මයත්, ලෝකයත් අනුන් විසින් කරපු දෙයක්. මේක තමයි ඇත්ත. අනිත් සේරම බොරු' කියලා.

(15)

සමහර ශ්‍රමණ බ්‍රාහ්මණයින් ඉන්නවා. ඔවුන් කියන්නේ මෙන්න මේ වගේ දෙයක්. ඔවුන්ට තියෙන්නේ මේ වගේ දෘෂ්ටියක්. 'සැප දුකත්, ආත්මයත්, ලෝකයත් තමා විසිනුත්, අනුන් විසිනුත් කරපු දෙයක්. මේක තමයි ඇත්ත. අනිත් සේරම බොරු' කියලා.

(16)

සමහර ශ්‍රමණ බ්‍රාහ්මණයින් ඉන්නවා. ඔවුන් කියන්නේ මෙන්න මේ වගේ දෙයක්. ඔවුන්ට තියෙන්නේ මේ වගේ දෘෂ්ටියක්. 'සැප දුකත්, ආත්මයත්,

ලෝකයත් තමන් විසින් කරපු දෙයකුත් නෙවෙයි. අනුන් විසින් හදපු දෙයකුත් නෙවෙයි. මේක තමයි ඇත්ත. අනිත් සේරම බොරු' කියලා.

ඉතින් ඔවුන් 'ධර්මය මේ වගේ එකක්. ඔය වගේ එකක් නොවෙයි. **(ධර්මය)** ඔය වගේ එකක් නොවෙයි. මේ වගේ එකක්' කිය කියා ඒ ගැන රණ්ඩු වෙනවා. කෝලාහල කරගන්නවා. වාද විවාද කර ගන්නවා. එකිනෙකාට වචන නැමැති ආයුධවලින් විදගනිමින් වාසය කරනවා.

එදා බොහෝ භික්ෂූන් වහන්සේලා උදේ වරුවේ සිවුරු පොරවාගෙන, පාත්‍ර සිවුරු අරගෙන සැවැත් නුවරට පිණ්ඩපාතේ වැඩියා. සැවැත් නුවර පිණ්ඩපාතේ කරගෙන, වළඳලා ඉවර වෙලා, හවස් වරුවේ භාග්‍යවතුන් වහන්සේ ළඟට පැමිණියා. පැමිණිලා භාග්‍යවතුන් වහන්සේට වන්දනා කළා. වන්දනා කරලා පැත්තකින් වාඩි වුනා. පැත්තකින් වාඩි වුන ඒ භික්ෂූන් භාග්‍යවතුන් වහන්සේට මෙහෙම කිව්වා.

"ස්වාමීනී, මේ සැවැත් නුවර අන්‍යාගමික ශ්‍රමණ බ්‍රාහ්මණවරු, පරිබ්‍රාජකයෝ හරියට ඉන්නවා. ඒ උදවිය නොයෙක් දෘෂ්ටිවලයි ඉන්නේ. නොයෙක් දෘෂ්ටි දරාගෙනයි ඉන්නේ. නොයෙක් දෘෂ්ටිවලට කැමතියි. නොයෙක් දෘෂ්ටි ඇසුරු කරගෙනයි ඉන්නේ.

(ඒ අය අතරේ) සමහර ශ්‍රමණ බ්‍රාහ්මණයින් ඉන්නවා. මෙන්න මේ වගේ දෙයක් තමයි කියන්නේ. මේ වගේ දෘෂ්ටියක් තමයි තියෙන්නේ. 'ආත්මයත්, ලෝකයත් කියන්නේ ශාස්වතයි. මේකම තමයි ඇත්ත. අනික් ඔක්කොම බොරු. ....(පෙ).... ධර්මය මේ වගෙයි. මේ වගේ නොවෙයි. ධර්මය මේ වගේ නොවෙයි. මෙන්න මේ වගෙයි' කියලා."

"පින්වත් මහණෙනි, ඔය අන්‍යාගම්කාර පරිබ්‍රාජකයෝ අන්ධයි. ඇස් නෑ. අර්ථය දන්නෙත් නෑ. අනර්ථය දන්නෙත් නෑ. ධර්මය දන්නෙත් නෑ. අධර්මය දන්නෙත් නෑ. ඉතින් ඒ උදවිය අර්ථය නොදන්න නිසා, අනර්ථය නොදන්න නිසා, ධර්මය නොදන්න නිසා, අධර්මය නොදන්න නිසා, රණ්ඩු කරගන්නවා. කොලාහල කරගන්නවා. වාද විවාද කරගන්නවා. එකිනෙකාට වචන නැමැති ආයුධ වලින් විදගන්නවා. 'ධර්මය මේ වගේ මිසක් ධර්මය ඒ වගේ නොවෙයි. ධර්මය ඒ වගේ නොවෙයි. ධර්මය මේ වගේ' කිය කියා වාසය කරන්නේ."

ඉතින් භාග්‍යවතුන් වහන්සේ මේ කරුණ දැනගෙන, ඒ වෙලාවේ මේ උදානය වදාළා.

"මේ සත්ව ප්‍රජාව එක්කො තමා විසින් කරන ලදයි කියන දෘෂ්ටියට එනවා. එක්කෝ අනුන් විසින් කරන ලදයි කියන දෘෂ්ටියට එනවා. සමහරු

ඔය දෘෂ්ටි දෙකම ප්‍රතික්ෂේප කරනවා. ඊට පස්සේ ඉබේම හටගත්ත දෙයක් කියන මතයට එනවා. ඒක හුලක් බව ඔවුන් දක්කේ නෑ.

මේවා මිත්‍යා දෘෂ්ටිය හේතුවෙන් හැදෙන උල් බව දකින කොට, මෙය 'මම කරමි' කියන අදහස ඔහුව ඇතිවෙන්නෙ නෑ. 'වෙන කෙනෙක් කරනවා' කියන අදහසත් ඔහුත් ඇතිවෙන්නෙ නෑ.

මේ සත්ව ප්‍රජාව හරි මාන්නක්කාරයි. මාන්නයෙන් ගැට ගැහිලයි ඉන්නේ. මාන්නයෙන් බැඳිලා ඉන්නේ. ඔය එක එක දෘෂ්ටි ගැන මහ ඉහළින් කතා කර කර හිටියට සංසාරයෙන් නම් එතෙර වෙන්නෙ නෑ."

සාදු! සාදු!! සාදු!!!

6.7.
සුභූති සූත්‍රය
සුභූති තෙරුන් ගැන වදාළ උදානය

මා හට අසන්නට ලැබුනේ මේ විදිහටයි. ඒ දිනවල භාග්‍යවතුන් වහන්සේ වැඩසිටියේ සැවැත් නුවර ජේතවනය නම් වූ අනේපිඬු සිටුතුමාගේ ආරාමයේ.

එදා ආයුෂ්මත් සුභූති තෙරුන් භාග්‍යවතුන් වහන්සේට නුදුරින් පළඟක් බැඳගෙන, කය ඍජු කරගෙන පිහිටුවා, අවිතර්ක සමාධියට සමවැදී වැඩසිටියා. භාග්‍යවතුන් වහන්සේ තමන් වහන්සේට නුදුරින් පළඟක් බැඳගෙන, කය ඍජු කරගෙන පිහිටුවා, අවිතර්ක සමාධියට සමවැදී සිටින ආයුෂ්මත් සුභූති තෙරුන්ව දැක වදාළා.

ඉතින් භාග්‍යවතුන් වහන්සේ මේ කරුණ මුල්කොට ගෙන, ඒ වෙලාවේ මේ උදානය වදාළා.

"යමෙකු විසින් මිත්‍යා කල්පනා දුරින්ම දුරුකරල දැම්මා නම් තමා තුළින් ඒ මිත්‍යා කල්පනා සම්පූර්ණයෙන්ම බැහැර කරලා දැම්මා නම්, රාගාදී සංග ඉක්මවා ගියා නම්, අරූප සඤ්ඤාවෙන් යුක්ත වුනා නම්, කාමාදී සතර යෝග යන් ඉක්මවා ගියා නම්, ඒ ආර්යයන් වහන්සේ ආයෙමත් උපදින්නේ නෑ."

සාදු! සාදු!! සාදු!!!

6.8.
ගණිකා සූත්‍රය
ගණිකාවක් පිළිබඳව වදාළ දෙසුම

මා හට අසන්නට ලැබුනේ මේ විදිහටයි. ඒ දිනවල භාග්‍යවතුන් වහන්සේ වැඩසිටියේ රජගහ නුවර ලෙහෙනුන්ගේ අභය භූමිය වූ වේළුවනයේ. ඒ දවස්වල රජගහ නුවර ජන කණ්ඩායම් දෙකක් එක්තරා ගණිකාවකට ඇලුම් කළා. ඒ පිළිබඳව සිත් ඇති කරගත්තා. (ඒ නිසා ඔවුන්) රණ්ඩු කරගන්නවා. කලහ කරගන්නවා. වාද විවාද කරගන්නවා. එකිනෙකා අත්වලිනුත් ගහගන්නවා. ගල් මුගුරුවලිනුත් ගහගන්නවා. අවි ආයුධවලිනුත් ගහගන්නවා. ඔවුන් එහි මරණයටත් පත්වෙනවා. මාරාන්තික දුක්වලටත් පත්වෙනවා.

එදා බොහෝ භික්ෂූන් වහන්සේලා පෙරවරුවේ සිවුරු පෙරවාගෙන, පාත්‍ර සිවුරු අරගෙන රජගහ නුවර පිණ්ඩපාතේ වැඩියා. රජගහ නුවර පිණ්ඩපාතේ කරගෙන, වළඳලා ඉවර වුනා. ඊට පස්සේ භාග්‍යවතුන් වහන්සේ ළඟට ගියා. ගිහිල්ලා භාග්‍යවතුන් වහන්සේට වන්දනා කළා. පැත්තකින් වාඩි වුනා. පැත්තකින් වාඩිවුන ඒ භික්ෂූන් භාග්‍යවතුන් වහන්සේට මෙහෙම කිව්වා. " ස්වාමීනී, මේ රජගහ නුවර ජන කණ්ඩායම් දෙකක් එක්තරා ගණිකාවකට ඇලුම් කළා. ඒ පිළිබඳව සිත් ඇති කරගත්තා. (ඒ නිසා ඔවුන්) රණ්ඩු කරගන්නවා. කලහ කරගන්නවා. වාද විවාද කරගන්නවා. එකිනෙකා අත්වලිනුත් ගහගන්නවා. ගල් මුගුරුවලිනුත් ගහගන්නවා. අවි ආයුධවලිනුත් ගහගන්නවා. ඔවුන් එහි මරණයටත් පත්වෙනවා. මාරාන්තික දුක්වලටත් පත්වෙනවා."

ඉතින් භාග්‍යවතුන් වහන්සේ මේ කරුණ මුල්කොට ගෙන, ඒ වෙලාවේ මේ උදානය වදාළා.

"යම් කාම සැපයක් ලැබිලා තියෙනවාද, යම් කාම සැපයක් ලැබෙන්න තියෙනවාද, මේ දෙකම කෙලෙස් දූවිල්ලෙන් වැහිලයි තියෙන්නේ. කෙලෙසුන්ගෙන් ලෙඩවෙච්ච කෙනෙක් තමයි ඕවා පස්සේ යන්නේ.

කෙනෙක් ඉන්නවා. නොයෙක් සීල ව්‍රතවල සමාදන් වීම තමයි එකම හරය කියලා හිතාගෙන ඉන්නේ. මෛථුනයෙන් වෙන්වෙච්ච ජීවිතයක් ගෙවමින් නොයෙක් දෙවිවරුන්ට, ඇප උපස්ථාන කිරීමත් තමයි උතුම්ම හරය කියලා හිතාගෙන ඉන්නේ. මේකත් එක අන්තයක්.

කෙනෙක් මෙහෙම කියනවා. 'මේ කාමයන් තුළ සැප විඳ විඳ සිටීමේ කිසිම වරදක් නෑ' කියලා. මේක තමයි දෙවන අන්තය. මේ අන්ත දෙකෙන්ම වැඩෙන්නේ අවිද්‍යාවයි, තණ්හාවයි විතරයි. ඔය අවිද්‍යාවෙන්, තෘෂ්ණාවෙන්මයි දෘෂ්ටි වැඩෙන්නෙ. ඉතින් මේ අන්ත දෙක අවබෝධ නොවීම නිසා සමහරු කාම සැපයේ ගිලෙනවා. සමහරු අත්තකිලමථානුයෝගයට අතිධාවනය කරනවා. නමුත් යම් කෙනෙක් ඕක අවබෝධ කරගත් විට ඒ අන්ත දෙකටම වැටෙන්නේ නෑ. එතකොට අවිද්‍යා තණ්හාවට වැටෙන්නෙත් නෑ. ඇත්තෙන්ම ඔවුන්ට (ඒ රහතන් වහන්සේලාට) සසර සැරිසැරීමක් නෑ."

සාදු! සාදු!! සාදු!!!

6.9.
උපාති සූත්‍රය
අසාර දේ පසුපස දිවීම ගැන වදාළ උදානය

මා හට අසන්නට ලැබුනේ මේ විදිහටයි. ඒ දිනවල භාග්‍යවතුන් වහන්සේ වැඩසිටියේ සැවැත් නුවර ජේතවනය නම් වූ අනේපිඬු සිටුතුමාගේ ආරාමයේ.

එදා භාග්‍යවතුන් වහන්සේ රාත්‍රී අන්ධකාරයේ එළිමහනේ වැඩසිටියා. තෙල් පහනුත් දැල්වෙමින් තිබුනා. ඒ වෙලාවේ බොහෝ පළඟැටියන් ඒ තෙල් පහන් ඉදිරියට ආවා. ඇවිල්ලා වටේ කැරකිලා තෙල් පහන්වලට පැනලා, දුකටත්, ව්‍යසනයටත් පත්වුනා. බොහෝ පළඟැටියන් ඒ තෙල් පහන් ඉදිරියට ඇවිල්ලා වටේ කැරකිලා තෙල් පහන්වලට පැනලා, දුකටත්, ව්‍යවසනයටත් පත්වෙන හැටි භාග්‍යවතුන් වහන්සේ දැක වදාළා.

ඊට පස්සේ භාග්‍යවතුන් වහන්සේ මේ කරුණ දැනගෙන, ඒ වෙලාවේ මේ උදානය වදාළා.

"මේ සත්වයන් අසාර දේ පස්සෙමයි දුවන්නේ. ඔවුන්ට සාරවත් දෙයක් ලැබෙන්නේ නෑ. අලුත් අලුත් බන්ධනවලටමයි ඔවුන් බැඳි බැඳී යන්නේ. පහන් දැල්ලට ඇදිලා යන පළඟැටියො වගෙයි. අසන, දකින හැමදේකටම ඔවුන් ඇදිලා යනවා."

සාදු! සාදු!! සාදු!!!

6.10.
තථාගතුප්පාද සූත්‍රය
තථාගතයන් වහන්සේගේ ඉපදීම ගැන වදාළ උදානය

මා හට අසන්නට ලැබුනේ මේ විදිහටයි. ඒ දිනවල භාග්‍යවතුන් වහන්සේ වැඩසිටියේ සැවැත් නුවර ජේතවනය නම් වූ අනේපිඬු සිටුතුමාගේ ආරාමයේ.

එදා ආයුෂ්මත් ආනන්ද තෙරුන් භාග්‍යවතුන් වහන්සේ ළඟට ගියා. ගිහිල්ලා භාග්‍යවතුන් වහන්සේට වන්දනා කළා. පැත්තකින් වාඩිවුනා. පැත්තකින් වාඩිවුන ආයුෂ්මත් ආනන්ද තෙරුන් භාග්‍යවතුන් වහන්සේට මෙහෙම කිව්වා.

"ස්වාමීනී, තථාගත අරහත් සම්මා සම්බුදුරජාණන් වහන්සේ ලෝකයේ නූපදින තාක් තමයි මේ අන්‍යාගමික පරිබ්‍රාජකයන් සත්කාර ලබන්නේ. ගෞරව ලබන්නේ. බුහුමන් ලබන්නේ. යටහත් පැවතුම් ලබන්නේ. සිවුරු, පිණ්ඩපාත, සේනාසන, ගිලන්පස, බෙහෙත්, පිරිකර ආදිය ලබන්නේ. නමුත් ස්වාමීනී, යම් දවසක තථාගත අරහත් සම්මා සම්බුදුරජාණන් වහන්සේ නමක් ලොව උපදින සේක් නම් එතකොට ඔය අන්‍යාගමික පරිබ්‍රාජකයන්ට සත්කාර ලැබෙන්නේ නෑ. ගෞරව ලැබෙන්නේ නෑ. බුහුමන් ලැබෙන්නෙත් නෑ. යටහත් පැවතුම් ලැබෙන්නෙත් නෑ. සිවුරු, පිණ්ඩපාත, සේනාසන, ගිලන්පස, බෙහෙත්, පිරිකර ආදිය ලැබෙන්නෙත් නෑ. ස්වාමීනී, දැන් භාග්‍යවතුන් වහන්සේටත්, භික්ෂු සංඝයාටත් තමයි සත්කාර ලැබෙන්නේ. ගෞරව ලබන්නේ. බුහුමන් ලබන්නේ. යටහත් පැවතුම් ලබන්නේ. සිවුරු, පිණ්ඩපාත, සේනාසන, ගිලන්පස, බෙහෙත්, පිරිකර ආදිය ලබන්නේ."

"ඒක ඒ විදිහම තමයි පින්වත් ආනන්ද, තථාගත අරහත් සම්මා සම්බුදු රජාණන් වහන්සේ ලෝකයේ නූපදින තාක් තමයි මේ අන්‍යාගමික පරිබ්‍රාජකයන් සත්කාර ලබන්නේ. ගෞරව ලබන්නේ. බුහුමන් ලබන්නේ. යටහත් පැවතුම් ලබන්නේ. සිවුරු, පිණ්ඩපාත, සේනාසන, ගිලන්පස, බෙහෙත්, පිරිකර ආදිය ලබන්නේ. පින්වත් ආනන්ද, යම් දවසක තථාගත අරහත් සම්මා සම්බුදු රජාණන් වහන්සේ නමක් ලොව උපදින සේක් නම් එතකොට ඔය අන්‍යාගමික පරිබ්‍රාජකයන්ට සත්කාර ලැබෙන්නේ නෑ. ගෞරව ලැබෙන්නේ නෑ. බුහුමන් ලැබෙන්නෙත් නෑ. යටහත් පැවතුම් ලැබෙන්නෙත් නෑ. සිවුරු,

පිණ්ඩපාත, සේනාසන, ගිලන්පස, බෙහෙත්, පිරිකර ආදිය ලැබෙන්නෙත් නෑ. දැන් භාග්‍යවතුන් වහන්සේටත්, භික්ෂු සංඝයාටත් තමයි සත්කාර ලැබෙන්නේ. ගෞරව ලබන්නේ. බුහුමන් ලබන්නේ. යටහත් පැවතුම් ලබන්නේ. සිවුරු, පිණ්ඩපාත, සේනාසන, ගිලන්පස, බෙහෙත්, පිරිකර ආදිය ලබන්නේ."

ඊට පස්සේ භාග්‍යවතුන් වහන්සේ මේ කරුණ දැනගෙන, ඒ වෙලාවේ මේ උදානය වදාළා.

"යම්තාක් හිරු මඬල උදා නොවේද, ඒ තාක්ම කණාමැදිරියන් යස අගේට බබලනවා. නමුත් හිරු මඬල උදාවුන විට අර කණාමැදිරියන්ගේ එළිය නැතිවෙලා යනවා. බැබලීම නැතිවෙලා යනවා.

අන්න ඒ වගේම තමයි සම්මා සම්බුදුරජාණන් වහන්සේ නමක් ලොව පහළ නොවෙන තාක් විතරයි තර්ක කර කර ඉන්න ඔය අන්‍යාගම්කාරයන්ට තැනක් තියෙන්නේ. නමුත් සම්මා සම්බුදුරජාණන් වහන්සේගේ පහළ වීමෙන් ඒ තාර්කිකයන්ගේ බැබලීම ඉවර වෙනවා. ඔවුන්ගේ ශ්‍රාවකයන්ට වෙන්නෙත් ඒ ටිකමයි. වැරදි දෘෂ්ටි අරගෙන ඉන්න ඒ උදවියට දුකින් නිදහස් වෙන්න ලැබෙන්නේ නෑ."

සාදු! සාදු!! සාදු!!!

හයවෙනි ජච්චන්ධ වර්ගය නිමා විය.

7. චූල්ල වර්ගය

7.1.
පඨම භද්දිය සූත්‍රය
ලකුණ්ඨක භද්දිය තෙරුන් අරහයා වදාළ පළමු උදානය

මා හට අසන්නට ලැබුනේ මේ විදිහටයි. ඒ දිනවල භාග්‍යවතුන් වහන්සේ වැඩසිටියේ සැවැත් නුවර ජේතවනය නම් වූ අනේපිඬු සිටුතුමාගේ ආරාමයේ.

ඒ කාලෙ ආයුෂ්මත් සාරිපුත්ත තෙරුන්, ආයුෂ්මත් ලකුණ්ඨක භද්දිය තෙරුන්ට ධර්ම කරුණු පෙන්වා දෙනවා. සමාදන් කරවනවා. උනන්දුව ඇති කරවනවා. සිතේ සදහම් සුවය ඇති කරවනවා. ඉතින් ආයුෂ්මත් සාරිපුත්ත තෙරුන් ඔය විදිහට නොයෙක් අයුරින් දහම් කතාව කරද්දී, සමාදන් කරවද්දී, උනන්දුව ඇති කරද්දී, සදහම් සුවය ඇති කරවද්දී ආයුෂ්මත් ලකුණ්ඨක භද්දිය තෙරුන්ගේ සිත උපාදාන රහිතව ආශ්‍රවයන්ගෙන් නිදහස් වෙලා යන ආකාරය භාග්‍යවතුන් වහන්සේට දැකගන්නට ලැබුනා.

ඊට පස්සේ භාග්‍යවතුන් වහන්සේ මේ කරුණ දැනගෙන, ඒ වෙලාවේ මේ උදානය වදාළා.

"උද්ධම්භාගිය සංයෝජනත්, ඕරම්භාගිය සංයෝජනත් කියන මේ හැම බන්ධනයකින්ම නිදහස් වෙච්ච කෙනා, 'මේ මම' කියලා කිසි දෙයක් දකින්නේ නෑ. ඒ විදිහටයි රහත් භික්ෂුව සසර සැඩ පහරින් එතෙර වුනේ. ආයෙත් භවයක් හට නොගැනීම පිණිසමයි මීට කලින් එතෙර නොවූ සංසාරයෙන් එතෙර වුනේ."

සාදු! සාදු!! සාදු!!!

7.2.
දුතිය භද්දිය සූත්‍රය
ලකුණ්ඨක භද්දිය තෙරුන් අරහයා වදාළ දෙවෙනි උදානය

මා හට අසන්නට ලැබුනේ මේ විදිහටයි. ඒ දිනවල භාග්‍යවතුන් වහන්සේ වැඩසිටියේ සැවැත් නුවර ජේතවනය නම් වූ අනේපිඬු සිටුතුමාගේ ආරාමයේ.

ඒ කාලෙ ආයුෂ්මත් සාරිපුත්ත තෙරුන්, ආයුෂ්මත් ලකුණ්ඨක භද්දිය තෙරුන් ගැන 'තවමත් නිවන් මාර්ගය වඩන භික්ෂුවක්ය' කියලා හිතාගෙන නොයෙක් විදිහට ධර්ම කතාවෙන් කරුණු පෙන්වා දෙනවා. සමාදන් කරවනවා. උනන්දුව ඇති කරවනවා. ධර්මයෙන් සිතේ සතුට ඇති කරවනවා. ඉතින් ඒ වෙලාවේ භාග්‍යවතුන් වහන්සේ ආයුෂ්මත් සාරිපුත්ත තෙරුන් ආයුෂ්මත් ලකුණ්ඨක භද්දිය තෙරුන් ගැන 'තවමත් නිවන් මාර්ගය වඩන භික්ෂුවක්ය' කියලා හිතාගෙන ධර්ම කතාවෙන් කරුණු පෙන්වා දෙන හැටි, සමාදන් කරවන හැටි, උනන්දුව ඇති කරවන හැටි, ධර්මයෙන් සිතේ සතුට ඇති කරවන හැටි දැක වදාළා.

ඊට පස්සේ භාග්‍යවතුන් වහන්සේ මේ කරුණ දැනගෙන, ඒ වෙලාවේ මේ උදානය වදාළා.

"සංසාර බන්ධන සිඳිලා ඉවරයි නෙ. අමා නිවනත් අවබෝධ කරල නෙ ඉන්නේ. කෙලෙස් ගඟ වියලවා දැම්මා. ඉතින් ආයෙත් නම් ගලන්නේ නෑ. සිඳී ගිය සසර පැවැත්ම ආයෙ එන්නෙත් නෑ. මේකම තමයි දුකේ කෙළවර."

සාදු! සාදු!! සාදු!!!

7.3.
සත්ත සූත්‍රය
කාමයන්හි ඇලී ගැලී සිටීම මුල්කොට වදාළ උදානය

මා හට අසන්නට ලැබුනේ මේ විදිහටයි. ඒ දිනවල භාග්‍යවතුන්

වහන්සේ වැඩසිටියේ සැවැත් නුවර ජේතවනය නම් වූ අනේපිඬු සිටුතුමාගේ ආරාමයේ.

ඒ දිනවල සැවැත් නුවර මිනිස්සු (රූප, ශබ්ද, ගන්ධ, රස, පහස) කියන මේ පංච කාමයන් තුළ බොහෝ කොට බොහෝ වෙලාවක් ඇලී ගැලී ඉන්නවා. ගිජු වෙලා ඉන්නවා. වෙලිලා ඉන්නවා. මුසපත් වෙලා ඉන්නවා. ගිලිලා ඉන්නවා. කාමයන්ගෙන් ගොඩාක් මත්වෙලා ඉන්නවා.

එදා බොහෝ භික්ෂූන් වහන්සේලා පෙරවරුවේ සිවුරු පොරවාගෙන, පාත්‍ර සිවුරු අරගෙන, සැවැත් නුවරට පිණ්ඩපාතෙ වැඩියා. සැවැත් නුවර පිණ්ඩපාතෙ කරගෙන පිණ්ඩපාතෙ වළඳලා අවසන් වුනා. භාග්‍යවතුන් වහන්සේ ළඟට ගියා. ගිහිල්ලා භාග්‍යවතුන් වහන්සේට වන්දනා කළා. පැත්තකින් වාඩිවුනා. පැත්තකින් වාඩිවුන ඒ භික්ෂූන් භාග්‍යවතුන් වහන්සේට මෙහෙම කිව්වා. "ස්වාමීනී, මේ සැවැත් නුවර මිනිස්සු බොහෝ කොට, බොහෝ වෙලාවක් මේ පංච කාමයන් තුළ ඇලී ගැලී ඉන්නවා. ගිජු වෙලා ඉන්නවා. වෙලිලා ඉන්නවා. කාමයන්ගෙන් ගොඩාක් මත්වෙලා ඉන්නවා" කියලා.

ඊට පස්සේ භාග්‍යවතුන් වහන්සේ මේ කරුණ දැනගෙන, ඒ වෙලාවේ මේ උදානය වදාළා.

"මේ සත්වයන් කාමයන් තුළම ඇලිලයි ඉන්නේ. කාමයන් තුළම ලැගගෙනයි ඉන්නේ. මේ කාම බන්ධනයේ දෝෂයක් නම් ඔවුන්ට පේන්නේ නෑ. මේ කාම බන්ධනයේ ඇලුණු සත්වයන්ට නම් අතිශයින්ම මහත් වූ මේ සසර සැඩ පහරින් කවදාවත් එතෙර වෙන්න නම් බැහැ."

සාදු! සාදු!! සාදු!!!

7.4.
දුතිය සත්ත සූත්‍රය
කාමයන්හි ඇලී ගැලී සිටීම මුල්කොට වදාළ දෙවෙනි උදානය

මා හට අසන්නට ලැබුනේ මේ විදිහටයි. ඒ දිනවල භාග්‍යවතුන් වහන්සේ වැඩසිටියේ සැවැත් නුවර ජේතවනය නම් වූ අනේපිඬු සිටුතුමාගේ ආරාමයේ.

ඒ දිනවල සැවැත් නුවර මිනිස්සු මේ පංච කාමයන් තුළ බොහෝ කොට බොහෝ වෙලාවක් ඇලී ගැලී ඉන්නවා. ගිජු වෙලා ඉන්නවා. වෙලිලා ඉන්නවා. මුසපත් වෙලා ඉන්නවා. ගිලිලා ඉන්නවා. කාමයන්ගෙන් ගොඩාක් මත්වෙලා ඉන්නවා.

එදා භාග්‍යවතුන් වහන්සේ පෙරවරුවේ සිවුරු පොරවාගෙන, පාත්‍ර සිවුරු අරගෙන, සැවැත් නුවරට පිණ්ඩපාතෙ වැඩියා. භාග්‍යවතුන් වහන්සේ දැක්කා ඒ සැවැත් නුවර මිනිස්සු බොහෝ කොට, කාමයන්ගේ ඇලී ගැලී ඉන්නවා. ගිජු වෙලා ඉන්නවා. වෙලිලා ඉන්නවා. මුසපත් වෙලා ඉන්නවා. කාමයන්ගෙන් ගිලිලා ඉන්නවා. අන්ධ වෙලා ඉන්නවා. කාමයන්ගෙන් මත්වෙලා ඉන්නවා.

ඊට පස්සේ භාග්‍යවතුන් වහන්සේ මේ කරුණ දැනගෙන, ඒ වෙලාවේ මේ උදානය වදාළා.

"ඔවුන් කාමය තුළ අන්ධවෙලයි ඉන්නේ. කාම දැලේ පැටලිලයි ඉන්නේ. තණ්හාව විසින් ඔවුන්ගේ ජීවිත නැමැති ගෘහය හෙවිලි කරලා, වහලදාලයි තියෙන්නේ. පමා වූ සත්වයන්ගේ යහළුවා වන මාරයා විසින් අටවපු උගුලට ඔවුන් රිංගන්නේ හරියට කෙමනකට රිංගන මාළුවන් වගෙයි. ඔවුන් යන්නේ ජරා මරණ කරාමයි. හරියට මව් වැස්සිය සොයාගෙන කිරි බොන්න දුවන වසු පැටියා වගේ."

සාදු! සාදු!! සාදු!!!

7.5.
ලකුණ්ඨක භද්දිය සූත්‍රය
ලකුණ්ඨක භද්දිය තෙරුන් අරහයා වදාළ උදානය

මා හට අසන්නට ලැබුනේ මේ විදිහටයි. ඒ දිනවල භාග්‍යවතුන් වහන්සේ වැඩසිටියේ සැවැත් නුවර ජේතවනය නම් වූ අනේපිඬු සිටුතුමාගේ ආරාමයේ.

එදා ලකුණ්ඨක භද්දිය තෙරුන් බොහෝ භික්ෂූන්ට පිටුපසින්, භාග්‍යවතුන් වහන්සේ වෙත පැමිණෙමින් සිටියා. භාග්‍යවතුන් වහන්ස් බොහෝ භික්ෂූන්ට පිටුපසින් පැමිණෙන, වර්ණයෙනුත් පැහැපත් නැති, දකින්නත් එතරම් ප්‍රියමනාප නැති, සැහෙන තරමක මිටි, (සිත දියුණු නොකළ) බොහෝ භික්ෂූන්

විසින් එතරම් සැළකිල්ලක් දක්වන්නේත් නැති ඒ ලකුණ්ඨක භද්දිය තෙරුන්ව දැක වදාළා. දැකලා භික්ෂූන්ව ඇමතුවා. "පින්වත් මහණෙනි, ඔබට පේනවාද බොහෝ භික්ෂූන්ට පිටුපසින් එන, වර්ණයෙනුත් පැහැපත් නැති, දකින්නත් එතරම් ප්‍රියමනාප නැති, සෑහෙන තරමක මිටි, **(සිත දියුණු නොකළ)** බොහෝ භික්ෂූන් විසින් එතරම් සැළකිල්ලක් දක්වන්නේත් නැති භික්ෂුව?" "එසේය, ස්වාමීනී"

"පින්වත් මහණෙනි, ඔය භික්ෂුව **(ඔය විදිහට පෙනුම තිබුනට එසේ මෙසේ කෙනෙක් නොවෙයි)** මහා ඉර්ධිබල සම්පන්නයි. මහා ආනුභාව සම්පන්නයි. ඔය භික්ෂුව සමවදින්නේ නැති සමාපත්තියක් නැති තරම්. යම් අර්ථයක් පිණිස නම් පින්වත් කුල පුතුන් ශ්‍රද්ධාවෙන් ගිහි ගේ අත්හැරලා පැවිදි වෙන්නෙ, අන්න ඒ උතුම් අර්ථය තමයි බඹසර වාසයේ කෙළවර වූ උතුම් අරහත්වය තමන් විසින් ඉතා හොඳින් දැනගෙන, සාක්ෂාත් කරලා, ලබාගෙනයි ඔය භික්ෂුව වාසය කරන්නේ.

ඊට පස්සේ භාග්‍යවතුන් වහන්සේ මේ කරුණ දැනගෙන, ඒ වෙලාවේ මේ උදානය වදාළා.

"ලස්සන රථයක් තියෙනවා. ඒක ගමන් කරන්නේ ඉතාම පිරිසිදු මාවතක. සුදු සේලවලින් වහලා තියෙන්නේ. ඒකම අරයකින් යුක්තයි. අන්න ඒ වගේමයි. කිසි දුකක් නැති, හැම තණ්හාවක්ම සිඳලා දාපු, බන්ධන නැති, භික්ෂුව වඩින හැටි අර බලන්න."

සාදු! සාදු!! සාදු!!!

7.6.
තණ්හක්ඛය සූත්‍රය
තණ්හාව ක්ෂය වී යාම ගැන වදාළ උදානය

මා හට අසන්නට ලැබුනේ මේ විදිහටයි. ඒ දිනවල භාග්‍යවතුන් වහන්සේ වැඩසිටියේ සැවැත් නුවර ජේතවනය නම් වූ අනේපිඬු සිටුතුමාගේ ආරාමයේ.

එදා ආයුෂ්මත් අඤ්ඤාකොණ්ඩඤ්ඤ තෙරුන් භාග්‍යවතුන් වහන්සේට නුදුරින් පළඟක් බැඳගෙන, කය ඍජු කරගෙන, **(තමන්ගේ)** තෘෂ්ණාව නැති වී යාමෙන් ලැබූ අරහත් ඵල විමුක්තිය ගැන නුවණින් දකිමින් හිටියා. ඒ වෙලාවේ

භාග්‍යවතුන් වහන්සේ තමන් වහන්සේට නුදුරින් පළඟක් බැඳගෙන, කය ඍජු කරගෙන, (තමන්ගේ) තෘෂ්ණාව නැති වී යාමෙන් ලැබූ අරහත් ඵල විමුක්තිය ගැන නුවණින් දකිමින් සිටින ආයුෂ්මත් අඤ්ඤාකොණ්ඩඤ්ඤ තෙරුන්ව දැක වදාළා.

ඊට පස්සෙ භාග්‍යවතුන් වහන්සේ මේ කරුණ දැනගෙන, ඒ වෙලාවේ මේ උදානය වදාළා.

"ඒ භික්ෂුව තුළ දුකට මූලික හේතුව වන අවිද්‍යාව නෑ. එය වැඩෙන පොළොවත් නෑ. ඒ නිසා එහි කොළත් නෑ. තණ්හා ලතාව කොහෙන් නම් හටගන්නද? ඒ නුවණැති රහත් භික්ෂුව බන්ධනයෙන් මිදිලයි ඉන්නේ. එහෙම කෙනෙකුට කවුද නින්දා කරන්නේ? දෙවියොත් කරන්නේ ප්‍රශංසාවක්මයි. බ්‍රහ්මයා කරන්නෙත් ප්‍රශංසාවක්මයි."

සාදු! සාදු!! සාදු!!!

7.7.
පපඤ්චක්ඛය සූත්‍රය
කෙලෙස් සහිත කල්පනාවන් ක්ෂය වී යාම වදාළ උදානය

මා හට අසන්නට ලැබුනේ මේ විදිහටයි. ඒ දිනවල භාග්‍යවතුන් වහන්සේ වැඩසිටියේ සැවැත් නුවර ජේතවනය නම් වූ අනේපිඬු සිටුතුමාගේ ආරාමයේ.

එදා භාග්‍යවතුන් වහන්සේ, තමන් වහන්සේගේ සිතින් කෙලෙස් සහිත කල්පනාවෙන් යුත් සඤ්ඤා ප්‍රහාණය වූ බව නුවණින් දකිමින් වැඩසිටියා.

ඊට පස්සෙ භාග්‍යවතුන් වහන්සේ තමන් වහන්සේගේ සිතින් කෙලෙස් සහිත කල්පනාවෙන් යුත් සඤ්ඤාවල ප්‍රහාණය දැකලා ඒ වෙලාවේ මේ උදානය වදාළා.

"ඔහු තුළ කෙලෙස් සහිතව කල්පනා කර කර ඉන්න ගතියක් පවතින්නේ නෑ. සියලු තණ්හා බන්ධනත්, අවිද්‍යා නමැති බාධකයත් ඉක්මවා ගිහිල්ලයි ඉන්නේ. ඒ ඒ තැන කිසිම තණ්හාවකින් තොරව හැසිරෙන ඒ මුනිඳුන්ව, දෙවියන් සහිත ලෝකයා හෑල්ලු කරන්නේ නෑ."

සාදු! සාදු!! සාදු!!!

7.8.
කච්චාන සූත්‍රය
මහා කච්චාන තෙරුන් අරහයා වදාළ උදානය

මා හට අසන්නට ලැබුනේ මේ විදිහටයි. ඒ දිනවල භාග්‍යවතුන් වහන්සේ වැඩසිටියේ සැවැත් නුවර ජේතවනය නම් වූ අනේපිඬු සිටුතුමාගේ ආරාමයේ.

එදා ආයුෂ්මත් මහා කච්චාන තෙරුන් භාග්‍යවතුන් වහන්සේට නුදුරින් පළඟක් බැඳගෙන, කය ඍජු කරගෙන, තමන් තුළ කායගතාසති භාවනාවේ ඉතා මැනැවින් සිහිය පිහිටුවා ගෙන වැඩසිටියා. භාග්‍යවතුන් වහන්සේ තමන් වහන්සේට නුදුරින් පළඟක් බැඳගෙන, කය ඍජු කරගෙන, තමන් තුළ කායගතාසති භාවනාවේ ඉතා මැනැවින් සිහිය පිහිටුවා ගෙන ඉන්න ආයුෂ්මත් මහා කච්චාන තෙරුන්ව දැක වදාළා.

ඊට පස්සේ භාග්‍යවතුන් වහන්සේ ඒ වෙලාවේ මේ කාරණය දැනගෙන, මේ උදානය වදාළා.

"ඒ භික්ෂුව තුළ හැමතිස්සෙම සිහිය පිහිටලා තියෙනවා. කායානුපස්සනාව තුළත් නිතර සිහිය පිහිටලා තියෙනවා. 'අතීතයේ මට කෙලෙස් නොතිබුනා නම්, මම වර්තමානයට එන්නෙත් නෑ. වර්තමානයේ කෙලෙස් නැත්නම්, අනාගතයට යන්නෙ නෑ' කියන අවබෝධය ඔහුට තියෙනවා. පිළිවෙලින් නිවන් මග යන ඔහු සුදුසු වෙලාවට තණ්හාව නැති කරලා දානවා."

සාදු! සාදු!! සාදු!!!

7.9.
උදපාන සූත්‍රය
ළිඳ ගැන වදාළ උදානය

මා හට අසන්නට ලැබුනේ මේ විදිහටයි. ඒ දිනවල භාග්‍යවතුන් වහන්සේ බොහෝ භික්ෂු සංඝයාත් සමඟ මල්ල රාජධානියේ චාරිකාවේ

වඩිමින් මල්ලයන්ගේ බ්‍රාහ්මණ ගමක් වන ථූණ ගමට වැඩියා. ථූණ ගමේ බ්‍රාහ්මණ ගෘහපතීන්ට මෙහෙම අසන්න ලැබුනා. "අර ශාක්‍ය කුලයෙන් නික්මිලා පැවිදිවෙච්ච ශාක්‍යපුත්‍ර වූ ශ්‍රමණ භවත් ගෞතමයන් ඉන්නවා නේද? ඔන්න දැන් ඔහු මල්ල රාජධානියේ චාරිකාවේ වඩින ගමන්, බොහෝ භික්ෂු පිරිසක් සමඟ ථූණ ගමට ඇවිල්ලලු. ඔය මුඩු ශ්‍රමණයන්ට පැන් ටිකක්වත් බොන්න තියන්න හොඳ නෑ" කියලා තණකොළ දාලා, පිදුරු දාලා මුවවිට දක්වා ළිං පිරෙව්වා.

ඊට පස්සේ භාග්‍යවතුන් වහන්සේ වැඩම කරමින් සිටි පාරෙන් අයින් වෙලා, එක්තරා ගහක් මුලට වැඩියා. වැඩම කරලා පණවන ලද ආසනයේ වැඩසිටියා. පණවන ලද ආසනයේ වැඩසිටි භාග්‍යවතුන් වහන්සේ ආයුෂ්මත් ආනන්ද තෙරුන් අමතා වදාළා. "පින්වත් ආනන්ද, අර ළිඳෙන් මට පැන් ටිකක් අරගෙන එන්න." එහෙම පැවසුවාට පස්සේ ආයුෂ්මත් ආනන්ද තෙරුන් භාග්‍යවතුන් වහන්සේට මේ විදිහට කියා හිටියා. "ස්වාමීනී, දැන් මේ ථූණ ගමේ බ්‍රාහ්මණ ගෘහපතිවරු 'ඒ මුඩු ශ්‍රමණයන්ට වතුර ටිකක්වත් බොන්න තියන්නෙ නෑ' කියලා, මුවවිට දක්වාම ළිං වහලා දාලා." දෙවෙනි වතාවෙත් භාග්‍යවතුන් වහන්සේ ආයුෂ්මත් ආනන්ද තෙරුන්ව අමතා වදාළා. "පින්වත් ආනන්ද, ...(පෙ).... පැන් බොන්න තියන්නෙ නෑ කියලා. තෙවෙනි වතාවෙත් භාග්‍යවතුන් වහන්සේ ආයුෂ්මත් ආනන්ද තෙරුන් අමතා වදාළා. "පින්වත් ආනන්ද, අර ළිඳෙන් මට පැන් ටිකක් අරගෙන එන්න." ඊට පස්සේ ආයුෂ්මත් ආනන්ද තෙරුන් "එහෙමයි, ස්වාමීනී" කියලා පිළිතුරු දීලා පාත්‍රයත් රැගෙන ඒ ළිඳ ළඟට වැඩියා.

ඊට පස්සේ ආයුෂ්මත් ආනන්ද තෙරුන් ඒ ළිඳ ළඟට වඩින කොට, ඒ ළිඳ වැහිල තිබුණු තණ කොළ, පිදුරු ඔක්කොම ළිං කටෙන් බැහැර වෙලා තිබුනා. ළිං කටෙන් පැන් උතුරමින් තිබුනා. ගොඩාක් පිරිසිදුයි. කැළඹිලා නෑ. ඉතාම පැහැදිලියි. ඊට පස්සේ ආයුෂ්මත් ආනන්ද තෙරුන්ට මෙහෙම හිතුනා. 'ඒකාන්තයෙන්ම මේක නම් ආශ්චර්යයක්. මේක නම් මහා අද්භූත දෙයක්. ඒකාන්තයෙන්ම ඒ තථාගතයන් වහන්සේගේ මහත් ඉර්ධිමත් බව, මහානුභාව සම්පන්න බව හරිම පුදුමයි. මම මේ ළිඳ ළඟට එනකොට මුළු ළිඳේ මුවවිටම තිබුනු තණකොළත්, පිදුරුත් අහක් වෙලා ගිහිල්ලා. ගොඩාක් පිරිසිදු වෙලා, නොකැළඹුනු, ඉතාම පැහැදිලි වතුර ළිං මුවවිටෙන් උතුරමින් තියෙනවා' (ඊට **පස්සේ)** පාත්‍රයෙන් පැන් ගත්තා. භාග්‍යවතුන් වහන්සේ ළඟට වැඩියා. වැඩලා භාග්‍යවතුන් වහන්සේට මෙහෙම කිව්වා. "ස්වාමීනී, ආශ්චර්යයයි! ස්වාමීනී, අද්භූතයි! තථාගතයන් වහන්සේගේ මහා ඉර්ධිමත් බව, මහා ආනුභාවය හරිම

පුදුමයි. මම මේ ළිඳ ළඟට එනකොට මුළු ළිඳේ මුවවිටම තිබුනු තණකොළත්, පිදුරුත් අහක් වෙලා ගිහිල්ලා. ගොඩාක් පිරිසිදු වෙලා, නොකැළඹුනු, ඉතාම පැහැදිලි වතුර ළිං මුවවිටෙන් උතුරමින් තිබුනා. ස්වාමිනී, භාග්‍යවතුන් වහන්ස, පැන් වළඳන සේක්වා! සුගතයන් වහන්ස, පැන් වළඳන සේක්වා!" කියලා.

ඊට පස්සේ භාග්‍යවතුන් වහන්සේ ඒ වෙලාවේ මේ කාරණය දැනගෙන, මේ උදානය වදාළා.

"හැම තිස්සෙම පිරිසිදු ජීවිතය නැමැති පැන් තියෙනවා නම්, ඔය ළිඳක වතුරෙන් මොනවා කරන්නද? තණ්හාව මුලින්ම සිඳලා දැම්මාට පස්සේ, ආයෙ ඉතින් මොනවා නම් හොය හොයා ඇවිදින්නද?"

සාදු! සාදු!! සාදු!!!

7.10.
උදේන සූත්‍රය
උදේන රජු අරභයා වදාළ උදානය

මා හට අසන්නට ලැබුනේ මේ විදිහටයි. ඒ දිනවල භාග්‍යවතුන් වහන්සේ වැඩසිටියේ කොසඹෑ නුවර ඝෝෂිතාරාමයේ. එදා උද්‍යානයට ගිය, උදේන රජු ගේ ඇතුළු නුවර ගින්නකින් දැවී ගියා. සාමාවතී දේවිය ප්‍රමුඛ ස්ත්‍රීන් පන්සියයක් කළුරිය කළා. එදා බොහෝ භික්ෂූන් වහන්සේලා උදේ වරුවේ සිවුරු පොරවාගෙන, පාත්‍ර සිවුරු අරගෙන කොසඹෑ නුවරට පිණ්ඩපාතෙ වැඩියා. කොසඹෑ නුවර පිණ්ඩපාතෙ කරගෙන වළඳලා භාග්‍යවතුන් වහන්සේ ළඟට ගියා. ගිහිල්ලා භාග්‍යවතුන් වහන්සේට වන්දනා කළා. පැත්තකින් වාඩිවුනා. පැත්තකින් වාඩිවුන ඒ භික්ෂූන් භාග්‍යවතුන් වහන්සේට මෙහෙම කිව්වා.

"ස්වාමීනී, මෙහි උයනට ගිය, උදේන රජුගේ ඇතුළු නුවර ගින්නක් පිච්චිලා ගිහිල්ලා. (ඒ අතරේ) සාමාවතී බිසව ඇතුළු කාන්තාවන් පන්සියයක් දැවිලා ගිහින් තිබෙනවා. ස්වාමීනී, ඒ උපාසිකාවන්ගේ උපත කොයි විදිහද? පරලොව කොයි විදිහද?"

"පින්වත් මහණෙනි, ඔය උපාසිකාවන් අතරේ සිටියා සෝතාපන්න වෙච්ච අය. සකදාගාමී වෙච්ච උපාසිකාවනුත් හිටියා. අනාගාමී වෙච්ච

උපාසිකාවනුත් හිටියා. ඒ උපාසිකාවන් උතුම් වූ සදහම් ඵල නෙළාගෙනම තමයි කළුරිය කරලා තියෙන්නේ."

ඊට පස්සේ භාග්‍යවතුන් වහන්සේ ඒ වෙලාවේ මේ කාරණය දැනගෙන, මේ උදානය වදාළා.

"මෝහයෙන් බැඳිල ඉන්න ලෝකය මතුපිටින් පේන්නෙ නම් බොහෝම හැඩවැඩ ඇතුවයි. නමුත් කෙලෙස් සහිත කර්මයෙන් බැඳුනු අඥාන පුද්ගලයාව පිරිවරාගෙන තියෙන්නේ. අවිද්‍යා අඳුර විතරයි. ඒ නිසා ඔවුන්ට පේන්නෙ හැමදාම ඉන්න පුළුවන් කියලයි. නමුත් මේ ගැන නුවණින් බලන කෙනෙකුට නම් කිසිම ඇලීමක් ඇතිවෙන්නේ නෑ."

සාදු! සාදු!! සාදු!!!

හත්වෙනි චුල්ල වර්ගය නිමා විය.

8. පාටලීගාමීය වර්ගය

8.1.
පඨම නිබ්බාන සූත්‍රය
ඒ අමා නිවන ගැන වදාළ පළමු උදානය

මා හට අසන්නට ලැබුනේ මේ විදිහටයි. ඒ දිනවල භාග්‍යවතුන් වහන්සේ වැඩසිටියේ සැවැත් නුවර ජේතවනය නම් වූ අනේපිඬු සිටුතුමාගේ ආරාමයේ.

ඒ දිනවල භාග්‍යවතුන් වහන්සේ භික්ෂූන්ට නිවන ගැන කරුණු කැටි කරන ලද දහම් කතාවෙන් කරුණු පෙන්වා දෙනවා. එහි සමාදන් කරවනවා. එහි උනන්දු කරවනවා. නිවන් සුවය ගැන හිතේ සතුට ඇති කරවනවා. ඉතින් ඒ භික්ෂූන් වහන්සේලාත්, ගොඩාක් ආශාවෙන්, නුවණින් සිහි කරමින්, සම්පූර්ණයෙන් අවධානය යොමු කරගෙන, කන් යොමු කරගෙන ඒ ධර්මය අහගෙන ඉන්නවා.

ඊට පස්සේ භාග්‍යවතුන් වහන්සේ මේ කරුණ දැනගෙන, ඒ වෙලාවේ මේ උදානය වදාළා.

"පින්වත් මහණෙනි, මෙන්න මේ වගේ තැනක් තියෙනවා. එතැන පඨවි ධාතුව නෑ. ආපෝ ධාතුව නෑ. තේජෝ ධාතුව නෑ. වායෝ ධාතුව නෑ. ආකාසානඤ්චායතනය නෑ. විඤ්ඤාණඤ්චායතනය නෑ. ආකිඤ්චඤ්ඤායතනය නෑ. නේවසඤ්ඤානාසඤ්ඤායතනය නෑ. ඒක මේ ලෝකයත් නොවෙයි. පර ලෝකයත් නොවෙයි. එතැන හිරු සඳු දෙකත් නෑ. පින්වත් මහණෙනි, එතැන ඒමක් නෑ. යෑමක් නෑ. සිටීමක් නෑ. චුතවීමක් නෑ. ඉපදීමක් නෑ. මේක කිසිවක් මත පිහිටපු දෙයකුත් නොවෙයි. කිසි දෙයක් නිසා පවතින දෙයකුත් නොවෙයි. කිසිම අරමුණක බැසගන්නෙත් නෑ. මේකම තමයි දුකේ කෙළවර."

සාදු! සාදු!! සාදු!!!

8.2.
දුතිය නිබ්බාන සූත්‍රය
ඒ අමා නිවන ගැන වදාළ දෙවෙනි උදානය

මා හට අසන්නට ලැබුනේ මේ විදිහටයි. ඒ දිනවල භාග්‍යවතුන් වහන්සේ වැඩසිටියේ සැවැත් නුවර ජේතවනය නම් වූ අනේපිඬු සිටුතුමාගේ ආරාමයේ.

ඒ දිනවල භාග්‍යවතුන් වහන්සේ භික්ෂූන්ට නිවන ගැන කරුණු කැටි කරන ලද දහම් කතාවෙන් කරුණු පෙන්වා දෙනවා. එහි සමාදන් කරවනවා. එහි උනන්දු කරවනවා. නිවන් සුවය ගැන හිතේ සතුට ඇති කරවනවා. ඉතින් ඒ භික්ෂූන් වහන්සේලාත්, ගොඩාක් ආශාවෙන්, නුවණින් සිහි කරමින්, සම්පූර්ණයෙන් අවධානය යොමු කරගෙන, කන් යොමු කරගෙන ඒ ධර්මය අහගෙන ඉන්නවා.

ඊට පස්සේ භාග්‍යවතුන් වහන්සේ මේ කරුණ දැනගෙන, ඒ වෙලාවේ මේ උදානය වදාළා.

"එය අවබෝධ කරන්න දුෂ්කර තමයි. එතැන තණ්හාව නෑ. දුක්ඛ නිරෝධ ආර්ය සත්‍යය අවබෝධ කරන එක පහසු නෑ තමයි. තෘෂ්ණාව නැති වන්නේ අවබෝධයෙන්මයි. යථාර්ථය දන්නා, දකිනා කෙනෙකුට කෙලෙස් ඇතිවෙන්නේ නෑ."

සාදු! සාදු!! සාදු!!!

8.3.
තතිය නිබ්බාන සූත්‍රය
ඒ අමා නිවන ගැන වදාළ තෙවෙනි උදානය

මා හට අසන්නට ලැබුනේ මේ විදිහටයි. ඒ දිනවල භාග්‍යවතුන් වහන්සේ වැඩසිටියේ සැවැත් නුවර ජේතවනය නම් වූ අනේපිඬු සිටුතුමාගේ ආරාමයේ.

ඒ දිනවල භාග්‍යවතුන් වහන්සේ භික්ෂූන්ට නිවන ගැන කරුණු කැටි කරන ලද දහම් කතාවෙන් කරුණු පෙන්වා දෙනවා. එහි සමාදන් කරවනවා. එහි උනන්දු කරවනවා. නිවන් සුවය ගැන හිතේ සතුට ඇති කරවනවා. ඉතින් ඒ භික්ෂූන් වහන්සේලාත්, ගොඩාක් ආශාවෙන්, නුවණින් සිහි කරමින්, සම්පූර්ණයෙන් අවධානය යොමු කරගෙන, කන් යොමු කරගෙන ඒ ධර්මය අහගෙන ඉන්නවා.

ඊට පස්සේ භාග්‍යවතුන් වහන්සේ මේ කරුණ දැනගෙන, ඒ වෙලාවේ මේ උදානය වදාළා.

"පින්වත් මහණෙනි, හේතු ඵල දහමට අයිති නොවන දෙයක් තියෙනවා. එය හට ගත් දෙයක් නොවෙයි. පහළ වූ දෙයක් නොවෙයි. කිසිවෙකු විසින් කළ දෙයක්ද නොවෙයි. පින්වත් මහණෙනි, හට නොගත් දෙයක් වන, පහළ නොවූ දෙයක් වන, කිසිවෙකු විසින් නොකළ දෙයක් වන, මේ හේතු ඵල දහමට අයිති නොවන දේ නොතිබුනා නම්, මේ හට ගත්තා, පහළ වී තිබෙන, සකස් වී තිබෙන, හේතු ඵල දහමට අයිති වූ දේවල්වලින් සදහටම නිදහස් වීමක් කොහොම නම් සිදුවෙන්නද?

යම් විදිහකින් පින්වත් මහණෙනි, මේ හට නොගත් දෙයක් වන, පහළ නොවූ දෙයක් වන, කිසිවෙකු විසින් නොකළ දෙයක් වන, හේතුඵල දහමට අයිති නොවන දෙයක් වන මෙය තියෙන නිසාමයි, මේ හටගත්තා වූ, පහළ වී තිබෙන්නා වූ, සකස් වී තිබෙන්නා වූ, හේතුඵල දහමට අයිති වූ දෙයින් සදහටම නිදහස් වීමක් තියෙන්නේ."

සාදු! සාදු!! සාදු!!!

8.4.
චතුත්ථ නිබ්බාන සූත්‍රය
ඒ අමා නිවන ගැන වදාළ හතරවෙනි උදානය

මා හට අසන්නට ලැබුනේ මේ විදිහටයි. ඒ දිනවල භාග්‍යවතුන් වහන්සේ වැඩසිටියේ සැවැත් නුවර ජේතවනය නම් වූ අනේපිඬු සිටුතුමාගේ ආරාමයේ.

ඒ දිනවල භාග්‍යවතුන් වහන්සේ භික්ෂූන්ට නිවන ගැන කරුණු කැටි

කරන ලද දහම් කතාවෙන් කරුණු පෙන්වා දෙනවා. එහි සමාදන් කරවනවා. එහි උනන්දු කරවනවා. නිවන් සුවය ගැන හිතේ සතුට ඇති කරවනවා. ඉතින් ඒ භික්ෂූන් වහන්සේලාත්, ගොඩාක් ආශාවෙන්, නුවණින් සිහි කරමින්, සම්පූර්ණයෙන් අවධානය යොමු කරගෙන, කන් යොමු කරගෙන ඒ ධර්මය අහගෙන ඉන්නවා.

ඊට පස්සේ භාග්‍යවතුන් වහන්සේ මේ කරුණ දැනගෙන, ඒ වෙලාවේ මේ උදානය වදාළා.

"(කෙලෙස් එක්ක) එකතු වෙලා ඉන්න කෙනා කම්පනයට පත් වෙනවා. නමුත් කෙලෙස් සමඟ එකතුවක් නැති කෙනාට කිසිම කම්පනයක් නෑ. කම්පනයක් නැත්තේ යම් තැනෙකද, එතැන සංසිඳීමක් තියෙනවා. සංසිඳීමක් තියෙන කොට, උපතක් කරා නැඹුරු වෙන්නේ නෑ. උපතක් කරා නැඹුරු වන්න් නැතිනම් උපතකට පැමිණීමක් නැහැ. උපතකින් යෑමකුත් නෑ. ඒමක් යෑමක් නැත්නම්, චුතියක් උප්පත්තියක් කියලා දේකුත් නෑ. චුතියක් උප්පත්තියක් නැත්නම් මෙහි රැඳී සිටිනවා කියලා දේකුත් නෑ. වෙන තැනෙක රැඳෙනවා කියලා දේකුත් නෑ. ඒ දෙක අතර රැඳෙනවා කියලා දේකුත් නෑ. මේකම තමයි සියලු දුකේ කෙළවර."

සාදු! සාදු!! සාදු!!!

8.5.
චුන්ද සූත්‍රය
චුන්ද කර්මාර පුත්‍රයා අරභයා වදාළ උදානය

මා හට අසන්නට ලැබුනේ මේ විදිහටයි. ඒ දිනවල භාග්‍යවතුන් වහන්සේ බොහෝ භික්ෂු සංඝයා සමඟ මල්ල රාජධානියේ චාරිකාවේ වඩමින්, පාවා නගරයට වැඩම කළා. එතකොට භාග්‍යවතුන් වහන්සේ පාවා නුවර රන්කරුවෙකුගේ පුත්‍රයා වූ චුන්දගේ අඹ වනයේ තමයි වැඩසිටියේ.

චුන්ද කම්මාර පුත්‍රයාට මේ විදිහට අහන්නට ලැබුනා. 'ඔන්න දැන් භාග්‍යවතුන් වහන්සේ බොහෝ භික්ෂු සංඝයා සමඟ චාරිකාවේ වැඩම කරලා. දැන් පාවා නගරයටත් වැඩමවා සිටිනවා. ඔන්න දැන් මගේ අඹ වනයේ වැඩඉන්නවා' කියලා. ඊට පස්සේ චුන්ද කර්මාර පුත්‍ර භාග්‍යවතුන් වහන්සේ ළඟට ගියා. ගිහිල්ලා භාග්‍යවතුන් වහන්සේට වන්දනා කළා. පැත්තකින්

වාඩිවුනා. එකත්පසකින් වාඩිවුන චුන්ද කර්මාර පුත්‍රට භාග්‍යවතුන් වහන්සේ සදහම් කරුණු පෙන්වා වදාළා. එහි සමාදන් කෙරෙව්වා. උනන්දුව ඇති කෙරෙව්වා. සදහම් ගැන සිතේ සතුට ඇතිකෙරෙව්වා.

ඊට පස්සේ භාග්‍යවතුන් වහන්සේ විසින් සදහම් කරුණු පෙන්වා සමාදන් කරවපු, උත්සාහවත් කරවපු, සතුටු කරවපු ඒ චුන්ද කම්මාරපුත්‍ර භාග්‍යවතුන් වහන්සේට මෙහෙම කිව්වා. "ස්වාමීනී, භාග්‍යවතුන් වහන්සේ භික්ෂු සංඝයාත් සමඟ මාගේ දානය පිළිගන්නා සේක්වා!" කියලා. භාග්‍යවතුන් වහන්සේ නිශ්ශබ්දව වැඩසිටීමෙන් එම ඇරයුම ඉවසා වදාළා. ඊට පස්සේ චුන්ද කම්මාරපුත්‍ර භාග්‍යවතුන් වහන්සේ එය ඉවසා වදාළ බව දැනගෙන ආසනයෙන් නැගිට භාග්‍යවතුන් වහන්සේට වන්දනා කළා. ප්‍රදක්ෂිණා කළා. පිටත්ව යන්න ගියා.

ඊට පස්සේ චුන්ද කම්මාරපුත්‍ර ඒ රාත්‍රිය ඉක්මිලා ගියාට පස්සේ තමන්ගේ නිවසේ ප්‍රණීත වූ දන් පැන් පිළියෙල කළා. බොහෝ සූකරමද්දවත් පිළියෙල කළා. දන් පිළියෙල කරලා අවසන් වෙලා, සුදුසු වෙලාවට භාග්‍යවතුන් වහන්සේට දන්වා සිටියා. "ස්වාමීනී, දන් පැන් සකස් කරලා අවසානයි. දන් වළඳින්න සුදුසු කාලයයි" කියලා. ඊට පස්සේ භාග්‍යවතුන් වහන්සේ ඒ උදේ කාලයේ සිවුරු පොරවාගෙන, පාත්‍ර සිවුරු අරගත්තා. භික්ෂු සංඝයාත් සමඟ චුන්ද කම්මාරපුත්‍රගේ නිවසට වැඩියා. වැඩම කරලා. පණවන ලද ආසනයේ වැඩසිටියා. එසේ වැඩසිටිය භාග්‍යවතුන් වහන්සේ චුන්ද කම්මාරපුත්‍රට මෙසේ වදාළා. "පින්වත් චුන්ද, ඔබ විසින් පිළියෙල කරලා තිබෙන යම් සූකරමද්දවයක් ඇද්ද, එය මා හට පමණක් පිළිගන්වන්න. ඔය සකස් කරලා තියෙන අනික් දන් පැන් භික්ෂු සංඝයාට පූජා කරන්න" කියලා.

"එහෙමයි, ස්වාමීනී" කියලා චුන්ද කම්මාරපුත්‍ර භාග්‍යවතුන් වහන්සේට පිළිතුරු දුන්නා. පිළියෙල කරලා තිබුණු ඒ සූකරමද්දවය භාග්‍යවතුන් වහන්සේට පමණක් පිළිගැන්වූවා. පිළියෙල කරලා තිබුණු අනිත් දන් පැන වැඩසිටි භික්ෂු සංඝයාට පිළිගැන්වූවා.

එහිදී භාග්‍යවතුන් වහන්සේ චුන්ද කම්මාරපුත්‍රයාට මෙසේ වදාළා. "පින්වත් චුන්ද, ඉතිරි වෙලා තියෙන ඔය සූකරමද්දවය පොළොවේ වළ දමන්න." කියලා. "පින්වත් චුන්ද, දෙවියන් සහිත, මරුන් සහිත, බඹුන් සහිත ලෝකයේ, ශ්‍රමණ බ්‍රාහ්මණයන් සහිත, දෙව් මිනිස් ප්‍රජාව තුළ ඔය සූකරමද්දවය වළඳලා, කරදරයක් නැතුව හොඳින් දිරවාගන්න පුළුවන්, යම් කෙනෙක් ඉන්නවා නම්, පින්වත් චුන්ද, තථාගතයන් වහන්සේ හැර ඒ වගේ කෙනෙක් නම් මම දකින්නේ නෑ."

"එසේය, ස්වාමීනී" කියලා චුන්ද කම්මාරපුත්‍ර භාග්‍යවතුන් වහන්සේට පිළිතුරු දුන්නා. ඉතිරි වෙලා තිබුණු ඒ සූකරමද්දවය වළලලා භාග්‍යවතුන් වහන්සේ ළඟට ගියා. ගිහිල්ලා භාග්‍යවතුන් වහන්සේට වන්දනා කළා. පැත්තකින් වාඩිවුනා. එකත්පසක වාඩිවුන චුන්ද කම්මාරපුත්‍රට භාග්‍යවතුන් වහන්සේ සදහම් කරුණු පෙන්වා වදාළා. සමාදන් කළා. උනන්දුව ඇති කළා. සිතේ සදහම් සුවය ඇති කළා. **(ඉන්පසු)** ආසනයෙන් නැගිට වැඩම කොට වදාළා.

අනතුරුව චුන්ද කම්මාරපුත්‍රගේ දානය වැළඳූ භාග්‍යවතුන් වහන්සේට ඉතා කටුක වූ 'ලෝහිතපක්ඛන්දිකා' යන ආබාධය හටගත්තා. එය මාරාන්තික වූ ඉතා දැඩි වේදනා ඇති කරන දෙයක් වුනා. එහිදී පවා භාග්‍යවතුන් වහන්සේ ඉතාම හොඳ සිහි නුවණින් යුතුව ඒ වේදනා ඉවසා වදාළා. එයින් පීඩාවට පත්වුනේ නෑ.

ඊට පස්සේ භාග්‍යවතුන් වහන්සේ ආයුෂ්මත් ආනන්ද තෙරුන් අමතා වදාළා. "පින්වත් ආනන්ද, අපි දැන් කුසිනාරාවට යමු." "එසේය, ස්වාමීනී" කියලා ආයුෂ්මත් ආනන්ද තෙරුන් භාග්‍යවතුන් වහන්සේට පිළිතුරු දුන්නා.

(ගාථාවන්ය)

> "චුන්ද කම්මාරපුත්‍රගේ දානය වැළඳුවාට පස්සේ මහා ප්‍රාඥ වූ භාග්‍යවතුන් වහන්සේට මාරාන්තික වූ තදබල අසනීපයකින් පෙළුන බව මට අසන්නට ලැබුනා.
>
> ශාස්තෘන් වහන්සේට ඔය අසනීප ගතිය හුඟක්ම වැඩිවුනේ සූකරමද්දව වැළඳුවාට පස්සෙයි. විරේචනය තිබෙද්දීමයි භාග්‍යවතුන් වහන්සේ 'අපි ඉතින් කුසිනාරාවට යමු' කියා වදාළේ."

ඊට පස්සේ භාග්‍යවතුන් වහන්සේ වැඩම කරමින් සිටි මාර්ගයෙන් අයින් වෙලා එක්තරා ගසක් මුළකට වැඩියා. වැඩම කරලා, ආයුෂ්මත් ආනන්ද තෙරුන් අමතා වදාළා. "පින්වත් ආනන්ද, ඔය සඟල සිවුර හතර පොටකට නවා අසුනක් පණවන්න. පින්වත් ආනන්ද, මට කලන්තෙ වගෙයි. මට ටිකක් වාඩිවෙන්න ඕන" කියලා. "එසේය, ස්වාමීනී" කියලා ආයුෂ්මත් ආනන්ද තෙරුන් භාග්‍යවතුන් වහන්සේට පිළිතුරු දීලා සඟල සිවුර හතර පොටකට නවලා, ආසනයක් පිළියෙල කළා. භාග්‍යවතුන් වහන්සේ පණවන ලද ආසනයේ වැඩ සිටියා. එසේ වැඩසිටි භාග්‍යවතුන් වහන්සේ ආයුෂ්මත් ආනන්ද තෙරුන් අමතා වදාළා. "පින්වත් ආනන්ද, පැන් ටිකක් අරගෙන එන්න. මට පිපාසයි. පැන්

වළඳන්නම්" කියලා. මේ විදිහට වදාළාට පස්සේ ආයුෂ්මත් ආනන්ද තෙරුන් භාග්‍යවතුන් වහන්සේට මෙහෙම පැවසුවා. "අනේ ස්වාමීනී, ඔය නදියෙන් දැන් කරත්ත පන්සියයක් පමණ එතෙර වුනා. කරත්ත රෝදවලට කැලැතිච්ච පැන් දැන් හොඳටම බොර වෙලා, කැළඹෙමින් තමයි ගලා බසින්නේ. ස්වාමීනී, මේ කුකුත්ථා නදියට නම් එච්චර දුරක් නෑ. ඒකෙ පැන් ටික නම් හරිම අගෙයි. හරිම පිරිසිදුයි. හොඳ සීතල වතුර ටික. ඒකෙ වතුර හොඳට පෑදිලා තියෙන්නේ. ගඟට බහින්න වුනත් එතරම් අමාරුවකුත් නෑ. භාග්‍යවතුන් වහන්සේ එහෙන් පැන් වළඳන සේක් නම්, ශ්‍රී ශරීරය සිසිල් කරගන්නා සේක් නම් මැනැවි. තුන්වෙනි වතාවෙත් භාග්‍යවතුන් වහන්සේ ආයුෂ්මත් ආනන්ද තෙරුන් අමතා වදාළා. "පින්වත් ආනන්ද, පැන් ටිකක් අරගෙන එන්න. මට පිපාසයි. පැන් වළඳන්නම්" කියලා ....(පෙ).... ශ්‍රී ශරීරය සිසිල් කරගන්නා සේක් නම් මැනැවි. දෙවෙනි වතාවෙත් භාග්‍යවතුන් වහන්සේ ආයුෂ්මත් ආනන්ද තෙරුන් අමතා වදාළා. "පින්වත් ආනන්ද, පැන් ටිකක් අරගෙන එන්න. මට පිපාසයි. පැන් වළඳන්නම්" කියලා. "එසේය, ස්වාමීනී" කියලා ආයුෂ්මත් ආනන්ද තෙරුන් පිළිතුරු දුන්නා. පාත්‍රය අරගෙන ඒ නදිය වෙතට ගියා.

ඒ වෙලාවේ ආයුෂ්මත් ආනන්ද තෙරුන් අර නදිය ළඟට වඩින කොට, කලින් කරත්ත රෝදවලට අහුවෙලා හොඳටම මඩවෙලා, කැළැඹිලා, ගලාගිය ඒ නදිය, ලස්සනට පෑදිලා, නිසලව ගලා බසිමින් තිබුනා. එතකොට ආයුෂ්මත් ආනන්ද තෙරුන්ට මෙහෙම හිතුනා. "ඒකාන්තයෙන්ම මේක නම් මහා ආශ්චර්යයක්. ඒකාන්තයෙන්ම මේක නම් අද්භූත දෙයක්. තථාගතයන් වහන්සේගේ මහා ඉර්ධිමත් බව, මහානුභාව සම්පන්න බව නම් මහා පුදුමයි. කලින් මේ නදිය කරත්ත රෝදවලට අහුවෙලා, හොඳටම මඩවෙලා, කැළැඹිලා තමයි ගලා බසිමින් තිබුනේ. ඒත් දැන් මං එනකොට ලස්සනට පැහැදිලි වෙලා සංසුන්ව ගලා බසිමින් තියෙන හැටි" කියලා පාත්‍රයෙන් පැන් ගත්තා. භාග්‍යවතුන් වහන්සේ ළඟට ගියා. ගිහිල්ලා භාග්‍යවතුන් වහන්සේට මෙහෙම කිව්වා. "ස්වාමීනී, ආශ්චර්යයි! ස්වාමීනී, අද්භූතයි! තථාගයන් වහන්සේගේ මහත් වූ ඉර්ධිමත් බව, මහත් ආනුභාව සම්පන්න බව නම් හරිම පුදුමයි. කලින් මේ නදිය කරත්ත රෝදවලට අහුවෙලා, හොඳටම මඩවෙලා, කැළැඹිලා තමයි ගලා බසිමින් තිබුනේ. ඒත් මම යනකොට ලස්සනට පෑදිලා සන්සුන්ව ගලා බසිනවා. භාග්‍යවතුන් වහන්සේ පැන් වළඳන සේක්වා! සුගතයන් වහන්සේ පැන් වළඳන සේක්වා!" කියලා. භාග්‍යවතුන් වහන්සේ පැන් වැළඳූ සේක.

ඊට පස්සේ භාග්‍යවතුන් වහන්සේ බොහෝ භික්ෂු සංඝයා සමඟ කුකුත්ථා නදිය වෙත වැඩම කළා. වැඩම කරලා කුකුත්ථා නදියට බැස වදාළා. පැන්

පහසු වී වදාළා. පැන් ද වැළඳූ සේක. නැවත ගොඩට ඇවිත් අඹ වනයට වැඩම කළා. වැඩම කරලා ආයුෂ්මත් චුන්දක තෙරුන් ඇමතුවා. "පින්වත් චුන්දක, සඟල සිවුර හතර පොටකට නවලා සකස් කරන්න. පින්වත් චුන්දක, මට කලන්තෙයි. හාන්සි වෙන්න වුවමනයි" කියලා. "එසේය, ස්වාමීනී" කියලා ආයුෂ්මත් චුන්දක තෙරුන් භාග්‍යවතුන් වහන්සේට පිළිතුරු දීලා සඟල සිවුර හතර පොටකට නවලා ආසනයක් සකස් කළා. ඊට පස්සේ භාග්‍යවතුන් වහන්සේ දකුණු පාදය උඩ වම් පාදය මඳක් පිටුපසට කොට තබාගෙන, ඉතාම හොඳ සිහි නුවණින් නැවත අවදිව සිටීමේ අධිෂ්ඨානය හිතේ තබාගෙන, සිංහ සෙයියාවෙන් සැතැපුන සේක. ආයුෂ්මත් චුන්දක තෙරුන් එතැනම භාග්‍යවතුන් වහන්සේ ඉදිරියේ වාඩි වී වැඩසිටියා.

(ගාථාවන්ය)

"බුදුරජාණන් වහන්සේ කකුත්ථා නදියට වැඩම කොට වදාළා. ඒකෙ පැන් ටික නම් හරිම අගෙයි. සීතලයි. පැහැදිලියි. නමුත් මේ ලෝකයේ කිසිවෙකුට සමාන කළ නොහැකි වූ, තථාගත වූ අපගේ ශාස්තෘන් වහන්සේ ගොඩාක් කලන්තෙ ගතිය තිබේද්දීමයි නදියට බැස වදාළේ.

අපගේ ශාස්තෘන් වහන්සේ පැන පහසු වෙලා සිහිල් පැන් වළඳලා ගඟෙන් ගොඩට පැමිණ වදාළා. සංඝයා පිරිවරාගෙන ඔය වඩින්නේ උතුම් ධර්ම චක්‍රය පවත්වන ශාස්තෘ වූ අපගේ භාග්‍යවතුන් වහන්සේයි. මහා ඉසිවර මුනිඳාණන් එතැනින් වැඩියේ අඹ වනයටයි.

ශාස්තෘන් වහන්සේ චුන්දක නම් භික්ෂුව අමතා වදාළා. 'පින්වත් චුන්දක, ඔය සඟල සිවුර හතරට නවලා අතුරන්න. මට හාන්සි වෙන්න ඕන.' වඩන ලද සිත් ඇති මුනිඳාණන් එහෙම පවසන කොට, ආයුෂ්මත් චුන්දකයන් ඉක්මනට සඟල සිවුර හතරට නවලා අතුරලා දුන්නා.

ශාස්තෘන් වහන්සේ හාන්සි වෙලා හිටියේ සෑහෙන කලන්තෙ ගතියකින්. ආයුෂ්මත් චුන්දකයන් උන්වහන්සේගේ ඉදිරියෙන් වාඩි වෙලා සිටියා."

ඊට පස්සේ භාග්‍යවතුන් වහන්සේ ආයුෂ්මත් ආනන්ද තෙරුන් අමතා වදාළා. "පින්වත් ආනන්ද, කවුරු හරි කෙනෙක් චුන්ද කම්මාරපුත්‍රගේ හිතේ මේ විදිහේ විපිළිසරක් උපද්දවන්න පුළුවනි. 'යම් කෙනෙක් විසින් දෙන ලද ඒ

අන්තිම පිණ්ඩපාතය වළඳලා, තථාගතයන් වහන්සේ පිරිනිවන් පෑ සේක් නම්, ආයුෂ්මත් චුන්දය, එයින් ඔබට සිදුවූයේ මහත් අලාභයක්මයි. ආයුෂ්මත් චුන්දය, ඒකෙන් ඔබට සිදුවූයේ මහත් නොලැබීමක්මයි' කියලා. පින්වත් ආනන්ද, චුන්ද කම්මාරපුත්‍රට ඇතිවෙන්න තියෙන ඔය විපිළිසරය මෙන්න මේ විදිහට නැති කරන්න ඕන. 'ආයුෂ්මත් චුන්ද, යම් කෙනෙක් විසින් දෙන ලද අන්තිම දානය වළඳලා, තථාගතයන් වහන්සේ පිරිනිවන් පෑ සේක් නම්, ආයුෂ්මත් චුන්ද, ඒකෙන් ඔබට සිදුවූයේ මහා ලැබීමක්මයි. ආයුෂ්මත් චුන්ද, ඒකෙන් ඔබට සිදුවූයේ මහා ලැබීමක්මයි. ආයුෂ්මත් චුන්ද, භාග්‍යවතුන් වහන්සේගෙන් මං මේ විදිහට දැනගෙන තියෙනවා. 'පින්වත් ආනන්ද, මේ දාන දෙකක් තියෙනවා. පින් ඵල ලැබීමෙන් සමානයි. පුණ්‍ය විපාක අතිනුත් සමානයි. අනෙක් සෑම දන් පූජාවකටම වඩා ගොඩාක්ම ඵල සහිතයි. ගොඩාක්ම ආනිශංස සහිතයි. ඒ දාන දෙක මොනවාද? උතුම් දානයක් වළඳලා, තථාගතයන් වහන්සේ අනුත්තර වූ සම්මා සම්බුද්ධත්වය අවබෝධ කරන සේක් නම්, අන්න ඒ දානයත්, ඒ වගේම යම්කිසි දානයක් වළඳලා තථාගතයන් වහන්සේ අනුපාදිශේෂ පරිනිර්වාණ ධාතුවෙන් පිරිනිවන් පානා සේක් නම්, අන්න ඒ දානයත් යන මෙන්න මේ දාන දෙකම එක සමාන ඵල සහිතයි. පුණ්‍ය විපාකයෙනුත් එක සමානයි. අනිත් සෑම දානයකටම වැඩිය අති මහත් වූ පුණ්‍ය ඵලයෙන් යුක්තයි. අති මහත් වූ ආනිසංසයෙන් යුක්තයි. ආයුෂ්මත් චුන්ද කම්මාරපුත්‍ර විසින් දීර්ඝායුෂ පිණිස හේතුවන පිනක්මයි ඔය රැස් කර ගත්තේ. ආයුෂ්මත් චුන්ද කම්මාරපුත්‍ර විසින් සුන්දර වූ රූප සෝභාව පිණිස හේතුවන පිනක්මයි ඔය රැස් කර ගත්තේ. ආයුෂ්මත් චුන්ද කම්මාරපුත්‍ර විසින් සැපය පිණිස හේතුවන පිනක්මයි ඔය ර ැස් කර ගත්තේ. ආයුෂ්මත් චුන්ද කම්මාරපුත්‍ර විසින් යසස පිණිස හේතුවන පිනක්මයි ඔය රැස් කර ගත්තේ. ආයුෂ්මත් චුන්ද කම්මාරපුත්‍ර විසින් දෙව්ලොව සැපය පිණිස හේතුවන පිනක්මයි ඔය රැස් කර ගත්තේ. ආයුෂ්මත් චුන්ද කම්මාරපුත්‍ර විසින් අධිපතිබව පිණිස හේතුවන පිනක්මයි ඔය රැස් කර ගත්තේ' කියලා. පින්වත් ආනන්ද, චුන්ද කම්මාරපුත්‍රගේ සිතේ ඇතිවන විපිළිසර බව, ඔන්න ඔය විදිහට කරුණු කියා දීලා නැතිකරන්න ඕන."

ඊට පස්සේ භාග්‍යවතුන් වහන්සේ මේ කරුණ දැනගෙන, ඒ වෙලාවේ මේ උදානය වදාළා.

"දන් දෙන කෙනාට පින් වැඩෙනවා. සංවර වෙන කෙනා තුළ වෛරය පවතින්නේ නෑ. දක්ෂ කෙනා පව බැහැර කරනවා. ඒ නිසා රාග, ද්වේෂ, මෝහ ක්ෂය කිරීමෙන් එයා නිවිලා යනවා."

සාදු! සාදු!! සාදු!!!

8.6.
පාටලීගාමීය සූත්‍රය
පාටලී ගමේදී වදාළ උදානය

මා හට අසන්නට ලැබුනේ මේ විදිහටයි. ඒ දිනවල භාග්‍යවතුන් වහන්සේ බොහෝ භික්ෂූන් වහන්සේලා සමඟ මගධ රාජධානියේ චාරිකාවේ වඩිනා ගමන් පාටලී ගමටත් වැඩියා. ඉතින් පාටලී ගමේ උපාසකවරුන්ට මෙහෙම දැනගන්න ලැබුනා. 'ඔන්න භාග්‍යවතුන් වහන්සේ දැන් මගධ රාජධානියේ චාරිකාවේ වඩින ගමන්, බොහෝ භික්ෂු සංඝයාත් සමඟ පාටලී ගමටත් වැඩම කොට වදාළා' කියලා. ඊට පස්සේ පාටලී ගමේ උපාසක පිරිස භාග්‍යවතුන් වහන්සේ ළඟට ගියා. ගිහිල්ලා වන්දනා කළා. පැත්තකින් වාඩිවුනා. පැත්තකින් වාඩිවුන ඒ පාටලී ගමේ උපාසකවරු භාග්‍යවතුන් වහන්සේට මේ විදිහට කිව්වා. "ස්වාමීනී, භාග්‍යවතුන් වහන්සේ අපගේ ආවාස ශාලාව පිළිග න්නා සේක්වා!" කියලා. භාග්‍යවතුන් වහන්සේ එය නිශ්ශබ්දව වැඩසිටීමෙන් ඉවසා වදාළා.

ඊට පස්සේ ඒ පාටලී ගමේ උපාසකවරු භාග්‍යවතුන් වහන්සේ එය ඉවසා වදාළ බව දැනගත්තා. ආසනවලින් නැගිටලා භාග්‍යවතුන් වහන්සේට වන්දනා කළා. ප්‍රදක්ෂිණා කළා. ඒ ආවාස ශාලාව වෙත ගියා. ගිහිල්ලා මුළු ආවාස ශාලාවම ඇතිරිලිවලින් ඇතිරුවා. ආසන පැණෙව්වා. ලොකු වතුර භාජනයකුත් තිබ්බා. තෙල් පහන් සූදානම් කරලා තිබ්බා. භාග්‍යවතුන් වහන්සේ ළඟට ගියා. ගිහිල්ලා භාග්‍යවතුන් වහන්සේට වන්දනා කළා. පැත්තකින් හිටගත්තා. පැත්තකින් හිටගත්තු ඒ පාටලී ගමේ උපාසකවරු භාග්‍යවතුන් වහන්සේට මෙහෙම කිව්වා. "ස්වාමීනී, මුළු ආවාස ගෙයම ඇතිරිලිවලින් ඇතිරුවා. ආසනත් පැණෙව්වා. ජල බඳුනකුත් තිබ්බා. තෙල් පහනුත් සූදානම් කළා. ස්වාමීනී, භාග්‍යවතුන් වහන්සේ යම් දෙයකට කාලය දන්නා සේක් නම්, දැන් ඒ සඳහා සුදුසු වේලාවයි සලකන සේක්වා!" කියලා.

ඊට පස්සේ භාග්‍යවතුන් වහන්සේ සිවුරු පොරවාගත්තා. පාත්‍ර සිවුරු අරගෙන භික්ෂු සංඝයා සමඟ ඒ ආවාස ශාලාවට වැඩියා. වැඩම කරලා පා සේදුවා. ආවාස ශාලාව ඇතුළට වැඩියා. එහි මැද කණුවට පිට දී, නැගෙ නහිර දිශාවට මුහුණ දී වැඩසිටියා. භික්ෂු සංඝයාත් පා සෝදාගත්තා. ආවාස ශාලාවට වැඩියා. එහි බටහිර බිත්තියට පිට දී, නැගෙනහිර දිශාවට මුහුණ දී,

භාග්‍යවතුන් වහන්සේව පෙරටකොට වැඩසිටියා. පාටලී ගමේ උපාසකවරුත්, පා සෝදාගත්තා. ආවාශ ශාලාවට ආවා. නැගෙනහිර බිත්තියට පිට දී, බටහිර පැත්තට මුහුණ දීලා, භාග්‍යවතුන් වහන්සේව පෙරටුකොට ගෙන වාඩිවුනා.

ඊට පස්සේ භාග්‍යවතුන් වහන්සේ පාටලී ගමේ උපාසකවරුන් ඇමතුවා. "පින්වත් ගෘහපතිවරුනි, දුස්සීල කෙනා තුළ සිල් නැතිවීම නිසා, මේ ආදීනව පහක් තියෙනවා. මොනවද ඒ පහ?

(1)

පින්වත් ගෘහපතිවරුනි, දුස්සීල කෙනා තමන් තුළ සිල් නැති නිසා ප්‍රමාදී කෙනෙක්. ඒ නිසා ඔහුට තියෙන සැප සම්පත් ටික ටික නැතිවෙලා යනවා. මේක තමයි සීලය නැතිවීම නිසා, දුස්සීල කෙනාට සිද්ධවෙන පළවෙනි විපත.

(2)

පින්වත් ගෘහපතිවරුනි, ඒ ගැන තවදුරටත් කියනවා නම් මෙන්න මෙහෙමයි. සීලය නැතිවෙච්ච, දුස්සීල කෙනාගේ ඒ අයහපත් අපකීර්ති රාවය හැමතැනම පැතිරිලා යනවා. මේක තමයි සීලය නැතිවීම නිසා, දුස්සීල කෙනාට සිද්ධවෙන දෙවෙනි විපත.

(3)

පින්වත් ගෘහපතිවරුනි, ඒ ගැන තවදුරටත් කියනවා නම් මෙන්න මෙහෙමයි. සිල් නැති දුස්සීල කෙනා, යම්කිසි පිරිසක් ඉදිරියට යන්න වුනොත් ඒ කිව්වෙ රජ කුලයේ පිරිසක් ඉදිරියට හරි, බමුණු කුලයේ පිරිසක් ඉදිරියට හරි, ගෘහපතිවරු පිරිසක් ඉදිරියට හරි, ශ්‍රමණ පිරිසක් ඉදිරියට හරි, හැබැයි ඔහුට යන්න සිද්ධ වෙන්නේ කිසිම තේජසක් නැතුව මුහුණත් බිමට හරවාගෙ නම තමයි. මේක තමයි සීලය නැතිවීම නිසා, දුස්සීල කෙනාට සිද්ධවෙන තුන්වෙනි විපත.

(4)

පින්වත් ගෘහපතිවරුනි, ඒ ගැන තවදුරටත් කියනවා නම් මෙන්න මෙහෙමයි. සිල් නැති දුස්සීල කෙනාට මිය පරලොව යන්න සිද්ධ වෙන්නේ සිහි මුළා වෙලා. මේක තමයි සීලය නැතිවීම නිසා, දුස්සීල කෙනාට සිද්ධවෙන හතරවෙනි විපත.

(5)

පින්වත් ගෘහපතිවරුනි, ඒ ගැන තවදුරටත් කියනවා නම් මෙන්න

මෙහෙමයි. සිල් නැති දුස්සීල කෙනා තමන්ගේ කය බිඳිලා, මිය පරලොව යනවා. මිය ගිහිල්ලා සැපයක් නැති, දුගතිය වූ, විනිපාත වූ නිරයේ තමයි උපදින්න සිද්ධ වෙන්නේ. මෙන්න මේක තමයි සීලය නැතිවීම නිසා, දුස්සීල කෙනාට සිද්ධවෙන පස්වෙනි විපත.

පින්වත් ගෘහපතිවරුනි, සිල්වත් කෙනාගේ සිල්වත් බව නිසා, ආනිසංස පහක් ලැබෙනවා. මොනවද ඒ පහ?

(1)

පින්වත් ගෘහපතිවරුනි, සිල්වත් කෙනා ඒ සිල්වත් බව නිසා අප්‍රමාදී කෙනෙක් බවට පත්වෙනවා. ඒ නිසා එයාට සැප සම්පත් ගොඩක් ලැබෙනවා. මේක තමයි සිල්වත් කෙනාට එයාගේ සිල්වත් බව නිසා ලැබෙන පළවෙනි ආනිශංසය.

(2)

පින්වත් ගෘහපතිවරුනි, ඒ ගැන තවදුරටත් කියනවා නම් මෙන්න මෙහෙමයි. සිල්වත් බව තියෙන ඒ සිල්වත් කෙනාගේ යහපත් වූ කීර්ති රාවය හැමතැනම පැතිරිලා යනවා. මේක තමයි සිල්වත් කෙනාට එයාගේ සිල්වත් බව නිසා ලැබෙන දෙවෙනි ආනිශංසය.

(3)

පින්වත් ගෘහපතිවරුනි, ඒ ගැන තවදුරටත් කියනවා නම් මෙන්න මෙහෙමයි. සිල්වත් බව තියෙන ඒ සිල්වත් කෙනාට යම්කිසි පිරිසක් ඉදිරියට යන්න වුනොත් ඒ කිව්වෙ රජ කුලයේ පිරිසක් ඉදිරියට හරි, බමුණු කුලයේ පිරිසක් ඉදිරියට හරි, ගෘහපතිවරු පිරිසක් ඉදිරියට හරි, ශ්‍රමණ පිරිසක් ඉදිරියට හරි, ඔහුට ඉතාම නිර්භීතව, කිසිම චකිතයක් නැතුවම යන්න පුළුවන්. මේක තමයි සිල්වත් කෙනාට එයාගේ සිල්වත් බව නිසා ලැබෙන තුන්වෙනි ආනිශංසය.

(4)

පින්වත් ගෘහපතිවරුනි, ඒ ගැන තවදුරටත් කියනවා නම් මෙන්න මෙහෙමයි. සිල්වත් බව තියෙන ඒ සිල්වත් කෙනාට හොඳ සිහි නුවණින් මිය පරලොව යන්න පුළුවනි. මේක තමයි සිල්වත් කෙනාට එයාගේ සිල්වත් බව නිසා ලැබෙන හතරවෙනි ආනිශංසය.

(5)

පින්වත් ගෘහපතිවරුනි, ඒ ගැන තවදුරටත් කියනවා නම් මෙන්න මෙහෙමයි. සිල්වත් බව තියෙන ඒ සිල්වත් කෙනා තමන්ගේ කය බිඳිලා, මිය පරලොව ගිහිල්ලා උපදින්නේ සැප සහිත දෙව්ලොව වන සුගතියේ. මේක තමයි සිල්වත් කෙනාට එයාගේ සිල්වත් බව නිසා ලැබෙන පස්වෙනි ආනිශංසය.

පින්වත් ගෘහපතිවරුනි, මෙන්න මේවා තමයි සිල්වත් කෙනාට, එයාගේ සිල්වත් බව නිසා ලැබෙන ආනිශංස පහ."

ඊට පස්සේ භාග්‍යවතුන් වහන්සේ රාත්‍රී බොහෝ වේලාවක් පාටලී ගමේ උපාසකවරුන්ට සදහම් කතාවෙන් කරුණු පෙන්වා දුන්නා. සමාදන් කළා. උනන්දුව ඇති කළා. සිතේ ප්‍රසාදය ඇති කළා. **(ඊට පස්සේ භාග්‍යවතුන් වහන්සේ රාත්‍රී බොහෝ වේලා ගත වී ඇති නිසා, ඒ උපාසකවරුන්ට මෙහෙම වදාළා)** 'පින්වත් උපාසකවරුනි, රාත්‍රී බොහෝ වේලා ගෙවිලා ගියා. දැන් ඔබටලාට යන්න සුදුසු වෙලාවයැ'යි ඔවුන්ට පිටත්ව යන්න අවසර දී වදාළා. එතකොට ඒ පාටලී ගමේ උපාසකවරු භාග්‍යවතුන් වහන්සේ වදාළ දේ සතුටින් පිළිගත්තා. අනුමෝදන් වුනා. ආසනයෙන් නැගිට්ටා. භාග්‍යවතුන් වහන්සේට වන්දනා කළා. ප්‍රදක්ෂිණා කළා. පිටත් වෙලා ගියා.

භාග්‍යවතුන් වහන්සේ පාටලීගමේ උපාසකවරු පිටත් වී ගොස් නොබෝ වේලාවකින් ශූන්‍යාගාරයට වැඩම කළා.

ඒ දිනවල සුනීධ, වස්සකාර කියන මගධ රාජධානියේ මහ ඇමතිවරු දෙන්නා වජ්ජීන් පරද්දවන්න හිතාගෙන පාටලී ගමේ නගරයක් නිර්මාණය කරනවා. ඒ වන විට බොහෝ දහස් ගණන් දෙවිවරුත් පාටලී ගමේ භූමිවලට අරක් ගන්නවා. සමහර ප්‍රදේශවලට මහේශාක්‍ය දෙවිවරු අරක්ගන්නවා. ඉතින් ඒ ඒ ප්‍රදේශවල ගෘහ මන්දිර නිර්මාණය කරන්න හිත නැමෙන්නේ රජවරු, රජවරුන්ගේ මහ ඇමතිවරු වගේ මහේශාක්‍ය උදවියටයි. යම්කිසි ප්‍රදේශයක මධ්‍යම දෙවිවරු අරක්ගන්නවා නම්, ඒ ප්‍රදේශවල තම තමන්ගේ ගෘහ මන්දිර නිර්මාණය කරන්න හිත් නැමෙන්නේ මධ්‍යම රජවරුන්ට, ඒ රජවරුන්ගේ ඇමතිවරු වගේ උදවියටයි. සමහර ප්‍රදේශවල බලසම්පන්න බවෙන් අඩු දෙවිවරු අරක්ගන්නවා. ඉතින් ඒ ප්‍රදේශවල තම තමන්ගේ ගෘහ මන්දිර නිර්මාණය කරන්න සිත් නැමෙන්නේ බලසම්පන්න බවෙන් අඩු රජවරු, රජවරුන්ගේ ඇමතිවරු වගේ උදවියටයි. භාග්‍යවතුන් වහන්සේ මිනිස් දර්ශන පථය ඉක්මවූ ඉතාම පිරිසිදු දිවැසින් මේ සිද්ධිය දැක්කා. දහස් ගණන් දෙවිවරු පාටලී ගමේ භූමිවලට අරක්ගන්නවා. යම් ප්‍රදේශයක මහේශාක්‍ය දෙවිවරු අරක්ගන්නවා නම්, ඒ ප්‍රදේශවල ගෘහ මන්දිර නිර්මාණය කරන්න

හිත නැමෙන්නේ රජවරු, රජවරුන්ගේ මහ ඇමතිවරු වගේ මහේශාක්‍ය උදවියටයි. යම් ප්‍රදේශයක මධ්‍යම දෙවිවරු අරක්ගන්නවා නම්, ඒ ප්‍රදේශවල තම තමන්ගේ ගෘහ මන්දිර නිර්මාණය කරන්න හිත් නැමෙන්නේ මධ්‍යම රජවරුන්ට, ඒ රජවරුන්ගේ ඇමතිවරු වගේ උදවියටයි. සමහර ප්‍රදේශවල බලසම්පන්න බවෙන් අඩු දෙවිවරු අරක්ගන්නවා. ඉතින් ඒ ප්‍රදේශවල තම තමන්ගේ ගෘහ මන්දිර නිර්මාණය කරන්න සිත් නැමෙන්නේ බලසම්පන්න බවෙන් අඩු රජවරු, රජවරුන්ගේ ඇමතිවරු වගේ උදවියටයි.

ඊට පස්සේ භාග්‍යවතුන් වහන්සේ ඒ රෑ අලුයම් වෙලාවේ නැගී සිටියා. ආයුෂ්මත් ආනන්ද තෙරුන් අමතා වදාළා. "පින්වත් ආනන්ද, කවුද මේ පාටලී ගමේ නගරයක් නිර්මාණය කරන්නේ?" කියලා.

"ස්වාමීනී, වජ්ජීන් පරාජය කරන්න හිතාගෙන සුනීධ, වස්සකාර කියන මගධ රාජධානියේ මහ ඇමතිවරු දෙන්නා තමයි මේ පාටලී ගමේ නගරයක් නිර්මාණය කරන්නේ."

"පින්වත් ආනන්ද, ඒක හරියට තව්තිසාවේ දෙවිවරුත් එක්ක කතා බස් කරගෙන කරනවා වගෙයිනේ. පින්වත් ආනන්ද, ඒ වගේ නෙ, මේ සුනීධ, වස්සකාර කියන මගධ මහ ඇමතිවරු දෙන්නා, වජ්ජීන් පරද්දවන්න මේ පාටලී ගමේ නගරයක් නිර්මාණය කරන්නේ.

පින්වත් ආනන්ද, මම මෙහි මේ මිනිස් දර්ශන පථය ඉක්මවා ගිය, ඉතා පිරිසිදු වූ දිවැසින් දැක්කා. මේ දහස් ගණන් දෙවිවරුත් පාටලී ගමේ භූමියට අරක්ගන්න හැටි. යම්කිසි ප්‍රදේශයකට මහේශාක්‍ය දෙවිවරු අරක්ගන්නවා නම්, ඒ පළාත්වල තම තමන්ගේ ගෘහ මන්දිර නිර්මාණය කරන්න හිත නැමෙන්නේ රජවරු, රජවරුන්ගේ මහ ඇමතිවරු වගේ උදවියට. යම් ප්‍රදේශයක මධ්‍යම දෙවිවරු අරක්ගන්නවා නම්, ඒ ප්‍රදේශවල තම තමන්ගේ ගෘහ මන්දිර නිර්මාණය කරන්න හිත් නැමෙන්නේ මධ්‍යම රජවරුන්ට, ඒ රජවරුන්ගේ ඇමතිවරු වගේ උදවියටයි. සමහර ප්‍රදේශවල බලසම්පන්න බවෙන් අඩු දෙවිවරු අරක්ගන්නවා. ඉතින් ඒ ප්‍රදේශවල තම තමන්ගේ ගෘහ මන්දිර නිර්මාණය කරන්න සිත් නැමෙන්නේ බලසම්පන්න බවෙන් අඩු රජවරු, රජවරුන්ගේ ඇමතිවරු වගේ අයට.

පින්වත් ආනන්ද, යම්තාක් ආර්යන් වහන්සේලා ගැවසෙන, වටිනා බඩු තොග ලිහන, ලොකු වෙළඳ නගරයක් ඇත්නම්, මේ පාටලීපුත්‍රයට එක්කො ගින්නෙන් හරි, එහෙම නැත්නම් ජලයෙන් හරි, එහෙමත් නැත්නම් මිත්‍ර භේදයෙන් හරි කියන මෙන්න මේ තුන් විදිහක අන්තරායන් සිද්ධ වෙනවා."

ඊට පස්සේ සුනීධ, වස්සකාර කියන මගධ මහ ඇමතිවරු දෙන්නා භාග්‍යවතුන් වහන්සේ ළඟට ආවා. ඇවිල්ලා භාග්‍යවතුන් වහන්සේ සමග පිළිසඳර කතා බහෙන් සතුටු වුනා. සිතේ තබා ගත යුතු ඒ පිළිසඳර කතාබහ ඉවර කරලා පැත්තකින් හිටගත්තා. පැත්තකින් හිටගත් ඒ සුනීධ, වස්සකාර කියන මගධ මහ ඇමතිවරු භාග්‍යවතුන් වහන්සේට මේ විදිහට කිව්වා. "පින්වත් ගෞතමයන් වහන්ස, භික්ෂු සංඝයාත් සමග අද දවසේ අපේ දානය පිළිගන්නා සේක්වා!" කියලා. භාග්‍යවතුන් වහන්සේ නිශ්ශබ්දව වැඩසිටීමෙන් එය ඉවසා වදාළා.

එතකොට සුනීධ, වස්සකාර මගධ මහ ඇමතිවරු භාග්‍යවතුන් වහන්සේ එය ඉවසා වදාළ බව දැනගත්තා. තමන්ගේ ගෙදරට ගියා. ගිහිල්ලා තමන්ගේ ගෙදර, ප්‍රණීත වූ දන් පැන් පිළියෙල කළා. භාග්‍යවතුන් වහන්සේට කල් දැන්වූවා. "පින්වත් ගෞතමයන් වහන්ස, දන් පැන් පිළියෙල කරලා ඉවරයි. දැන් එයට සුදුසු වෙලාවයි." කියලා. ඊට පස්සේ භාග්‍යවතුන් වහන්සේ උදේ වරුවේ සිවුරු පොරවාගත්තා. පාත්‍ර සිවුරු අරගත්තා. භික්ෂු සංඝයාත් සමග සුනීධ, වස්සකාර මගධ මහ ඇමැතීන්ගේ නිවසට වැඩම කළා. වැඩම කරලා, පණවන ලද ආසනයේ වැඩසිටියා. එහිදී සුනීධ, වස්සකාර මගධ මහ ඇමැතිවරු තමන්ගේ අතින්ම ප්‍රණීත වූ දන් පැන්වලින් බුද්ධ ප්‍රමුඛ භික්ෂු සංඝයා පිදුවා. වැළඳෙව්වා.

ඊට පසසේ සුනීධ, වස්සකාර කියන මගධ මහ ඇමැතිවරු දෙන්නා භාග්‍යවතුන් වහන්සේ දන් වළඳලා ඉවර වුනාට පස්සේ, පාත්‍රයෙන් ශ්‍රී හස්තය බැහැරට ගත්තාට පස්සේ, පහත් ආසනයක් අරගෙන වාඩිවුනා. සුනීධ, වස්සකාර මගධ මහ ඇමැතිවරු දෙන්නාට භාග්‍යවතුන් වහන්සේ මේ ගාථා වලින් අනුමෝදන් කළා.

"යම් ප්‍රදේශයක නුවණැති උදවිය වාසය කරනවා නම්, ඔවුන් තම නිවෙස්වලදී සංසුන් ඉඳුරන් ඇති සිල්වතුන් වහන්සේලාට වළඳවනවා.

එහි සිටින දෙවිවරුන්ටත් ඒ පින අනුමෝදන් කරනවා. ඒ විදිහට පුදන ලැබූ ඒ දෙවිවරුත් ඒ අයව පෙරළා පුදනවා. ගරු බුහුමන් ලැබූ දෙවිවරු ඔවුන්ට පෙරළා ගරු බුහුමන් කරනවා.

හරියට අම්මා කෙනෙක් තමන්ගේ උර මඬලේ තියාගෙන හදපු වඩපු පුතෙකුට අනුකම්පා කරනවා වගේ, ඒ දෙවිවරුත් ඔවුන්ට අනුකම්පා කරනවා. දෙවියන්ගෙන් ඒ විදිහට අනුකම්පා ලබන කෙනාට හැම තිස්සෙම දකින්න ලැබෙන්නේ යහපතක්මයි."

ඔය විදිහට භාග්‍යවතුන් වහන්සේ සුනීධ, වස්සකාර මහ ඇමැතිවරුන්ට මේ ගාථාවලින් අනුමෝදන් කොට වදාළා. ආසනයෙන් නැගිටලා වැඩම කළා. ඒ වෙලාවේ මගධ මහ ඇමැතිවරු වූ සුනීධ, වස්සකාර දෙදෙනා භාග්‍යවතුන් වහන්සේ පිටුපසින්ම ගියා. "අද යම්කිසි දොරටුවකින් ශ්‍රමණ ගෞතමයන් වහන්සේ පිටතට වඩිනා සේක් නම්, ඒ දොරටුවට 'ගෞතම ද්වාරය' කියන නම යොදනවා. යම්කිසි තොටුපළකින් ගංගා නම් ගඟෙන් එතෙරට වඩිනා සේක් නම්, ඒ තොටුපළට 'ගෞතම තීර්ථය' කියන නම යොදනවා" කියලා.

ඊට පස්සේ භාග්‍යවතුන් වහන්සේ යම් දොරටුවකින් නික්මිලා වැඩි සේක්ද, ඒ දොරටුව 'ගෞතම ද්වාරය' නම් වුනා. අනතුරුව භාග්‍යවතුන් වහන්සේ ගංගා නම් ගඟ ළඟට වැඩියා. එදා ගංගා නම් ගඟේ වතුර හොඳටම පිරිලා. ඉවුරු මට්ටමටම පිරිලා. කපුටෙකුට වුනත් ඉවුරේ ඉඳගෙන වතුර බොන්න පුළුවන් තරමට දෙගොඩතලා ගැලුවා. සමහර මිනිස්සු මෙගො ඩින් එගොඩට යන්න නැව් හොයනවා. සමහරු පහුරු බඳිනවා. එතකොට භාග්‍යවතුන් වහන්සේ බලවත් පුරුෂයෙක් හකුළා ගෙන සිටි අතක් දිගහරින වේගයෙන්, දිගහැරිය අතක් හකුළන වේගයෙන්ම භික්ෂු සංඝයාත් සමඟ ගඟේ මෙගොඩින් අතුරුදහන් වුනා. එගොඩ පහළ වුනා. භාග්‍යවතුන් වහන්සේ, මෙගොඩ එන්න ඕන මිනිස්සු නැව් සොයන හැටි, පාරු සොයන හැටි, පහුරු බඳින හැටි දැක වදාළා.

ඊට පස්සේ භාග්‍යවතුන් වහන්සේ මේ කරුණ දැනගෙන, ඒ වෙලාවේ මේ උදානය වදාළා.

"සමහරු ඉන්නවා සංසාර සාගරයෙනුත්, තණ්හා සැඩ පහරිනුත් මඩ තවරාගන්නෙ නැතුව එතෙර වෙන්නෙ ආර්ය අෂ්ටාංගික මාර්ගය නැමැති පාලම හදාගෙනයි. නමුත් සාමාන්‍ය ජනතාව මේ වතුර ඩිංගිත්තක් තරණය කරගන්න බැරුව පහුරු බඳිනවා. ප්‍රඥාවන්ත උදවිය පහුරු නැතුව ඒකෙනුත් එතෙර වුනා."

සාදු! සාදු!! සාදු!!!

8.7.
ද්විධාපථ සූත්‍රය
දෙමං හන්දිය නිසා වදාළ උදානය

මා හට අසන්නට ලැබුනේ මේ විදිහටයි. දිනක් භාග්‍යවතුන් වහන්සේ තමන් වහන්සේගේ පසුපසින් පැමිණෙන භික්ෂුව හැටියට ආයුෂ්මත් නාගසමාලයන් සමඟ කොසොල් ජනපදයේ දුර මාර්ගයකට පිවිස වදාළා. ආයුෂ්මත් නාගසමාලයන් අතරමග දෙමං හන්දියක් තියෙනවා දැක්කා. දැකලා භාග්‍යවතුන් වහන්සේට මෙහෙම කිව්වා. "ස්වාමීනී, භාග්‍යවතුන් වහන්ස, මෙන්න මේක තමයි පාර. මේකෙන් වඩිමු" කියලා. මෙහෙම කිව්වාට පස්සේ භාග්‍යවතුන් වහන්සේ ආයුෂ්මත් නාගසමාලට මෙහෙම වදාළා. "පින්වත් නාගසමාල, මෙන්න මේකයි පාර. මේකෙන් යමු" කියලා. දෙවෙනි වතාවටත් ....(පෙ).... තුන්වෙනි වතාවටත් ආයුෂ්මත් නාගසමාල භාග්‍යවතුන් වහන්සේට මෙහෙම කිව්වා. "ස්වාමීනී, භාග්‍යවතුන් වහන්ස, මෙන්න මේක තමයි පාර. මේකෙන් වඩිමු" කියලා. මෙහෙම කිව්වාට පස්සේ භාග්‍යවතුන් වහන්සේ ආයුෂ්මත් නාගසමාලට මෙහෙම වදාළා. "පින්වත් නාගසමාල, මෙන්න මේකයි පාර. මේකෙන් යමු" කියලා. ඊට පස්සේ ආයුෂ්මත් නාගසමාලයන් "එහෙනම් මෙන්න භාග්‍යවතුන් වහන්සේගේ පාත්‍ර සිවුරු" කියලා භාග්‍යවතුන් වහන්සේගේ පාත්‍ර සිවුරු එතැනම බිමට දාලා යන්න ගියා.

ඊට පස්සේ ඒ පාරෙන් ගිය ආයුෂ්මත් නාගසමාලයන්ට අතරමගදී හොරු ඇවිල්ලා අතින් පයින් ගැහුවා. පාත්‍රය බින්දා. සඟල සිවුරත් ඉරලා දැම්මා. එතකොට ආයුෂ්මත් නාගසමාලයන්, ඒ බිඳිච්ච පාත්තරෙත්, ඉරපු සඟල සිවුරත් එල්ලගෙන භාග්‍යවතුන් වහන්සේ ළඟට ආවා. ඇවිල්ලා භාග්‍යවතුන් වහන්සේට වන්දනා කළා. පැත්තකින් වාඩිවුනා. පැත්තකින් වාඩිවුන ආයුෂ්මත් නාගසමාල භාග්‍යවතුන් වහන්සේට මෙහෙම කිව්වා. "ස්වාමීනී, මම අර පාරෙන් යනකොට, හොරු ඇවිත් මට අතින් පයින් ගැහුවා. පාත්‍රයත් බිඳලා දැම්මා. සඟල සිවුරත් ඉරලා දැම්මා නෙ" කියලා.

ඊට පස්සේ භාග්‍යවතුන් වහන්සේ මේ කරුණ දැනගෙන, ඒ වෙලාවේ මේ උදානය වදාළා.

"දහමේ පරතෙරට පත් කෙනා, අඥාන උදවිය සමඟ එක්ව වාසය කළත්, මිශ්‍ර වෙලා හිටියත්, ඒ බුද්ධිමත් කෙනා ලාමක දේ අත්හරිනවා.

කොස්වාලිහිණියෙක් වතුරෙන් කිරි වෙන් කරගෙන බොනවා වගේ.”

සාදු! සාදු!! සාදු!!!

8.8.
විශාඛා සූත්‍රය
විශාඛා උපාසිකාවට වදාළ උදානය

මා හට අසන්නට ලැබුනේ මේ විදිහටයි. ඒ දිනවල භාග්‍යවතුන් වහන්සේ වැඩසිටියේ සැවැත් නුවර මිගාර මාතු ප්‍රාසාදය නම් වූ පූර්වාරාමයේ. ඒ දිනවල මිගාර මාතා නම් වූ විශාඛාවගේ ඉතා ප්‍රිය මනාප වූ මිණිබිරියක් කළුරිය කළා. එදා මිගාර මාතාව වූ විශාඛාව දහවල් කාලේ තෙත් වස්ත්‍රත්, තෙත් කොණ්ඩෙත් ඇතිව භාග්‍යවතුන් වහන්සේ හමුවට ගියා. ගිහිල්ලා භාග්‍යවතුන් වහන්සේට වන්දනා කළා. පැත්තකින් වාඩිවුනා. පැත්තකින් වාඩිවුන මිගාර මාතා වූ විශාඛාවගෙන් භාග්‍යවතුන් වහන්ස් මෙහෙම ඇහුවා. “ඉතින් පින්වත් විශාඛා, ඔය තෙත් වූ වස්ත්‍රත්, තෙත් වූ කොණ්ඩෙත් ඇතිව මේ දවාලෙ ඔබ ඔය කොහේ ඉඳලා එන ගමන්ද?” කියලා.

“ස්වාමීනී, මගේ මේ ඉතාම ප්‍රිය මනාප වූ මිණිබිරිය කළුරිය කළා. ඒ නිසා මම මේ දවල් කාලෙ තෙත් වූ වස්ත්‍ර පිටින් තෙත් කොණ්ඩෙ පිටින් මෙහෙ ආවේ.”

“පින්වත් විශාඛා, මේ සැවැත් නුවර ගොඩාක් මිනිස්සු ඉන්නවා. ඉතින් ඔබ කැමැතිද ඒ තරමටම ඔය වගේ දූ දරුවෝ, මුණුබුරු මිණිබිරියෝ ඉන්නවට?”

“භාග්‍යවතුන් වහන්ස, මං හරි කැමතියි ඒකට. මේ සැවැත් නුවර ඉන්න මිනිසුන් ගණනට මට දූදරු, මුණුබුරු මිණිබිරියෝ ඉන්නව නම්.”

“පින්වත් විශාඛා, මේ සැවැත් නුවර එක දවසකට මිනිස්සු කී දෙනෙක් විතර මැරෙනවද?”

“ස්වාමීනී, මේ සැවැත් නුවර දිනපතා දහ දෙනෙකුත් මැරෙනවා. ස්වාමීනී, මේ සැවැත් නුවර දිනපතා නව දෙනෙකුත් මැරෙනවා. ස්වාමීනී, මේ සැවැත් නුවර දිනපතා අට දෙනෙකුත් මැරෙනවා. ස්වාමීනී, මේ සැවැත් නුවර දිනපතා හත් දෙනෙකුත් මැරෙනවා. ස්වාමීනී, මේ සැවැත් නුවර දිනපතා හය දෙනෙකුත් මැරෙනවා. ස්වාමීනී, මේ සැවැත් නුවර දිනපතා පස් දෙනෙකුත්

මැරෙනවා. ස්වාමීනී, මේ සැවැත් නුවර දිනපතා හතර දෙනෙකුත් මැරෙනවා. ස්වාමීනී, මේ සැවැත් නුවර දිනපතා තුන් දෙනෙකුත් මැරෙනවා. ස්වාමීනී, මේ සැවැත් නුවර දිනපතා දෙන්නෙකුත් මැරෙනවා. ස්වාමීනී, මේ සැවැත් නුවර දිනපතා එක් කෙනෙක් හරි මැරෙනවා. ස්වාමීනී, මේ සැවැත් නුවර මිය යන මිනිසුන්ගෙන් හිස් වෙන්නේ නෑ."

"පින්වත් විශාඛා, එතකොට ඔබට මේ ගැන කොහොමද හිතෙන්නේ? ඔබට කවදාවත් පුළුවන් වෙයිද, තෙත නැති වස්ත්‍ර ඇඳගෙන, තෙත නැති කොණ්ඩයකුත් ඇතිව ඉන්න?"

"අනේ ස්වාමීනී, එහෙම නම් වෙන්නෙ නෑ තමයි. ස්වාමීනී, එහෙනම් මට ඔච්චර ගොඩාක් දරු මුණුබුරන්ගෙන් නම් වැඩක් නෑ."

"පින්වත් විශාඛාවෙනි, යම්කිසි කෙනෙකුට ප්‍රිය මනාප වස්තු සීයක් තිබුනොත්, ඒ උදවියට දුක් සීයක් තියෙනවා. යම්කිසි කෙනෙකුට ප්‍රිය මනාප වස්තු අනූවක් තිබුනොත්, ඒ උදවියට දුක් අනූවක් තියෙනවා. යම්කිසි කෙනෙකුට ප්‍රිය මනාප වස්තු අසූවක් තිබුනොත්, ඒ උදවියට දුක් අසූවක් තියෙනවා. යම්කිසි කෙනෙකුට ප්‍රිය මනාප වස්තු හැත්තෑවක් තිබුනොත්, ඒ උදවියට දුක් හැත්තෑවක් තියෙනවා. යම්කිසි කෙනෙකුට ප්‍රිය මනාප වස්තු හැටක් තිබුනොත්, ඒ උදවියට දුක් හැටක් තියෙනවා. යම්කිසි කෙනෙකුට ප්‍රිය මනාප වස්තු පනහක් තිබුනොත්, ඒ උදවියට දුක් පනහක් තියෙනවා. යම්කිසි කෙනෙකුට ප්‍රිය මනාප වස්තු හතළිහක් තිබුනොත්, ඒ උදවියට දුක් හතළිහක් තියෙනවා. යම්කිසි කෙනෙකුට ප්‍රිය මනාප වස්තු තිහක් තිබුනොත්, ඒ උදවියට දුක් තිහක් තියෙනවා. යම්කිසි කෙනෙකුට ප්‍රිය මනාප වස්තු විස්සක් තිබුනොත්, ඒ උදවියට දුක් විස්සක් තියෙනවා. යම්කිසි කෙනෙකුට ප්‍රිය මනාප වස්තු දහයක් තිබුනොත්, ඒ උදවියට දුක් දහයක් තියෙනවා. යම්කිසි කෙනෙකුට ප්‍රිය මනාප වස්තු නවයක් තිබුනොත්, ඒ උදවියට දුක් නවයක් තියෙනවා. යම්කිසි කෙනෙකුට ප්‍රිය මනාප වස්තු අටක් තිබුනොත්, ඒ උදවියට දුක් අටක් තියෙනවා. යම්කිසි කෙනෙකුට ප්‍රිය මනාප වස්තු හතක් තිබුනොත්, ඒ උදවියට දුක් හතක් තියෙනවා. යම්කිසි කෙනෙකුට ප්‍රිය මනාප වස්තු හයක් තිබුනොත්, ඒ උදවියට දුක් හයක් තියෙනවා. යම්කිසි කෙනෙකුට ප්‍රිය මනාප වස්තු පහක් තිබුනොත්, ඒ උදවියට දුක් පහක් තියෙනවා. යම්කිසි කෙනෙකුට ප්‍රිය මනාප වස්තු හතරක් තිබුනොත්, ඒ උදවියට දුක් හතරක් තියෙනවා. යම්කිසි කෙනෙකුට ප්‍රිය මනාප වස්තු තුනක් තිබුනොත්, ඒ උදවියට දුක් තුනක් තියෙනවා. යම්කිසි කෙනෙකුට ප්‍රිය මනාප වස්තු දෙකක් තිබුනොත්, ඒ උදවියට දුක් දෙකක් තියෙනවා. යම්කිසි කෙනෙකුට ප්‍රිය මනාප එක් දෙයක්වත් තිබුනොත්, ඒ උදවියට දුක් එකක්වත්

තියෙනවා. යම්කිසි කෙනෙකුට ප්‍රිය මනාප දේවල් එකක්වත් නැත්නම්, ඒ අයට එක දුකක්වත් නෑ. ඒ අයට ශෝකය නෑ. කෙලෙස් දූවිලි නෑ. ඒ අයට කිසිම වෙහෙසක් ඇතිවෙන්නෙ නෑ කියලයි මං කියන්නේ."

ඊට පස්සේ භාග්‍යවතුන් වහන්සේ මේ කරුණ දැනගෙන, ඒ වෙලාවේ මේ උදානය වදාළා.

"මේ ලෝකයේ නොයෙක් ස්වරූපයෙන් ශෝක වැළපීම් දුක් ආදිය ඇතිවෙනවා. ඒවා ඔක්කොම ඇතිවෙන්නේ ප්‍රිය වූ දේවල් නිසාමයි. ප්‍රිය වූ දේවල් නැත්නම්, ඔය දුක් මොකවත් නෑ.

ඒ නිසා යම් කෙනෙකුට ලෝකයේ ප්‍රිය වූ කිසි දෙයක් නැත්නම්, ඒ අය තමයි ශෝකයක් නැතුව හරිම සැපෙන් ඉන්නේ. ඉතින්, කෙනෙක් පතනවා නම් ශෝක නැතුව, කෙලෙස් නැතුව ඉන්න, ඒ අය ලෝකයේ දුක් හැදෙන කිසි දෙයකට ප්‍රිය නොකර ඉන්න ඕන."

සාදු! සාදු!! සාදු!!!

8.9.
පඨම දබ්බ සූත්‍රය
දබ්බමල්ලපුත්ත තෙරුන් අරහයා වදාළ පළමු උදානය

මා හට අසන්නට ලැබුනේ මේ විදිහටයි. එදා ආයුෂ්මත් දබ්බමල්ලපුත්ත තෙරුන් භාග්‍යවතුන් වහන්සේ ළඟට වැඩියා. වැඩම කරලා භාග්‍යවතුන් වහන්සේට වන්දනා කළා. පැත්තකින් වාඩිවුනා. පැත්තකින් වාඩිවුන දබ්බමල්ලපුත්ත තෙරුන් භාග්‍යවතුන් වහන්සේට මෙහෙම පැවසුවා. "සුගතයන් වහන්ස, දැන් මට පිරිනිවන් පාන්න කාලය ඇවිදිල්ලා" කියලා. "පින්වත් දබ්බ, යම් දෙයකට දැන් සුදුසු කාලයයි කියලා හිතනවා නම්, එය කරන්න."

ඊට පස්සේ ආයුෂ්මත් දබ්බමල්ලපුත්ත තෙරුන් ආසනෙන් නැගිට්ටා. භාග්‍යවතුන් වහන්සේට වන්දනා කළා. ප්‍රදක්ෂිණා කළා. අහසට පැන නැංගා. පළඟක් බැඳගෙන අහසේ වැඩසිටිමින්, තේජෝ ධාතු සමාපත්තියට සමවැදුනා. එයින් නැගී සිට පිරිනිවන් පෑවා. ඒ විදිහට අහසට පැන නැගී, පළඟක් බැඳගෙන, තේජෝ ධාතු සමාපත්තියට සමවැදී, එයින් නැගී සිට පිරිනිවන් පා වදාළා, ගිනි ගෙන දැවෙන දබ්බමල්ලපුත්ත තෙරුන්ගේ සිරුරේ අළුවත්,

දැලිවත් ඉතිරි ඉතිරි වුනේ නෑ. ඒක හරියට ගිනිගෙන දැවෙන ගිතෙල්වල හරි, තලතෙල්වල හරි අළුවත්, දැලිවත් හැදෙන්නෙ නෑ වගේ. අන්න ඒ වගේමයි අහසට පැන නැගී, පළඟක් බැඳගෙන, තේජෝ ධාතු සමාපත්තියට සමවැදී, එයින් නැගී සිට පිරිනිවන් පා වදාළා, ගිනි ගෙන දැවෙන දබ්බමල්ලපුත්ත තෙරුන්ගේ සිරුරේ අළුවත්, දැලිවත් ඉතිරි ඉතිරි වුනේ නෑ.

ඊට පස්සේ භාග්‍යවතුන් වහන්සේ මේ කරුණ දැනගෙන, ඒ වෙලාවේ මේ උදානය වදාළා.

"කය බිඳිලා ගියා. සඤ්ඤාවන් නිරුද්ධ වෙලා ගියා. හැම විඳීමක්ම සිහිල් වෙලා ගියා. සංස්කාර සංසිඳිලා ගියා. විඤ්ඤාණය නොපෙනී ගියා."

සාදු! සාදු!! සාදු!!!

8.10.
දුතිය දබ්බ සූත්‍රය
දබ්බමල්ලපුත්ත තෙරුන් අරහයා වදාළ දෙවෙනි උදානය

මා හට අසන්නට ලැබුනේ මේ විදිහටයි. ඒ දිනවල භාග්‍යවතුන් වහන්සේ වැඩසිටියේ සැවැත් නුවර ජේතවනය නම් වූ අනේපිඬු සිටුතුමාගේ ආරාමයේ.

එදා භාග්‍යවතුන් වහන්සේ "පින්වත් මහණෙනි" කියලා භික්ෂු සංඝයා අමතා වදාළා. "එසේය, ස්වාමීනී" කියලා ඒ භික්ෂූන් වහන්සේලාත් භාග්‍යවතුන් වහන්සේට පිළිතුරු දුන්නා. භාග්‍යවතුන් වහන්සේ මේ විදිහට වදාළා. "පින්වත් මහණෙනි, දබ්බමල්ලපුත්ත භික්ෂුව අහසට පැන නැගිලා, අහසේම සිටිමින් පළඟක් බැඳගත්තා. තේජෝ ධාතු සමාපත්තියට සමවැදුනා. එයින් නැගී සිට පිරිනිවන් පෑවා. **(ඒ දබ්බමල්ලපුත්ත භික්ෂුවගේ)** කය ගිනි අරගෙන දැවිලා අළු හැදුනෙත් නෑ. දැලි හැදුනෙත් නෑ. ඒක හරියට ගිනිගෙන දැවෙන ගිතෙල්වල හරි, තලතෙල්වල හරි අළුවත්, දැලිවත් හැදෙන්නෙ නෑ වගේ. අන්න ඒ වගේමයි අහසට පැන නැගී, පළඟක් බැඳගෙන, තේජෝ ධාතු සමාපත්තියට සමවැදී, එයින් නැගී සිට පිරිනිවන් පා වදාළා, ගිනි ගෙන දැවෙන දබ්බමල්ලපුත්ත තෙරුන්ගේ සිරුරේ අළුවත්, දැලිවත් ඉතිරි ඉතිරි වුනේ නෑ.

ඊට පස්සේ භාග්‍යවතුන් වහන්සේ මේ කරුණ දැනගෙන, ඒ වෙලාවේ මේ උදානය වදාළා.

"යකඩ කුළගෙඩි පහර වදින කොට, ගින්දර විසි වෙනවා. නමුත් ඒ ගින්දර කෙමෙන් කෙමෙන් නිවීගෙන යනවා. ගින්දර ගිය තැනක් හොයන්න නෑ.

කාම බන්ධනයෙනුත්, සසර සැඩපහරිනුත් එතෙර වුන කෙලෙසුන්ගෙන් ඉතා හොඳින් මිදුණු උතුමන්ද ඒ වගේමයි. නොසැලෙන සැපයට පැමිණි ඒ රහතුන් ගියේ කොහෙද කියලා කාටවත් කියන්න බෑ."

සාදු! සාදු!! සාදු!!!

අටවෙනි පාටලීගාමීය වර්ගය නිමා විය.

උදාන පාළි නිමා විය.

සූත්‍ර පිටකයට අයත්

ඛුද්දක නිකායේ

ඉතිවුත්තක පාළි

ඒකක නිපාතය

1. පළමු වෙනි වර්ගය

1.1.1.

ලෝභ සූත්‍රය

ලෝභය අත්හැර දැමීම ගැන වදාළ දෙසුම

භාග්‍යවතුන් වහන්සේ තමයි මේ කාරණය වදාළේ. අරහත් මුනිඳාණන්මයි මෙය වදාළේ. මේ විදිහටයි මට අසන්නට ලැබුනේ.

"පින්වත් මහණෙනි, එකම දෙයක් අත්හැර දමන්න. එතකොට ඔබ අනාගාමී වන බවට මම ඇප වෙනවා. ඒ එකම එක දේ මොකක්ද? පින්වත් මහණෙනි, ලෝභය නම් වූ ඒ එකම දෙය අත්හරින්න. එතකොට ඔබ අනාගාමී වන බවට මම ඇප වෙනවා."

මේ අර්ථය භාග්‍යවතුන් වහන්සේ වදාළ සේක. එය මේ අයුරිනුත් පවසන්න පුළුවනි.

"යම්කිසි ලෝභයකින් ඇලුනොත්, ඒ අයට යන්න වෙන්නේ දුගතියට

තමයි. නමුත් ඔය කාරණය විදර්ශනා ප්‍රඥාවෙන් දකින කෙනා ඒ ලෝභය අත්හැරලා දාන්නේ අවබෝධයෙන්මයි. ඒ විදිහට අත්හැරලා දාපු, ආර්ය උතුමන් කවදාවත් මේ ලෝකයට යළි එන්නේ නෑ. **(සුද්ධාවාස බඹලොව ඕපපාතිකව ඉපිද පිරිනිවන් පානවා)**"

මේ අර්ථය වදාරණ ලද්දේ භාග්‍යවතුන් වහන්සේ විසින්මයි. මේ විදිහට මා හට අසන්නට ලැබුනා.

සාදු! සාදු!! සාදු!!!

1.1.2.
දෝස සූත්‍රය
ද්වේෂය අත්හැර දැමීම ගැන වදාළ දෙසුම

භාග්‍යවතුන් වහන්සේ තමයි මේ කාරණය වදාළේ. අරහත් මුනිඳාණන්මයි මෙය වදාළේ. මේ විදිහටයි මට අසන්නට ලැබුනේ.

"පින්වත් මහණෙනි, එකම දෙයක් අත්හැර දමන්න. එතකොට ඔබ අනාගාමී වන බවට මම ඇප වෙනවා. ඒ එකම එක දේ මොකක්ද? පින්වත් මහණෙනි, ද්වේෂය නම් වූ ඒ එකම දෙය අත්හරින්න. එතකොට ඔබ අනාගාමී වන බවට මම ඇප වෙනවා."

මේ අර්ථය භාග්‍යවතුන් වහන්සේ වදාළ සේක. එය මේ අයුරිනුත් පවසන්න පුළුවනි.

"යම්කිසි ද්වේෂයකින් දූෂ්ට වුනොත්, ඒ අයට යන්න වෙන්නේ දුගතියට තමයි. නමුත් ඔය කාරණය විදර්ශනා ප්‍රඥාවෙන් දකින කෙනා ඒ ද්වේෂය අත්හැරලා දාන්නේ අවබෝධයෙන්මයි. ඒ විදිහට අත්හැරලා දාපු, ආර්ය උතුමන් කවදාවත් මේ ලෝකයට යළි එන්නේ නෑ."

මේ අර්ථය වදාරණ ලද්දේ භාග්‍යවතුන් වහන්සේ විසින්මයි. මේ විදිහට මා හට අසන්නට ලැබුනා.

සාදු! සාදු!! සාදු!!!

1.1.3.
මෝහ සූත්‍රය
මෝහය අත්හැර දැමීම ගැන වදාළ දෙසුම

භාග්‍යවතුන් වහන්සේ තමයි මේ කාරණය වදාළේ. අරහත් මුනිඳාණන්මයි මෙය වදාළේ. මේ විදිහටයි මට අසන්නට ලැබුනේ.

"පින්වත් මහණෙනි, එකම දෙයක් අත්හැර දමන්න. එතකොට ඔබ අනාගාමී වන බවට මම ඇප වෙනවා. ඒ එකම එක දේ මොකක්ද? පින්වත් මහණෙනි, මෝහය නම් වූ ඒ එකම දෙය අත්හරින්න. එතකොට ඔබ අනාග ාමී වන බවට මම ඇප වෙනවා."

මේ අර්ථය භාග්‍යවතුන් වහන්සේ වදාළ සේක. එය මේ අයුරිනුත් පවසන්න පුළුවනි.

"යම්කිසි මෝහයකින් මුලා වුනොත්, ඒ අයට යන්න වෙන්නේ දුගතියට තමයි. නමුත් ඔය කාරණය විදර්ශනා ප්‍රඥාවෙන් දකින කෙනා ඒ මෝහය ඉතා හොඳින්ම දැනගෙන අත්හැර දානවා. ඒ විදිහට අත්හැරලා දාපු, ආර්‍ය උතුමන් කවදාවත් මේ ලෝකයට යළි එන්නේ නෑ."

මේ අර්ථය වදාරණ ලද්දේ භාග්‍යවතුන් වහන්සේ විසින්මයි. මේ විදිහට මා හට අසන්නට ලැබුනා.

සාදු! සාදු!! සාදු!!!

1.1.4.
කෝධ සූත්‍රය
ක්‍රෝධය අත්හැර දැමීම ගැන වදාළ දෙසුම

භාග්‍යවතුන් වහන්සේ තමයි මේ කාරණය වදාළේ. අරහත් මුනිඳාණන්මයි මෙය වදාළේ. මේ විදිහටයි මට අසන්නට ලැබුනේ.

"පින්වත් මහණෙනි, එකම දෙයක් අත්හැර දමන්න. එතකොට ඔබ

අනාගාමී වන බවට මම ඇප වෙනවා. ඒ එකම එක දේ මොකක්ද? පින්වත් මහණෙනි, ක්‍රෝධය නම් වූ ඒ එකම දෙය අත්හරින්න. එතකොට ඔබ අනාගාමී වන බවට මම ඇප වෙනවා."

මේ අර්ථය භාග්‍යවතුන් වහන්සේ වදාළ සේක. එය මේ අයුරිනුත් පවසන්න පුළුවනි.

"යම්කිසි ක්‍රෝධයකින් කිපුනොත්, ඒ අයට යන්න වෙන්නේ දුගතියට තමයි. නමුත් ඔය කාරණය විදර්ශනා ප්‍රඥාවෙන් දකින කෙනා ඒ ක්‍රෝධය ඉතා හොඳින්ම දැනගෙන අත්හැර දානවා. ඒ විදිහට අත්හැරලා දාපු, ආර්ය උතුමන් කවදාවත් මේ ලෝකයට යළි එන්නේ නෑ."

මේ අර්ථය වදාරණ ලද්දේ භාග්‍යවතුන් වහන්සේ විසින්මයි. මේ විදිහට මා හට අසන්නට ලැබුනා.

සාදු! සාදු!! සාදු!!!

1.1.5. මක්ඛ සූත්‍රය

ගුණමකු බව අත්හැර දැමීම ගැන වදාළ දෙසුම

භාග්‍යවතුන් වහන්සේ තමයි මේ කාරණය වදාළේ. අරහත් මුනිඳාණන්මයි මෙය වදාළේ. මේ විදිහටයි මට අසන්නට ලැබුනේ.

"පින්වත් මහණෙනි, එකම දෙයක් අත්හැර දමන්න. එතකොට ඔබ අනාගාමී වන බවට මම ඇප වෙනවා. ඒ එකම එක දේ මොකක්ද? පින්වත් මහණෙනි, ගුණමකු බව නම් වූ ඒ එකම දෙය අත්හරින්න. එතකොට ඔබ අනාගාමී වන බවට මම ඇප වෙනවා."

මේ අර්ථය භාග්‍යවතුන් වහන්සේ වදාළ සේක. එය මේ අයුරිනුත් පවසන්න පුළුවනි.

"යම්කිසි ගුණමකු බවකින් අනුන්ගේ ගුණය වහලා දාන අයට යන්න වෙන්නේ දුගතියට තමයි. මේ කාරණය විදර්ශනා ප්‍රඥාවෙන් දකින කෙනා ඒ ගුණමකු බව හොඳින්ම දැනගෙන අත්හැර දානවා. ඒ විදිහට අත්හැරලා දාපු, ආර්ය උතුමන් කවදාවත් මේ ලෝකයට යළි එන්නේ නෑ."

මේ අර්ථය වදාරණ ලද්දේ භාග්‍යවතුන් වහන්සේ විසින්මයි. මේ විදිහට

මා හට අසන්නට ලැබුනා.

සාදු! සාදු!! සාදු!!!

1.1.6.
මාන සූත්‍රය
මාන්නය අත්හැර දැමීම ගැන වදාළ දෙසුම

භාග්‍යවතුන් වහන්සේ තමයි මේ කාරණය වදාළේ. අරහත් මුනිඳාණන්මයි මෙය වදාළේ. මේ විදිහටයි මට අසන්නට ලැබුනේ.

"පින්වත් මහණෙනි, එකම දෙයක් අත්හැර දමන්න. එතකොට ඔබ අනාගාමී වන බවට මම ඇප වෙනවා. ඒ එකම එක දේ මොකක්ද? පින්වත් මහණෙනි, මානය නම් වූ ඒ එකම දෙය අත්හරින්න. එතකොට ඔබ අනාගාමී වන බවට මම ඇප වෙනවා."

මේ අර්ථය භාග්‍යවතුන් වහන්සේ වදාළ සේක. එය මේ අයුරිනුත් පවසන්න පුළුවනි.

"යම්කිසි මාන්නයකින් මත්වෙලා කටයුතු කරන්න ගියොත් ඒ අයට යන්න වෙන්නේ දුගතියට තමයි. නමුත් ඔය කාරණය විදර්ශනා ප්‍රඥාවෙන් දකින කෙනා ඒ මානය ඉතා හොඳින්ම දැනගෙන අත්හැර දානවා. ඒ විදිහට අත්හැරලා දාපු, ආර්ය උතුමන් කවදාවත් මේ ලෝකයට යළි එන්නේ නෑ."

මේ අර්ථය වදාරණ ලද්දේ භාග්‍යවතුන් වහන්සේ විසින්මයි. මේ විදිහට මා හට අසන්නට ලැබුනා.

සාදු! සාදු!! සාදු!!!

1.1.7.
සබ්බපරිඤ්ඤා සූත්‍රය
සියල්ල පිරිසිඳ දැකීම ගැන වදාළ දෙසුම

භාග්‍යවතුන් වහන්සේ තමයි මේ කාරණය වදාළේ. අරහත් මුනිඳාණන්මයි මෙය වදාළේ. මේ විදිහටයි මට අසන්නට ලැබුනේ.

"පින්වත් මහණෙනි, අවබෝධ කළ යුතු හැම දෙයම විදර්ශනා ප්‍රඥාවෙන් අවබෝධ කරගත්තේ නැත්නම්, මුලුමනින්ම අවබෝධ කරගත්තේ නැත්නම්, ඒ කෙරෙහි සිතේ නොඇලීම ඇති කර ගත්තේ නැත්නම්, ඇල්ම දුරු කළේ නැත්නම් ඔහුට දුක් ක්ෂය කර දැමීම පුළුවන් දෙයක් නම් නොවෙයි. පින්වත් මහණෙනි, අවබෝධ කළ යුතු හැම දෙයම විදර්ශනා ප්‍රඥාවෙන් අවබෝධ කරගන්නවා නම්, මුලුමනින්ම අවබෝධ කරගන්නවා නම්, ඒ කෙරෙහි සිතේ නොඇලීම ඇති කර ගන්නවා නම්, ඇල්ම දුරු කරනවා නම් ඔහුට දුක් ක්ෂය කර දැමීම පුළුවන් දෙයක්."

මේ අර්ථය භාග්‍යවතුන් වහන්සේ වදාළ සේක. එය මේ අයුරිනුත් පවසන්න පුළුවනි.

"යම් කෙනෙක් අවබෝධ කළ යුතු සියලු දෙයම, සියලු ආකාරයෙන්ම අවබෝධ කරගෙන, ඒ සියලු තැනම නොඇලී සිටිනවා නම්, ඒකාන්තයෙන්ම ඒ තැනැත්තා සියලු දෙයම මුලුමණින්ම අවබෝධ කරගෙන සියලු දුකින්ම නිදහස් වූ කෙනෙක් බවට පත්වෙනවා."

මේ අර්ථය වදාරණ ලද්දේ භාග්‍යවතුන් වහන්සේ විසින්මයි. මේ විදිහට මා හට අසන්නට ලැබුනා.

සාදු! සාදු!! සාදු!!!

1.1.8.
මානපරිඤ්ඤා සූත්‍රය
මානය පිරිසිඳ දැකීම ගැන වදාළ දෙසුම

භාග්‍යවතුන් වහන්සේ තමයි මේ කාරණය වදාළේ. අරහත් මුනිඳාණන්මයි මෙය වදාළේ. මේ විදිහටයි මට අසන්නට ලැබුනේ.

"පින්වත් මහණෙනි, මාන්නය කියන දෙය විදර්ශනා ප්‍රඥාවෙන් අවබෝධ කරගත්තේ නැත්නම්, මුලුමනින්ම අවබෝධ කරගත්තේ නැත්නම්, ඒ කෙරෙහි සිතේ නොඇලීම ඇති කර ගත්තේ නැත්නම්, ඇල්ම දුරු කළේ නැත්නම් ඔහුට දුක් ක්ෂය කර දැමීම පුළුවන් දෙයක් නම් නොවෙයි. පින්වත් මහණෙනි, මාන්නය කියන දෙය විදර්ශනා ප්‍රඥාවෙන් අවබෝධ කරගන්නවා නම්, මුලුමනින්ම අවබෝධ කරගන්නවා නම්, ඒ කෙරෙහි සිතේ නොඇලීම

ඇති කර ගන්නවා නම්, ඇල්ම දුරු කරනවා නම් ඔහුට දුක් ක්ෂය කර දැමීම පුළුවන් දෙයක්."

මේ අර්ථය භාග්‍යවතුන් වහන්සේ වදාළ සේක. එය මේ අයුරිනුත් පවසන්න පුළුවනි.

"මේ ප්‍රජාව මාන්නයෙන් යුක්තයි. මාන්නයෙන් ගැටගැහිලා, භවයේ ඇලිලයි ඉන්නේ. මානය මුලුමණින්ම අවබෝධ නොකරන නිසා. ආයෙ ආයෙමත් පුනර්භවයකට පැමිණෙන කෙනෙක් වෙනවා. එහෙත් යම් කෙනෙක් මේ මානය සිතින් ප්‍රහාණය කරලා දාලා, මාන්නයෙන් නිදහස් වෙලා මාන්නය නැති කරනවා නම්, අන්න ඒ ආර්ය උතුමන් තමයි හැම මාන ගැටයක්ම අවබෝධයෙන්ම මැඬලුවේ. ඒ උතුමන්මයි හැම දුකින්ම නිදහස් වුනේ."

මේ අර්ථය වදාරණ ලද්දේ භාග්‍යවතුන් වහන්සේ විසින්මයි. මේ විදිහට මා හට අසන්නට ලැබුනා.

සාදු! සාදු!! සාදු!!!

1.1.9.
ලෝභපරිඤ්ඤා සූත්‍රය
ලෝභය පිරිසිඳ දැකීම ගැන වදාළ දෙසුම

භාග්‍යවතුන් වහන්සේ තමයි මේ කාරණය වදාළේ. අරහත් මුනිඳාණන්මයි මෙය වදාළේ. මේ විදිහටයි මට අසන්නට ලැබුනේ.

"පින්වත් මහණෙනි, ලෝභය කියන දෙය විදර්ශනා ප්‍රඥාවෙන් අවබෝධ කරගත්තේ නැත්නම්, මුලුමනින්ම අවබෝධ කරගත්තේ නැත්නම්, ඒ කෙරෙහි සිතේ නොඇලීම ඇති කර ගත්තේ නැත්නම්, ඇල්ම දුරු කළේ නැත්නම් ඔහුට දුක් ක්ෂය කර දැමීම පුළුවන් දෙයක් නම් නොවෙයි. පින්වත් මහණෙනි, ලෝභය කියන දෙය විදර්ශනා ප්‍රඥාවෙන් අවබෝධ කරගන්නවා නම්, මුලුමනින්ම අවබෝධ කරගන්නවා නම්, ඒ කෙරෙහි සිතේ නොඇලීම ඇති කර ගන්නවා නම්, ඇල්ම දුරු කරනවා නම් ඔහුට දුක් ක්ෂය කර දැමීම පුළුවන් දෙයක්."

මේ අර්ථය භාග්‍යවතුන් වහන්සේ වදාළ සේක. එය මේ අයුරිනුත් පවසන්න පුළුවනි.

"යම්කිසි ලෝභයකින් ඇලුනොත්, ඒ අයට යන්න වෙන්නේ දුගතියට තමයි. මේ කාරණය විදර්ශනා ප්‍රඥාවෙන් දකින කෙනා ඒ ලෝභය අත්හැරලා දාන්නේ ඉතා හොඳින් දැනගෙනමයි. ඒ විදිහට අත්හැරලා දාපු, ආර්ය උතුමන් කවදාවත් මේ ලෝකයට යළි එන්නේ නෑ."

මේ අර්ථය වදාරණ ලද්දේ භාග්‍යවතුන් වහන්සේ විසින්මයි. මේ විදිහට මා හට අසන්නට ලැබුනා.

සාදු! සාදු!! සාදු!!!

1.1.10.
දෝසපරිඤ්ඤා සූත්‍රය
ද්වේෂය පිරිසිඳ දැකීම ගැන වදාළ දෙසුම

භාග්‍යවතුන් වහන්සේ තමයි මේ කාරණය වදාළේ. අරහත් මුනිඳාණන්මයි මෙය වදාළේ. මේ විදිහටයි මට අසන්නට ලැබුනේ.

"පින්වත් මහණෙනි, ද්වේෂය කියන දෙය විදර්ශනා ප්‍රඥාවෙන් අවබෝධ කරගත්තේ නැත්නම්, මුලුමනින්ම අවබෝධ කරගත්තේ නැත්නම්, ඒ කෙරෙහි සිතේ නොඇලීම ඇති කර ගත්තේ නැත්නම්, ඇල්ම දුරු කළේ නැත්නම් ඔහුට දුක් ක්ෂය කර දැමීම පුළුවන් දෙයක් නම් නොවෙයි. පින්වත් මහණෙනි, ද්වේෂය කියන දෙය විදර්ශනා ප්‍රඥාවෙන් අවබෝධ කරගන්නවා නම්, මුලුමනින්ම අවබෝධ කරගන්නවා නම්, ඒ කෙරෙහි සිතේ නොඇලීම ඇති කර ගන්නවා නම්, ඇල්ම දුරු කරනවා නම් ඔහුට දුක් ක්ෂය කර දැමීම පුළුවන් දෙයක්."

මේ අර්ථය භාග්‍යවතුන් වහන්සේ වදාළ සේක. එය මේ අයුරිනුත් පවසන්න පුළුවනි.

"යම්කිසි ද්වේෂයකින් දුෂ්ට වුනොත්, ඒ අයට යන්න වෙන්නේ දුගතියට තමයි. මේ කාරණය විදර්ශනා ප්‍රඥාවෙන් දකින කෙනා ඒ ද්වේෂය අත්හැරලා දාන්නේ ඉතා හොඳින් දැනගෙනමයි. ඒ විදිහට අත්හැරලා දාපු, ආර්ය උතුමන් කවදාවත් මේ ලෝකයට යළි එන්නේ නෑ."

මේ අර්ථය වදාරණ ලද්දේ භාග්‍යවතුන් වහන්සේ විසින්මයි. මේ විදිහට මා හට අසන්නට ලැබුනා.

සාදු! සාදු!! සාදු!!!

පළවෙනි වර්ගය නිමා විය.

2. දෙවෙනි වර්ගය

1.2.1.
මෝහපරිඤ්ඤා සූත්‍රය
මෝහය පිරිසිඳ දැකීම ගැන වදාළ දෙසුම

භාග්‍යවතුන් වහන්සේ තමයි මේ කාරණය වදාළේ. අරහත් මුනිඳාණන්මයි මෙය වදාළේ. මේ විදිහටයි මට අසන්නට ලැබුනේ.

"පින්වත් මහණෙනි, මෝහය කියන දෙය විදර්ශනා ප්‍රඥාවෙන් අවබෝධ කරගත්තේ නැත්නම්, මුලුමනින්ම අවබෝධ කරගත්තේ නැත්නම්, ඒ කෙරෙහි සිතේ නොඇලීම ඇති කර ගත්තේ නැත්නම්, ඇල්ම දුරු කළේ නැත්නම් ඔහුට දුක් ක්ෂය කර දැමීම පුළුවන් දෙයක් නම් නොවෙයි. පින්වත් මහණෙනි, මෝහය කියන දෙය විදර්ශනා ප්‍රඥාවෙන් අවබෝධ කරගන්නවා නම්, මුලුමනින්ම අවබෝධ කරගන්නවා නම්, ඒ කෙරෙහි සිතේ නොඇලීම ඇති කර ගන්නවා නම්, ඇල්ම දුරු කරනවා නම් ඔහුට දුක් ක්ෂය කර දැමීම පුළුවන් දෙයක්."

මේ අර්ථය භාග්‍යවතුන් වහන්සේ වදාළ සේක. එය මේ අයුරිනුත් පවසන්න පුළුවනි.

"යම්කිසි මෝහයකින් මුලා වුනොත්, ඒ අයට යන්න වෙන්නේ දුගතියට තමයි. මේ කාරණය විදර්ශනා ප්‍රඥාවෙන් දකින කෙනා ඒ මෝහය අත්හැරලා දාන්නේ ඉතා හොඳින් දැනගෙනමයි. ඒ විදිහට අත්හැරලා දාපු, ආර්ය උතුමන් කවදාවත් මේ ලෝකයට යළි එන්නේ නෑ."

මේ අර්ථය වදාරණ ලද්දේ භාග්‍යවතුන් වහන්සේ විසින්මයි. මේ විදිහට මා හට අසන්නට ලැබුනා.

සාදු! සාදු!! සාදු!!!

1.2.2.
කෝධපරිඤ්ඤා සූත්‍රය
ක්‍රෝධය පිරිසිඳ දැකීම ගැන වදාළ දෙසුම

භාග්‍යවතුන් වහන්සේ තමයි මේ කාරණය වදාළේ. අරහත් මුනිඳාණන්මයි මෙය වදාළේ. මේ විදිහටයි මට අසන්නට ලැබුනේ.

"පින්වත් මහණෙනි, ක්‍රෝධය කියන දෙය විදර්ශනා ප්‍රඥාවෙන් අවබෝධ කරගත්තේ නැත්නම්, මුලුමනින්ම අවබෝධ කරගත්තේ නැත්නම්, ඒ කෙරෙහි සිතේ නොඇලීම ඇති කර ගත්තේ නැත්නම්, ඇල්ම දුරු කළේ නැත්නම් ඔහුට දුක් ක්ෂය කර දැමීම පුළුවන් දෙයක් නම් නොවෙයි. පින්වත් මහණෙනි, ක්‍රෝධය කියන දෙය විදර්ශනා ප්‍රඥාවෙන් අවබෝධ කරගන්නවා නම්, මුලුමනින්ම අවබෝධ කරගන්නවා නම්, ඒ කෙරෙහි සිතේ නොඇලීම ඇති කර ගන්නවා නම්, ඇල්ම දුරු කරනවා නම් ඔහුට දුක් ක්ෂය කර දැමීම පුළුවන් දෙයක්."

මේ අර්ථය භාග්‍යවතුන් වහන්සේ වදාළ සේක. එය මේ අයුරිනුත් පවසන්න පුළුවනි.

"යම්කිසි ක්‍රෝධයකින් කිපුනොත්, ඒ අයට යන්න වෙන්නේ දුගතියට තමයි. මේ කාරණය විදර්ශනා ප්‍රඥාවෙන් දකින කෙනා ඒ ක්‍රෝධය අත්හැරලා දාන්නේ ඉතා හොඳින් දැනගෙනමයි. ඒ විදිහට අත්හැරලා දාපු, ආර්ය උතුමන් කවදාවත් මේ ලෝකයට යළි එන්නේ නෑ."

මේ අර්ථය වදාරණ ලද්දේ භාග්‍යවතුන් වහන්සේ විසින්මයි. මේ විදිහට මා හට අසන්නට ලැබුනා.

සාදු! සාදු!! සාදු!!!

1.2.3.
මක්ඛපරිඤ්ඤා සූත්‍රය
ගුණමකු බව පිරිසිඳ දැකීම ගැන වදාළ දෙසුම

භාග්‍යවතුන් වහන්සේ තමයි මේ කාරණය වදාළේ. අරහත් මුනිඳාණන්මයි මෙය වදාළේ. මේ විදිහටයි මට අසන්නට ලැබුනේ.

"පින්වත් මහණෙනි, ගුණමකු බව කියන දෙය විදර්ශනා ප්‍රඥාවෙන් අවබෝධ කරගත්තේ නැත්නම්, මුලුමනින්ම අවබෝධ කරගත්තේ නැත්නම්, ඒ කෙරෙහි සිතේ නොඇලීම ඇති කර ගත්තේ නැත්නම්, ඇල්ම දුරු කළේ නැත්නම් ඔහුට දුක් ක්ෂය කර දැමීම පුළුවන් දෙයක් නම් නොවෙයි. පින්වත් මහණෙනි, ගුණමකු බව කියන දෙය විදර්ශනා ප්‍රඥාවෙන් අවබෝධ කරගන්නවා නම්, මුලුමනින්ම අවබෝධ කරගන්නවා නම්, ඒ කෙරෙහි සිතේ නොඇලීම ඇති කර ගන්නවා නම්, ඇල්ම දුරු කරනවා නම් ඔහුට දුක් ක්ෂය කර දැමීම පුළුවන් දෙයක්."

මේ අර්ථය භාග්‍යවතුන් වහන්සේ වදාළ සේක. එය මේ අයුරිනුත් පවසන්න පුළුවනි.

"යම්කිසි ගුණමකු බවකින් ගුණමකු වුනොත්, ඒ අයට යන්න වෙන්නේ දුගතියට තමයි. මේ කාරණය විදර්ශනා ප්‍රඥාවෙන් දකින කෙනා ඒ ගුණමකු බව අත්හැරලා දාන්නේ ඉතා හොඳින් දැනගෙනමයි. ඒ විදිහට අත්හැරලා දාපු, ආර්ය උතුමන් කවදාවත් මේ ලෝකයට යළි එන්නේ නෑ."

මේ අර්ථය වදාරණ ලද්දේ භාග්‍යවතුන් වහන්සේ විසින්මයි. මේ විදිහට මා හට අසන්නට ලැබුනා.

සාදු! සාදු!! සාදු!!!

1.2.4.
අවිජ්ජා නීවරණ සූත්‍රය
ආර්ය සත්‍යය ගැන අනවබෝධයෙන් වැසී යාම ගැන වදාළ දෙසුම

භාග්‍යවතුන් වහන්සේ තමයි මේ කාරණය වදාළේ. අරහත් මුනිඳාණන්මයි මෙය වදාළේ. මේ විදිහටයි මට අසන්නට ලැබුනේ.

"පින්වත් මහණෙනි, යම් නීවරණයකින් වැසී ගිය මේ සත්ව ප්‍රජාව අති දීර්ඝ කාලයක් මුළුල්ලේ සසරේ සැරිසරමින් යනවා නම්, පින්වත් මහණෙනි, මේ අවිද්‍යා නීවරණය බඳු වෙන එකම නීවරණයක්වත් මම නම් දකින්නේ නෑ. පින්වත් මහණෙනි, අවිද්‍යාව **(චතුරාර්ය සත්‍යය ධර්මය අවබෝධ නොවීම)** නමැති නීවරණයෙන් වැසී ගිය සත්ව ප්‍රජාව අති දීර්ඝ කාලයක් මුළුල්ලේ සංසාරේ දුව දුව සැරිසරා යනවා."

මේ අර්ථය භාග්‍යවතුන් වහන්සේ වදාළ සේක. එය මේ අයුරිනුත් පවසන්න පුළුවනි.

"යම් බඳු වූ මෝහයකින් වැහිල ගිය සත්ව ප්‍රජාව ඒ නීවරණයෙන් වැසුණු නිසාමයි නිරතුරුවම සසර දුකට වැටී සැරිසරා යන්නේ. එයට මුල් වූ මේ අවිද්‍යා නීවරණය වැනි වූ අන් කිසි දෙයක් ඇත්තේ නැහැ.

යම්කිසි ආර්ය ශ්‍රාවකයෙක් මේ අවිද්‍යාව නම් වූ මෝහය නැති කර දැමූ විට අවිද්‍යා අන්ධකාරය විදර්ශනා ප්‍රඥාවෙන් සිඳ බිඳ දැමූ විට ඒ ආර්ය ශ්‍රාවකයන් ආයෙමත් සසර සැරිසරා යන්නේ නෑ. ඔවුන් තුළ සසර සැරිසරා යන්න හේතු වන කරුණු දැකගන්න නැහැ."

මේ අර්ථය වදාරණ ලද්දේ භාග්‍යවතුන් වහන්සේ විසින්මයි. මේ විදිහට මා හට අසන්නට ලැබුනා.

සාදු! සාදු!! සාදු!!!

1.2.5.
තණ්හා සංයෝජන සූත්‍රය
තණ්හා බන්ධනය ගැන වදාළ දෙසුම

භාග්‍යවතුන් වහන්සේ තමයි මේ කාරණය වදාළේ. අරහත් මුනිඳාණන්මයි මෙය වදාළේ. මේ විදිහටයි මට අසන්නට ලැබුනේ.

"පින්වත් මහණෙනි, යම් බන්ධනයකින් බැඳී ගිය මේ සත්ව ප්‍රජාව අති දීර්ඝ කාලයක් මුළුල්ලේ සසරේ සැරිසරමින් යනවා නම්, පින්වත් මහණෙනි, මේ තණ්හා බන්ධනය බඳු වෙන එකම බන්ධනයක්වත් මම නම් දකින්නේ නෑ. පින්වත් මහණෙනි, තණ්හාව නමැති බන්ධනයෙන් බැඳී ගිය සත්ව ප්‍රජාව අති දීර්ඝ කාලයක් මුළුල්ලේ සංසාරේ දුව දුව සැරිසරා යනවා."

මේ අර්ථය භාග්‍යවතුන් වහන්සේ වදාළ සේක. එය මේ අයුරිනුත් පවසන්න පුළුවනි.

"දීර්ඝ කාලයක් මුළුල්ලේ මේ සසරේ සැරිසරා යන මනුෂ්‍යයාට තණ්හාව තමයි දෙවැන්නා වුනේ. ඒ නිසාමයි එක උපතකින් තවත් උපතක් කරා යන මේ සංසාර ගමන නවත්වගන්න බැරි.

ඉතින් මේ සියලු සංසාර දුකට මූලික කාරණය තණ්හාව බව අවබෝධ කරගෙන තණ්හාවේ ආදීනව දැකලා, භික්ෂුව මනා සිහියෙන් යුතුව තණ්හාවෙන් තොර වෙලා, උපාදාන රහිත වෙලා ජීවත් වෙනවා."

මේ අර්ථය වදාරණ ලද්දේ භාග්‍යවතුන් වහන්සේ විසින්මයි. මේ විදිහට මා හට අසන්නට ලැබුනා.

සාදු! සාදු!! සාදු!!!

1.2.6.
පඨම සේඛ සූත්‍රය
උතුම් අරහත්වය පිණිස පුහුණුවට වුවමනා දේ ගැන වදාළ පළමු දෙසුම

භාග්‍යවතුන් වහන්සේ තමයි මේ කාරණය වදාළේ. අරහත් මුනිඳාණන්මයි මෙය වදාළේ. මේ විදිහටයි මට අසන්නට ලැබුනේ.

"පින්වත් මහණෙනි, තවමත් උතුම් අරහත්වයට පත්වෙච්ච නැති, ඒ අනුත්තර වූ අමා මහ නිවන අපේක්ෂාවෙන් සිටිමින් නිවන් මගේ හික්මෙන සේඛ භික්ෂුවක් ඉන්නවා. පින්වත් මහණෙනි, **(ඔහුගේ ඒ නිවන් මග සම්පූර්ණ කරගැනීමට වුවමනා කරන)** තමා තුළ පිහිටා තිබෙන ගුණයක් වශයෙන් මේ යෝනිසෝ මනසිකාරය තරම් බොහෝ සේ උපකාර වන වෙනත් එකම එක දෙයක්වත් මා දකින්නේ නෑ. පින්වත් මහණෙනි, ධර්මයෙන් පෙන්වා දී ඇති පරිදිම නුවණින් සිහි කරන භික්ෂුව අකුසල් නැති කරලා දානවා. කුසල් දහම් වැඩි දියුණු කරනවා."

මේ අර්ථය භාග්‍යවතුන් වහන්සේ වදාළ සේක. එය මේ අයුරිනුත් පවසන්න පුළුවනි.

"නිවන් මගේ හික්මෙන සේඛ භික්ෂුවට ඒ උතුම් අරහත්වයට පත්වීම පිණිස, බොහෝ සේ උපකාර වන යම් දෙයක් තියෙනවා නම්, මේ යෝනිසෝ මනසිකාරය තරම් වෙන උපකාර වෙන දෙයක් නෑ. ධර්මයේ පෙන්වා දී ඇති පරිද්දෙන්ම නුවණින් සළකමින් වීරිය වඩන භික්ෂුව සියලු දුක් නැති කරපු කෙනෙක් බවට පත්වෙනවා."

මේ අර්ථය වදාරණ ලද්දේ භාග්‍යවතුන් වහන්සේ විසින්මයි. මේ විදිහට මා හට අසන්නට ලැබුනා.

සාදු! සාදු!! සාදු!!!

1.2.7.
දුතිය සේඛ සූත්‍රය
උතුම් අරහත්වය පිණිස පුහුණුවට වුවමනා දේ ගැන වදාළ දෙවෙනි දෙසුම

භාග්‍යවතුන් වහන්සේ තමයි මේ කාරණය වදාළේ. අරහත් මුනිඳාණන්මයි මෙය වදාළේ. මේ විදිහටයි මට අසන්නට ලැබුනේ.

"පින්වත් මහණෙනි, තවමත් උතුම් අරහත්වයට පත්වෙච්ච නැති, ඒ අනුත්තර වූ අමා මහ නිවන අපේක්ෂාවෙන් සිටිමින් නිවන් මගේ හික්මෙන සේඛ භික්ෂුවක් ඉන්නවා. පින්වත් මහණෙනි, **(ඔහුගේ ඒ නිවන් මග සම්පූර්ණ කරගැනීමට වුවමනා කරන)** බාහිරව තිබෙන ගුණයක් වශයෙන් මේ කල්‍යාණ මිත්‍ර ඇසුර තරම් බොහෝ සේ උපකාර වන වෙනත් එකම එක දෙයක්වත් මා දකින්නේ නෑ. පින්වත් මහණෙනි, කල්‍යාණ මිත්‍රයන් ඇති භික්ෂුව අකුසල් නැති කරලා දානවා. කුසල් දහම් වැඩි දියුණු කරනවා."

මේ අර්ථය භාග්‍යවතුන් වහන්සේ වදාළ සේක. එය මේ අයුරිනුත් පවසන්න පුළුවනි.

"යම් භික්ෂුවක් කල්‍යාණ මිත්‍රයන්ගේ ඇසුරේම සිටිනවා නම්, කලණ මිතුරන් කෙරෙහි යටහත් පැවැතුම් ඇති සිහි නුවණ පිහිටා ඇති ඔහු කලණ මිතුරන්ගේ වචනයට අනුවයි ඉන්නේ. නුවණින්මයි ඉන්නේ. සිහිය පිහිටුවා ගෙනයි ඉන්නේ. අන්න ඒ කෙනා ක්‍රමක්‍රමයෙන් සියලුම බන්ධන ගෙවා දමමින් ඒ අමා නිවනට පත් වෙනවා."

මේ අර්ථය වදාරණ ලද්දේ භාග්‍යවතුන් වහන්සේ විසින්මයි. මේ විදිහට මා හට අසන්නට ලැබුනා.

සාදු! සාදු!! සාදු!!!

1.2.8.
සංඝභේද සූත්‍රය
සංඝ භේදය ගැන වදාළ දෙසුම

භාග්‍යවතුන් වහන්සේ තමයි මේ කාරණය වදාළේ. අරහත් මුනිඳාණන්මයි මෙය වදාළේ. මේ විදිහටයි මට අසන්නට ලැබුනේ.

"පින්වත් මහණෙනි, මේ ලෝකයේ හට ගන්නවා නම් හට ගන්නා වූ එකම එක දෙයක් තිබෙනවා. අන්න ඒ දෙය බොහෝ දෙනෙකුට අහිත පිණිස, බොහෝ දෙනෙකුට දුක් පිණිස හේතු වෙනවා. බොහෝ මිනිසුන්ගේත්, දෙවියන්ගේත් අනර්ථය පිණිස, අහිත පිණිස, දුක පිණිසමයි හේතු වෙන්නේ. මොකක්ද ඒ එකම එක දෙය? එනම් සංඝ භේදයයි. පින්වත් මහණෙනි, සංඝයා භේද වුන විට, ඔවුනොවුන් කෝලාහල කර ගන්නවා. ඔවුනොවුන් බැණ ගන්නවා. ඔවුනොවුන් වට කරගෙන රණ්ඩු වෙනවා. ඔවුනොවුන් ඇසුරෙන් බැහැර කරල දමනවා. එතකොට අපැහැදී සිටින අය තවත් අපැහැදෙනවා. පැහැදී සිටින සමහර අයගේ ඒ පැහැදීමත් වෙනස් වෙනවා."

මේ අර්ථය භාග්‍යවතුන් වහන්සේ වදාළ සේක. එය මේ අයුරිනුත් පවසන්න පුළුවනි.

"සංඝභේදය කරන කෙනා ඒ කරගන්නේ අපායේ උපදින්න හේතුවන දෙයක්. නිරයේ ඉපදිලා කල්පයක්ම එහි සිටීමට හේතුවන දෙයක්. භේදයෙහි ඇලුන, අධර්මයෙහි පිහිටි ඔහු, ඒ නිසා තමන්ගේ නිවනත් නැති කර ගන්නවා. සමගි සංඝයා බිඳවා, කල්පයක් නිරයේ පැහෙනවා."

මේ අර්ථය වදාරණ ලද්දේ භාග්‍යවතුන් වහන්සේ විසින්මයි. මේ විදිහට මා හට අසන්නට ලැබුනා.

සාදු! සාදු!! සාදු!!!

1.2.9.
සංඝසාමග්ගි සූත්‍රය
සංඝ සමඟිය ගැන වදාළ දෙසුම

භාග්‍යවතුන් වහන්සේ තමයි මේ කාරණය වදාළේ. අරහත් මුනිඳාණන්මයි මෙය වදාළේ. මේ විදිහටයි මට අසන්නට ලැබුනේ.

"පින්වත් මහණෙනි, මේ ලෝකයේ හට ගන්නවා නම් හට ගන්නා වූ එකම එක දෙයක් තිබෙනවා. අන්න ඒ දෙය බොහෝ දෙනෙකුට යහපත පිණිස, බොහෝ දෙනෙකුට සැපය පිණිස හේතු වෙනවා. බොහෝ මිනිසුන්ගේත්, දෙවියන්ගේත් අර්ථය පිණිස, යහපත පිණිස, සැපය පිණිසමයි හේතු වෙන්නේ. මොකක්ද ඒ එකම එක දෙය? එනම් සංඝයාගේ සමගියයි. පින්වත් මහණෙනි, සංඝයා සමඟි වුන විට, ඔවුනොවුන් කෝලාහල කර ගැනීම් නෑ. ඔවුනොවුන් බැණ ගන්නෙත් නෑ. ඔවුනොවුන් වට කරගෙන රණ්ඩු වෙන්නෙත් නෑ. ඔවුනොවුන් ඇසුරෙන් බැහැර කරල දමන්නෙත් නෑ. එතකොට අපැහැදී සිටින අයත් පැහැදෙනවා. පැහැදුන අයගේ ඒ පැහැදීම ගොඩාක් වැඩිවීම පිණිසත් හේතු වෙනවා."

මේ අර්ථය භාග්‍යවතුන් වහන්සේ වදාළ සේක. එය මේ අයුරිනුත් පවසන්න පුළුවනි.

"සංඝයාගේ සමඟියත්, සමගි වූ අයට අනුබලදීමත් සැපයක්. සමගියේ ඇලුනු, ධර්මයේ පිහිටි කෙනා තමන්ගේ අමා නිවන නැති කර ගන්නෙත් නෑ. සංඝයා සමගි කරලා, කල්පයක් දෙව්ලොව සතුටු වෙනවා."

මේ අර්ථය වදාරණ ලද්දේ භාග්‍යවතුන් වහන්සේ විසින්මයි. මේ විදිහට මා හට අසන්නට ලැබුනා.

සාදු! සාදු!! සාදු!!!

1.2.10.
පදුට්ඨපුග්ගල සූත්‍රය
දූෂිත සිත් ඇති පුද්ගලයා ගැන වදාළ දෙසුම

භාග්‍යවතුන් වහන්සේ තමයි මේ කාරණය වදාළේ. අරහත් මුනිඳාණන්මයි මෙය වදාළේ. මේ විදිහටයි මට අසන්නට ලැබුනේ.

"පින්වත් මහණෙනි, මේ ලෝකයේ ඉන්න දූෂිත වෙච්ච සිත් ඇති සමහර පුද්ගලයන්ගේ සිත මගේ සිතින් මේ විදිහට දැනගන්නවා. මේ පුද්ගලයා මේ කාලෙ මිය පරලොව ගියොත්, හරියට හිසින් ගත් බරක් බිමින් තියනවා වගේ නිරයේ තමයි උපදින්නේ. ඒකට හේතුව මොකක්ද? පින්වත් මහණෙනි, ඒ ඔහුගේ සිත දූෂිත වෙච්ච නිසා. පින්වත් මහණෙනි, සිත දූෂිත වීම නිසාම මේ ලෝකයේ සමහර උදවිය කය බිඳිලා මැරුණට පස්සේ සැප නැති, දුගතිය වූ, විනිපාත නිරයේ උපදිනවා."

මේ අර්ථය භාග්‍යවතුන් වහන්සේ වදාළ සේක. එය මේ අයුරිනුත් පවසන්න පුළුවනි.

"මෙහි ඇතැම් පුද්ගලයන්ගේ දූෂිත සිත ගැන දැන වදාළ බුදුරජාණන් වහන්සේ ඒ ගැන භික්ෂූන් සමීපයෙහි පවසා වදාළා.

මේ පුද්ගලයා මේ වෙලාවේ කළුරිය කළොත්, ඔහු නිරයේ තමයි උපදින්නේ. ඒ ඔහුගේ සිත දූෂිත වෙච්ච නිසා.

හරියට ගෙන ආපු යම් දෙයක් බිමින් තබනවාද, අන්න ඒ වගේමයි. මේ සිත දූෂිත වීම කියන හේතුව නිසාම තමයි සත්වයන් දුගතියට යන්නේ."

මේ අර්ථය වදාරණ ලද්දේ භාග්‍යවතුන් වහන්සේ විසින්මයි. මේ විදිහට මා හට අසන්නට ලැබුනා.

සාදු! සාදු!! සාදු!!!

දෙවෙනි වර්ගය නිමා විය.

3. තුන්වෙනි වර්ගය

1.3.1.
පසන්නචිත්ත සූත්‍රය
සිත පිරිසිදු වීම ගැන වදාළ දෙසුම

භාග්‍යවතුන් වහන්සේ තමයි මේ කාරණය වදාළේ. අරහත් මුනිදාණන්මයි මෙය වදාළේ. මේ විදිහටයි මට අසන්නට ලැබුනේ.

"පින්වත් මහණෙනි, මේ ලෝකයේ ඉන්න පිරිසිදු වෙච්ච සිත් ඇති සමහර පුද්ගලයන්ගේ සිත මගේ සිතින් මේ විදිහට දැනගන්නවා. මේ පුද්ගලයා මේ කාලෙ මිය පරලොව ගියොත්, හරියට හිසින් ගත් බරක් බිමින් තියනවා වගේ දෙව්ලොව තමයි උපදින්නේ. ඒකට හේතුව මොකක්ද? පින්වත් මහණෙනි, ඒ ඔහුගේ සිත පිරිසිදු වෙච්ච නිසා. පින්වත් මහණෙනි, සිත පිරිසිදු වීම නිසාම මේ ලෝකයේ සමහර උදවිය කය බිඳිලා මැරුණට පස්සේ සැප තියෙන දෙව්ලොව උපදිනවා."

මේ අර්ථය භාග්‍යවතුන් වහන්සේ වදාළ සේක. එය මේ අයුරිනුත් පවසන්න පුළුවනි.

"මෙහි ඇතැම් පුද්ගලයන්ගේ පිරිසිදු සිත ගැන දැන වදාළ බුදුරජාණන් වහන්සේ ඒ ගැන භික්ෂූන් සමීපයෙහි පවසා වදාළා.

මේ පුද්ගලයා මේ වෙලාවේ කළුරිය කළොත්, ඔහු දෙව්ලොව තමයි උපදින්නේ. ඒ ඔහුගේ සිත පිරිසිදු වෙච්ච නිසා.

හරියට ගෙන ආපු යම් දෙයක් බිමින් තබනවාද, අන්න ඒ වගේමයි. මේ සිත පිරිසිදු වීම කියන හේතුව නිසාම තමයි සත්වයන් දෙව්ලොව යන්නේ."

මේ අර්ථය වදාරණ ලද්දේ භාග්‍යවතුන් වහන්සේ විසින්මයි. මේ විදිහට මා හට අසන්නට ලැබුනා.

සාදු! සාදු!! සාදු!!!

1.3.2.
මා පුඤ්ඤභායි සූත්‍රය
පිනට භය නොවන්නැයි වදාළ දෙසුම

භාග්‍යවතුන් වහන්සේ තමයි මේ කාරණය වදාළේ. අරහත් මුනිඳාණන්මයි මෙය වදාළේ. මේ විදිහටයි මට අසන්නට ලැබුනේ.

"පින්වත් මහණෙනි, පින්වලට භය වෙන්න එපා! පින්වත් මහණෙනි, 'පින' කියලා කියන්නේ මේ ඉතා යහපත්, සිත්කළු, ප්‍රිය මනාප වූ සැපයටම කියන නමක්. පින්වත් මහණෙනි, බොහෝ කාලයක් තිස්සේ මා විසින් කරපු පින් නිසා මේ ඉතා යහපත්, සිත්කළු, ප්‍රිය මනාප වූ ආනිශංස විඳපු බව මා දන්නවා. අවුරුදු හතක් මෛත්‍රී සිත වඩපු නිසා, සංවට්ට කල්ප හතක් මේ ලෝකෙට ආවෙ නෑ. පින්වත් මහණෙනි, කල්පය විනාශ වෙන කොට ආභස්සර බ්‍රහ්ම ලෝකෙට යනවා. කල්පය ආරම්භ වෙන කොට හිස් බ්‍රහ්ම විමානයක උපදිනවා. පින්වත් මහණෙනි, මම තමයි එහෙ බ්‍රහ්මයා. මහා බ්‍රහ්මයාත් මම ම තමයි. මම හැම දෙයම මැඩපැවැත්වූවා. අනභිබවනීය වුනා. සියලු දෙයම තේරෙන කෙනෙක් වුනා. සියලු දෙයම තම වසඟයට පමුණුවා ගත්තා. පින්වත් මහණෙනි, මම තිස් හත් වතාවක්ම දෙවියන්ට අධිපති වූ ශක්‍ර දේවේන්ද්‍රයා වෙලා ඉපදුනා. නොයෙක් වාර සිය ගණන් ධාර්මික, ධර්මරාජ වූ, සතර මහා දිවයින් දිනපු, සියලු සතුරන් දිනපු, සෑම ජනපදයකම ස්ථිර රජු වෙච්ච, ආශ්චර්යවත් වස්තු හතක් ලබපු සක්විති රජ බවට පත්වුනා. ඉතින් එහෙම එකේ ප්‍රදේශයකට රජකම් කරපු වාර ගණන ගැන කියන්න තරම්වත් දෙයක් නෑ. පින්වත් මහණෙනි, මට මෙන්න මෙහෙම හිතුනා. 'මේ මොන විදිහේ පිනක විපාකයක් නිසාද දැන් මට මේ තරම් ඉර්ධිමත් බවකුත්, මහානුභාව සම්පන්න බවකුත් ලැබිලා තියෙන්නේ?' කියලා. පින්වත් මහණෙනි, ඊට පස්සේ මට මේ විදිහට අවබෝධ වුනා. 'මා විසින් කරපු මේ පුණ්‍ය කර්ම තුනක යහපත් ඵල විපාක ලැබුනු නිසා තමයි දැන් මම මේ තරම් මහා ඉර්ධිමත් වෙන්නෙත්, මහා ආනුභාව සම්පන්න වෙන්නෙත්' කියලා. ඒවා තමයි, දානයත්, ඉන්ද්‍රිය දමනයත්, සිත, කය, වචනය සංවර කරගැනීමත්."

මේ අර්ථය භාග්‍යවතුන් වහන්සේ වදාළ සේක. එය මේ අයුරිනුත් පවසන්න පුළුවනි.

"යම් කෙනෙක් අනාගතයේ සැප සේ වාසය කරන්න කැමැති නම් ඒ

කෙනා දානයත්, සමචරියාවත්, මෛත්‍රී සිත වැඩීමත් කියන මේ පුණ්‍ය ක්‍රියාවලම හික්මෙන්න ඕන.

ඥාණවන්ත කෙනා සැප උපදවා දෙන මේ කාරණා තුන දියුණු කරලා, දුක් නැති, සැප ඇති ලොවක උපදිනවා.”

මේ අර්ථය වදාරණ ලද්දේ භාග්‍යවතුන් වහන්සේ විසින්මයි. මේ විදිහට මා හට අසන්නට ලැබුනා.

සාදු! සාදු!! සාදු!!!

1.3.3.
උභෝ අත්ථ සූත්‍රය
දෙලොව යහපත ගැන වදාළ දෙසුම

භාග්‍යවතුන් වහන්සේ තමයි මේ කාරණය වදාළේ. අරහත් මුනිඳාණන්මයි මෙය වදාළේ. මේ විදිහටයි මට අසන්නට ලැබුනේ.

“පින්වත් මහණෙනි, එකම දෙයක් තියෙනවා. ඒක පුරුදු කළොත්, බහුල වශයෙන් පුරුදු කළොත්, මෙලොවත්, පරලොවත් කියන දෙලොවම යහපත පිණිස හේතු වෙනවා. ඒ එකම දේ කුමක්ද? කුසල් දහම් වැඩීමේ අප්‍රමාදී බවයි. පින්වත් මහණෙනි, හොඳින් පුරුදු කළොත්, බහුල වශයෙන් පුරුදු කළොත්, මෙලොව පරලොව කියන දෙලොවම යහපත පිණිස හේතු වන ඒ එකම දේ මෙන්න මේක තමයි.”

මේ අර්ථය භාග්‍යවතුන් වහන්සේ වදාළ සේක. එය මේ අයුරිනුත් පවසන්න පුළුවනි.

“දාන, සීල, භාවනා වශයෙන් පුණ්‍ය ක්‍රියාවන්හි අප්‍රමාදීව කටයුතු කිරීම ගැන බුද්ධිමත් අය ප්‍රශංසා කරනවා. අප්‍රමාදීව කටයුතු කරන ඒ බුද්ධිමත් කෙනා මෙලොව පරලොව යහපත සළසාගන්නවා.

මෙලොව යම් යහපතක් ඇත්නම්, ඒ වගේම පරලොව යම් යහපතක් ඇත්නම්, මේ දෙලොව යහපත සළසාගන්න ඥාණවන්තයාට තමයි ‘පණ්ඩිතයා’ කියන්නේ.”

මේ අර්ථය වදාරණ ලද්දේ භාග්‍යවතුන් වහන්සේ විසින්මයි. මේ විදිහට

මා හට අසන්නට ලැබුනා.

සාදු! සාදු!! සාදු!!!

1.3.4.
අට්ඨිපුඤ්ජ සූත්‍රය
ඇටකටු ගොඩ උපමා කොට වදාළ දෙසුම

භාග්‍යවතුන් වහන්සේ තමයි මේ කාරණය වදාළේ. අරහත් මුනිඳාණන්මයි මෙය වදාළේ. මේ විදිහටයි මට අසන්නට ලැබුනේ.

"පින්වත් මහණෙනි, මේ සසර දිවයන සැරිසරන එකම එක පුද්ගලයෙකුගේ මහා ඇටකටු ගොඩ, එකතු වෙන ඇටකටු ගොඩ, ඇටකටු ප්‍රමාණය, එකට එකතු කරලා ගොඩගහලා විනාශ නොවී තිබුනොත්, ඒක හරියට වේපුල්ල පර්වතය තරමට විශාල වෙනවා."

මේ අර්ථය භාග්‍යවතුන් වහන්සේ වදාළ සේක. එය මේ අයුරිනුත් පවසන්න පුළුවනි.

"එක් කල්පයක් තුළදී එකතු කරන එකම පුද්ගලයෙකුගේ ඇටකටු ගොඩ, මහා පර්වතයක් තරමට විශාල වන බව මහා ඉසිවර බුදුරජාණන් වහන්සේ වදාළා.

මගධ රටේ ගිරිබ්බජ නම් වූ රජගහ නුවරට උතුරින් තමයි මේ මහා වේපුල්ල පර්වතය තියෙන්නේ. (මගධ රටේ විශාලම කඳු පහ අතරින්) මේ වේපුල්ල පර්වතය තමයි ගොඩාක් විශාලයි කියලා කියන්නේ.

දුකත්, දුකට හේතුවත්, දුකෙන් නිදහස් වීම නම් වූ අමා නිවනත් තියෙනවා. දුක් නැති කර දමන ඒ උතුම් ආර්ය අෂ්ටාංගික මාර්ගයත් තියෙනවා. මෙන්න මේ චතුරාර්ය සත්‍යය (යමෙක්) මනා නුවණින් යුතුව අවබෝධ කළොත්, වැඩම වුනොත් හත් වතාවක් විතරයි ඔහු සසර සැරිසරන්නේ. ඔහු සියලු දුක් නැති කරලා දානවා. සියලු බැඳීම්වලින් නිදහස් වෙනවා."

මේ අර්ථය වදාරණ ලද්දේ භාග්‍යවතුන් වහන්සේ විසින්මයි. මේ විදිහට මා හට අසන්නට ලැබුනා.

සාදු! සාදු!! සාදු!!!

1.3.5.
සම්පජාන මුසාවාද සූත්‍රය
දැන දැන බොරු කීම ගැන වදාළ දෙසුම

භාග්‍යවතුන් වහන්සේ තමයි මේ කාරණය වදාළේ. අරහත් මුනිඳාණන්මයි මෙය වදාළේ. මේ විදිහටයි මට අසන්නට ලැබුනේ.

"පින්වත් මහණෙනි, සත්‍යවාදී වීම නම් වූ එකම එක දෙය ඉක්මවා යන පුද්ගලයෙකුට කරන්න බැරි පාප කර්මයක් නැති බවයි මම කියන්නේ. ඒ එකම එක දෙය මොකක්ද? පින්වත් මහණෙනි, ඒක තමයි මේ දැන දැන බොරු කියන එක."

මේ අර්ථය භාග්‍යවතුන් වහන්සේ වදාළ සේක. එය මේ අයුරිනුත් පවසන්න පුළුවනි.

"සත්‍යය කතා කිරීම නමැති එකම එක දේ ඉක්මවා යන, බොරු කියන, පරලොව සැපයක් නොලබන ඒ පුද්ගලයාට කරන්න බැරි පාපයක් නෑ."

මේ අර්ථය වදාරණ ලද්දේ භාග්‍යවතුන් වහන්සේ විසින්මයි. මේ විදිහට මා හට අසන්නට ලැබුනා.

සාදු! සාදු!! සාදු!!!

1.3.6.
දාන සංවිභාග සූත්‍රය
බෙදා හදා වැළඳීම ගැන වදාළ දෙසුම

භාග්‍යවතුන් වහන්සේ තමයි මේ කාරණය වදාළේ. අරහත් මුනිඳාණන්මයි මෙය වදාළේ. මේ විදිහටයි මට අසන්නට ලැබුනේ.

"පින්වත් මහණෙනි, මේ මිනිසුන් මා තරම්ම මේ බෙදා හදා අනුභව කිරීමේ ආනිශංස දන්නවා නම්, කවදාවත් අනුන්ට කිසිවක් නොදී නම් අනුභව කරන්නේ නෑ. (බෙදා හදාගෙන) අනුභව කරන අයගේ සිත් මසුරුකම විසින්

ග්‍රහණය කර ගන්නෙත් නෑ. ඔවුන් අනුභව කරන අන්තිම පිඬෙන් වුනත්, බෙදා හදා දෙන්න කෙනෙක් ඉන්නවා නම්, ඒ දෙයින් වුනත් බෙදා හදාගන්න නැතුව නම් අනුභව කරන්නේ නෑ. පින්වත් මහණෙනි, මේ ජනතාව මා තරම්ම මේ බෙදා හදා අනුභව කිරීමේ ආනිශංස දන්නවා නම්, ඒ නිසා අනුන්ටත් බෙදා හදා නොදී අනුභව කරන්නේ නෑ. එතකොට ඒ අයගේ සිත් මසුරුකම විසින් ග්‍රහණය කරගන්නෙත් නෑ."

මේ අර්ථය භාග්‍යවතුන් වහන්සේ වදාළ සේක. එය මේ අයුරිනුත් පවසන්න පුළුවනි.

"මහා ඉසිවර වූ සම්බුදු රජුන් පෙන්වා වදාළ විදිහට, මේ බෙදා හදා අනුභව කිරීමේ තිබෙන මහත් ප්‍රයෝජනය මේ සත්වයන් දන්නවා නම්,

මසුරු මලකඩ දුරු කරලා දානවා. සුදුසු කාලයේදී මහත් ඵල ලැබෙන තැනටම දීම වන ඒ ආර්යන් වහන්සේලාටම ප්‍රසන්න සිතින් දන් දෙනවා.

සැබෑවටම දන් පිළිගැනීමට සුදුසු වූ දක්ෂිණාර්හ උතුමන්ටම බොහෝ දන් දෙනවා. මේ මනුෂ්‍ය ජීවිතයෙන් චුත වෙන බොහෝ දන් දෙන ඒ මිනිසුන් දෙව්ලොවටම යනවා.

ඒ විදිහට දෙව්ලොව ගිය ඔවුන් තමන් රුචි වූ පරිද්දෙන් සැප ලබල සතුටු වෙනවා. මසුරුකම් නැති ඔවුන්, ඒ බෙදා හදා අනුභව කිරීමේ ආනිශංස භුක්ති විඳිනවා."

මේ අර්ථය වදාරණ ලද්දේ භාග්‍යවතුන් වහන්සේ විසින්මයි. මේ විදිහට මා හට අසන්නට ලැබුනා.

සාදු! සාදු!! සාදු!!!

1.3.7.
මෙත්තා චේතෝවිමුත්ති සූත්‍රය
මෛත්‍රී චිත්ත විමුක්තිය ගැන වදාළ දෙසුම

භාග්‍යවතුන් වහන්සේ තමයි මේ කාරණය වදාළේ. අරහත් මුනිඳාණන්මයි මෙය වදාළේ. මේ විදිහටයි මට අසන්නට ලැබුනේ.

"පින්වත් මහණෙනි, මතුවට සැප විපාක ලබාදෙන මහත් පුණ්‍ය ක්‍රියා

පිළිවෙතක් තියෙනවා නම්, ඒ සියල්ලම මෛත්‍රී චිත්ත විමුක්තියෙන් සොළොස් කලාවෙන් කොටසක් තරම්වත් වටින්නේ නෑ. ඒ සියලු පුණ්‍යක්‍රියා පිළිවෙත් පරදවලා, මේ මෛත්‍රී චිත්ත විමුක්තියම දිළිසෙනවා, හාත්පසින් දිලිසෙනවා, බබලනවා. පින්වත් මහණෙනි, මේ තාරුකාවල යම් ප්‍රභාෂ්වරබවක් තියෙනවා නම්, එය සඳක ඇති ප්‍රභාෂ්වර බවෙන් සොළොස් කලාවෙන් පංගුවක් තරම්වත් වටින්නේ නෑ. සඳේ ප්‍රභාෂ්වර බව ඒ සියල්ල පරදවලා දිලිසෙනවා, හාත්පසින් දිලිසෙනවා, බබලනවා. පින්වත් මහණෙනි, ඔන්න ඔය විදිහමයි, මතුවට සැප විපාක ලබාදෙන මහත් පුණ්‍ය ක්‍රියා පිළිවෙතක් තියෙනවා නම්, ඒ සියල්ලම මෛත්‍රී චිත්ත විමුක්තියෙන් සොළොස් කලාවෙන් කොටසක් තරම්වත් වටින්නේ නෑ. ඒ සියලු පුණ්‍යක්‍රියා පිළිවෙත් පරදවලා, මේ මෛත්‍රී චිත්ත විමුක්තියම දිළිසෙනවා, හාත්පසින් දිලිසෙනවා, බබලනවා.

පින්වත් මහණෙනි, ඒක මෙන්න මේ වගේ දෙයක්. වැසි කාලෙ ඉවර වෙලා එන අන්තිම මාසෙදී, සරත් කාලෙදී, වළාකුළු ඈත් මෑත් වෙලා අහස හොඳට පැහැදිලිව පේනවා. ඉතින් ඒ අහසේ හිරු මඬල මුදුන් වෙන කොට එතෙක් වෙලා අහසේ තිබුණු අඳුරු ගතිය නැතිවෙනවා. සියලු අඳුර පරදවලා දිලිසෙනවා, බබලනවා. පින්වත් මහණෙනි, අන්න ඒ වගේ තමයි, මතුවට සැප විපාක ලබාදෙන මහත් පුණ්‍ය ක්‍රියා පිළිවෙතක් තියෙනවා නම්, ඒ සියල්ලම මෛත්‍රී චිත්ත විමුක්තියෙන් සොළොස් කලාවෙන් කොටසක් තරම්වත් වටින්නේ නෑ. ඒ සියලු පුණ්‍යක්‍රියා පිළිවෙත් පරදවලා, මේ මෛත්‍රී චිත්ත විමුක්තියම දිළිසෙනවා, හාත්පසින් දිලිසෙනවා, බබලනවා.

පින්වත් මහණෙනි, ඒක මෙන්න මේ වගෙයි. රෑ අලුයම් කාලයේදී බබලන ඕසධී තාරුකාව තමයි දිලිසෙන්නෙත්, හාත්පසින් දිලිසෙන්නෙත්, බබලන්නෙත්. අන්න ඒ වගේ තමයි පින්වත් මහණෙනි, මතුවට සැප විපාක ලබාදෙන මහත් පුණ්‍ය ක්‍රියා පිළිවෙතක් තියෙනවා නම්, ඒ සියල්ලම මෛත්‍රී චිත්ත විමුක්තියෙන් සොළොස් කලාවෙන් කොටසක් තරම්වත් වටින්නේ නෑ. ඒ සියලු පුණ්‍යක්‍රියා පිළිවෙත් පරදවලා, මේ මෛත්‍රී චිත්ත විමුක්තියම දිළිසෙනවා, හාත්පසින් දිලිසෙනවා, බබලනවා."

මේ අර්ථය භාග්‍යවතුන් වහන්සේ වදාළ සේක. එය මේ අයුරිනුත් පවසන්න පුළුවනි.

"යම් කෙනෙක් හොඳින් සිහි නුවණ තුළ පිහිටලා අප්‍රමාණව මෛත්‍රී චිත්තය වඩනවා නම් ඔහු කෙලෙසුන්ගේ නැසීම දකිනවා. ඒ සිතේ සසරේ බැඳ තබන බැඳීම් තුනී වෙලා යනවා.

එකම එක ප්‍රාණියෙක් ගැනවත් සිත දූෂිත කරගන්නේ නැත්නම්, මෙත් සිතම පතුරුවනවා නම්, ඒ නිසාම ඔහු ධර්මයේ හැසිරීමට දක්ෂයෙක් වෙනවා. එම නිසා සියලු ප්‍රාණීන් කෙරෙහිම මහත් හිතානුකම්පාවක් ඇති ආර්යයන් වහන්සේ බොහෝ පින් රැස් කර ගන්නවා යන කරුණෙහි ඇති අරුමය කිම?

සමහර රජවරු ඉන්නවා. ඔවුන් බොහෝ සත්වයන් ගැවසී සිටින මේ මහ පොළොව දිනපු ඉසිවරු වගෙයි. ඔවුන් අස්සමේධ, පුරිසමේධ, සම්මාපාස, වාජපෙය්‍ය, නිරග්ගල කියන නොයෙක් ජාතියේ යාග කරමින් හැසිරෙනවා.

(ඒ වුනත් ඒ යාගයෙන්) ඉතා හොඳට පුරුදු කරපු මෛත්‍රී සිතක් තියෙන කෙනාට රැස්වෙන පිනෙන් සොළොස් කලාවෙන් එක කොටසක් තරම්වත් වටින්නේ නෑ. එය සියලු තරුවල එළිය තිබුනත් ඒ එළිය සඳ එළියේ ප්‍රභාවයේ සොළොස් කලාවෙන් එකක් තරම්වත් වටින්නේ නෑ වගේ.

යමෙක් කිසිවෙකුට හිංසා කරන්නේ නැත්නම්, කිසිවෙකුව මරන්නේ නැත්නම්, කිසිවෙකුව පරදවන්නේ නැත්නම්, අනුන් ලවා හානි කරවන්නෙත් නැත්නම්, අන්න ඒ කෙනා සියලු සතුන් කෙරෙහි මෛත්‍රිය වඩනවා. ඔහුට ඒ කිසි දෙයකින් වෛරයක් ඇති වෙන්නේ නෑ.”

මේ අර්ථය වදාරණ ලද්දේ භාග්‍යවතුන් වහන්සේ විසින්මයි. මේ විදිහට මා හට අසන්නට ලැබුනා.

සාදු! සාදු!! සාදු!!!

තුන්වෙනි වර්ගය නිමා විය.

ඒකක නිපාතය නිමා විය.

දුක නිපාතය

1. පළමු වෙනි වර්ගය

2.1.1.

පඨම භික්ඛු සූත්‍රය

භික්ෂුව ගැන වදාළ පළමු දෙසුම

භාග්‍යවතුන් වහන්සේ තමයි මේ කාරණය වදාළේ. අරහත් මුනිඳාණන්මයි මෙය වදාළේ. මේ විදිහටයි මට අසන්නට ලැබුනේ.

"පින්වත් මහණෙනි, කරුණු දෙකකින් සමන්විත භික්ෂුවට මේ ජීවිතයේදීම දුක සේ, පීඩාවෙන්, අමාරුවෙන්, දැවි දැවී තමයි ජීවත් වෙන්න සිදුවන්නේ. කය බිඳිලා මිය පරලොව ගියාට පස්සෙත් දුගතියේ ඉපදීමමයි කැමති වෙන්න තියෙන්නෙත්. ඒ කරුණු දෙක මොනවාද? ඒවා තමයි ඉඳුරන් අසංවර කර ගැනීමත්, වළඳන භෝජනයේ සැබෑ අර්ථය නොදන්නාකමත්. පින්වත් මහණෙනි, මේ කරුණු දෙකෙන් සමන්විත භික්ෂුවට මේ ජීවිතයේදීම ජීවත් වෙන්න සිදුවෙන්නේ ගොඩාක් දුකින්, පීඩාවෙන්, අමාරුවෙන්, දැවි දැවී තමයි. කය බිඳිලා ගියාට පස්සෙත් දුගතියේ ඉපදීමමයි කැමති වෙන්න තියෙන්නේ."

මේ අර්ථය භාග්‍යවතුන් වහන්සේ වදාළ සේක. එය මේ අයුරිනුත් පවසන්න පුළුවනි.

"ඇස, කන, නාසය, දිව, කයත් ඒ වගේම මනස කියන මේ ආයතනයත් තියෙනවා. මේ දොරටු හය පිළිබඳව මෙහි භික්ෂුව සංවර වෙලා නැත්නම්,

වළඳන භෝජනයේ සැබෑ අර්ථය දන්නෙත් නැත්නම්, ඉන්ද්‍රියයනුත් අසංවරව නම් වාසය කරන්නේ ඔහු කායික දුකත්, මානසික දුකත් කියන මේ දුකට පැමිණෙනවා.

මේ විදිහට දැවෙන කයිනුත්, දැවෙන සිතෙනුත් යුතු ඔහු දිව රෑ දෙක්හිම වාසය කරනනේ දුකින්ම තමයි."

මේ අර්ථය වදාරණ ලද්දේ භාග්‍යවතුන් වහන්සේ විසින්මයි. මේ විදිහට මා හට අසන්නට ලැබුනා.

සාදු! සාදු!! සාදු!!!

2.1.2.
දුතිය භික්ඛු සූත්‍රය
භික්ෂුව ගැන වදාළ දෙවෙනි දෙසුම

භාග්‍යවතුන් වහන්සේ තමයි මේ කාරණය වදාළේ. අරහත් මුනිඳාණන්මයි මෙය වදාළේ. මේ විදිහටයි මට අසන්නට ලැබුනේ.

"පින්වත් මහණෙනි, කරුණු දෙකකින් සමන්විත භික්ෂුව මේ ජීවිතයේදීම ජීවත් වෙන්නේ ගොඩාක් සැපසේමයි. පීඩා නැතුවමයි. වෙහෙස නැතුවමයි. කිසිම දැවීමකුත් නැතුවමයි. කය බිඳිලා මිය පරලොව ගියාට පස්සෙත් සුගතියේ ඉපදීමමයි කැමති වෙන්න තියෙන්නෙත්. ඒ කරුණු දෙක මොනවාද? ඒවා තමයි ඉඳුරන් සංවර කර ගැනීමත්, වළඳන භෝජනයේ සැබෑ අර්ථය දන්නාකමත්. පින්වත් මහණෙනි, මේ කරුණු දෙකෙන් සමන්විත භික්ෂුවට මේ ජීවිතයේදීම ගොඩක් සැපෙන් ජීවත් වෙනවා. පීඩා නැතුව ජීවත් වෙනවා. වෙහෙස නැතුව, කිසිම දැවීමකුත් නැතුව තමයි ජීවත් වෙන්නේ. කය බිඳිලා ගියාට පස්සෙත් සුගතියේ ඉපදීමමයි කැමති වෙන්න තියෙන්නේ."

මේ අර්ථය භාග්‍යවතුන් වහන්සේ වදාළ සේක. එය මේ අයුරිනුත් පවසන්න පුළුවනි.

"ඇස, කන, නාසය, දිව, කයත් ඒ වගේම මනස කියන මේ ආයතනයත් තියෙනවා. ඒවා ඉතා හොඳින් සංවර කරගත් භික්ෂුවක් මේ ශාසනයේ ඉන්නවා,

වළඳන භෝජනයේ සැබෑ අර්ථයත් දන්නවා. ඉන්ද්‍රියයනුත් ඉතා හොඳින් සංවර කරගෙන ඉන්නවා. ඔහු කායික සැපයෙනුත්, මානසික සැපයෙනුත් සැපයට පත්වෙනවා.

ඔහුගේ කය දැවෙන්නෙත් නෑ. සිත දැවෙන්නෙත් නෑ. ඒ නිසාම දිවා

රාත්‍රී දෙකේ සැපසේම තමයි ජීවත් වෙන්නේ.”

මේ අර්ථය වදාරණ ලද්දේ භාග්‍යවතුන් වහන්සේ විසින්මයි. මේ විදිහට මා හට අසන්නට ලැබුනා.

සාදු! සාදු!! සාදු!!!

2.1.3.
තපනීය සූත්‍රය
පසුතැවීම ඇති කරවන දේ ගැන වදාළ දෙසුම

භාග්‍යවතුන් වහන්සේ තමයි මේ කාරණය වදාළේ. අරහත් මුනිඳාණන්මයි මෙය වදාළේ. මේ විදිහටයි මට අසන්නට ලැබුනේ.

“පින්වත් මහණෙනි, පසුතැවීම ඇති කරවන කරුණු දෙකක් තියෙනවා. ඒ කරුණු දෙක මොනවාද? පින්වත් මහණෙනි, මෙහි ඇතැම් කෙනෙක් ඉන්නවා, යහපත් දේවල් කර කියාගෙන නෑ. කුසල් කරගෙනත් නෑ. පිහිට පිණිස පවතින පින් කරගෙනත් නෑ. ඔහු පව් තමයි කරලා තියෙන්නේ. රෞද්‍ර දේවල් තමයි කරලා තියෙන්නේ. කිලුටු දේවල් තමයි කරලා තියෙන්නේ. ඉතින් ඔහු ‘අනේ! මට යහපත් දේවල් කරගන්න බැරිවුනා’ කියලා තැවෙනවා. ‘අනේ! මගෙන් පව් කෙරිල තියෙනවා’ කියලත් පසුතැවෙනවා. පින්වත් මහණෙනි, මේ තමයි පසුතැවීම ඇති කරවන කරුණු දෙක.”

මේ අර්ථය භාග්‍යවතුන් වහන්සේ වදාළ සේක. එය මේ අයුරිනුත් පවසන්න පුළුවනි.

“කයෙනුත් දුසිරිත් කරලා, වචනයෙනුත් දුසිරිත් කරලා, මනසිනුත් දුසිරිත් කරලා, තවත් දොස් සහිත දේවලුත් කරල නම් ඉන්නේ,

කුසල් දහම් කරගෙනත් නෑ. අකුසල්මයි බහුල වශයෙන් කරගෙන තියෙන්නේ. කය බිඳී මිය පරලොව ගියාට පස්සේ ඒ තැනැත්තා උපදින්නේ නිරයේ.”

මේ අර්ථය වදාරණ ලද්දේ භාග්‍යවතුන් වහන්සේ විසින්මයි. මේ විදිහට මා හට අසන්නට ලැබුනා.

සාදු! සාදු!! සාදු!!!

2.1.4.
අතපනීය සූත්‍රය
පසුතැවීම ඇති නොකරවන දේ ගැන වදාළ දෙසුම

භාග්‍යවතුන් වහන්සේ තමයි මේ කාරණය වදාළේ. අරහත් මුනිඳාණන්මයි මෙය වදාළේ. මේ විදිහටයි මට අසන්නට ලැබුනේ.

"පින්වත් මහණෙනි, පසුතැවීම ඇති නොකරවන කරුණු දෙකක් තියෙනවා. ඒ කරුණු දෙක මොනවාද? පින්වත් මහණෙනි, මෙහි ඇතැම් කෙනෙක් ඉන්නවා, යහපත් දේවල්මයි කරගෙන තියෙන්නේ. කුසල්මයි කරගෙන තියෙන්නේ. පිහිට පිණිස පවතින පින්මයි කරගෙන තියෙන්නේ. ඒ වගේම ඔහු අතින් පව් කෙරිලා නෑ. කෲර දේවල් කෙරිලා නෑ. කිලුටු දේවල් කෙරිලා නෑ. ඔහුට 'මගේ අතින් සිදුවුනේ යහපත් දේවල්මයි' කියලා සිතෙන නිසා තැවෙන්න දෙයක් නෑ. 'මගේ අතින් පව් කෙරිලා නෑ' කියලා සිතෙන නිසා ඒ ගැන තැවෙන්නෙත් නෑ. පින්වත් මහණෙනි, මේ තමයි පසුතැවීම ඇති නොකරන කාරණා දෙක."

මේ අර්ථය භාග්‍යවතුන් වහන්සේ වදාළ සේක. එය මේ අයුරිනුත් පවසන්න පුළුවනි.

"කයෙනුත් දුෂ්චරිතය අත්හැර දානවා. වචී දුෂ්චරිතයත් අත්හැර දානවා. මනෝ දුෂ්චරිතයත් අත්හැර දානවා. තවත් දොස් සහිත දේවල් තියෙනවා නම්, ඒවත් අත්හරිනවා.

අකුසල කර්ම කර නොගත්තු නිසා, බොහෝ කොට කුසල්ම කරගත්තු නිසා, කය බිඳිලා මිය පරලොව යන ඒ ඥාණවන්තයා දෙව්ලොව උපදිනවා."

මේ අර්ථය වදාරණ ලද්දේ භාග්‍යවතුන් වහන්සේ විසින්මයි. මේ විදිහට මා හට අසන්නට ලැබුනා.

සාදු! සාදු!! සාදු!!!

2.1.5.
පාපකසීල සූත්‍රය
සිත් කිලිටි වීම නිසා සිදුවන දේ ගැන වදාළ දෙසුම

භාග්‍යවතුන් වහන්සේ තමයි මේ කාරණය වදාළේ. අරහත් මුනිඳාණන්මයි මෙය වදාළේ. මේ විදිහටයි මට අසන්නට ලැබුනේ.

"පින්වත් මහණෙනි, කරුණු දෙකකින් සමන්විත කෙනා හරියට ඔසවාගෙන ආපු බරක් බිමින් තිබ්බා වගේ නිරයේමයි උපදින්නේ. ඒ කරුණු දෙක මොනවාද? පවිටු සීලයෙනුත්, පවිටු දෘෂ්ටියෙනුත් යුක්ත වීම යන කරුණු දෙක නිසයි. පින්වත් මහණෙනි, මේ කරුණු දෙකෙන් සමන්විත කෙනා හරියට ඔසවාගෙන ආපු බරක් බිමින් තියනවා වගේ නිරයේමයි ගිහින් උපදින්නේ."

මේ අර්ථය භාග්‍යවතුන් වහන්සේ වදාළ සේක. එය මේ අයුරිනුත් පවසන්න පුළුවනි.

"පවිටු සීලයෙනුත්, පවිටු දෘෂ්ටියෙනුත් කියන මේ කාරණා දෙකෙන් යුතු යම් මනුෂ්‍යයෙක් ඉන්නවා නම්, කය බිඳිලා මැරුණට පස්සේ ඒ අඥානයා නිරයේ උපදිනවා."

මේ අර්ථය වදාරණ ලද්දේ භාග්‍යවතුන් වහන්සේ විසින්මයි. මේ විදිහට මා හට අසන්නට ලැබුනා.

සාදු! සාදු!! සාදු!!!

2.1.6.
භද්දකසීල සූත්‍රය
සොඳුරු සිල්වත් බව ගැන වදාළ දෙසුම

භාග්‍යවතුන් වහන්සේ තමයි මේ කාරණය වදාළේ. අරහත් මුනිඳාණන්මයි මෙය වදාළේ. මේ විදිහටයි මට අසන්නට ලැබුනේ.

"පින්වත් මහණෙනි, කරුණු දෙකකින් සමන්විත කෙනා, හරියට

ඔසවාගෙන ආපු බරක් බිමින් තිබ්බා වගේ දෙව්ලොව උපදිනවා. මොන කරුණු දෙකෙන්ද? ඒ තමයි සුන්දර වූ සීලයත්, සුන්දර වූ දෘෂ්ටියත්. පින්වත් මහණෙනි, මේ කරුණු දෙකෙන් සමන්විත කෙනා හරියට ඔසවාගෙන ආපු බරක් බිමින් තියනවා වගේ, දෙව්ලොව උපදිනවා."

මේ අර්ථය භාග්‍යවතුන් වහන්සේ වදාළ සේක. එය මේ අයුරිනුත් පවසන්න පුළුවනි.

"යහපත් සීලයත්, යහපත් දෘෂ්ටියත් කියන මේ කරුණු දෙකෙන් යුතු නුවණැති කෙනෙක් ඉන්නවා. කය බිඳිලා මිය පරලොව ගියාට පස්සේ ඔහු දිව්‍ය ලෝකයේ උපදිනවා."

මේ අර්ථය වදාරණ ලද්දේ භාග්‍යවතුන් වහන්සේ විසින්මයි. මේ විදිහට මා හට අසන්නට ලැබුනා.

සාදු! සාදු!! සාදු!!!

2.1.7.
අනාතාපී සූත්‍රය
කෙලෙස් තවන වීරිය නැති පුද්ගලයා ගැන වදාළ දෙසුම

භාග්‍යවතුන් වහන්සේ තමයි මේ කාරණය වදාළේ. අරහත් මුනිඳාණන්මයි මෙය වදාළේ. මේ විදිහටයි මට අසන්නට ලැබුනේ.

"පින්වත් මහණෙනි, කෙලෙස් තවන වීරිය නැති, පාපයට භය නැති භික්ෂුව චතුරාර්ය සත්‍යය අවබෝධ කරන්න සුදුස්සෙක් වෙන්නේ නෑ. ඒ අමා නිවන අවබෝධ කරන්න සුදුස්සෙක් වෙන්නෙත් නෑ. සියලු බන්ධන සිඳ බිඳ දැමීමෙන් ලබන ඒ උත්තරීතර අරහත් ඵලය ලබන්න සුදුස්සෙක් වෙන්නෙත් නෑ.

නමුත් පින්වත් මහණෙනි, කෙලෙස් තවන වීරිය තියෙන, පවට භය තියෙන භික්ෂුව තමයි චතුරාර්ය සත්‍ය ධර්මය අවබෝධ කරන්න සුදුස්සෙක් වෙන්නේ. ඒ අමා නිවන අවබෝධ කරන්න සුදුස්සෙක් වෙන්නෙත්. සියලු බන්ධන සිඳ බිඳ දැමීමෙන් ලබන ඒ උත්තරීතර අරහත් ඵලය ලබන්න සුදුස්සෙක් වෙන්නෙත්."

මේ අර්ථය භාග්‍යවතුන් වහන්සේ වදාළ සේක. එය මේ අයුරිනුත් පවසන්න පුළුවනි.

"කෙලෙස් තවන වීරිය නැති, පවට භය නැති, අකුසල් දුරු කරන්න කම්මැලි, ලිහිල් වෙච්ච වීරිය තියෙන කෙනෙක් ඉන්නවා. ඔහු හැම තිස්සෙම නිදා වැටි වැටී තමයි ඉන්නේ. පවට ලැජ්ජාවක් නෑ. නිවන් සුව විඳින්න ඕනකමකුත් නෑ. ඒ වගේ භික්ෂුවක් නම් මේ උතුම් අරහත්වය ස්පර්ශ කරන්න සුදුස්සෙක් වෙන්නේ නෑ.

යම් කෙනෙක් සතිපට්ඨානයේ සිත පිහිටුවාගෙන ඉන්නවා. තැනට සුදුසු නුවණත් තියෙනවා. ධ්‍යානත් වඩනවා. පවට භයයි. ධර්මයේ හැසිරෙන්න ප්‍රමාද වෙන්නේ නෑ. අන්න ඒ භික්ෂුව මේ ජීවිතයේදීම සියලු බන්ධන සිඳ බිඳ දමා ඉපදෙන දිරන ජීවිතය ගෙවා දමා උත්තරීතර වූ අරහත්වය ස්පර්ශ කරනවා."

මේ අර්ථය වදාරණ ලද්දේ භාග්‍යවතුන් වහන්සේ විසින්මයි. මේ විදිහට මා හට අසන්නට ලැබුනා.

සාදු! සාදු!! සාදු!!!

2.1.8.
පඨම ජනකුහන සූත්‍රය
ජනයා රැවටීම ගැන වදාළ පළමු දෙසුම

භාග්‍යවතුන් වහන්සේ තමයි මේ කාරණය වදාළේ. අරහත් මුනිඳාණන්මයි මෙය වදාළේ. මේ විදිහටයි මට අසන්නට ලැබුනේ.

"පින්වත් මහණෙනි, නිවන් පිණිස හේතුවන මේ උතුම් පැවිදි ජීවිතය **(බ්‍රහ්මචරියාව)** තියෙන්නේ 'ජනතාව මේ මාව මේ විදිහට දැනගනිත්වා!'යි කියලා ජනතාව රවට්වන්න නොවෙයි. ජනතාව ලවා ගුණ කියවාගන්නත් නොවෙයි. ලාභ සත්කාර, කීර්ති ප්‍රශංසා ආදිය ලබාගන්නත් නොවෙයි. පින්වත් මහණෙනි, මේ බ්‍රහ්මචාරී වූ පිරිසිදු පැවිදි ජීවිතය තියෙන්නේ සංවර වීම පිණිසත්, සියලු කෙලෙසුන් ප්‍රහාණය කිරීම පිණිසත් විතරයි."

මේ අර්ථය භාග්‍යවතුන් වහන්සේ වදාළ සේක. එය මේ අයුරිනුත් පවසන්න පුළුවනි.

"මේ උතුම් පැවිදි ජීවිතය තියෙන්නේ සංවර වීම පිණිසයි. සියලු කෙලෙසුන් ප්‍රහාණය කිරීම පිණිසයි. මෙලොව පරලොව වුවදුරු දුරු කිරීම පිණිසයි. ඒ භාග්‍යවතුන් වහන්සේ ඒ අමා නිවන වෙත පමුණුවන වැඩපිළිවෙලක් වශයෙන්මයි මේ පැවිදි ජීවිතය පෙන්වා වදාළේ.

මේ උතුම් නිවන් මග අනුගමනය කරන ලද්දේ මහා ඉසිවර මහෝත්තමයන් වහන්සේලා විසින්මයි. යම් කෙනෙක් බුදු රජුන් විසින් වදාළ විදිහටම මේ නිවන් මාර්ගය පිළිපදිනවා නම්, ශාස්තෘ ශාසනය ඉටු කරන්නා වූ ඒ උත්තමයන් වහන්සේලා මේ සියලු දුක් කෙළවර කරලා දානවා."

මේ අර්ථය වදාරණ ලද්දේ භාග්‍යවතුන් වහන්සේ විසින්මයි. මේ විදිහට මා හට අසන්නට ලැබුනා.

සාදු! සාදු!! සාදු!!!

2.1.9.
දුතිය ජනකුහන සූත්‍රය
ජනයා රැවටීම ගැන වදාළ දෙවෙනි දෙසුම

භාග්‍යවතුන් වහන්සේ තමයි මේ කාරණය වදාළේ. අරහත් මුනිඳාණන්මයි මෙය වදාළේ. මේ විදිහටයි මට අසන්නට ලැබුනේ.

"පින්වත් මහණෙනි, නිවන් පිණිස හේතුවන මේ උතුම් පැවිදි ජීවිතය (බ්‍රහ්මචරියාව) තියෙන්නේ 'ජනතාව මේ මාව මේ විදිහට දැනගනිත්වා!'යි කියලා ජනතාව රවට්වන්න නොවෙයි. ජනතාව ලවා ගුණ කියවා ගන්නත් නොවෙයි. ලාභ සත්කාර, කීර්ති ප්‍රශංසා ආදිය ලබාගන්නත් නොවෙයි. පින්වත් මහණෙනි, මේ බ්‍රහ්මචාරී වූ පිරිසිදු පැවිදි ජීවිතය තියෙන්නේ විශේෂ ඥාණය අවබෝධ කරගැනීම පිණිසත්, පරිපූර්ණ ජීවිතාවබෝධය ලබාගැනීම පිණිසත් විතරයි."

මේ අර්ථය භාග්‍යවතුන් වහන්සේ වදාළ සේක. එය මේ අයුරිනුත් පවසන්න පුළුවනි.

"මේ උතුම් පැවිදි ජීවිතය තියෙන්නේ විශේෂ ඥාණය අවබෝධ කරගැනීම පිණිසත්, පරිපූර්ණ ජීවිතාවබෝධය ලබා ගැනීම පිණිසත්, මෙලොව පරලොව වුවදුරු දුරු කිරීම පිණිසත් විතරයි. ඒ භාග්‍යවතුන් වහන්සේ ඒ අමා නිවන වෙත පමුණුවන වැඩපිළිවෙලක් වශයෙන්මයි මේ පැවිදි ජීවිතය පෙන්වා වදාළේ.

මේ උතුම් නිවන් මග අනුගමනය කරන ලද්දේ මහා ඉසිවර මහෝත්තමයන් වහන්සේලා විසින්මයි. යම් කෙනෙක් බුදු රජුන් විසින් වදාළ විදිහටම මේ නිවන් මාර්ගය පිළිපදිනවා නම්, ශාස්තෘ ශාසනය ඉටු කරන්නා වූ ඒ උත්තමයන් වහන්සේලා මේ සියලු දුක් කෙළවර කරලා දානවා."

මේ අර්ථය වදාරණ ලද්දේ භාග්‍යවතුන් වහන්සේ විසින්මයි. මේ විදිහට මා හට අසන්නට ලැබුනා.

සාදු! සාදු!! සාදු!!!

2.1.10.
සෝමනස්ස සූත්‍රය
සතුටින් විසීම ගැන වදාළ දෙසුම

භාග්‍යවතුන් වහන්සේ තමයි මේ කාරණය වදාළේ. අරහත් මුනිඳාණන්මයි මෙය වදාළේ. මේ විදිහටයි මට අසන්නට ලැබුනේ.

"පින්වත් මහණෙනි, කරුණු දෙකකින් සමන්විත භික්ෂුව මේ ජීවිතයේදීම ගොඩාක් සැපෙන්, සතුටින් ජීවත් වෙනවා. ඒ කාරණයෙන් ඔහු ආශ්‍රවයන් ක්ෂය කිරීම පිණිස පටන්ගත් වීරියෙනුත් යුක්ත වෙනවා. ඒ කරුණු දෙක මොකක්ද? සංවේගයට පත්විය යුතු තැන්වලදී සංවේගයට පත්වීමත්, ඒ විදිහට සංවේග යට පත්වෙලා නුවණින් යුතු වීරිය කිරීමත් කියන දෙක. පින්වත් මහණෙනි, මෙන්න මේ කාරණා දෙකින් සමන්විත භික්ෂුව මේ ජීවිතයේදීම ගොඩාක් සැපෙන්, සතුටින් වාසය කරනවා. ඒ නිසා ඔහු අරහත්වය පිණිස වුවමනා වැඩපිළිවෙලත් පටන් ගත්තා වෙනවා."

මේ අර්ථය භාග්‍යවතුන් වහන්සේ වදාළ සේක. එය මේ අයුරිනුත් පවසන්න පුළුවනි.

"කෙලෙස් නසා දැමීමේ වීරිය තියෙන, අමා නිවන් මග ගැන අතිශයින් දක්ෂ භික්ෂුවක් ඉන්නවා. ඔහු නුවණින් විමසා බලන කෙනෙක්. ඒ ඥාණවන්තයා සංවේගයට පත්විය යුතු තැන්වල සංවේගයට පත්වෙනවා.

මේ විදිහට කෙලෙස් තවන වීරියෙන් යුක්තව, ශාන්ත ගති පැවතුම්වලින් යුක්තව, සංසිඳීමෙන් යුක්තව චිත්ත සමථයෙහි භාවනා වශයෙන් යෙදී සිටින භික්ෂුව සියලු දුක් නැති කිරීමට පැමිණෙනවා."

මේ අර්ථය වදාරණ ලද්දේ භාග්‍යවතුන් වහන්සේ විසින්මයි. මේ විදිහට මා හට අසන්නට ලැබුනා.

සාදු! සාදු!! සාදු!!!

පළවෙනි වර්ගය නිමා විය.

2. දෙවෙනි වර්ගය

2.2.1.
විතක්ක සූත්‍රය
විතර්ක කිරීම ගැන වදාළ දෙසුම

භාග්‍යවතුන් වහන්සේ තමයි මේ කාරණය වදාළේ. අරහත් මුනිඳාණන්මයි මෙය වදාළේ. මේ විදිහටයි මට අසන්නට ලැබුනේ.

"පින්වත් මහණෙනි, තථාගත අරහත් සම්මා සම්බුදුරජාණන් වහන්සේ තුළ විතර්ක දෙකක් බහුල වශයෙන් පවතිනවා. පින්වත් මහණෙනි, කිසි බියක් සැකක් නැති (ක්ෂේම වූ) කල්පනාවත්, ඉතා ගැඹුරු වූ හුදෙකලා විවේකයත් යන දෙකයි. ඒ නිසා පින්වත් මහණෙනි, තථාගතයන් වහන්සේ අහිංසාවේමයි ඇලී සිටින්නේ. අහිංසාව තුළමයි රැඳී සිටින්නේ. පින්වත් මහණෙනි, අහිංසාවේම ඇලී සිටින, අහිංසාව තුළම රැඳී සිටින තථාගතයන් වහන්සේට මේ විතර්කමයි බහුලව පවතින්නේ. 'තැති ගන්නා අය වේවා, තැති නොගන්නා අය වේවා කිසිම කෙනෙක්ව මම ගත කරන මේ ඉරියව්වලින් පෙළන්නේ නෑ' කියලා. පින්වත් මහණෙනි, තථාගතයන් වහන්සේ ඉතා ගැඹුරු හුදෙකලා විවේකයේ ඇලී ඉන්නේ. ඉතා ගැඹුරු හුදෙකලා විවේකයේ රැඳී ඉන්නේ. පින්වත් මහණෙනි, ඒ විදිහට ඉතා ගැඹුරු හුදෙකලා විවේකයේ ඇලී ඉන්න, ඉතා ගැඹුරු හුදෙකලා විවේකයේ රැඳී ඉන්න තථාගතයන් වහන්සේට බහුලව පවතින්නේ මෙන්න මේ විතර්කය තමයි. 'යම් අකුසලයක් තිබුනා නම්, ඒ සියල්ලම දැන් ප්‍රහීණයි' කියලා.

ඒ නිසා පින්වත් මහණෙනි, ඔබ පවා අහිංසාවේම ඇලී සිටින්න. අහිංසාවේම රැඳී සිටින්න. පින්වත් මහණෙනි, ඒ විදිහට අහිංසාවේ ඇලී සිටින කොට අහිංසාවේ රැඳී සිටින කොට ඔබ තුළත් මේ විතර්කය බහුලව පවතීවි. 'තැති ගන්නා අය වේවා, තැති නොගන්නා අය වේවා කිසිම කෙනෙක්ව අප ගත කරන මේ ඉරියව්වලින් පෙළන්නේ නෑ' කියලා. පින්වත් මහණෙනි,

ඔබත් ඉතා ගැඹුරු හුදෙකලා විවේකයේ ඇලී සිටින්න. ඉතා ගැඹුරු හුදෙකලා විවේකයේ රැඳී සිටින්න. පින්වත් මහණෙනි, ඒ විදිහට ඉතා ගැඹුරු හුදෙකලා විවේකයේ ඇලී ඉන්න කොට, ඉතා ගැඹුරු හුදෙකලා විවේකයේ රැඳී ඉන්න කොට ඔබටත් බහුලව පවතින්නේ මෙන්න මේ විතර්කය තමයි. 'යම් අකුසලයක් තිබුනා නම්, ඒ සියල්ලම දැන් ප්‍රහීණයි' කියලා."

මේ අර්ථය භාග්‍යවතුන් වහන්සේ වදාළ සේක. එය මේ අයුරිනුත් පවසන්න පුළුවනි.

"වෙන කෙනෙකුට ඉසිලිය නොහැකි අනන්ත ගුණ දහම් උසුලා දරා සිටින තථාගත වූ බුදුරජාණන් වහන්සේට විතර්ක දෙකක් පවතිනවා. පළමුවෙන්ම කිව්වේ ක්ෂේම විතර්කයයි. ඊට පස්සේ ඉතා ගැඹුරු හුදෙකලා විවේකය ගැන තියෙන විතර්කය තමයි දෙවෙනුව ප්‍රකාශ කළේ.

ඒ ඉසිවර වූ බුදු සමිඳාණන් මෝහාන්ධකාරය දුරු කොට වදාළා. සසරෙන් එතෙරට වැඩම කළා. පැමිණිය යුතු පරම උත්තම ස්ථානයට පැමිණ වදාළා. සිත තමන්ගේ වසඟයට ගත්තා. ආශ්‍රව රහිත වුනා. තණ්හාව ක්ෂය කරගත්තා. අන් අයවත් සසරින් එතෙර කොට වදාළා. ඒ මුනිඳාණන් මේ දරන්නේ අන්තිම සිරුරයි. උන්වහන්සේ පවිටු මාරයාවත් දුරු කොට වදාළා. ජරා මරණ ලෝකයෙන් එතෙර වී වදාළා.

ශෛලමය පර්වතයක් මුදුනට නැග ගත් කෙනෙක් ඉන්නවා. ඔහුට වටපිටාවේ හාත්පසින් ඉන්න ජනතාව හොඳට දකින්න පුළුවනි. අන්න ඒ වගේ තමයි, මහා ප්‍රාඥ වූ, හැමදේම දකින ඇස් ඇති බුදුරජාණන් වහන්සේ ධර්මයෙන් නිර්මිත වූ ප්‍රාසාදයටත් නැග ශෝක රහිත වෙලා බලා වදාරණ විට උන්වහන්සේට දකින්න ලැබෙන්නේ ජාති ජරා දුකෙන් පෙළී ශෝකයෙන් වෙලුණු සත්ව ප්‍රජාවයි."

මේ අර්ථය වදාරණ ලද්දේ භාග්‍යවතුන් වහන්සේ විසින්මයි. මේ විදිහට මා හට අසන්නට ලැබුනා.

සාදු! සාදු!! සාදු!!!

2.2.2.
දේසනා සූත්‍රය
තථාගතයන් වහන්සේගේ දහම් දෙසීමේ ක්‍රම ගැන වදාළ දෙසුම

භාග්‍යවතුන් වහන්සේ තමයි මේ කාරණය වදාළේ. අරහත් මුනිඳාණන්මයි මෙය වදාළේ. මේ විදිහටයි මට අසන්නට ලැබුනේ.

"පින්වත් මහණෙනි, තථාගත වූ අරහත් සම්මා සම්බුදුරජාණන් වහන්සේගේ ධර්ම දේශනා ක්‍රම පිළිවෙලවල් දෙවිදිහක් තියෙනවා. මොනවාද ඒ ක්‍රම දෙක? 'පාපයන් ලාමක දෙයක් හැටියට දකින්න'යි කීම පළමුවෙනි ධර්ම දේශනා ක්‍රමයයි. 'පාපය ලාමක දෙයක් හැටියට දැකලා ඒ ගැන කලකිරෙන්න, නොඇලෙන්න, නිදහස් වෙන්න'යි කීම තමයි දෙවෙනි ධර්ම දේශනා ක්‍රමය. පින්වත් මහණෙනි, තථාගත වූ අරහත් සම්මා සම්බුදුරජාණන් වහන්සේගේ ධර්ම දේශනා ක්‍රම කාරණා වශයෙන් මේ දෙවිදිහටයි පවතින්නේ."

මේ අර්ථය භාග්‍යවතුන් වහන්සේ වදාළ සේක. එය මේ අයුරිනුත් පවසන්න පුළුවනි.

"සියලු සත්වයින් ගැන අප්‍රමාණ අනුකම්පා ඇති තථාගත සම්බුදුරජාණන් වහන්සේගේ පිළිවෙලින් වදාළ වචනය බලන්න. උන්වහන්සේ කාරණා දෙකක් ප්‍රකාශ කොට වදාළා.

මේ පාපය ලාමක වශයෙන් බලන්න. එහි ඇලෙන්න එපා. ඒ නොඇලුන සිතින් සියලු දුක් කෙළවර කරන්න' කියලයි."

මේ අර්ථය වදාරණ ලද්දේ භාග්‍යවතුන් වහන්සේ විසින්මයි. මේ විදිහට මා හට අසන්නට ලැබුනා.

සාදු! සාදු!! සාදු!!!

2.2.3.
විජ්ජා සූත්‍රය
අවබෝධය (විද්‍යාව) ගැන වදාළ දෙසුම

භාග්‍යවතුන් වහන්සේ තමයි මේ කාරණය වදාළේ. අරහත් මුනිඳාණන්මයි මෙය වදාළේ. මේ විදිහටයි මට අසන්නට ලැබුනේ.

"පින්වත් මහණෙනි, අකුසල් රැස් වෙන්න මුල් වෙන්නේ මේ චතුරාර්ය සත්‍යය ගැන ඇති අවබෝධය නැතිකම (අවිද්‍යාව) මයි. පින්වත් මහණෙනි, කුසල් දහම් රැස් වෙන්න පෙරටු වෙන්නේ චතුරාර්ය සත්‍යය ගැන ඇති අවබෝධය (විද්‍යාව) යි. පවට තියෙන ලැජ්ජාවත්, බියත් ඒ අනුව තමයි පවතින්නේ."

මේ අර්ථය භාග්‍යවතුන් වහන්සේ වදාළ සේක. එය මේ අයුරිනුත් පවසන්න පුළුවනි.

"මෙලොව හරි, පරලොව හරි ලැබෙන යම් දුගතියක් තියෙනවා නම්, ඒ සියලු දුගති අවිද්‍යාව මුල් කරගෙනමයි ඇතිවෙන්නේ. ආශා කරන දේ සෙවීමත්, එයට ලෝභ ඉපදවීමත් තුළින් තමයි කර්ම රැස් වෙන්නේ.

යම් කලෙක මේ ලාමක ආශාවත්, පවට ලැජ්ජා නැති බවත්, කුසලයට ආශා නොවීමත් කියන මෙයින් තමයි පව් රැස් වෙන්නේ. ඒ හේතුව නිසාමයි අපායට යන්නේ.

ඒ නිසා ආශාවත්, ලෝභයත්, අවිද්‍යාවත් දුරු කරන්න ඕන. විද්‍යාව උපදවාගන්න ඕන. අන්න ඒ භික්ෂුව තමයි සියලු දුගතීන් දුරු කරලා දාන්නේ."

මේ අර්ථය වදාරණ ලද්දේ භාග්‍යවතුන් වහන්සේ විසින්මයි. මේ විදිහට මා හට අසන්නට ලැබුනා.

සාදු! සාදු!! සාදු!!!

2.2.4.
පඤ්ඤා පරිහානි සූත්‍රය
ප්‍රඥාව පිරිහීම ගැන වදාළ දෙසුම

භාග්‍යවතුන් වහන්සේ තමයි මේ කාරණය වදාළේ. අරහත් මුනිඳාණන්මයි මෙය වදාළේ. මේ විදිහටයි මට අසන්නට ලැබුනේ.

"පින්වත් මහණෙනි, යම් කෙනෙක් ආර්ය වූ ප්‍රඥාවෙන් පිරිහුනොත්, ඔහු සියල්ලෙන්ම පිරිහුනා වෙනවා. ඔවුන්ට මේ ජීවිතයේදීම ජීවත් වෙන්න සිද්ධ වෙන්නේ ගොඩාක් දුක් සහිතවමයි. පීඩා සහිතවමයි. වෙහෙස සහිතවමයි. දැවීම් සහිතවමයි. කය බිඳිලා මරණයට පත්වුනාට පස්සෙත් කැමති වෙන්න තියෙන්නේ දුගතියම තමයි. පින්වත් මහණෙනි, යම් කෙනෙක් ආර්ය වූ ප්‍රඥාවෙන් පිරිහුනේ නැත්නම්, ඇත්තෙන්ම ඒ අය පිරිහිලා නෑ. ඒ අය මේ ජීවිතයේදීම සැප සේ ජීවත් වෙනවා. පීඩා නැතුව ජීවත් වෙනවා. වෙහෙස නැතුව ජීවත් වෙනවා. දැවීම් නැතුව ජීවත් වෙනවා. කය බිඳිලා මැරුණට පස්සේ කැමති වෙන්න තියෙන්නේ සුගතියේ ඉපදීමමයි."

මේ අර්ථය භාග්‍යවතුන් වහන්සේ වදාළ සේක. එය මේ අයුරිනුත් පවසන්න පුළුවනි.

"පිරිහී ගිය ප්‍රඥාවෙන් යුතු මේ දෙවියන් සහිත ලෝකයා දෙස බලන්න. ඔවුන් මේ නාමරූපයටම බැසගෙන මෙය එකම ඇත්ත කියලයි හිතාගෙන ඉන්නේ.

යමකින් ඉපදීමත්, භවයත් ක්ෂය වී යාම මැනැවින් දැනගන්නවා නම්, අවබෝධය කරා යන අන්න ඒ ප්‍රඥාවම තමයි ලෝකයේ ශ්‍රේෂ්ඨ වෙන්නේ.

අන්තිම සිරුරක් දරන, මනා ප්‍රඥා ඇති, සතිමත් වූ සම්බුදුරජාණන් වහන්සේලාට දෙවියොත්, මනුෂ්‍යයොත් ගොඩාක් කැමැතියි."

මේ අර්ථය වදාරණ ලද්දේ භාග්‍යවතුන් වහන්සේ විසින්මයි. මේ විදිහට මා හට අසන්නට ලැබුනා.

සාදු! සාදු!! සාදු!!!

2.2.5.
සුක්කධම්ම සූත්‍රය
කුසල් දහම් ගැන වදාළ දෙසුම

භාග්‍යවතුන් වහන්සේ තමයි මේ කාරණය වදාළේ. අරහත් මුනිඳාණන්මයි මෙය වදාළේ. මේ විදිහටයි මට අසන්නට ලැබුනේ.

"පින්වත් මහණෙනි, ලෝකය පාලනය කරන මේ කුසල් දහම් දෙකක් තියෙනවා. මොනවද ඒ දෙක? පව් කරන්න තියෙන ලැජ්ජාවත් **(හිරි)**, පව් කරන්න තියෙන බියත් **(ඔත්තප්ප)** කියන දෙක. පින්වත් මහණෙනි, මේ කුසල් දහම් දෙක විසින් ලෝකය පාලනය නොකරනවා නම්, 'මේ ඉන්නේ අම්මා කියලාවත්, මේ ඉන්නේ සුළු මව කියලාවත්, මේ ඉන්නෙ නැන්දා කියලාවත්, මේ ඉන්නෙ ආචාර්යවරයාගේ භාර්යාව කියලාවත්, මේ ඉන්නෙ ගරු කටයුත්තන්ගේ භාර්යාවන් කියලාවත් තැකීමක් කරන්නේ නෑ. **(ඒ විදිහට වුනේ නැත්නම්)** මේ ලෝ වැසියෝ එළු බැටළුවෝ වගේ, කුකුල්ලු ඌරෝ වගේ, බල්ලො හිවල්ලු වගේ සම්භෝගයට පැමිණෙනවා. පින්වත් මහණෙනි, මේ කුසල් දහම් දෙකින් ලෝකය පාලනය කරනවා. ඒ නිසා තමයි 'මේ අම්මා කියලා, මේ සුළු මව කියලා, මේ නැන්දා කියලා, මේ ආචාර්යවරයාගේ භාර්යාව කියලා, මේ ගරුකටයුත්තන්ගේ භාර්යාවන් කියලා' පැණවීමක් තියෙන්නේ."

මේ අර්ථය භාග්‍යවතුන් වහන්සේ වදාළ සේක. එය මේ අයුරිනුත් පවසන්න පුළුවනි.

"යම් අය තුළ හැම තිස්සේම මේ ලැජ්ජාව, භය කියන දෙක පිහිටල නැත්නම්, කුසල් මුල්වලින් ගිලිහිච්ච ඔවුන් ජාති, ජරා, මරණයටම පැමිණෙන අය වෙනවා.

එහෙත් යම් කෙනෙකුට ලැජ්ජා භය දෙක හැම තිස්සෙම හොඳින් පිහිටලා තියෙනවා නම්, බඹසරෙහි වැඩුණු ඒ ශාන්ත උතුමන් තමයි මේ පුනර්භවය ක්ෂය කරලා දාන්නේ."

මේ අර්ථය වදාරණ ලද්දේ භාග්‍යවතුන් වහන්සේ විසින්මයි. මේ විදිහට මා හට අසන්නට ලැබුනා.

සාදු! සාදු!! සාදු!!!

2.2.6.
අජාත සූත්‍රය
හට නොගත්තේ නම්, නොවන්නේ යැයි ගැන වදාළ දෙසුම

භාග්‍යවතුන් වහන්සේ තමයි මේ කාරණය වදාළේ. අරහත් මුනිඳාණන්මයි මෙය වදාළේ. මේ විදිහටයි මට අසන්නට ලැබුනේ.

"පින්වත් මහණෙනි, හේතු ප්‍රත්‍යයන්ගෙන් හට නොගත් නිසා හට නොගත්තා වූ, සකස් නොවූ, කිසිවෙකු විසින් නොකළා වූ, වෙනස් වන ධර්මතාවට අයත් නොවූ (**නිවන කියලා**) දෙයක් තියෙනවා. පින්වත් මහණෙනි, ඔය විදිහට හට නොගත්, සකස් නොවූ, කිසිවෙකු විසින් නොකළ, වෙනස් වන ධර්මතාවට අයත් නොවෙන මේ දේ (**නිවන**) නොතිබුනා නම්, හේතු ප්‍රත්‍යයන්ගෙන් හට ගත් නිසා හටගත්තා වූ, සකස් වූ, කරන ලද්දා වූ, වෙනස් වන ධර්මතාවට අයත් වූ (**දුක නම් වූ**) මේ දෙයින් නිදහස් වීමක් ලැබෙන්නේ නෑ. පින්වත් මහණෙනි, යම් හෙයකින් හට නොගත්තා වූ, සකස් නොවූ, කිසිවෙකු විසින් නොකළා වූ, වෙනස් වන ධර්මතාවට අයත් නොවූ දෙයක් තියෙන නිසා තමයි මේ හට ගත්තා වූ, සකස් වූ, කරන ලද්දා වූ, වෙනස් වන ධර්මතාවයට අයිති වූ දෙයින් නිදහස් වීමක් තියෙන්නේ."

මේ අර්ථය භාග්‍යවතුන් වහන්සේ වදාළ සේක. එය මේ අයුරිනුත් පවසන්න පුළුවනි.

"හට ගත්, සකස් වූ, උපන්, කරන ලද, හේතු ඵල දහමින් සකස් වූ මේ දේවල් ඒකාන්තයෙන්ම අස්ථිරයි. ජරා, මරණ සමඟ එකට බැඳිලයි තියෙන්නෙ. ලෙඩ රෝගයන්ට කැදැල්ලක් වගේ තියෙන්නේ. සැණෙකින් බිඳිලා යනවා. ආහාර පිළිබඳව ඇති තණ්හාව හේතු කොට ගෙන හැදිල තියෙන මේ ජීවිතය 'මම, මගේ' කියලා පිළිගන්න කොහෙත්ම සුදුසු නෑ.

ඒ පංච උපාදානස්කන්ධ දුකෙන් නිදහස් වීම ශාන්ත දෙයක්මයි. ඒක තර්කයට ගෝචර නොවන දෙයක්මයි. ස්ථිර දෙයක්මයි. හේතු ඵල දහමෙන් හට නොගත් දෙයක්මයි. යමකින් නූපන් දෙයක්මයි. ශෝක රහිත දෙයක්මයි. නිකෙලෙස් දෙයක්මයි. ඒ අමා නිවන යනු මේ දුක නිරුද්ධ වීමමයි. සංස්කාරයන්ගේ සංසිඳීමමයි මෙතැන තියෙන සැපය."

මේ අර්ථය වදාරණ ලද්දේ භාග්‍යවතුන් වහන්සේ විසින්මයි. මේ විදිහට මා හට අසන්නට ලැබුනා.

සාදු! සාදු!! සාදු!!!

2.2.7.
නිබ්බානධාතු සූත්‍රය
නිර්වාණ ධාතුව ගැන වදාළ දෙසුම

භාග්‍යවතුන් වහන්සේ තමයි මේ කාරණය වදාළේ. අරහත් මුනිඳාණන්මයි මෙය වදාළේ. මේ විදිහටයි මට අසන්නට ලැබුනේ.

"පින්වත් මහණෙනි, මේ නිර්වාණ ධාතු දෙකක් තියෙනවා. මොනවද ඒ දෙක? සෝපාදිශේෂ නිර්වාණ ධාතුවත්, අනුපාදිශේෂ නිර්වාණ ධාතුවත්.

පින්වත් මහණෙනි, මේ සෝපාදිශේෂ නිර්වාණ ධාතුව කියන්නේ මොකක්ද? පින්වත් මහණෙනි, මෙහි භික්ෂුවක් ඉන්නවා. ඔහු රහතන් වහන්සේ නමක්. ආශ්‍රවයන් ක්ෂය කරපු කෙනෙක්. නිවන් මඟ සම්පූර්ණ කරගත්තු කෙනෙක්. උතුම් වූ අරහත්වය පිණිස කළ යුතු සියල්ලම කරපු කෙනෙක්. කෙලෙස් බර වීසි කරපු කෙනෙක්. මාර්ගඵල පිළිවෙලින් අරහත්වයට පත් වූ කෙනෙක්. සියලු භව බන්ධන ක්ෂය කරපු කෙනෙක්. අවබෝධයෙන්ම දුකින් නිදහස් වූ කෙනෙක්. ඒ රහත් භික්ෂුවටත් මේ ඇස්, කන් ආදී ඉන්ද්‍රියයන් පහම තියෙනවා. ඒවා තවම නැතිවෙලා නැති නිසා මනාප අමනාප වූ සැප දුක් ලැබෙනවා. නමුත් ඒ රහත් භික්ෂුවගේ රාගය ප්‍රහීණයි. ද්වේෂය ප්‍රහීණයි. මෝහය ප්‍රහීණයි. මේක තමයි පින්වත් මහණෙනි, සෝපාදිශේෂ නිර්වාණ ධාතුව කියන්නේ.

පින්වත් මහණෙනි, මේ අනුපාදිශේෂ නිර්වාණ ධාතුව කියන්නේ මොකක්ද? පින්වත් මහණෙනි, මෙහි භික්ෂුවක් ඉන්නවා. ඔහු රහතන් වහන්සේ නමක්. ආශ්‍රවයන් ක්ෂය කරපු කෙනෙක්. නිවන් මඟ සම්පූර්ණ කරගත්තු කෙනෙක්. උතුම් වූ අරහත්වය පිණිස කළ යුතු සියල්ලම කරපු කෙනෙක්. කෙලෙස් බර වීසි කරපු කෙනෙක්. මාර්ගඵල පිළිවෙලින් අරහත්වයට පත් වූ කෙනෙක්. සියලු භව බන්ධන ක්ෂය කරපු කෙනෙක්. අවබෝධයෙන්ම දුකින් නිදහස් වූ කෙනෙක්. පින්වත් මහණෙනි, ඒ රහතන් වහන්සේගේ ඒ විඳින සියලු විඳීම් කිසි ලෙසකිනුත් තණ්හාවෙන් නොපිළිගන්නා නිසා මේ ජීවිතයේදීම

(පිරිනිවන් පෑමෙන්) සිසිල් වෙලා යනවා. පින්වත් මහණෙනි, මෙන්න මේකට තමයි කියන්නේ අනුපාදිශේෂ නිර්වාණ ධාතුව කියලා."

මේ අර්ථය භාග්‍යවතුන් වහන්සේ වදාළ සේක. එය මේ අයුරිනුත් පවසන්න පුළුවනි.

"සදහම් ඇස් ඇති, කෙලෙස් සමඟ කිසි එකතුවක් නැති, අකම්පිත සිත් ඇති ඒ බුදුරජාණන් වහන්සේ මේ නිර්වාණ ධාතු දෙකක් වදාළා. එක නිර්වාණ ධාතුවක් මේ ජීවත් වෙලා ඉන්න කාලයේමයි. ඒක සෝපාදිශේෂයි. භවයේ උපදින්න සිද්ධ වෙන දේවල් ක්ෂය වෙලා. අනික් නිර්වාණ ධාතුව අනුපාදිශේෂයි. ඒකෙන් තමයි නැවතත් කිසි භවයක් හට නොගන්නේ. ඒක සිද්ධ වෙන්නේ පිරිනිවන් පෑවට පස්සෙයි.

යම් කෙනෙක් කෙලෙස්වලින් සකස් නොවූ මේ නිවන අවබෝධ කරගෙන භව බන්ධන සිඳලා දාලා, සියලු කෙලෙස්වලිනුත් නිදහස් වුනු සිතින් නම් ඉන්නේ, ඒ රහතන් වහන්සේලා ධර්මයේ සාරයට පැමිණිලා කෙලෙසුන් ක්ෂය වූ ඒ අමා නිවනෙහි සිත් අලවාගෙන ඉන්නේ. අකම්පිත සිත් ඇති ඒ රහත් මුනිවරු සියලු භවයන් ප්‍රහාණය කළා."

මේ අර්ථය වදාරණ ලද්දේ භාග්‍යවතුන් වහන්සේ විසින්මයි. මේ විදිහට මා හට අසන්නට ලැබුනා.

සාදු! සාදු!! සාදු!!!

2.2.8.
පටිසල්ලාන සූත්‍රය
හුදෙකලාවේ සිටීම ගැන වදාළ දෙසුම

භාග්‍යවතුන් වහන්සේ තමයි මේ කාරණය වදාළේ. අරහත් මුනිඳාණන්මයි මෙය වදාළේ. මේ විදිහටයි මට අසන්නට ලැබුනේ.

"පින්වත් මහණෙනි, හුදෙකලාවේම ඇලී වාසය කරන්න. හුදෙකලාවේම යෙදී වාසය කරන්න. තමා තුළම සිත සංසිඳුවා ගැනීමේ යෙදෙමින් සිටින්න. ධ්‍යානයෙන් බැහැර නොවී සිටින්න. විදර්ශනා භාවනාවේ යෙදෙමින් හිස් කුටියකට වෙලා භාවනා කරන්න. පින්වත් මහණෙනි, හුදෙකලාවේම ඇලී වාසය කරන, හුදෙකලාවේම යෙදී වාසය කරන, තමා තුළම සිත සංසිඳුවා

ගැනීමෙහි යෙදී සිටින, ධ්‍යානයෙන් වෙන් නොවී වාසය කරන, විදර්ශනා භාවනා වඩමින් හිස් කුටියක වාසය කරන, භික්ෂූන්ට කැමැති වෙන්න තියෙන්නේ මෙන්න මේ ඵල දෙකෙන් එකක් තමයි. එනම් මේ ජීවිතයේදීම අරහත්වයට පත්වීම හරි, එහෙම නැත්නම් කෙලෙස් ටිකක් හරි ඉතුරු වුනොත් අනාගාමී වීම තමයි."

මේ අර්ථය භාග්‍යවතුන් වහන්සේ වදාළ සේක. එය මේ අයුරිනුත් පවසන්න පුළුවනි.

"යමෙක් ශාන්ත සිතින් යුක්ත වෙලා, තැනට සුදුසු නුවණින් යුක්ත වෙලා, සිහියෙන් යුක්ත වෙලා, ධ්‍යාන වඩනවා නම්, කාමයන්හි කිසිම අපේක්ෂාවක් නැති ඔවුන්ට ඉතා හොඳින් මේ ධර්මය විදර්ශනා කරන්න පුළුවනි.

අප්‍රමාදයේ ඇලී සිටින, ප්‍රමාදයේ භය දකිමින් සිටින, ශාන්ත කෙනා ඉන්නෙ ඒ අමා නිවන ළඟමයි. ඔහු පිරිහෙන්න සුදුසු කෙනෙක් නෙවෙයි."

මේ අර්ථය වදාරණ ලද්දේ භාග්‍යවතුන් වහන්සේ විසින්මයි. මේ විදිහට මා හට අසන්නට ලැබුනා.

සාදු! සාදු!! සාදු!!!

2.2.9.
සික්ඛානිසංස සූත්‍රය
සීල, සමාධි, ප්‍රඥා යන ත්‍රිශික්ෂාවෙහි හික්මීමේ ආනිසංස ගැන වදාළ දෙසුම

භාග්‍යවතුන් වහන්සේ තමයි මේ කාරණය වදාළේ. අරහත් මුනිඳාණන්මයි මෙය වදාළේ. මේ විදිහටයි මට අසන්නට ලැබුනේ.

"පින්වත් මහණෙනි, (**සීල, සමාධි, ප්‍රඥා යන ත්‍රිවිධ**) ශික්ෂාවන්හි හික්මීමේ ආනිසංස ඇති කරගන්න. ප්‍රඥාව උතුම් කරුණ කරගෙන වාසය කරන්න. කෙලෙසුන්ගෙන් නිදහස් වීම හරය කරගෙන ජීවත් වෙන්න. සිහියම අධිපති කරගෙන ජීවත් වෙන්න. පින්වත් මහණෙනි, ඔය විදිහට ශික්ෂාවල අනුසස් දකිමින් හික්මෙන කොට, ප්‍රඥාව උතුම් කරුණ කරගෙන වාසය කරන කොට, කෙලෙස්වලින් නිදහස් වීම හරය කරගෙන ජීවත් වෙන කොට, සිහියම අධිපති කරගෙන දිවි ගෙවන කොට, ඔහු මෙන්න මේ ඵල දෙක අතරින් එක්තරා

ඵලයක් කැමති වෙන්න ඕන. මේ ජීවිතයේදීම අරහත්වයට පත්වීම හරි, එහෙම නැතුව කෙලෙස් ටිකක් ඉතුරු වුනොත් අනාගාමී වීම හරි."

මේ අර්ථය භාග්‍යවතුන් වහන්සේ වදාළ සේක. එය මේ අයුරිනුත් පවසන්න පුළුවනි.

"නිවන් මඟ සම්පූර්ණ කරගන්න කෙනා, නොපිරිහෙන ගුණ ධර්ම ඇති කෙනා, ප්‍රඥා උතුම් කරුණ වශයෙන් පවත්වන කෙනා, ඉපදීම ක්ෂය වීමෙහි නිමාව දකින කෙනා, අන්තිම සිරුර දරන කෙනා තමයි ඒකාන්තයෙන්ම මුනිවරයෙක් වෙන්නේ. ඔහු මානය අත්හැරලා ජරාවෙන් එතෙරට ගිය බවයි කියන්න තියෙන්නේ.

ඒ නිසා පින්වත් මහණෙනි, සියලු කල්හිම ධ්‍යානයේ ඇලී වාසය කරන්න. එකඟ සිතින් ජීවත් වෙන්න. කෙලෙස් තවන වීරියෙන් යුක්ත වෙන්න. ඉපදීම ක්ෂය වීමෙහි නිමාව දකින කෙනෙක් වෙන්න. සේනා සහිත මාරයා පරදවා දමන්න. ජාති, ජරා, මරණයන්ගෙන් එතෙරට ගිය කෙනෙක් වෙන්න."

මේ අර්ථය වදාරණ ලද්දේ භාග්‍යවතුන් වහන්සේ විසින්මයි. මේ විදිහට මා හට අසන්නට ලැබුනා.

සාදු! සාදු!! සාදු!!!

2.2.10.
ජාගරිය සූත්‍රය
නිදි වැරීම ගැන වදාළ දෙසුම

භාග්‍යවතුන් වහන්සේ තමයි මේ කාරණය වදාළේ. අරහත් මුනිඳාණන්මයි මෙය වදාළේ. මේ විදිහටයි මට අසන්නට ලැබුනේ.

"පින්වත් මහණෙනි, භික්ෂුව නිදිවරමින් භාවනා කරනවා නම්, සිහියෙන් ඉන්නවා නම්, සිහි නුවණින් යුක්ත නම්, ඔහුගේ සිතත් එකඟ නම්, දහමෙන් ප්‍රමුදිතව පහන් වූ සිතින් යුතුව අවස්ථානුකූලව සත්තිස් බෝධි පාක්ෂික ධර්ම නම් වූ කුසල් දහම් තුළ විදර්ශනාව වඩනවා නම්, පින්වත් මහණෙනි, ඔය විදිහට නිදිවරාගෙන භාවනා කරන, සිහි නුවණින් යුතුව වාසය කරන, එකඟ සිතක් තියෙන, සිතත් ප්‍රමුදිත වෙලා තියෙන, හැම අතින්ම පහන් වූ සිතක් තියෙන, අවස්ථානුකූලව කුසල් දහම් තුළ විදසුන් වඩන, භික්ෂුව මෙන්න මේ

ඵල දෙක අතරින් එකක් තමයි කැමති වෙන්න තියෙන්නේ. මේ ජීවිතයේදීම අරහත්වයට පත්වීම හරි, එහෙම නැතුව කෙලෙස් ටිකක් ඉතුරු වුනොත් අනාගාමී වීම හරි තමයි."

මේ අර්ථය භාග්‍යවතුන් වහන්සේ වදාළ සේක. එය මේ අයුරිනුත් පවසන්න පුළුවනි.

"නිදිවරමින් භාවනා කරන මහණෙනි, මෙය අසන්න. යම් කෙනෙක් නිදාගෙන ඉන්නවා නම්, දැන් ඉතින් ඒ අය අවදි වෙන්න. නිදාගෙන ඉන්නවාට වඩා නිදි වැරීමමයි ශ්‍රේෂ්ඨ වන්නේ. නිදි වරමින් භාවනා කරන කෙනාට කිසිම භයක් ඇතිවෙන්නෙ නෑ.

යම් කෙනෙක් නිදි වරමින් භාවනා කරනවා නම්, සිහියෙනුත් හොඳ නුවණිනුත් යුක්ත නම්, ඔහුගේ සිතත් එකඟ නම්, ප්‍රමුදිත නම්, හැම අතින්ම පහන් වූ සිතින් යුක්ත නම්, අන්න ඒ භික්ෂුව අවස්ථානුකූලව මේ පටිච්ච සමුප්පාද ධර්මය මනාකොට විමසනවා. එකඟ සිත් ඇති ඔහු තමයි මේ මෝහය නමැති අන්ධකාරය නසා දමන්නේ.

ඒ නිසා ඒකාන්තයෙන්ම නිදිවරමින් භාවනා කරන කෙනෙක්ම ඇසුරු කරන්න. කෙලෙස් තවන වීරිය ඇති, තැනට සුදුසු නුවණ ඇති, ධ්‍යාන ලාභී ඒ භික්ෂුව ජාති ජරාවන්ට හේතුවන බැඳීම් සිඳ බිඳ දමනවා. මේ ජීවිතයේදීම ඒ අමා නිවන් සුව සාක්ෂාත් කරනවා."

මේ අර්ථය වදාරණ ලද්දේ භාග්‍යවතුන් වහන්සේ විසින්මයි. මේ විදිහට මා හට අසන්නට ලැබුනා.

සාදු! සාදු!! සාදු!!!

2.2.11.
අපායික සූත්‍රය
අපායේ ඉපදීමට හේතුවන කාරණා දෙකක් ගැන වදාළ දෙසුම

භාග්‍යවතුන් වහන්සේ තමයි මේ කාරණය වදාළේ. අරහත් මුනිඳාණන්මයි මෙය වදාළේ. මේ විදිහටයි මට අසන්නට ලැබුනේ.

"පින්වත් මහණෙනි, මේ කාරණා දෙකක් තියෙනවා. අත් නොහැරියොත් යන්න වෙන්නේ අපායට, නිරයට තමයි. මොනවද ඒ කාරණා දෙක? යම්

භික්ෂුවක් (මෛථුන සේවනයේ යෙදෙමින්) අබ්‍රහ්මචාරීව ඉඳගෙන, 'බ්‍රහ්මචාරියි' කියලා ප්‍රතිඥා දෙනවා නම්, ඒ වගේම යම් කෙනෙක් පරිපූර්ණ ලෙස, පිරිසිදු ලෙස බ්‍රහ්මචාරී සීලය සුරකිමින් වාසය කරන භික්ෂුවකට හේතු රහිතව අබ්‍රහ්මචාරී කෙනෙක් බවට දූන දූන චෝදනා කරනවා නම්, පින්වත් මහණෙනි, මේ කාරණා දෙක අත් නොහැර සිටියොත් උපදින්න වෙන්නේ අපායේ, නිරයේ තමයි."

මේ අර්ථය භාග්‍යවතුන් වහන්සේ වදාළ සේක. එය මේ අයුරිනුත් පවසන්න පුළුවනි.

"බොරු චෝදනා කරන කෙනා නිරයේ උපදිනවා. යමෙක් පව්කම් කරලා හිට 'කළේ නැතැ'යි කියනවා නම් ඔහුටත් ඒ ටිකම තමයි. නිහීන දේවල් කරපු ඒ දෙන්නම මෙයින් පස්සේ පරලොව ගිහිල්ලා සමාන වෙනවා.

කසාවතක් විතරක් බෙල්ලේ ඔතාගත්තු, පාපී දේවල් කරන, අසංවර පුද්ගලයන් බොහොම ඉන්නවා. ඒ පවිටු උදවිය තමන් කළ පව් නිසාම ගිහිල්ලා උපදින්නේ නිරයේ.

දුස්සීලව ඉඳගෙන සැදැහැවත් මිනිසුන් පිළිගන්වන දන් පැන් වළඳනවාට වැඩිය හොඳයි, ගිනි දල්ලක් වගේ රත්වෙච්ච යකඩ ගුලියක් ගිලින එක."

මේ අර්ථය වදාරණ ලද්දේ භාග්‍යවතුන් වහන්සේ විසින්මයි. මේ විදිහට මා හට අසන්නට ලැබුනා.

සාදු! සාදු!! සාදු!!!

2.2.12.
දිට්ඨිගත සූත්‍රය
දෘෂ්ටි දෙකක් ගැන වදාළ දෙසුම

භාග්‍යවතුන් වහන්සේ තමයි මේ කාරණය වදාළේ. අරහත් මුනිඳාණන්මයි මෙය වදාළේ. මේ විදිහටයි මට අසන්නට ලැබුනේ.

"පින්වත් මහණෙනි, මේ දෘෂ්ටි දෙකකින් මැඩී ගිය සිත් තියෙන දෙව් මිනිසුන් ඉන්නවා. ඇතැම් කෙනෙක් ඇලෙනවා. ඇතැම් කෙනෙක් ඉක්මවා දුවනවා. ඒත් ඥාණවන්ත කෙනා මේ දෙකම නුවණින් දකිනවා.

පින්වත් මහණෙනි. ඇතැම් කෙනෙක් ඇලෙන්නෙ කොහොමද?

පින්වත් මහණෙනි, දෙවි මිනිසුන් ඉන්නේ භවයේ ඇලිලයි. භවයේම රැඳිලයි. භවය ගැනමයි සතුටු වෙන්නේ. ඉතින් ඔවුන්ට මේ භවය නිරුද්ධ කිරීම ගැන දහම් දෙසන කොට, ඒ ධර්මයට සිත බැසගන්නෙ නෑ. පහදින්නේ නෑ. පිහිටන්නෙ නෑ. ශ්‍රද්ධාවට පැමිණෙන්නෙ නෑ. පින්වත් මහණෙනි, මෙන්න මේ විදිහට තමයි ඇතැම් කෙනෙක් ඇලෙන්නෙ.

පින්වත් මහණෙනි, ඇතැම් කෙනෙක් ඉක්මවා දුවන්නේ කොහොමද?

පින්වත් මහණෙනි, සමහර කෙනෙක් මේ භවය නිසාම පීඩාවට පත්වෙනවා. ලැජ්ජාවට පත්වෙනවා. පිළිකුල් කරනවා. විභවයෙන් **(උච්ඡේද දෘෂ්ටියෙන්)** සතුටු වෙනවා. 'අනේ ඇත්තට මේ සත්වයා කය බිඳිලා මැරුණට පස්සේ සිඳිලා යනවා නම්, විනාශ වෙලා යනවා නම්, මරණින් මත්තේ නැත්නම් කොච්චර හොඳද? එහෙම නම් ඒක ශාන්තයි, ප්‍රණීතයි. මේක තමයි ඇත්ත.' පින්වත් මහණෙනි, මෙන්න මේ විදිහට ඇතැම් කෙනෙක් ඉක්මවා දුවනවා.

පින්වත් මහණෙනි, නුවණැස තියෙන කෙනා කොහොමද මේක හරි හැටි දකින්නේ?

මෙහි භික්ෂුව හේතු ප්‍රත්‍යයන්ගෙන් සකස්ව ඇති දෙය හේතු ප්‍රත්‍යයෙන් සකස්ව ඇති දෙයක් හැටියටම දකිනවා. ඇති දේ ඇති හැටියෙන්ම දැකලා, ඒ සකස්ව ඇති දේ ගැන කළකිරීම පිණිස, නොඇලීම පිණිස, ඇල්ම නිරුද්ධ වීම පිණිස, ආර්ය මාර්ගයෙහි යෙදෙනවා. පින්වත් මහණෙනි, මෙන්න මේ විදිහට තමයි නුවණැස ඇති කෙනා ඇති සැටියෙන් දකින්නේ."

මේ අර්ථය භාග්‍යවතුන් වහන්සේ වදාළ සේක. එය මේ අයුරිනුත් පවසන්න පුළුවනි.

"යම් කෙනෙක් ඇති දේ ඇති හැටියටම දැකලා ඒ සකස්ව ඇති දේ ඉක්මවා යනවා නම්, යථාභූත ඤාණයෙන් දැකීම නිසා භව තණ්හාව ගෙවලා දානවා. එයින් නිදහස් වෙනවා.

ඔහු තමයි ඒ සකස් වූ පංච උපාදානස්කන්ධය මුළුමනින්ම අවබෝධ කරන්නේ. භව විභව හැම දෙයක් කෙරෙහිම ඔහු තුළ තණ්හාව නෑ. ඒ භික්ෂුව මේ සකස්ව තිබූ දෙය සිඳ දැමීම නිසා ආයෙ නම් පුනර්භවයකට එන්නෙ නෑ."

මේ අර්ථය වදාරණ ලද්දේ භාග්‍යවතුන් වහන්සේ විසින්මයි. මේ විදිහට මා හට අසන්නට ලැබුනා.

සාදු! සාදු!! සාදු!!!

දෙවෙනි වර්ගය නිමා විය.

දුක නිපාතය නිමා විය.

තික නිපාතය
1. පළමු වෙනි වර්ගය

3.1.1.
අකුසලමූල සූත්‍රය
අකුසල් මුල් ගැන වදාළ දෙසුම

භාග්‍යවතුන් වහන්සේ තමයි මේ කාරණය වදාළේ. අරහත් මුනිඳාණන්මයි මෙය වදාළේ. මේ විදිහටයි මට අසන්නට ලැබුනේ.

"පින්වත් මහණෙනි, මේ අකුසල් මුල් තුනක් තියෙනවා. මොනවද ඒ තුන? ලෝභය අකුසල මුලක්. ද්වේෂය අකුසල මුලක්. මෝහය අකුසල මුලක්. පින්වත් මහණෙනි, මෙන්න මේවා තමයි අකුසල මුල් තුන."

මේ අර්ථය භාග්‍යවතුන් වහන්සේ වදාළ සේක. එය මේ අයුරිනුත් පවසන්න පුළුවනි.

"පාපී අදහස් තියෙන කෙනා තමන් තුළ හට ගන්නා ලෝභ, ද්වේෂ, මෝහ නිසාම පීඩාවට පත්වෙනවා. හරියට පොත්තම අරටුව කරගෙන හැදෙන ගහක (**උණ ගසේ**) එල හට ගන්නවා වගේ."

මේ අර්ථය වදාරණ ලද්දේ භාග්‍යවතුන් වහන්සේ විසින්මයි. මේ විදිහට මා හට අසන්නට ලැබුනා.

සාදු! සාදු!! සාදු!!!

3.1.2.
ධාතු සූත්‍රය
ධාතු ගැන වදාළ දෙසුම

භාග්‍යවතුන් වහන්සේ තමයි මේ කාරණය වදාළේ. අරහත් මුනිඳාණන්මයි මෙය වදාළේ. මේ විදිහටයි මට අසන්නට ලැබුනේ.

"පින්වත් මහණෙනි, මේ ධාතු තුනක් තියෙනවා. මොනවාද ඒ තුන? රූප ධාතුව, අරූප ධාතුව, නිරෝධ ධාතුව. පින්වත් මහණෙනි, මේ තමයි ධාතු තුන."

මේ අර්ථය භාග්‍යවතුන් වහන්සේ වදාළ සේක. එය මේ අයුරිනුත් පවසන්න පුළුවනි.

"යම් කෙනෙක් රූප ධාතුව මුලුමණින්ම අවබෝධ කරගෙන අරූප ධාතුවෙත් නොපිහිටා ඉන්නවා නම්, ඒ වගේම නිරෝධ ධාතුව නම් වූ අමා නිවන තුළ පිහිටල කෙලෙසුන්ගෙන් නිදහස් වෙනවා නම්, ඒ රහතන් වහන්සේලා තමයි මාරයා පැරැද්දුවේ.

ඒ අමා නිවන කයෙනුත් ස්පර්ශ කරලා කෙලෙස් රහිත වෙලා, කෙලෙස් දුරු කිරීම සාක්ෂාත් කරලා, ආශ්‍රව රහිතව වැඩසිටින සම්මා සම්බුදු රජාණන් වහන්සේ, ශෝක රහිත වූ කෙලෙස් රහිත වූ ඒ අමා නිවන ගැන අපට වදාරණ සේක."

මේ අර්ථය වදාරණ ලද්දේ භාග්‍යවතුන් වහන්සේ විසින්මයි. මේ විදිහට මා හට අසන්නට ලැබුනා.

සාදු! සාදු!! සාදු!!!

3.1.3.
පඨම වේදනා සූත්‍රය
විඳීම් ගැන වදාළ පළමු දෙසුම

භාග්‍යවතුන් වහන්සේ තමයි මේ කාරණය වදාළේ. අරහත් මුනිඳාණන්මයි මෙය වදාළේ. මේ විදිහටයි මට අසන්නට ලැබුනේ.

"පින්වත් මහණෙනි, මේ විඳීම් (වේදනා) තුනක් තියෙනවා. ඒ තුන මොනවාද? සැප වේදනාව, දුක් වේදනාව, දුක් සැප රහිත වේදනාව. පින්වත් මහණෙනි, මේ තමයි විඳීම් තුන."

මේ අර්ථය භාග්‍යවතුන් වහන්සේ වදාළ සේක. එය මේ අයුරිනුත් පවසන්න පුළුවනි.

"සමාහිත සිත් ඇති හොඳ සිහි නුවණ ඇති සම්බුදු සමිඳුන්ගේ ශ්‍රාවකයා මේ විඳීම් ගැනත් අවබෝධ කරනවා, වේදනාවන්ගේ හටගැනීම ගැනත් අවබෝධ කරනවා.

යම් තැනකදී (අනුපාදිශේෂ නිර්වාණ ධාතුවේදී) මේවා නිරුද්ධ වෙනවා නම්, එයත් අවබෝධ කරනවා. වේදනා ක්ෂය වෙලා යන ආර්ය මාර්ගයත් අවබෝධ කරනවා. සියලු විඳීම් ක්ෂය කරලා දාපු ඒ භික්ෂුව කෙලෙස් පිපාසයෙන් තොරව පිරිනිවන් පානවා."

මේ අර්ථය වදාරණ ලද්දේ භාග්‍යවතුන් වහන්සේ විසින්මයි. මේ විදිහට මා හට අසන්නට ලැබුනා.

සාදු! සාදු!! සාදු!!!

3.1.4.
දුතිය වේදනා සූත්‍රය
විඳීම් ගැන වදාළ දෙවෙනි දෙසුම

භාග්‍යවතුන් වහන්සේ තමයි මේ කාරණය වදාළේ. අරහත් මුනිඳාණන්මයි මෙය වදාළේ. මේ විදිහටයි මට අසන්නට ලැබුනේ.

"පින්වත් මහණෙනි, මේ විඳීම් (වේදනා) තුනක් තියෙනවා. ඒ තුන මොනවාද? සැප වේදනාව, දුක් වේදනාව, දුක් සැප රහිත වේදනාව. පින්වත් මහණෙනි, මේ තමයි විඳීම් තුන.

පින්වත් මහණෙනි, සැප වේදනාව දුකක් හැටියට දකින්න ඕන. දුක් වේදනාව උලක් හැටියට දකින්න ඕන. දුක් සැප රහිත වේදනාව අනිත්‍ය හැටියට දකින්න ඕන. පින්වත් මහණෙනි, භික්ෂුව යම් වෙලාවක මේ සැප වේදනාව දුකක් හැටියට දැක්කා නම්, දුක් වේදනාව උලක් හැටියට දැක්කා නම්, දුක් සැප රහිත වේදනාව අනිත්‍ය විදිහට දැක්කා නම්, පින්වත් මහණෙනි, මෙන්න මේ

භික්ෂුවට තමයි ආර්යන් වහන්සේ කියන්නේ. නිවැරදිව දැකගත්තා කියන්නේ. තණ්හාව සිඳලා දැම්මා කියන්නේ. සසර බන්ධන අනිත් පැත්තට පෙරළලා දැම්මා කියන්නේ. මාන්නය නියම විදිහට අවබෝධ කරලා දුක් කෙළවර කර දැම්මා කියන්නේ."

මේ අර්ථය භාග්‍යවතුන් වහන්සේ වදාළ සේක. එය මේ අයුරිනුත් පවසන්න පුළුවනි.

"ඔහු සැප වේදනාව දුකක් හැටියටයි දැක්කේ. දුක දැක්කෙ උලක් හැටියටයි. ශාන්තව තියෙන දුක් සැප රහිත බව දැක්කෙ අනිත්‍ය දෙයක් හැටියට.

ඒ නිසාම කෙලෙසුන්ගෙන් නිදහස් වන ඒ භික්ෂුව තමයි නිවැරදිව දැක්කා වෙන්නේ. උත්තරීතර ප්‍රඥාවෙන් සම්පූර්ණවෙච්ච ඒ ශාන්ත මුනිවරයා තමයි සතර වැදෑරුම් කෙලෙස් බන්ධන ඉක්මවා ගියේ."

මේ අර්ථය වදාරණ ලද්දේ භාග්‍යවතුන් වහන්සේ විසින්මයි. මේ විදිහට මා හට අසන්නට ලැබුනා.

සාදු! සාදු!! සාදු!!!

3.1.5.
පඨම ඒසනා සූත්‍රය
සෙවීම් ගැන වදාළ පළමු දෙසුම

භාග්‍යවතුන් වහන්සේ තමයි මේ කාරණය වදාළේ. අරහත් මුනිඳාණන්මයි මෙය වදාළේ. මේ විදිහටයි මට අසන්නට ලැබුනේ.

"පින්වත් මහණෙනි, මේ සෙවීම් තුනක් තියෙනවා. ඒ තුන මොනවාද? කාමය සෙවීම, භවය සෙවීම, බ්‍රහ්මචරියාව සෙවීම. පින්වත් මහණෙනි, මේ තමයි ඒ සෙවීම් තුන."

මේ අර්ථය භාග්‍යවතුන් වහන්සේ වදාළ සේක. එය මේ අයුරිනුත් පවසන්න පුළුවනි.

"සමාහිත සිත් ඇති හොඳ සිහි නුවණ ඇති සම්බුදු සමිඳුන්ගේ ශ්‍රාවකයා මේ සෙවීම් ගැනත් අවබෝධ කරනවා, සෙවීම්වල හටගැනීම ගැනත් අවබෝධ කරනවා.

යම් තැනකදී මේවා නිරුද්ධ වෙනවා නම්, එයත් අවබෝධ කරනවා. සෙවීම් ක්ෂය වෙලා යන ආර්ය මාර්ගයත් අවබෝධ කරනවා. සියලු සෙවීම් ක්ෂය කරලා දාපු ඒ භික්ෂුව කෙලෙස් පිපාසයෙන් තොරව පිරිනිවන් පානවා."

මේ අර්ථය වදාරණ ලද්දේ භාග්‍යවතුන් වහන්සේ විසින්මයි. මේ විදිහට මා හට අසන්නට ලැබුනා.

සාදු! සාදු!! සාදු!!!

3.1.6.
දුතිය ඒසනා සූත්‍රය
සෙවීම් ගැන වදාළ දෙවෙනි දෙසුම

භාග්‍යවතුන් වහන්සේ තමයි මේ කාරණය වදාළේ. අරහත් මුනිඳාණන්මයි මෙය වදාළේ. මේ විදිහටයි මට අසන්නට ලැබුනේ.

"පින්වත් මහණෙනි, මේ සෙවීම් තුනක් තියෙනවා. ඒ තුන මොනවාද? කාමය සෙවීම, භවය සෙවීම, බ්‍රහ්මචරියාව සෙවීම. පින්වත් මහණෙනි, මේ තමයි ඒ සෙවීම් තුන."

මේ අර්ථය භාග්‍යවතුන් වහන්සේ වදාළ සේක. එය මේ අයුරිනුත් පවසන්න පුළුවනි.

"කාමය සෙවීමත්, භවය සෙවීමත්, බ්‍රහ්මචරිය **(දුකෙන් මිදීමේ මඟක්)** සෙවීම තුළින් මය පමණයි සත්‍යය කිය කියා මතවාද ග්‍රහණය කර ගැනීමත් වශයෙන් සෙවීම් තුනකි.

නමුත් හැම රාගයෙන්ම වෙන් වුන, තණ්හාව ක්ෂය කරලා සියලු දුකෙන් නිදහස් වුන, අරහත් භික්ෂුව සෙවීම් බැහැර කරලයි ඉන්නේ. දෘෂ්ටි හට ගන්න තැන් මුලින්ම සිඳලයි ඉන්නේ. සෙවීම් ක්ෂයව ගිය ඒ භික්ෂුව ආශා රහිතයි. 'කෙසේද? කෙසේද?' කියන සැකයෙනුත් තොරයි."

මේ අර්ථය වදාරණ ලද්දේ භාග්‍යවතුන් වහන්සේ විසින්මයි. මේ විදිහට මා හට අසන්නට ලැබුනා.

සාදු! සාදු!! සාදු!!!

3.1.7.
පඨම ආසව සූත්‍රය
ආශ්‍රවයන් ගැන වදාළ පළමු දෙසුම

භාග්‍යවතුන් වහන්සේ තමයි මේ කාරණය වදාළේ. අරහත් මුනිදාණන්මයි මෙය වදාළේ. මේ විදිහටයි මට අසන්නට ලැබුනේ.

"පින්වත් මහණෙනි, මේ ආශ්‍රව තුනක් තියෙනවා. ඒ තුන මොනවාද? කාම ආශ්‍රව, භව ආශ්‍රව, අවිද්‍යා ආශ්‍රව. පින්වත් මහණෙනි, මේ තමයි මේ තමයි ආශ්‍රව තුන."

මේ අර්ථය භාග්‍යවතුන් වහන්සේ වදාළ සේක. එය මේ අයුරිනුත් පවසන්න පුළුවනි.

"සමාහිත සිත් ඇති හොඳ සිහි නුවණ ඇති සම්බුදු සමිඳුන්ගේ ශ්‍රාවකයා මේ ආශ්‍රව ගැනත් අවබෝධ කරනවා, ආශ්‍රවවල හටගැනීම ගැනත් අවබෝධ කරනවා.

යම් තැනකදී මේවා නිරුද්ධ වෙනවා නම්, එයත් අවබෝධ කරනවා. ආශ්‍රව ක්ෂය වෙලා යන ආර්ය මාර්ගයත් අවබෝධ කරනවා. සියලු ආශ්‍රව ක්ෂය කරලා දාපු ඒ භික්ෂුව කෙලෙස් පිපාසයෙන් තොරව පිරිනිවන් පානවා."

මේ අර්ථය වදාරණ ලද්දේ භාග්‍යවතුන් වහන්සේ විසින්මයි. මේ විදිහට මා හට අසන්නට ලැබුනා.

සාදු! සාදු!! සාදු!!!

3.1.8.
දුතිය ආසව සූත්‍රය
ආශ්‍රවයන් ගැන වදාළ දෙවෙනි දෙසුම

භාග්‍යවතුන් වහන්සේ තමයි මේ කාරණය වදාළේ. අරහත් මුනිදාණන්මයි මෙය වදාළේ. මේ විදිහටයි මට අසන්නට ලැබුනේ.

"පින්වත් මහණෙනි, මේ ආශ්‍රව තුනක් තියෙනවා. ඒ තුන මොනවාද? කාම ආශ්‍රව, භව ආශ්‍රව, අවිද්‍යා ආශ්‍රව. පින්වත් මහණෙනි, මේ තමයි මේ තමයි ආශ්‍රව තුන."

මේ අර්ථය භාග්‍යවතුන් වහන්සේ වදාළ සේක. එය මේ අයුරිනුත් පවසන්න පුළුවනි.

"ඒ රහත් භික්ෂුවගේ කාම ආශ්‍රව ප්‍රහීණයි. අවිද්‍යාවත් දුරු වෙලා තියෙන්නේ. භව ආශ්‍රවත් ක්ෂය කරලා දාලා තියෙන්නේ. කෙලෙස්වලින් මිදිලා, කෙලෙස් රහිතවයි වැඩඉන්නේ. සේනා සහිත වූ මරු පැරද වූ ඔහු මේ දරන්නේ අන්තිම සිරුරයි."

මේ අර්ථය වදාරණ ලද්දේ භාග්‍යවතුන් වහන්සේ විසින්මයි. මේ විදිහට මා හට අසන්නට ලැබුනා.

සාදු! සාදු!! සාදු!!!

3.1.9.
තණ්හා සූත්‍රය
තණ්හාව ගැන වදාළ දෙසුම

භාග්‍යවතුන් වහන්සේ තමයි මේ කාරණය වදාළේ. අරහත් මුනිඳාණන්මයි මෙය වදාළේ. මේ විදිහටයි මට අසන්නට ලැබුනේ.

"පින්වත් මහණෙනි, තණ්හාව තුන් විදිහකින් තියෙනවා. ඒ තුන් විදිහ මොනවාද? කාම තණ්හාව, භව තණ්හාව, විභව තණ්හාව. පින්වත් මහණෙනි, මේවා තමයි තුන් ආකාරයක තණ්හාව."

මේ අර්ථය භාග්‍යවතුන් වහන්සේ වදාළ සේක. එය මේ අයුරිනුත් පවසන්න පුළුවනි.

"තණ්හා බන්ධනයෙන් බැඳී ගිය සත්වයන් හැම භවයකම ඇලිච්ච සිතින්ම තමයි ඉන්නේ. ඒ අය මාරයාගේ බන්ධනයට අහුවෙලා ඉන්නේ. ඒ ජනයා බන්ධනවලින් මිදිලා නෑ. ඔවුන්ට සිද්ධ වෙන්නේ නැවත නැවතත් සංසාරේ ජරා මරණවලට යන්නමයි.

ඒත් යම් කෙනෙක් තණ්හාව ප්‍රහීණ කරලා, කිසි භවයක නොඇලී

ඉන්නවා නම්, යම් කෙනෙක් ආශ්‍රව ක්ෂය කිරීමට පත්වුනා නම්, ඔවුන් තමයි ලෝකයෙන් එතෙරට ගියේ."

මේ අර්ථය වදාරණ ලද්දේ භාග්‍යවතුන් වහන්සේ විසින්මයි. මේ විදිහට මා හට අසන්නට ලැබුනා.

සාදු! සාදු!! සාදු!!!

3.1.10.
මාරධෙය්‍ය සූත්‍රය
මාරයාගේ භූමිය ඉක්මවා යෑම ගැන වදාළ දෙසුම

භාග්‍යවතුන් වහන්සේ තමයි මේ කාරණය වදාළේ. අරහත් මුනිඳාණන්මයි මෙය වදාළේ. මේ විදිහටයි මට අසන්නට ලැබුනේ.

"පින්වත් මහණෙනි, මේ කාරණා තුනකින් යුක්ත භික්ෂුව මාරයාගේ භූමිය ඉක්මවලා හිරු මඬලක් වගේ බබලනවා. ඒ තුන මොනවාද? පින්වත් මහණෙනි, මෙහි භික්ෂුව අසේඛ (අරහත්) සීල ස්කන්ධයෙන් යුක්තයි. අසේඛ සමාධි ස්කන්ධයෙන් යුක්තයි. අසේඛ ප්‍රඥා ස්කන්ධයෙන් යුක්තයි. පින්වත් මහණෙනි, මේ කාරණා තුනෙන් සමන්විත භික්ෂුව මාරයාගේ භූමිය ඉක්මවලා හිරු මඬලක් වගේ බබලනවා."

මේ අර්ථය භාග්‍යවතුන් වහන්සේ වදාළ සේක. එය මේ අයුරිනුත් පවසන්න පුළුවනි.

"ඒ රහත් භික්ෂුව සීල, සමාධි, ප්‍රඥා හොඳින් ප්‍රගුණ කරලයි තිබෙන්නේ. ඒ නිසාම මාරයාගේ භූමිය ඉක්මවලා සූර්යයා වගේ බබලනවා."

මේ අර්ථය වදාරණ ලද්දේ භාග්‍යවතුන් වහන්සේ විසින්මයි. මේ විදිහට මා හට අසන්නට ලැබුනා.

සාදු! සාදු!! සාදු!!!

පළමු වෙනි වර්ගය නිමා විය.

2. දෙවෙනි වර්ගය

3.2.1.
පුඤ්ඤකිරියවත්ථු සූත්‍රය
පුණ්‍ය ක්‍රියා කරන්න පුලුවන් වන දේවල් ගැන වදාළ දෙසුම

භාග්‍යවතුන් වහන්සේ තමයි මේ කාරණය වදාළේ. අරහත් මුනිඳාණන්මයි මෙය වදාළේ. මේ විදිහටයි මට අසන්නට ලැබුනේ.

"පින්වත් මහණෙනි, පුණ්‍ය ක්‍රියා කරන්න මුල් වන කරුණු තුනක් තියෙනවා. ඒ තුන මොනවාද? දන් දීම පින් රැස් කරගන්න මුල් වෙනවා. සිල් රැකීම පින් රැස් කරගන්න මුල් වෙනවා. භාවනා කිරීම පින් රැස් කරගන්න මුල් වෙනවා. පින්වත් මහණෙනි, මේ තමයි පින් රැස් කරගන්න මුල් වෙන කරුණු තුන."

මේ අර්ථය භාග්‍යවතුන් වහන්සේ වදාළ සේක. එය මේ අයුරිනුත් පවසන්න පුළුවනි.

"ඔහු මතුවට සැප ලබා දෙන පින් රැස් කරන්නමයි ඉගෙන ගන්න ඕන. නිවැරදිව ජීවත් වීමත්, මෙත් සිතත් වඩන්න ඕන.

සැප විපාක ලබාදෙන මේ ධර්ම තුන වඩලා, ඒ නුවණැත්තා දුක් රහිත, සැපවත් ලෝකයක උපදිනවා."

මේ අර්ථය වදාරණ ලද්දේ භාග්‍යවතුන් වහන්සේ විසින්මයි. මේ විදිහට මා හට අසන්නට ලැබුනා.

සාදු! සාදු!! සාදු!!!

3.2.2.
චක්ඛු සූත්‍රය
ඇස් ගැන වදාළ දෙසුම

භාග්‍යවතුන් වහන්සේ තමයි මේ කාරණය වදාළේ. අරහත් මුනිඳාණන්මයි මෙය වදාළේ. මේ විදිහටයි මට අසන්නට ලැබුනේ.

"පින්වත් මහණෙනි, ඇස් වර්ග තුනක් තියෙනවා. ඒ තුන මොනවාද? මසෙන් හැදිච්ච ඇස, දිව්‍ය ඇස, නුවණ නමැති ඇස. පින්වත් මහණෙනි, මේ තමයි ඇස් වර්ග තුන."

මේ අර්ථය භාග්‍යවතුන් වහන්සේ වදාළ සේක. එය මේ අයුරිනුත් පවසන්න පුළුවනි.

"පුරුෂෝත්තම වූ බුදු සමිඳුන් ඇස් තුනක් ගැන වදාළා. ඒ තමයි මසැස, දිව්‍ය ඇස සහ උතුම් වූ ප්‍රඥා ඇස.

මසැසේ පහළ වීම දිව්‍ය ඇස ලබන්න උපකාර වෙනවා. යම් කලෙක ආර්ය සත්‍යය පිළිබඳව ඥාණය ලබනවා නම් ඒක තමයි උතුම් වූ ප්‍රඥා ඇස. ඒ ඇස ලැබුනාම තමයි සියලු දුකින් එතෙර වෙන්නේ."

මේ අර්ථය වදාරණ ලද්දේ භාග්‍යවතුන් වහන්සේ විසින්මයි. මේ විදිහට මා හට අසන්නට ලැබුනා.

සාදු! සාදු!! සාදු!!!

3.2.3.
ඉන්ද්‍රිය සූත්‍රය
විශේෂ වූ ඉන්ද්‍රිය ගැන වදාළ දෙසුම

භාග්‍යවතුන් වහන්සේ තමයි මේ කාරණය වදාළේ. අරහත් මුනිඳාණන්මයි මෙය වදාළේ. මේ විදිහටයි මට අසන්නට ලැබුනේ.

"පින්වත් මහණෙනි, මේ විශේෂ වූ ඉන්ද්‍රිය තුනක් තියෙනවා. ඒ

ඉන්ද්‍රිය තුන මොනවාද? ඒ තමයි අනඤ්ඤාතඤ්ඤස්සාමි (කෘත්‍ය ඤාණ, කෘත ඤාණ වශයෙන් අවබෝධ නොකළ චතුරාර්ය සත්‍යය ධර්මය අවබෝධ කරගන්නෙමි'යි) යන ඉන්ද්‍රිය. අඤ්ඤින්ද්‍රිය (සකදාගාමී ඵලයේ සිට අරහත් මාර්ගය දක්වා කෘත්‍ය ඤාණය තුළින් චතුරාර්ය සත්‍යය ධර්මය අවබෝධ වී ඇති බව දැනගන්නා ඉන්ද්‍රිය). අඤ්ඤාතාවී ඉන්ද්‍රිය (චතුරාර්ය සත්‍යය ධර්මය සෝවාන් ඵලයේදී සත්‍ය ඤාණය වශයෙනුත්, අරහත් මාර්ගය දක්වා කෘත්‍ය ඤාණය වශයෙනුත්, අරහත් ඵලයේදී කෘත ඤාණ වශයෙනුත් අවබෝධ කරගත් බව දන්නා ඉන්ද්‍රිය). පින්වත් මහණෙනි, මේ වනාහී ඉන්ද්‍රිය තුනයි."

මේ අර්ථය භාග්‍යවතුන් වහන්සේ වදාළ සේක. එය මේ අයුරිනුත් පවසන්න පුළුවනි.

"නිවන් මගෙහි හික්මෙන්නා වූ සේඛ භික්ෂුව ඍජු මාර්ගය වූ ආර්ය අෂ්ටාංගික මාර්ගය ප්‍රගුණ කරන විට පළමුව ඇතිවන්නේ කෙලෙස් ක්ෂය වීම පිළිබඳ ඤාණයයි. අනතුරුව අරහත් ඵලයට පත්වෙයි.

මේ විදිහට අවබෝධය තුළින් කෙලෙසුන්ගෙන් නිදහස් වූ අකම්පිත සිත් ඇති භික්ෂුවට භව බන්ධන සියල්ල ක්ෂය වී ගිය නිසා 'මාගේ මේ චිත්ත විමුක්තිය නොවෙනස් වෙයි' කියා ඒ පිළිබඳ ඤාණය ඇතිවෙනවා.

ඒකාන්තයෙන්ම මේ ත්‍රිවිධ ඉන්ද්‍රියයන්ගෙන් යුතු කෙනා ශාන්ත වූ අමා නිවනෙහි සිත් අලවා ගෙන සේනා සහිත මාරයාව පරදවලා අන්තිම ශරීරය දරමිනුයි වැඩසිටින්නේ."

මේ අර්ථය වදාරණ ලද්දේ භාග්‍යවතුන් වහන්සේ විසින්මයි. මේ විදිහට මා හට අසන්නට ලැබුනා.

සාදු! සාදු!! සාදු!!!

3.2.4.
අද්ධා සූත්‍රය
කාලය ගැන වදාළ දෙසුම

භාග්‍යවතුන් වහන්සේ තමයි මේ කාරණය වදාළේ. අරහත් මුනිඳාණන්මයි මෙය වදාළේ. මේ විදිහටයි මට අසන්නට ලැබුනේ.

"පින්වත් මහණෙනි, මේ කාල තුනක් තියෙනවා. ඒ තුන මොනවාද? අතීත කාලය, අනාගත කාලය, දැන් පවත්නා කාලය. පින්වත් මහණෙනි, මේ තමයි කාල තුන."

මේ අර්ථය භාග්‍යවතුන් වහන්සේ වදාළ සේක. එය මේ අයුරිනුත් පවසන්න පුළුවනි.

"මේ මිනිසුන් හිතාගෙන ඉන්නේ මේවා දිරලා යන්නෙ නෑ කියලා. ඒ අදහසේම තමයි බැසගෙන ඉන්නේ. ඔවුන් මේ නැසී යාමේ ස්වභාවය අවබෝධ නොකරන නිසාම ආයෙ අහුවෙන්නේ මාරයාගේ බන්ධනයටමයි.

මේ නැසී යන ස්වභාවය අවබෝධ කරන කෙනෙක් ඉන්නවා. ඔහු 'මේ කතා බස් කරන කෙනා මම, මාගේය, මාගේ ආත්මය' වශයෙන් මුලාවෙන් හිතන්නේ නෑ. ඒකට හේතුව තමයි ඔහු තම සිතින් ඒ ශාන්ත වූ අමා නිවන ස්පර්ශ කිරීම.

ඔහු ඒකාන්තයෙන්ම පංච උපාදානස්කන්ධය අවබෝධ කරගෙන ශාන්ත සිත් ඇතිව ඒ අමා නිවනෙහි ඇලී ධර්මයේ පිහිටා සිටිනා නිසා තණ්හාව ගෙවා දමලා අවබෝධයෙන් පරතෙරට ගිහින් යළි දෙව් මිනිස් ආදී ව්‍යවහාරයකට පැමිණෙන්නේ නෑ."

මේ අර්ථය වදාරණ ලද්දේ භාග්‍යවතුන් වහන්සේ විසින්මයි. මේ විදිහට මා හට අසන්නට ලැබුනා.

සාදු! සාදු!! සාදු!!!

3.2.5.
දුච්චරිත සූත්‍රය
දුසිරිත් ගැන වදාළ දෙසුම

භාග්‍යවතුන් වහන්සේ තමයි මේ කාරණය වදාළේ. අරහත් මුනිඳාණන්මයි මෙය වදාළේ. මේ විදිහටයි මට අසන්නට ලැබුනේ.

"පින්වත් මහණෙනි, මේ දුසිරිත් තුනක් තියෙනවා. ඒ තුන මොනවාද? කයෙන් කරන කාය දුසිරිත, වචනයෙන් කරන වචී දුසිරිත, මනසින් කරන මනෝ දුසිරිත. පින්වත් මහණෙනි, මේ තමයි දුසිරිත් තුන."

මේ අර්ථය භාග්‍යවතුන් වහන්සේ වදාළ සේක. එය මේ අයුරිනුත් පවසන්න පුළුවනි.

"කෙනෙක් ඉන්නවා, කයෙන් දුසිරිත් කරනවා. වචනයෙන් දුසිරිත් කරනවා. මනසිනුත් දුසිරිත් කරනවා. කෙලෙස් සහිත තව දොස් සහිත දේවලුත් කරනවා.

කුසල් නොකර බහුල වශයෙන් කරන්නේ අකුසල්මයි. ඉතින් ඒ අඥාන පුද්ගලයා කය බිඳිලා මැරුණට පස්සේ නිරයේ උපදිනවා."

මේ අර්ථය වදාරණ ලද්දේ භාග්‍යවතුන් වහන්සේ විසින්මයි. මේ විදිහට මා හට අසන්නට ලැබුනා.

සාදු! සාදු!! සාදු!!!

3.2.6.
සුචරිත සූත්‍රය
යහපතේ හැසිරීම ගැන වදාළ දෙසුම

භාග්‍යවතුන් වහන්සේ තමයි මේ කාරණය වදාළේ. අරහත් මුනිඳාණන්මයි මෙය වදාළේ. මේ විදිහටයි මට අසන්නට ලැබුනේ.

"පින්වත් මහණෙනි, මේ යහපතේ හැසිරීම් තුනක් තියෙනවා. ඒ තුන මොනවාද? කයෙන් යහපතේ හැසිරීම. වචනයෙන් යහපතේ හැසිරීම. මනසින් යහපතේ හැසිරීම. පින්වත් මහණෙනි, මේ තමයි යහපතේ හැසිරීම් තුන."

මේ අර්ථය භාග්‍යවතුන් වහන්සේ වදාළ සේක. එය මේ අයුරිනුත් පවසන්න පුළුවනි.

"කෙනෙක් ඉන්නවා, කාය දුෂ්චරිතය අත්හරිනවා. වචී දුෂ්චරිතය අත්හරිනවා. මනෝ දුෂ්චරිතයත් අත්හරිනවා. වෙනත් වැරදි සහිත දේවලුත් අත්හරිනවා.

අකුසල් කරන්නේ නෑ. කුසල් තමයි බහුල වශයෙන් කරන්නේ. ඒ ඥාණවන්ත පුද්ගලයා කය බිඳිලා මැරුණට පස්සේ සැප ඇති සුගතියේ උපදිනවා."

මේ අර්ථය වදාරණ ලද්දේ භාග්‍යවතුන් වහන්සේ විසින්මයි. මේ විදිහට මා හට අසන්නට ලැබුනා.

සාදු! සාදු!! සාදු!!!

3.2.7.
සෝචෙය්‍ය සූත්‍රය
පිරිසිදු බව ගැන වදාළ දෙසුම

භාග්‍යවතුන් වහන්සේ තමයි මේ කාරණය වදාළේ. අරහත් මුනිඳාණන්මයි මෙය වදාළේ. මේ විදිහටයි මට අසන්නට ලැබුනේ.

"පින්වත් මහණෙනි, මේ පිරිසිදුකම් තුනක් තියෙනවා. **(අපිරිසිදු අකුසල් නොකිරීමෙන්)** කයේ පිරිසිදු බව, වචනයේ පිරිසිදු බව, මනසේ පිරිසිදු බව. පින්වත් මහණෙනි, මේ තමයි පිරිසිදුකම් තුන."

මේ අර්ථය භාග්‍යවතුන් වහන්සේ වදාළ සේක. එය මේ අයුරිනුත් පවසන්න පුළුවනි.

"ඔහු ආශ්‍රව රහිතයි. කයෙනුත් පිරිසිදු පැවතුම් තියෙන්නේ. වචනයත් පිරිසිදුයි. සිතත් පිරිසිදුයි. මේ ආකාරයට පිරිසිදුව ඉන්න කෙනාටයි 'සියලු පව් ප්‍රහීණ කරපු කෙනා' කියල කියන්නේ."

මේ අර්ථය වදාරණ ලද්දේ භාග්‍යවතුන් වහන්සේ විසින්මයි. මේ විදිහට මා හට අසන්නට ලැබුනා.

සාදු! සාදු!! සාදු!!!

3.2.8.
මෝනෙය්‍ය සූත්‍රය
මුනිවරයෙකුගේ ස්වභාවය ගැන වදාළ දෙසුම

භාග්‍යවතුන් වහන්සේ තමයි මේ කාරණය වදාළේ. අරහත් මුනිඳාණන්මයි මෙය වදාළේ. මේ විදිහටයි මට අසන්නට ලැබුනේ.

"පින්වත් මහණෙනි, මුනිවරයෙකුගේ ස්වභාවයන් තුනක් තියෙනවා. ඒ තුන මොනවාද? කයෙන් ඇති මුනිවරයෙකුගේ ස්වභාවය. වචනයෙන් ඇති මුනිවරයෙකුගේ ස්වභාවය. මනසින් ඇති මුනිවරයෙකුගේ ස්වභාවය. පින්වත් මහණෙනි, මේ තමයි මුනිවරයෙකුගේ ස්වභාවයන් තුන."

මේ අර්ථය භාග්‍යවතුන් වහන්සේ වදාළ සේක. එය මේ අයුරිනුත් පවසන්න පුළුවනි.

"ඔහු ආශ්‍රව රහිතයි. කයෙනුත් මුනිවරයෙක්. වචනයෙනුත් මුනිවරයෙක්. සිතෙනුත් මුනිවරයෙක්. මේ සියලු මුනි බවෙන් යුක්ත ඒ මුනිවරයාට 'සියලු පව් සෝදා හැරි කෙනා' කියලයි කියන්නේ."

මේ අර්ථය වදාරණ ලද්දේ භාග්‍යවතුන් වහන්සේ විසින්මයි. මේ විදිහට මා හට අසන්නට ලැබුනා.

සාදු! සාදු!! සාදු!!!

3.2.9.
පඨම රාග සූත්‍රය
රාගය ගැන වදාළ පළමු දෙසුම

භාග්‍යවතුන් වහන්සේ තමයි මේ කාරණය වදාළේ. අරහත් මුනිදාණන්මයි මෙය වදාළේ. මේ විදිහටයි මට අසන්නට ලැබුනේ.

"පින්වත් මහණෙනි, කෙනෙක් ඉන්නවා, ඔහුගේ රාගය ප්‍රහීණ වෙලා නෑ. ද්වේෂය ප්‍රහීණ වෙලා නෑ. මෝහය ප්‍රහීණ වෙලා නෑ. පින්වත් මහණෙනි, මොහුට තමයි කියන්නේ මාරයාට බැඳුන කෙනා කියලා. මාරයාගේ තොණ්ඩුවට අහුවුන කෙනා කියලා. පාපී මාරයා විසින් කැමති දෙයක් කරන්න පුලුවන් වුන කෙනා කියලා.

පින්වත් මහණෙනි, කෙනෙක් ඉන්නවා, ඔහුගේ රාගය ප්‍රහීණ වෙලා. ද්වේෂය ප්‍රහීණ වෙලා. මෝහය ප්‍රහීණ වෙලා. පින්වත් මහණෙනි, මොහුට තමයි කියන්නේ මාරයාට නොබැඳුන කෙනා කියලා. මාරයාගේ තොණ්ඩුව අයින් කරපු කෙනා කියලා. මාරයා විසින් කැමති දෙයක් කරන්න බැරි කෙනා කියලා."

මේ අර්ථය භාග්‍යවතුන් වහන්සේ වදාළ සේක. එය මේ අයුරිනුත් පවසන්න පුළුවනි.

"යම් කෙනෙක් තුළ රාගයත්, ද්වේෂයත්, මෝහයත්, අවිද්‍යාවත් දුරු වෙලා නම් තියෙන්නේ ඔහු දියුණු කළ සිත් ඇති අය අතර කෙනෙක්. ශ්‍රේෂ්ඨත්වයට පත් වූ කෙනෙක්. තථාගත (අරහත්) බවට පත් වූ කෙනෙක්. ආර්ය සත්‍යය අවබෝධ කළ කෙනෙක්. භය වෛර ඉක්මවා ගිය කෙනෙක්. හැම අකුසල්ම දුරු කළ කෙනෙක් කියලයි ඔහුට කියන්නේ."

මේ අර්ථය වදාරණ ලද්දේ භාග්‍යවතුන් වහන්සේ විසින්මයි. මේ විදිහට මා හට අසන්නට ලැබුනා.

සාදු! සාදු!! සාදු!!!

3.2.10.
දුතිය රාග සූත්‍රය
රාගය ගැන වදාළ දෙවෙනි දෙසුම

භාග්‍යවතුන් වහන්සේ තමයි මේ කාරණය වදාළේ. අරහත් මුනිඳාණන්මයි මෙය වදාළේ. මේ විදිහටයි මට අසන්නට ලැබුනේ.

"පින්වත් මහණෙනි, යම් කිසි භික්ෂුවකගේ වේවා, භික්ෂුණියකගේ වේවා, රාගය ප්‍රහාණය වෙලා නැත්නම්, ද්වේෂය ප්‍රහාණය වෙලා නැත්නම්, මෝහය ප්‍රහාණය වෙලා නැත්නම් පින්වත් මහණෙනි, මොහුට කියන්නේ රළ ගෙඩි සහිත, කැළඹිලි සහිත දිය සුළි සහිත, දරුණු මත්ස්‍යයන් ඉන්න, රාක්ෂසයන් ඉන්න මහා සාගරය තරණය කළේ නෑ කියලයි.

පින්වත් මහණෙනි, යම්කිසි භික්ෂුවකගේ වේවා, භික්ෂුණියකගේ වේවා, රාගය ප්‍රහීණ වෙලා නම්, ද්වේෂය ප්‍රහීණ වෙලා නම්, මෝහය ප්‍රහීණ වෙලා නම්, මොහුට කියන්නේ රළ ගෙඩි සහිත, කැළඹිලි සහිත දිය සුළි සහිත, දරුණු මත්ස්‍යයන් ඉන්න, රාක්ෂසයන් ඉන්න මහා සාගරය තරණය කළා කියලයි. ඒ අරහත් බ්‍රාහ්මණයා තමයි සාගරය තරණය කරලා එතෙරට ගිහිල්ලා නිවන නමැති ගොඩබිමට පැමිණ සිටින්නේ."

මේ අර්ථය භාග්‍යවතුන් වහන්සේ වදාළ සේක. එය මේ අයුරිනුත් පවසන්න පුළුවනි.

"යම් කෙනෙකු රාගයත්, ද්වේෂයත්, අවිද්‍යාවත් අත්හැරියා නම්, ඔහු තරණය කිරීමට දුෂ්කර වූ මේ දරුණු මසුන් ගහණ, රකුසන් ඉන්න, රළබිය සහිත තරණය කිරීමට අතිශයින්ම දුෂ්කර වූ මහා සාගරය තරණයා කළා. මාරයා දුරු කළා. කෙලෙස් සහිත කර්ම (**උපධි**) රහිත වුනා. දුක් ප්‍රහාණය කළා. පුනර්භවය නැති කළා. ඒ උතුම් තැනට ගිය ඒ රහතන් වහන්සේව මිම්වලින් මනින්න බෑ. ඔහු තමයි මාරයාව මුළා කළේ."

මේ අර්ථය වදාරණ ලද්දේ භාග්‍යවතුන් වහන්සේ විසින්මයි. මේ විදිහට මා හට අසන්නට ලැබුනා.

සාදු! සාදු!! සාදු!!!

දෙවෙනි වර්ගය නිමා විය.

3. තුන්වෙනි වර්ගය

3.3.1.
මිච්ඡාදිට්ඨිකම්මසමාදාන සූත්‍රය
මිත්‍යා දෘෂ්ටික දේවල් කිරීම නිසා වන දේ ගැන වදාළ දෙසුම

භාග්‍යවතුන් වහන්සේ තමයි මේ කාරණය වදාළේ. අරහත් මුනිඳාණන්මයි මෙය වදාළේ. මේ විදිහටයි මට අසන්නට ලැබුනේ.

"පින්වත් මහණෙනි, මම (දිවැසින්) දැකලා තියෙනවා, මේ සමහර සත්වයන් කයෙන් දුසිරිත් කරනවා. වචනයෙන් දුසිරිත් කරනවා. මනසින් දුසිරිත් කරනවා. ආර්යන් වහන්සේලාට බොරු අභූත චෝදනාවලින් උපවාද කරනවා. මිත්‍යා දෘෂ්ටිකව ඉන්නවා. මිත්‍යා දෘෂ්ටික දේවල් කිරීමෙහි යෙදිලා ඉන්නවා. ඉතින් ඒ අය කය බිඳිලා මැරුනට පස්සේ, අපාය දුගතිය කියන විනිපාත නිරයේ උපදිනවා.

පින්වත් මහණෙනි, මම මේ කාරණය ඔබට කියා දෙන්නේ වෙන ශ්‍රමණයෙකුගෙන්වත්, බ්‍රාහ්මණයෙකුගෙන්වත් අහලා නොවෙයි.

පින්වත් මහණෙනි, මම (දිවැසින්) දැකලා තියෙනවා. මේ සමහර සත්වයන් කයෙන් දුසිරිත් කරනවා. වචනයෙන් දුසිරිත් කරනවා. මනසින් දුසිරිත් කරනවා. ආර්යන් වහන්සේලාට බොරු අභූත චෝදනාවලින් උපවාද කරනවා. මිත්‍යා දෘෂ්ටිකව ඉන්නවා. මිත්‍යා දෘෂ්ටික දේවල් කිරීමෙහි යෙදිලා ඉන්නවා. ඉතින් ඒ අය කය බිඳිලා මැරුනට පස්සේ, අපාය දුගතිය කියන විනිපාත නිරයේ උපදිනවා.

පින්වත් මහණෙනි, මම තමන් විසින්ම දැනගත්තු තමන් විසින්ම (දිවැසින්) දැකපු, තමන් විසින්ම අවබෝධ කරපු දෙයක්මයි මෙය. ඒ දෙයමයි මා ඔබට කියන්නේ.

පින්වත් මහණෙනි, මම (දිවැසින්) දැකලා තියෙනවා. මේ සමහර සත්වයන් කයෙන් දුසිරිත් කරනවා. වචනයෙන් දුසිරිත් කරනවා. මනසින් දුසිරිත් කරනවා. ආර්යන් වහන්සේලාට බොරු අභූත චෝදනාවලින් උපවාද කරනවා. මිත්‍යා දෘෂ්ටිකව ඉන්නවා. මිත්‍යා දෘෂ්ටික දේවල් කිරීමෙහි යෙදිලා ඉන්නවා. ඉතින් ඒ අය කය බිඳිලා මැරුනට පස්සේ, අපාය දුගතිය කියන විනිපාත නිරයේ උපදිනවා කියලා."

මේ අර්ථය භාග්‍යවතුන් වහන්සේ වදාළ සේක. එය මේ අයුරිනුත් පවසන්න පුළුවනි.

"මෙහි ඇතැම් පුද්ගලයන් මිත්‍යා දෘෂ්ටියෙහි සිත පිහිටුවා ගන්නවා. මිත්‍යා දේවල් කතා කරනවා. කයෙනුත් වැරදි දේවල් කරනවා.

මේ මිනිස් ජීවිතය ගෙවන්න තියෙන්නේ හරිම ටික කාලයයි. ධර්මය ගැන නොදන්න ඔහු පව්මයි කරන්නේ. ඒ අඥානයා කය බිඳලා මැරුණට පස්සේ නිරයේ උපදිනවා."

මේ අර්ථය වදාරණ ලද්දේ භාග්‍යවතුන් වහන්සේ විසින්මයි. මේ විදිහට මා හට අසන්නට ලැබුනා.

සාදු! සාදු!! සාදු!!!

3.3.2.
සම්මාදිට්ඨිකම්මසමාදාන සූත්‍රය
යහපත් දෘෂ්ටියෙන් යුක්ත වීම නිසා ලැබෙන දේ ගැන වදාළ දෙසුම

භාග්‍යවතුන් වහන්සේ තමයි මේ කාරණය වදාළේ. අරහත් මුනිඳාණන්මයි මෙය වදාළේ. මේ විදිහටයි මට අසන්නට ලැබුනේ.

"පින්වත් මහණෙනි, මම (දිවැසින්) දැකලා තියෙනවා, මේ සමහර සත්වයෝ කයෙන් යහපත් දේවල් කරනවා. වචනයෙන් යහපත් දේවල් කරනවා. සිතින් යහපත් දේවල් කරනවා. ආර්යයන් වහන්සේලාට උපවාද කරන්නේ නෑ. නිවැරදි දෘෂ්ටියෙන් යුක්තයි. නිවැරදි දෘෂ්ටියෙන් යුතු දේවල් තමයි කරන්නේ. ඉතින් ඔවුන් කය බිඳිලා මරණයට පත්වෙලා සුගතිය නම් වූ

දෙව්ලොව උපදිනවා.

පින්වත් මහණෙනි, මම මේ කාරණය ඔබට කියා දෙන්නේ වෙන ශ්‍රමණයෙකුගෙන්වත්, බ්‍රාහ්මණයෙකුගෙන්වත් අහලා නොවෙයි.

පින්වත් මහණෙනි, මම **(දිවැසින්)** දැකලා තියෙනවා, මේ සමහර සත්වයෝ කයෙන් යහපත් දේවල් කරනවා. වචනයෙන් යහපත් දේවල් කරනවා. සිතින් යහපත් දේවල් කරනවා. ආර්යයන් වහන්සේලාට උපවාද කරන්නේ නෑ. නිවැරදි දෘෂ්ටියෙන් යුක්තයි. නිවැරදි දෘෂ්ටියෙන් යුතු දේවල් තමයි කරන්නේ. ඉතින් ඔවුන් කය බිඳිලා මරණයට පත්වෙලා සුගතිය නම් වූ දෙව්ලොව උපදිනවා.

පින්වත් මහණෙනි, මම තමන් විසින්ම දැනගත්තු තමන් විසින්ම **(දිවැසින්)** දැකපු, තමන් විසින්ම අවබෝධ කරපු දෙයක්මයි මෙය. ඒ දෙයමයි මා ඔබට කියන්නේ.

පින්වත් මහණෙනි, මම (දිවැසින්) දැකලා තියෙනවා, මේ සමහර සත්වයෝ කයෙන් යහපත් දේවල් කරනවා. වචනයෙන් යහපත් දේවල් කරනවා. සිතින් යහපත් දේවල් කරනවා. ආර්යයන් වහන්සේලාට උපවාද කරන්නේ නෑ. නිවැරදි දෘෂ්ටියෙන් යුක්තයි. නිවැරදි දෘෂ්ටියෙන් යුතු දේවල් තමයි කරන්නේ. ඉතින් ඔවුන් කය බිඳිලා මරණයට පත්වෙලා සුගතිය නම් වූ දෙව්ලොව උපදිනවා කියලා.”

මේ අර්ථය භාග්‍යවතුන් වහන්සේ වදාළ සේක. එය මේ අයුරිනුත් පවසන්න පුළුවනි.

“මෙහි ඇතැම් පුද්ගලයන් ඉන්නවා, සිත පිහිටුවන්නේ නිවැරදි විදිහටමයි. නිවැරදි යහපත් දේ තමයි කතා කරන්නේ. කයෙනුත් කරන්නේ යහපත් දෙයක් තමයි.

මේ මිනිස් ජීවිතය ගෙවන්න තියෙන්නේ හරිම ටික කාලයයි. ධර්මය ගැන හොඳට දන්නා ඔහු බොහෝ පින් රැස් කරනවා. ඒ ඥාණවන්තයා කය බිඳිලා මැරුණට පස්සේ දෙව්ලොව උපදිනවා.”

මේ අර්ථය වදාරණ ලද්දේ භාග්‍යවතුන් වහන්සේ විසින්මයි. මේ විදිහට මා හට අසන්නට ලැබුනා.

සාදු! සාදු!! සාදු!!!

3.3.3.
නිස්සරණීය සූත්‍රය
නික්මීම ගැන වදාළ දෙසුම

භාග්‍යවතුන් වහන්සේ තමයි මේ කාරණය වදාළේ. අරහත් මුනිඳාණන්මයි මෙය වදාළේ. මේ විදිහටයි මට අසන්නට ලැබුනේ.

"පින්වත් මහණෙනි, නික්මීමට අයත් ධාතු ස්වභාව තුනකි. ඒ තුන මොනවාද? කාමයන්ගෙන් නික්ම යෑමක් තියෙනවා. එනම් මේ නෛෂ්ක්‍රම්‍යයයි. රූපයන්ගෙනුත් නික්මීමක් තියෙනවා. එනම් මේ අරූප සමාධියයි. හටගත්තා වූ හේතු ප්‍රත්‍යයන්ගෙන් සකස් වූ පටිච්චසමුප්පාදයෙන් හටගත්තා වූ යම්කිසි දෙයක් ඇත්නම් එයිනුත් නික්මීමක් තියෙනවා. එනම් මේ තණ්හා නිරෝධය නම් වූ නිවනයි. පින්වත් මහණෙනි, මේවාට තමයි නිස්සරණ ධාතු තුන කියන්නේ."

මේ අර්ථය භාග්‍යවතුන් වහන්සේ වදාළ සේක. එය මේ අයුරිනුත් පවසන්න පුළුවනි.

"හැම විටම කෙලෙස් තවන වීරියෙන් යුතු කෙනා කාමයන්ගෙන් නික්මීම අවබෝධ කරගෙන, රූපයත් ඉක්මවා ගිහින් සියලු සංස්කාරයන්ගේ සංසිඳීම නම් වූ නිවන ස්පර්ශ කරනවා.

ඒ භික්ෂුව ඒකාන්තයෙන්ම නිවැරදි දේ දකින කෙනෙක්. ඒ නිසාමයි මේ නිස්සරණයේ පිහිටලා දුකෙන් නිදහස් වෙන්නේ. විශේෂ ඥාණය ඇති තම වසඟයට ගත් සිත් ඇති ශාන්ත වූ ඒ භික්ෂුව කෙලෙස් යෝගයන් ඉක්මවා ගිය මුනිවරයෙක් වෙනවා."

මේ අර්ථය වදාරණ ලද්දේ භාග්‍යවතුන් වහන්සේ විසින්මයි. මේ විදිහට මා හට අසන්නට ලැබුනා.

සාදු! සාදු!! සාදු!!!

3.3.4.
සන්තතර සූත්‍රය
වඩාත්ම ශාන්ත වූ දේ ගැන වදාළ දෙසුම

භාග්‍යවතුන් වහන්සේ තමයි මේ කාරණය වදාළේ. අරහත් මුනිඳාණන්මයි මෙය වදාළේ. මේ විදිහටයි මට අසන්නට ලැබුනේ.

"පින්වත් මහණෙනි, රූපාවචර ධ්‍යානයට වඩා අරූපාවචර ධ්‍යානය ගොඩාක්ම ශාන්තයි. අරූපාවචර ධ්‍යානවලටත් වඩා, ඒ අමා නිවනම තමයි වඩාත් ශාන්ත වෙන්නේ."

මේ අර්ථය භාග්‍යවතුන් වහන්සේ වදාළ සේක. එය මේ අයුරිනුත් පවසන්න පුළුවනි.

"සමහරු රූප ලෝකවල උපදිනවා. සමහරු අරූප ලෝකවල උපදිනවා. ඒ අමා නිවන අවබෝධ නොකළ ඔවුන් නැවත නැවතත් පැමිණෙන්නේ පුනර්භවයටමයි.

සමහරු රූප ලෝකයේ ස්වභාවයත් අවබෝධ කරනවා. අරූප ලෝකයේ සිත පිහිටුවන්නෙත් නැහැ. ඒ අමා නිවන අරමුණු කරගෙන කෙලෙසුන්ගෙන් නිදහස් වෙනවා. අන්න ඒ රහත් මුනිවරු මර සෙනඟ පරදවනවා.

කයෙන් අමා නිවන ස්පර්ශ කරල කෙලෙස් රහිතව වැඩසිටින, සියලු කෙලෙස් දුරු කොට වදාළ, අනාශ්‍රව වූ අරහත්වය සාක්ෂාත් කොට වදාළ ඒ සම්මා සම්බුදුරජාණන් වහන්සේ මේ ශෝක රහිත, කෙලෙස් රහිත ඒ අමා නිවන ගැන පවසා වදාරණ සේක."

මේ අර්ථය වදාරණ ලද්දේ භාග්‍යවතුන් වහන්සේ විසින්මයි. මේ විදිහට මා හට අසන්නට ලැබුනා.

සාදු! සාදු!! සාදු!!!

3.3.5.
පුත්ත සූත්‍රය
පුත්‍රයන් ගැන වදාළ දෙසුම

භාග්‍යවතුන් වහන්සේ තමයි මේ කාරණය වදාළේ. අරහත් මුනිඳාණන්මයි මෙය වදාළේ. මේ විදිහටයි මට අසන්නට ලැබුනේ.

"පින්වත් මහණෙනි, මේ පුත්‍රයන් තිදෙනෙක් ලෝකයේ දකින්න ලැබෙනවා. ඒ තුන්දෙනා කවුද? අතිජාත, අනුජාත, අවජාත.

පින්වත් මහණෙනි, කෙහොමද පුත්‍රයෙක් අතිජාත වෙන්නේ? පින්වත් මහණෙනි, යම් පුත්‍රයෙක් ඉන්නවා. ඔහුගේ මව්පියන් බුදුරජාණන් වහන්සේව සරණ ගිහිල්ලා නෑ. ධර්මය සරණ ගිහිල්ලත් නෑ. ආර්ය සංඝයා සරණ ගිහිල්ලත් නෑ. සතුන් මැරීමෙන් වැළකිලත් නෑ. සොරකම් කිරීමෙන් වැළකිලත් නෑ. වැරදි කාම සේවනයෙන් වැළකිලත් නෑ. බොරු කීමෙන් වැළකිලත් නෑ. මත්වීමටත්, ප්‍රමාදයටත් හේතුවෙන සුරාවෙන් වැළකිලත් නෑ. දුස්සීලයි. පාපී ස්වභාවයෙන් යුක්තයි. එහෙත් ඔවුන්ගේ පුතා බුදුරජාණන් වහන්සේව සරණ ගිහිල්ලා ඉන්නේ. ධර්මය සරණ ගිහිල්ලා ඉන්නේ. ආර්ය සංඝයා සරණ ගිහිල්ලා ඉන්නේ. සතුන් මැරීමෙන් වැළකිලා, සොරකමින් වැළකිලා, වැරදි කාම සේවනයෙන් වැළකිලා, බොරු කීමෙන් වැළකිලා, මත්වීමටත් ප්‍රමාදයටත් හේතුවන සුරාවෙනුත් වැළකිලා ඉන්නේ. ඔහු සිල්වත්. යහපත් ස්වභාවයෙන් යුක්තයි. පින්වත් මහණෙනි, මෙන්න මේ විදිහේ පුතාට තමයි 'අතිජාත පුත්‍රයා' කියන්නේ.

පින්වත් මහණෙනි, කෙහොමද පුත්‍රයෙක් අනුජාත වෙන්නේ? පින්වත් මහණෙනි, යම් පුත්‍රයෙක් ඉන්නවා. ඔහුගේ මව්පියන් බුදුරජාණන් වහන්සේව සරණ ගිහිල්ලා ඉන්නේ. ධර්මය සරණ ගිහිල්ලා ඉන්නේ. ආර්ය සංඝයා සරණ ගිහිල්ලා ඉන්නේ. සතුන් මැරීමෙන් වැළකිලා, සොරකමින් වැළකිලා, වැරදි කාම සේවනයෙන් වැළකිලා, බොරු කීමෙන් වැළකිලා, මත්වීමටත් ප්‍රමාදයටත් හේතුවන සුරාවෙනුත් වැළකිලා ඉන්නේ. ඔවුන් සිල්වත්. යහපත් ස්වභාවයෙන් යුක්තයි. ඔවුන්ගේ පුතාත් බුදුරජාණන් වහන්සේව සරණ ගිහිල්ලා. ධර්මය සරණ ගිහිල්ලා. ආර්ය සංඝයා සරණ ගිහිල්ලා. සතුන් මැරීමෙන් වැළකිලා, සොරකමින් වැළකිලා, වැරදි කාම සේවනයෙන් වැළකිලා, බොරු කීමෙන් වැළකිලා, මත්වීමටත් ප්‍රමාදයටත් හේතුවන සුරාවෙනුත් වැළකිලා ඉන්නේ.

ඔහු සිල්වත්. යහපත් ස්වභාවයෙන් යුක්තයි. පින්වත් මහණෙනි, මෙන්න මේ විදිහේ පුතාට තමයි 'අනුජාත පුත්‍රයා' කියන්නේ.

පින්වත් මහණෙනි, කෙහොමද පුත්‍රයෙක් අවජාත වෙන්නේ? පින්වත් මහණෙනි, යම් පුත්‍රයෙක් ඉන්නවා. ඔහුගේ මව්පියන් බුදුරජාණන් වහන්සේව සරණ ගිහිල්ලයි ඉන්නේ. ධර්මය සරණ ගිහිල්ලයි ඉන්නේ. ආර්ය සංඝයා සරණ ගිහිල්ලයි ඉන්නේ. සතුන් මැරීමෙන් වැළකිලා, සොරකමින් වැළකිලා, වැරදි කාම සේවනයෙන් වැළකිලා, බොරු කීමෙන් වැළකිලා, මත්වීමටත් ප්‍රමාදයටත් හේතුවන සුරාවෙනුත් වැළකිලා ඉන්නේ. ඔවුන් සිල්වත්. යහපත් ස්වභාවයෙන් යුක්තයි. ඒත් ඔවුන්ගේ පුතා බුදුරජාණන් වහන්සේව සරණ ගිහිල්ලා නෑ. ධර්මය සරණ ගිහිල්ලත් නෑ. ආර්ය සංඝයා සරණ ගිහිල්ලත් නෑ. සතුන් මැරීමෙන් වැළකිලත් නෑ. සොරකම් කිරීමෙන් වැළකිලත් නෑ. වැරදි කාම සේවනයෙන් වැළකිලත් නෑ. බොරු කීමෙන් වැළකිලත් නෑ. මත්වීමටත්, ප්‍රමාදයටත් හේතුවෙන සුරාවෙන් වැළකිලත් නෑ. දුස්සීලයි. පාපී ස්වභාවයෙන් යුක්තයි. පින්වත් මහණෙනි, මෙන්න මේ විදිහේ පුතාට තමයි 'අවජාත පුත්‍රයා' කියන්නේ. පින්වත් මහණෙනි, මෙන්න මේ තමයි ලෝකයේ ඉන්න පුතුන් තුන් දෙනා."

මේ අර්ථය භාග්‍යවතුන් වහන්සේ වදාළ සේක. එය මේ අයුරිනුත් පවසන්න පුළුවනි.

"ඥාණවන්ත කෙනා අතිජාත, අනුජාත පුත්‍රයන් තමයි කැමති වෙන්න ඕන. පවුල් ගඳ ගස්සන අවජාත පුත්‍රයාට නම් කවුරුත් කැමති වෙන්නෙ නෑ.

ඒ දෙන්නටම තමයි ලෝකයේ නියම පුත්‍රයෝ කියලා කියන්නේ. ඔවුන් තෙරුවන් සරණ ගිය ශ්‍රාවකයෝ. ඔවුන් ශ්‍රද්ධාවන්තයි. සීලයෙනුත් යුක්තයි. අන් අයගේ ධාර්මික අවශ්‍යතා දන්නවා. මසුරු නෑ. ඔවුන් පිරිස් අතර බබලන්නේ හරියට වළාකුලින් මිදුන සඳ වගේ."

මේ අර්ථය වදාරණ ලද්දේ භාග්‍යවතුන් වහන්සේ විසින්මයි. මේ විදිහට මා හට අසන්නට ලැබුනා.

සාදු! සාදු!! සාදු!!!

3.3.6.
වුට්ඨි සූත්‍රය
වැස්ස හා සමාන පුද්ගලයා ගැන වදාළ දෙසුම

භාග්‍යවතුන් වහන්සේ තමයි මේ කාරණය වදාළේ. අරහත් මුනිඳාණන්මයි මෙය වදාළේ. මේ විදිහටයි මට අසන්නට ලැබුනේ.

"පින්වත් මහණෙනි, ලෝකයේ ඉන්න මේ පුද්ගලයන් තුන් දෙනෙක් දකින්න ලැබෙනවා. ඒ තුන් දෙනා කවුද? අවුට්ඨිසම (**වැසි නොවැසීම වැනි**) පුද්ගලයා, පදේසවස්සී (**ප්‍රදේශයකට පමණක් වැසි වැසීම වැනි**) පුද්ගලයා, සබ්බත්ථාභිවස්සී (**සෑම තැනටම වැසි වැසීම වැනි**) පුද්ගලයා.

පින්වත් මහණෙනි, කොහොමද කෙනෙක් වැසි නොවැසීම හා සමාන පුද්ගලයෙක් වෙන්නේ? පින්වත් මහණෙනි, ඇතැම් පුද්ගලයෙක් ඉන්නවා. ශ්‍රමණ බමුණන්ට මුකුත් දෙන්නෙත් නෑ. දුගී මගී අයටත්, අඩුපාඩු තියෙන අයටත් මුකුත් දෙන්නෙ නෑ. මේ කිසි කෙනෙකුට ආහාර පාන දෙන්නෙත් නෑ. මල් සුවඳ ද්‍රව්‍ය ආදිය දෙන්නෙත් නෑ. ඉන්න හිටින්න තැනක්වත් දෙන්නෙ නෑ. ඉන්න හිටින තැනක් එළිය කරන්න උවමනා දෙයක්වත් දෙන්නෙ නෑ. පින්වත් මහණෙනි, මෙන්න මේ විදිහට තමයි පුද්ගලයෙක් වැසි නොවැසීම හා සමාන කෙනෙක් වෙන්නේ.

පින්වත් මහණෙනි, කොහොමද කෙනෙක් ප්‍රදේශයකට පමණක් වැසි වසින කෙනෙක් වෙන්නේ? පින්වත් මහණෙනි, ඇතැම් කෙනෙක් ඉන්නවා, සමහර ශ්‍රමණ බමුණන්ට, දුගී මගී අයට, අඩු පාඩු තියෙන අයට ආහාර පාන දෙනවා. වස්ත්‍ර ආදියත්, ගමනට බිමනට උවමනා කරන දේවලුත් දෙනවා. මල් සුවඳ ද්‍රව්‍ය ආදියත් දෙනවා. ඉන්න හිටින්න තැන්, ඒවා එළිය කරන්න උවමනා කරන දේවලුත් දෙනවා. ඒත් සමහරුන්ට දෙන්නෙ නෑ. පින්වත් මහණෙනි, මෙන්න මේ විදිහට තමයි ප්‍රදේශයකට පමණක් වැසි වැසීම හා සමාන පුද්ගලයෙක් වෙන්නේ.

පින්වත් මහණෙනි, කොහොමද කෙනෙක් සෑම තැනටම වැසි වැසීම හා සමාන කෙනෙක් වෙන්නේ? පින්වත් මහණෙනි, මේ එක පුද්ගලයෙක් ඉන්නවා. සෑම ශ්‍රමණ බ්‍රාහ්මණයෙකුටම, දුගී මගී අයෙකුටම, අඩුපාඩු තියෙන අයෙකුටම ආහාර පාන දෙනවා. වස්ත්‍ර ආදියත් දෙනවා. ගමනට බිමිනට උවමනා කරන

දේවලුත් දෙනවා. මල් සුවඳ ද්‍රව්‍ය ආදියත් දෙනවා. ඉන්න හිටින්න තැනුත්, ඒවා එළිය කරන්න උවමනා කරන දේවලුත් දෙනවා. පින්වත් මහණෙනි, මෙන්න මේ විදිහට තමයි කෙනෙක් සෑම තැනටම වැසි වැසීමට සමාන කෙනෙක් වෙන්නේ. පින්වත් මහණෙනි, මෙන්න මේ පුද්ගලයෝ තුන් දෙනා තමයි මේ ලෝකයේ ඉන්නවා දකින්න ලැබෙන්නේ."

මේ අර්ථය භාග්‍යවතුන් වහන්සේ වදාළ සේක. එය මේ අයුරිනුත් පවසන්න පුළුවනි.

"ශ්‍රමණයින්ට යමක් දෙන්නෙත් නෑ. බ්‍රාහ්මණයින්ට දෙන්නෙත් නෑ. වෙන දුගී මගී අයටවත්, අඩු පාඩු තියෙන අයටවත් තමන්ට ලැබුනු ආහාර පාන බොජුන් බෙදා හදා දෙන්නෙ නෑ. මේ වගේ නිහීන පුද්ගලයෙකුට තමයි වැසි නොවැසීම හා සමාන පුද්ගලයා කියලා කියන්නේ.

සමහරුන්ට දෙනවා. සමහරුන්ට දෙන්නෙ නෑ. ඔහුට තමයි ප්‍රදේශකට පමණක් වැසි වැසීම හා සමාන පුද්ගලයා කියලා නුවණැති අය කියන්නේ.

දීම ගැන බොහෝ කතා කරන, සියලු සතුන් ගැන අනුකම්පා කරන කෙනෙක් ඉන්නවා. ඔහු ගොඩාක් ප්‍රීතිමත් සිතින් 'දන් දෙන්න, දන් දෙන්න' කියලා ලෝභ නැතුව දන් පැන් පතුරුවනවා.

හරියට මහා වර්ෂාවක් ඇද හැලෙන්නේ අකුණු කොටමින්, ගර්ජනා කරමිනුයි. ඒ ගලා යන ජලයෙන් පොළොවේ උස් පහත් තැන් පුරවා දමනවා.

මේ විදිහමයි. සමහර කෙනෙක් ඉන්නවා. අන්න ඒ වගේමයි උට්ඨාන වීරියෙන්, දැහැමින් උපයා ගත්තු ධනයෙන් තමන්ව සොයාගෙන එන දුගී මගී අයව ආහාර පානවලින් සතපවා සතුටු කරනවා."

මේ අර්ථය වදාරණ ලද්දේ භාග්‍යවතුන් වහන්සේ විසින්මයි. මේ විදිහට මා හට අසන්නට ලැබුනා.

සාදු! සාදු!! සාදු!!!

3.3.7.
සුඛපත්ථනා සූත්‍රය
සැපය පැතීම ගැන වදාළ දෙසුම

භාග්‍යවතුන් වහන්සේ තමයි මේ කාරණය වදාළේ. අරහත් මුනිඳාණන්මයි මෙය වදාළේ. මේ විදිහටයි මට අසන්නට ලැබුනේ.

"පින්වත් මහණෙනි, නුවණැති කෙනා මේ තුන් විදිහක සැප පතමින් සිල් රකිනවා. ඒ තුන මොනවාද? නුවණැති කෙනා මේකෙන් 'මට ප්‍රශංසාවක්ම ලැබේවා!' කියලා සිල් ආරක්ෂා කරනවා. මේකෙන් 'මට භෝග සම්පත් ලැබේවා!' කියා නුවණැති කෙනා සිල් ආරක්ෂා කරනවා. මේකෙන් 'මම කය බිඳිලා මැරුණට පස්සේ සුගතිය නම් වූ දෙව්ලොව උපදිනවා' කියලා නුවණැති කෙනා සිල් ආරක්ෂා කරනවා. පින්වත් මහණෙනි, මේ සැප තුන පතමින් නුවණැති කෙනා සිල් ආරක්ෂා කරනවා."

මේ අර්ථය භාග්‍යවතුන් වහන්සේ වදාළ සේක. එය මේ අයුරිනුත් පවසන්න පුළුවනි.

"ප්‍රශංසාව ලැබීමත්, වස්තු ලාභයත්, මරණින් පස්සේ ලැබෙන ස්වර්ග සැපත් තියෙනවා. ඉතින් ඤාණවන්ත කෙනා මෙන්න මේ සැප තුන බලාපොරොත්තුවෙන් සිල් රකිනවා.

ඉතින් පව් කරන්නෙ නැති වුනත්, පව් කරන අයව ඇසුරු කරනවා නම්, එහෙම වුනාම එයාවත් පව් කරන කෙනෙක් හැටියට සැකයට භාජනය වෙනවා. නරක රාවයක් පැතිරී යනවා.

යම් විදිහක කෙනෙක් එක්ක නම් මිතුරුකම් කරන්නේ, යම් විදිහක කෙනෙක් නම් ආශ්‍රය කරන්නේ, ඔහු අන්න ඒ විදිහේ කෙනෙක් වෙනවා. ඔහු සමඟ එකට ආශ්‍රය කිරීමත් ඒ වගේමයි.

දිගින් දිගටම කෙනෙක්ව ඇසුරු කරන කොට අනිත් කෙනාගේ ගතිගුණ අර ඇසුරු කරන කෙනාටත් පුරුදු වෙනවා. විෂ පොවපු ඊතලයක් නිතර නිතර හොඳ ඊතල ගොඩේ දමනවා නම්, ඒ ඊතලවලත් විෂ තැවරෙනවා. ඒ වගේ නුවණැති කෙනෙක් වුනත්, පාපී යහළුවන් ඇසුරු නොකළ යුත්තේ පව් තවරා ගන්නට තියෙන භය නිසාමයි.

යම් කෙනෙක් කුණුවෙච්ච මස් ටිකක් අරගෙන ඒක තණකොළවලින් වෙලනවා. ඊට පස්සේ ඒ තණකොළත් කුණු ගඳ ගහනවා. පව්කාරයා ආශ්‍රය කරන කොටත් ඔන්න ඔය විදිහයි.

කෙනෙක් තුවරලා කියන සුවඳ ද්‍රව්‍ය අරගෙන කොලයක ඔතනවා. ඊට පස්සේ ඒ කොලයෙනුත් හමන්නේ ඒ සුවඳමයි. උතුම් අය ආශ්‍රය කරන කොටත් ඔන්න ඔය වගේ තමයි."

මේ අර්ථය වදාරණ ලද්දේ භාග්‍යවතුන් වහන්සේ විසින්මයි. මේ විදිහට මා හට අසන්නට ලැබුනා.

සාදු! සාදු!! සාදු!!!

3.3.8.
භිදුර සූත්‍රය
බිඳී යන දේ ගැන වදාළ දෙසුම

භාග්‍යවතුන් වහන්සේ තමයි මේ කාරණය වදාළේ. අරහත් මුනිඳාණන්මයි මෙය වදාළේ. මේ විදිහටයි මට අසන්නට ලැබුනේ.

"පින්වත් මහණෙනි, මේ කය බිඳිලා යනවා. විඤ්ඤාණයත් නොඇලිය යුතු දෙයක්මයි. මේ කෙලෙස් සහිත කර්ම අනිත්‍යයයි, දුකයි, වෙනස් වෙලා යන ස්වභාවය තමයි තියෙන්නේ."

මේ අර්ථය භාග්‍යවතුන් වහන්සේ වදාළ සේක. එය මේ අයුරිනුත් පවසන්න පුළුවනි.

"කය බිඳිලා යන දෙයක් බව අවබෝධ කරගෙන, විඤ්ඤාණයත් බිඳී යන බව අවබෝධ කරගෙන, කෙලෙස් සහිත කර්මවල ඇති භයානකකම දැකලා, ජරා මරණ ඉක්ම ගිහින්, පරම ශාන්තියට පැමිණි, වැඩූ සිත් ඇති ඒ රහත් භික්ෂුව පිරිනිවීමට කාලය බලාපොරොත්තු වෙනවා."

මේ අර්ථය වදාරණ ලද්දේ භාග්‍යවතුන් වහන්සේ විසින්මයි. මේ විදිහට මා හට අසන්නට ලැබුනා.

සාදු! සාදු!! සාදු!!!

3.3.9.
ධාතුසංසන්දන සූත්‍රය
අදහස්වලට අනුව එකතු වීම ගැන වදාළ දෙසුම

භාග්‍යවතුන් වහන්සේ තමයි මේ කාරණය වදාළේ. අරහත් මුනිඳාණන්මයි මෙය වදාළේ. මේ විදිහටයි මට අසන්නට ලැබුනේ.

"පින්වත් මහණෙනි, සත්වයන් තව සත්වයන් සමඟ එකතු වෙන්නේ, එකට සම්බන්ධ වෙන්නේ තම තමන්ගේ සිත්වල තියෙන ස්වභාවයට අනුව තමයි. ලාමක අදහස් තියෙන අය, ලාමක අදහස් තියෙන අයත් එක්ක තමයි එකතු වෙන්නේ, එකට සම්බන්ධ වෙන්නේ. යහපත් අදහස් තියෙන අය, යහපත් අදහස් තියෙන අයත් එක්ක තමයි එකට එකතු වෙන්නේ, එකට සම්බන්ධ වෙන්නේ.

පින්වත් මහණෙනි, අතීතයේදීත් ඔය විදිහම තමයි. සත්වයන් තව සත්වයන් සමඟ එකතු වුනේ, එකට සම්බන්ධ වුනේ තම තමන්ගේ සිත්වල තියෙන ස්වභාවයට අනුව තමයි. ලාමක අදහස් තියෙන අය, ලාමක අදහස් තියෙන අයත් එක්ක තමයි එකතු වුනේ, එකට සම්බන්ධ වුනේ. යහපත් අදහස් තියෙන අය, යහපත් අදහස් තියෙන අයත් එක්ක තමයි එකට එකතු වුනේ, එකට සම්බන්ධ වුනේ.

පින්වත් මහණෙනි, අනාගත කාලයේදීත් ඔය විදිහම තමයි. සත්වයන් තව සත්වයන් සමඟ එකතු වෙන්නේ, එකට සම්බන්ධ වෙන්නේ තම තමන්ගේ සිත්වල තියෙන ස්වභාවයට අනුව තමයි. ලාමක අදහස් තියෙන අය, ලාමක අදහස් තියෙන අයත් එක්ක තමයි එකතු වෙන්නේ, එකට සම්බන්ධ වෙන්නේ. යහපත් අදහස් තියෙන අය, යහපත් අදහස් තියෙන අයත් එක්ක තමයි එකට එකතු වෙන්නේ, එකට සම්බන්ධ වෙන්නේ.

පින්වත් මහණෙනි, දැන් මේ වර්තමාන කාලයේදීත් ඔය විදිහම තමයි. සත්වයන් තව සත්වයන් සමඟ එකතු වෙන්නේ, එකට සම්බන්ධ වෙන්නේ තම තමන්ගේ සිත්වල තියෙන ස්වභාවයට අනුව තමයි. ලාමක අදහස් තියෙන අය, ලාමක අදහස් තියෙන අයත් එක්ක තමයි එකතු වෙන්නේ, සම්බන්ධ වෙන්නේ. යහපත් අදහස් තියෙන අය, යහපත් අදහස් තියෙන අයත් එක්ක තමයි එකට එකතු වෙන්නේ. එකට සම්බන්ධ වෙන්නේ."

මේ අර්ථය භාග්‍යවතුන් වහන්සේ වදාළ සේක. එය මේ අයුරිනුත් පවසන්න පුළුවනි.

"එකට එකතු වෙලා ඉන්න කොට ඇති වෙන කෙලෙස්, එකට එකතු නොවී ඉන්න කොට නැතිවෙලා යනවා. ලීයෙන් හදපු පුංචි පහුරකට නැගලා මහ මුහුදේ යන කොට ඒක ගිලිලා යනවා.

අන්න ඒ වගේ තමයි, කුසීත අයව ආශ්‍රය කරන කොට යහපත් ජීවිතයක් තියෙන කෙනා වුනත්, ඒකෙන් ගිලිලා යනවා. ඒ නිසා ඔහු වීරිය නැති, කුසීත අයව දුරුකරන්න ඕන.

හුදෙකලාවේ ධ්‍යාන වඩන ආර්යයන් වහන්සේලා ඉන්නවා. උන්වහන්සේලාගේ සිත ඒ අමා නිවනේම ස්ථිරව පිහිටලයි තියෙන්නේ. නිතරම පටන් ගත්තු වීරියෙන් යුක්තයි. ඥාණවන්තයි. ඒ නිසා එවන් උතුමන් එක්කමයි ඉන්න ඕන."

මේ අර්ථය වදාරණ ලද්දේ භාග්‍යවතුන් වහන්සේ විසින්මයි. මේ විදිහට මා හට අසන්නට ලැබුනා.

සාදු! සාදු!! සාදු!!!

3.3.10.
පරිහාන සූත්‍රය
පිරිහීමට හේතුවන දේ ගැන වදාළ දෙසුම

භාග්‍යවතුන් වහන්සේ තමයි මේ කාරණය වදාළේ. අරහත් මුනිඳාණන්මයි මෙය වදාළේ. මේ විදිහටයි මට අසන්නට ලැබුනේ.

"පින්වත් මහණෙනි, සේඛ **(නිවන් මගෙහි හික්මෙන)** භික්ෂුවගේ පිරිහීමට හේතුවන කරුණු තුනක් තියෙනවා. ඒ තුන මොනවාද? පින්වත් මහණෙනි, මෙහි මේ සේඛ භික්ෂුව **(භාවනා වැඩීමෙන් තොර වූ)** වෙනත් වැඩ කටයුතු කිරීමෙහි ඇලී ඉන්නවා. වෙනත් වැඩ කටයුතු කිරීමෙන් සතුටු වෙනවා. වෙනත් වැඩ කටයුතුවල ඇලිලා, ඒවායේම යෙදිලා ඉන්නවා.

කතාබස් කිරීමේ ඇලිලා ඉන්නවා. කතා බස් කිරීමෙන් සතුටු වෙනවා. කතාබස් කිරීමේ ඇලිලා, ඒකෙම යෙදිලා ඉන්නවා.

නිදාගැනීමේ ඇලිලා ඉන්නවා. නිදාගැනීමෙන් සතුටු වෙනවා. නිදාග ැනීමේ ඇලිලා, නින්දේම යෙදිලා ඉන්නවා. පින්වත් මහණෙනි, ඔන්න ඕවා තමයි සේඛ භික්ෂුවගේ පිරිහීමට හේතුවන කාරණා තුන.

පින්වත් මහණෙනි, සේඛ භික්ෂුවගේ නොපිරිහීමට හේතුවන කරුණු තුනක් තියෙනවා. ඒ තුන මොනවාද? පින්වත් මහණෙනි, මෙහි මේ සේඛ භික්ෂුව වෙනත් වැඩ කටයුතු කිරීමෙහි ඇලිලා ඉන්නෙ නෑ. වෙනත් වැඩ කටයුතු කිරීමෙන් සතුටු වෙන්නෙ නෑ. වෙනත් වැඩ කටයුතුවල ඇලිලා, ඒවායේම යෙදිලා ඉන්නෙ නෑ.

කතාබස් කිරීමේ ඇලිලා ඉන්නෙ නෑ. කතා බස් කිරීමෙන් සතුටු වෙන්නෙ නෑ. කතාබස් කිරීමේ ඇලිලා, ඒකෙම යෙදිලා ඉන්නෙ නෑ.

නිදාගැනීමේ ඇලිලා ඉන්නෙ නෑ. නිදාගැනීමෙන් සතුටු වෙන්නෙ නෑ. නිදාගැනීමේ ඇලිලා, නින්දේම යෙදිලා ඉන්නෙ නෑ. පින්වත් මහණෙනි, ඔන්න ඕවා තමයි සේඛ භික්ෂුවගේ නොපිරිහීමට හේතුවන කාරණා තුන."

මේ අර්ථය භාග්‍යවතුන් වහන්සේ වදාළ සේක. එය මේ අයුරිනුත් පවසන්න පුළුවනි.

"භික්ෂුවක් ඉන්නවා, බාහිර වැඩ කටයුතුවල තමයි ඇලිලා ඉන්නේ. කතා බස් කිරීමෙත් ඇලිලා ඉන්නවා. නින්දෙත් ඇලිලා ඉන්නවා. සිතත් සංසුන් නෑ. ඒ වගේ භික්ෂුව නම් මේ උතුම් අරහත්වය ස්පර්ශ කරන්න සුදුස්සෙක් වෙන්නෙ නෑ.

ඒ නිසාම වැඩ කටයුතු අඩු, අඩුවෙන් නිදාගන්න, සංසුන් සිතක් ඇති කෙනෙක් ඉන්නවා. අන්න ඒ වගේ භික්ෂුව තමයි, මේ උතුම් අරහත්වය අවබෝධ කරන්න සුදුස්සෙක් වෙන්නේ."

මේ අර්ථය වදාරණ ලද්දේ භාග්‍යවතුන් වහන්සේ විසින්මයි. මේ විදිහට මා හට අසන්නට ලැබුනා.

සාදු! සාදු!! සාදු!!!

තුන්වෙනි වර්ගය නිමා විය.

4. හතරවෙනි වර්ගය

3.4.1.
විතක්ක සූත්‍රය
අකුසල විතර්ක ගැන වදාළ දෙසුම

භාග්‍යවතුන් වහන්සේ තමයි මේ කාරණය වදාළේ. අරහත් මුනිඳාණන්මයි මෙය වදාළේ. මේ විදිහටයි මට අසන්නට ලැබුනේ.

"පින්වත් මහණෙනි, මේ අකුසල විතර්ක තුනක් තියෙනවා. ඒ තුන මොනවාද? අනුන්ගෙන් අවඥා ලැබීමට අකමැති බවත් එක්ක යෙදුන විතර්කය. ලාභ සත්කාර, කීර්ති ආදිය කැමති වීමත් එක්ක එකතු වුන විතර්කය. අනුන් කෙරෙහි අනුකම්පා ඉපදවීම නාමයෙන් ඇතිවන කෙලෙස් සහිත හිතවත්කම. පින්වත් මහණෙනි, මේ තමයි අකුසල විතර්ක තුන."

මේ අර්ථය භාග්‍යවතුන් වහන්සේ වදාළ සේක. එය මේ අයුරිනුත් පවසන්න පුළුවනි.

"අවඥා ලැබීමට අකමැති වෙනවා. ලාභ සත්කාර ගෞරව ලබන්න කැමැති වෙනවා. මැති ඇමතිවරුන් එක්ක එකට සතුටු වී ඉන්නවා. මෙන්න මේවා තියෙන කෙනා අරහත්වයෙන් ගොඩාක් ඈතයි.

කෙනෙක් ඉන්නවා දූ දරුවන්, සතා සිව්පාවා අත්හරිනවා. ආවාහ විවාහ කරමින් කරන ඔය සංග්‍රහයනුත් අත්හරිනවා. ඔන්න ඔය වගේ භික්ෂුව තමයි මේ උතුම් අරහත්වය ස්පර්ශ කරන්න සුදුස්සෙක් වෙන්නේ."

මේ අර්ථය වදාරණ ලද්දේ භාග්‍යවතුන් වහන්සේ විසින්මයි. මේ විදිහට මා හට අසන්නට ලැබුනා.

සාදු! සාදු!! සාදු!!!

3.4.2.
සක්කාර සූත්‍රය
සත්කාර ගැන වදාළ දෙසුම

භාග්‍යවතුන් වහන්සේ තමයි මේ කාරණය වදාළේ. අරහත් මුනිඳාණන්මයි මෙය වදාළේ. මේ විදිහටයි මට අසන්නට ලැබුනේ.

"පින්වත් මහණෙනි, මම **(දිවැසින්)** දැකලා තියෙනවා මේ සත්වයන් සත්කාර සම්මානවලට යටවෙලා, සිතේ කුසල් දහම් පවා නැති කරගන්නවා. කය බිඳිලා මැරුණට පස්සේ අපාය, දුගතිය නම් වූ විනිපාත නිරයේ උපදිනවා.

පින්වත් මහණෙනි, මම **(දිවැසින්)** දැකලා තියෙනවා මේ සත්වයන් සත්කාර සම්මාන නැති නිසා, ඒ පීඩාවෙන් යටවෙච්ච සිත් ඇතිව ඉන්නවා. සිතේ කුසල් දහම් පවා නැති කරගන්නවා. කය බිඳිලා මැරුණට පස්සේ අපාය, දුගතිය නම් වූ විනිපාත නිරයේ උපදිනවා.

පින්වත් මහණෙනි, මම **(දිවැසින්)** දැකලා තියෙනවා මේ සත්වයන් සත්කාර සම්මානත්, අසත්කාර අසම්මානත් කියන මේ දෙකම නිසා ඒවායෙන් යටවෙච්ච සිතින් ඉන්නවා. ඒකෙන් සිතේ කුසල් දහම් පවා නැති කරගන්නවා. කය බිඳිලා මැරුණට පස්සේ අපාය, දුගතිය නම් වූ විනිපාත නිරයේ උපදිනවා.

පින්වත් මහණෙනි, මං මේ කාරණය කියන්නේ වෙනත් ශ්‍රමණයෙකුගෙන් හරි බ්‍රාහ්මණයෙකුගෙන් හරි අහලා නොවෙයි. ඒ කියන්නේ පින්වත් මහණෙනි, මා විසින්ම දැනගත්තු, මා විසින්ම දැකපු, මා විසින්ම අවබෝධ කරපු දෙයක්ම තමයි මේ කියා දෙන්නේ.

'පින්වත් මහණෙනි, මම **(දිවැසින්)** දැකලා තියෙනවා මේ සත්වයන් සත්කාර සම්මානවලට යටවෙලා, සිතේ කුසල් දහම් පවා නැති කරගන්නවා. කය බිඳිලා මැරුණට පස්සේ අපාය, දුගතිය නම් වූ විනිපාත නිරයේ උපදිනවා.

පින්වත් මහණෙනි, මම **(දිවැසින්)** දැකලා තියෙනවා මේ සත්වයන් සත්කාර සම්මාන නැති නිසා, ඒ පීඩාවෙන් යටවෙච්ච සිත් ඇතිව ඉන්නවා. සිතේ කුසල් දහම් පවා නැති කරගන්නවා. කය බිඳිලා මැරුණට පස්සේ අපාය, දුගතිය නම් වූ විනිපාත නිරයේ උපදිනවා.

පින්වත් මහණෙනි, මම **(දිවැසින්)** දැකලා තියෙනවා මේ සත්වයන්

සත්කාර සම්මානත්, අසත්කාර අසම්මානත් කියන මේ දෙකම නිසා ඒවායෙන් යටවෙච්ච සිතින් ඉන්නවා. ඒකෙන් සිතේ කුසල් දහම් පවා නැති කරගන්නවා. කය බිඳිලා මැරුණට පස්සේ අපාය, දුගතිය නම් වූ විනිපාත නිරයේ උපදිනවා.

පින්වත් මහණෙනි, මං මේ කාරණය කියන්නේ වෙනත් ශ්‍රමණයෙකුගෙන් හරි බ්‍රාහ්මණයෙකුගෙන් හරි අහලා නොවෙයි. ඒ කියන්නේ පින්වත් මහණෙනි, මා විසින්ම දැනගත්තු, මා විසින්ම දැකපු, මා විසින්ම අවබෝධ කරපු දෙයක්ම තමයි මේ කියා දෙන්නේ' කියලා."

මේ අර්ථය භාග්‍යවතුන් වහන්සේ වදාළ සේක. එය මේ අයුරිනුත් පවසන්න පුළුවනි.

"අප්‍රමාදීව ජීවත් වෙන අරහත් භික්ෂුවගේ ඒ උතුම් සමාධිය සත්කාර සම්මානවලට හෝ අසත්කාරවලට හෝ මේ දෙකටම හෝ සැලෙන්නෙ නෑ.

ඔහු දැඩි සිතින් ධ්‍යාන වඩනවා. ඉතා සියුම් කරුණු පවා හොඳ ප්‍රඥාවෙන් දකිනවා. උපාදාන ක්ෂය කර දැමීමේම ඇලුණු ඒ උතුමාට තමයි 'සත්පුරුෂයා' කියලා කියන්නේ."

මේ අර්ථය වදාරණ ලද්දේ භාග්‍යවතුන් වහන්සේ විසින්මයි. මේ විදිහට මා හට අසන්නට ලැබුනා.

සාදු! සාදු!! සාදු!!!

3.4.3.
දේවසද්ද සූත්‍රය
දෙවියන්ගේ දිව්‍ය කතාබහ ගැන වදාළ දෙසුම

භාග්‍යවතුන් වහන්සේ තමයි මේ කාරණය වදාළේ. අරහත් මුනිඳාණන්මයි මෙය වදාළේ. මේ විදිහටයි මට අසන්නට ලැබුනේ.

"පින්වත් මහණෙනි, දෙවියන් අතර කලින් කල ඇතිවන මේ තුන් ආකාරයක දිව්‍ය වූ කතාබහක් තියෙනවා.

පින්වත් මහණෙනි, ආර්ය ශ්‍රාවකයෙක් ඉන්නවා. ඔහු යම් වෙලාවක කෙස් රැවුල් බාලා, කසාවත් පොරවලා ගිහි ගෙයින් නික්මිලා අනගාරික පැවිදි ජීවිතයට පත්වෙන්න හිතනවා. අන්න ඒ වෙලාවෙදී දෙව්වරු අතර දිව්‍ය කතා

බහක් ඇතිවෙනවා. 'ඔන්න මේ ආර්ය ශ්‍රාවකයා මාරයාත් එක්ක යුද්ධ කරන්න කල්පනා කරනවා' කියලා. පින්වත් මහණෙනි, මේ තමයි දෙවිවරු අතර කලින් කල ඇතිවන දිව්‍ය කතා බහ.

ඒ ගැන තවදුරටත් කියනවා නම්, පින්වත් මහණෙනි, ආර්ය ශ්‍රාවකයා යම් වෙලාවක සත් කොටසකින් යුත් බෝධිපාක්ෂික ධර්ම දියුණු කිරීමේ යෙදිලා ඉන්නවා. අන්න ඒ වෙලාවෙත් පින්වත් මහණෙනි, දෙවිවරු අතර මේ දිව්‍යමය වූ කතා බහ ඇතිවෙනවා. 'මේ ආර්ය ශ්‍රාවකයා මාරයාත් එක්ක යුද්ධ කරනවා' කියලා. පින්වත් මහණෙනි, මේ තමයි දෙවිවරු අතර කලින් කල ඇතිවන දිව්‍ය කතා බහ.

ඒ ගැන තවදුරටත් කියනවා නම්, පින්වත් මහණෙනි, යම් වෙලාවක ආර්ය ශ්‍රාවකයා ආශ්‍රව ක්ෂය කිරීමෙන් ලබන ආශ්‍රව රහිත වූ චිත්ත විමුක්තියත්, ප්‍රඥා විමුක්තියත් මේ ජීවිතයේදීම තමන් විසින්ම සුවිශේෂ ඥාණයකින් යුතුව සාක්ෂාත් කරනවා. එයට පැමිණිලා වාසය කරනවා. අන්න ඒ වෙලාවෙත් පින්වත් මහණෙනි, දෙවිවරු අතර මේ දිව්‍යමය වූ කතා බහ ඇතිවෙනවා. 'ඔන්න මේ ආර්ය ශ්‍රාවකයා යුද්ධය දිනුවා. යුද්ධ භූමියේ ජය ලබලා වාසය කරනවා' කියලා. පින්වත් මහණෙනි, මේ තමයි දෙවිවරු අතර කලින් කල ඇතිවන තුන් වෙනි දිව්‍ය කතා බහ.

පින්වත් මහණෙනි, මේ තමයි දෙවියන් අතර කලින් කල ඇතිවෙන දිව්‍ය කතා බහ."

මේ අර්ථය භාග්‍යවතුන් වහන්සේ වදාළ සේක. එය මේ අයුරිනුත් පවසන්න පුළුවනි.

"යුද්ධය දිනපු ඒ සම්මා සම්බුදු ශ්‍රාවකයා දැකලා දෙවියෝ පවා ඒ මහා ප්‍රඥාවන්තයාට නමස්කාර කරනවා.

'ආජානීය වූ පුරුෂ ශ්‍රේෂ්ඨයාණෙනි, මුඹ වහන්සේට නමස්කාර වේවා! ඒ ඔබ දිනන ලද්දේ ජය ගැනීමට ඉතා අසීරු වූ යුද්ධයකිනි. මාර සේනාව සිඳ බිඳ දැම්මා. ඔබගේ ඒ චිත්ත විමෝක්ෂය කිසිවෙකුටත් වළකාලිය නොහැකිය.'

උත්තරීතර නිවනට පත් වූ සිත් ඇති උතුමන්ට දෙවියන් පවා ඔය විදිහට නමස්කාර කරනවා. යම් කරුණකින් ඒ උතුමන් යළින් මරු වසඟයට පැමිණෙනවා නම්, එබඳු කරුණක් දෙවියන්ටවත් දැකගන්න බැහැ."

මේ අර්ථය වදාරණ ලද්දේ භාග්‍යවතුන් වහන්සේ විසින්මයි. මේ විදිහට

මා හට අසන්නට ලැබුනා.

සාදු! සාදු!! සාදු!!!

3.4.4.
පුබ්බනිමිත්ත සූත්‍රය
පෙර නිමිති පහළ වීම ගැන වදාළ දෙසුම

භාග්‍යවතුන් වහන්සේ තමයි මේ කාරණය වදාළේ. අරහත් මුනිදාණන්මයි මෙය වදාළේ. මේ විදිහටයි මට අසන්නට ලැබුනේ.

"පින්වත් මහණෙනි, දෙවිවරුන් දෙව් ලොවින් චුත වෙන (මිය යන) කාලයක් එනවා. එතකොට ඔවුන්ට පෙර නිමිති පහක් පහළ වෙනවා. මල් මාලාවන් පරවෙලා යනවා. ඇඳගෙන ඉන්න වස්ත්‍ර කිලුටු වෙනවා. කිහිලිවලින් දාඩිය ගලනවා. ශරීරය දුර්වර්ණ බවට පැමිණෙනවා. ඒ දෙවියාට තමන්ගේ දිව්‍ය විමානයේ සතුටින් ඉන්න බැරි වෙනවා.

එතකො පින්වත් මහණෙනි, අනිත් දෙවිවරු දැනගන්නවා 'මේ දිව්‍ය පුත්‍රයා දෙව්ලොවින් චුත වෙන ස්වභාවයට ඇවිල්ලයි ඉන්නේ' කියලා. දැනගෙන වචන තුනකින් (ඒ දිව්‍ය පුත්‍රයාව) අස්වසනවා. 'පින්වත, මෙහෙන් චුත වෙලා සුගතියට යන්න. සුගතියට ගිහිල්ලා උතුම් ලැබීම ලබන්න. උතුම් ලැබීම ලබලා ඒකෙ හොඳින් පිහිටන්න' කියලා."

මේ කාරණය වදාළාට පස්සේ එක්තරා භික්ෂුවක් භාග්‍යවතුන් වහන්සේගෙන් මෙහෙම ඇහුවා.

"ස්වාමීනී, දෙවිවරුන් සුගතියට පැමිණීම කියලා කියන්නෙ මොකක්ද? ස්වාමීනී, දෙවිවරුන්ගේ උතුම් ලැබීම කියලා කියන්නේ මොකක්ද? ස්වාමීනී, දෙවිවරුන්ගේ ඉතා හොඳින් පිහිටීම කියලා කියන්නේ මොකක්ද?"

"පින්වත් භික්ෂුව, මිනිසත් බව ලැබීම තමයි දෙවියන්ගේ සුගතියට පැමිණීම කියලා කියන්නේ. ඒ මිනිසත් බවට පත්වෙලා තථාගතයන් වහන්සේ විසින් වදාළ ධර්මය ගැන ශ්‍රද්ධාවට පැමිණීම තමයි උතුම් ලැබීම කියලා කියන්නේ. ඒ ශ්‍රද්ධාව ඔහුගේ සිත තුළ පිහිටලා මුල් බැසගෙන ස්ථාවර වෙලා තියෙන කොට ලෝකයේ කිසිම ශ්‍රමණයෙක් විසින් හෝ දෙවියෙක් විසින් හෝ බ්‍රාහ්මණයෙක් විසින් හෝ ලෝකයේ වෙන කවුරු විසින් හෝ ඔහුගේ

ඒ ශ්‍රද්ධාව නැති කරලා දාන්න බැරි නම්, පින්වත් මහණෙනි, මේක තමයි දෙවියන්ගේ 'ඉතා හොඳින් පිහිටීම' කියලා කියන්නේ."

මේ අර්ථය භාග්‍යවතුන් වහන්සේ වදාළ සේක. එය මේ අයුරිනුත් පවසන්න පුළුවනි.

"ආයුෂ ගෙවී යාමෙන් දෙවි කෙනෙක් දෙව්ලොවින් චුත වෙනවා. එතකොට ඔහුව අස්වසන දෙවිවරුන්ගේ තුන් ආකාරයක අස්වැසිලි වචන නිකුත් වෙනවා.

පින්වත, ඔබ මෙහෙන් චුත වෙලා මිනිසත් බව ඇති සුගතියට යන්න. මිනිසත් බව ලබලා ශ්‍රී සද්ධර්මය ගැන උත්තරීතර ශ්‍රද්ධාව ලබාගන්න.

ඒ ශ්‍රද්ධාවට පැමිණිලා ඒකෙ මුල් බැසලා පිහිටන්න. එතකොට මනා කොට දෙසූ ඒ සදහම් ගැන පිහිටි ශ්‍රද්ධාව ජීවිතේ තියෙන තාක්කල්ම එය කාටවත් උදුරාගන්න බෑ.

කාය දුසිරිතත්, වචී දුසිරිතත් අත්හරින්න. මනෝ දුසිරිතත්, වෙන දොස් සහිත වූ අකුසලුත් අත්හරින්න.

කයෙනුත්, වචනයෙනුත් බොහෝ කුසල් කර මනසිනුත් පිරිසිදු වූ කුසල් අප්‍රමාණව කරන්න.

ඒ විදිහට දන් දීමෙනුත් මතුවට සැප ලබාදෙන පින් ගොඩාක් කරන්න. අනිත් මිනිසුන්වත් ධර්මයේ පිහිටුවන්න. බ්‍රහ්මචරියාවේ පිහිටුවන්න.

මේ විදිහට දෙවිවරුන් යම් වෙලාවක චුත වෙන දෙවිකෙනෙක්ව දකිනවා නම් ඔය වචන කියන්නේ අනුකම්පාවෙන්මයි. ඒ වගේම ඒ දෙවියාගේ සිතේ දුක නැති කරන අදහසින් 'දෙවිය, ඔබ ආයෙ ආයෙමත් මෙහි එන්න' කියලා සතුටු කරවනවා."

මේ අර්ථය වදාරණ ලද්දේ භාග්‍යවතුන් වහන්සේ විසින්මයි. මේ විදිහට මා හට අසන්නට ලැබුනා.

සාදු! සාදු!! සාදු!!!

3.4.5.
බහුජනහිත සූත්‍රය
බොහෝ දෙනාට හිත සුව පිණිස පහළ වන උතුමන් ගැන වදාළ දෙසුම

භාග්‍යවතුන් වහන්සේ තමයි මේ කාරණය වදාළේ. අරහත් මුනිඳාණන්මයි මෙය වදාළේ. මේ විදිහටයි මට අසන්නට ලැබුනේ.

"පින්වත් මහණෙනි, මේ පුද්ගලයන් තුන් දෙනෙක් ලෝකයේ උපදිනවා. ඒ තුන් දෙනා උපදින්නේ බොහෝ දෙනාගේ යහපත පිණිසයි. බොහෝ දෙනාගේ සුවය පිණිසයි. අනුකම්පාව පිණිසයි. දෙව් මිනිසුන්ට අර්ථය පිණිසයි. යහපත පිණිසයි. සැපය පිණිසයි. ඒ තුන් දෙනා කවුද?

පින්වත් මහණෙනි, මෙහිලා තථාගතයන් වහන්සේ මේ ලෝකයේ උපදිනවා. උන්වහන්සේ අරහත්වයෙන් යුක්තයි. සම්මා සම්බුද්ධයි. විජ්ජාචරණ සම්පන්නයි. සුගතයි. ලෝකවිදූයි. අනුත්තර වූ පුරිසදම්මසාරථී ගුණයෙනුත් යුක්තයි. සත්ථා දේවමනුස්සානං ගුණයෙන් යුක්තයි. බුද්ධ ගුණයෙනුත් යුක්තයි. භගවා යන ගුණයෙනුත් යුක්තයි. උන්වහන්සේ දහම් දෙසන සේක. ඒ ධර්මයේ ආරම්භයත් කල්‍යාණයි. මැදත් කල්‍යාණයි. අවසානයත් කල්‍යාණයි. අර්ථ සහිතයි. නිවැරදි වචන ගැලපීමෙන් යුක්තයි. සියලු ආකාරයෙන්ම සම්පූර්ණයි. පිරිසිදු නිවන් මගත් දේශනා කරනවා. පින්වත් මහණෙනි, මේ තමයි බොහෝ දෙනාගේ යහපත පිණිස, බොහෝ දෙනාගේ සැපය පිණිස, ලෝකයට අනුකම්පා පිණිස, දෙව් මිනිසුන්ගේ අර්ථය පිණිස, යහපත පිණිස, සැපය පිණිස මේ ලෝකයේ පහළ වන පළවෙනි පුද්ගලයා.

ඒ ගැන තවදුරටත් කියනවා නම් පින්වත් මහණෙනි, ඒ ශාස්තෘන් වහන්සේගේම ශ්‍රාවක භික්ෂුවක් ඉන්නවා. ඔහු රහතන් වහන්සේ නමක්. ආශ්‍රවයන් ක්ෂය කරපු කෙනෙක්. නිවන් මග සම්පූර්ණ කර ගත් කෙනෙක්. උතුම් වූ අරහත්වය පිණිස කළ යුතු සියල්ලම කරපු කෙනෙක්. කෙලෙස් බර වීසි කරපු කෙනෙක්. මාර්ගඵල පිළිවෙලින් අරහත්වයට පත් වූ කෙනෙක්. සියලු භව බන්ධන ක්ෂය කරපු කෙනෙක්. අවබෝධයෙන්ම දුකින් නිදහස් වූ කෙනෙක්. ඉතින් උන්වහන්සේත් ධර්මය දේශනා කරනවා. එහි ආරම්භයත් කල්‍යාණයි. මැදත් කල්‍යාණයි. අවසානයත් කල්‍යාණයි. අර්ථ සහිතයි. නිවැරදි

වචන ගැලපීමෙන් යුක්තයි. සියලු ආකාරයෙන්ම සම්පූර්ණ වූ පිරිසිදු ඒ අමා නිවන් මග ගැනයි දේශනා කරන්නේ. පින්වත් මහණෙනි, මේ තමයි බොහෝ දෙනාගේ යහපත පිණිස, බොහෝ දෙනාගේ සැපය පිණිස, ලෝකයට අනුකම්පා පිණිස, දෙවි මිනිසුන්ගේ අර්ථය පිණිස, යහපත පිණිස, සැපය පිණිස මේ ලෝකයේ පහළ වන දෙවෙනි පුද්ගලයා.

ඒ ගැන තවදුරටත් කියනවා නම් පින්වත් මහණෙනි, ඒ ශාස්තෲන් වහන්සේගේම ශ්‍රවක භික්ෂුවක් ඉන්නවා. ඒ භික්ෂුව නිවන් මඟ පුහුණු වෙන සේඛ ප්‍රතිපදාවෙන් යුක්තයි. බහුශ්‍රැතයි. උතුම් සිල්වත් බවටත් පැමිණිලායි ඉන්නේ. ඉතින් උන්වහන්සේත් මේ ධර්මය දේශනා කරනවා. එහි ආරම්භයත් කල්‍යාණයි. මැදත් කල්‍යාණයි. අවසානයත් කල්‍යාණයි. අර්ථ සහිතයි. නිවැරදි වචන ගැලපීමෙනුත් යුක්තයි. සියලු ආකාරයෙන්ම සම්පූර්ණ වූ පිරිසිදු ඒ අමා නිවන් මග ගැනයි දේශනා කරන්නේ. පින්වත් මහණෙනි, මේ තමයි බොහෝ දෙනාගේ යහපත පිණිස, බොහෝ දෙනාගේ සැපය පිණිස, ලෝකයට අනුකම්පා පිණිස, දෙවි මිනිසුන්ගේ අර්ථය පිණිස, යහපත පිණිස, සැපය පිණිස මේ ලෝකයේ පහළ වන තුන්වෙනි පුද්ගලයා."

මේ අර්ථය භාග්‍යවතුන් වහන්සේ වදාළ සේක. එය මේ අයුරිනුත් පවසන්න පුළුවනි.

"මහර්ෂී වූ ශාස්තෲන් වහන්සේ තමයි ලෝකයේ පළමු වෙනි පුද්ගලයා. ඊට පස්සේ උන්වහන්සේ අනුව යන, දියුණු කළ සිත් ඇති ශ්‍රාවක රහතන් වහන්සේයි. ඊටත් පස්සේ තමයි බහුශ්‍රැත වූ, සිල්වත් බවට පැමිණි සේඛ ප්‍රතිපදාවේ හික්මෙන සේඛ පුද්ගලයා.

මේ පුද්ගලයෝ තුන් දෙනා තමයි දෙවි මිනිසුන්ට ශ්‍රේෂ්ඨ වෙන්නේ. සදහම් දෙසමින් ලොවම ඒකාලෝක කරන්නේ. ඒ අමා නිවන් දොර විවර කරන්නේ. ඒ නිසාම බොහෝ ජනයාත් සසර කතරින් එතෙර කරවනවා.

උත්තරීතර ගැල්කරුවාණන් වන බුදු සමිඳාණෝ ඉතා මැනැවින් දහම් දෙසූ සේක. ඉතින් ඒ සුගතයන් වහන්සේගේ සම්බුදු සසුනේ අප්‍රමාදීව, සදහම් මගේ ගමන් කරන ඒ ශ්‍රාවකයා මේ ජීවිතයේදීම සියලු දුක් කෙළවර කරලා දානවා."

මේ අර්ථය වදාරණ ලද්දේ භාග්‍යවතුන් වහන්සේ විසින්මයි. මේ විදිහට මා හට අසන්නට ලැබුනා.

සාදු! සාදු!! සාදු!!!

3.4.6.
අසුභානුපස්සී සූත්‍රය
අසුභ භාවනාව වැඩීම ගැන වදාළ දෙසුම

භාග්‍යවතුන් වහන්සේ තමයි මේ කාරණය වදාළේ. අරහත් මුනිඳාණන්මයි මෙය වදාළේ. මේ විදිහටයි මට අසන්නට ලැබුනේ.

"පින්වත් මහණෙනි, කය ගැන අසුභය අනුව දකිමින් වාසය කරන්න. ආනාපානසති භාවනාව තමා තුළ මූලික කරුණක් වශයෙන් හොඳින් පිහිටා තිබේවා! සියලු සංස්කාරයන් ගැනත් අනිත්‍ය දකිමින් වාසය කරන්න.

පින්වත් මහණෙනි, කය ගැන අසුභය අනුව දකිමින් වාසය කරන කොට සුභ අරමුණු ගැන හිතේ මුල් බැසගත් රාගය ප්‍රහීණ වෙලා යනවා. තමන් තුළ ආනාපානසති භාවනාව මූලික අරමුණක් වශයෙන් හොඳින් පිහිටියාම දුක් ඇති කරවන සිතේ තියෙන නොයෙක් බාහිර අකුසල විතර්ක හටගන්නේ නෑ. සියලු සංස්කාර ගැන අනිත්‍ය දකින කොට අවිද්‍යාව ප්‍රහාණය වෙලා යනවා. විද්‍යාව උපදිනවා."

මේ අර්ථය භාග්‍යවතුන් වහන්සේ වදාළ සේක. එය මේ අයුරිනුත් පවසන්න පුළුවනි.

"කයෙහි ඇති අසුභ දෙය ඒ අයුරින්ම දකිමින් ඉන්නවා නම්, ආනාපානසති භාවනාවෙත් හොඳින් සිහිය පිහිටුවා ගන්නවා නම්, සියලු සංස්කාරවල සංසිඳීයාමත් දකිනවා නම්, හැමදාමත් ජීවත් වෙන්නෙ කෙලෙස් නැති කර දමන වීරියෙන්ම නම්,

ඒ භික්ෂුව ඒකාන්තයෙන්ම නියම විදිහට දකින කෙනෙක්. ඒ තුළින්මයි කෙලෙසුන්ගෙන් නිදහස් වෙන්න. ප්‍රඥාව දියුණු කරගෙන ශාන්ත වෙලා කෙලෙස් යෝගයෙන් එතෙර වෙලා ඔහු සැබෑ මුනිවරයෙක් වෙනවා."

මේ අර්ථය වදාරණ ලද්දේ භාග්‍යවතුන් වහන්සේ විසින්මයි. මේ විදිහට මා හට අසන්නට ලැබුනා.

සාදු! සාදු!! සාදු!!!

3.4.7.
ධම්මානුධම්මපටිපන්න සූත්‍රය
ධර්මානුධර්ම ප්‍රතිපදාව ගැන වදාළ දෙසුම

භාග්‍යවතුන් වහන්සේ තමයි මේ කාරණය වදාළේ. අරහත් මුනිඳාණන්මයි මෙය වදාළේ. මේ විදිහටයි මට අසන්නට ලැබුනේ.

"පින්වත් මහණෙනි, ධර්මානුධර්ම ප්‍රතිපදාවේ යෙදිලා ඉන්න භික්ෂුවට 'මේ භික්ෂුව ධර්මානුධර්ම ප්‍රතිපදාවේ යෙදිලා ඉන්න කෙනෙක්'ය කියලා කියන්න සුදුසු මෙන්න මේ විදිහේ ස්වභාවයක් තියෙනවා. ඔහු කියනවා නම් කියන්නේම ධර්මයක් විතරයි, අධර්මයක් කියන්නේ නෑ. හිතනවා නම් හිතන්නේ සදහම් සිතුවිල්ලක්මයි, අධර්මයක් හිතන්නේ නෑ. ඒ දෙකම නැතුව ඉන්නවා නම්, ඉතා හොඳ සිහි නුවණින් යුතු උපේක්ෂාවෙන් වැඩ ඉන්නවා."

මේ අර්ථය භාග්‍යවතුන් වහන්සේ වදාළ සේක. එය මේ අයුරිනුත් පවසන්න පුළුවනි.

"ධර්මය තුළමයි ජීවත් වෙන්නේ. ධර්මයේමයි ඇලිලා ඉන්නේ. නැවත නැවත සිතන්නෙත් ධර්මයමයි. මේ විදිහට ධර්මය සිහි කරන භික්ෂුව මේ සද්ධර්මයෙන් පිරිහෙන්නේ නෑ.

ඇවිදින වෙලාවෙදිත්, එහෙම නැත්නම් සිටගෙනන සිටිද්දිත්, වාඩිවෙලා සිටිද්දිත්, එහෙමත් නැත්නම් සැතපිලා සිටිද්දිත්, තමන් තුළ කෙලෙස් සංසිඳීයාම විසින් තමා තුළ මහත් ශාන්තියක් ඇති කරවනවා."

මේ අර්ථය වදාරණ ලද්දේ භාග්‍යවතුන් වහන්සේ විසින්මයි. මේ විදිහට මා හට අසන්නට ලැබුනා.

සාදු! සාදු!! සාදු!!!

3.4.8.
අන්ධකරණ සූත්‍රය
අන්ධයෙකු බවට පත් කරවන දේ ගැන වදාළ දෙසුම

භාග්‍යවතුන් වහන්සේ තමයි මේ කාරණය වදාළේ. අරහත් මුනිඳාණන්මයි මෙය වදාළේ. මේ විදිහටයි මට අසන්නට ලැබුනේ.

"පින්වත් මහණෙනි, මේ අකුසල විතර්ක තුනක් තියෙනවා. ඒවායින් පුද්ගලයාව අන්ධ කරනවා. නුවණැස නැති කරනවා. අඥානයෙක් කරනවා. ප්‍රඥාව නැති කරනවා. දුක පැත්තට ඇදලා දමනවා. ඒ අමා නිවන අවබෝධ නොවීම පිණිසම එය පවතිනවා. ඒ තුන මොනවාද?

පින්වත් මහණෙනි, කාම විතර්කය පුද්ගලයාව අන්ධ කරනවා. නුවණැස නැති කරනවා. අඥානයෙක් කරනවා. ප්‍රඥාව නැති කරනවා. දුක පැත්තට ඇදලා දමනවා. ඒ අමා නිවන අවබෝධ නොවීම පිණිසම එය පවතිනවා. පින්වත් මහණෙනි, ව්‍යාපාද **(ද්වේෂය)** විතර්කය පුද්ගලයාව අන්ධ කරනවා. නුවණැස නැති කරනවා. අඥානයෙක් කරනවා. ප්‍රඥාව නැති කරනවා. දුක පැත්තට ඇදලා දමනවා. ඒ අමා නිවන අවබෝධ නොවීම පිණිසම එය පවතිනවා. පින්වත් මහණෙනි, විහිංසා **(හිංසා කිරීමේ)** විතර්කය පුද්ගලයාව අන්ධ කරනවා. නුවණැස නැති කරනවා. අඥානයෙක් කරනවා. ප්‍රඥාව නැති කරනවා. දුක පැත්තට ඇදලා දමනවා. ඒ අමා නිවන අවබෝධ නොවීම පිණිසම එය පවතිනවා.

පින්වත් මහණෙනි, මේ තමයි පුද්ගලයෙක්ව අන්ධ කරන, නුවණැස නැති කරන, අඥානයෙක් කරන, ප්‍රඥාව නැති කරන, දුක පැත්තට ඇදලා දමන, අමා නිවන අවබෝධ නොවීම පිණිසම පවතින, අකුසල විතර්ක තුන.

පින්වත් මහණෙනි, මේ කුසල විතර්ක තුනක් තියෙනවා. ඒවා පුද්ගලයෙක්ව අන්ධ කරන්නේ නෑ. නුවණැස ඇති කරනවා. ඥාණය ඇති කරනවා. ප්‍රඥාව වැඩි දියුණු කරනවා. දුක පැත්තට ඇද දමන්නෙ නෑ. ඒ අමා නිවන පිණිස හේතු වෙනවා. ඒ තුන මොනවාද?

පින්වත් මහණෙනි, නෙක්ඛම්ම **(කෙලෙස්වලින් නික්මීම ගැන)** විතර්ක පුද්ගලයෙක්ව අන්ධ කරන්නේ නෑ. නුවණැස ඇති කරනවා. ඥාණය ඇති කරනවා. ප්‍රඥාව වැඩි දියුණු කරනවා. දුක පැත්තට ඇද දමන්නෙ නෑ. ඒ අමා

නිවන පිණිස හේතු වෙනවා. පින්වත් මහණෙනි, අව්‍යාපාද (තරහ නැති බව) පුද්ගලයෙක්ව අන්ධ කරන්නේ නෑ. නුවණැස ඇති කරනවා. ඥාණය ඇති කරනවා. ප්‍රඥාව වැඩි දියුණු කරනවා. දුක පැත්තට ඇද දමන්නෙ නෑ. ඒ අමා නිවන පිණිස හේතු වෙනවා. පින්වත් මහණෙනි, අහිංසා විතර්ක පුද්ගලයෙක්ව අන්ධ කරන්නේ නෑ. නුවණැස ඇති කරනවා. ඥාණය ඇති කරනවා. ප්‍රඥාව වැඩි දියුණු කරනවා. දුක පැත්තට ඇද දමන්නෙ නෑ. ඒ අමා නිවන පිණිස හේතු වෙනවා.

පින්වත් මහණෙනි, මේ තමයි පුද්ගලයෙක්ව අන්ධ කරන්නේ නැති, නුවණැස ඇති කරන, ඥාණය ඇති කරන, ප්‍රඥාව වැඩි දියුණු කරන, දුක පැත්තට ඇද දමන්නේ නැති, ඒ අමා නිවන් පිණිස හේතු වන, කුසල විතර්ක තුන."

මේ අර්ථය භාග්‍යවතුන් වහන්සේ වදාළ සේක. එය මේ අයුරිනුත් පවසන්න පුළුවනි.

"කුසල විතර්ක තුනම තමයි සිහි කරමින් ඉන්නේ. අකුසල විතර්ක තුන අත්හැරලා දානවා. හරියට වැස්ස වැටිලා දූවිල්ල නැති කරලා දානවා වගේ තමයි ඔහුගේ ඒ අකුසල විතර්කත්, ඒවා ගැන හිත හිත ඉන්න එකත් සංසිඳිලා යන්නේ. ඉතින් ඔය විදිහට අකුසල විතර්ක සංසිඳී ගිය සිතින්, ඔහු මේ ජීවිතයේදීම ඒ ශාන්ත නිවන් සුවයට පැමිණියා වෙනවා."

මේ අර්ථය වදාරණ ලද්දේ භාග්‍යවතුන් වහන්සේ විසින්මයි. මේ විදිහට මා හට අසන්නට ලැබුනා.

සාදු! සාදු!! සාදු!!!

3.4.9.
අන්තරාමල සූත්‍රය
සිත ඇතුළේ හටගන්නා මළකඩ ගැන වදාළ දෙසුම

භාග්‍යවතුන් වහන්සේ තමයි මේ කාරණය වදාළේ. අරහත් මුනිඳාණන්මයි මෙය වදාළේ. මේ විදිහටයි මට අසන්නට ලැබුනේ.

"පින්වත් මහණෙනි, සිතේ හටගත්තු මළකඩ තුනක් තියෙනවා. සිතේ උපන්න සතුරන් තුන් දෙනෙක් ඉන්නවා. සිතේ උපන්න විරුද්ධකාරයන් තුන්

දෙනෙක් ඉන්නවා. සිතේ උපන්න වධකයන් තුන් දෙනෙක් ඉන්නවා. සිතේ උපන්න තරහකාරයන් තුන් දෙනෙක් ඉන්නවා. ඒ තුන මොනවාද?

පින්වත් මහණෙනි, ලෝභය කියන්නේ සිතේ හටගත්තු මළකඩක්. සිතේ උපන්න අමිත්‍රයෙක්. සිතේ උපන්න විරුද්ධකාරයෙක්. සිතේ උපන්න වධකයෙක්. සිතේ උපන්න හතුරෙක්. පින්වත් මහණෙනි, ද්වේෂය කියන්නේ සිතේ හටගත්තු මළකඩක්. සිතේ උපන්න අමිත්‍රයෙක්. සිතේ උපන්න විරුද්ධ කාරයෙක්. සිතේ උපන්න වධකයෙක්. සිතේ උපන්න හතුරෙක්. පින්වත් මහණෙනි, මෝහය කියන්නේ සිතේ හටගත්තු මළකඩක්. සිතේ උපන්න අමිත්‍රයෙක්. සිතේ උපන්න විරුද්ධකාරයෙක්. සිතේ උපන්න වධකයෙක්. සිතේ උපන්න හතුරෙක්.

පින්වත් මහණෙනි, මේ තමයි සිතේ හටගත්තු මළකඩ. සිතේ උපන්න අමිත්‍රයෝ. සිතේ උපන්න විරුද්ධකාරයෝ. සිතේ උපන්න වධකයෝ. සිතේ උපන්න සතුරෝ තුන් දෙනා."

මේ අර්ථය භාග්‍යවතුන් වහන්සේ වදාළ සේක. එය මේ අයුරිනුත් පවසන්න පුළුවනි.

"ලෝභය තමයි අනර්ථය උපදවා දෙන්නේ. සිත කළඹවන්නේ ලෝභය තමයි. ලෝභය කියන්නේ තමන් තුළ හටගත්තු භයක්. ඒ බව මේ ජනතාව නම් දන්නේ නෑ.

ලෝභ කෙනා යහපත් දේ ගැන දන්නෙ නෑ. ලෝභ කෙනා සදහම් දකින්නෙත් නෑ. මේ ලෝභය මනුෂ්‍යයෙකුගේ සිත මැඬගත්තට පස්සේ ඒක ඔහුගේ ජීවිතයේ මහා අන්ධකාරයක් වෙනවා.

කෙනෙක් ඉන්නවා මේ ලෝභය ප්‍රහීණ කරලා දානවා, ලෝභයට හේතු වන දේවල්වලට ලෝභ කරන්නෙ නැතුව ඉන්නවා. ඒ පුද්ගලයා තුළ ලෝභය නැති වෙලා යන්නේ, හරියට නෙළුම් කොළයට වැටුනු වතුර බිංදුවක් පෙරළිලා යනවා වගෙයි.

ද්වේෂයත් අනර්ථයක්මයි ඇති කරලා දෙන්නේ. මේ ද්වේෂය තමයි සිත කුපිත කරන්නෙත්. ද්වේෂය කියන්නෙ තමන් තුළ හටගත්තු භයක්. ඒ බව මේ ජනතාව නම් දන්නෙ නෑ.

දුෂ්ට කෙනා කිසිම යහපත් දෙයක් ගැන දන්නෙ නෑ. දුෂ්ට කෙනා ධර්මය දකින්නෙත් නෑ. මේ ද්වේෂය මනුෂ්‍යයෙකුගේ සිත මැඬගත්තට පස්සෙ, ඒක ඔහුගේ ජීවිතයේ මහා අන්ධකාරයක් වෙනවා.

කෙනෙක් ඉන්නවා මේ ද්වේෂය ප්‍රහීණ කරලා දානවා. ද්වේෂයට හේතු වන දේවල්වලට ද්වේෂ කරන්නෙත් නැතුව ඉන්නවා. ඒ පුද්ගලයා තුළ ද්වේෂය නැති වෙලා යන්නේ හරියට නෙළුම් කොළයට වැටුණු වතුර බිංදුවක් පෙරළිලා යනවා වගෙයි.

මෝහයත් ඇති කරලා දෙන්නේ අනර්ථයක්මයි. සිත කුපිත කරන්නෙත් මෝහයම තමයි. මෝහය තමන් තුළ හටගත්තු භයක් බව නම් මේ ජනතාව දන්නෙ නෑ.

මුළාවෙච්ච කෙනා කිසිම යහපත් දෙයක් ගැන දන්නෙ නෑ. මුළාවෙච්ච කෙනා ධර්මය දකින්නෙත් නෑ. මේ මෝහය මනුෂ්‍යයෙකුගේ සිත මැඬගත්තට පස්සේ, ඒක ඔහුගේ ජීවිතයේ මහා අන්ධකාරයක් වෙනවා.

කෙනෙක් ඉන්නවා මේ මෝහය ප්‍රහීණ කරලා දානවා. මෝහයෙන් මුළා වෙන තැන්වලදී මුළා වෙන්නේ නැතුව ඉන්නවා. ඒ පුද්ගලයා තුළ මෝහය නැතිවෙලා යන්නේ, හරියට නෙළුම් කොළයට වැටුනු වතුර බිංදුවක් පෙරළිලා යනවා වගේ."

මේ අර්ථය වදාරණ ලද්දේ භාග්‍යවතුන් වහන්සේ විසින්මයි. මේ විදිහට මා හට අසන්නට ලැබුනා.

සාදු! සාදු!! සාදු!!!

3.4.10.
දේවදත්ත සූත්‍රය
දේවදත්ත ගැන වදාළ දෙසුම

භාග්‍යවතුන් වහන්සේ තමයි මේ කාරණය වදාළේ. අරහත් මුනිදාණන්මයි මෙය වදාළේ. මේ විදිහටයි මට අසන්නට ලැබුනේ.

"පින්වත් මහණෙනි, දේවදත්ත හිටියේ අසත්පුරුෂ කරුණු තුනක් විසින් මැඬගෙනයි. ඒ අසත්පුරුෂ කරුණු තුන වැළඳගෙනයි. එයටම යටත්වෙච්ච සිතිනුයි හිටියේ. මේ නිසයි දේවදත්තට කිසිම පිළියමක් කරගන්න බැරිව කල්පයක් නිරයේ පැහෙන අපායේ ඉපදෙන්න සිදුවුනේ. නිරයේ ඉපදෙන්න සිදුවුනේ. මොනවද ඒ කාරණා තුන?

පින්වත් මහණෙනි, පාපී ආශාව විසින් දේවදත්තගේ සිත මැඬගත්තු නිසා, සිත ග්‍රහණය කරගත්තු නිසා, එයටම යටත්වෙච්ච නිසා තමයි දේවදත්ත අපායේ ඉපදුනේ. නිරයේ ඉපදුනේ. කල්පයක්ම එහෙ පැහෙන්න සිද්ධ වුනේ. ඒකෙන් ගැලවෙන පිළියමකුත් නැතුව ගියේ. පින්වත් මහණෙනි, පාපී මිත්‍රයින් ඇසුරු කිරීම විසින් මැඬගත්තු නිසා, සිත ග්‍රහණය කරගත්තු නිසා, එයටම යටත්වෙච්ච නිසා තමයි දේවදත්ත අපායේ ඉපදුනේ. නිරයේ ඉපදුනේ. කල්පයක්ම එහෙ පැහෙන්න සිද්ධ වුනේ. ඒකෙන් ගැලවෙන පිළියමකුත් නැතුව ගියේ. පින්වත් මහණෙනි, ආර්ය මාර්ගයට පැමිණෙන්න තව ගොඩාක් ඉදිරියට භාවනා කරන්න තිබියදී ඒත් මේ බොහෝම පුංචි අධිගමයක් ලබපු පමණින් 'කළ යුතු සියලු දේම කළා' කියලා නිශ්චයකට පැමිණියා. පින්වත් මහණෙනි, මෙන්න මේ අසත්පුරුෂ කාරණා තුනකින් මැඬගත්තු, ග්‍රහණය කරගත්තු සිතින් යුතු, එයටම යටවෙච්ච සිතින් යුතු දේවදත්ත අපායේ ඉපදුනා. නිරයේ ඉපදුනා. කල්පයක්ම එහෙ පැහෙන්න සිද්ධ වුනා. ඒකෙන් ගැලවෙන පිළියමකුත් නැතුව ගියා."

මේ අර්ථය භාග්‍යවතුන් වහන්සේ වදාළ සේක. එය මේ අයුරිනුත් පවසන්න පුළුවනි.

"මේ ලෝකයේ උපන් කිසි කෙනෙක් පාපී ආශාවන්ට නම් පැමිණෙන්න එපා! පාපී ආශාවන්ට පත් වූ අයට සිද්ධ වෙන්නේ මොකක්ද කියලා මේ කියන දෙයින් දැනගන්න.

මේ දේවදත්ත ප්‍රසිද්ධ වුනේ මහා ඥාණවන්තයෙක් හැටියටයි. වඩන ලද සිතක් ඇති කෙනෙක් හැටියටයි. සම්භාවනාවට පාත්‍ර වෙලා කීර්තියෙන් දිළිසුනා.

ඔහු මේ තුළින් තදේට හිතට ගත්තා. තථාගතයන් වහන්සේ සමඟ හැප්පෙන්නට ආවා. අන්තිමේදී දොරටු හතරකින් යුතු භයානක අවීචි මහා නරකයේ උපන්නා.

යම් කෙනෙක් පව් නොකරන දූෂිත නොවූ සිත් ඇති කෙනෙකුට ද්‍රෝහීව කටයුතු කරනවා නම් ඔහු තුළ හටගත් දුෂ්ට සිතින් අනාදරීය සිතින් යුතු පාපයම ඔහු කරා එනවා.

යම් කෙනෙක් සිතන්න පුළුවනි විෂ කලයක් අරගෙන මහා සාගරයට වත්කරලා සාගර ජලය දූෂණය කරන්න පුළුවන් කියලා. ඔහු හිතන හිතන විදිහට ඒක කරන්න බැහැ. මහ මුහුද කියන්නේ අති විශාල ජල කඳක්.

යම්කිසි කෙනෙක් තථාගතයන් වහන්සේට හිංසා කරන්න හිතාගෙන වාදෙට එන්නෙත් ඔය විදිහටයි. නමුත් යහපත් බවට පත් වූ ශාන්ත සිත් ඇති තථාගතයන් වහන්සේට ඒ දෝෂ ඇති කරවන්න බැහැ.

යම් ඒ ශාස්තෘන් වහන්සේ පෙන්වා වදාළ දහම් මගේ ගමන් කළ භික්ෂුව සසර දුක ක්ෂය කරලා නිවනට පැමිණිලා ඉන්නවා නම්, ඇසුරු කරන්න ඕන අන්න ඒ වගේ නුවණැති මිත්‍රයෙක්වයි. භජනය කරන්න ඕනත් එබඳු මිත්‍රයෙක්වමයි."

මේ අර්ථය වදාරණ ලද්දේ භාග්‍යවතුන් වහන්සේ විසින්මයි. මේ විදිහට මා හට අසන්නට ලැබුනා.

සාදු! සාදු!! සාදු!!!

හතරවෙනි වර්ගය නිමා විය.

5. පස්වෙනි වර්ගය

3.5.1.
අග්ගප්පසාද සූත්‍රය
උතුම් පැහැදීම ගැන වදාළ දෙසුම

භාග්‍යවතුන් වහන්සේ තමයි මේ කාරණය වදාළේ. අරහත් මුනිඳාණන්මයි මෙය වදාළේ. මේ විදිහටයි මට අසන්නට ලැබුනේ.

"පින්වත් මහණෙනි, යම්තාක් සත්වයෝ ඉන්නවා නම්, ඔවුන් පා නැති සතුන් වේවා, දෙපා ඇති සතුන් වේවා, පා හතරක් ඇති සතුන් වේවා, බොහෝ පා ඇති සතුන් වේවා, රූපය ඇති සතුන් වේවා, රූපය නැති සතුන් වේවා, සඤ්ඤා නැති සතුන් වේවා, සඤ්ඤා ඇති සතුන් වේවා, සඤ්ඤාව ඇත්තෙත් නැති නැත්තෙත් නැති සතුන් වේවා මේ සියලු සත්වයන් අතුරින් ඉතාමත් අග්‍රයි කියලා කියන්නේ අරහත් සම්මා සම්බුද්ධ වූ තථාගතයන් වහන්සේටමයි. පින්වත් මහණෙනි, යම් කෙනෙක් ඒ බුදුරජාණන් වහන්සේ ගැන පැහැදුනා නම්, ඔවුන් අග්‍ර වූ උත්තමයෙකුටමයි පැහැදුනේ. සියලු සතුන් අතර අග්‍ර වූ බුදුරජාණන් වහන්සේ ගැන පැහැදුනු අයට අග්‍ර වූ සැප විපාක ලැබෙනවා.

පින්වත් මහණෙනි, යම්තාක් දේවල් තියෙනවා නම්, හේතුන් නිසා හටගත් වේවා, හේතුන් නිසා හට නොගත් වේවා, ඒ සියලු දේවල් අතුරින් අග්‍රයි කියලා කියන දෙයක් තියෙනවා. ඒ තමයි මේ මානය නැති කරලා දාන, කෙලෙස් පිපාසය නිවා දමන, ඇලීම නැති කරලා දාන, සසර ගමන නැති කරලා දමන, තණ්හාව ගෙවා දමන, කිසිවක නොඇලීමෙන් විරාගී වූ, දුක් නැති කර දමන, ඒ අමා නිවන. පින්වත් මහණෙනි, යම් කෙනෙක් මේ විරාගී දහම ගැන පැහැදුනොත් ඔවුන් ඒ පැහැදුනේ අග්‍ර දේටයි. අග්‍ර වූ උත්තම ධර්මයට පැහැදුන අයට අග්‍ර වූ සැප විපාක ලැබෙනවා.

පින්වත් මහණෙනි, ලෝකයේ යම්තාක් පිරිස් ඇද්ද, ජන සමූහයක් ඇද්ද, මේ තථාගත ශ්‍රාවක සඟරුවනමයි ඒ සියලු පිරිස්වලට වඩා අග්‍ර

වෙන්නේ. උන්වහන්සේලා උතුම් පුද්ගල යුගල වශයෙන් හතරක් වෙනවා. වෙන් වෙන් උතුම් පුද්ගලයෝ අට දෙනයි. ඒ භාග්‍යවතුන් වහන්සේගේ මේ ශ්‍රාවක සඟරුවන දුර සිට දන් පැන් ගෙනවුත් පිදීමට තරම් ගුණවත් නිසා ආහුණෙය්‍යයි. ආගන්තුක සත්කාර කිරීමට තරම් ගුණවත් නිසා පාහුණෙය්‍යයි. පින් සලකාගෙන දන් පැන් පිදීමට තරම් ගුණවත් නිසා දක්ඛිණෙය්‍යයි. වැඳුම් පිදුම් කිරීමට තරම් ගුණවත් නිසා අංජලිකරණීයයි. ලොවට උතුම් පින් කෙතයි. පින්වත් මහණෙනි, එබඳු ශ්‍රාවක සඟ පිරිසක් කෙරෙහි පැහැදුනේ නම් ඔවුන් පැහැදී තිබෙන්නේ අග්‍ර වූ පිරිසකටයි. අග්‍ර වූ පිරිසකට පැහැදුන විට අග්‍ර වූ විපාක ලැබෙනවා.

පින්වත් මහණෙනි, මේ තමයි ඉතාමත් අග්‍ර වූ පැහැදීම් තුන."

මේ අර්ථය භාග්‍යවතුන් වහන්සේ වදාළ සේක. එය මේ අයුරිනුත් පවසන්න පුළුවනි.

"ඒකාන්තයෙන්ම පැහැදීම් අතුරින් අග්‍ර වූ පැහැදීම ඇතිවෙන්නේ අවබෝධයෙන්ම ගුණ දැනගෙන දක්ෂිණාවන්ට අග්‍ර වූ අනුත්තර වූ බුදුරජුන් ගැන පැහැදීමමයි.

විරාගයෙනුත් සංසිඳීමෙනුත් සැපවත් වූ අග්‍ර ධර්මයටමයි පහදින්න ඕන. ඒ වගේම ලොවට අනුත්තර පින් කෙත වූ අග්‍ර වූ ශ්‍රාවක පිරිස ගැනත් පහදින්න ඕන.

ගුණ නුවණින් අග්‍ර වූ උතුමන් කෙරෙහි දන් පැන් පිදුවොත් අග්‍ර වූ පින් වැඩෙනවා. එහි විපාක වශයෙන් අග්‍ර වූ ආයු, වර්ණ, යසස, කීර්තිය, කාය බල ඥාණ බල වැඩෙනවා.

අග්‍ර වූ උතුමන්ට දන් පැන් පුදන අග්‍ර වූ ධර්මය කෙරෙහි සිත සමාහිත කරගෙන සිටින නුවණැති පුරුෂයා දෙවියන් අතරට ගියත්, මිනිස් ලොවට ගියත්, අග්‍රස්ථානයෙහි වැජඹී සතුටු වෙනවා."

මේ අර්ථය වදාරණ ලද්දේ භාග්‍යවතුන් වහන්සේ විසින්මයි. මේ විදිහට මා හට අසන්නට ලැබුනා.

සාදු! සාදු!! සාදු!!!

3.5.2.
ජීවිකා සූත්‍රය
ජීවත් වීම ගැන වදාළ දෙසුම

භාග්‍යවතුන් වහන්සේ තමයි මේ කාරණය වදාළේ. අරහත් මුනිඳාණන්මයි මෙය වදාළේ. මේ විදිහටයි මට අසන්නට ලැබුනේ.

"පින්වත් මහණෙනි, ජීවත් වීම් අතරින් මේ පිඬු සිඟා ජීවත් වීම කියන්නේ ලාමක දෙයක්. පින්වත් මහණෙනි. 'පාත්‍රයක් ගත් අත් ඇතිව, පිඬු සිඟාගෙන ජීවත් වෙයන්' කියලා මේ ලෝකයේ ශාප කරන්නත් කියනවා. එහෙම වුනත් පින්වත් මහණෙනි, මේ පිඬු සිඟා යෑමේ වටිනා අර්ථයක් තියෙනවා. අන්න ඒ අර්ථයට වසඟවෙච්ච භික්ෂූන් ඉන්නවා. ඒ භික්ෂූන් පිඬු පිණිස හැසිරෙන්නේ රජ්ජුරුවෝ එළවපු නිසා නොවෙයි. හොරු විසින් නෙරපූ නිසා නොවෙයි. ණයක් ගෙවාගන්න බැරුව නොවෙයි. භයක් නිසා නොවෙයි. ඒකෙන් ජීවත් වීමේ උපායක් වශයෙන් නොවෙයි. ඇත්තෙන්ම අපි ජාති, ජරා, මරණවලට වැටිලයි ඉන්නේ. ශෝක, පරිදේව, දුක්, දොම්නස්, උපායාස කියන දුක්වලින් අවුල් වෙලයි ඉන්නේ. දුකින්ම පෙළෙමින් ඉන්නේ. ඒ නිසා ඇත්තෙන්ම අපි මේ මුළු මහත් දුක් ගොඩම කෙළවර කරලා දාන්න ඕන' කියන මේ දුකින් නිදහස් වීමේ අර්ථය පිණිස විතරමයි පිණ්ඩපාතෙන් යැපෙන්නේ.

පින්වත් මහණෙනි, මේ විදිහට පැවිදි වෙච්ච භික්ෂුවක් වුනත් කාමයන් ගැන දැඩි ලෝභකමෙන් යුක්ත නම්, ඒවා කෙරෙහි දැඩි ඇල්මක් තියෙනවා නම්, තරහ සිතිනුත් ඉන්නවා නම්, දූෂිත වෙච්ච අදහස්වලින් ඉන්නවා නම්, සිහි මුලා වෙලා ඉන්නවා නම්, අවබෝධයකින් තොරව ඉන්නවා නම්, සමාහිත සිතක් නැතිනම්, බිරාන්ත වෙච්ච සිතින් ඉන්නවා නම්, ඉන්ද්‍රියන් අසංවර නම්,

පින්වත් මහණෙනි, ඒක හරියට මෙන්න මේ වගෙයි. දෙපැත්තෙන්ම ඇවිලුණු සොහොන් පෙණෙල්ලක් තියෙනවා. ඒකෙ මැද අපිරිසිදු වසූරු ගෑවිලයි තියෙන්නේ. ඒ සොහොන් පෙණෙල්ල ගමේ මිනිස්සුන්ට ගිනි අවුලවා ගන්න ප්‍රයෝජන වෙන්නෙත් නෑ. වනාන්තරයේ ගස් ගණයට අයිති වෙන්නෙත් නෑ. පින්වත් මහණෙනි, මේ පුද්ගලයා මෙන්න මේ උපමාවට සමානයි කියලයි මම කියන්නේ. ඔහු ගිහි ජීවිතයෙනුත් පිරිහුනු කෙනෙක්. මහණකමේ ප්‍රයෝජනයක් සම්පූර්ණ නොකර ගත් කෙනෙක්."

මේ අර්ථය භාග්‍යවතුන් වහන්සේ වදාළ සේක. එය මේ අයුරිනුත් පවසන්න පුළුවනි.

"ගිහි භෝග සම්පත් වලිනුත් පිරිහුනු කෙනෙක්. ශ්‍රමණ ඵලය ඉෂ්ට කරගන්නත් බැරි කෙනෙක්. ගුණධර්මවලින් පිරිහී ගිය ඔහු විනාශ වෙලා යන්නේ හරියට සොහොන් පෙණෙල්ලක් වගෙයි.

බෙල්ලෙ කසාවතක් දාගෙන හිටියට පාපී ස්වභාවයෙන් යුක්ත, කිසි සංයමක් නැති අය බොහෝම ඉන්නවා. ඒ පාපී අය තමන් කළ පව් නිසාම නිරයේ උපදිනවා.

දුස්සීලව ඉඳගෙන, අසංවරව ඉඳගෙන මිනිසුන් දෙන දන් පැන් වළඳනවා නම්, ඇත්තෙන්ම ඊට වැඩිය හොඳයි ගිනි සිළුවක් වගේ රත්වෙච්ච යකඩ ගුලියක් ගිලින එක."

මේ අර්ථය වදාරණ ලද්දේ භාග්‍යවතුන් වහන්සේ විසින්මයි. මේ විදිහට මා හට අසන්නට ලැබුනා.

සාදු! සාදු!! සාදු!!!

3.5.3.
සංඝාටිකණ්ණ සූත්‍රය
සිවුරු කොණ ගැන වදාළ දෙසුම

භාග්‍යවතුන් වහන්සේ තමයි මේ කාරණය වදාළේ. අරහත් මුනිඳාණන්මයි මෙය වදාළේ. මේ විදිහටයි මට අසන්නට ලැබුනේ.

"පින්වත් මහණෙනි, භික්ෂුවක් ඉන්නවා. ඔහු මගේ සිවුරේ කොණ අල්ලාගෙන මගේ පියවර අනුව පියවර තබමින් පසුපසින්, පසුපසින් එනවා. ඒත් ඔහු දැඩි ලෝභී කෙනෙක් නම්, පංච කාමයන් පිළිබඳව දැඩිව ඇළුනු කෙනෙක් නම්, විපරීත වෙච්ච සිතක් ඇති කෙනෙක් නම්, දූෂිත වෙච්ච අදහස් ඇති කෙනෙක් නම්, සිහි මුලා වෙච්ච කෙනෙක් නම්, මනා වූ ප්‍රඥාව නැති කෙනෙක් නම්, එකඟ සිතක් නැති කෙනෙක් නම්, බිරාන්ත වෙච්ච සිතක් ඇති කෙනෙක් නම්, ඉන්ද්‍රිය සංවරය නැති කෙනෙක් නම්, ඒ නිසාම ඔහු ඉන්නෙ මට වඩා ගොඩාක් දුරින්. මමත් ඉන්නේ ඔහුට ගොඩාක් දුරින්. ඒකට හේතුව මොකක්ද? පින්වත් මහණෙනි, ඒ භික්ෂුව ධර්මය දකින්නෙ නෑ. ධර්මය නොදකින නිසා මාව දකින්නෙත් නෑ.

පින්වත් මහණෙනි, භික්ෂුවක් ඉන්නවා. ඔහු ඉන්නෙ මට වඩා යොදුන් සියයක් දුරින්. ඔහු ලෝභය නැති කෙනෙක්. පංච කාමයන් පිළිබඳව දැඩි ආශා ඇති කෙනෙකුත් නොවෙයි. විපරීත සිතක් තියෙන කෙනෙකුත් නොවෙයි. දූෂිත වෙච්ච අදහස් ඇති කෙනෙකුත් නොවෙයි. ඉතා හොඳින් සිහියේ පිහිටලයි ඉන්නෙ. හොඳ අදහස් ඇති කෙනෙකුත් නොවෙයි. ඉතා හොඳින් සිහියේ පිහිටලයි ඉන්නේ. හොඳ ප්‍රඥාවකිනුයි ඉන්නේ. සමාධිමත් සිතකුත් තියෙනවා. එකඟ වූ සිතකුත් තියෙනවා. ඉන්ද්‍රියනුත් සංවරයි. පින්වත් මහණෙනි, ඒ නිසාම ඔහු ඉන්නෙ මගේ ළඟින්මයි. මමත් ඉන්නෙ ඔහුගේ ළඟින්මයි. ඒකට හේතුව කුමක්ද? පින්වත් මහණෙනි, ඒ භික්ෂුව ධර්මය දකිනවා. ධර්මය දකින නිසා මාව දකිනවා."

මේ අර්ථය භාග්‍යවතුන් වහන්සේ වදාළ සේක. එය මේ අයුරිනුත් පවසන්න පුළුවනි.

"මාව ලුහු බැඳ බැඳ ආවත් ඔහු දැඩි ආශා ඇති කෙනෙක්. පීඩිත සිතකිනුයි ඉන්නේ. තණ්හාව රහිත කෙනා අතර ඔහු යන්නෙ තණ්හාව අනුවයි. නිවී ගිය සිත් ඇති කෙනා අතර ඔහු නොනිවුණු කෙනෙක්. ලෝභය ප්‍රහාණය කළ කෙනා අතර ඔහු යන්නෙ ගිජුකමෙන්. බුදු රජුන් පසුපස කොතරම් දුර ගියත් බුදු -රජුන්ගෙන් දුරස් වී ඇති හැටි බලන්න.

ඒත් මේ ධර්මය හොඳට අවබෝධ කරගත්තු, ධර්මය දන්න ඤාණවන්ත අය ඉන්නවා. තණ්හාවෙන් තොර වූ ඔවුන් සංසිඳෙන්නෙ හරියට හුළං හමන්නෙ නැති තැනක තියෙන නිසල විලක් වගෙයි.

ඒ රහත් භික්ෂුව නිකෙලෙස් අය අතර නිකෙලෙස් කෙනෙක්. නිවුණු අය අතර නිවුණු කෙනෙක්. ගිජු නොවූ අය අතර ගිජු නොවූ කෙනෙක්. බුදු රජුන් සමීපයේම මොහු සිටින හැටි බලන්න."

මේ අර්ථය වදාරණ ලද්දේ භාග්‍යවතුන් වහන්සේ විසින්මයි. මේ විදිහට මා හට අසන්නට ලැබුනා.

සාදු! සාදු!! සාදු!!!

3.5.4.
අග්ගි සූත්‍රය
ගින්දර ගැන වදාළ දෙසුම

භාග්‍යවතුන් වහන්සේ තමයි මේ කාරණය වදාළේ. අරහත් මුනිඳාණන්මයි මෙය වදාළේ. මේ විදිහටයි මට අසන්නට ලැබුනේ.

"පින්වත් මහණෙනි, මේ ගින්දර වර්ග තුනක් තියෙනවා. ඒ තුන මොනවාද? රාගය නමැති ගින්න. ද්වේෂය නමැති ගින්න. මෝහය නමැති ගින්න. පින්වත් මහණෙනි, මේ තමයි ඒ ගිනි වර්ග තුන."

මේ අර්ථය භාග්‍යවතුන් වහන්සේ වදාළ සේක. එය මේ අයුරිනුත් පවසන්න පුළුවනි.

"කාමයන් තුළ ඇලිලා මුසපත් වෙච්ච මිනිසුන්ව රාගය නමැති ගින්නෙන් පුච්චලා දානවා. තරහෙන් රත් වෙලා පර පණ නසන අයව ද්වේෂය නමැති ගින්නෙන් පුච්චලා දානවා.

මේ චතුරාර්ය සත්‍යය ධර්මය නොදන්නා වූ, මුළාවෙච්ච සිත් ඇති අයව මෝහය නමැති ගින්නෙන් පුච්චලා දානවා. මේ පංච උපාදානස්කන්ධයේ සතුටින් ඇලිලා ඉන්න සත්වයා නම් මෙවැනි ගින්දර තියෙන බව දන්නෙ නෑ.

මාර බන්ධනයෙන් නිදහස් නොවෙච්ච ඔවුන් තමයි නිරය වඩවන්නෙ. තිරිසන් ලෝකයේ වඩවන්නෙත් ඔවුන්ම තමයි. අසුර ලෝකයත්, ප්‍රේත ලෝකයත් වඩවන්නෙත් ඔවුන්ම තමයි.

නමුත් දිවා රෑ දෙකේම සම්මා සම්බුදු සසුනේ බවුන් වඩන කෙනා නිතර අශුභ සඤ්ඤාව වඩනවා නම්, ඔවුන් මේ රාගය නමැති ගින්දර නිවා දමනවා.

ඒ නරෝත්තමයන් ද්වේෂය නමැති ගින්න මෛත්‍රී සිසිලෙන් නිවා දමනවා. ඒ අමා නිවන වෙතම යන ප්‍රඥාවෙන් මෝහය නමැති ගින්නත් නිවා දමනවා.

දවල් රෑ දෙකේදීම තැනට සුදුසු නුවණින් යුතුව ඉන්න ඔවුන් ඉතුරු නැතිවම මේ ගිනි නිවා දමනවා. සියලු දුක් ඉතුරු නැතිවම ඉක්මවා ගිය ඔවුන් තමයි පිරිනිවන් පාන්නේ.

චතුරාර්ය සත්‍යය ධර්මය ඉතා හොඳින් අවබෝධ කරගෙන ධර්මයේ පරතෙරටම වැඩි ඔවුන් මනා දක්මෙන් යුක්තයි. ඉපදීම ක්ෂය වී ගිය බව අවබෝධ වුන ඒ උතුමන් ආයෙ නම් පුනර්භවයකට එන්නෙ නෑ."

මේ අර්ථය වදාරණ ලද්දේ භාග්‍යවතුන් වහන්සේ විසින්මයි. මේ විදිහට මා හට අසන්නට ලැබුනා.

සාදු! සාදු!! සාදු!!!

3.5.5.
උපපරික්ඛ සූත්‍රය
නුවණින් පරීක්ෂා කර බැලීම ගැන වදාළ දෙසුම

භාග්‍යවතුන් වහන්සේ තමයි මේ කාරණය වදාළේ. අරහත් මුනිඳාණන්මයි මෙය වදාළේ. මේ විදිහටයි මට අසන්නට ලැබුනේ.

"පින්වත් මහණෙනි, භික්ෂුව යම් යම් ආකාරයකට නුවණින් යුක්තව පරීක්ෂා කර බලන කොට, ඒ ඒ ආකාරයට නුවණින් යුක්තව පරීක්ෂා කරද්දී ඔහුගේ විඤ්ඤාණය බාහිරට විසිරිලත් නෑ. පැතිරිලත් නෑ. ආධ්‍යාත්මයේ තණ්හා සහගතව පිහිටලත් නෑ. කිසිවකට ග්‍රහණය වෙලත් නෑ. ඒ නිසාම කම්පනයකුත් නෑ. පින්වත් මහණෙනි, ඒ භික්ෂුවගේ විඤ්ඤාණය බාහිරට විසිරිලත් නැත්නම්, පැතිරිලත් නැත්නම්, ආධ්‍යාත්මයේ තණ්හා සහගතව පිහිටලත් නැත්නම්, කිසිවකට ග්‍රහණය වෙලත් නැත්නම්, ඒ නිසාම කම්පනයකුත් නැත්නම් ඔහුට අනාගතයට ඉපදීම, ජරා මරණ ආදී දුකේ හට ගැනීමකුත් නෑ."

මේ අර්ථය භාග්‍යවතුන් වහන්සේ වදාළ සේක. එය මේ අයුරිනුත් පවසන්න පුළුවනි.

"සත් වැදෑරුම් කෙලෙස් සංගයන් ප්‍රහීණ කළ, භව රැහැන් ප්‍රහීණ කළ, භික්ෂුව ඉපදෙන මැරෙන සංසාරය නැති කරපු නිසා ඔහුට යළි පුනර්භවයක් නෑ."

මේ අර්ථය වදාරණ ලද්දේ භාග්‍යවතුන් වහන්සේ විසින්මයි. මේ විදිහට මා හට අසන්නට ලැබුනා.

සාදු! සාදු!! සාදු!!!

3.5.6.
කාමූපපත්ති සූත්‍රය
පංච කාමයන් ලැබීම ගැන වදාළ දෙසුම

භාග්‍යවතුන් වහන්සේ තමයි මේ කාරණය වදාළේ. අරහත් මුනිඳාණන්මයි මෙය වදාළේ. මේ විදිහටයි මට අසන්නට ලැබුනේ.

"පින්වත් මහණෙනි, මේ කාම උත්පත්ති තුනකි. ඒ තුන මොනවාද? නිතර ලැබෙන කාමයත්, නිම්මාණරතී කාමයත්, පරනිම්මිත වසවර්ති කාමයත් යන මේ තුන පින්වත් මහණෙනි, කාම උත්පත්ති තුනය."

මේ අර්ථය භාග්‍යවතුන් වහන්සේ වදාළ සේක. එය මේ අයුරිනුත් පවසන්න පුළුවනි.

"නිබඳ පිහිටි කාමයනුත් තියෙනවා. වසවර්තී කාම ලොව දෙවිවරුත් ඉන්නවා. නිම්මාණරතී කාම ලොව දෙවිවරුත් ඉන්නවා. වෙන කාම භෝගීනුත් ඉන්නවා.

ඔවුන් කවුරුවත් ඉපදි ඉපදී යන මේ සංසාරය ඉක්මවා යන්නෙ නෑ. මේ ආදීනව දකින නුවණැති කෙනා දිව්‍ය වූ යම් කාමයන් ඇත්නම්, මානුෂික වූ යම් කාමයන් ඇත්නම් ඒ සියලු කාමයන් දුරු කරලා දානවා.

ප්‍රිය ස්වරූප වූ මේ කාමයෙහි ඇති තාවකාලික මිහිරට ඇති ගිජු බව සිඳ බිඳ දමා එතෙර වෙන්න දුෂ්කර වූ තණ්හා සැඩ පහරෙන් එතෙර වෙලා දුක් කිසිවක් ඉතුරු නොකොට පිරිනිවන් පානවා නම්, චතුරාර්ය සත්‍යය අවබෝධ කළ ධර්මයෙහි පරතෙර පැමිණි, මනා දැකුම් ඇති ඒ නුවණැති රහතුන් උපතෙහි ක්ෂය වීම අවබෝධ කරගෙන යළි පුනර්භවයකට නම් එන්නෙ නෑ."

මේ අර්ථය වදාරණ ලද්දේ භාග්‍යවතුන් වහන්සේ විසින්මයි. මේ විදිහට මා හට අසන්නට ලැබුනා.

සාදු! සාදු!! සාදු!!!

3.5.7.
කාමයෝග සූත්‍රය
කාම බන්ධනය ගැන වදාළ දෙසුම

භාග්‍යවතුන් වහන්සේ තමයි මේ කාරණය වදාළේ. අරහත් මුනිඳාණන්මයි මෙය වදාළේ. මේ විදිහටයි මට අසන්නට ලැබුනේ.

"පින්වත් මහණෙනි, කාම බන්ධනයෙන් යුක්ත, භව බන්ධනයෙන් යුක්ත කෙනාට නැවතත් මේ ලෝකයට එන්න වෙන නිසා 'ආගාමී' වෙනවා.

පින්වත් මහණෙනි, කාම බන්ධනයෙන් වෙන්වෙච්ච (ඒත්) භව බන්ධනයෙන් යුක්ත කෙනා නැවතත් මේ ලෝකයට එන්නෙ නැති නිසා 'අනාගාමී' වෙනවා.

පින්වත් මහණෙනි, කාම බන්ධනයෙන් වෙන්වෙච්ච, භව බන්ධනයෙනුත් වෙන්වෙච්ච කෙනා 'අරහත්, ක්ෂීණාශ්‍රව' කෙනෙක් වෙනවා."

මේ අර්ථය භාග්‍යවතුන් වහන්සේ වදාළ සේක. එය මේ අයුරිනුත් පවසන්න පුළුවනි.

"කාම බන්ධනයෙනුත්, භව බන්ධනයෙනුත් මේ දෙකෙන් යුක්ත සත්වයන් ඉපදීම, මරණය ඇති මේ සසරේම තමයි ඉන්නේ.

කෙනෙක් ඉන්නවා, කාම බන්ධන ප්‍රහීණ කරලා. ඒත් ආසවක්ෂයට පැමිණිලත් නෑ. භව බන්ධනයෙන් විතරක් බැඳිච්ච ඔවුන්ට 'අනාගාමී' කියලා කියනවා.

තවත් කෙනෙක් ඉන්නවා. ඔහු සංසාරය සිඳ දැම්මා. මාන්නයත්, පුනර්භවයත් ක්ෂය කරලා දැම්මා. ආශ්‍රව ක්ෂය වීමට පත්වෙච්ච ඔවුන් තමයි ලෝකයෙන් එතෙරට වැඩියේ."

මේ අර්ථය වදාරණ ලද්දේ භාග්‍යවතුන් වහන්සේ විසින්මයි. මේ විදිහට මා හට අසන්නට ලැබුනා.

සාදු! සාදු!! සාදු!!!

3.5.8.
කල්‍යාණසීල සූත්‍රය
යහපත් සීලය ගැන වදාළ දෙසුම

භාගයවතුන් වහන්සේ තමයි මේ කාරණය වදාළේ. අරහත් මුනිඳාණන්මයි මෙය වදාළේ. මේ විදිහටයි මට අසන්නට ලැබුනේ.

"පින්වත් මහණෙනි, භික්ෂුවක් ඉන්නවා. ඔහු යහපත් සීලයෙන් යුක්තයි. යහපත්ව දහමේ පිහිටි කෙනෙක්. යහපත් ප්‍රඥාවෙන් යුක්තයි. ඔහුට තමයි කියන්නේ 'මේ ධර්ම විනයේ පරිපූර්ණවෙච්ච, නිවන් මග සම්පූර්ණ කරපු උත්තරීතර පුරුෂයා' කියලා.

පින්වත් මහණෙනි, කොහොමද භික්ෂුවක් යහපත් සීලයෙන් යුතු වෙන්නේ? පින්වත් මහණෙනි, මෙහි මේ භික්ෂුව සිල්වත් වෙනවා. ප්‍රාතිමෝක්ෂ සංවර සීලයෙන් හොඳටම සංවර වෙලා ජීවත් වෙනවා. නිවැරදි වූ පැවැත්මෙනුත් යුක්තයි. ඉතා සුළු වැරදිවල පවා භය දකිමින් තමයි ජීවත් වෙන්නේ. සිල්පද සමාදන් වෙලා ඉතා හොඳින් ඒවායේ සංවර වෙනවා. පින්වත් මහණෙනි, මේ විදිහට තමයි භික්ෂුව යහපත් සීලයෙන් යුතු වෙන්නේ.

යහපත් ධර්මයෙන් යුතු කෙනා කොයි විදිහටද වෙන්නේ? පින්වත් මහණෙනි, මෙහි භික්ෂුව කොටස් වශයෙන් සතක් වූ බෝධිපාක්ෂික ධර්ම වඩමින් භාවනානුයෝගීව තමයි වැඩඉන්නේ. පින්වත් මහණෙනි, මේ විදිහටයි භික්ෂුව යහපත් ධර්මයෙන් යුතු කෙනෙක් වෙන්නේ. මේ විදිහට යහපත් සීලයෙන්, යහපත් ධර්මයෙන් යුක්ත වෙනවා.

යහපත් ප්‍රඥාවෙන් යුතු කෙනෙක් වෙන්නේ කොහොමද? පින්වත් මහණෙනි, මෙහි භික්ෂුව ආශ්‍රව ක්ෂය කර දැමීමෙන් ආශ්‍රව රහිත වෙනවා. ඒ ආශ්‍රව රහිත චිත්ත විමුක්තියත්, ප්‍රඥා විමුක්තියත් මේ ජීවිතයේදීම තමන් විසින්ම සාක්ෂාත් කරලා, ඒ විමුක්තියට පැමිණිලා ජීවත් වෙනවා. පින්වත් මහණෙනි, මෙන්න මේ විදිහට තමයි භික්ෂුව යහපත් ප්‍රඥාවෙන් යුතු වෙන්නේ. මේ විදිහට යහපත් සීලයෙනුත් යුක්ත වෙනවා. යහපත් සමාධියෙනුත් යුක්ත වෙනවා. යහපත් ප්‍රඥාවෙනුත් යුක්ත වෙනවා. ඔහුට 'මේ ධර්ම විනයේ පරිපූර්ණ වෙච්ච, නිවන් මග සම්පූර්ණ කරපු, උත්තරීතර පුරුෂයා' කියලත් කියනවා."

මේ අර්ථය භාගයවතුන් වහන්සේ වදාළ සේක. එය මේ අයුරිනුත්

පවසන්න පුළුවනි.

"ඔහුගේ කයෙනුත්, වචනයෙනුත්, සිතිනුත් වැරදි දෙයක් කෙරෙන්නෙ නෑ. පව්වලට ලැජ්ජා ඇති ඒ භික්ෂුවට තමයි 'යහපත් සිල් ඇති කෙනා' කියලා කියන්නේ.

ඔහු නිවන් අවබෝධයට රැගෙන යන ඒ බොජ්ඣංග ධර්ම කොටස් හත හොඳටම දියුණු කරලා තියෙන්නේ. මානය නැති ඒ භික්ෂුවට 'යහපත් දහම් ඇති කෙනා' කියලා කියනවා.

කෙනෙක් ඉන්නවා මේ ජීවිතයේදීම තමන්ගේ සියලු දුක් නැතිවීම ගැන දන්නවා. ආශ්‍රව රහිත වූ ඒ භික්ෂුවට තමයි 'යහපත් ප්‍රඥාවෙන් යුක්ත කෙනා' කියලා කියන්නේ.

මේ කාරණාවලින් සමන්විත කෙනා දුක් රහිතයි. සියලු සැක සංකාත් සිඳ බිඳ දමලයි ඉන්නේ. සියලු ලෝකයෙහි නොඇලුණු ඔහුට තමයි 'සියල්ල ප්‍රහාණය කළ කෙනා' කියලා කියන්නේ."

මේ අර්ථය වදාරණ ලද්දේ භාග්‍යවතුන් වහන්සේ විසින්මයි. මේ විදිහට මා හට අසන්නට ලැබුනා.

සාදු! සාදු!! සාදු!!!

3.5.9.

දාන සූත්‍රය

දානය ගැන වදාළ දෙසුම

භාග්‍යවතුන් වහන්සේ තමයි මේ කාරණය වදාළේ. අරහත් මුනිඳාණන්මයි මෙය වදාළේ. මේ විදිහටයි මට අසන්නට ලැබුනේ.

"පින්වත් මහණෙනි, මේ දාන දෙකක් තියෙනවා. ඒ තමයි ආමිස දානයත්, ධර්ම දානයත්. පින්වත් මහණෙනි, මේ දාන දෙක අතරින් ධර්ම දානය තමයි අග්‍ර වෙන්නේ. පින්වත් මහණෙනි, බෙදා හදා ගැනීම් දෙකකුත් තියෙනවා. ඒ තමයි ආමිස බෙදා හදා ගැනීමත්, ධර්මය බෙදා හදා ගැනීමත්. පින්වත් මහණෙනි, මේ බෙදා හදා ගැනීම් දෙක අතරින් මේ ධර්මය බෙදා හදා ගැනීම තමයි උතුම් වෙන්නේ. පින්වත් මහණෙනි, අනුග්‍රහයනුත් දෙකක් තියෙනවා.

ඒක තමයි ආමිසයෙන් කරන අනුග්‍රහයත්, ධර්මයෙන් කරන අනුග්‍රහයත්. මේ අනුග්‍රහ දෙක අතරින් වැඩියෙන්ම අග්‍ර වෙන්නේ ධර්මයෙන් කරන අනුග්‍රහයයි."

මේ අර්ථය භාග්‍යවතුන් වහන්සේ වදාළ සේක. එය මේ අයුරිනුත් පවසන්න පුළුවනි.

"පරම වූ උත්තම වූ යම් දානයක් ගැන යම් දන් බෙදීමක් ගැන භාග්‍යවතුන් වහන්සේ වර්ණනා කොට වදාළ සේක්ද, අග්‍ර වූ පින් කෙතෙහි පහන් සිතින් පුණ්‍යඵල විපාක දැන සුදුසු කාලයට දන් නොදෙන නුවණැති කෙනා කවුද?

සුගතයන් වහන්සේගේ උතුම් සසුනෙහි සිත පහදවා ගත් යමෙක් ඒ උතුම් ධර්මය දේශනා කරනවා නම් තව කෙනෙක් ඒ උතුම් ධර්මය සවන් යොමා අසා සිටිනවා නම් ඒ දෙපක්ෂයම ධර්ම දානය තුළින් පරම පිරිසිදු වෙනවා. ඔවුන් සුගතයන් වහන්සේගේ ශාසනයේ අප්‍රමාදී උදවියයි."

මේ අර්ථය වදාරණ ලද්දේ භාග්‍යවතුන් වහන්සේ විසින්මයි. මේ විදිහට මා හට අසන්නට ලැබුනා.

සාදු! සාදු!! සාදු!!!

3.5.10.
තේවිජ්ජ සූත්‍රය
ත්‍රිවිද්‍යාව ගැන වදාළ දෙසුම

භාග්‍යවතුන් වහන්සේ තමයි මේ කාරණය වදාළේ. අරහත් මුනිඳාණන්මයි මෙය වදාළේ. මේ විදිහටයි මට අසන්නට ලැබුනේ.

"පින්වත් මහණෙනි, ත්‍රිවිද්‍යා සහිත බ්‍රාහ්මණයා කියලා මම සම්මාන කරන්නේ උතුම් වූ ධර්මයට පැමිණිච්ච කෙනාවයි. එක එක අය කියපු දේවල් කිය කියා ඉන්න කෙනාව නෙවෙයි.

පින්වත් මහණෙනි, අනුන් කියපු එක එක දේවල් උපුටා දක්වමින් කියන්නේ නැතුව, උතුම් ධර්මයෙන් යුක්ත කෙනා ත්‍රිවිද්‍යා සහිත බ්‍රාහ්මණයා වශයෙන් පණවන්නේ කොහොමද?

පින්වත් මහණෙනි, මෙහි භික්ෂුව නොයෙක් ආකාර වූ පෙර විසූ ජීවිත

ගැන සිහි කරනවා. ඒක මෙන්න මේ විදිහයි. එක ජීවිතයක්, ජීවිත දෙකක්, ජීවිත තුනක්, ජීවිත හතරක්, ජීවිත පහක්, ජීවිත දහයක්, ජීවිත විස්සක්, ජීවිත තිහක්, ජීවිත හතළිහක්, ජීවිත පණහක්, ජීවිත සියයක්, ජීවිත දහසක්, ජීවිත ලක්ෂයක් පවා සිහිකරනවා. නොයෙක් විදිහේ සංවට්ට කල්ප, නොයෙක් විදිහේ විවට්ට කල්ප, නොයෙක් විදිහේ සංවට්ට විවට්ට කල්ප සිහි කරනවා. 'එහෙ මං මේ නමින් හිටියා. මේ විදිහයි මගේ ගෝත්‍රය. මේ විදිහයි වර්ණය. මේ විදිහටයි කෑවෙ බිව්වේ. මේ විදිහටයි සැප දුක් වින්දේ. මේ විදිහේ ආයුෂ ප්‍රමාණයක් තිබුනා. ඊට පස්සේ එතැනින් චුත වෙලා මෙහි උපන්නා' කියලා. ඔය විදිහට ආකාර සහිතව, විස්තර සහිතව නොයෙක් ආකාරයෙන් පෙර ජීවිත සිහි කරනවා. මේක තමයි ඔහුගේ පළවෙනි විද්‍යාව ලබාගැනීම වෙන්නේ. අවිද්‍යාව නැතිවෙලා ගියා. විද්‍යාව ඉපදුනා. අඳුර නැතිවුනා. ආලෝකය පහළ වුනා. අප්‍රමාදීව කෙලෙස් නැති කර දමන වීරියෙන් යුක්තව වාසය කරන කෙනෙකුට තමයි ඒ අවබෝධය ලැබෙන්නේ.

ඒ ගැන තවදුරටත් කියනවා නම් පින්වත් මහණෙනි, භික්ෂුව මනුෂ්‍ය හැකියාව ඉක්ම වූ, පිරිසිදු දිවැසින් දකිනවා මේ සත්වයන් චුතවෙන උපදින හැටි. පහත් උසස් බව, වර්ණවත් දුර්වර්ණවත් බව, යහපත් අයහපත් ගති ඇති නැති බව, කර්මානුරූපව උපන් ඒ සත්වයන් ගැන මේ විදිහට දකිනවා. 'අනේ මේ භවත් සත්වයන් කාය දුෂ්චරිතයෙන් යුක්ත වෙලා, වචී දුෂ්චරිතයෙන් යුක්ත වෙලා, මනෝ දුෂ්චරිතයෙන් යුක්ත වෙලා, ආර්යයන් වහන්සේලාට උපවාද කරලා, මිත්‍යා දෘෂ්ටිකව ඉඳලා, මිත්‍යා දෘෂ්ටික දේවල් කරලා, ඉතින් ඔවුන් කය බිඳිලා මැරුණට පස්සේ අපාය, දුගතිය කියන විනිපාත නිරයේ ඉපදිලා ඉන්නවා. ඒත් අනිත් මේ භවත් සත්වයන් නම් කාය සුචරිතයෙන් යුක්ත වෙලා, වචී සුචරිතයෙන් යුක්ත වෙලා, මනෝ සුචරිතයෙන් යුක්ත වෙලා, ආර්ය වහන්සේලාට උපවාද කරලා නෑ. යහපත් දෘෂ්ටියෙන් යුතුව තමයි ජීවත් වෙලා තියෙන්නේ, සම්මා දිට්ඨියට අනුව තමයි කටයුතු කරල තියෙන්නේ. ඉතින් ඔවුන් කය බිඳිලා මැරුණට පස්සේ සුගතිය නම් වූ දෙව්ලොව ඉපදිලා ඉන්නවා. මේ විදිහට මිනිස් හැකියාව ඉක්මවා ගිය ඉතා පිරිසිදු දිවැසින් දකිනවා මේ සත්වයන් චුත වෙන උපදින හැටි. පහත් උසස් බව, වර්ණවත් දුර්වර්ණවත් බව, යහපත් ගති, අයහපත් ගති ඇති බව. කර්මානුරූපව ඒ සත්වයන් ගිය තැන් දැනගන්නවා. මේක තමයි ඔහුගේ දෙවෙනි විද්‍යාව ලැබීම වෙන්නේ. අවිද්‍යාව නැතිවෙලා ගියා. විද්‍යාව ඉපදුනා. අඳුර නැතිවුනා. ආලෝකය පහළ වුනා. අප්‍රමාදීව කෙලෙස් නැති කර දමන වීරියෙන් යුක්තව වාසය කරන කෙනෙකුට තමයි ඒ අවබෝධය ලැබෙන්නේ.

ඒ ගැන තවදුරටත් කියනවා නම්, පින්වත් මහණෙනි, මෙහි භික්ෂුව ආශ්‍රව ක්ෂය කරලා, අනාශ්‍රව වූ චේතෝ විමුක්තියත්, ප්‍රඥා විමුක්තියත් මේ ජීවිතයේදීම තමන් විසින්ම සාක්ෂාත් කරනවා. එයට පැමිණ වාසය කරනවා. මේ තමයි ඔහුගේ තුන්වෙනි විද්‍යාව ලැබීම වෙන්නේ. අවිද්‍යාව නැතිවෙලා ගියා. විද්‍යාව ඉපදුනා. අඳුර නැතිවුනා. ආලෝකය පහළ වුනා. අප්‍රමාදීව කෙලෙස් නැති කර දමන වීරියෙන් යුක්තව වාසය කරන කෙනෙකුට තමයි ඒ අවබෝධය ලැබෙන්නේ."

මේ අර්ථය භාග්‍යවතුන් වහන්සේ වදාළ සේක. එය මේ අයුරිනුත් පවසන්න පුළුවනි.

"ඔහු පෙර ගත කළ ජීවිත **(පුබ්බේනිවාස)** ගැනත් දන්නවා. දෙව්ලොවත්, අපායත් දකිනවා. ඊට පස්සේ ඒ මුනිවරයා විශේෂ අවබෝධ ඤාණය නිසා ඉපදීම ක්ෂය කිරීමට පත්වෙනවා. නුවණින් දැනගෙන නිවන් මඟත් සම්පූර්ණ කරගන්නවා.

මේ විද්‍යාවන් තුන නිසා තමයි ත්‍රිවිද්‍යා සහිත බ්‍රාහ්මණයෙක් වෙන්නේ. ඒකට තමයි මම ත්‍රිවිද්‍යාව කියන්නේ. එහෙම නැතුව අනුන් කියපු දේවල් උපුටාගෙන කිය කියා ඉන්න එක නොවෙයි."

මේ අර්ථය වදාරණ ලද්දේ භාග්‍යවතුන් වහන්සේ විසින්මයි. මේ විදිහට මා හට අසන්නට ලැබුනා.

සාදු! සාදු!! සාදු!!!

පස්වෙනි වර්ගය නිමා විය.

තික නිපාතය නිමා විය.

චතුක්ක නිපාතය

1. පළවෙනි වර්ගය

4.1.1.

බ්‍රාහ්මණ සූත්‍රය

සැබෑම බ්‍රාහ්මණයා ගැන වදාළ දෙසුම

භාග්‍යවතුන් වහන්සේ තමයි මේ කාරණය වදාළේ. අරහත් මුනිඳාණන්මයි මෙය වදාළේ. මේ විදිහටයි මට අසන්නට ලැබුනේ.

"පින්වත් මහණෙනි, මමත් **(සියලු පව් බැහැර කළ අරුතින්)** බ්‍රාහ්මණයෙක්. මගෙන් සදහම් ඉල්ලන්න සුදුසුයි. හැම වෙලාවෙම ධර්ම දානය දෙන්න සෝදා ගත් අත් ඇතුවයි මම ඉන්නේ. අන්තිම සිරුරයි මේ දරන්නේ. 'දුක' නමැති හුල උදුරා දමන උත්තරීතර ශල්‍ය වෛද්‍යවරයා මමයි. ඔබ තමයි මගේ දරුවෝ. මා ළයෙහි ඔබ උපන්නේ. දහම් මුවින් ඉපදිලා ඉන්නේ. ධර්මයෙන් උපදිලා ඉන්නේ. ධර්මයෙන් නිර්මිත වෙලා ඉන්නේ. ධර්මය දායාද කොටයි ඉන්නේ. ආමිසය දායාද කරගෙන නම් නොවෙයි.

පින්වත් මහණෙනි, මේ දාන දෙකක් තියෙනවා. ඒ තමයි ආමිස දානයත්, ධර්ම දානයත්. පින්වත් මහණෙනි, මේ දාන දෙක අතර මේ ධර්ම දානය තමයි අග්‍ර වෙන්නේ.

පින්වත් මහණෙනි, මේ බෙදා හදා ගැනීමත් දෙකක් තියෙනවා. ඒ තමයි ආමිසය බෙදා හදා ගැනීමත්, ධර්මය බෙදා හදා ගැනීමත්. පින්වත් මහණෙනි, මේ බෙදා හදා ගැනීම් දෙක අතර අග්‍ර වෙන්නේ ධර්මය බෙදා හදා ගැනීමම තමයි.

පින්වත් මහණෙනි, අනුග්‍රහයනුත් දෙකක් තියෙනවා. ඒ තමයි ආමිසයෙන් කරන අනුග්‍රහයත්, ධර්මයෙන් කරන අනුග්‍රහයත්. පින්වත් මහණෙනි, මේ අනුග්‍රහයන් දෙක අතර අග්‍ර වෙන්නේ මේ ධර්මයෙන් කරන අනුග්‍රහයමයි.

පින්වත් මහණෙනි, මේ යාග දෙකක් තියෙනවා. ඒ තමයි ආමිස යාගයත්, ධර්ම යාගයත්. පින්වත් මහණෙනි, මේ යාග දෙක අතරින් වඩාත්ම අග්‍ර වෙන්නේ මේ ධර්ම යාගයමයි."

මේ අර්ථය භාග්‍යවතුන් වහන්සේ වදාළ සේක. එය මේ අයුරිනුත් පවසන්න පුළුවනි.

"යම් කෙනෙක් ධර්ම යාගය කොට වදාළා නම්, එහිලා නොමසුරු නම්, ඒ සියලු සතුන් කෙරෙහි අනුකම්පා ඇති තථාගත බුදුරජාණන් වහන්සේ තමයි. හැම භවයෙන්ම එතෙරට වැඩි, දෙව් මිනිසුන් අතර ශ්‍රේෂ්ඨ වූ, එබඳු වූ තථාගතයන් වහන්සේට ලෝ සතුන් වන්දනා කරනවා."

මේ අර්ථය වදාරණ ලද්දේ භාග්‍යවතුන් වහන්සේ විසින්මයි. මේ විදිහට මා හට අසන්නට ලැබුනා.

සාදු! සාදු!! සාදු!!!

4.1.2.
චතුරනවජ්ජ සූත්‍රය
නිවැරදි දේවල් හතරක් ගැන වදාළ දෙසුම

භාග්‍යවතුන් වහන්සේ තමයි මේ කාරණය වදාළේ. අරහත් මුනිඳාණන්මයි මෙය වදාළේ. මේ විදිහටයි මට අසන්නට ලැබුනේ.

"පින්වත් මහණෙනි, භික්ෂුවකට උවමනා ප්‍රත්‍යය හතරක් තියෙනවා. ඒවා අල්පයි. සුලභයි. ඒ වගේම ඒවා තමයි නිවැරදි. ඒ හතර මොනවාද?

පින්වත් මහණෙනි, සිවුරු අතරින් මේ පාංශුකූල සිවුර තියෙනවා. ඒක ඉතා අල්පයි. ඒත් සුලභයි. ඒක තමයි නිවැරදි. පින්වත් මහණෙනි, භෝජනයන් අතුරින් මේ පිඬු සිඟා ලැබෙන දේ තියෙනවා. ඒක ඉතා අල්පයි. ඒත් සුලභයි. ඒක තමයි නිවැරදි. පින්වත් මහණෙනි, සේනාසන අතුරින් මේ රුක් මුල් තියෙනවා. ඒක ඉතා අල්පයි. ඒත් සුලභයි. ඒක තමයි නිවැරදි. පින්වත් මහණෙනි, බෙහෙත් අතර මේ පූතිමුත්ත (අරළු, ගව මුත්‍ර ආදියෙන් තනා ගත්) භේජස්ජ තියෙනවා. ඒක ඉතා අල්පයි. ඒත් සුලභයි. ඒක තමයි නිවැරදි.

පින්වත් මහණෙනි, මේ තමයි අල්ප වගේම සුලභ, නිවැරදි දේවල් හතර.

පින්වත් මහණෙනි, යම් කලෙක භික්ෂුව අල්ප දෙයිනුත්, ඒ සුලභ දෙයිනුත් සතුටු වෙනවා නම්, මේකත් එක්තරා ශ්‍රමණ ගුණ ධර්මයක් කියලයි මම කියන්නේ."

මේ අර්ථය භාග්‍යවතුන් වහන්සේ වදාළ සේක. එය මේ අයුරිනුත් පවසන්න පුළුවනි.

"ස්වල්ප වූ, සුලභ වූ, නිවැරදි දෙයින්ම සතුටු වන කෙනෙක් ඉන්නවා. ඔහුට සේනාසන නිසාවත්, සිවුරු, පිණ්ඩපාත නිසාවත් හිතට කිසිම දුකක් එන්නෙ නෑ. කිසි දිශාවක් ඔහුව විරුද්ධ වෙන්නෙත් නෑ.

ශ්‍රමණයින්ට ගැලපෙන යම් ධර්මයක් ප්‍රකාශ කළා නම්, අප්‍රමාදීව ඒ ධර්මයේ ඉන්න ඒ භික්ෂුව සතුටම මුල් කරගෙන තමයි ඉන්නේ."

මේ අර්ථය වදාරණ ලද්දේ භාග්‍යවතුන් වහන්සේ විසින්මයි. මේ විදිහට මා හට අසන්නට ලැබුනා.

සාදු! සාදු!! සාදු!!!

4.1.3.
ආසවක්ඛය සූත්‍රය
ආශ්‍රව ක්ෂය වී යාම ගැන වදාළ දෙසුම

භාග්‍යවතුන් වහන්සේ තමයි මේ කාරණය වදාළේ. අරහත් මුනිඳාණන්මයි මෙය වදාළේ. මේ විදිහටයි මට අසන්නට ලැබුනේ.

"පින්වත් මහණෙනි, ආශ්‍රව ක්ෂය වීම සිදුවෙන්නෙ දන්න කෙනාට, දකින කෙනාට කියලයි මම කියන්නේ. නොදන්න, නොදකින කෙනාට නොවෙයි. පින්වත් මහණෙනි, කුමක් දන්න කෙනාටද, කුමක් දකින කෙනාටද ආශ්‍රවයන් ක්ෂය වෙන්නේ?

පින්වත් මහණෙනි, 'මේ තමයි දුක' කියලා දන්න කෙනාට, දකින කෙනාට තමයි ආශ්‍රවයන් ක්ෂය වෙන්නේ. පින්වත් මහණෙනි, 'මේ තමයි දුකේ හටගැනීම' කියලා දන්න කෙනාට, දකින කෙනාට තමයි ආශ්‍රවයන් ක්ෂය වෙන්නේ. පින්වත් මහණෙනි, 'මේ තමයි දුකේ නැතිවීම' කියලා දන්න කෙනාට, දකින කෙනාට තමයි ආශ්‍රවයන් ක්ෂය වෙන්නේ. පින්වත් මහණෙනි,

'මේ තමයි දුක් නැතිවීම පිණිස පවතින වැඩපිළිවෙල' කියලා දන්න කෙනාට, දකින කෙනාට තමයි ආශ්‍රවයන් ක්ෂය වෙන්නේ. පින්වත් මහණෙනි, මෙන්න මේ විදිහට දන්න කෙනාට, දකින කෙනාට තමයි ආශ්‍රවයන් ක්ෂය වෙන්නේ."

මේ අර්ථය භාග්‍යවතුන් වහන්සේ වදාළ සේක. එය මේ අයුරිනුත් පවසන්න පුළුවනි.

"නිවන් මගෙහි හික්මෙන්නා වූ සේඛ භික්ෂුව ඍජු මාර්ගය වූ ආර්ය අෂ්ටාංගික මාර්ගය ප්‍රගුණ කරන විට පළමුව ඇතිවන්නේ කෙලෙස් ක්ෂය වීම පිළිබඳ ඤාණයයි. අනතුරුව අරහත් ඵලයට පත්වෙයි.

ඒ විදිහට සියල්ල දැනගෙන කෙලෙස්වලින් නිදහස් වූ, අරහත් භික්ෂුවට ඒ ගැන උතුම් වූ විමුක්ති ඤාණය තියෙනවා. සංයෝජනයන් ක්ෂය වෙන කොට ඒ කෙලෙස් ක්ෂය වුන බවට අවබෝධ ඤාණය ඇතිවෙනවා.

සියලු කෙලෙස් ගැටවලින් සිත නිදහස් කරවන මේ අමා නිවන, කුසීත වූ ධර්මය නොදන්නා අඥාන කෙනාට අවබෝධ කරන්න බෑ."

මේ අර්ථය වදාරණ ලද්දේ භාග්‍යවතුන් වහන්සේ විසින්මයි. මේ විදිහට මා හට අසන්නට ලැබුනා.

සාදු! සාදු!! සාදු!!!

4.1.4.
සමණබ්‍රාහ්මණ සූත්‍රය
ශ්‍රමණ බ්‍රාහ්මණයන් ගැන වදාළ දෙසුම

භාග්‍යවතුන් වහන්සේ තමයි මේ කාරණය වදාළේ. අරහත් මුනිඳාණන්මයි මෙය වදාළේ. මේ විදිහටයි මට අසන්නට ලැබුනේ.

"පින්වත් මහණෙනි, සමහර ශ්‍රමණ බ්‍රාහ්මණවරු ඉන්නවා ඔවුන් 'මේ තමයි දුක' කියලා ඇති හැටියටම දන්නෙ නෑ. 'මේ තමයි දුක් හටගැනීම' කියලා ඇති හැටියටම දන්නෙ නෑ. 'මේ තමයි දුක් නැතිවීම' කියලා ඇති හැටියටම දන්නෙ නෑ. 'මේ තමයි දුක් නැතිවීම පිණිස යන ප්‍රතිපදාව' කියලා ඇති හැටියටම දන්නෙ නෑ. පින්වත් මහණෙනි, ඒ ශ්‍රමණ බ්‍රාහ්මණයන් ශ්‍රමණයන් අතරේ සැබෑ ශ්‍රමණයන් හැටියට මම සම්මත කරන්නේ නෑ. බ්‍රාහ්මණයන්

අතරේ සැබෑ බ්‍රාහ්මණයන් හැටියටත් සම්මත කරන්නේ නෑ. ඒකට හේතුව ඒ ආයුෂ්මත්වරුන් මේ ජීවිතයේදී තමන් විසින්ම සැබෑම වූ ශ්‍රමණ අර්ථයවත්, සැබෑම වූ බ්‍රාහ්මණ අර්ථයවත් අවබෝධ නොකරගෙන ජීවත් වීමයි.

පින්වත් මහණෙනි, තව සමහර යම් ශ්‍රමණ බ්‍රාහ්මණවරු ඉන්නවා. ඔවුන් 'මේ තමයි දුක' කියලා ඇතිහැටියටම දන්නවා. 'මේ තමයි දුක් හටගැනීම' කියලා ඇතිහැටියටම දන්නවා. 'මේ තමයි දුක් නැතිවීම' කියලා ඇතිහැටියටම දන්නවා. 'මේ තමයි දුක් නැතිවීම පිණිස යන ප්‍රතිපදාව' කියලා ඇති හැටියටම දන්නවා. පින්වත් මහණෙනි, ඒ ශ්‍රමණ බ්‍රාහ්මණයන් තමයි ශ්‍රමණයන් අතරේ සැබෑම ශ්‍රමණවරුන් හැටියටත්, බ්‍රාහ්මණයන් අතරේ සැබෑම බ්‍රාහ්මණවරුන් හැටියටත් මම සම්මත කරන්නේ. ඒකට හේතුව ඒ ආයුෂ්මත්වරු මේ ජීවිතයේදී තමන් විසින්ම සැබෑ වූ ශ්‍රමණ අර්ථයත්, සැබෑම වූ බ්‍රාහ්මණ අර්ථයත් අවබෝධ කරගෙන ජීවත් වීමයි."

මේ අර්ථය භාග්‍යවතුන් වහන්සේ වදාළ සේක. එය මේ අයුරිනුත් පවසන්න පුළුවනි.

"කෙනෙක් ඉන්නවා දුක මොකක්ද කියලා දන්නෙ නෑ. ඒ වගේම දුකට හේතුව මොකක්ද කියලා දන්නෙත් නෑ. ඒ දුක ඉතුරු නැතුව නිරුද්ධ වෙන තැන දන්නෙත් නෑ. ඒ දුක නැති වී යන මාර්ගය දන්නෙත් නෑ.

ඒ චේතෝ විමුක්තියත්, ප්‍රඥා විමුක්තියත් නොදන්න ඔවුන් මේ ජාති ජරා දුක් නැති කරලා දාන්න සුදුස්සෝ වෙන්නෙ නෑ.

කෙනෙක් ඉන්නවා දුක මොකක්ද කියලා දන්නවා. ඒ වගේම දුකට හේතුව මොකක්ද කියලා දන්නවා. ඒ දුක ඉතුරු නැතිව නිරුද්ධ වෙන තැන දන්නවා. ඒ දුක නැති වී යන මාර්ගය දන්නවා.

ඒ චේතෝ විමුක්තියත්, ප්‍රඥා විමුක්තියත් හොඳ හැටි දන්න ඔවුන් තමයි මේ ජාති ජරා දුක් නැති කරලා දමන්න නියම සුදුස්සෝ වෙන්නේ."

මේ අර්ථය වදාරණ ලද්දේ භාග්‍යවතුන් වහන්සේ විසින්මයි. මේ විදිහට මා හට අසන්නට ලැබුනා.

සාදු! සාදු!! සාදු!!!

4.1.5.
සීලසම්පන්න සූත්‍රය
සීල සම්පන්න භික්ෂුව ගැන වදාළ දෙසුම

භාග්‍යවතුන් වහන්සේ තමයි මේ කාරණය වදාළේ. අරහත් මුනිඳාණන්මයි මෙය වදාළේ. මේ විදිහටයි මට අසන්නට ලැබුනේ.

"පින්වත් මහණෙනි, භික්ෂුවක් ඉන්නවා සීල සම්පන්නයි. සමාධි සම්පන්නයි. ප්‍රඥා සම්පන්නයි. විමුක්ති සම්පන්නයි. විමුක්ති ඤාණදර්ශනයෙනුත් යුක්තයි. දහමින් අවවාද කරනවා. සදහම් කියා දෙන්න දක්ෂයි. සදහම් පෙන්වා දෙන කෙනෙක්. සමාදන් කරවන කෙනෙක්. සදහම් ගැන උනන්දු ඇති කරවන කෙනෙක්. එහි සතුට ඇති කර දෙන කෙනෙක්. සද්ධර්මය ඉතා හොඳින් දේශනා කිරීමටත් පුළුවනි.

පින්වත් මහණෙනි, ඒ වගේ භික්ෂූන්ගේ දැකීම පවා ගොඩාක් වටිනවා කියලයි මම කියන්නේ. පින්වත් මහණෙනි, ඒ වගේ භික්ෂූන්ට සවන් දීමත් ගොඩාක් වටිනවා කියලයි මම කියන්නේ. පින්වත් මහණෙනි, ඒ වගේ භික්ෂූන් ළඟට යන එක පවා ගොඩාක් වටිනවා කියලයි මම කියන්නේ. පින්වත් මහණෙනි, ඒ වගේ භික්ෂූන් ඇසුරු කරන එක පවා ගොඩාක් වටිනවා කියලයි මම කියන්නේ. පින්වත් මහණෙනි, ඒ වගේ භික්ෂූන් ළඟ පැවිදි වෙනවා නම් ඒකත් ගොඩාක් වටින දෙයක් කියලයි මම කියන්නේ.

ඒකට හේතුව මොකක්ද?

පින්වත් මහණෙනි, ඒ වගේ භික්ෂුවක්ව සේවනය කරන කොට, භජනය කරන කොට, ආශ්‍රය කරන කොට තමන්ගේ සම්පූර්ණ නොවෙච්ච යම් සීල ස්කන්ධයක් තියෙනවා නම්, ඒක වැඩීමෙන් සම්පූර්ණ බවට පත්වෙනවා. සම්පූර්ණ නොවී තිබුණු සමාධි ස්කන්ධයක් තියෙනවා නම් ඒක වැඩීමෙන් සම්පූර්ණ වෙනවා. සම්පූර්ණ නොවී තිබුණු ප්‍රඥා ස්කන්ධයක් තියෙනවා නම්, ඒක වැඩීමෙන් සම්පූර්ණ වෙනවා. සම්පූර්ණ නොවී තිබුණු විමුක්ති ස්කන්ධයක් තියෙනවා නම්, ඒක වැඩීමෙන් සම්පූර්ණ වෙනවා. සම්පූර්ණ නොවී තිබුණු විමුක්ති ඤාණදර්ශන ස්කන්ධයක් තියෙනවා නම්, ඒක වැඩීමෙන් සම්පූර්ණ වෙනවා.

පින්වත් මහණෙනි, ඔය වගේ භික්ෂුවකට 'ශාස්තෘ' කියලා කියනවා.

(සසරෙන් එතෙර කරවන නිසා) 'සත්ථවාහ' කියලත් කියනවා. (කෙලෙස් යුද්ධය දිනවලා දෙන නිසා) 'රණඤ්ජහ' කියලත් කියනවා. (අඳුර නසා දමන නිසා) 'තමෝනුද' කියලත් කියනවා. (ප්‍රඥාලෝකය ඇති කරන නිසා) 'අලෝකකර' කියලත් කියනවා. (ආලෝකයෙන් ප්‍රභාමත් කරන නිසා) 'ඕභාසකර' කියලත් කියනවා. (නුවණ නමැති පහන දල්වා දෙන නිසා) 'පජ්ජෝතකර' කියලත් කියනවා. (ප්‍රඥාව නමැති පහන් එළිය දරාගෙන සිටින නිසා) 'උක්කාධාර' කියලත් කියනවා. (ප්‍රඥා ප්‍රභාව ඇති කරන නිසා) 'පභංකර' කියලත් කියනවා. (සදහම් ඇස් ඇති නිසා) 'චක්ඛුමන්ත' කියලත් කියනවා."

මේ අර්ථය භාග්‍යවතුන් වහන්සේ වදාළ සේක. එය මේ අයුරිනුත් පවසන්න පුළුවනි.

"වඩන ලද සිත් ඇති, ධර්මය තුළ ජීවත් වන ආර්යයන් වහන්සේලාගේ දැකීම පවා කරුණු දන්න නැණවතුන්ට සතුටු වෙන්න කාරණාවකි.

ප්‍රඥා ප්‍රභාව ඇති කරවන උන්වහන්සේලා සද්ධර්මය කියා දීමෙන් සසුන බබලුවනවා. උන්වහන්සේලා සදහම් ඇස් ලබාගෙන කෙලෙස් යුද්ධය දිනවලා ආලෝකය උදා කර දෙනවා.

නුවණැති උදවිය බුදු සසුන ගැන අසා දැනගෙන, ප්‍රඥාව දියුණු කරගෙන උපතෙහි අවසානය වන අරහත්වය අවබෝධ කරගෙන, පුනර්භවයට පැමිණෙන්නේ නෑ."

මේ අර්ථය වදාරණ ලද්දේ භාග්‍යවතුන් වහන්සේ විසින්මයි. මේ විදිහට මා හට අසන්නට ලැබුනා.

සාදු! සාදු!! සාදු!!!

4.1.6.
තණ්හුප්පාද සූත්‍රය
තණ්හාව ඉපදීම ගැන වදාළ දෙසුම

භාග්‍යවතුන් වහන්සේ තමයි මේ කාරණය වදාළේ. අරහත් මුනිඳාණන්මයි මෙය වදාළේ. මේ විදිහටයි මට අසන්නට ලැබුනේ.

"පින්වත් මහණෙනි, තණ්හාව උපදින දේවල් හතරක් තියෙනවා. ඒවා ගැන තමයි භික්ෂුවට තණ්හාව උපදිනවා නම් උපදින්නේ.

පින්වත් මහණෙනි, සිවුරු නිසා තමයි භික්ෂුවකගේ තණ්හාව උපදිනවා නම් උපදින්නේ. පින්වත් මහණෙනි, පිණ්ඩපාතය නිසා තමයි භික්ෂුවකගේ තණ්හාව උපදිනවා නම් උපදින්නේ. පින්වත් මහණෙනි, සේනාසන (අවාස ගෙවල්) නිසා තමයි භික්ෂුවකගේ තණ්හාව උපදිනවා නම් උපදින්නේ. පින්වත් මහණෙනි, මේ විදිහට නොයෙක් රසවත් රසවත් දේවල් සොයන කොට තමයි ඒ හේතුවෙන් භික්ෂුවකගේ තණ්හාව උපදිනවා නම් උපදින්නේ.

පින්වත් මහණෙනි, මේ තමයි භික්ෂුවකට තණ්හාව උපදිනවා නම් උපදින දේවල් හතර."

මේ අර්ථය භාග්‍යවතුන් වහන්සේ වදාළ සේක. එය මේ අයුරිනුත් පවසන්න පුළුවනි.

"සංසාරයේ බොහෝ කාලයක ඉඳලා මේ තණ්හාවම තමයි පුරුෂයාගේ දෙවැන්නා වුනේ. ඒ නිසාම තමයි මේ ජීවිතයත්, පරලොව ජීවිතයත් කියන මේ සසර ඉක්මවා ගන්න බැරිව ඉන්නේ.

තණ්හාව තමයි දුක හටගන්න හේතු වෙන්නෙ කියලා මේ තණ්හාවේ ආදීනව දකින කෙනා තණ්හා රහිත වෙනවා. උපාදාන නැති ඒ සතිමත් භික්ෂුව මේ සසර අත්හැරලා දානවා."

මේ අර්ථය වදාරණ ලද්දේ භාග්‍යවතුන් වහන්සේ විසින්මයි. මේ විදිහට මා හට අසන්නට ලැබුනා.

සාදු! සාදු!! සාදු!!!

4.1.7.
සබ්‍රහ්මක සූත්‍රය
බ්‍රහ්මයා සහිත වීම ගැන වදාළ දෙසුම

භාග්‍යවතුන් වහන්සේ තමයි මේ කාරණය වදාළේ. අරහත් මුනිඳාණන්මයි මෙය වදාළේ. මේ විදිහටයි මට අසන්නට ලැබුනේ.

"පින්වත් මහණෙනි, සමහර දරුවන් ඉන්නවා. ඔවුන් තමන්ගේ ගෙදර ඉන්න මව්පියන්ව හොඳින් පුදනවා. ඉතින් අන්න ඒ වගේ ගෙවල් තමයි බ්‍රහ්මයා සහිත තැන් වෙන්නේ. පින්වත් මහණෙනි, සමහර දරුවො තමන්ගේ ගෙවල්වල

ඉන්න මව්පියන්ව හොඳට පුදනවා. ඉතින් අන්න ඒ වගේ ගෙවල්වල තමයි පූර්ව දේවතාවන් සහිත තැන් වෙන්නේ. පින්වත් මහණෙනි, සමහර දරුවෝ තමන්ගේ ගෙවල්වල ඉන්න මව්පියන්ව හොඳින් පුදනවා. ඉතින් අන්න ඒ වගේ ගෙවල්වල තමයි පූර්ව ආචාර්යවරු සහිත තැන් වෙන්නේ. පින්වත් මහණෙනි, සමහර දරුවෝ ඉන්නවා තමන්ගේ ගෙවල්වල ඉන්න මව්පියන්ව හොඳින් පුදනවා. ඉතින් අන්න ඒ වගේ ගෙවල්වල තමයි නොයෙක් පිදුම් ලබන්න සුදුසු අය ඉන්න තැනි වෙන්නේ.

පින්වත් මහණෙනි, 'බ්‍රහ්ම' කියලා කියන්නේ මේ මව්පියන්ට කියන තවත් නමක්. පින්වත් මහණෙනි, 'පූර්ව දෙවියන්' කියලා කියන්නේ මේ මව්පියන්ට කියන තවත් නමක්. පින්වත් මහණෙනි, 'පූර්ව ආචාර්ය' කියලා කියන්නේ මේ මව්පියන්ට කියන තවත් නමක්. පින්වත් මහණෙනි, **(පිදුම් ලබන්න සුදුසු)** 'ආහුණෙය්‍ය' කියලා කියන්නේ මේ මව්පියන්ට කියන තවත් නමක්.

ඒකට හේතුව කුමක්ද?

පින්වත් මහණෙනි, මේ මව්පියවරු තමයි දරුවන්ට ගොඩාක් උපකාර කරන්නේ. රැකබලා ගන්නේ. අත පය වඩලා පෝෂණය කරන්නේ. මේ ලෝකය ගැන පෙන්වලා දෙන්නේ."

මේ අර්ථය භාග්‍යවතුන් වහන්සේ වදාළ සේක. එය මේ අයුරිනුත් පවසන්න පුළුවනි.

"මව්පියන්ට තමයි 'බ්‍රහ්ම' කියන්නෙත්. 'පූර්ව ආචාර්ය' කියලා කියන්නෙත්. දරු පරපුරට අනුකම්පා කරන ඒ මව්පියෝ දරුවන්ගේ පුද පූජාවන්ටත් සුදුසුයි.

ඒ නිසා ඤාණවන්ත කෙනා ඒ මව්පියන්ට නමස්කාර කරනවා. සත්කාර කරනවා. ආහාර පාන දෙනවා. වස්ත්‍ර, සයන ආදියත් දෙනවා. නහවා පිරිසිදු කරනවා. පා දෝවනය කරනවා. මේ විදිහට සත්කාර කරනවා.

ඒ විදිහට මව්පියන්ට උපස්ථාන කරන ඤාණවන්ත කෙනා මේ ජීවිතයේදීමත් ගොඩාක් ප්‍රශංසා ලබනවා. මරණින් මත්තෙත් දෙව්ලොව ගිහිල්ලා සතුටු වෙනවා."

මේ අර්ථය වදාරණ ලද්දේ භාග්‍යවතුන් වහන්සේ විසින්මයි. මේ විදිහට මා හට අසන්නට ලැබුනා.

සාදු! සාදු!! සාදු!!!

4.1.8.
බහුකාර සූත්‍රය
බොහෝ උපකාර ඇති බව ගැන වදාළ දෙසුම

භාග්‍යවතුන් වහන්සේ තමයි මේ කාරණය වදාළේ. අරහත් මුනිඳාණන්මයි මෙය වදාළේ. මේ විදිහටයි මට අසන්නට ලැබුනේ.

"පින්වත් මහණෙනි, ඔබට සිවුරු, පිණ්ඩපාත, සේනාසන, බෙහෙත් ගිලන්පස ආදියෙන් උපස්ථාන කරන බ්‍රාහ්මණ ගෘශපතිවරු ඉන්නවා. ඔවුන් ඔබට බොහොම උපකාරයි. පින්වත් මහණෙනි, ඒ නිසා ඔබත් ඔබට ඒ බොහෝ උපකාර කරන බ්‍රාහ්මණ ගෘහපතිවරුන්ට මේ ආරම්භය කල්‍යාණ වූ, මැද කල්‍යාණ වූ, අවසානය- කල්‍යාණ වූ, අර්ථ සහිත වූ, නිවැරදි වචන ගැළපීම් සහිත, සම්පූර්ණයෙන්ම පිරිපුන් වූ, පිරිසිදු නිවන් මග දේශනා කරන්න. පින්වත් මහණෙනි, ඔය විදිහට මේ එකිනෙකාගේ උදව් නිසා තමයි මේ ඉතා මැනවින් දුක් කෙළවර කිරීම පිණිස, සසර සැඩ පහර තරණය කිරීම පිණිස මේ බ්‍රහ්මචාරී ජීවිතය ගත කරන්නේ."

මේ අර්ථය භාග්‍යවතුන් වහන්සේ වදාළ සේක. එය මේ අයුරිනුත් පවසන්න පුළුවනි.

"ගිහි පැවිදි කියන මේ දෙපිරිස නිසාම තමයි මේ සද්ධර්මයේ නිෂ්ටාවට එන්නත්, උතුම් වූ අරහත්වයට පත් වෙන්නත් පුළුවන් වෙන්නේ.

අනගාරික වූ පැවිදි පිරිස, ගිහි අය පුද කරන සිවුරු, සෙනසුන් ආදී ප්‍රත්‍ය පිළිගෙන අපහසුකම් නැති කරගන්නවා.

නිවන් මගේ වැඩි ඒ සුගත වූ, ආර්ය ප්‍රඥාවෙන් ධ්‍යාන වඩන ඒ රහතන් වහන්සේලා නිසා ගිහි ගෙයි ජීවත් වෙන අය,

සුගතියට යන මේ දහම් මගේ හැසිරෙනවා. බොහෝ සැප සම්පත් කැමති විදිහට ලබලා, දෙව්ලොවදී සතුටින් සතුටට පත්වෙනවා."

මේ අර්ථය වදාරණ ලද්දේ භාග්‍යවතුන් වහන්සේ විසින්මයි. මේ විදිහට මා හට අසන්නට ලැබුනා.

සාදු! සාදු!! සාදු!!!

4.1.9.

කුහ සූත්‍රය

කුහකකම ගැන වදාළ දෙසුම

භාග්‍යවතුන් වහන්සේ තමයි මේ කාරණය වදාළේ. අරහත් මුනිඳාණන්මයි මෙය වදාළේ. මේ විදිහටයි මට අසන්නට ලැබුනේ.

"පින්වත් මහණෙනි, සමහර භික්ෂූන් ඉන්නවා. ඔවුන් කුහකයි. (වංචාකාරියි) මුරණ්ඩුයි. (නොයෙක් දේ ලබාගන්න) චාටු බස් දොඩනවා. නගා ගත්තු මාන්නය නමැති අං තියෙනවා. සංසුන් වූ සිත් නෑ. පින්වත් මහණෙනි, ඒ වගේ භික්ෂූන් මට අයිති නෑ. පින්වත් මහණෙනි, ඒ භික්ෂූන් මේ ධර්ම විනයෙන් අහකට විසිවෙච්ච අය. පින්වත් මහණෙනි, ඒ වගේ භික්ෂූන් මේ ධර්ම විනයේ වැඩීමකට, අභිවෘද්ධියකට, විපුලබවකට පත්වෙන්නේ නෑ.

පින්වත් මහණෙනි, එහෙත් සමහර භික්ෂූන් ඉන්නවා, ඔවුන් කුහක නෑ. චාටු බස් දොඩවන්නෙ නෑ. ප්‍රඥාවන්තයි. මුරණ්ඩු නෑ. හොඳට සංසුන් වූ සිතින් තමයි ඉන්නේ. පින්වත් මහණෙනි, ඒ භික්ෂූන් තමයි මට අයිති. පින්වත් මහණෙනි, ඒ භික්ෂූන් මේ ධර්ම විනයෙන් වෙන් වෙලා නෑ. පින්වත් මහණෙනි, ඒ වගේ භික්ෂූන් තමයි මේ ධර්ම විනයේ වැඩීමකට, අභිවෘද්ධියකට, විපුලබවකට පත්වෙන්නේ."

මේ අර්ථය භාග්‍යවතුන් වහන්සේ වදාළ සේක. එය මේ අයුරිනුත් පවසන්න පුළුවනි.

"ඔවුන් කුහකයි. මුරණ්ඩුයි. චාටු බස් දොඩවනවා. මාන්නය නමැති අං ඔසවාගෙනයි ඉන්නේ. සංසුන් වෙච්ච සිතකුත් නෑ. ඔවුන් සම්මා සම්බුදු රජුන් දෙසූ මේ ධර්මයේ වැඩීමකට පත්වෙන්නේ නෑ.

ඇතැම් භික්ෂූන් කුහක නෑ. චාටු බස් දොඩවන්නේ නෑ. ප්‍රඥා සම්පන්නයි. මුරණ්ඩු නෑ. සංසුන් සිතින් තමයි ඉන්නේ. සම්මා සම්බුදු රජුන් විසින් වදාළ මේ ධර්මයේ වැඩීමකට පත්වෙන්නෙ අන්න ඔවුන් තමයි."

මේ අර්ථය වදාරණ ලද්දේ භාග්‍යවතුන් වහන්සේ විසින්මයි. මේ විදිහට මා හට අසන්නට ලැබුනා.

සාදු! සාදු!! සාදු!!!

4.1.10.
පුරුෂ පියරූප සූත්‍රය
පුරුෂයාගේ ප්‍රිය ස්වභාවය ගැන වදාළ දෙසුම

භාග්‍යවතුන් වහන්සේ තමයි මේ කාරණය වදාළේ. අරහත් මුනිඳාණන්මයි මෙය වදාළේ. මේ විදිහටයි මට අසන්නට ලැබුනේ.

"පින්වත් මහණෙනි, මෙන්න මේ වගේ දෙයක් වෙනවා කියලා හිතන්න. පුරුෂයෙක් ඉන්නවා. ඔහු ප්‍රිය ස්වභාවයේ දේවල් නිසා, හිතේ සතුට ඇතිවෙන විදිහේ දේවල් නිසා ගඟක සැඩ පහරක් දිගේ පහළට පා වෙවී යනවා. එතැන ගං ඉවුරේ ඉඳලා මේක දකිනවා තව ඇස් ඇති පුරුෂයෙක්. දැකලා මෙහෙම කියනවා. 'ඈ... පින්වත් පුරුෂය! ඔබ ඔය ප්‍රිය ස්වභාවයක් නිසා හරි, සතුට ඇති වෙන විදිහේ ස්වභාවයක් නිසා හරි ඔය ගඟේ වතුර පාර දිගේ පහළට යනවානේ. ඒත් ඔය ගඟේ පහළ තියෙනවා ලොකු විලක්. ඒකෙ රළ පහර තියෙනවා. දියසුළි තියෙනවා. ගොඩාක් කිඹුල්ලු ඉන්නවා. රකුසොත් ඉන්නවා. 'ඒයි පුරුෂය, නුඹ ඒ විලට ගියොත් මරණයට හරි පත්වේවි. එහෙම නැත්නම් මාරාන්තික දුකකට හරි පත්වේවි' කියලා. පින්වත් මහණෙනි, එතකොට ඒ පුරුෂයා අර පුරුෂයා කියන දේ අහනවා. අහලා අත්වලින් හරි, පාවලින් හරි උත්සාහ කරලා ගඟේ උඩ පැත්තට එනවා.

පින්වත් මහණෙනි, මම ඔය උපමාව කළේ අර්ථය පෙන්නලා දෙන්න. මේක තමයි ඒකෙ අර්ථය.

පින්වත් මහණෙනි, ගඟේ 'සැඩ පහර' කියලා කියන්නේ මේ තණ්හාවට කියන නමක්. පින්වත් මහණෙනි, ප්‍රිය ස්වභාවය, සැප ස්වභාවය කියලා කියන්නේ මේ තමා තුළ තියෙන **(ඇස, කන ආදී)** ආයතනයන් හයට කියන නමක්. පින්වත් මහණෙනි, පහළ තියෙන විල කියලා කියන්නේ ඕරම්භාගීය සංයෝජන පහට කියන නමක්. පින්වත් මහණෙනි, රැල්ල ගහනවා කියන්නේ මේ ක්‍රෝධයටත්, උපායාසයටත් කියන නමක්. පින්වත් මහණෙනි, දිය සුළිය කියලා කියන්නේ මේ පංච කාම ගුණයන්ට කියන නමක්. පින්වත් මහණෙනි, කිඹුල්ලු, රකුසො කියලා කියන්නේ මේ කාන්තාවට කියන නමක්. පින්වත් මහණෙනි, සැඩ පහර කපාගෙන එනවා කියල කියන්නේ මේ පංච කාමයන්ගෙන් නික්මීමට කියන නමක්. පින්වත් මහණෙනි, අත් පාවලින් උත්සාහ කරනවා කියලා කියන්නේ කෙලෙස් නැති කරලා දමන වීරියට කියන නමක්. පින්වත්

මහණෙනි, ඉවුරෙ ඉන්න ඇස් ඇති පුරුෂයා කියලා කියන්නේ අරහත්, සම්මා සම්බුදු වූ තථාගතයන් වහන්සේට කියන නමක්.”

මේ අර්ථය භාග්‍යවතුන් වහන්සේ වදාළ සේක. එය මේ අයුරිනුත් පවසන්න පුළුවනි.

“මතුවට උතුම් අරහත්වය පතන කෙනා අමාරුවෙන් වුනත් මේ කාමයන් අත්හරින්න ඕන. ඉතා හොඳ නුවණින් යුක්ත, කෙලෙසුන්ගෙන් මිදුනු සිත් ඇති ඔහු ඒ ඒ තැනදී අමා නිවනම ස්පර්ශ කරනවා. සදහම් දැනුමෙන් පරතෙරට ගිය, නිවන් මග සම්පූර්ණ කරපු ඔහුට තමයි ලෝකයේ පරතෙරට ගියා, සසරෙන් එතෙරට ගියා කියලා කියන්නේ.”

මේ අර්ථය වදාරණ ලද්දේ භාග්‍යවතුන් වහන්සේ විසින්මයි. මේ විදිහට මා හට අසන්නට ලැබුනා.

සාදු! සාදු!! සාදු!!!

4.1.11.
චර සූත්‍රය
එහා මෙහා ඇවිදීම ගැන වදාළ දෙසුම

භාග්‍යවතුන් වහන්සේ තමයි මේ කාරණය වදාළේ. අරහත් මුනිඳාණන්මයි මෙය වදාළේ. මේ විදිහටයි මට අසන්නට ලැබුනේ.

“පින්වත් මහණෙනි, ඇවිදිමින් සිටින භික්ෂුවට කාම විතර්කයක් හෝ ව්‍යාපාද විතර්කයක් හෝ විහිංසා විතර්කයක් හෝ හටගන්න පුළුවනි. එතකොට පින්වත් මහණෙනි, ඒ භික්ෂුව ඒක ඉවසනවා නම්, දුරු කරන්නෙ නැත්නම්, බැහැර කරන්නෙ නැත්නම්, අභාවයට පත් කරවන්නෙත් නැත්නම්, පින්වත් මහණෙනි, ඇවිදිමින් සිටින මෙවැනි භික්ෂුව තමයි කෙලෙස් තවන වීරියක් නැති, පවට භයක් නැති, හැම තිස්සේම කුසීත වූ, හීන වීරියෙන් යුතු වූ කෙනා කියලා කියන්නේ.

පින්වත් මහණෙනි, සිටගෙන සිටින භික්ෂුවට කාම විතර්කයක් හෝ ව්‍යාපාද විතර්කයක් හෝ විහිංසා විතර්කයක් හෝ හටගන්න පුළුවනි. එතකොට පින්වත් මහණෙනි, ඒ භික්ෂුව ඒක ඉවසනවා නම්, දුරු කරන්නෙ නැත්නම්, බැහැර කරන්නෙ නැත්නම්, අභාවයට පත් කරවන්නෙත් නැත්නම්, පින්වත්

මහණෙනි, සිටගෙන සිටින මෙවැනි භික්ෂුව තමයි කෙලෙස් තවන වීරියක් නැති, පවට භයක් නැති, හැම තිස්සේම කුසීත වූ, හීන වීරියෙන් යුතු වූ කෙනා කියලා කියන්නේ.

පින්වත් මහණෙනි, වාඩි වී සිටින භික්ෂුවට කාම විතර්කයක් හෝ ව්‍යාපාද විතර්කයක් හෝ විහිංසා විතර්කයක් හෝ හටගන්න පුළුවනි. එතකොට පින්වත් මහණෙනි, ඒ භික්ෂුව ඒක ඉවසනවා නම්, දුරු කරන්නෙ නැත්නම්, බැහැර කරන්නෙ නැත්නම්, අභාවයට පත් කරවන්නෙත් නැත්නම්, පින්වත් මහණෙනි, වාඩි වී සිටින මෙවැනි භික්ෂුව තමයි කෙලෙස් තවන වීරියක් නැති, පවට භයක් නැති, හැම තිස්සේම කුසීත වූ, හීන වීරියෙන් යුතු වූ කෙනා කියලා කියන්නේ.

පින්වත් මහණෙනි, සැතැපී සිටින භික්ෂුවට කාම විතර්කයක් හෝ ව්‍යාපාද විතර්කයක් හෝ විහිංසා විතර්කයක් හෝ හටගන්න පුළුවනි. එතකොට පින්වත් මහණෙනි, ඒ භික්ෂුව ඒක ඉවසනවා නම්, දුරු කරන්නෙ නැත්නම්, බැහැර කරන්නෙ නැත්නම්, අභාවයට පත් කරවන්නෙත් නැත්නම්, පින්වත් මහණෙනි, සැතැපී සිටින මෙවැනි භික්ෂුව තමයි කෙලෙස් තවන වීරියක් නැති, පවට භයක් නැති, හැම තිස්සේම කුසීත වූ, හීන වීරියෙන් යුතු වූ කෙනා කියලා කියන්නේ.

පින්වත් මහණෙනි, ඇවිදිමින් සිටින භික්ෂුවට කාම විතර්කයක් හෝ ව්‍යාපාද විතර්කයක් හෝ විහිංසා විතර්කයක් හෝ හටගන්න පුළුවනි. එතකොට පින්වත් මහණෙනි, ඒ භික්ෂුව ඒක ඉවසන්නෙ නෑ. දුරු කර දමනවා. බැහැර කර දමනවා. අභාවයට පත් කරලා දානවා. පින්වත් මහණෙනි, ඇවිදිමින් සිටින මෙවැනි භික්ෂුව තමයි කෙලෙස් තවන වීරියක් ඇති, පවට භයක් ඇති, හැම තිස්සේම පටන් ගත්තු වීරිය ඇති, නිවන කරා මෙහෙය වූ සිත් ඇති කෙනා කියලා කියන්නේ.

පින්වත් මහණෙනි, සිටගෙන සිටින භික්ෂුවට කාම විතර්කයක් හෝ ව්‍යාපාද විතර්කයක් හෝ විහිංසා විතර්කයක් හෝ හටගන්න පුළුවනි. එතකොට පින්වත් මහණෙනි, ඒ භික්ෂුව ඒක ඉවසන්නෙ නෑ. දුරු කර දමනවා. බැහැර කර දමනවා. අභාවයට පත් කරලා දානවා. පින්වත් මහණෙනි, සිටගෙන සිටින මෙවැනි භික්ෂුව තමයි කෙලෙස් තවන වීරියක් ඇති, පවට භයක් ඇති, හැම තිස්සේම පටන් ගත්තු වීරිය ඇති, නිවන කරා මෙහෙය වූ සිත් ඇති කෙනා කියලා කියන්නේ.

පින්වත් මහණෙනි, වාඩි වී සිටින භික්ෂුවට කාම විතර්කයක් හෝ

ව්‍යාපාද විතර්කයක් හෝ විහිංසා විතර්කයක් හෝ හටගන්න පුළුවනි. එතකොට පින්වත් මහණෙනි, ඒ භික්ෂුව ඒක ඉවසන්නෙ නෑ. දුරු කර දමනවා. බැහැර කර දමනවා. අභාවයට පත් කරලා දානවා. පින්වත් මහණෙනි, වාඩි වී සිටින මෙවැනි භික්ෂුව තමයි කෙලෙස් තවන වීරියක් ඇති, පවට භයක් ඇති, හැම තිස්සේම පටන් ගත්තු වීරිය ඇති, නිවන කරා මෙහෙය වූ සිත් ඇති කෙනා කියලා කියන්නේ.

පින්වත් මහණෙනි, සැතැපී සිටින භික්ෂුවට කාම විතර්කයක් හෝ ව්‍යාපාද විතර්කයක් හෝ විහිංසා විතර්කයක් හෝ හටගන්න පුළුවනි. එතකොට පින්වත් මහණෙනි, ඒ භික්ෂුව ඒක ඉවසන්නෙ නෑ. දුරු කර දමනවා. බැහැර කර දමනවා. අභාවයට පත් කරලා දානවා. පින්වත් මහණෙනි, සැතැපී සිටින මෙවැනි භික්ෂුව තමයි කෙලෙස් තවන වීරියක් ඇති, පවට භයක් ඇති, හැම තිස්සේම පටන් ගත්තු වීරිය ඇති, නිවන කරා මෙහෙය වූ සිත් ඇති කෙනා කියලා කියන්නේ."

මේ අර්ථය භාග්‍යවතුන් වහන්සේ වදාළ සේක. එය මේ අයුරිනුත් පවසන්න පුළුවනි.

"ඇවිදින කොටත්, සිට ගෙන ඉන්න කොටත්, වාඩි වී ඉන්න කොටත්, සැතැපෙන කොටත් යම් භික්ෂුවක් පංච කාමයට සම්බන්ධ පාපී විතර්කයන් සිත සිතා ඉන්නවා නම්,

ඔහුට මග වැරදිලා. නොමඟ ගිහිල්ලයි ඉන්නේ. මෝහයෙන් මුලා වෙලයි ඉන්නේ. එබඳු භික්ෂුවක් උතුම් වූ අරහත්වය ලබාගන්න සුදුස්සෙක් නම් නොවෙයි.

යම් භික්ෂුවක් ඇවිදින කොටත්, සිටගෙන ඉන්න කොටත්, වාඩි වී සිටින කොටත්, සැතැපී සිටිද්දිත් පාපී විතර්කයන් සංසිඳවලා, ඒ විතර්ක සංසිඳුවා ගත් සිතින් ඒ සංසිඳීමට ඇලී වසනවා නම්, එබඳු භික්ෂුව උතුම් වූ අරහත්වය ලබාගන්න සුදුසු කෙනෙක්."

මේ අර්ථය වදාරණ ලද්දේ භාග්‍යවතුන් වහන්සේ විසින්මයි. මේ විදිහට මා හට අසන්නට ලැබුනා.

සාදු! සාදු!! සාදු!!!

4.1.12.
සම්පන්න සීල සූත්‍රය
සීල සම්පන්න වීම ගැන වදාළ දෙසුම

භාග්‍යවතුන් වහන්සේ තමයි මේ කාරණය වදාළේ. අරහත් මුනිඳාණන්මයි මෙය වදාළේ. මේ විදිහටයි මට අසන්නට ලැබුනේ.

"පින්වත් මහණෙනි, සීල සම්පන්නව වාසය කරන්න. ප්‍රාතිමෝක්ෂ සංවරයෙනුත් සම්පන්න වෙන්න. ප්‍රාතිමෝක්ෂ සංවරයෙන් සංවර වෙලා, යහපත් ගති පැවැතුමෙන් යුක්තව ඉන්න. ඉතාම පුංචි වරදක පවා භය දකිමින් ශික්ෂාපදවල සමාදන් වෙලා හික්මෙන්න.

පින්වත් මහණෙනි. සීල සම්පන්නව, ප්‍රාතිමෝක්ෂ සම්පන්නව, ප්‍රාතිමෝක්ෂ සංවරයෙන් සංවර වෙලා, යහපත් ගති පැවැතුමෙන් යුක්තව සිටින, ඉතාම පුංචි වරදක පවා භය දකිමින්, ශික්ෂාපදවල සමාදන් වෙලා හික්මෙන ඒ භික්ෂුව තවදුරටත් කළ යුත්තේ කුමක්ද?

පින්වත් මහණෙනි, ඇවිදිමින් ඉන්න ඒ භික්ෂුවගේ කාමච්ඡන්දය ප්‍රහීණ වෙලා නම්, තරහ ප්‍රහීණ වෙලා නම්, අලසකමත්, නිදිමතත් ප්‍රහීණ වෙලා නම්, සිතේ නොසන්සුන්කමත්, පසුතැවීමත් ප්‍රහීණ වෙලා නම්, කුසල් දහම් ගැන සැකයත් ප්‍රහීණ වෙලා නම්, වීරියත් හොඳට පවතිනවා. සිතත් කැළඹිලා නෑ. සිහියත් හොඳට පිහිටලා. සිහිය මුලාවෙලත් නෑ. කයත් සංසිඳිලා ශාන්ත වෙලා. සංසුන් සිතත් එකඟයි. පින්වත් මහණෙනි, ඇවිදිමින් සිටින මේ වගේ භික්ෂුව කෙලෙස් තවා දමන වීරියෙන් යුක්තයි. පවට භය සහිතයි. හැම වෙලාවෙම පටන් ගත්තු වීරිය තියෙන ඒ අමා නිවන වෙතටම සිත හොඳින් පිහිටුවාගත්තු කෙනෙක් කියලයි කියන්නේ.

පින්වත් මහණෙනි, සිටගෙන ඉන්න ඒ භික්ෂුවගේ කාමච්ඡන්දය ප්‍රහීණ වෙලා නම්, තරහ ප්‍රහීණ වෙලා නම්, අලසකමත්, නිදිමතත් ප්‍රහීණ වෙලා නම්, සිතේ නොසන්සුන්කමත්, පසුතැවීමත් ප්‍රහීණ වෙලා නම්, කුසල් දහම් ගැන සැකයත් ප්‍රහීණ වෙලා නම්, වීරියත් හොඳට පවතිනවා. සිතත් කැළඹිලා නෑ. සිහියත් හොඳට පිහිටලා. සිහිය මුලාවෙලත් නෑ. කයත් සංසිඳිලා ශාන්ත වෙලා. සංසුන් සිතත් එකඟයි. පින්වත් මහණෙනි, සිටගෙන සිටින මේ වගේ භික්ෂුව කෙලෙස් තවා දමන වීරියෙන් යුක්තයි. පවට භය සහිතයි. හැම වෙලාවෙම

පටන් ගත්තු වීරිය තියෙන ඒ අමා නිවන වෙතටම සිත හොඳින් පිහිටුවාගත්තු කෙනෙක් කියලයි කියන්නේ.

පින්වත් මහණෙනි, වාඩි වී ඉන්න ඒ භික්ෂුවගේ කාමච්ඡන්දය ප්‍රහීණ වෙලා නම්, තරහ ප්‍රහීණ වෙලා නම්, අලසකමත්, නිදිමතත් ප්‍රහීණ වෙලා නම්, සිතේ නොසන්සුන්කමත්, පසුතැවීමත් ප්‍රහීණ වෙලා නම්, කුසල් දහම් ගැන සැකයත් ප්‍රහීණ වෙලා නම්, වීරියත් හොඳට පවතිනවා. සිතත් කැළඹිලා නෑ. සිහියත් හොඳට පිහිටලා. සිහිය මුලාවෙලත් නෑ. කයත් සංසිඳිලා ශාන්ත වෙලා. සංසුන් සිතත් එකඟයි. පින්වත් මහණෙනි, වාඩි වී සිටින මේ වගේ භික්ෂුව කෙලෙස් තවා දමන වීරියෙන් යුක්තයි. පවට භය සහිතයි. හැම වෙලාවෙම පටන් ගත්තු වීරිය තියෙන ඒ අමා නිවන වෙතටම සිත හොඳින් පිහිටුවාගත්තු කෙනෙක් කියලයි කියන්නේ.

පින්වත් මහණෙනි, සැතැපී ඉන්න ඒ භික්ෂුවගේ කාමච්ඡන්දය ප්‍රහීණ වෙලා නම්, තරහ ප්‍රහීණ වෙලා නම්, අලසකමත්, නිදිමතත් ප්‍රහීණ වෙලා නම්, සිතේ නොසන්සුන්කමත්, පසුතැවීමත් ප්‍රහීණ වෙලා නම්, කුසල් දහම් ගැන සැකයත් ප්‍රහීණ වෙලා නම්, වීරියත් හොඳට පවතිනවා. සිතත් කැළඹිලා නෑ. සිහියත් හොඳට පිහිටලා. සිහිය මුලාවෙලත් නෑ. කයත් සංසිඳිලා ශාන්ත වෙලා. සංසුන් සිතත් එකඟයි. පින්වත් මහණෙනි, සැතැපී සිටින මේ වගේ භික්ෂුව කෙලෙස් තවා දමන වීරියෙන් යුක්තයි. පවට භය සහිතයි. හැම වෙලාවෙම පටන් ගත්තු වීරිය තියෙන ඒ අමා නිවන වෙතටම සිත හොඳින් පිහිටුවාගත්තු කෙනෙක් කියලයි කියන්නේ."

මේ අර්ථය භාග්‍යවතුන් වහන්සේ වදාළ සේක. එය මේ අයුරිනුත් පවසන්න පුළුවනි.

"භික්ෂුව කෙලෙස් තවන වීරියෙන්මයි ඇවිද යන්නේ. කෙලෙස් තවන වීරියෙන්මයි සිටගෙන ඉන්නේ. කෙලෙස් තවන වීරියෙන්මයි වාඩි වී ඉන්නේ. කෙලෙස් තවන වීරියෙන්මයි සැතැපී ඉන්නේ. කෙලෙස් තවන වීරියෙන්මයි අත් පා හකුළන්නේ. කෙලෙස් තවන වීරියෙන්මයි දිගහරින්නේ.

උඩ දිශාවෙත්, හරහටත්, යටටත්, යම්තාක් සත්ව ලෝක ඇත්නම් ඒ පංච උපාදානස්කන්ධයන්ගේ ඇතිවීමත්, නැතිවීමත් ගැන ඒ භික්ෂුව ඉතා හොඳට විදර්ශනා කරනවා.

ඔය විදිහට ජීවත් වෙන කෙනා කෙලෙස් තවන වීරියෙන් යුතුව, ශාන්ත පැවැතුම් ඇති, සංසුන් සිත් ඇති, චිත්ත සමාධියට හිතකර වූ වැඩපිළිවෙලක

යෙදෙමින්, හැමවිටම ධර්මයේ හික්මෙන කොට, අන්න ඒ භික්ෂුවට තමයි නිවන කරා යන සිත් ඇති කෙනා කියල කියන්නේ.”

මේ අර්ථය වදාරණ ලද්දේ භාග්‍යවතුන් වහන්සේ විසින්මයි. මේ විදිහට මා හට අසන්නට ලැබුනා.

සාදු! සාදු!! සාදු!!!

4.1.13.
ලෝකාවබෝධ සූත්‍රය
ලෝකය ගැන ඇති අවබෝධය ගැන වදාළ දෙසුම

භාග්‍යවතුන් වහන්සේ තමයි මේ කාරණය වදාළේ. අරහත් මුනිඳාණන්මයි මෙය වදාළේ. මේ විදිහටයි මට අසන්නට ලැබුනේ.

“පින්වත් මහණෙනි, තථාගතයන් වහන්සේ විසින් ලෝකය ඉතා හොඳින් අවබෝධ කළා. තථාගතයන් වහන්සේ ලෝකයත් එක්ක එකතු වෙලා නෑ. පින්වත් මහණෙනි, තථාගතයන් වහන්සේ විසින් ලෝකයේ හටගැනීම ගැන ඉතා හොඳින් අවබෝධ කළා. ඒ ලෝකයේ හටගැනීම තථාගතයන් වහන්සේට ප්‍රහීණයි. පින්වත් මහණෙනි, ලෝකයේ නිරුද්ධ වීම තථාගතයන් වහන්සේ විසින් ඉතා හොඳින් අවබෝධ කළා. ලෝකයේ නිරුද්ධ වීම තථාගතයන් වහන්සේ සාක්ෂාත් කළා. පින්වත් මහණෙනි, ලෝකය නිරුද්ධ වන ප්‍රතිපදාව තථාගතයන් වහන්සේ විසින් ඉතා හොඳින් අවබෝධ කළා. ලෝකය නිරුද්ධ වෙන ප්‍රතිපදාව තථාගතයන් වහන්සේ සම්පූර්ණයෙන්ම ප්‍රගුණ කළා.

පින්වත් මහණෙනි, දෙවියන් සහිත, මරුන් සහිත, බඹුන් සහිත, ශ්‍රමණ බ්‍රාහ්මණයන් සහිත ලෝකයේ, දෙව් මිනිසුන් සහිත මේ සත්ව ප්‍රජාව යම් දෙයක් දැක්කා නම්, ඇහුවා නම්, කනෙන්, නාසයෙන්, කයෙන් යමක් දැනගත්තා නම්, සිතින් දැනගත්ත දේවල් තියෙනවා නම්, ලැබිච්ච, සොයා ගිහිල්ලා දැනගත්තු, සිතින් විමසලා සෙයා ගත්තු ඒ සියලුම දේවල් තථාගතයන් වහන්සේ විසින් ඉතා හොඳින් අවබෝධ කළා. ඒ නිසා තමයි ‘තථාගත’ කියලා කියන්නේ.

පින්වත් මහණෙනි, යම් රාත්‍රියක තථාගතයන් වහන්සේ උත්තරීතර වූ සම්මා සම්බුද්ධත්වය අවබෝධ කළාද, යම් රාත්‍රියක තථාගතයන් වහන්සේ අනුපාදිශේෂ පරිනිර්වාණ ධාතුවෙන් පිරිනිවන් පානවාද, මේ අතර කාලය තුළදී

තථාගතයන් වහන්සේ යමක් වදාරනවා නම්, ප්‍රකාශ කරනවා නම්, පෙන්වා දෙනවා නම්, ඒ ඔක්කොම ඒ විදිහට තමයි වෙන්නේ. වෙනස් විදිහකට වෙන්නෙ නෑ. ඒ නිසා 'තථාගත' කියලා කියනවා.

පින්වත් මහණෙනි, තථාගතයන් වහන්සේ යමක් කියනවා නම්, ඒ විදිහටම තමයි කටයුතු කරන්නේ. තථාගතයන් වහන්සේ යම් විදිහකට නම් කටයුතු කරන්නේ, ඒ විදිහටම තමයි කියන්නේ. කියන දේට අනුවම කටයුතු කරනවා, කරන දේ තමයි කියන්නේ. ඒ නිසා 'තථාගත' කියලා කියනවා.

පින්වත් මහණෙනි, දෙවියන් සහිත, මරුන් සහිත, බඹුන් සහිත, ශ්‍රමණ බ්‍රාහ්මණයන් සහිත ලෝකයේ, දෙව් මිනිසුන් සහිත මේ සත්ව ප්‍රජාවේ තථාගතයන් වහන්සේ තමයි සියල්ලම මැඩ පවත්වන්නේ. සියල්ල අභිභවා සිටින්නේ. ලෝකයේ කිසිවෙකුටවත් තථාගතයන් වහන්සේව ඉක්මවා යන්න බෑ. ඒකාන්තයෙන් සියල්ල දැකලා සියල්ල තමන්වහන්සේගේ වශයෙන් පවත්වනවා. ඒ නිසාත් 'තථාගත' කියලා කියනවා."

මේ අර්ථය භාග්‍යවතුන් වහන්සේ වදාළ සේක. එය මේ අයුරිනුත් පවසන්න පුළුවනි.

"සියලු ලෝකයම අවබෝධ කළා. සියලු ලෝකවල ඇති සියල්ල දැනගත්තා. ඒ නිසා සියලු ලෝකයන් එක්ක එකතු වීමක් නෑ. කිසි ලෝකයක ඇලීමක් නෑ.

සියලු දේම මැඩ පැවැත්වූවා. මහා ප්‍රාඥයි. සියලු කෙලෙස් ගැටවලින්ම මිදිලයි වැඩ සිටින්නේ. කිසි ලෙසකින් භයක් නැති, පරම ශාන්තිය වූ ඒ අමා නිවන උන්වහන්සේ ස්පර්ශ කොට වදාළා.

මේ බුදුරජාණන් වහන්සේ ක්ෂීණාශ්‍රව වූ මුනිඳාණෝය. දුක් නැති සැක නැති මුනිඳාණෝය. සියලු කර්ම ක්ෂය කොට සියලු කෙලෙස් ගෙවා දමා නිවනට පත් වූ මුනිඳාණෝය.

මේ භාග්‍යවතුන් වහන්සේ අපගේ බුදුරජාණෝය. ලොවේ අනුත්තර වූ සිංහ රජාණෝය. දෙව් මිනිස් ලෝකයෙහි උත්තම වූ ධර්ම චක්‍රය පවත්වන මුනිඳාණෝය.

ඉතින් මේ නිසා දෙවියොත්, මිනිස්සුත් බුදුරජාණන් වහන්සේ සරණ යනවා. විශාරද නුවණැති මහානුභාව සම්පන්න වූ උන්වහන්සේ කරා පැමිණිලා නමස්කාර කරනවා.

අපගේ බුදුරජාණෝ දමනය වුන සේක. අන්‍යයන්ව දමනය කිරීමෙහි ශ්‍රේෂ්ඨ වන සේක. මහා ඉසිවර මුනිඳාණෝ ශාන්ත සිතින් යුතු වී අන්‍යයන්ව ශාන්ත කරවන සේක. දුකින් මිදුන මුනිඳාණෝ අන්‍යයන්ව දුකින් මිදවීමෙහි ශ්‍රේෂ්ඨ වන සේක. සසරින් එතෙරට වැඩි මුනිඳාණෝ අන්‍යයන්වද සසරෙන් එතෙර කරවීමෙහි උත්තම වන සේක.

මෙසේ මහානුභාව සම්පන්න වූ විශාරද නුවණැති මුඹවහන්සේට දෙවියන් සහිත ලෝකයා නමස්කාර කරත්මය. මුඹවහන්සේ වැනි තව කෙනෙක් තුන් ලොවේම නැත්තේමය."

මේ අර්ථය වදාරණ ලද්දේ භාග්‍යවතුන් වහන්සේ විසින්මයි. මේ විදිහට මා හට අසන්නට ලැබුනා.

සාදු! සාදු!! සාදු!!!

හතරවෙනි නිපාතය නිමා විය.
ඉතිවුත්තක පාළි නිමා විය.

දසබලසේලප්පභවා නිබ්බානමහාසමුද්දපරියන්තා
අට්ඨංග මග්ගසලිලා ජිනවචනනදී චිරං වහතූති.

දසබලයන් වහන්සේ නමැති ශෛලමය පර්වතයෙන් පැන නැඟී
අමා මහ නිවන නම් වූ මහා සාගරය අවසන් කොට ඇති
ආර්ය අෂ්ටාංගික මාර්ගය නම් වූ සිහිල් දිය දහරින් හෙබි
උතුම් ශ්‍රී මුඛ බුද්ධ වචන ගංගාව (ලෝ සතුන්ගේ සසර දුක නිවාලමින්)
බොහෝ කල් ගලාබස්නා සේක්වා !

(සළායතන සංයුත්තය - උද්දාන ගාථා)

සාදු! සාදු!! සාදු!!!

නමෝ තස්ස භගවතෝ අරහතෝ සම්මාසම්බුද්ධස්ස
ඒ භාග්‍යවත් අරහත් සම්මා සම්බුදුරජාණන් වහන්සේට නමස්කාර වේවා!

මේ උතුම් ගෞතම බුදු සසුනේදීම මේ ආශ්චර්යවත් ශ්‍රී සද්ධර්මය මැනැවින් උගෙන තම තමන්ගේ නුවණ මෙහෙයවා ධර්මයෙහි හැසිරීමෙන් ආර්ය ශ්‍රාවකයන් බවට පත්ව සතර අපා දුකෙන් සදහටම මිදෙනු කැමැති ලංකාවාසී සැදැහැවත් නුවණැතියන් හට වඩාත් හොඳින් තේරුම් ගැනීම පිණිස මහත් ශ්‍රද්ධාවෙන් යුතුව ඛුද්දක නිකායෙහි පළමු ග්‍රන්ථය සිංහල භාෂාවට පරිවර්තනය කිරීමෙන් ලත් සකල විපුල පුණ්‍ය සම්භාර ධර්මයන් පින් කැමැති සියල්ලෝම සතුටින් අනුමෝදන් වෙත්වා! අප සියලු දෙනාටම වහ වහා උතුම් චතුරාර්ය සත්‍ය ධර්මය සත්‍ය ඥාණ වශයෙන්ද, කෘත්‍ය ඥාණ වශයෙන්ද, කෘත ඥාණ වශයෙන්ද අවබෝධ වීම පිණිස ඒකාන්තයෙන්ම මේ පුණ්‍ය වාසනාව උපකාර වේවා!

සාදු! සාදු!! සාදු!!!

නමෝ තස්ස භගවතෝ අරහතෝ සම්මාසම්බුද්ධස්ස

www.ingramcontent.com/pod-product-compliance
Lightning Source LLC
Chambersburg PA
CBHW062057090426
42741CB00015B/3259
* 9 7 8 9 5 5 6 8 7 0 2 2 0 *